Anja Lorenz

Kompendien
für Studium, Praxis und Fortbildung

Dietrich G. Rühle

Polizei- und Ordnungsrecht
für Rheinland-Pfalz

6. Auflage

Die Deutsche Nationalbibliothek verzeichnet diese Publikation in
der Deutschen Nationalbibliografie; detaillierte bibliografische
Daten sind im Internet über http://dnb.d-nb.de abrufbar.

ISBN 978-3-8487-3792-5 (Print)
ISBN 978-3-8452-8132-2 (ePDF)

6. Auflage 2018
© Nomos Verlagsgesellschaft, Baden-Baden 2018. Gedruckt in Deutschland. Alle Rechte, auch
die des Nachdrucks von Auszügen, der fotomechanischen Wiedergabe und der Übersetzung,
vorbehalten. Gedruckt auf alterungsbeständigem Papier.

Vorwort

Seitdem am 11. September 2001 gekaperte Flugzeuge in Hochhäuser gelenkt wurden, gibt es eine neue Dimension der Gefahrenabwehr. Sprengstoffanschläge, Amokläufe und in Menschenmengen fahrende LKW sind in diesem Umfang Erscheinungen dieses Jahrhundert, auf die die Ordnungskräfte zunächst nicht ausreichend vorbereitet sein konnten. Das wird nun gesetzlich und taktisch nachgeholt. Gleichzeitig sind Hauptprobleme, wie insbesondere die Abwehr des organisierten Verbrechens, nach wie vor aktuell. Bei der Abwehr dieser Gefahren kollidieren Interessen der Gefahrenabwehr immer wieder mit den liberalen Freiheiten eines Rechtsstaates, insbesondere auch mit dem Recht auf informationelle Selbstbestimmung. In Rheinland-Pfalz spiegelt sich das in den diversen Reformen des Polizei- und Ordnungsbehördengesetzes[1] wieder. Manche dieser Regelungen haben den Überprüfungen des Bundesverfassungsgerichts nicht standgehalten.[2] Aus diesen Erfahrungen heraus ist nunmehr 2017 Rheinland-Pfalz einen weiteren Schritt gegangen, indem es gesetzlich neue Mittel der Gefahrenabwehr einführte, wie die Überwachung von Großveranstaltungen, den Einsatz von Körperkameras oder die automatische Kennzeichenfahndung. Dabei blieb Rheinland-Pfalz seiner Linie treu, dem Datenschutz gegenüber der Gefahrenabwehr einen vergleichsweise eher hohen Rang einzuräumen. So muss sich zeigen, ob der Schutz von Großveranstaltungen durch Videotechnik bei erst mindestens 500 gleichzeitig erwarteten Teilnehmern nicht zu eng angesetzt ist, ob man Körperkameras nicht auch innerhalb von Wohnungen zulassen sollte oder ob der Verzicht auf elektronische Fußfesseln für Gefährder noch zeitgemäß ist.

Bei Großveranstaltungen werden über die Videoüberwachung hinaus weitere Nachbesserungen notwendig sein und wohl auch noch kommen. Nach der aktuellen Rechtslage ist es völlig unklar, welche Behörden eigentlich auf welcher Grundlage welche Anforderungen stellen können, insbesondere solche des Terror- und Katastrophenschutzes. Dementsprechend ungeordnet verläuft das Genehmigungsverfahren von Rockkonzerten, Marathonläufen oder ähnlichen Events in der Praxis. Solche Großveranstaltungen werden mal nach POG, mal nach Gewerberecht, mal nach Straßenrecht zugelassen, was schon dem Grunde nach oft nicht richtig ist, was aber vor allem keine rechtliche Handhabe für sicherheitsbedingte Auflagen gibt. Hier wird der Gesetzgeber eine einheitliche übergeordnete Zuständigkeit und ein spezielles Genehmigungserfordernis mit Ermächtigungsgrundlagen für sicherheitsrelevante Auflagen schaffen müssen.

Eher stiefmütterlich sind die Regelungen für die kommunalen Vollzugsbeamten in Rheinland-Pfalz. Obwohl diese Aufgaben wahrnehmen, die noch vor Jahren solche der Polizei waren, ist ihre Ausbildung deutlich unterhalb des Niveaus der Polizei. In einigen Fällen nehmen neu eingestellte Vollzugsbeamte ohne jede Erfahrung ein bis zwei Jahre lang selbständig ordnungsrechtliche Aufgaben wahr, bevor sie überhaupt erstmals auf Lehrgänge geschickt werden. Während man ihnen dennoch zutraut, Verfügungen im Rahmen aller nicht der Polizei vorbehaltenen Aufgaben zu erlassen, verlangt das rheinland-pfälzische Recht ausgerechnet bei den rechtlich weniger bewanderten kommunalen Vollzugsbeamten, dass sie zur Durchsetzung dieser Verfü-

---

1 Vom 2. März 2004 (GVBl. S. 202), vom 25. Juli 2005 (GVBl. S. 320), vom 15. Februar und 20. Dezember 2011 (GVBl. S. 26 und 427) sowie vom 20.12.2013 (GVBl. S. 537).
2 Insbesondere BVerfG v. 7.12.2011 - 2 BvR 2500/09, 2 BvR 1857/10, NJW 2012, 907, und v. 20.4.2016 - 1BvR 966/09, 1 BvR 1140/09, NJW 2016, 1781.

gungen für jede einzelne Maßnahme ausdrücklich die sofortige Vollziehung anordnen, während sich das für Polizeibeamte schon aus dem Gesetz ergibt. Eine wenig einleuchtende Differenzierung. Die Zurückhaltung des rheinland-pfälzischen Gesetzgebers bei Eingriffen in Grundrechte erkennt man auch bei den nächtlichen Ruhestörungen. Anders als in anderen Bundesländern kann ein rheinland-pfälzischer Ruhestörer in seiner Wohnung oder in seinem Garten nachts ungestört die Nachbarschaft mit Geräuschen beschallen. Wenn er bereit ist, Zwangs- und Ordnungsgeld dafür zu bezahlen, kann kein Polizei- oder Ordnungsbeamter gegen seinen Willen die Wohnung oder den Garten betreten, um die Geräuschquelle abzustellen oder sicherzustellen.

Gegenüber den früheren Auflagen wurde das Buch in dieser Ausgabe inhaltlich umfangreich überarbeitet und die Fußnoten erweitert. Zur besseren Auffindbarkeit wurden möglichst solche Papierfundstellen genommen, die für Lernende leicht und überregional zugänglich sind; alle Gerichtsentscheidungen werden daneben zusätzlich mit Datum und Aktenzeichen zitiert, um sie so auch im Internet leichter auffindbar zu machen.

Die Novellierung vom 30. Juni 2017 (GVBl S. 123) ist eingearbeitet; auch die für den Herbst 2017 vorgesehene Strukturänderung der Polizeibehörden ist hier schon zugrunde gelegt.

Neuwied, im Juli 2017   Dietrich G. Rühle

Inhaltsverzeichnis

Abkürzungsverzeichnis 13

Literaturverzeichnis 21

A. Die geschichtliche Entwicklung des Polizeirechts 23
   I. Der Begriff Polizei 23
   II. Vom Absolutismus zur Gefahrenabwehr 23
      1. Polizei zur Bevormundung des Bürgers 23
      2. Der Durchbruch des Prinzips der bloßen Gefahrenabwehr 24
         a) Preußen 24
         b) Süddeutschland 24
   III. Rückfall im 20. Jahrhundert 24
      1. Weimarer Republik (1919 bis 1933) 24
      2. Polizei im NS-Staat (1933 bis 1945) 25
   IV. Neuorganisation der Polizei nach dem 2. Weltkrieg 27
      1. Entwicklung in Westdeutschland seit 1945 27
      2. Polizei in der „DDR" (1949 bis 1990) 28
      3. Polizeirecht und -organisation in Rheinland-Pfalz seit 1947 29

B. Aufgaben, Organisation, Zuständigkeiten der allgemeinen Ordnungsbehörden und der Polizei 31
   I. Aufgabe der Gefahrenabwehr 31
      1. Materieller und formeller Polizeibegriff 31
      2. Anwendbarkeit des POG 31
   II. Die Polizei 34
      1. Die Organisation der Polizei in Rheinland-Pfalz 34
      2. Zuständigkeiten der Polizei 39
   III. Die Ordnungsbehörden 44
      1. Organisation der Ordnungsbehörden in Rheinland-Pfalz 44
      2. Zuständigkeit der allgemeinen Ordnungsbehörden 48
   IV. Einschreiten zugunsten privater Rechte 50
   V. Andere Vollzugskräfte 52
      1. Kommunale Vollzugsbeamte 52
      2. Hilfspolizeibeamte 55
      3. Weitere Personen mit polizeilichen Befugnissen 56
   VI. Amtshilfe, §§ 4 ff. VwVfG / § 1 Abs. 1 LVwVfG, insbesondere Vollzugshilfe nach den §§ 96 ff. POG 57
   VII. Kriminalprävention, § 1 Abs. 9 POG 57
   VIII. Gefahrenabwehr durch Private 58

C. Die Schutzgüter des POG 60
   I. Allgemeines 60
   II. Die öffentliche Sicherheit 60
      1. Individualrechtsgüter 60
         a) Absolute Rechte 61
         b) Relative Rechte 63

    2. Kollektivrechtsgüter   63
       a) Die objektive Rechtsordnung   64
       b) Existenz und Funktionieren der Träger hoheitlicher Gewalt, ihrer Einrichtungen und Veranstaltungen   65
  III. Die öffentliche Ordnung   66

D. Die Gefahr und ähnliche Rechtsbegriffe   73
  I. Gefahr i. S. d. Gefahrenabwehr   73
  II. Die konkrete Gefahr   73
  III. Steigerungsformen der konkreten Gefahr   76
    1. Die gegenwärtige Gefahr   76
    2. Die Gefahr im Verzug   77
    3. Die erhebliche Gefahr   77
    4. Die dringende Gefahr   77
    5. Die Gefahr für Leib und Leben   78
    6. Die gemeine Gefahr   78
  IV. Irrtümlich angenommene konkrete Gefahr   78
    1. Die Anscheinsgefahr   78
    2. Scheingefahr (Putativgefahr)   81
  V. Abstrakte Gefahr, § 9 Abs. 1 S. 2 POG   82
  VI. Gefahrenverdacht   83
  VII. Latente Gefahr   85

E. Die Adressaten   87
  I. Die Regeln der Adressaten allgemein   87
  II. Verhaltensverantwortlichkeit nach § 4 POG   89
    1. Verhaltensverantwortlichkeit für eigenes Verhalten, § 4 Abs. 1 POG   89
       a) In Betracht kommende Person   89
       b) Relevantes Verhalten   92
       c) Ursächlichkeit   94
    2. Verantwortlichkeit für fremdes Verhalten   97
       a) Verantwortlichkeit des Aufsichtspflichtigen   97
       b) Verantwortlichkeit für den Verrichtungsgehilfen   98
  III. Verantwortlichkeit für Tiere und den Zustand von Sachen   99
    1. Anwendungsbereich des § 5 POG   99
    2. Inhaber der tatsächlichen Sachgewalt   102
    3. Berechtigter an der Sache oder dem Tier   104
    4. Aufgabe des Eigentums an einer Sache oder einem Tier   105
    5. Opfergedanke   106
  IV. Anschein und Verdacht   108
    1. Anscheinsverantwortlichkeit   108
    2. Verdachtsverantwortlichkeit   109
  V. Latenter Verursacher   110
  VI. Rechtsnachfolge in polizeirechtliche Verantwortlichkeit   110
  VII. Heranziehung von Nichtverantwortlichen   112
    1. Personenkreis   112
    2. Voraussetzungen   112
  VIII. Auswahl der Adressaten   115

F. Rechtsfolgenseite allgemein ... 118
   I. Allgemeine Rechtmäßigkeit ... 118
      1. Bestimmtheit der Verfügung ... 118
      2. Möglichkeit, die Verfügung zu befolgen ... 118
      3. Gleichbehandlung ... 121
      4. Kein Verstoß gegen gesetzliche Vorgaben ... 123
   II. Umfang der behördlichen Entscheidungsbefugnis ... 123
      1. Arten von Rechtsfolgen ... 123
      2. Das Ermessen ... 123
      3. Ermessensüberschreitung ... 124
      4. Richtige Ermittlung des Sachverhalts ... 125
      5. Gebrauch des Ermessens ... 125
      6. Ermessensunterschreitung ... 126
      7. Sachgemäße Erwägungen ... 126
      8. Richtige Gewichtung der Belange ... 127
      9. Einhalten der Denkgesetze ... 127
      10. Folgen von Ermessensmängeln ... 128
   III. Verhältnismäßigkeit einer Maßnahme, §§ 2 und 3 Abs. 2 S. 2 POG ... 128
      1. Geeignetheit ... 128
      2. Erforderlichkeit ... 129
      3. Angemessenheit ... 129
   IV. Austauschmittel ... 130
   V. Anspruch des Bürgers auf Tätigwerden der Ordnungskräfte ... 132
      1. Möglichkeit, die Forderung zu erfüllen ... 133
      2. Betroffenheit subjektiver Rechte ... 133
      3. Ermessensreduzierung auf Null ... 134

G. Die Eingriffsermächtigungen des POG ... 136
   I. Allgemeines ... 136
      1. Spezialregelungen außerhalb des POG ... 136
      2. Versammlungsrecht ... 136
         a) Öffentliche Versammlungen unter freiem Himmel ... 137
         b) Öffentliche Versammlungen in geschlossenen Räumen ... 138
         c) Nichtöffentliche Versammlungen in geschlossenen Räumen ... 139
         d) Veranstaltungen und Ansammlungen ... 140
      3. Verhältnis Generalklausel zu Standardmaßnahmen des POG ... 141
      4. Allgemeines zu den Standardmaßnahmen des POG ... 142
      5. Konkurrenz der Standardmaßnahmen nach dem POG und der StPO ... 144
      6. Handlungsformen ... 146
   II. Die Generalklausel, § 9 Abs. 1 S. 1 POG ... 147
   III. Kontrolleingriffe, §§ 9a ff. POG ... 150
      1. Befragung und Auskunftspflicht, § 9a POG ... 150
         a) Tatbestand des § 9a Abs. 1 bis 3 POG ... 150
         b) Rechtsfolgen des § 9a Abs. 1 bis 3 POG ... 150
         c) Schleierfahndung, § 9a Abs. 4 POG ... 153
      2. Identitätsfeststellung nach § 10 Abs. 1 und 2 POG ... 154
         a) Tatbestände des § 10 Abs. 1 POG ... 154
         b) Rechtsfolgen ... 156
      3. Prüfung von Berechtigungsscheinen, § 10 Abs. 3 POG ... 156

4. Erkennungsdienstliche Maßnahmen nach § 11 POG ... 157
   a) Tatbestand des § 11 Abs. 1 Nr. 1 POG ... 157
   b) Tatbestand des § 11 Abs. 1 Nr. 2 POG ... 158
   c) Rechtsfolgen des § 11 POG ... 159
5. Medizinische und molekulargenetische Untersuchungen, § 11a POG ... 160
6. Vorladung, § 12 POG ... 161
   a) Tatbestände des § 12 Abs. 1 S. 1 POG ... 161
   b) Rechtsfolgen ... 161
   c) Durchführung der Vorladung ... 162
7. Meldeauflagen, § 12a POG ... 162

IV. Entfernungsgebote, § 13 POG ... 163
1. Allgemeine Platzverweisung, § 13 Abs. 1 POG ... 163
2. Wohnungsverweisung, § 13 Abs. 2 POG, Art. 13 Abs. 7 GG ... 166
3. Kontakt und Näherungsverbot, § 13 Abs. 4 POG ... 168
4. Aufenthaltsverbot, § 13 Abs. 3 POG ... 169

V. Eingriffe in die Bewegungsfreiheit, §§ 14 ff. POG ... 171
1. Eingriff in das Freiheitsrecht ... 171
2. Der Schutzgewahrsam (§ 14 Abs. 1 Nr. 1 POG) ... 172
3. Der Vorbeuge- oder Sicherungsgewahrsam (§ 14 Abs. 1 Nr. 2 POG) ... 173
4. Der Durchsetzungsgewahrsam (§ 14 Abs. 1 Nr. 3 POG) ... 175
5. Der Gewahrsam zum Schutz privater Rechte (§ 14 Abs. 1 Nr. 4 POG) ... 177
6. Der Sorgerechtsgewahrsam (§ 14 Abs. 2 POG) ... 178
7. Rückführungsgewahrsam (§ 14 Abs. 3 POG), ... 180
8. Besondere Regeln für die Freiheitsentziehung, §§ 15 ff. POG ... 181
   a) Die richterliche Entscheidung ... 181
   b) Die Behandlung der festgehaltenen Person, §§ 16 ff. POG ... 184
   c) Dauer der Freiheitsentziehung, § 17 POG ... 186
   d) Rechtsschutz ... 187

VI. Durchsuchungen und Betreten, §§ 18 ff. POG ... 188
1. Die Durchsuchungen von Personen, § 18 POG ... 188
   a) Tatbestände ... 188
   b) Rechtsfolge ... 189
2. Die Untersuchung von Personen ... 190
3. Die Durchsuchung von Sachen, § 19 POG ... 191
   a) Tatbestände ... 191
   b) Rechtsfolge ... 192
4. Betreten und Durchsuchung von Wohnungen, § 20 f. POG ... 193
   a) Schutz aus Art. 13 GG ... 193
   b) Betreten der Wohnung, § 20 POG ... 196
   c) Besondere Verfahrensregeln für die Durchsuchung, § 21 POG ... 200

VII. Sicherstellung, §§ 22 ff. POG ... 202
1. Begriff ... 202
2. Sicherstellen von Personenaufnahmen ... 206
3. Sicherstellen von Fahrzeugen; Abschleppen und Umsetzen ... 207
4. Sicherstellen von Wohnungen ... 211
5. Sicherstellen von Druckwerken ... 212

VIII. Umgang mit personenbezogenen Daten, §§ 26 ff. POG ... 214
1. Allgemeines ... 214

Inhaltsverzeichnis

2. Besonderer Schutz vor Datenerhebung, §§ 39a und b POG	217
a) Der Schutz des Kernbereichs privater Lebensgestaltung, § 39a POG	217
b) Schutz von Berufsgeheimnisträgern, § 39b POG	218
3. Datengewinnung, §§ 26 bis 32 POG	219
a) Allgemein, § 26 POG	219
b) Übertragung und Aufzeichnung an öffentlichen Orten, § 27 POG	225
c) Besondere Mittel der verdeckten Datenerhebung, § 28 POG	233
d) Heimliches Belauschen oder Ausspähen einer Person in ihrer Wohnung, § 29 POG, Art. 13 Abs. 4 und 5 GG	237
e) Anrufaufzeichnung bei der Behörde, § 30 POG	243
f) Überwachung der Telekommunikation, § 31 POG	244
g) Identifizierung und Lokalisierung von mobilen Telekommunikationsendgeräten, § 31a POG	247
h) Auskunft über Nutzungsdaten beim Provider, § 31b POG	249
i) Onlinedurchsuchung, § 31c POG	251
j) Unterbrechung oder Verhinderung der Telekommunikation, § 31d POG	254
k) Funkzellenabfrage, § 31e POG	254
l) Auskunft über Bestandsdaten, § 31f POG	255
m) Polizeiliche Beobachtung, § 32 POG	257
4. Der weitere Umgang mit erhobenen personenbezogenen Daten	258
a) Datenspeicherung und -nutzung, § 33 POG	258
c) Datenübermittlung, §§ 34 bis 36 POG	262
d) Datenabgleich, §§ 37 f. POG	265
e) Berichtigung, Löschung und Sperrung von Daten, § 39 POG	267
f) Weitere datenschutzrechtliche Pflichten, §§ 40 ff. POG	268
H. Die Gefahrenabwehrverordnung (GVO)	**269**
I. Abgrenzung gegen andere Formen des Verwaltungshandelns	269
II. Formelle Rechtmäßigkeit einer Gefahrenabwehrverordnung	270
1. Zuständigkeit	270
2. Formerfordernisse einer Gefahrenabwehrverordnung	270
3. Verfahren	271
III. Materielle Rechtmäßigkeit der Gefahrenabwehrverordnung	272
IV. Bußgeldbestimmung	276
J. Die Durchsetzung ordnungsrechtlicher Maßnahmen	**278**
I. Die öffentlich-rechtliche Zwangsvollstreckung	278
1. Rechtsnatur und Vorschriften	278
2. Die öffentlich-rechtlichen Zwangsmittel	279
a) Die Ersatzvornahme, § 63 LVwVG	279
b) Das Zwangsgeld, § 64 LVwVG	281
c) Der unmittelbare Zwang, § 65 LVwVG, §§ 57 ff. POG	285
3. Die formellen Vollstreckungsvoraussetzungen	287
a) Zuständigkeit	287
b) Die Androhung	290
4. Die materiellen Vollstreckungsvoraussetzungen	294
5. Verhältnismäßigkeit	300

6. Die sofortige Anwendung der Ersatzvornahme und des unmittelbaren Zwanges, § 61 Abs. 2 LVwVG ... 302
7. Rechtsnachfolge im Zwangsverfahren ... 304
II. Die unmittelbare Ausführung, § 6 POG ... 306
III. Anspruch der Behörde auf Kostenerstattung ... 310
IV. Rechtsbehelfe gegen das Vollstreckungsverfahren ... 313
V. Prüfungsvorschläge ... 314

K. Ausgleichsansprüche nach §§ 68 ff POG ... 316
I. Arten von Ersatz und Ausgleich ... 316
II. Ausgleichspflichtige Tatbestände wegen unfreiwilliger Inanspruchnahme, § 68 Abs. 1 POG ... 317
  1. Rechtmäßige Inanspruchnahme, § 68 Abs. 1 S. 1 POG ... 317
    a) Inanspruchnahme Nichtverantwortlicher, § 68 Abs. 1 S. 1 POG ... 317
    b) Inanspruchnahme Verantwortlicher ... 317
    c) Inanspruchnahme bei Jedermann-Maßnahmen ... 318
  2. Rechtswidrige Inanspruchnahme, § 68 Abs. 1 S. 2 POG ... 318
III. Ausgleichspflichtige Tatbestände wegen freiwilliger Mitwirkung, § 68 Abs. 2 POG ... 319
IV. Schaden ... 319
V. Ursächlichkeit des Schadens ... 320
VI. Inhalt, Art und Umfang des Schadensausgleichs, §§ 69 f. POG ... 320
  1. Ausgleichsfähiger Schaden ... 320
    a) Materielle Vermögensschäden, §§ 69 Abs. 1 und 2, 70 POG ... 320
    b) Immaterielle Schäden ... 322
  2. Inhalt des Schadensausgleichs ... 322
  3. Umfang des Schadensausgleichs, § 69 Abs. 5 POG ... 322
  4. Abtretung von Ansprüchen gegen Dritte, § 69 Abs. 4 POG ... 324
VII. Anspruchsinhaber und Anspruchsgegner ... 324
  1. Anspruchsinhaber ... 324
  2. Anspruchsgegner ... 324
    a) Grundsätzlich: Anstellungskörperschaft ... 324
    b) Ausnahmsweise: Funktionskörperschaft ... 325
VIII. Rückgriff der Körperschaft, die Ausgleich geleistet hat ... 325
  1. Rückgriff gegen eine mitwirkende Körperschaft ... 325
  2. Rückgriff gegenüber den Verantwortlichen ... 326
  3. Gesamtschuldnerschaft mehrerer Verantwortlicher ... 326
IX. Geltendmachung von Ausgleichs- und Regressansprüchen ... 327
  1. Rechtsweg ... 327
  2. Verjährung ... 327

L. Die Ordnungsverfügung ... 329
I. Anforderungen an eine Ordnungsverfügung ... 329
  1. Formelle Anforderungen ... 329
  2. Materielle Anforderungen ... 330
  3. Rechtsschutz ... 330
II. Gutachterliche Prüfung einer Ordnungsverfügung ... 331
III. Beispiel einer Ordnungsverfügung ... 334

Stichwortverzeichnis ... 337

Abkürzungsverzeichnis

a a O.	am angegebenen Ort
a.	auch
a. E.	am Ende
a. F.	alte Fassung
a. A.	anderer Ansicht
a. a. O.	am angegebenen Ort
abl.	ablehnend
ABM-Datei	Datei für Anhalte- und Beobachtungsmeldungen
Abs.	Absatz
AFIS	Automatisches Fingerabdruck-Identifizierungssytem
AGBMeldG	Ausführungsgesetz zum Bundesmeldegesetz
AGKJHG	Ausführungsgesetz zum Kinder- und Jugendhilfegesetz RP = SGB VIII
AGVwGO	Ausführungsgesetz zur Verwaltungsgerichtsordnung von Rheinland-Pfalz
Anl.	Anlage
Anm.	Anmerkung
AnwBl	Anwaltsblatt, Zeitschrift
AÖR	Archiv öffentliches Recht, Zeitschrift
Art.	Artikel
AS	Amtliche Sammlung der Entscheidungen der Oberverwaltungsgerichte von Rheinland-Pfalz und des Saarlandes
AsylG	Asylgesetz
AufenthG	Gesetz über den Aufenthalt, die Erwerbstätigkeit und die Integration von Ausländern im Bundesgebiet
Aufl.	Auflage
Az.	Aktenzeichen
AZR(G)	Ausländerzentralregister(gesetz)
Bad.-W.	Baden-Württemberg
bad.-w.	baden-württembergisch(es)
BauR	Baurecht, Zeitschrift
bay.	bayrisch(es)
BayVBl	Bayerische Verwaltungsblätter, Zeitschrift
BBauG	Bundesbaugesetz
BBergG	Bundesberggesetz
BBodSchG	Bundesbodenschutzgesetz
BDSG	Bundesdatenschutzgesetz
BefrBezG	Gesetz über die befriedeten Bezirke
berl.	berlinisch(es)
bes.	besonderes
BestG	Bestattungsgesetz Rheinland-Pfalz
BFHE	Amtliche Entscheidungssammlung des Bundesfinanzhofs
BGB	Bürgerliches Gesetzbuch
BGBl	Bundesgesetzblatt
BGH	Bundesgerichtshof
BGHZ	Entscheidungen des Bundesgerichtshofes in Zivilsachen
BImSchG	Bundesimmissionsschutzgesetz

BJagdG	Bundesjagdgesetz
BKA	Bundeskriminalamt
BKAG	Gesetz über Zuständigkeiten und Befugnisse des BKA
BPolG	Bundespolizeigesetz
LBKG	Brand- und Katastrophenschutzgesetz von Rheinland-Pfalz
BMeldeG	Bundesmeldegesetz
BMI	Bundesministerium für Inneres
brbg.	brandenburgisch(es)
brem.	bremisch(es)
BRS	Thiel/Gelzer Baurechtssammlung
BSeuchG	Gesetz zur Verhütung und Bekämpfung übertragbarer Krankheiten beim Menschen (aufgehoben)
BSGE	Amtliche Sammlung der Entscheidungen des Bundessozialgerichts
BTMG	Gesetz über den Verkehr mit Betäubungsmitteln
BVerfG	Bundesverfassungsgericht
BVerfGE	Amtliche Sammlung der Entscheidungen des Bundesverfassungsgerichts
BVerfK	Kammerentscheidungen des Bundesverfassungsgerichts
BVerwG	Bundesverwaltungsgericht
BVerwGE	Amtliche Sammlung der Entscheidungen des Bundesverwaltungsgerichts
b-w.	baden-württembergisch(es)
CR	Computer und Recht, Zeitschrift
d. h.	das heißt
DAR	Deutsches Autorecht, Zeitschrift
DFB	Deutsches Fahndungsbuch
DNA-IFG	DNA-Identitätsfeststellungsgesetz = § 81g StPO
DÖV	Die Öffentliche Verwaltung, Zeitschrift
DVBl	Deutsches Verwaltungsblatt, Zeitschrift
DVP	Deutsche Verwaltungspraxis, Zeitschrift
ED	Erkennungsdienst(lich)
EGGVG	Einführungsgesetz zum Gerichtsverfassungsgesetz
EGMR	Europäischer Gerichtshof für Menschenrechte
EGStGB	Einführungsgesetz zum Strafgesetzbuch
EichG	Eichgesetz
Einl.	Einleitung
ELIAS	Einsatzleit-, Informations- u. Auskunftssystem
EMRK	Europäische Konvention für Menschenrechte
EuGH	Gerichtshof der Europäischen Gemeinschaften
EuGRZ	Europäische Grundrechte, Zeitschrift
EuroPol	Europäisches Polizeiamt in Den Haag
EWOIS	Einwohner-Informationssystem Rheinland-Pfalz
f.	und die folgende Seite
FamFG	Gesetz über das Verfahren in Familiensachen und in den Angelegenheiten der freiwilligen Gerichtsbarkeit
FEVO	Fahrerlaubnisverordnung
ff.	und die fortfolgenden Seiten
Fn	Fußnote
GastG	Gaststättengesetz
GastVO	Gaststättenverordnung Rheinland-Pfalz

Abkürzungsverzeichnis

GAVO	Gefahrenabwehrverordnung
GBl	Gesetzesblatt
GBO	Grundbuchordnung
GE	Das Grundeigentum, Zeitschrift
Gem.Rundschr	Gemeinsames Rundschreiben der Staatskanzlei und der Ministerien
GemO	Gemeindeordnung von Rheinland-Pfalz
GewO	Gewerbeordnung
GG	Grundgesetz der Bundesrepublik Deutschland
GPS	Global Positioning System
GS	Großer Senat
GVBl	Gesetz- und Verordnungsblatt Rheinland-Pfalz
GVG	Gerichtsverfassungsgesetz
h. M.	herrschende(r) Meinung
HaftpflG	Haftpflichtgesetz
hamb.	hamburgisch(es)
hess.	hessisch(es)
hins.	hinsichtlich
Hs.	Halbsatz
i. d. F. v.	in der Fassung vom
i. d. R.	in der Regel
i. e. S.	im engeren Sinne
i. S. d.	im Sinne des / der
i. S. v.	im Sinne von
i. V. m.	in Verbindung mit
i. w. S.	im weiteren Sinne
IMK	Innenministerkonferenz
InfSchG	Infektionsschutzgesetz
INPOL	Informationssystem der Polizei (Verbunddateien)
InsO	Insolvenzordnung
ISM	Ministerium des Innern und für Sport Rheinland-Pfalz
JA	Juristische Arbeitsblätter, Zeitschrift
JR	Juristische Rundschau, Zeitschrift
JuMiG	Justizmitteilungsgesetz
Jura	Juristische Ausbildung, Zeitschrift
JuS	Juristische Schulung, Zeitschrift
JuSchG	Jugendschutzgesetz
JZ	Juristenzeitung, Zeitschrift
KA	Kriminalakte
KAN	Kriminalaktennachweis
KG	Kammergericht
KJ	Kritische Justiz, Zeitschrift
KPS	Kriminalpolizeiliche personenbezogene Sammlung
Kriminalstatistik	Kriminalstatistik, Zeitschrift
KrimJour	Kriminologisches Journal, Zeitschrift
KrimPäd	Kriminalpädagogische Praxis, Zeitschrift
KrWG	Kreislaufwirtschaftsgesetz
KUG	Gesetz betreffend das Urheberrecht an Werken der bildenden Künste und Photographie
LKrWG	Landeskreislaufwirtschaftsgesetz Rheinland-Pfalz
LAuswG	Landesausweisgesetz Rheinland-Pfalz

LBauO	Landesbauordnung Rheinland-Pfalz
LBeamtG	Landesbeamtengesetz Rheinland-Pfalz
LBKG	Landesbrand- und Katastrophenschutzgesetz Rheinland-Pfalz
LDSG	Landesdatenschutzgesetz Rheinland-Pfalz
LfD	Landesbeauftragter für den Datenschutz
LFischereiG	Landesfischereigesetz Rheinland-Pfalz
LFtG	Landesfeiertagsgesetz Rheinland-Pfalz
LfV	Landesamt für Verfassungsschutz
LG	Landgericht
LGebG	Landesgebührengesetz Rheinland-Pfalz
LHundG	Landesgesetz über gefährliche Hunde Rheinland-Pfalz
LImSchG	Landesimmissionsschutzgesetz Rheinland-Pfalz
LKA	Landeskriminalamt
LKV	Landes- und Kommunalverwaltung, Zeitschrift
LPAuswG	Landespersonalausweisgesetz Rheinland-Pfalz
LPresseG	Landesgesetz über die Presse Rheinland-Pfalz
Ls.	Nur Leitsatz
LStrG	Landesstraßengesetz Rheinland-Pfalz
LT RP	Landtag Rheinland-Pfalz
LuftVG	Luftverkehrsgesetz
LVerfSchG	Landesverfassungsschutzgesetz
LVf	Landesverfassung von Rheinland-Pfalz
LVO	Landesverordnung
LVwVfG	Landesverwaltungsverfahrensgesetz von Rheinland-Pfalz
LVwVG	Landesverwaltungsvollstreckungsgesetz Rheinland-Pfalz
LVwZG	Landesverwaltungszustellungsgesetz Rheinland-Pfalz
LWasserG	Landeswassergesetz Rheinland-Pfalz
m. w. N.	mit weiteren Nachweisen
MDR	Monatsschrift für Deutsches Recht, Zeitschrift
MEK	Mobiles Einsatzkommando
MfS	Ministerium für Staatssicherheit der DDR
MinBl	Ministerialblatt
MiStra	Anordnung über Mitteilungen in Strafsachen
MRK	Gesetz über die Konvention zum Schutze der Menschenrechte und Grundfreiheiten
MuE	Musterentwurf eines einheitlichen Polizeigesetzes
m-v.	mecklenburg-vorpommerisch(es)
nds.	niedersächsisch(es)
NdsVBl	niedersächsisches Verwaltungsblatt
NJ	Neue Justiz, Zeitschrift
NJW	Neue Juristische Wochenschrift, Zeitschrift
NKP	Neue Kriminalpolitik, Zeitschrift
NordÖR	Zeitschrift für öffentliches Recht in Norddeutschland
NPA	Neues Polizeiarchiv (Loseblattsammlung)
Nr.	Nummer
NRW	Nordrhein-Westfalen
nrw.	nordrhein-westfälisch(es)
NSDAP	Nationalsozialistische Deutsche Arbeiterpartei
NStZ	Neue Zeitschrift für Strafrecht
NuR	Natur und Recht, Zeitschrift
NVwZ	Neue Verwaltungszeitschrift

NVwZ-RR	Neue Verwaltungszeitschrift Rechtsprechungsreport
NWVBl	Nordrhein-Westfälisches Verwaltungsblatt
NZS	Neue Zeitschrift für Sozialrecht
NZM	Neue Zeitschrift für Miet- und Wohnungsrecht
NZV	Neue Zeitschrift für Verkehrsrecht
OBG	Ordnungsbehördengesetz
o. g.	oben genannt
o. a.	oder andere(s)
o. Ä.	oder Ähnliche(s)
OLG	Oberlandesgericht
OVG	Oberverwaltungsgericht
OVGE	Entscheidungen des Oberverwaltungsgerichts
OWiG	Gesetz über die Ordnungswidrigkeiten
PAG	Polizeiaufgabengesetz
PassG	Passgesetz
POG	Polizei- und Ordnungsbehördengesetz Rheinland-Pfalz (in Bayern: Polizeiorganisationsgesetz)
POLADIS	Elektronische Vorgangsverwaltung der Polizei
PolG	Polizeigesetz
POLIS	Polizeiliches Informationssystem
PP	Polizeipräsidium
preuß.	preußisch(es)
PsychKG	Landesgesetz für psychisch kranke Personen Rheinland-Pfalz
PVG	Polizeiverwaltungsgesetz Rheinland-Pfalz (bis 1993)
RdL	Recht der Landwirtschaft, Zeitschrift
rhpf.	rheinland-pfälzisch(es)
RiS	Recht auf informationelle Selbstbestimmung
RiStBV	Richtlinien für das Straf- und Bußgeldverfahren
Rn	Randnummer
S.	Seite *oder* Satz
s.	siehe
S. o. / S. u.	siehe oben / siehe unten
s-anh.	sachsen-anhaltisch(es)
saarl.	saarländisch(es)
sächs.	sächsisch(es)
schl-h.	schleswig-holsteinisch(es)
SchulG	Schulgesetz Rheinland-Pfalz
SDÜ	Schengener Durchführungsübereinkommen
SEK	Spezialeinsatzkommando
SGB	Sozialgesetzbuch (römische Ziffer = Teil)
SIS	Schengener Informationssytem
SOG	Sicherheits- und Ordnungsgesetz
sog.	so genannte
Sp.	Spalte
SpielVO	Verordnung über Spielgeräte und andere Spiele mit Gewinnmöglichkeit
SprengG	Sprengstoffgesetz
StA	Staatsanwaltschaft
std.	ständige
StGB	Strafgesetzbuch

StPO	Strafprozessordnung
str.	strittig
StV	Strafverteidiger, Zeitschrift
StVÄG	Strafverfahrensänderungsgesetz (mit jeweiliger Jahreszahl)
StVG	Straßenverkehrsgesetz
StVO	Straßenverkehrsordnung
StVZO	Straßenverkehrszulassungsordnung
TDK	Teledienstleitungsgesetz
thür.	thüringisch(es)
TierschG	TierSchutzgesetz
TKG	Telekommunikationsgesetz
TKÜ	Telekommunikationsüberwachungsmaßnahme
u. a.	und anderes / unter anderem
u. Ä.	und Ähnliches
UmweltHpflG	Umwelthaftpflichtgesetz
UPR	Umwelt- und Planungsrecht, Zeitschrift
VBlBW	Baden-Württembergische Verwaltungsblätter
VE	Verdeckter Ermittler
VerfGH Bad.-W.	Verfassungsgerichtshof Baden-Würtemberg
VerfGH Bayern	Verfassungsgerichtshof Bayern
VerfGH M-V	Verfassungsgerichtshof Mecklenburg-Vorpommern
VerfGH Rheinland-Pfalz	Verfassungsgerichtshof Rheinland-Pfalz
VerfGH Sachsen	Verfassungsgerichtshof Sachsen
VerfGHG	Verfassungsgerichtshofgesetz Rheinland-Pfalz
VerkündG	Landesverkündungsgesetz Rheinland-Pfalz
VersG	Gesetz über Versammlungen und Aufzüge
VersR	Versicherungsrecht, Zeitschrift
VG	Verwaltungsgericht
VGH	Verwaltungsgerichtshof
vgl.	vergleiche
VO	Verordnung
Vorbem.	Vorbemerkung zu
VP	Vertrauensperson der Polizei
VV	Verwaltungsvorschrift
VVG	Versicherungsvertragsgesetz
VwGO	Verwaltungsgerichtsordnung
VwRspr	Verwaltungsrechtsprechung, Zeitschrift
VwVfG	Verwaltungsverfahrensgesetz
VwVG	Bundesverwaltungsvollstreckungsgesetz
VwZG	Bundesverwaltungszustellungsgesetz
WaffG	Waffengesetz
WehrpflG	Wehrpflichtgesetz
WHG	Gesetz zur Ordnung des Wasserhaushalts
WRV	Weimarer Reichsverfassung
WuM	Wohnungs- und Mietrecht, Zeitschrift
z. B.	zum Beispiel
ZfW	Zeitschrift für Wasserrecht
ZEVIS	Zentrales Verkehrsinformationssystem (Flensburg)
ZIW	Zeitschrift für Wasserrecht
ZivilDG	Gesetz über den Zivildienst und Kriegsverweigerer

Abkürzungsverzeichnis

ZJS	Zeitschrift für das juristische Studium
ZMR	Zeitschrift für Miet- und Raumrecht
ZPO	Zivilprozessordnung
ZRP	Zeitschrift für Rechtspolitik
ZustVO	Zuständigkeitsverordnung
ZustVO / GewO	Zuständigkeitsverordnung zur Gewerbeordnung Rheinland-Pfalz
ZustVO / BImSchG	Zuständigkeitsverordnung zum Bundesimmissionsschutzgesetz Rheinland-Pfalz
ZustVO / POG	Zuständigkeitsverordnung der allgemeinen Ordnungsbehörden Rheinland-Pfalz
ZustVO / LStrG	Zuständigkeitsverordnung zum Landesstraßengesetz Rheinland-Pfalz
ZustVO / Straßenverkehr	Zuständigkeitsverordnung zum Straßenverkehr Rheinland-Pfalz
ZVG	Zwangsversteigerungsgesetz

Literaturverzeichnis

Dietel, Alfred / Gintzel, Kurt / Kniesel, Michael, Versammlungsgesetze, Kommentar, 17. Auflage 2016
Drews, Bill / Wacke, Gerhard / Vogel, Klaus / Martens, Wolfgang, Gefahrenabwehr, Lehrbuch, 9. Auflage 1986
Götz, Volkmar / Geis, Max-Emanuel , Allgemeines Polizei- und Ordnungsrecht, Lehrbuch, 16. Auflage 2017
Gusy, Christoph, Polizeirecht, Lehrbuch, 10. Auflage 2017
Habermehl, Kai, Polizei- und Ordnungsrecht, Lehrbuch, 2. Auflage 1993
Knemeyer, Franz-Ludwig, Polizei- und Ordnungsrecht, Lehrbuch, 11. Auflage 2007
Lisken, Hans / Denninger, Erhard / Rachor, Frederik, Handbuch des Polizeirechts, Kommentar, 5. Auflage 2012
Pieroth, Bodo / Schlink, Bernhard / Kniesel, Michael, Polizei- und Ordnungsrecht, Lehrbuch, 9. Auflage 2016
Roos, Jürgen / Lenz, Thomas, Polizei- und Ordnungsbehördengesetz, Kommentar, 4. Auflage 2011
Rühle, Dietrich / Suhr, Hans-Jürgen, POG Rheinland-Pfalz; Kommentar, 5. Auflage 2012
Schenke, Wolf-Rüdiger, Polizei- und Ordnungsrecht, Lehrbuch, 9. Auflage 2016
Thiel, Markus, Polizei- und Ordnungsrecht, Lehrbuch, 3. Auflage 2016
Würtenberger, Thomas / Heckmann, Dirk /Tannenberger, Steffen, Polizeirecht in Baden-Württemberg, Lehrbuch, 7. Auflage 2017

A. Die geschichtliche Entwicklung des Polizeirechts

I. Der Begriff Polizei

Das Wort Polizei (wie auch Politik) stammt aus dem griechischen „**Politeia**" und bedeutet übersetzt so viel wie „Verfassung des Staates" oder „Zusammenwirken der Staatsorgane". In der Antike verstand man darunter die gesamte Staatsverwaltung. In Deutschland tauchte der Begriff „**Polizey**" erstmals im süddeutschen Raum zu Beginn des sechzehnten Jahrhunderts auf. Damit war der „Zustand guter Ordnung des Gemeinwesens" umschrieben. Neben den gemeinsamen Regeln einer Gemeinschaft umfasste der noch unscharfe Begriff gleichzeitig die Tätigkeit im gesamten Staatswesen (ausgenommen den kirchlichen Bereich).[1] Er erstreckte sich auf alle wesentlichen Bereiche des rechtlich geordneten Zusammenlebens, ohne dabei zwischen privatem und öffentlichem Recht zu unterscheiden, (zum materiellen und formellen Polizeibegriff s. Rn B 1).

1

II. Vom Absolutismus zur Gefahrenabwehr

1. Polizei zur Bevormundung des Bürgers

Die Polizei und die öffentliche Ordnung waren erstmals in der **Reichspolizeiordnung** von 1530 Gegenstand der Gesetzgebung.[2] Diese Reichspolizeiordnung richtete sich insbesondere gegen wucherische Verträge, Betrug, Ehebruch, Büchsentragen (Mitführen von Schusswaffen) sowie gegen Bettler, Müßiggänger, Zigeuner, Landfahrer und Sänger, aber auch gegen prunkvolle Kleidung, Zutrinken und Gotteslästerung. Da Verstöße gegen polizeiliche Regeln Sanktionen zur Folge hatten, sah man das Polizeirecht zunächst noch als unselbstständigen Teil des Strafrechts. Gegenüber polizeilichen Eingriffen konnte der Untertan in begrenztem Rahmen beim **Reichskammergericht** oder dem Reichshofrat um Rechtsschutz nachsuchen.

2

Der absolutistische Staat des 17. und 18. Jahrhunderts war in seiner Struktur den modernen Diktaturen sehr ähnlich. Die Reichspolizeiordnung von 1577 stellte zwar die Reichsgesetzgebung über die landesherrliche Polizei und erlaubte den Fürsten nur, die Gesetze für ihr Gebiet näher zu erläutern. Praktische Bedeutung hatte das aber nicht. Denn um seine Polizeiordnungen durchzusetzen, brauchte der Kaiser die Landesfürsten. Dadurch entstand der **Polizeistaat** im heutigen negativen Verständnis. Dieser herrschte zur „**allgemeinen Wohlfarth**" unbeschränkt in das Privatleben der Untertanen hinein, wobei der absolute Herrscher definierte, was „Wohlfarth" für den Bürger war. Vom Einflussbereich des absolutistischen Herrschers waren so gut wie alle Lebensbereiche betroffen. Der Landesvater schrieb die Kleidung vor (z. B. das Tragen seidener Westen), legte die Art des Schmuckes, der Fahrzeuge und der Getränke fest, verbot das Kaffeetrinken oder schrieb den Bauern vor, auf bestimm-

---

1 Das englische Wort „policy" erfasst noch beide Wortstämme. Es meint sowohl das zielstrebige Vorgehen bei Verhandlungen im Sinne einer Taktik als auch den in einem Vertrag festgeschriebenen Standard an vereinbarten Rechten.
2 Würtenberger / Heckmann / Tanneberger § 1 Rn 2.

ten Feldern bestimmte Pflanzen anzubauen. Eine wirksame Kontrolle polizeilichen Handelns gab es nicht.

2. Der Durchbruch des Prinzips der bloßen Gefahrenabwehr

a) Preußen

3 Die Ideen der Aufklärung erfassten im 18. Jahrhundert nach und nach auch Deutschland. Im mit Abstand größten deutschen Land Preußen existierte bereits seit 1794 die Generalklausel des § 10 Abs. 2 Titel 17 des Preußischen Allgemeinen Landrechts (ALR), wonach sich die Polizei auf die Gefahrenabwehr zu beschränken habe. Den wirklichen Durchbruch brachte aber erst eine Entscheidung des Preußischen OVG von 1882. In dieser sog. **Kreuzbergentscheidung**[3] wurde eine Berliner Polizeiverordnung aufgehoben, die eine Bebauung des Berliner Kreuzbergs mit höheren Häusern verboten hatte, um den Blick auf ein Denkmal für die gegen Napoleon geführten Befreiungskriege freizuhalten.[4] Aber kulturelle oder städtebauliche Gründe zählten damals (anders als heute!) nicht zu den Schutzgütern der öffentlichen Sicherheit und Ordnung i. S. d. Ordnungsrechts. Das Gericht hob daher das Bauverbot auf, weil das Bauverbot nicht durch die Gefahrenabwehr geboten sei. Das war über ein Jahrhundert nach Inkrafttreten des Art. 10 des Preußischen ALR das Ende der bis dahin praktizierten Allzuständigkeit der Polizei in Preußen. Die Formulierung des § 10 Abs. 2 Titel 17 des Preußischen ALR übernahm dann auch das preußische Polizeiverwaltungsgesetz.[5]

b) Süddeutschland

4 In Süddeutschland verstand man dagegen das Polizeirecht noch bis ins späte 19. Jahrhundert hinein als Bestandteil des Strafrechts. Und da dort für jede einzelne Strafandrohung eine eigene selbstständige gesetzliche Regelung existieren muss („nulla poena sine lege", keine Strafe ohne Gesetz), enthielten die Polizeigesetze[6] **Einzelermächtigungen**. Da sich aber nicht jeder Fall der Gefahrenabwehr einzeln regeln konnte, setzte sich dann allmählich in den Polizeigesetzen die Generalklausel durch. Mit der Einführung einer (noch rudimentären) **Verwaltungsgerichtsbarkeit** (zuerst 1863 in Baden) wurde nun auch die unabhängige Überprüfung von Polizeientscheidungen möglich.

III. Rückfall im 20. Jahrhundert

1. Weimarer Republik (1919 bis 1933)

5 Nach dem Ersten Weltkrieg machte der Wandel vom Kaiserreich zur ersten deutschen Republik eine gänzlich neue Verfassung notwendig. Nach Art. 9 Nr. 2 Weimarer Reichsverfassung (WRV) hatten nicht mehr die Länder, sondern hatte das **Reich**

---

3 „Kreuzbergurteil" vom 14.6.1882 - Rep.II B. 23/82, PrOVGE 9, 353 ff.= DVBl 1985, 219; s. a. Götz / Geis § 2 Rn 8 ff.; Pieroth / Schlink / Kniesel § 1 Rn 10; Würtenberger / Heckmann / Tanneberger § 1 Rn 8.
4 Siehe dazu die ausführliche Abhandlung von Walther JA 1997, 287.
5 § 14 des preußischen Polizei-Verwaltungsgesetzes vom 1.6.1931: *„Die Polizeibehörden haben im Rahmen der geltenden Gesetze die nach pflichtgemäßem Ermessen notwendigen Maßnahmen zu treffen, um von der Allgemeinheit oder dem einzelnen Gefahren abzuwehren, durch die die öffentliche Sicherheit oder Ordnung bedroht wird.".*
6 Württemberg 1834 und 1871, Hessen 1847, Bayern 1861 und Baden 1863 und 1871.

A. Die geschichtliche Entwicklung des Polizeirechts

die **Gesetzgebungskompetenz** zum Schutz der öffentlichen Ordnung und Sicherheit, soweit Regelungsbedarf bestand. Davon wurde aber nur wenig Gebrauch gemacht. Stattdessen war auf **Länderebene Schutz- und Kriminalpolizei** als staatliche Polizei organisiert. Daneben blieb die **alte Ortspolizei** mit überwiegend verwaltungspolizeilichen Aufgaben bestehen.

Ein großes Problem für die innere Stabilität der krisengeschüttelten ersten deutschen Demokratie waren u. a. die republikfeindlichen privaten Schutzvereinigungen der politisch extremen Parteien und Vereinigungen. So gründete Adolf Hitler 1921 aus seinen ehemaligen Saalordnern und Mitgliedern aufgelöster Freikorps zunächst den Versammlungsschutz der NSDAP, die **Sturmabteilung** (SA). Trotz eines vorübergehenden Verbots beherrschten von nun an zunehmend die Gewalt von SA (seit 1925 mit der noch formal in die SA eingegliederten SS), Rotem Frontkämpferbund (Kommunisten), Stahlhelm (Rechtskonservative), Reichsbanner Schwarz-Rot-Gold (Republikaner, SPD-nah) und anderen vergleichbaren Schläger-Organisationen die Straße. Im April 1932 versuchte die sterbende erste deutsche Demokratie unter Reichskanzler Heinrich Brüning, dem Straßenterror und den bürgerkriegsähnlichen Zuständen durch ein Verbot der SA und SS Einhalt zu gebieten, aber schon im Juni desselben Jahres hob der neue Reichskanzler Franz von Papen das ohnehin wenig wirksame Verbot wieder auf, ließ im Juli 1932 die preußische Polizeiführung in Berlin verhaften und ernannte sich selbst zum Reichskommissar für Preußen. Damit bereitete er der NS-Diktatur den Weg.

2. Polizei im NS-Staat (1933 bis 1945)

Mit der Ernennung Adolf Hitlers zum Reichskanzler am 30.1.1933 veränderte sich Deutschland und damit die Rolle der Polizei fundamental. Formal gestützt auf das Notverordnungsrecht aus Art. 48 Abs. 2 WRV schaltete Hitler u. a. das Parlament aus[7] und die Länder gleich. Den öffentlichen Dienst ordnete man der Reichskompetenz zu, und „nichtarische"[8] oder politisch nicht genehme Beamte, auch die der Polizei, wurden ihres Amtes enthoben und entlassen.[9] Die inzwischen 700.000 Mitglieder der SA wurden nun mancherorts – vor allem in Preußen – sogar als Hilfspolizisten eingesetzt. Es folgte der offene und ungebremste Terror der SA gegen politische und persönliche Gegner mit willkürlichen Verhaftungen, Verschleppen in SA-Versammlungsheime und -keller, Folter, Tötungen und Raub des Besitzes der SA-Opfer. In Berlin entstanden die ersten „wilden" Konzentrationslager (KZ), in die politisch oder persönlich Missliebige als „Schutzhäftlinge" gesperrt und gequält wurden. Ein Jahr nach der Machtergreifung wurde dann die Polizeihoheit der Länder endgültig beseitigt und damit die „Verreichlichung" der Polizei eingeleitet.[10] Nunmehr verfügte

---

7 Verordnung des Reichspräsidenten zum Schutze des Deutschen Volkes v. 4.2.1933 („Notverordnung"), 1933, RGBl. 1933 I S. 35-40; Verordnung des Reichspräsidenten zum Schutz von Volk und Staat („Reichstagsbrandverordnung") vom 28.2.1933, RGBl. 1933 I S. 83; Gesetz „zur Behebung der Not von Volk und Reich" v. 24.3.1933 („Ermächtigungsgesetz"), RGBl. 1933 I S. 141.
8 Es gehört zum Rassenirrsinn der Nazis, ihre ethnische „Herrenrasse" ausgerechnet von einer aus dem indischen Subkontinent stammenden Bevölkerungsgruppe, den Ariern, abzuleiten. (Dazu passt, dass die Menschen jüdischen Glaubens ungeachtet ihrer ethischen Abstammung als „Semiten" bezeichnet wurden, worunter ethnisch die Araber, Hebräer, Aramäer und Malteser fallen.)
9 Gesetz zur Wiederherstellung des Berufsbeamtentums, kurz Berufsbeamtengesetz (BBG) v. 7.4.1933, RGBl. I. S. 389, ber. S. 514. .
10 Gesetz über den Neuaufbau des Reichs vom 30.1.1934, RGBl. I S. 75.

die neue Diktatur über eine **zentral verfügbare Polizei** als wichtiges Instrument des totalitären Machtapparats.

7 Für den eigentlichen Unterdrückungsapparat benötigte man aber ganz besondere Formen der Polizei.[11] Auf Initiative des Reichsführers SS, Heinrich Himmler, wurde schon 1931 ein Nachrichtendienst innerhalb der Schutzstaffel (SS) eingerichtet, der **Sicherheitsdienst (SD)**. Zu den Aufgaben des SD gehörte ebenso die Beobachtung gegnerischer Parteien und politischer Organisationen wie die Überwachung oppositioneller Strömungen innerhalb der nationalsozialistischen Bewegung.

Ferner baute Heinrich Himmler ab 1933 die politische Geheime Staatspolizei (**Gestapo**) auf. Diese verfügte über die ersten regulären „Konzentrationslager", in denen politische Gegner und Andersdenkende drakonischen Sonderbestimmungen vom Arrest über Körper- bis hin zu Todesstrafen unterworfen waren.

Am 17.6.1936 ernannte Hitler Himmler zum „Reichsführer SS und Chef der Deutschen Polizei im Reichsministerium des Innern". Die SS übernahm damit nun auch im Gesamtbereich der allgemeinen uniformierten Ordnungspolizei die Kontrolle und gewann sehr schnell zentralen Einfluss auf die personelle und ideologische Gestaltung und Ausrichtung der Polizei. Die Polizei war jetzt in einem aus zwei Hauptämtern bestehenden **Reichspolizeiamt** gebündelt. Das zur SS gehörende **Hauptamt Sicherheitspolizei** (Sipo) unter Heydrich umfasste die politische Geheime Staatspolizei (Gestapo) und die Kriminalpolizei, womit die Kriminalpolizei praktisch der Gestapo untergeordnet wurde. Zum **Hauptamt Ordnungspolizei** gehörten die Schutzpolizei, die Gendarmerie und die Gemeindepolizei. Die Gestapo erhielt **weitreichende Kompetenzen**.[12] So konnte sie u. a. ohne Hinzuziehung eines Richters sog. „Schutzhaft" in Gefängnis oder Konzentrationslagern verhängen, in Form der „verschärften Vernehmung" foltern oder über „Sonderbehandlung" hinrichten.

8 Durch eine Änderung des Strafgesetzbuches 1935 wird der Grundsatz „nulla poena sine lege" (keine Strafe ohne strafbewehrendes Gesetz zur Tatzeit) außer Kraft gesetzt. Von da an war „nach gesundem Volksempfinden" zu bestrafen[13], womit jede Bindung der Gerichte an Gesetze praktisch aufgehoben und durch die Weisungen der nationalsozialistischen Führung ersetzt war. 1937 wurden die „polizeiliche planmäßige Überwachung" und die „polizeiliche Vorbeugehaft" reichseinheitlich neu geregelt.[14] Damit waren alle politischen Gegner in Deutschland praktisch vogelfrei.

---

11 Würtenberger / Heckmann / Tanneberger § 1 Rn 14.
12 Durchführungsverordnung zum Preußisches Gesetz über die Geheime Staatspolizei v. 10.2.1936, G. S. 21 und 22.
13 In § 2 des Strafgesetzbuches vom 28. Juni 1935 (RGBl. 1935 I, S. 839) hieß es nun: „Bestraft wird, wer eine Tat begeht, die das Gesetz für strafbar erklärt oder die nach dem Grundgedanken eines Strafgesetzes und nach gesundem Volksempfinden Bestrafung verdient." Diese Formulierung fand sich auch im Vollstreckungsmissbrauchsgesetz (RGBl. I 1934, S. 1234), im Gesetz über den Ausgleich bürgerlich-rechtlicher Ansprüche (RGBl. I 1934, S. 1235) oder in § 48 Abs. 2 Testamentsgesetz (RGBl. I 1938, Seite 973). – Nach Bill Drews, Präsident des Preußischen OVG, in Preußisches Polizeirecht, 1. Bd. 1936, 13 f., sei die Generalklausel des § 14 preuß. PVG dahin auszulegen, dass „alles, was objektiv dazu beitragen kann, dem nationalsozialistischen Staat untergrabend, hemmend, verstimmend oder auch nur staatsentfremdend zu wirken, als Störung der öffentliche Sicherheit zu erachten" sei.
14 „Grundlegender Erlaß über die vorbeugende Verbrechensbekämpfung durch die Polizei" des Reichsinnenministeriums vom 14.12.1937.

A. Die geschichtliche Entwicklung des Polizeirechts

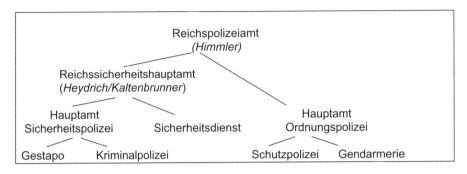

Der SS-Terror erreichte ganz neue Dimensionen während des 2. Weltkrieges. In Vollendung der organisatorischen Konzentration vereinte man vier Wochen nach Kriegsbeginn Ende September 1939 das Hauptamt Sicherheitspolizei im Reichsinnenministerium mit dem Sicherheitsdienst der SS zum **Reichssicherheitshauptamt (RSHA)** unter der Leitung Heydrichs. Damit hatte man nun Gestapo, Kriminalpolizei und Sicherheitsdienst gebündelt, um politische Gegner noch wirksamer zu verfolgen.[15] Im besetzten Polen und vor allem ab Sommer 1941 in der teilweise besetzten Sowjetunion ermordeten hinter der Front vom Reichssicherheitshauptamt zusammengestellte Einsatzgruppen hunderttausende Menschen, zumeist Juden, „Zigeuner" und andere, die nach wahnwitzigen Kriterien als „rassisch minderwertig" galten, aber auch Widerstandskämpfer, Kriegsgefangene, Kommunisten und sonstige Gegner sowie Behinderte. Mit den Massenvernichtungslagern organisierte die SS schließlich eine fabrikartige Menschenvernichtung, die zumindest in ihrem Ausmaß[16] und ihrer fabrikmäßigen Perfektion in der Menschheitsgeschichte einmalig ist. An den als „Aussiedlung" getarnten Transporten in die Vernichtungslager und den Massenmorden[17] waren neben SS, Sicherheitspolizei, örtlicher polnischer Polizei und in den besetzten Gebieten rekrutierten „Hilfswilligen" auch Einheiten der Ordnungspolizei beteiligt.

9

IV. Neuorganisation der Polizei nach dem 2. Weltkrieg

1. Entwicklung in Westdeutschland seit 1945

Nach der bedingungslosen Kapitulation 1945 wurden NSDAP, SS und SA verboten und aufgelöst sowie deren Neubildung für ungesetzlich erklärt.[18] Die alliierten Siegermächte bestimmten die weitere Entwicklung der polizeilichen Strukturen mit dem Ziel, die Polizei zu dezentralisieren und wieder rechtsstaatlichen Grundsätzen zu unterwerfen. Sie verfügten neben anderen Maßnahmen für den politischen Wiederaufbau eine strikte **Trennung von Geheimdiensten und Polizei**, die Zurückverlagerung der **Polizeihoheit auf die Länder** sowie die **Entpolizeilichung** im Bereich der Ge-

10

---

15 Struktur und rechtliche Grundsätze dieses Polizeirechts beschreibt aus nationalsozialistischer Sicht (!) das Werk von Maunz aus dem Jahr 1943 „Gestalt und Recht der deutschen Polizei" (zitiert nach Drews / Wacke / Vogel / Martens, S. 112, Fn 35, 41 und 42).
16 In den Arbeits- und Vernichtungslagern starben über 6 Millionen Juden und über 500.000 sonstige Gefangene.
17 Getötet alleine weit über 20 Millionen Menschen (über 7 Mio. Zivilisten) in Russland und über 6 Millionen (über 4 Mio. Zivilisten) im kleinen Polen, die Mehrheit starb nicht in Kampfhandlungen.
18 Kontrollratsgesetz Nr. 2 des Alliierten Kontrollrats vom 10. Oktober 1945.

fahrenabwehr, d.h. die Beschränkung der Polizei auf vollzugspolizeiliche Aufgaben.[19] Im überwiegenden Teil der angloamerikanischen Besatzungszonen[20] wurde im Rahmen der sog. „Entpolizeilichung" das **Trennungsprinzip** (vgl. Rn B 1) eingeführt, wurden also bei den Kommunen Ordnungsbehörden gebildet, die fortan zur allgemeinen Verwaltung und nicht mehr zur Polizei gehörten und die nicht polizeitypischen Aufgaben der Gefahrenabwehr wahrnahmen (**Ordnungsbehördensystem**).[21] Dagegen blieb es vor allem in den überwiegend französisch besetzten Zonen[22] beim sog. **Einheitsprinzip**, das ja schon vor dem NS-Staat in Deutschland gegolten hatte: Sowohl den Polizeivollzugsdienst als auch die Ordnungsbehörden ordnete man organisatorisch der Polizei zu (**Polizeibehördensystem**).

2. Polizei in der „DDR" (1949 bis 1990)

11 In der sowjetischen Besatzungszone wurde die Deutsche Volkspolizei (DVP) am 1.7.1945 offiziell neu gegründet.[23] Dabei wurde fast das gesamte Personal ausgetauscht und durch Berufsfremde ersetzt. Die Struktur der Polizei war wie im NS-Staat ein **zentralistisches Polizeibehördensystem**. In der neu gegründeten „DDR" sollten Polizeiangehörige neben der traditionellen Sicherung der öffentlichen Ordnung ihren Beitrag „zur allseitigen Stärkung und zum zuverlässigen Schutz der Arbeiter- und Bauern-Macht" leisten und waren später meistens Mitglieder SED. Innerhalb der Volkspolizei gab es seit 1960 eine eigene SED-Kreisleitung, die direkt dem SED-Zentralkomitee unterstellt war. Für die Bevölkerung waren die 1952/1953 nach sowjetischem Vorbild eingeführten „Abschnittsbevollmächtigten" der Schutzpolizei die ersten Ansprechpartner zur Aufrechterhaltung der öffentlichen Ordnung. Die Abschnittsbevollmächtigten kannten jeden Bürger ihres Wohngebietes. Sie kontrollierten die „Hausbücher", die in jedem Wohnhaus vom „Hausgemeinschaftsleiter" geführt werden mussten. Daneben wurde die Bevölkerung bis in die privatesten Ebenen hinein durch den Staatssicherheitsdienst (SSD, „Stasi"[24]) des 1950 gegründeten **Ministeriums für Staatssicherheit** (MfS) bis hin zur Unsinnigkeit bespitzelt. Es wird geschätzt, dass ungefähr 91.000 Menschen hauptamtlich und weit mehr als 100.000 sog. „Inoffizielle Mitarbeiter", also Spitzel, für das MfS arbeiteten. Der Staatssicherheitsdienst ist verantwortlich für tausendfache rechtlose Verschleppung, Kindesentziehung, Erniedrigung, Folter und Hinrichtung von tatsächlichen oder vermeintlichen politischen Gegnern. Vor allem vor dem Mauerbau 1961 schreckte er auch nicht davor zurück, missliebige Personen aus dem freien Westteil Berlins zu entführen und anschließend zu foltern, einzusperren, in die Sowjetunion auszuliefern oder umzubringen. Das MfS beherrschte auch die Volkspolizei, deren wichtigste Positionen sämtlich Vertrauenspersonen des MfS oder gar Stasioffizieren einnahmen. Die Staatssicherheit arbeitete eng mit der Kriminalpolizei und dem Strafvollzug zusammen. In eigenen Haftanstalten wurden zum Teil am gültigen Strafvollzuggesetz der DDR vorbei „Gesonderte Kommandos" eingerichtet, innerhalb derer politische Gefangene und gewöhnliche Kriminelle zum Teil in Isolierhaft und unter menschenun-

---

19 Vgl. Rühle/ Suhr vor §§ 75 ff.
20 Bayern, Berlin, Hamburg, Hessen, Niedersachsen, Nordrhein-Westfalen und Schleswig-Holstein.
21 S. Würtenberger / Heckmann / Tanneberger § 1 Rn 17 f.; Reinke Kriminologisches Journal 2000, 176 ff.
22 Rheinland-Pfalz, Baden-Württemberg und (nach seiner Rückkehr 1956) dem Saarland; außerdem im britisch besetzten Bremen.
23 Die Kasernierte Volkspolizei (KVP) dagegen war der militärischer Vorläufer der Nationalen Volksarmee (NVA) und von dieser nach ihrer Gründung 1956 übernommen.
24 Im Volksmund „VEB Guck und Horch".

A. Die geschichtliche Entwicklung des Polizeirechts

würdigen Bedingungen einsaßen. Ernsthaften Schutz gegen polizeiliche Maßnahmen gab es praktisch zumindest dann nicht, wenn die polizeiliche Aktion politisch, ideologisch oder moralisch motiviert war.

Die Machthaber der „DDR" hielten sich an rechtsstaatliche Grundsätze ebenso wenig wie die des NS-Staates. Im sowjetisch beherrschten Teil Deutschlands galten formal zunächst fast zwei Jahrzehnte die vornationalsozialistischen Landespolizeigesetze aus den 20er und 30er Jahren. Am 11.6.1968 ersetzte das „Gesetz über die Aufgaben und Befugnisse der Deutschen Volkspolizei" (**VPG**) die bis dahin geltenden Regelungen. Das VPG setzte in seinem § 11 Abs. 1 die Tradition der preußischen Generalklausel fort, ließ aber als weitere polizeiliche Aufgaben auch den **„Schutz der sozialistischen Staats- und Gesellschaftsordnung**, der sozialistischen Errungenschaften sowie des freiheitlichen Lebens und der schöpferischen Arbeit des Menschen" zu. Diese nichts sagenden und darum beliebig auslegbaren Rechtsbegriffe sorgten (ähnlich dem Begriff des „gesunden Volksempfindens" im NS-Staat) dafür, dass es eine rechtlich bestimmbare Reduzierung polizeilicher Gewalt auf die Gefahrenabwehr nicht gab. § 11 Abs. 1 VPG[25] diente der Rechtfertigung aller Maßnahmen, die sich gegen politisch, ideologisch oder gesellschaftlich Missliebige richteten, und als Grundlage jeglichen Vorgehens nicht nur gegen Gefahren für die öffentliche Sicherheit oder Ordnung in unserem Verständnis, sondern auch gegen politisch, moralisch oder sonst wie nicht gewollte Erscheinungen.

3. Polizeirecht und -organisation in Rheinland-Pfalz seit 1947

Rheinland-Pfalz wurde nach dem Krieg aus der nördlichen französischen Besatzungszone[26] (abzüglich des erst 1956 nach Deutschland zurückgekehrten Saarlandes) gebildet und war somit zuerst ein Kunstgebilde völlig verschiedener Landesteile und Provinzen.[27] Hier führte man zunächst das vom preußischen Polizeiverwaltungsgesetz[28] aus der Zeit vor Hitlers Machtergreifung geprägte Polizeirecht wieder ein, [29]das 1954 durch das rheinland-pfälzische **Polizeiverwaltungsgesetz (PVG)** abgelöst wurde.[30] Es galt weiterhin das Polizeibehördensystem, nach dem nicht nur die Vollzugspolizei (uniformierte und Kriminalpolizei), sondern auch die Ordnungsverwaltung (Verwaltungsbehörden der Gefahrenabwehr) als Polizei galten (**Einheitsprinzip**, s. a. Rn B 1). 1981 arbeitete man den **Musterentwurf** für ein einheitliches Polizeigesetz des Bundes und der Länder von 1976 in das PVG ein.[31] So wurde erstmals differenziert zwischen Aufgaben und Befugnissen der Polizei. Zwangsmittel

---

25 § 11 Abs. 1 VPG: „In Erfüllung der ihr übertragenen Aufgaben ist die Deutsche Volkspolizei befugt, zur Durchsetzung gesetzlicher Bestimmungen die erforderlichen Maßnahmen durchzuführen und Forderungen zu stellen ...".
26 Am 10. Juli 1945 ging die Besatzungshoheit im Gebiet des heutigen Rheinland-Pfalz von den Amerikanern auf die Franzosen über. Diese ordneten die Errichtung des Landes als letztes Land in den westlichen Besatzungszonen am 30. August 1946 durch die Verordnung Nr. 57 der französischen Militärregierung an.
27 Rheinland-Pfalz setzt sich zusammen aus der ehemals bayerischen Pfalz, den Regierungsbezirken Koblenz und Trier der ehemaligen preußischen Rheinprovinz, aus den linksrheinischen Teilen der ehemals zum Volksstaat Hessen gehörigen Provinz Rheinhessen, aus Teilen der preußischen Provinz Hessen-Nassau (Montabaur) und aus dem ehemals oldenburgischen Gebiet um Birkenfeld (Fürstentum Birkenfeld).
28 Preußisches Polizeiverwaltungsgesetz v. 1.6.1931 GS. S. 77.
29 Zur historischen Entwicklung des Polizeirechts nach dem Krieg in Rheinland-Pfalz de Clerck-Schmidt Polizei- und Ordnungsbehördengesetz, Loseblatt, 6. Aufl. 1994,, § 1, I.1.-7.
30 Polizeiverwaltungsgesetz Rheinland-Pfalz (PVG) v. 26.3.1954, GVBl. S. 31.
31 PVG v. 24.6.1981, GVBl. S. 124.

und Entschädigungsregelungen wurden nach dem Vorbild des Musterentwurfs neu gefasst. Dagegen blieben die Regeln über Polizeiverfügung, Polizeiverordnung und Organisation der Polizei im Wesentlichen unverändert. Vorschriften zum **Schutz personenbezogener Daten** fanden erstmals 1986 Eingang in das PVG.[32]

1993 ersetzte das **Polizei- und Ordnungsbehördengesetz (POG)** das bisherige PVG.[33] Das bedeutete das Ende des Polizeibehörden- und die Einführung des Ordnungsbehördensystems **(Trennungsprinzip,** s. a. Rn B 1). Seitdem gelten wie in den meisten der übrigen Bundesländer auch nur noch die uniformierte (Vollzugs-) Polizei und die Kriminalpolizei als Polizei, alle anderen bisherigen (Verwaltungs-) Polizeibehörden figurieren nunmehr als Ordnungsbehörden. Das bedeutet einen Wechsel vom materiellen, an der Aufgabenstellung orientierten Polizeibegriff zum formellen, an den beteiligten Institutionen und Behörden orientierten Polizeibegriff. Gleichzeitig wird der schon vorher bestehende Trend fortgesetzt, für die Polizei untypische Aufgaben auf die Ordnungsbehörden zu verlagern (Entpolizeilichung). Eine Konzentration der **Vollstreckungsregeln** führte 2000 zur Streichung[34] der §§ 50 bis 56 POG a.F. zugunsten des gleichzeitig überarbeiteten rheinland-pfälzischen Verwaltungsvollstreckungsgesetzes,[35] womit die unsystematische und kaum zu verstehende Regelung abgeschafft wurde, wonach sich die Vollstreckung der Ordnungsbehörden in manchen Fällen nach den §§ 50 ff. a.F. POG, in anderen nach dem LVwVG richteten. Schließlich wurden 2004 neben einigen anderen Regelungen vor allem die häusliche Platzverweisung und das Aufenthaltsverbot eingeführt (§ 13 Abs. 2 und 3 POG) sowie die datenschutzrechtlichen Bestimmungen überarbeitet[36] und später mehrfach modifiziert.[37]

---

[32] PVG v. 26.3.1986, GVBl. S. 73.
[33] Polizei- und Ordnungsbehördengesetz (POG) Rheinland-Pfalz v. 8.6.1993, GVBl. S. 314, i. d. F. vom 10.11.1993 GVBl. S. 595.
[34] POG v. 9.11.1999, GVBl. S. 407.
[35] Wofür sich seinerzeit dieses Buch eingesetzt hatte, vgl. die Kritik in der 1. Auflage dieses Buches von 1996 (Rn J 3).
[36] POG v. 2.3.2004, GVBl. S. 202.
[37] POG v. 25.7.2005, GVBl. 2005, 320; 2011, 26; s. dazu im Einzelnen Kap. G.

B. Aufgaben, Organisation, Zuständigkeiten der allgemeinen Ordnungsbehörden und der Polizei

I. Aufgabe der Gefahrenabwehr

1. Materieller und formeller Polizeibegriff

Hinsichtlich der Polizei und der allgemeinen Ordnungsbehörden ist zwischen Aufgaben und Befugnissen zu unterscheiden.[1] **Aufgaben** sind die Pflichten, die die Ordnungskräfte zu erfüllen haben (z. B. die in § 1 POG). **Befugnisse** sind die Eingriffsgrundlagen, die den Ordnungskräften hierzu zur Verfügung stehen (z. B. die §§ 9 ff. POG, §§ 61 ff. LVwVG). Zum Verständnis des organisatorischen Ordnungsrechts muss man zudem zwei verschiedene Polizeibegriffe unterscheiden. Der **materielle Polizeibegriff** ergibt sich aus § 1 Abs. 1 S. 1 POG und definiert funktional die Tätigkeit. Demnach fallen unter diesen Begriff alle Behörden und Stellen, deren Aufgabe es ist, Gefahren abzuwehren.[2] Das sind neben der Polizei alle Ordnungsbehörden. Demgegenüber bezieht sich der **formelle Polizeibegriff** auf die Organisation. Formell ist Polizei nur die Behörde, die auch ausdrücklich als „Polizei" bezeichnet wird.[3] Nur in drei Bundesländern[4] besteht noch das sog. **Einheitsprinzip**, bei dem im Gesetz organisatorisch nicht zwischen Polizei und Ordnungsbehörden unterschieden wird; der materielle und der formelle Polizeibegriff sind hier also dasselbe. In den anderen Bundesländern besteht inzwischen das sog. **Trennungsprinzip**, wonach zwischen Polizei und Ordnungsbehörden unterschieden wird, wobei die grundsätzliche Zuständigkeit den allgemeinen Ordnungsbehörden zugewiesen ist; vier von ihnen haben sogar für beide Institutionen unterschiedliche Gesetze.[5] Auch das rheinland-pfälzische POG bezeichnet nur die in den §§ 76 bis 84 genannten Polizeibehörden und -einrichtungen als „Polizei" und trennt es so von den allgemeinen Ordnungsbehörden.[6]

Außerdem unterscheidet man bei der Gefahrenabwehr verschiedene Ebenen. Unter „**Primärebene**" versteht man Handlungen der unmittelbaren Gefahrenabwehr, die eigentliche Maßnahme. Auf der „**Sekundärebene**" werden die dafür entstandenen Kosten abgewickelt.[7]

2. Anwendbarkeit des POG

§ 1 Abs. 1 S. 1 POG weist den **allgemeinen Ordnungsbehörden i. S. d. § 88 Abs. 1 POG** (vgl. Rn B 18) und der Polizei die **Aufgabe der Gefahrenabwehr** zu. Gefahr

---

1 Lisken / Denninger / Rachor D Rn 67.
2 Knemeyer Rn 24.
3 Knemeyer Rn 25.
4 Bw. Polizeigesetz; saarl. Polizeigesetz; sächs. Polizeigesetz.
5 Bayern (PAG, LStVG); Brandenburg (PolG, OBG); Nordrhein-Westfalen (PolG, OBG); Thüringen (PAG; OBG); . Götz / Geis § 20 Rn 13.
6 Anders noch bis 1993 das damalige rheinland-pfälzische Polizeiverwaltungsgesetz (PVG).
7 Thiel § 5 Rn . 3 ff. unterscheidet sogar in Primärebene, Sekundärebene (die Durchsetzung) und Tertiärebene (Kosten).

bedeutet hier (weitergehend als die „im einzelnen Falle bestehende Gefahr" in § 9 Abs. 1 S. 1 POG, vgl. Rn D 1), dass ein Schaden für ein Schutzgut irgendwann eintreten oder sich vertiefen könnte. Mit dieser Aufgabenzuweisung wird die Polizei und werden die allgemeinen Ordnungsbehörden gleichzeitig zu allen Eigenmaßnahmen befugt, die der Schadensverhinderung oder –minderung dienen und gleichzeitig die Rechte einzelner unberührt lässt (z. B. Streifenfahrt, einfache beobachtende Verkehrsüberwachung, Beratung zum Schutz vor Verbrechen, Aufklärung über Suchtmittelgefahren)[8], ohne dass es dafür einer besonderen Ermächtigung bedürfte. Für Eingriffe in Rechte von Personen genügt sie allerdings nicht, hier bedarf es einer Ermächtigungsgrundlage, z. B. der §§ 9 ff. POG (hierzu Kap. G). Zur Gefahrenabwehr gehört auch die Vorbereitung auf die Gefahrenabwehr, § 1 Abs. 1 S. 2 POG. Soweit dies allerdings im Vorhalten von Daten besteht, müssen zusätzlich noch die Voraussetzungen der §§ 26 ff. POG vorliegen.

Beispiel: Die Polizei und die allgemeinen Ordnungsbehörden haben Listen mit Abschleppunternehmern oder Schlüsseldiensten vorzuhalten, die im Notfall gerufen werden können. – Nach den §§ 3 ff. LBKG[9] sind die dort genannten Kommunen zwar keine allgemeinen Ordnungsbehörden, sondern nur Aufgabenträger, deren Aufgaben und Befugnisse sich nicht nach dem POG richten. Die dort genannten Vorbereitungen (Alarm- und Einsatzpläne) betreffen sie nur insoweit, als es sich organisatorisch um dieselben Behörden handelt. Wohl aber hat die Polizei entsprechende Pläne vorzuhalten und fortzuschreiben, weil sie ja mit der Aufgabe nach § 1 Abs. 8 befasst werden kann. Datenschutzrechtlich ist das nach § 26 Abs. 4 Nr. 4 POG erlaubt. Anders wäre das bei Daten, die bei Observationen oder durch den Einsatz von technischen Mitteln gewonnen wurden; hier müssen zusätzlich die Voraussetzungen der §§ 27 f. POG vorliegen.

3 Das POG ist als allgemeines Gesetz der Gefahrenabwehr für die allgemeinen Ordnungsbehörden und die Polizei eine Auffangvorschrift für die nicht speziell geregelten Fälle. Also selbst die **allgemeinen Ordnungsbehörden und die Polizei** wenden es darum nur insoweit an, als nicht ein spezielleres Gesetz der Gefahrenabwehr für sie vorrangige Regelungen trifft, (z. B. im AufenthG, LPAuswG, BMeldeG, LHundG usw.); hier kann das POG aber ergänzend herangezogen werden, § 1 Abs. 2 S. 2 POG. Völlig unanwendbar (außer für die Vollstreckung der StPO über den nicht nur präventiv anwendbaren § 57 Abs. 1 POG) ist für sie das POG aber dann, wenn es um das Aufklären, Verfolgen oder Verhängen von Verwarnungen, Bußgeldern oder Strafen, also um repressives Polizeirecht geht (vgl. hierzu Rn G 10). Denn für diesen Bereich obliegt dem Bundesgesetzgeber (Art. 74 Nr. 1 Grundgesetz) die Regelungskompetenz. Allerdings ist zu beachten, dass z. B. die §§ 66a, b, 69, 73, 74d StGB und die §§ 81b 2. Fall, 81g Abs. 1 u. 5, 111b ff., 112a, 164 und 484 StPO präventiver Natur sind. Erst Recht **nicht** anwendbar ist das POG natürlich, wenn aufgrund grundgesetzlicher und bundesrechtlicher Regelungen **Polizeibehörden des Bundes** Bundesrecht vollziehen (Bundespolizei, BKA).

4 Aus § 1 Abs. 1 S. 1 POG folgert umgekehrt, dass für **Sonderordnungsbehörden** i. S. d. § 88 Abs. 2 POG (s. Rn B 17) das POG **grundsätzlich nicht anwendbar** ist.

Beispiel: Da Ruhestörungen nach § 14 LImSchG unterbunden werden, sind hierfür die in § 15 LImSchG genannten Sonderordnungsbehörden zuständig, nicht die allgemeinen Ordnungsbehörden. Ein Rückgriff dieser Sonderordnungsbehörden auf das POG ist darum nicht zulässig.

In manchen Fällen können aber auch diese Sonderordnungsbehörden auf das POG zugreifen. Manche Gesetze **verweisen** wieder in Teile des POG zurück (z. B. § 18

---

8 Götz / Geis § 1 Rn 1.
9 Landesgesetz über den Brandschutz, die allgemeine Hilfe und den Katastrophenschutz v. 2.11.1981, GVBl. 1981, 247.

Abs. 1 S. 3 LKrWG; § 97 Abs. 1 S. 2 LWasserG; § 59 Abs. 2 LBauO; § 42 Abs. 1 S. 31 LNatSchG). Unabhängig von derartigen Rückverweisungen ist der Rückgriff auf das POG aber grundsätzlich auch dann zulässig, wenn es sich nicht um Ermächtigungsgrundlagen, sondern um allgemeine, **nicht POG-spezifische Grundsätze** handelt (z. B. §§ 2 f. oder § 7 POG).

Beispiel: Die Kreisverwaltung stellt vernachlässigte Tiere nach § 16a Nr. 2 TierSchG sicher. Eine Rückgabe an den bisherigen Eigentümer kommt nicht in Betracht. Die Kreisverwaltung ist zwar wegen der besonderen Zuständigkeitsregelung in § 15 TierSchG i. V. m. der Landeszuständigkeitsverordnung Sonderordnungsbehörde, so dass ein Rückgriff auf das POG grundsätzlich ausscheidet. Dennoch können hier zum weiteren Verwerten der Tiere durchaus die allgemeinen Grundsätze der §§ 24 ff. POG angewendet werden.

In diesem Zusammenhang ist auch zu beachten, dass zwar jeder **Hoheitsträger** den 5 Ordnungsgesetzen unterliegt (sog. **materielle Ordnungspflicht**, vgl. auch Rn E 7)[10], was nur dann nicht gelten soll, wenn das Interesse an der Wahrnehmung der eigenen störenden Aufgabe überwiegt.[11] Als Hoheitsträger gelten wegen Art. 137 Abs. 5 S. 1 WRV, Art. 140 GG auch die beiden großen christlichen Kirchen für deren sakralen Bereich wie Messen, Prozessionen, Glockenläuten.[12] Jedoch ist nach herrschender Meinung jeder Hoheitsträger für seinen *hoheitlichen* Aufgabenbereich (anders, wenn er fiskalisch, also privat, auftritt und die hoheitliche Tätigkeit unberührt bleibt[13]) selbst verantwortlich und unterliegt grundsätzlich nicht den Weisungen anderer Hoheitsträger, insbesondere nicht denen der allgemeinen Ordnungsbehörden und der Polizei im Rahmen seiner hoheitlichen (!) Tätigkeiten (also keine sog. **formelle Ordnungspflicht**).[14] Das gilt nach nicht unbestrittener Meinung auch dann, wenn der Hoheitsträger verwaltungsprivatrechtlich tätig wird, also zwar privatrechtlich handelt (z. B. beim Betrieb eines lärmenden Schwimmbades), damit aber gleichzeitig unmittelbar eine hoheitliche Aufgabe (z. B. der Daseinsfürsorge) erfüllt.[15] Begründet wird das mit dem grundsätzlichen Vollstreckungsverbot gegen Behörden und juristische Personen des öffentlichen Rechts in § 7 rheinland-pfälzisches LVwVG, § 17 VwVG (Bund).

Beispiel: Bei einem Brand streiten der beauftragte Einsatzleiter der städtischen Feuerwehr und ein Polizeibeamter, ob es sinnvoll ist, im Moment Personen von einem Balkon zu holen. Der Einsatzleiter hält aufgrund seiner Erfahrung ein vorheriges Bekämpfen des Brandherdes für erforderlich. Der Polizeibeamte verlangt dennoch sofortiges Retten der Eingeschlossenen und droht Zwangsmittel an. – Letzteres ist rechtswidrig, denn die § 24 f. Brand- und Katastrophenschutzgesetz Rheinland-Pfalz weisen die Zuständigkeit eindeutig der Einsatzleitung der Feuerwehr zu und es ist hier auch nicht offensichtlich, dass diese ihre Pflichten grob verletzt.

Das ist nur dann anders, wenn eine Rechtsvorschrift etwas anderes bestimmt; so 6 wird z. B. aus der Umkehr zu § 35 Abs. 1 bis 5 StVO gefolgert, dass die Bundeswehr im Straßenverkehr grundsätzlich formell ordnungspflichtig sei, also die Weisungen der Straßenverkehrsbehörden und der Polizei befolgen müsse. Schließlich folgt aus

---

10   Gusy Rn 140; Würtenberger / Heckmann / Tanneberger § 5 Rn 342 ff.
11   BVerwG v. 16.1.1968 - I A 1.67, BVerwGE 29,58; dazu Britz DÖV 2002,1887, abl. Schoch JurA 2005, 324 ff., Scheidler UPR 2004, 257.
12   Siehe hierzu VGH Mannheim v. 3.4.2012 - 1 S 241/11, DVBl. 2012, 1055.
13   OVG Lüneburg v. 21.4.2004 - 7 LC 97/02. .
14   VGH Kassel v. 7.3.1996 - 14 TG 3967/95, NVwZ 1997, 304; Glöckner NVwZ 2003, 1208; krit. VGH Mannheim v. 30.4.1996 - 10 S 2163/95, VBlBW 1996, 352; Borowski VerwArch. 2010, 58; Britz DÖV 2002, 891; Schoch JurA 2005, 324; Würtenberger / Heckmann / Tanneberger § 5 Rn 344; allerdings lässt BVerwG v. 25.9.2008 - 7 A 4.7, NVwZ 2009, 588 die Unterschutzstellung durch die Landesdenkmalbehörde des Landes gegenüber einer Bundesbehörde zu.
15   VGH Kassel v. 29.8.2001 - 2 UE 1491/01, NVwZ 2002, 889; v. 7.3.1996 - 14 TG 3967/95, NVwZ 1997, 304; a. A. VGH Mannheim v. 3.4.2001 - 10 S 2438/00, VBlBW 2001, 496.

dem Grundsatz der Einheit der Verfassung, dass gegen einen Hoheitsträger eingeschritten werden kann, wenn dessen offensichtlich falsches Verhalten (das ist sehr eng auszulegen!) hochwertige Schutzgüter erheblich gefährdet (z. B. die Feuerwehr weigert sich, mittels einer Leiter Personen aus einem brennenden Haus zu retten, weil der unerfahrene Einsatzleiter die Gefahr verkennt).

Beispiel: Während des 2. Weltkrieges werden Flugabwehrgranaten entgegen den Regeln des damals geltenden preußischen Wassergesetzes mit großen Mengen Wasser ausgewaschen, um Explosionen zu verhindern. Dadurch wurde der umliegende, im Eigentum des Bundes befindliche Boden kontaminiert. Später fordert die zuständige Ordnungsbehörde vom Bund als Rechtsnachfolger des Deutschen Reiches, näher spezifizierte Eigenkontrollmaßnahmen durchzuführen. – Hier ist der Bund nicht in seinen hoheitlichen Aufgaben (sondern als Eigentümer) betroffen und kommt darum als Adressat der Maßnahme in Betracht.

II. Die Polizei

1. Die Organisation der Polizei in Rheinland-Pfalz

7 Polizei ist ein eigenständiger staatlicher (vgl. § 75 Abs. 1 POG) und aus der allgemeinen inneren Landesverwaltung herausgelöster Verwaltungsbereich. Bis 2017 gliederte sich die Polizei nach § 76 Abs. 1 POG a. F. in Behörden und Einrichtungen, die als Einrichtungen des Landes unmittelbar für dieses und in dessen Namen tätig werden (vgl. § 75 Abs. 1 POG). Nunmehr wird der Begriff der Einrichtungen aufgegeben und neben einigen strukturellen Änderungen ein Polizeipräsidium Einsatz, Logistik und Technik geschaffen.[16] Die Polizei gliedert sich in unmittelbar dem fachlich zuständigen Ministerium unterstehende Polizeibehörden; dies sind die Polizeipräsidien, das Landeskriminalamt und die Hochschule der Polizei Rheinland-Pfalz, § 76 POG. Sie alle unterstehen der direkten Aufsicht des Ministeriums des Innern und für Sport, § 92 Abs. 2 POG.

8 Es gibt die fünf **regionalen Polizeipräsidien**[17]. Sie nehmen innerhalb der polizeilichen Zuständigkeit (dazu unten Rn 13) alle polizeilichen Aufgaben wahr, soweit diese Aufgaben nicht anderweitig zugewiesen sind (§ 77 Abs. 1 POG). Die örtliche Zuständigkeit richtet sich danach, in wessen Dienstbezirk die polizeilich zu schützenden Interessen gefährdet oder verletzt werden (§ 77 Abs. 2 POG). Sie gilt nicht bei Gefahr im Verzug (§ 77 Abs. 3 POG) oder wenn das Ministerium des Innern und für Sport im Einzelfall die örtliche Zuständigkeit eines Polizeipräsidiums auf den Bereich anderer Präsidien erweitert hat (§ 77 Abs. 4 POG), z. B. weil Sportveranstaltungen oder Demonstrationen mehrere Dienstbezirke berühren oder Hunderttausende Personen in Schach zu halten sind. Der Bezirk eines Präsidiums gliedert sich in zwei bis vier regionale **Polizeidirektionen** (mit je einer zentralen **Kriminaldirektion**)[18] auf, die wiederum in **Polizeiinspektionen** (mit je einer zentralen **Kriminalinspektion**[19]) unterteilt sind. Vereinzelt gehört zu einer Polizeiinspektion eine **Wache** als Außenstelle, die al-

---

16 Diese Änderung war bei Drucklegung dieses Buches noch nicht beschlossen. Da sie aber in Kürze Gesetz werden soll, wird die neue Vorschrift zitiert und diesen Ausführungen zugrunde gelegt. Die Altfassung ist in den Vorauflagen ausführlich beschrieben.
17 Koblenz (mit Zentrum für polizeiliche Prävention), Mainz, Rheinpfalz (in Ludwigshafen, mit der Zentralen Bußgeldstelle für Verkehrsordnungswidrigkeiten), Westpfalz (in Kaiserslautern, mit Zentrum für polizeiliche Prävention) und Trier; im Einzelnen: Landesverordnung über die Dienstbezirke und die Gliederung der Polizeipräsidien (bei Drucklegung dieses Buches noch nicht in Kraft gesetzt).
18 Koblenz, Neuwied, Mayen, Montabaur – Mainz, Bad Kreuznach, Worms – Ludwigshafen, Neustadt a. d. W., Landau – Trier, Wittlich – Kaiserslautern, Pirmasens; die Kriminaldirektion ist immer am Sitz des Polizeipräsidiums.
19 Die Kriminalinspektion ist immer am Sitz der Polizeidirektion.

lerdings nur von 6.00 bis 22.00 Uhr geöffnet ist. Die Präsidien in Koblenz und Mainz verfügen über je eine zentrale **Verkehrsdirektion**, der die **Polizeiautobahnstationen** untergeordnet sind; ihre Hauptzuständigkeit sind die Gefahrenabwehr auf den Autobahnen und die überörtliche Verkehrsüberwachung. Nicht zum Dienstbezirk der Polizeipräsidien gehört das **Landtagsgebäude**[20] und der Zuständigkeitsbereich der **Bundespolizei**. Letztere ist insbesondere auf dem Gebiet der Bahnanlagen der Eisenbahnen (§ 3 BPolG), also auf allen Grundstücken und Einrichtungen der Deutschen Bahn, und für Schutz vor Angriffen auf die Sicherheit des Luftverkehrs (§ 4 BPolG), also im Bereich des Flughafengeländes, zuständig. Bahnhofsvorplätze dagegen gehören (vorbehaltlich der Nacheile i. S. d. § 58 Abs. 3 BPolG) wiederum zum Zuständigkeitsbereich der Polizeipräsidien.[21]

Polizeipräsidium

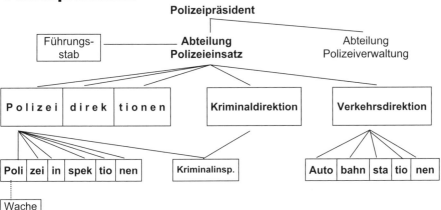

Das **Landeskriminalamt** in Mainz ist eine Landesoberbehörde ohne eigenen Unterbau und ohne eigene Außenstellen. Es ist die zentrale Einrichtung der Kriminalpolizei im Land, nimmt aber seit 2011 auch präventive Aufgaben wahr. Seine wesentlichen Zuständigkeiten lassen sich dem § 79 POG unmittelbar entnehmen. Grundsätzlich ist es – außerhalb der Datenerhebung und -verarbeitung – keine Vollzugsbehörde, sondern koordiniert und harmonisiert landesweit die Maßnahmen für die Bekämpfung der professionell verübten Schwerkriminalität wie Korruption, Staatsschutz, Eigentums-, Rauschgift-, Wirtschafts-, Umwelt- und Organisierte Kriminalität, auch für die Bekämpfung von Bankraub, Geldwäsche, illegaler Schleusung von Menschen und Waffenhandel. Das LKA hält den Kontakt mit dem Bundeskriminalamt[22] und den anderen Landeskriminalämtern. Es hat die Fachaufsicht über die anderen Polizeibehörden und kann deren Zuständigkeiten anderen oder sich selbst übertragen (sog. Kompetenz-Kompetenz).

Das **Polizeipräsidium Einsatz, Logistik und Technik** (ETL) in Mainz nimmt **landesweit** die Aufgaben der früheren Polizeieinrichtungen wahr, die alle bei ihm gebündelt sind (§ 77 Abs. 5 POG). Das sind zum einen die Aufgaben der **Wasserschutzpolizei**. . Dienstbezirk der Wasserschutzpolizei sind die schiffbaren Wasserstraßen in

---

20 Das ist grundsätzlich das „Deutschhaus" in Mainz, Platz der Mainzer Republik 1, wenn der Landtag woanders tagt, das dortige Gebäude.
21 BVerwG v. 28.5.2014 - 6 C 4.13, NVwZ 2015, 91 (betr. Trierer Bahnhof).
22 Vgl. § 3 BKAG.

Rheinland-Pfalz (das sind die Flüsse Rhein, Mosel, Saar, Lahn) einschließlich ihrer Nebenarme, Ufer, Anlagen und Häfen und (aufgrund eines heute noch gültigen Staatsvertrages von 1816[23]) das saarländische und luxemburgische Ufer der Mosel. Dort nimmt sie zwei unterschiedliche Aufgaben wahr. Originär zuständig ist sie zum einen für alle **polizeilichen Aufgaben** und bearbeitet abschließend die in § 4 i. V. m. Anlage II der LVO[24] aufgeführten Straftaten und Ordnungswidrigkeiten.[25]

Beispiele: Gefahren durch das Einschleusen illegal eingewanderter Ausländer, Verhindern und Verfolgen bestimmter Straftaten.

Zum anderen nimmt sie als Bundesauftragsangelegenheit **schifffahrtspolizeiliche Aufgaben** wahr. Der Bund ist Eigentümer der Bundeswasserstraßen und verwaltet diese durch seine Wasser- und Schifffahrtsverwaltung (WSV; Art. 89 Abs. 1 und 2 GG).[26] Diese Verwaltung unterteilt sich in

- die **strompolizeilichen** Aufgaben (§ 24 Abs. 1 und 2 WaStrG), die betreffen das Wegerecht[27], ist also die Sicherung der Wasserstraße und ihre technischen und baulichen Anlagen (Schleusen, Wehre, Schifffahrtszeichen) in ihrer Verkehrsfunktion (z. B. Beseitigung von Verkehrshindernissen, Erhalt der Uferbefestigungen, Wasserstandskontrolle, Eisbrechen); diese Aufgaben nehmen die Wasser- und Schifffahrtsbehörden des Bundes unmittelbar wahr; und

- die **schifffahrtspolizeilichen** Aufgaben (§ 1 Abs. 1 Nr. 2 BinSchAufgG)[28], die das Verkehrsrecht[29], also die die Abwehr von Gefahren für die Sicherheit und Leichtigkeit des Schiffsverkehrs und die von der Schifffahrt ausgehenden Gefahren betreffen sowie die schädlicher Umwelteinwirkungen im Sinne des Bundes-Immissionsschutzgesetzes (z. B. Überwachung des Schiffsverkehrs, die Durchführung von Verkehrskontrollen, die Sicherung von Gefahrentransporten oder die Sperrung der Schifffahrtswege) . Diese Aufgaben hat der Bund dem Land Rheinland-Pfalz übertragen[30], weshalb diese straßenverkehrsrechtlichen Aufgaben auf den Bundeswasserstraßen von der rheinland-pfälzischen Wasserschutzpolizei wahrgenommen werden.

Beispiele: Sperrung des Rheins für die allgemeine Schifffahrt bei „Rhein in Flammen". Gefahrenabwehr bei der Beeinträchtigung der Schifffahrt durch ein führerloses Schiff oder durch das Fahren mit einem Wasserfahrzeug ohne die notwendigen Papiere oder alkoholisiert.

11 Das Polizeipräsidium ETL unterstützt mit der **Bereitschaftspolizei** die zuständigen regionalen Polizeipräsidien bei der Wahrnehmung ihrer Aufgaben. Diese Aufgaben sind

- das Bewältigen von Lagen aus besonderem Anlass, wie z.B.
  - bei Gefahrenlagen im Zusammenhang mit Naturkatastrophen und besonders schweren Unglücksfällen nach Art. 35 Abs. 3 Grundgesetz (GG)
  - bei einer drohenden Gefahr für den Bestand oder die freiheitliche demokratische Grundordnung eines Bundeslandes nach Art. 91 Abs. 2 GG
  - im Verteidigungsfall nach Art. 115f GG

---

23 S. genauer bei Roos / Lenz § 80 Rn 5.
24 § 5 Landesverordnung über die Dienstbezirke der Polizeipräsidien sowie die sachliche Zuständigkeit der Wasserschutzpolizei – PolPrV –, GVBl 1993, S. 435.
25 Die übrigen bearbeiten die Polizeipräsidien und das Landeskriminalamt, § 5 S. 2 PolPrV.
26 In Rheinland-Pfalz sind dies die Wasser- und Schifffahrtsämter in Trier, Koblenz und Bingen sowie die Generaldirektion Wasserstraßen und Schifffahrt - Außenstelle Mainz.
27 Vergleichbar also mit dem Straßenrecht i. S. d. FStrG oder dem LStrG.
28 Gesetz über die Aufgaben des Bundes auf dem Gebiet der Binnenschifffahrt v. 15.2.1956.
29 Vergleichbar also mit dem Straßenverkehrsrecht i. S. d. StrVG.
30 StAnz 1956 Nr. 14, S. 11.

B. Aufgaben, Organisation, Zuständigkeiten von Ordnungsbehörden und Polizei

- Unterstützung anderer Länder bei der Bewältigung von Lagen aus besonderem Anlass bei Gefahrenlagen nach den Art. 35 Abs. 3 und 91 Abs. 2 GG und im Verteidigungsfall nach Art. 115f GG
- Unterstützung des polizeilichen Einzeldienstes.

Hierzu gehören insbesondere personelle Verstärkung der Polizeiinspektionen im Schichtdienst, Kontrollen zur Kriminalitätsbekämpfung und Unfallverhütung, Objektschutzmaßnahmen, Abschiebungen, Begleitung von Werttransporten, Einsatz geschlossener Einheiten bei Großeinsätzen (z. B. Heimspiele des FSV Mainz 05 und des 1. FC Kaiserslautern, Rosenmontagszug in Mainz, Großveranstaltungen auf dem Nürburgring, Demonstrationen, Gefahrgut-Transporte) oder bei besonderen Anlässen (z. B. Suche nach vermissten Personen und Beweismitteln, bei Katastrophen). Ferner stellt die Bereitschaftspolizei speziell ausgebildetes Personal bereit (z. B. zur Beweissicherung und Festnahme, Taucher usw.) sowie besondere Führungs- und Einsatzmittel (z. B. Spezialfahrzeuge, Informations- und Kommunikationsmittel, technische Sperren). Sie besteht aus fünf im Land verteilten Hundertschaften[31], einschließlich der Spezialeinsatz- und Personenschutzkommandos, der Polizeihubschrauberstaffel (Koblenz-Winningen), der Diensthundeausbildungsstelle und der Medienzentrale(beide in Enkenbach-Alsenborn), dem Polizeiorchester Rheinland-Pfalz (Mainz) und der Zentralen Aus- und Fortbildungsstelle (Wittlich). Letztere schult die Polizeibeamten z. B. im Schießen, im Umgang mit Kommunikations- und Informationstechnik, im Videografieren, in Einsatztechnik, Taktik, Geschwindigkeitsmessungen, Sport usw. Werden Polizeibeamte vom Bund oder von anderen Bundesländern angefordert, werden sie mit den Beamten anderer Ländern oder des Bundes einer gemeinsamen Führung unterstellt.

Beispiel: Bei einer Großdemonstration werden hessische Polizeibeamte eingesetzt und dem Polizeipräsidium Koblenz unterstellt. Ein hessischer Polizeibeamter verletzt rechtswidrig und schuldhaft einen Unbeteiligten. Die Amtshaftungsansprüche richten sich gegen das Land Rheinland-Pfalz als Träger des Polizeipräsidiums Koblenz.

Das Polizeipräsidium ETL nimmt zentrale Aufgaben im Bereich der **Polizeitechnik**, der Beschaffung polizeilicher Spezialbedarfe sowie des Betriebs der polizeilichen Informations- und Kommunikationsstruktur wahr. Es beschafft sämtliche Dienstfahrzeuge (Streifenwagen und Zivilfahrzeuge), die Schutzausstattung (Helme, Schutzwesten, Bodycams), Dienstwaffen und andere Einsatzmittel. Sie ist verantwortlich für die Informations- und Kommunikationstechnik sowie für den Digitalfunk für Polizei, Feuerwehr, Rettungsdiensten und anderen Hilfsorganisationen. Es ist zentrale Stelle für den **Digitalfunk** der Behörden und Organisationen mit Sicherheitsaufgaben (BOS) im Land Rheinland-Pfalz. Schließlich erfüllt es die Angelegenheiten des ärztlichen Dienstes, des Sanitätsdienstes und koordinierende Aufgaben im Bereich der Arbeitssicherheit.

Die **Hochschule** der Polizei (HdP) ist eine nichtrechtsfähige Einrichtung des Landes Rheinland-Pfalz. Sie dient der theoretischen und praktischen Ausbildung neu eingestellter Polizeianwärter im 3. Einstiegsamt zum Kommissar, § 82 POG.[32] Neben der Lehre und der Forschung dient sie auch der Fortbildung der bereits ausgebildeten Polizeibeamten. Sie befindet sich in Lautzenhausen neben dem Flughafengelände Hahn im Hunsrück. Weitere Standorte sind in den Unterkünften der Bereitschaftspolizei in Wittlich-Wengerohr und Enkenbach-Alsenborn.

---

31 Die 1. Abteilung in Enkenbach-Alsenborn (2) und Mainz (1), die 2. in Wittlich (1) und Koblenz (1).
32

11a Bestimmte Aufgaben in Rheinland-Pfalz nimmt die **Bundespolizei** wahr. **Polizeien des Bundes** sind

- die **Bundespolizei**, einschließlich dem Inspekteur der Bereitschaftspolizeien der Länder[33], der insbesondere der Grenzschutz sowie die Sicherheit von Bahn- und Luftverkehr obliegt,
- das **Bundeskriminalamt** für die länderübergreifende Verhütung und Verfolgung von Straftaten
- die **Hausinspektion des Deutschen Bundestages**; dieser spezielle Polizeivollzugsdienst ist originär zuständig, das Hausrecht des Bundestagspräsidenten (Art. 40 Abs. 2 GG) durchzusetzen und die öffentliche Sicherheit und Ordnung in den Bundestagsgebäuden aufrechtzuerhalten.[34]

Keine Bundespolizei im eigentlichen Sinne sind die Feldjäger der Bundeswehr.[35] Hinzu kommen bestimmte Sicherheitsbehörden des Bundes[36]

- das **Bundesamt für Verfassungsschutz** (BfV; Geschäftsbereich des Bundesministeriums des Innern) zum Schutz der freiheitlich demokratischen Grundordnung, insbesondere auch der Abwehr fremder geheimdienstlicher Tätigkeiten und der Terrorismusbekämpfung (§ 3 BVerfSchG; ähnliche Aufgaben erfüllt auch das Landesamt für Verfassungsschutz, § 3 Abs. 1 LVerfSchG[37]),
- das **Amt für den militärischen Abschirmdienst** (MAD; Geschäftsbereich des Bundesministeriums der Verteidigung), das Informationen über verfassungsfeindliche Bestrebungen und Spionagetätigkeiten sammelt (§ 1 MADG),
- der **Bundesnachrichtendienst** (BND; Geschäftsbereich des Bundeskanzleramtes), der im Ausland Informationen von sicherheitspolitischer Bedeutung der Bundesrepublik Deutschland sammelt (§ 1 BNDG).

---

33 Dieser kontrolliert die Einsatzfähigkeit der Bereitschaftspolizeien und nimmt die Befugnisse des Bundes bei Unglücksfällen und Naturkatastrophen wahr.
34 Würtenberger / Heckmann / Tanneberger § 3 Rn 15.
35 Feldjäger besitzen im Frieden keine Weisungsbefugnis gegenüber Nicht-Bundeswehrangehörigen, es sei denn, diese halten sich in einem militärischen Sicherheitsbereich auf oder es ist zur Aufgabenerfüllung zwingend notwendig. Zum Feldjägerdienst zählen der Militärische Ordnungsdienst, der Militärische Verkehrsdienst, die Wahrnehmung von militärischen Sicherheitsaufgaben, Erhebungen / Ermittlungen und der Raum- und Objektschutz.
36 BGBl 1990 I, 2954, 2970 (VerfSchG), 2077 (MADG) und 2979 (BNDG).
37 Vom 6.7.1998, GVBl. 1998, 184.

B. Aufgaben, Organisation, Zuständigkeiten von Ordnungsbehörden und Polizei 39

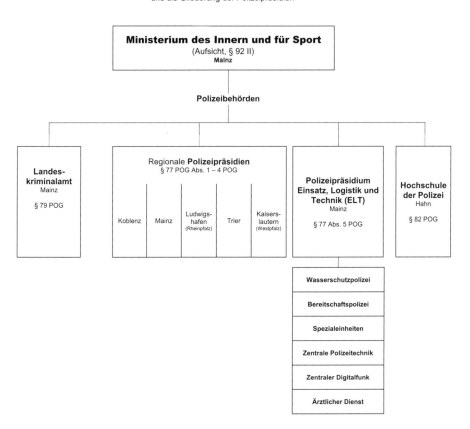

2. Zuständigkeiten der Polizei

Die **Zuständigkeit** betrifft die Frage, wer innerhalb der Polizei Aufgaben wahrnimmt, die der Polizei übertragen sind. Das ergibt sich aus den §§ 76 ff. POG. Demnach teilen sich die regionalen Polizeipräsidien, das Polizeipräsidium ETL und das Landeskriminalamt **sachlich** diese Aufgaben (die Hochschule der Polizei nimmt nur interne Aufgaben wahr). **Örtlich** sind die regionalen Polizeipräsidien innerhalb ihres Dienstbezirkes und die beiden anderen Behörden im ganzen Land Rheinland-Pfalz zuständig; Abweichungen gelten bei Gefahr im Verzug und bei ministerieller Anordnung (§ 77 Abs. 3 und 4 POG). Zuständig können Polizeibehörden aber nur innerhalb des Rahmens sein, in dem ihnen durch Gesetz **Aufgaben** zugewiesen sind. Gemäß § 1 Abs. 1 S. 1 POG hat die Polizei (neben den allgemeinen Ordnungsbehörden und u. a.) die Aufgabe der **Gefahrenabwehr** (s. Rn B 3). § 1 Abs. 1 POG weist zwar der Polizei und den Ordnungsbehörden scheinbar undifferenziert gleichzeitig Aufgaben zu. Aber die Zuständigkeit der allgemeinen Ordnungsbehörden gehen vor, da sich im

12

POG nur Aufgabenzuweisungen an die Polizei und die allgemeinen Ordnungsbehörden zusammen oder an die Polizei alleine finden, niemals aber eine ausschließlich an Ordnungsbehörden. Nähme man umgekehrt eine vorrangige Zuständigkeit der Polizei an, käme man zu dem unsinnigen Ergebnis, dass die allgemeinen Ordnungsbehörden nach dem POG niemals zuständig wären.

Demnach ist die Polizei **originär zuständig**, wenn ihr **alleine** (also nicht z. B. § 24 Abs. 4 + 5 AGKJHG) eine Aufgabe oder Zuständigkeit zugewiesen wurde. Solche Zuweisungen finden sich in vielen Standardmaßnahmen des POG, z. B. in §§ 11 bis 12a, 14 bis 17, 28 f., §§ 31 bis 32 POG, der §§ 9a ff. POG und in manchen **Spezialvorschriften (§ 1 Abs. 2 POG) wie z. B. in**

- § 12a (Bild- und Tonaufnahmen), § 13 (Auflösung einer Versammlung), §§ 18 Abs. 3, 19 Abs. 4 (Ausschluss aus Versammlung) Versammlungsgesetz;
- § 71 Abs. 5 Aufenthaltsgesetz (Zurückschiebung sowie die Durchsetzung der Verlassenspflicht);
- § 44 Abs. 2 + 4 Wehrpflichtgesetz (Zuführung von Wehrpflichtigen an die Feldjäger); § 23a Zivildienstgesetz (Zuführung des Dienstpflichtigen);

Die Polizei ist auch, anders als bei Ordnungswidrigkeiten, alleine für **Straftaten** (§ 12 StGB) zuständig. Das gilt zum einen für deren Verfolgung (repressiv), §§ 161, 163, 152 Abs. 2 StPO; § 152 GVG / LVO; § 53 OWiG. Das gilt aber zum anderen auch für deren **vorbeugende Bekämpfung** (präventiv), § 1 Abs. 1 S. 3 POG. Darunter fällt zunächst einmal das Verhindern von künftigen Straftaten, die *konkret* drohen (z. B. Verhindern eines konkret ablaufenden Einbruchs, Unterbinden eines körperlichen Angriffs). Das führt dazu, dass in vielen Fällen, die eigentlich in die Kompetenz der allgemeinen Ordnungsbehörden fallen würden, die Polizei zuständig ist, weil die drohende Gefahr gleichzeitig zu einer Straftat führen könnte (z. B. Hausfriedensbruch, § 123 StGB, oder Sachbeschädigung, § 303 StGB). Außerdem ermittelt, sammelt und verarbeitet die Polizei im Rahmen der vorbeugenden Bekämpfung von Straftaten auch verdachtsunabhängig Informationen und Daten. Demgegenüber regelt das POG seit 2011– außer im Rahmen der Zuständigkeit nach § 79 POG für das LKA – nicht mehr die **Vorsorge** für die Verfolgung künftiger, abstrakt in ungewisser Zukunft bevorstehender Straftaten (z. B. durch Führen erkennungsdienstlicher Unterlagen, Kriminalakten, Lageplänen besonders gefährdeter Objekte usw.), weil dem Landesgesetzgeber hierzu die Gesetzgebungskompetenz fehlt. Praktisch ändert sich dadurch allerdings nichts, da sich die Zuständigkeit hierfür schon aus der StPO ergibt (s. a. Art. 74 Nr. 1 GG). [38] Diese Strafverfolgungsvorsorge darf man nicht verwechseln mit der Gefahrenvorsorge allgemein, bei der die Ordnungskräfte im Vorfeld Maßnahmen treffen, um Gefahren möglichst nicht entstehen zu lassen oder sie wenigstens dann besser bekämpfen zu können; dazu gehört auch das Verhüten noch nicht konkret drohender Straftaten.[39]

13 Die Polizei hat auch die grundsätzliche Zuständigkeit für die Abwehr der Gefahren durch den **Straßenverkehr**; insoweit gibt § 1 Abs. 5 POG lediglich deklaratorisch die Regelungen der § 26 StVG, §§ 36 Abs. 5, 44 Abs. 2, 46 Abs. 2 S. 1 Straßenverkehrsordnung (Anhalterecht, Regelungen und Weisungen, Ausnahmen) wieder. Die Besonderheit der Vorschrift liegt darin, dass das Ministerium des Innern und für Sport Teile dieser Zuständigkeit auf die allgemeinen Ordnungsbehörden (örtliche und Kreisordnungsbehörde) übertragen kann (s. hierzu Rn B 18).

---

38 Vgl. BVerfG v. 27.7.2005 - 1 BvR 668/04, Rn 97 , NJW 2005, 2603; VGH Mannheim v. 15.5. 2014 - 1 S 815/13.
39 Schenke Rn 10.

Nach § 1 Abs. 6 POG ist die Polizei auch ausschließlich zuständig zur Abwehr von **Gewalt in engen sozialen Beziehungen**,[40] womit vor allem (wenn auch nicht nur) jede Form partnerschaftlicher, familiärer und familienähnlicher Beziehungen gemeint ist. Das hat seinen Grund darin, dass hierbei häufig emotionsgeladene Gewalt mit Gegengewalt gestoppt werden muss, worin die Polizei besser ausgebildet und ausgerüstet ist als die Ordnungsbehörden. Außerdem besteht eine enge Beziehung zur vorbeugenden Bekämpfung von Straftaten (§ 1 Abs. 1 S. 3 POG), und es liegt in der Regel ein Eilfall vor (§ 1 Abs. 8 POG). § 1 Abs. 6 POG ergänzt auch § 13 Abs. 2 POG, wonach Personen zur Verhinderung dieser Gewalt aus der Wohnung verwiesen werden können (vgl. Rn G 33).

Alleine zuständig ist die Polizei auch für die Sicherstellung von Sachen zur **präventiven Gewinnabschöpfung** nach Straf- oder Ordnungswidrigkeitsverfahren, § 1 Abs. 7 POG (s. a. Rn G 70). Zwar wird die mutmaßliche Beute oder der mutmaßlich strafbar erlangte Gewinn nach § 94 oder §§ 111b ff. StPO (im Ordnungswidrigkeitsverfahren über § 46 OWiG) für das gerichtliche Verfahren sichergestellt. Liegen aber nicht die Voraussetzungen eines Verfalls (an den Staat, § 75 Abs. 1 S. 2 StGB) i. S. d. § 70 StGB vor, muss das Sichergestellte nach § 111n StPO grundsätzlich zurückgegeben werden, sobald es für das Straf- / Ordnungswidrigkeitsverfahren nicht mehr benötigt wird. Das Gericht kann dann zwar nach § 76a StGB die selbständige Einziehung anordnen. 111i StPO die Beschlagnahme zum Schutz der Rechte der Berechtigten aufrechterhalten, aber nur wenn die Voraussetzungen des § 70 Abs. 1 S. 2 StGB vorliegen, also ein Anspruch des Verletzten (z. B. Bestohlenen) besteht. Liegen aber im Einzelfall die Voraussetzungen hierfür nicht vor, bleibt nur noch eine Sicherstellung nach § 22 Nr. 2 POG, um dem Täter nicht doch noch den Lohn seiner Straftat belassen zu müssen.[41]

Beispiel: F wird von der Polizei gefasst, als er in einem fremden PKW das Radio ausbaute. Eine Hausdurchsuchung ergibt, dass der Keller des F voll mit derartigen Geräten ist. Nur wenige davon können jedoch den jeweiligen Eigentümern und bestimmten Straftaten zugeordnet werden. Nach Beendigung der strafrechtlichen Ermittlungen bzw. des Strafverfahrens, nach dem die verfolgungsrechtliche Beschlagnahme aufgehoben werden muss, müssten die Gegenstände an F herausgegeben werden. Um das zu verhindern, werden die Gegenstände zum Schutz des Berechtigten vor Verlust oder Beschädigung der Sache nach § 22 Nr. 2 POG sichergestellt. – Oder: Beim Hütchenspieler H wird ein größerer Geldbetrag in kleinen Scheinen gefunden, wie sie typischerweise zum Einsatz beim Hütchenspiel verwendet werden. Es drängt sich auf, dass es sich um „Gewinne" im Rahmen des betrügerischen Hütchenspiels handelt. Die Geschädigten sind nicht mehr zu ermitteln. Auch hier wird das Geld nach § 22 Nr. 2 POG sichergestellt, um eine Rückgabe der Beute zu verhindern.

Voraussetzung einer solchen Sicherstellung ist immer, dass die Gegenstände offensichtlich aus einer Straftat stammen, der Berechtigte aber (noch) nicht ermittelt werden konnte, so dass i. S. d. § 73 Abs. 1 S. 2 StGB ein Verfall des Erlangten nicht möglich ist.

Gesetzlich nicht geregelt ist die sogenannte **Annexkompetenz**. Annexkompetenz ist die Ausdehnung einer ausdrücklich zugeteilten Zuständigkeit (Kompetenz) in die mit diesem Gebiet in notwendigem Zusammenhang stehenden Anhänge (Annexe). Hier-

---

40 Rheinland-pfälzisches Interventionsprojekt gegen Gewalt in engen sozialen Beziehungen (RIGG): "Mit Gewalt in engen sozialen Beziehungen ist hier die individuelle Gewalt von Männern gegen Frauen gemeint, die in engen persönlichen Beziehungen miteinander stehen oder standen. Der Begriff 'Gewalt in engen sozialen Beziehungen' umfasst alle Formen der physischen, sexualisierten, psychischen, sozioökonomischen und emotionalen Gewalt."
41 OVG Münster v. 11.8.2010 - 5 A 298/09, DVBl 2011, 123; VG Koblenz v. 23.4.2008 - 5 K 1802/07; VG Karlsruhe v. 10.5.2001 - 9 K 2018/99, KR 2002, 15.

zu gehört auch das öffentlich-rechtliche Hausrecht (s. Rn G 30). Sie ist ein Fall ungeschriebener Zuständigkeit kraft Sachzusammenhangs und im Rechtsstaat selten. Auf Verwaltungsebene bedeutet sie, dass eine Behörde (und damit auch die Polizei) auch immer dann zuständig ist, wenn eine Gefahr für eigene Amtswalter oder eigene Amtshandlungen abgewehrt werden soll (z. B. rechtswidriges Filmen von Polizeibeamten, Warnung vor einer Radarkontrolle). Diese Kompetenz ist keine selbstständige Zuständigkeit, sondern abhängig von der Zuständigkeit für die Haupthandlung, bei der der Hoheitsträger gestört oder gefährdet wird.

14 In allen anderen Fällen kommt sachlich nur noch eine **Eilfallzuständigkeit** aus § 1 **Abs. 8 POG** für eine verhinderte andere (nicht notwendig *allgemeine* Ordnungs-) Behörde in Betracht, soweit nicht eine andere Eilfallregelung vorgeht (z. B. § 44 Abs. 2 S. 2 StVO). Dabei hat sie dann neben den eigenen auch die Befugnisse der ersetzten Ordnungsbehörde (z. B. aus § 15 Abs. 1 VersG). Zur Anwendung des § 1 Abs. 8 POG

- muss eine Gefahr abzuwehren sein und
- darf nach den oben aufgezeigten Regeln **keine originäre Zuständigkeit** der Polizei vorliegen und
- muss es zumindest den Anschein haben, dass die an sich zuständige Behörde **nicht** so **rechtzeitig einschreiten** kann, um die Gefahr ausreichend abzuwehren.

Solche Maßnahmen darf der Polizeibeamte **in ganz Rheinland-Pfalz** vornehmen, § 85 Abs. 1 POG. Sie gelten als Maßnahme der Stelle, die ihn darum ersucht oder der Maßnahme zugestimmt hat, andernfalls der Stelle, der er zugeteilt ist. Diese Stelle ist dann auch zuständig für Folgemaßnahmen wie Ausgleichsansprüche nach den §§ 68 ff. POG (Klagegegner bleibt aber so oder so das Land Rheinland-Pfalz, vgl. § 78 Abs. 1 Nr. 1 VwGO). Aber diese sekundäre Zuständigkeit ist der originären nicht gleichwertig. Es darf inhaltlich nicht mehr geregelt werden, als bis zum nächstmöglichen Tätigwerden der Behörde unbedingt geregelt werden muss, und zeitlich darf die Regelung nur bis zu diesem Zeitpunkt reichen. Da diese Eilfallzuständigkeit endet, sobald die originär zuständige Behörde die Gefahr abwehren kann, ist die an sich zuständige Behörde auch im Rahmen des §§ 1 Abs. 8 S. 2, 85 Abs. 2 S. 3 POG zu unterrichten, soweit sie nicht offensichtlich unbedeutend sind. Diese kann nach § 85 Abs. 2 S. 3 POG die Maßnahmen aufheben oder ändern. Kosten, die der Polizei durch die Maßnahme entstanden sind, hat sie selbst zu tragen bzw. vom Verantwortlichen einzufordern.[42]

---

42 VG Mainz 19.11.2009 - 1 K 354/09.MZ.

B. Aufgaben, Organisation, Zuständigkeiten von Ordnungsbehörden und Polizei

Prüfung: Eilfallzuständigkeit der Polizei

Sachlich (§ 1 Abs. 8 POG)

1. Aufgabe der **Gefahrenabwehr**, § 1 Abs. 1 S. 1 POG +
2. Ausgenommen: **Schutz privater Rechte**; es sei denn gerichtliche Hilfe nicht rechtzeitig erreichbar + wesentliche Rechtserschwerung, § 1 Abs. 3 POG +
3. **Keine Zuweisung an die Polizei** +
4. Die zuständige **Behörde** kann aber die Gefahr **nicht (rechtzeitig)** abwehren

örtlich (§ 85 Abs. 1 POG)

Zuständigkeit in ganz **Rheinland-Pfalz**

↳ Nur unaufschiebbare und – soweit zur Gefahrenabwehr sinnvoll – nur vorläufige Maßnahmen

---

Von dieser Regelung zu unterscheiden ist der Fall, dass die Polizei des Landes Rheinland-Pfalz **außerhalb der Landesgrenzen** tätig wird. Grundsätzlich fehlt ihr dazu die Zuständigkeit. Ausnahmsweise darf sie aber präventiv oder repressiv tätig werden, 15

1. soweit dem die zuständige Behörde **zugestimmt** oder es gar angeordnet hat, §§ 86 Abs. 1 S. 1 Nr. 1, 87 Abs. 1 S. 1 POG; besonders häufig sind in der Praxis Einsätze der Bereitschaftspolizei bei Großeinsätzen in anderen Bundesländern, deren Anforderung nach § 87 Abs. 2 entsprochen werden muss; die Handlungen der rheinland-pfälzischen Polizeibeamten gelten dann als solche der anfordernden Behörde des anderen Landes, oder
2. wenn sie zur Wiederherstellung der öffentliche Sicherheit oder Ordnung, zur Abwehr von **Notstandssituationen** oder gegen Gefahren für den Bestand der Bundesrepublik oder eines anderen Bundeslandes angefordert wird, Art. 35 Abs. 2 + 3, 91 Abs. 1+ 2 GG, §§ 86 Abs. 1 S. 1 Nr. 2, 87 Abs. 1 S. 1 POG, oder
3. wenn **Gefahr im Verzug** ist, also zur Abwehr einer gegenwärtigen erheblichen Gefahr, zur Verfolgung auf frischer Tat oder von Entwichenen, wenn die zuständige Behörde dazu nicht rechtzeitig in der Lage zu sein scheint, §§ 86 Abs. 1 S. 1 Nr. 3, 87 Abs. 1 S. 1 POG; wurde die Tat, bei der der Verfolgte entdeckt wurde, nicht in Rheinland-Pfalz begangen, ist die rechtliche Grundlage § 167 GVG[43], oder
4. im Rahmen von **Gefangentransporten**, §§ 86 Abs. 1 S. 1 Nr. 3, 87 Abs. 1 S. 1 POG
5. wenn es entsprechende **Verwaltungsabkommen** zur Verfolgung von Ordnungswidrigkeiten oder Straftaten oder zur Gefahrenabwehr zwischen den Ländern gibt, §§ 86 Abs. 1 S. 1 Nr. 5, 87 Abs. 1 S. 1 POG.[44]

---

[43] § 167 Gerichtsverfassungsgesetz ermöglicht nur das Ergreifen, nicht das Mitnehmen der Person:
*(1) Die Polizeibeamten eines deutschen Landes sind ermächtigt, die Verfolgung eines Flüchtigen auf das Gebiet eines anderen deutschen Landes fortzusetzen und den Flüchtigen dort zu ergreifen.
(2) Der Ergriffene ist unverzüglich an das nächste Gericht oder die nächste Polizeibehörde des Landes, in dem er ergriffen wurde, abzuführen.*

[44] Z. B. das Abkommen über die erweiterte Zuständigkeit der Polizei der Länder bei der Strafverfolgung, (StAnz Rheinland-Pfalz 1992, 327), dem alle Bundesländer beigetreten sind.

§ 87 Abs. 1 S. 1 POG erweitert aber nur den räumlichen Tätigkeitsbereich der Polizeibeamten in bestimmten Fällen, nicht aber deren Befugnisse. Für diese bleibt das Recht des anderen Bundeslandes maßgeblich. Dem Polizeibeamten stehen darum nur die Befugnisse zu, die er als rheinland-pfälzischer Polizeibeamter hat und gleichzeitig auch als Polizeibeamter des anderen Bundeslandes hätte. Soweit das andere Bundesland eine dem § 86 Abs. 2 S. 1 POG vergleichbare Regelung hat, stehen sie rechtlich wie ein Polizeibeamter jenes Landes.[45] Problematisch ist allerdings, dass für besondere Ermittlungen, die bundesweit geführt werden müssen, oft die genannten Voraussetzungen für einen Einsatz außerhalb von Rheinland-Pfalz nicht vorliegen. Verdeckte Ermittler (vgl. Rn G 90) oder Mobile Einsatzkommandos, die Zielpersonen verfolgen müssen, können dadurch mit dem jeweiligen Landesgesetz in Konflikt kommen. Im Bereich ausländischer Dienststellen darf die rheinland-pfälzische Polizei nur wirken, wenn das ausdrücklich zugelassen ist.

Umgekehrt können nach § 86 Abs. 1 bis 3 POG **Polizeibedienstete anderer** Bundesländer, des Bundes oder einiger bestimmter ausländischer Staaten (z. B. nach dem Schengener Abkommen) unter den Voraussetzungen des § 86 Abs. 1 POG in Rheinland-Pfalz tätig werden. Dann haben sie das in Rheinland-Pfalz geltende Recht anzuwenden; ihre Maßnahmen gelten als solche der an sich zuständigen Polizeibehörde, deren Weisungen sie unterliegen, § 86 Abs. 2 POG. Rheinland-pfälzisches Recht ist aber nur insoweit anzuwenden, als ihr originär zugewiesener Aufgabenbereich sachlich dem der rheinland-pfälzischen Landespolizei entspricht, z. B. bei der Kriminalitätsbekämpfung oder der Unterstützung der Landespolizei. Aufgaben, deren Aufgabenbereich außerhalb der Landeskompetenz liegt, unterfallen unmittelbar dem Bundesrecht, wie z. B. Grenzschutz (Art. 73 Abs. 1 Nr. 5 GG), Luftsicherheit (Nr. 6), Eisenbahnverkehr (Nr. 6a), Bundesländerübergreifende Zusammenarbeit (Nr. 10), Terrorismusbekämpfung (Nr. 9a) Personen- und Objektschutz. § 86 Abs. 3 POG erfasst allerdings nicht die Zollbehörden des Bundes.[46]

III. Die Ordnungsbehörden

1. Organisation der Ordnungsbehörden in Rheinland-Pfalz

16 **Ordnungsbehörden** haben wie die Polizei die Aufgabe, Gefahren für die öffentliche Sicherheit oder Ordnung abzuwehren (Gefahrenabwehr).[47] Sie unterfallen darum dem materiellen Polizeibegriff, sind aber keine Polizei im institutionellen Sinne, da sie nicht der Organisation Polizei zugehören, sondern als eigenständige Behörde organisiert sind. Es gibt allgemeine und Sonderordnungsbehörden (vgl. § 88 POG). **Sonderordnungsbehörden**[48] wehren spezielle Gefahren ab. Das sind alle Ordnungsbehörden, für die das Gesetz eine eigene Regelung für den Behördenaufbau und die Behördenzuständigkeit vorsieht.[49] Gleichzeitig existieren für diese Behörden auch

---

45 Das ist rundherum in Rheinland-Pfalz der Fall, s. § 78 Abs. 2 S. 1 b-w. PolG; § 102 hess. SOG; § 9 Abs. 2 S. 1 nrw. POrgG; § 88 Abs. 2 S. 1 saarl. PolG.
46 Obwohl eine solche Regelung nach § 12d Zollverwaltungsgesetz möglich wäre.
47 In Bayern: Sicherheitsbehörden.
48 Vgl. z. B. § 12 nrw. OBG: „*Sonderordnungsbehörden sind die Behörden, denen durch Gesetz oder Verordnung auf bestimmten Sachgebieten Aufgaben der Gefahrenabwehr oder in ihrer Eigenschaft als Sonderordnungsbehörden andere Aufgaben übertragen worden sind*". Ähnlich z. B. § 90 hess. SOG oder § 75 Abs. 3 saarl. PolG; Thiel § 3 Rn 23.
49 Z. B. §§ 1 ff. ZustVO / GewO; §§ 1 f. ZustVO / GastG; ZustVO / BImSchG; § 15 LImSchG; §§ 58 ff. LBauO; §§ 92 ff. LWasserG; §§ 17 ff. LKrWG; § 42 LNatSchG mit ZustVO / ; ZustVO / Straßenverkehr; §§ 48 ff. LStrG.

B. Aufgaben, Organisation, Zuständigkeiten von Ordnungsbehörden und Polizei 45

speziellere Ordnungsgesetze (z. B. LBauO, LWasserG, KrWG, GewO, GastG usw.). Für die Sonderordnungsbehörden ist darum der Zugriff auf Ermächtigungsgrundlagen des POG grundsätzlich nicht möglich, wenn das Spezialgesetz das nicht ausdrücklich zulässt (vgl. dazu Rn B 4). Ein Rückgriff auf das POG bleibt aber insoweit möglich, als das POG nur allgemeine Rechtsgrundsätze wiedergibt, wie z. B. in den §§ 2, 3, 23 ff. POG.

Für die Gefahrenabwehr wichtig, aber nicht als Ordnungsbehörde organisiert ist der **Brand- und Katstrophenschutz**, insbesondere die Feuerwehr. Wo in kürzester Zeit mit Fachkräften und Spezialgerät zum Schutz von Leib und Leben oder erheblichem Eigentum bei Explosionen, Unfällen, Naturereignissen usw. Hilfe geleistet werden muss, bestehen Aufgabenzuweisungen nach dem Landesbrand- und Katastrophenschutzgesetz (LBKG). Die in den §§ 3 ff. LBKG genannten kommunalen Aufgabenträger erfüllen diese Aufgaben meistens durch ihre Feuerwehren (§§ 4 ff. LBKG). Das LBKG ist kein allgemeines Gefahrenabwehrgesetz, es gewährt nur subsidiären Schutz, und die Feuerwehr ist keine Gefahrenabwehrbehörde, sondern nur eine unterstützende Einrichtung für den Aufgabenträger. Zwar hat sie im Wege des ersten Zugriffs die Zuständigkeit, bereits eingetretene oder unmittelbar bevorstehende Gefahrenlagen für Leib, Leben oder andere hohe Schutzgüter selbstständig zu bekämpfen (z. B. bei Ölspuren auf Straßen; Lebensrettung); sie hat sich aber sobald möglich der Zuständigkeit anderer Stellen unterzuordnen (insbesondere der Polizei und den Ordnungsbehörden) und ihre Maßnahmen mit anderen Hilfseinrichtungen (z. B. THW, Bundeswehr) zu koordinieren.

Beispiel: Während bei Bomben- oder Sprengstofffunden die Kampfmittelräumdienste oder andere Spezialkräfte der Polizei zuständig sind, greift das LBKG ein, wenn es sich um vorbeugenden Gefahrenschutz nach den §§ 31 ff. LBKG handelt oder z. B. durch Explosion bereits ein Brand oder gar eine Katastrophe entstanden ist, § 1 LBKG. – Für den Zustand von öffentlichen Straßen sind originär die Straßenbaubehörden als Verkehrssicherungspflichtiger verantwortlich, § 11 Abs. 1 S. 2 LStrG. Bei Ölverschmutzungen können für sie, insbesondere in Eilfällen, die Aufgabenträger i. S. d. §§ 3 ff. LBKG tätig werden, die sich ihrer Feuerwehren (§§ 8 ff. LBKG) bedienen.

Allerdings, soweit sie im Erstzugriff oder auf Anforderung tätig wird, entscheidet sie, *wie* diese Maßnahme technisch und taktisch ausgeführt wird (sinngemäß wie bei § 7 Abs. 2 S. 2 VwVfG).

Beispiel: Gibt es zwischen Polizei und Feuerwehr unterschiedliche Auffassungen, ob zuerst eine Person vom Balkon eines brennenden Hauses heruntergeholt oder zuerst der eigentliche Brandherd eingedämmt werden soll, entscheidet die fachlich kompetentere Feuerwehr.

Allgemeine Ordnungsbehörden sind Behörden, die gegenüber der Polizei und den Sonderordnungsbehörden als Auffangbehörde zur Gefahrenabwehr berufen sind. Sie sind zum einen zuständig, wenn es im Gesetz ausdrücklich geregelt ist (z. B. § 7 ZustVO / Straßenverkehr, § 1 Abs. 1 AGBMeldG, § 12 LHundG, § 10 LFtG, § 3 Abs. 1 LPAuswG) und haben dann die dort genannten, hilfsweise die Befugnisse des POG, § 9 Abs. 2 POG. Zum anderen sind sie zuständig, wenn es weder eine Vorschrift gibt, die die Polizei, noch eine, die eine Sonderordnungsbehörde (Umkehrschluss aus § 88 Abs. 2 POG und § 4 ZustVO / POG) für zuständig erklärt, § 9 Abs. 2 S. 2 POG.[50] Für ihre Organisation gelten die §§ 88 ff. POG, für ihre Zuständigkeit § 90 Abs. 1 POG i. V. m. der Zuständigkeitsverordnung / POG[51]. Die allgemeinen Ordnungsbehörden gliedern sich in drei Verwaltungsebenen. Die untere Ebene mit der

17

---

50 Vgl. Rühle / Suhr § 88, 1.
51 Landesverordnung über die Zuständigkeit der allgemeinen Ordnungsbehörden v. 31.10.1978, GVBl. S. 1978, 695, in der Fassung vom 28.9.2010, GVBl. S. 280.

Regelzuständigkeit (vgl. § 1 ZustVO / POG) sind die **örtlichen Ordnungsbehörden** nach § 89 Abs. 1 POG, also die Verbandsgemeindeverwaltungen und die Verwaltungen der verbandsgemeindefreien Gemeinden und Städte, einschließlich der großen kreisangehörigen und der kreisfreien Städte. Auf dieser Ebene wird der absolut größte Teil der Aufgaben erfüllt. **Kreisordnungsbehörden** sind in den Landkreisen die Kreisverwaltungen und in kreisfreien Städten wiederum deren Stadtverwaltungen, § 89 Abs. 2 POG. Die Verwaltungen der kreisfreien Städte sind also zugleich örtliche als auch Kreisordnungsbehörde. Die Aufgaben der Kreisordnungsbehörde sind abschließend in § 2 ZustVO / POG aufgezählt; die praktisch wichtigsten sind davon die Zuständigkeit für das Ausländerrecht (Nr. 3) und die für das Versammlungsgesetz (Nr. 9; Landkreise sind hier allerdings nicht für das Gebiet einer großen kreisangehörigen Stadt zuständig). Alle diese Kommunen nehmen nach § 75 Abs. 2 POG die Gefahrenabwehr als Auftragsangelegenheit für das Land wahr (vgl. § 75 Abs. 1 POG, *„staatlich"* bezieht sich auf das Land).

B. Aufgaben, Organisation, Zuständigkeiten von Ordnungsbehörden und Polizei 47

Aufbau der allgemeinen Ordnungsbehörden

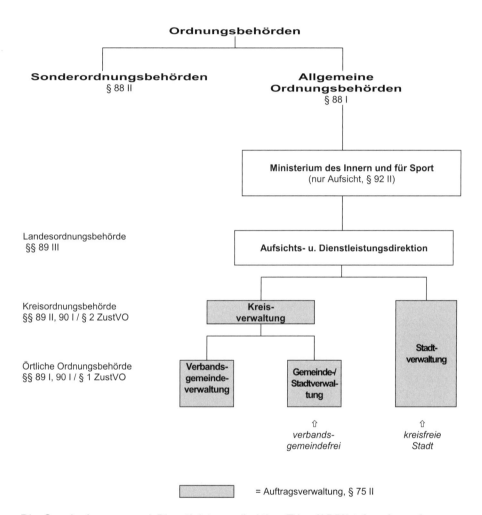

Die Genehmigungs- und Dienstleistungsdirektion Trier (ADD)ist **Landesordnungsbehörde**, § 89 Abs. 3 POG. Als landesweite Ordnungsbehörde unterstützt die ADD die kommunalen Ordnungsämter, erlässt landesweite Gefahrenabwehrverordnungen und achtet auf die Einhaltung des Versammlungsrechts, des Waffenrechts und den Umgang mit Kampfhunden. Sie besitzt aber anders als ihre Vorgängerbehörde Bezirksregierung[52] keine einzige originäre Erstzuständigkeit nach der ZustVO / POG, sondern lediglich ein Selbsteintrittsrecht nach § 93 Abs. 2 POG. Anderen Oberen

---

52 Vgl. § 3 der ZustVO / POG in der bis 1999 geltenden Fassung; diese Vorschrift wurde zusammen mit den Bezirksregierungen abgeschafft.

48 B. Aufgaben, Organisation, Zuständigkeiten von Ordnungsbehörden und Polizei

Behörden[53] im Bereich der Gefahrenabwehr sind demgegenüber erhebliche Vollzugsaufgaben zugewiesen (z. B. § 94 Abs. 3 LWasserG, § 17 Abs. 2 LKrWG, in der ZustVO / BImSchG). Dort nimmt meistens auch das jeweilige Ministerium alleine die grundsätzlichen Aufgabe der obersten Behörde wahr (z. B. § 58 Abs. 1 Nr. 1 LBauO, § 92 Abs. 3 LWasserG, § 17 Abs. 1 LKrWG, § 42 Abs. 4 LNatSchG, § 49 Abs. 1 LStrG). Das wirft die Frage auf, ob man nicht den Verwaltungsapparat bei Ordnungsbehörden verschlanken und diese typisch lenkenden und vereinheitlichenden Aufgaben unmittelbar beim Ministerium des Innern und für Sport als oberste Ordnungsbehörde ansiedeln könnte.[54]

2. Zuständigkeit der allgemeinen Ordnungsbehörden

18 Die allgemeinen Ordnungsbehörden sind zum einen dann zuständig, wenn es ausdrücklich bestimmt wird, § 1 Abs. 2 POG. Solche Regelungen findet man z. B. in § 1 BMeldeG, § 12 LHundG, § 10 LFtG, § 3 LPAuswG, § 9 Abs. 3 BestG. Im Straßenverkehr ist vor allem durch § 7 ZustVO / Straßenverkehr[55] den allgemeinen Ordnungsbehörden die Zuständigkeit für die Verkehrsüberwachung zugewiesen worden für
1. den ruhenden Verkehr
2. Überprüfung der Durchführung der Hauptuntersuchung und der Reifenprofiltiefe und allgemeinen Ordnungsbehörden einzelner Kommunen auch
3. die Überwachung der Regeln für Fuß- und Radwege, des verkehrsberuhigten Bereichs sowie der Luftreinhaltezonen
4. die innerörtliche Geschwindigkeitsüberwachung.

Ansonsten gilt für die allgemeinen Ordnungsbehörden der **Grundsatz der Allzuständigkeit**, soweit es keine ausdrücklichen oder anderweitig anerkannten (z. B. bei der Annexkompetenz, Rn B 14, G 30) abweichenden Regeln gibt (dazu Rn B 13 ff. und 17). Sie sind darum auch zuständig, wenn das POG „die Polizei und die allgemeinen Ordnungsbehörden" nebeneinander erwähnt und es keine speziellere Zuweisung für den Fall gibt.[56] Die allgemeinen Ordnungsbehörden sind danach mangels anderweitiger Regelung z. B. zuständig für das Umsetzen von Kraftfahrzeugen, bei Maßnahmen gegen Gefahren durch Tiere, bei der Unterbringung von Obdachlosen oder bei Schulzuführungen. Nach § 1 ZustVO / POG ist außerhalb des Ausländer- und Versammlungsrechts[57] fast immer die örtliche (also unterste) allgemeine Ordnungsbehörde i. S. d. § 89 Abs. 1 POG zuständig. Kompliziert ist die Zuständigkeit im Versammlungsrecht (zu diesem Rn G 2): Nach § 2 Nr. 9 ZustVO / POG

---

53 Obere Behörden sind Behörden, die unmittelbar einem Ministerium unterstehen (darum sind sie eigentlich Mittelbehörden).
54 So z. B. § 3 Abs. 2 brbg. OBG, § 3 Nr. 1 m-v. SOG, § 98 Abs. 1 Nr. 2 nds. SOG und § 76 Abs. 1 saarl. PolG; anders allerdings z. B. § 3 Abs. 2 nrw. OBG und § 84 Abs. 1 s-anh. SOG; § 62 Abs. 1 b-w. PolG, § 85 Abs. 1 S. 1 hess. SOG und § 64 Abs. 1 sachs. PolG erklären zwar als Ministerium als „Landesordnungsbehörde" (Nr. 1), kennen aber zusätzlich noch die Bezirksregierung als „Bezirksordnungbehörde" (Nr. 2).
55 Landesverordnung über Zuständigkeiten auf dem Gebiet des Straßenverkehrsrechts v. 12.3.1987, GVBl. 1987, 46.
56 Gusy Rn 135.
57 Vgl. § 2 ZustVO / POG. Obwohl zum 1.1.2011 (GVBl. 2010, 280) die Durchführung der Aufgaben „nach dem Versammlungsgesetz" in § 2 Nr. 9 der ZustVO / POG aufgelistet und damit der Zuständigkeit der Kreisordnungsbehörde zugewiesen wurde (außer in großen kreisangehörigen Städten), bleibt die allgemeine Ordnungsbehörde weiterhin nach § 1 ZustVO / POG für nichtöffentliche Versammlungen in geschlossenen Räumen zuständig, da sich deren Regelung nach herrschender Meinung nach dem POG richtet (vgl. Rn G 3).

sind die Veranstaltungen der Landkreise, der kreisfreien Städte und der großen kreisangehörigen Städte zuständig, aber nicht für Versammlungen schlechthin, sondern nur für solche „nach dem Versammlungsgesetz". Damit hängt zum einen die Zuständigkeit bei nichtöffentlichen Versammlungen von dem Meinungsstreit ab, ob nichtöffentliche Versammlungen sich nach dem klaren Wortlaut des Versammlungsgesetzes nicht nach diesem richten, sondern nach dem POG[58] (dann örtliche Ordnungsbehörde nach § 1 ZustVO / POG), oder ob zumindest einige der Vorschriften der §§ 5 ff. VersG entsprechend heranzuziehen sind[59] (dann Kreisordnungsbehörde nach § 2 Nr. 9 ZustVO / POG). Zum anderen führt diese Regelung zu einem kuriosen Ergebnis, dass bis zu drei verschiedene Behörden für einen Vorgang zuständig sein können, z. B. wenn im Bereich einer Verbandsgemeinde ein Versammlungsteilnehmer die Versammlung unter freiem Himmel stört:

1. Aufforderungen u. Ä. an den Störer, die Störung zu unterlassen, müsste wegen ihrer Allzuständigkeit die allgemeine Ordnungsbehörde als Versammlungsbehörde erlassen, nach § 2 Nr. 9 ZustVO / POG also die Kreisverwaltung.
2. Kommt es zum Ausschluss der Versammlungsteilnehmer, ist dafür nach dem Wortlaut des § 18 Abs. 3 VersG die Polizei zuständig. Der Störer hat jetzt die gesetzliche Pflicht nach den §§ 11 Abs. 2, 18 Abs. 1 VersG die Versammlung zu verlassen.
3. Diese gesetzliche Verlassenspflicht müsste zu ihrer Vollstreckbarkeit nach § 61 Abs. 1 LVwVG (vollstreckt werden können nur Verwaltungsakte, nicht gesetzliche Pflichten unmittelbar) noch durch einen Platzverweis umgesetzt werden. Nach dem Ausschluss nach § 18 Abs. 3 VersG gilt der Störer aber nicht mehr als Versammlungsteilnehmer.[60] Der Platzverweis müsste also auf § 13 POG gestützt werden. Dafür ist § 2 Nr. 9 ZustVO / POG aber nach seinem Wortlaut nicht anwendbar. Hierfür ist dann die Verbandsgemeindeverwaltung nach § 1 ZustVO / POG zuständig.

Die **örtliche** Zuständigkeit ergibt sich grundsätzlich aus § 91 Abs. 1 POG, richtet sich also nach dem Ort der zu schützenden Interessen[61]; zu beachten ist, dass es bei den allgemeinen Ordnungsbehörden keine dem § 1 Abs. 8 POG entsprechende Eilfallregelung gibt, nur eine Befugnis im Eilfall die räumlichen Grenzen zum Nachbarbezirk zu überschreiten (§ 91 Abs. 2 POG).

---

58 BVerwG v. 23.3.1999 - 1 C 12/97, NVwZ 1999, 92; VGH Mannheim v. 28.8.1986 - 1 S 3241/85, NVwZ 1987, 237VBlBW 1987, 183 f.; OVG Lüneburg v. 24.9.1987 - 12 A 269/86, NVwZ 1988, 638; OVG Münster v. 26.4.1988 - 11 UE 468/85, NJW 1989, 1500; NVwZ 1989, 885; OVG Saarbrücken v. 17.5.1973 - I R 59/71, DÖV 1973, 863; VG Minden v. 6.8.1987 - 2 K 807/87, NVwZ 1988, 663; OVG Saarlouis E 13, 211; . Götz / Geis § 10 Rn 25; Schoch JuS 1994, 481; Schenke Rn 362.
59 So z. B. OVG Münster v. 10.2.1989 - 4 B 504/89, NVwZ 1989, 885; Gallwas JA 1986, 484.
60 Dietel / Gintzel / Kniesel § 18 Rn 38.
61 VGH Kassel v. 5.2.2003 - 11 TG 3397/02, NVwZ 2003, 1402, was bei Obdachlosenunterbringung zu der kuriosen Situation führt, dass der Obdachlose sich praktisch seine Zuständigkeit aussuchen kann.

Prüfschema: Zuständigkeit der allgemeinen Ordnungsbehörden

Sachlich

1. **Aufgabe der Gefahrenabwehr,** § 1 Abs. 1 S. 1 POG +
2. **Kein Schutz privater Rechte,** § 1 Abs. 3 POG; es sei denn
   a) gerichtliche Hilfe nicht rechtzeitig erreichbar + b) wesentliche **Rechtserschwerung,** +
3. **Allgemeine Ordnungsbehörden** i. S. d. **§ 88 Abs. 1 POG sind zuständig**, wenn es
   - entweder eine **Zuweisung an die allgemeinen Ordnungsbehörden** gibt
     (z. B. § 7 ZustVO / Straßenverkehr, § 1 MeldeG, § 12 LHundeG, § 10 LFtG, § 3 Abs. 1 LPAuswG)
   - oder es **keine** ausdrückliche Zuweisung gibt an
     – die **Polizei** (z. B. § 1 Abs. 1 S. 3, Abs. 5, §§ 11 ff., 14 ff., 28 f. POG, §§ 12, 18 Abs. 3 VersG, § 36 Abs. 5 StVO) und keine an
     – eine **Sonderordnungsbehörde** i. S. d. § 88 Abs. 2 POG, § 90 Abs. 1 POG / § 4 ZustVO
     (z. B. §§ 92 ff. LWG, 2 LNatSchG, 58 ff. LBauO, 17 LKrWG, 50 f. LStrG; § 1 GastV; ZustVO GewO)
4. **Innerhalb der allgemeinen Ordnungsbehörden** ist zuständig die
   - **Kreisordnungsbehörde (§ 89 Abs. 2 POG)**, wenn es ihr **ausdrücklich zugewiesen** ist, § 90 Abs. 1 POG / § 2 ZustVO
   - **örtliche Ordnungsbehörde (§ 89 Abs. 1 POG)** in allen anderen Fällen, § 90 Abs. 1 POG / § 1 ZustVO

Örtlich

1. Sonderregelung nach §§ 91 Abs. 2 oder 3 POG? *sonst:*
2. **Dienstbezirk der rechtlich zu schützenden Interessen**, § 91 Abs. 1 POG

IV. Einschreiten zugunsten privater Rechte

19 Der **Schutz privater Rechte** ist, wie sich aus einem Umkehrschluss aus § 1 Abs. 3 POG ergibt, grundsätzlich keine Aufgabe der Polizei oder der allgemeinen Ordnungsbehörden.[62] An ihnen besteht grundsätzlich kein öffentliches Interesse. Private Rechte sind solche Ansprüche und Abwehrrechte, die ausschließlich privaten Regelungen unterliegen und nicht gleichzeitig auch öffentlich-rechtlichen (z. B. § 44 Abs. 8 LBauO, § 4 LImSchG)[63], strafrechtlichen (z. B. den §§ 123, 185, § 263 oder 303 StGB) oder bußgeldrechtlichen Vorschriften (z. B. §§ 117 f. OWiG) unterliegen. Diese rein privaten Rechte sollen grundsätzlich von den Betroffenen selbst geschützt und wahrgenommen werden. Der Schutz privater Rechte obliegt grundsätzlich der ordentlichen Gerichtsbarkeit, § 13 GVG. Das ergibt sich aus dem Prinzip der Gewaltenteilung (Art. 20 Abs. 2 S. 2, Abs. 3 GG). Zudem soll nicht das Prozess- und sonstige Kostenrisiko des einzelnen über die Gefahrenabwehr auf die Allgemeinheit abgewälzt werden können. Schließlich fehlen dem handelnden Beamten regelmäßig die zivilrechtlichen Fachkenntnisse, und er ist auch aus Zeitgründen nicht in der Lage, den Sachverhalt gesichert aufzuklären. Auch die Eilbedürftigkeit des Schutzes ist alleine noch kein Grund für ein Eingreifen der öffentlich-rechtlichen Ordnungskräfte, da die Zivilgerichte nach den §§ 935 ff. ZPO Einstweilige Verfügungen erlassen können, wenn zu besorgen ist, dass durch eine Veränderung des bestehenden

---

62 Wohl allgemeiner Grundsatz, vgl. Pieroth / Schlink / Kniesel § 5 Rn 42 ff.; Würtenberger / Heckmann / Tanneberger § 4 Rn 57 ff.
63 Thiel § 4 Rn 28 ff.

B. Aufgaben, Organisation, Zuständigkeiten von Ordnungsbehörden und Polizei 51

Zustandes die Verwirklichung des Rechts einer Partei vereitelt oder wesentlich erschwert werden könnte; nach den §§ 916 ff. ZPO kann das Gericht auch ohne vollstreckbares Urteil eine zu erwartende Zwangsvollstreckung dadurch sichern, dass entweder ein bestimmter Vermögenswert des Schuldners beschlagnahmt bzw. gepfändet wird (dinglicher Arrest) oder der Schuldner in seiner Bewegungsfreiheit eingeschränkt wird (persönlicher Arrest). Wenn selbst das im Einzelfall zu langwierig ist, steht jedem Bürger noch das Recht der Selbsthilfe nach § 229 BGB zu. Nur wenn trotzdem der Betroffene ohne Hilfe der Polizei oder Ordnungsbehörde quasi rechtsschutzlos stünde, entsteht eine –sachlich und zeitlich begrenzte – Zuständigkeit in diesem Bereich, nämlich wenn

1. gerichtlicher Schutz nicht rechtzeitig zu erlangen ist *und*
2. ohne Hilfe der allgemeinen Ordnungsbehörden oder der Polizei die Verwirklichung des Rechts entweder vereitelt oder zumindest wesentlich erschwert werden würde.

Beispiel: Eigentümer E hat seinem Mieter M ordnungsgemäß gekündigt. M widerspricht nicht, zieht aber auch nicht bei Fristablauf aus. E verlangt von der Polizei seine Wohnung zu räumen. – Da M die Wohnung des E blockiert, gefährdet er das Eigentum und Vermögen des E. Beide können zwar unter bestimmten Voraussetzungen Schutzgüter der öffentlichen Sicherheit sein, sind es jedoch grundsätzlich erst einmal nicht. Denn weder Ordnungsbehörden noch Polizei haben die Aufgabe, private Rechtsgüter schlechthin zu schützen. Das Gesetz sieht für diesen Fall die Räumungsklage vor den Zivilgerichten vor. Da diese die Angelegenheit rechtzeitig und effektiv, zur Not auch durch eine einstweilige Verfügung regeln können, liegen auch die Voraussetzungen des § 1 Abs. 3 POG nicht vor. – Anders ist das aber, wenn die Wohnung des E von unbekannten Hausbesetzern besetzt ist, die persönlich ständig wechseln (wodurch deren Benennen in einer Klageschrift kaum möglich ist) und die gerade die Wohnung erheblich beschädigen. Hier käme gerichtlicher Schutz zu spät, soweit er überhaupt praktisch möglich ist, und ohne polizeilichen Schutz wäre das Eigentum des E an der Wohnung erheblich gefährdet. Für solche Ausnahmefälle weist § 1 Abs. 3 POG der Polizei (neben den Ordnungsbehörden) Aufgaben zu. – Versperrt ein falsch geparktes Fahrzeug eine Hausausfahrt, dürfte es sich grundsätzlich um eine privatrechtliche Streitigkeit handeln, bei der Berechtigte der Ausfahrt die Möglichkeit hat, im Rahmen der Selbsthilfe nach § 229 BGB das Fahrzeug wegschleppen zu lassen.[64] Anders ist das aber dann, wenn die Blockade in Nötigungsabsicht nach § 240 StGB vorgenommen wurde[65] oder ein sonstiges öffentliches Interesse besteht (z. B. bei der Einsatzbereitschaft eines Notarztes).

Verlangt ein Anspruchsteller ein Einschreiten der Ordnungskräfte in einer privaten Angelegenheit, muss er glaubhaft machen, dass die Voraussetzungen für ein Tätigwerden der Ordnungskräfte nach §§ 9 ff. POG vorliegen. Der Umfang der sich daraus ergebenden Handlungsbefugnis ist dann allerdings enger als bei den sonstigen Zuweisungen. Wie bei allen sekundären Befugnissen ist nur das zu veranlassen, was unbedingt notwendig ist, bis die originär zuständige Stelle tätig werden kann[66] und gegebenenfalls den Betroffenen in die Lage versetzt, effektiv Hilfe durch die Gerichte zu beantragen (z. B. durch Feststellen der Personalien des Schädigers, durch vorläufig sichernde Maßnahmen, Angabe des Kfz-Nummernschildes o. ä.).

---

64 BGH v. 5.6.2009 - V ZR 144/08, NJW 2009, 2530.
65 VG Trier v. 2.8.1999 - 1 K 1375/98.TR.
66 Vgl. OVG Koblenz v. 29.9.1987 - 7 A 34/87, NJW 1988, 929; Gusy Rn 96; Rühle in Polizei-heute 2002, 31 f.

V. Andere Vollzugskräfte

1. Kommunale Vollzugsbeamte

20 Alle kommunalen Gebietskörperschaften, also die verbandsfreien Gemeinden, die Verbandsgemeinden, die kreisfreien und großen kreisangehörigen Städte sowie die Landkreise, **sollen** (also müssen grundsätzlich, wenn keine gewichtigen Gründe dagegen sprechen) kommunale Vollzugsbeamte aus dem eigenen Personal bestellen, § 94 Abs. 1 POG. Abgesehen werden kann davon lediglich in den seltenen Fällen, wenn der Vollzug auch anderweitig geregelt ist, z. B. weil er von einer anderen Behörde wahrgenommen wird. „**Bestellen**" ist ein einseitiger Vorgang, der keine Zustimmung des Bestellten voraussetzt. Diese kommunalen Vollzugsbeamten vollziehen die Aufgaben, die ihrer Verwaltung als allgemeiner Ordnungsbehörde obliegen, insbesondere im Außendienst und bei der Anwendung von Zwang. Aufgabe der kommunalen Vollzugsbeamten ist das tatsächliche Umsetzen des behördlichen Willens. Im Wesentlichen geht es dabei darum, ordnungsbehördliche Überwachungspflichten, Weisungen und Forderungen durch- oder umzusetzen (z. B. Entsiegelung von Kfz-Schildern, Einziehung von Führerscheinen, Kontrolle von Gaststätten, ihre Versiegelung bei Untersagung, Kontrolle der Sperrzeiten, Betreten von Wohnungen bei hilflosen Personen, Abwehr von Gefahren durch gefährliche Hunde, Lärm, Obdachlosigkeit, Schwarzarbeit, Waffen oder verbotene Gegenstände, unberechtigten Aufenthalt von Ausländern, von verbotenen Vereinen, für Jugendliche, Schulzuführung, Unterbringung psychisch Kranker, Sicherheit von Großveranstaltungen, insbesondere Versammlungen).

In der Anzahl müssen kommunale Vollzugsbeamte im **erforderlichen Umfang** bestellt werden, was aus finanziellen Gründen bei vielen, vor allem bei den kleineren Verwaltungen nicht geschieht, die keinen Schichtdienst in der Nacht, an Wochenenden oder Feiertagen gewährleisten. Das aber ist erforderlich, um eine jederzeitige Gefahrenabwehr zu gewährleisten. Die Lücke wird praktisch durch die Polizei geschlossen, die diese Aufgaben häufig nachts, an Wochenenden und Feiertagen gestützt auf ihre Eilfallzuständigkeit nach § 1 Abs. 8 POG wahrnimmt. Ob diese Praxis rechtmäßig ist, darf bezweifelt werden, da § 1 Abs. 8 POG den schnellen Zugriff fördern soll, nicht aber den Sinn hat, die Ordnungsbehörden zu Lasten der Polizei zu entlasten, worauf es aber praktisch vielerorts hinausläuft.

Kommunale Vollzugsbeamte sind rechtlich nicht selbstständig. Ihre Handlungen gelten als Handlungen der Ordnungsbehörde, genauer: ihres Trägers (Landkreis, Stadt, Verbandsgemeinde usw.). **Bestellen** kann wegen der besonderen Bedeutung nur der Behördenleiter persönlich (Bürgermeister, Landrat) oder ein von ihm damit Beauftragter. Die LVO[67] trifft nähere Regelungen über Form und Inhalt der Bestellung, Dienstkleidung, -ausrüstung und -ausweis. Die Bestellung ist nur funktional und berührt nicht den Status des kommunalen Vollzugsbeamten (Beamter oder Beschäftigter; Dienstrang oder Einstufung). Darum erhalten sie auch keine Ernennungsurkunde, sondern nur einen entsprechend ausgefüllten Dienstausweis. Die gesamte Bestellung ist widerruflich. Die Bestellung enthält 3 Komponenten:
1. Die grundsätzliche Bestellung zum kommunalen Vollzugsbeamten für den Vollzug der ordnungsbehördlichen Aufgaben.
2. Die Zuweisung von allen oder auch nur einzelnen Aufgaben, die der allgemeinen Ordnungsbehörde nach dem Polizei- und Ordnungsbehördengesetz oder einem

---

[67] Landesverordnung über die kommunalen Vollzugsbeamtinnen und kommunalen Vollzugsbeamten sowie die Hilfspolizeibeamtinnen und Hilfspolizeibeamten vom 16. Februar 2007 GVBl 2007, 61.

anderen Gesetz zugewiesen sind (z. B. Gewerberecht, Immissionsschutzrecht, LHundG, PsychKG usw.). Dem kommunalen Vollzugsbeamten können nur Aufgaben übertragen werden, die die Ordnungsbehörde als solche zu erfüllen hat.

3. Die Übertragung aller oder einzelner **Befugnisse**. Befugnisse sind die Mittel, mit denen die ordnungsbehördlichen Aufgaben umgesetzt werden dürfen. Dem kommunalen Vollzugsbeamten können nur Befugnisse übertragen werden, die der Ordnungsbehörde als solche zustehen, beispielsweise die Anwendung des unmittelbaren Zwangs im Allgemeinen sowie Schlagstockeinsatz, Fesselung, Reizsprühgeräte oder Diensthunde im Speziellen. Welche Befugnisse übertragen sind, ergibt sich aus dem Dienstausweis, den der Vollzugsbeamte bei sich führen muss. Die Entscheidung hierüber obliegt dem Behördenleiter. Darum ist es unzulässig, dass sich der kommunale Vollzugsbeamte in Eigeninitiative während des Einsatzes privater Hilfsmittel der körperlichen Gewalt bedient, selbst wenn er sie privat führen dürfte (insbesondere Schusswaffen[68], aber z. B. auch Messer, auch zum Schlagen mitgeführte Taschenlampen). Wenn die Hilfsmittel der körperlichen Gewalt im Einzelfall nicht ausreichen, muss polizeiliche Vollzugshilfe i. S. d. § 96 POG angefordert werden.

Mit anderen Hilfsmitteln, die nicht der körperlichen Gewalt dienen, kann der Vollzugsbeamte jedoch ausgestattet werden (z. B. Mobiltelefon, Kamera). Ausdrücklich in der o. g. Verordnung aufgeführt sind Dienstfahrzeuge und Funkgeräte. **Dienstfahrzeuge** müssen sich von denen der Polizei deutlich unterscheiden, wozu es aber reicht, dass sie entsprechend beschriftet sind (z. B. „Ordnungsamt"). Ferner dürfen Sie weder mit Kennleuchten für blaues Blinklicht (§ 52 Abs. 3 StVO) noch mit Einsatzhorn (§ 55 Abs. 3 StVO) ausgerüstet sein. Soweit neben den Mobiltelefonen **Funkgeräte** verwendet werden, dürfen sie nur Frequenzen des Betriebsfunks benutzen, nicht aber die der der Polizei vorbehaltenen Frequenzen der BOS[69]. Auch hier fragt es sich, warum man den kommunalen Vollzugsbeamten in erheblichem Maße Aufgaben zuweist, die früher einmal von den Polizeibeamten erfüllt worden sind, sie aber auch in technischer Hinsicht nicht wie andere Sicherheitsdienste (z. B. Polizei, Feuerwehr) ausstattet.

Natürlich stehen den kommunalen Vollzugsbeamten neben ihren amtlichen Befugnissen auch die zu, die jedem anderen Bürger zustehen (sog. **Jedermann-Befugnisse**). Das sind: **20a**

1. Maßnahmen bei **Einwilligung**. Diese muss aber ausdrücklich oder konkludent zu dem Eingriff bei dessen Beginn vorliegen und der Handelnde muss das gewusst haben. Das setzt voraus, dass der Einwilligende die entsprechende Einsicht, bei Rechtserheblichkeit sogar die Geschäftsfähigkeit besitzt, keine Täuschung, Drohung o. Ä. vorliegt und über das betreffende Schutzgut bestimmen darf.
2. **Notwehr, Nothilfe** § 227 BGB, § 15 OWiG. Droht dem Betroffenen (Notwehr) oder einem Dritten (Nothilfe) ein rechtswidriger gegenwärtiger Angriff, darf der Betroffene sich dagegen mit einer verhältnismäßigen Maßnahme dagegen wehren, wenn er es gerade deswegen tut. Nothilfe ist nicht geboten, wenn der Rechtsgutsinhaber den Angriff abwehren oder sich selbst verteidigen will; der Nothelfer darf seine Hilfe nicht aufdrängen.[70]

---

[68] OVG Koblenz v. 2.4.2004 - 12 A 11775/03.OVG, NVwZ-RR 2005, 326 (dieses Urteil betraf allerdings einen Mitarbeiter des Sozialamtes).
[69] Der BOS-Funk ist ein nichtöffentlicher mobiler UKW-Landfunkdienst in Deutschland, der von Behörden und Organisationen mit Sicherheitsaufgaben (BOS) verwendet wird. Er ist durch die BOS-Funkrichtlinie reglementiert, Bek. d. BMI v. 7. 9. 2009 – B 5 – 670 001/1.
[70] BGH v. 1.7.1986 - 4 StR 306/86, StV 1987, 59.

3. **Selbsthilfe**, § 229 BGB. Es besteht ein Recht und ohne sofortiges Eingreifen besteht die Gefahr, dass die Verwirklichung dieses Rechts vereitelt oder wesentlich erschwert wird, es ist aber keine obrigkeitliche Hilfe rechtzeitig zu erlangen. Hier ist Selbsthilfe durch Wegnahmen, Zerstörung oder Beschädigung einer Sache oder die Festnahme eines Fluchtverdächtigen oder die Beseitigung eines Widerstandes erlaubt, wenn er es gerade deswegen tut.

Die kommunalen Vollzugsbeamten können mit einheitlicher **Dienstkleidung** ausgestattet werden. Davon haben vor allem die großen Städte in Rheinland-Pfalz Gebrauch gemacht. Wie die Dienstwagen muss sich auch die Kleidung deutlich von der der Polizei unterscheiden. Tatsächlich beschränkt sich die Unterscheidung aber meistens auf die Rückenaufschrift („Ordnungsbehörde") und das Wappen am oberen Ärmel. Den **Dienstausweis** muss der Vollzugsbeamte zwar mit sich führen und bei seinen Handlungen zumindest auf Verlangen deutlich erkennbar und lesbar vorweisen, er muss ihn aber nicht aushändigen.

Kommunale Vollzugsbeamte sind entweder Beamte im Sinne der Beamtengesetze oder, insbesondere bei kleineren Verwaltungen, weit häufiger noch **Beschäftigte** nach dem TVöD, weshalb man eigentlich besser von kommunalen Vollzugsbediensteten sprechen sollte. Sie sind erst recht keine Polizeibeamten i. S. d. §§ 76 ff. POG.[71], und vieles mehr).

Und sie sind auch keine „Polizeivollzugsbeamten" i. S. d. § 80 Abs. 2 S. 1 Nr. 2 VwGO, weshalb die Vorschrift auf kommunale Vollzugsbeamte zumindest unmittelbar nicht anwendbar ist. Sinnvoll wäre zwar eine analoge Anwendung dieser Vorschrift auch auf die kommunalen Vollzugsbeamten (vgl. hierzu näher Rn J 26). Lehnt man das aber mit der herrschenden, wenn auch zu kritisierenden Ansicht in Rheinland-Pfalz ab, müssen zu vollstreckende Grundverfügungen wegen § 2 LVwVG zu ihrer Vollstreckung immer entweder bestandskräftig oder nach § 80 Abs. 2 S. 1 Nr. 4 VwGO für sofort vollziehbar erklärt sein (s. dazu genauer Rn J 25 ff.). Zu beachten ist, dass sich daran nichts ändert, wenn der betreffende kommunale Vollzugsbeamte im konkreten Fall auch gleichzeitig die Befugnisse eines Hilfspolizeibeamten hat (s. dazu gleich unten), denn beide Funktionen sind auch dann streng zu trennen; keinesfalls kann eine Befugnis der einen Funktion in Ausführung der anderen herangezogen werden!).

Nach § 2 der Landesverordnung[72] hat, wer zum kommunalen Vollzugsbeamten bestellt werden soll, zuvor eine zehnwöchige Ausbildung bei der Landespolizeischule oder bei einer anderen geeigneten Stelle erfolgreich abzuschließen. Wenn man bedenkt, dass die kommunalen Vollzugsbeamten heute in großem Umfang präventive Aufgaben komplizierter Art und mit häufig weitreichenden Konsequenzen wahrnehmen, die früher der Polizei oblagen, ist das kaum nachvollziehbar. Ein Polizeibeamter muss in Rheinland-Pfalz vor seiner eigenständigen dienstlichen Tätigkeit bei der Hochschule der Polizei eine 3-jährige Ausbildung mit einem Bachelor-Titel abschließen. Dazu muss er vorher Abitur oder einen vergleichbaren anderen Abschluss geschafft haben. Das Bachelorstudium ist auf einem hohen Niveau und bei weitem nicht alle Studienbeginner schließen sie auch erfolgreich ab. Dem werden auf der Seite der Ordnungsbehörden, die ja nach dem POG sogar noch die grundsätzliche Zuständigkeit haben, Vollzugsbeamte entgegengestellt, die keinerlei besondere Vorausbildung, -erfahrung oder -kenntnis mitbringen müssen oder irgendein Studium zu

---

71 Drews / Wacke / Vogel / Martens S. 48.; zur Anwendbarkeit des § 80 Abs. 2 S. 1 Nr. 4 VwGO s. Rn J 41.
72 Landesverordnung über die kommunalen Vollzugsbeamtinnen und kommunalen Vollzugsbeamten sowie die Hilfspolizeibeamtinnen und Hilfspolizeibeamten vom 16. Februar 2007 GVBl 2007, 61.

absolvieren haben, aber vergleichbare präventive Tätigkeiten ausüben. Verschlimmert wird das noch dadurch, dass sich viele kleinere Behörden aus Kostengründen ein bis zwei Jahre Zeit lassen können, bevor sie ihre Vollzugsbeamten auf den 10-wöchigen Lehrgang schicken. Als wenn das nicht schon Bedenken genug wäre, stellt § 2 Abs. 2 der Landesverordnung einen bestimmten Personenkreis selbst von diesem Lehrgang frei. So z. B. kann jemand sofort und uneingeschränkt als kommunaler Vollzugsbeamter wirken, wenn er bei einem der kommunalen Studieninstitute des Landes eine Verwaltungsfachangestelltenprüfung oder bei der Zentralen Verwaltungsschule Rheinland-Pfalz eine Ausbildung im 2. Einstiegsamt (früher: mittlerer Dienst) erfolgreich abgeschlossen hat. In diesen kurzen Ausbildungen können lediglich Grundkenntnisse des Gefahrenabwehrrechts vermittelt werden, aber weder körperliche Fähigkeit zur physischen Durchsetzung von Maßnahmen noch nähere Kenntnisse typischer ordnungsbehördlicher Problematiken. Soweit Behördenleiter ihre kommunalen Vollzugsbediensteten wenigstens regelmäßig zu Fortbildungsveranstaltungen schicken, kann das eine oder andere Defizit aufgefangen werden. Von einer Ausbildung, wie sie bei der Polizei umgesetzt wird, ist das aber weit entfernt.

2. Hilfspolizeibeamte

Sowohl die Polizei als auch die allgemeinen Ordnungsbehörden können (also anders als bei den kommunalen Vollzugsbeamten nach Ermessen, müssen also nicht unbedingt) Hilfspolizeibeamte bestellen, bei den allgemeinen Ordnungsbehörden allerdings nur die örtlichen, also die verbandsfreien Gemeinden, die Verbandsgemeinden und die Städte (vgl. § 89 Abs. 1 POG; demnach nicht die Landkreise). Diese Personen sind regelmäßig Beamte oder Beschäftigte der Ordnungsbehörden, es können aber auch andere Personen bestellt werden. Darum spräche man auch hier besser von Hilfspolizeibediensteten.

Die Hilfspolizeibeamten nehmen näher bestimmte unselbstständige Aufgaben der sie bestellenden Behörde wahr, die dieser auch zugerechnet werden. Bei der Polizei kommt eine solche Bestellung seltener vor und ist nur denkbar bei untergeordneten Aufgaben, die sehr zeit- und personalaufwendig sind (z. B. Ausweis- oder Personenkontrollen bei Massenveranstaltungen, Vermisstensuche im Gelände). Ähnlich sieht es grundsätzlich auch bei Ordnungsbehörden aus (z. B. Forst- oder Fischereiaufsicht). Hier liegt die Hauptbedeutung des Einsatzes von Hilfsbeamten bei der Aufgabe der Abwehr von Gefahren durch den Straßenverkehr (nach § 1 Abs. 5 POG) in den in § 7 ZustVO / Straßenverkehr bezeichneten Fällen, insbesondere

- die Überwachung des ruhenden Verkehrs
- Überschreitung der Termine der Hauptuntersuchung
- die Überprüfung der Profiltiefe und
- gegebenenfalls die innerörtliche Geschwindigkeitskontrolle sowie
- die Verfolgung und Ahndung von damit verbundenen Ordnungswidrigkeiten nach § 24 StVG (§ 8 Abs. 1 Nr. 3); hier können sie auch nach den §§ 56 ff. OWiG gebührenpflichtige Verwarnungen erteilen.

Es werden einzelne polizeiliche Aufgaben übertragen; anders als bei den Vollzugsbeamten können Aufgaben nicht pauschal übertragen werden. Es darf sich nur um eine hilfsweise Wahrnehmung der Aufgaben, also um standardmäßige oder einfach gelagerte Tätigkeiten handeln. Hilfspolizeibeamte dürfen demnach nicht grundlegende, atypische oder rechtlich schwierige Aufgaben wahrnehmen. Die Übertragung von Befugnissen wie bei den Vollzugsbeamten entfällt hier, denn diese haben kraft des § 95 Abs. 2 S. 2 POG die Befugnisse eines Polizeibeamten nach dem POG, insbesondere die Anwendung des unmittelbaren Zwangs. Soweit der Hilfspolizeibeamte als solcher handelt (!), sind seine Anordnungen entsprechend § 80 Abs. 2 S. 1 Nr. 2 VwGO auch sofort vollziehbar, § 95 Abs. 1 S. 2 POG.[73] Das verblüfft beim Vergleich mit den kommunalen Vollzugsbeamten, denn anders als diese spielt im Aufgabenbereich der Hilfspolizeibeamten die Frage einer sofortigen Vollziehbarkeit praktisch fast keine Rolle. Nicht jedoch haben Hilfspolizeibeamte die polizeilichen Befugnisse nach anderen Gesetzen. Insbesondere sind sie anders als Polizeibeamte nicht gemäß § 55 Abs. 1 Nr. 3 WaffG von den Regeln des Waffengesetzes befreit. Näheres über die Voraussetzungen und Bestellung, Dienstausweis, Dienstkleidung und Ausrüstung bestimmt die Landesverordnung.[74] Nach § 3 dieser Landesverordnung hat derjenige, der zum Hilfspolizeibeamten bestellt werden soll, zuvor eine mindestens sechswöchige Ausbildung mit einer wöchentlichen Unterrichtszeit von 25 bis 30 Stunden abzuschließen. Diese kurze Ausbildung mag angesichts des eingeschränkten Aufgaben- und Verantwortungskreises noch angemessen sein.

3. Weitere Personen mit polizeilichen Befugnissen

22 Ferner erwähnt § 95 Abs. 3 POG noch drei weitere Fälle, in denen andere Personen die Befugnisse von Polizeivollzugsbeamten haben:

- Personen, die ein Gesetz **funktional** zu Polizeibeamten **bestellt** hat, der Polizei also organisatorisch angehören, ohne aber vollwertige Vollzugsbeamte im eigentlichen Sinne zu sein. Sie stehen Polizeivollzugsbeamten gleich, weshalb auch ihre Anordnungen nach § 80 Abs. 2 S. 1 Nr. 2 VwGO sofort vollziehbar sind. Diese Form kommt kaum vor.
- Personen, die zwar nicht funktional Polizeibeamte sind, denen aber aufgrund eines Gesetzes **materiell** einzelne **polizeiliche Befugnisse** zustehen (z. B. § 57 POG i. V. m. § 1 UZV[75]; § 18 Abs. 1 S. 3 LKrWG; § 97 Abs. 1 S. 2 Landeswassergesetz; § 59 Abs. 2 LBauO; § 42 Abs. 1 S. 3 LNatSchG[76]). Außerdem **Beliehene**, denen polizeiliche Funktionen zustehen (z. B. bestätigte Jagdaufseher, Fischereiaufseher, Kapitäne, Fluglotsen der Flugsicherung GmbH, Einwinker bei Start und Landung, Luftfahrzeugführer). Sie sind aber alle keine Polizeivollzugsbeamten i. S. d. § 80 Abs. 2 S. 1 Nr. 2 VwGO.
- **Ermittlungspersonen der Staatsanwaltschaft** (§ 152 Gerichtsverfassungsgesetz); sie werden durch Gesetz (z. B. § 25 Abs. 2 Bundesjagdgesetz; § 404 Abgabenordnung) oder Rechtsverordnung (StAHiBV RP [77]) bestimmt. Diese Angehörigen bestimmter Beamten- oder Angestelltengruppen gehören der Polizei (insoweit bedarf es der Regelung in § 95 Abs. 3 POG ja aber nicht) oder anderen Behörden an, müssen mindestens 21. Jahre alt sein und 2 bzw. 4 Jahre die im Gesetz beschriebene Funktion ausüben. Ihnen gegenüber ist die Staatsanwaltschaft *bei der Strafverfolgung* weisungsbefugt.

---

73 Schreiben des Ministeriums des Innern und für Sport Rheinland-Pfalz vom 15.10.87 (- 30.2/146-00).
74 Landesverordnung über die kommunalen Vollzugsbeamtinnen und kommunalen Vollzugsbeamten sowie die Hilfspolizeibeamtinnen und Hilfspolizeibeamten vom 16. Februar 2007, GVBl 2007, 61..
75 Landesverordnung über die Anwendung unmittelbaren Zwanges durch Vollzugsbeamte der Gerichte und Justizbehörden v. 5.2.1974, GVBl. S. 48 und 22.6.1976, GVBl. S. 191.
76 Z. B. § 57 POG i. V. m. § 1 LVO über die Anwendung unmittelbaren Zwanges durch Vollzugsbeamte der Gerichte und Justizbehörden; § 18 Abs. 1 S. 3 LKrWG; § 97 Abs. 1 S. 2 Landeswassergesetz; § 59 Abs. 2 LBauO; § 42 Abs. 1 S. 31 LNatSchG).
77 Landesverordnung über die Ermittlungspersonen der Staatsanwaltschaft v. 19.6.2013, GVBl. 2013, 263.

VI. Amtshilfe, §§ 4 ff. VwVfG / § 1 Abs. 1 LVwVfG, insbesondere Vollzugshilfe nach den §§ 96 ff. POG

Wie alle anderen Behörden auch, leisten die Ordnungsbehörden und die Polizei Amtshilfe nach den §§ 4 ff. VwVfG / § 1 LVwVfG (vgl. a. § 96 Abs. 3 POG). Eine Behörde leistet der anderen nur „*ergänzende Hilfe*" (§ 4 Abs. 1 VwVfG / § 1 Abs. 1 LVwVfG), weil diese aus tatsächlichen oder rechtlichen Gründen die Aufgabe nicht oder nicht alleine bewältigen kann. Amtshilfe ist nur im Rahmen einer fremden Zuständigkeit möglich, insbesondere ist die Erfüllung einer Weisung von einer vorgesetzten Behörde keine Amtshilfe, sondern das Erfüllen einer eigenen Aufgabe. Bei der Amtshilfe wendet jede Behörde die für sie geltenden Vorschriften an und ist auch nur für ihren Part verantwortlich.

Beispiel: Heimfahren eines Zeugen nach der Vernehmung; Auskünfte, insbesondere aus Dateien; technische Hilfe; jede andere Vollziehungshilfe ohne Anwenden unmittelbaren Zwanges

Bei einer Amtshilfe, bei der unmittelbarer Zwang anzuwenden ist, handelt es sich um **Vollzugshilfe**, § 96 Abs. 1 POG.[78] Die Vollzugshilfe ist in einigen speziellen Rechtsvorschriften geregelt, so z. B. in Art. 35 GG, § 1 Abs. 5 DVO LVwVG, § 758 Abs. 3 ZPO; § 44 WehrpflG oder § 23a ZivilDG, i. Ü. gelten die §§ 96 ff. POG. Ihre Notwendigkeit kommt daher, dass die Ordnungsbehörden nach dem POG unmittelbaren Zwang nur durch ihre kommunalen Vollzugsbeamten (§ 94 POG) ausüben können. Diese sind aber regelmäßig nur sehr gering an Zahl und zudem gegenüber der Polizei für das Anwenden unmittelbaren Zwangs meistens deutlich schlechter ausgebildet. Diese Lücke muss die Polizei durch Vollzugshilfe schließen. Durch die Vollzugshilfe werden weder die Zuständigkeiten der allgemeinen Ordnungsbehörde noch die Befugnisse der ersuchenden Ordnungsbehörde erweitert.[79]

Beispiel: Öffnen einer Wohnung, um einen von der Ordnungsbehörde ursprünglich dort eingewiesenen Obdachlosen wieder zu entfernen; Betreten einer Wohnung, um die Musikanlage eines Ruhestörers außer Betrieb zu setzen; das zwangsweise Vorführen eines Ausländers zu einer Botschaft zum Feststellen seiner Nationalität.

VII. Kriminalprävention, § 1 Abs. 9 POG

Alle Träger öffentlicher Belange sollen im Rahmen ihrer Zuständigkeit mitwirken, strafbares Verhalten zu vermeiden, § 1 Abs. 9 S. 1 POG (**Kriminalprävention**). Die allgemeinen Ordnungsbehörden können dazu kriminalpräventive Gremien (kriminalpräventive Räte) bilden, denen auch die Träger öffentlicher Belange sowie die Polizei angehören sollen, § 1 Abs. 9 S. 2 POG. Durch diese kommunale Prävention soll sich die früher eher repressiv auf Polizei und Justiz ausgerichtete Kriminalpolitik zu einem gesamtgesellschaftlichen Ansatz und zu mehr Bürgernähe der Polizei hin ausrichten.[80] Hiermit sollen viele Ursachen, die zur **Kriminalität** führen, frühzeitig auf der **kommunalen Ebene** erkannt und bekämpft und das Sicherheitsgefühl der Bevölke-

---

[78] So auch Pieroth / Schlink / Kniesel § 5 Rn 7; Habermehl Rn 691 ff.; a. A. Thiel § 4 Rn 15; Knemeyer Rn 110; Schenke Rn 409 sieht eine „enge Verwandtschaft". Praktische Unterschiede dürften sich aber aus diesem Meinungsstreit nicht ergeben.
[79] Pieroth / Schlink / Kniesel § 24 Rn 16; Gusy Rn 145 f.
[80] Steffen in „Gremien kommunaler Kriminalprävention – Bestandsaufnahme und Perspektive" in: Kerner & Marks (hrsg.): Internetdokumentation deutscher Präventionstag. Hannover 2004, S. 3; Berner & Groenemeyer in „denn sie wissen nicht, was sie tun" – Die Institutionalisierung kommunaler Kriminalprävention im kriminalpräventiven Rat, in: Soziale Probleme, Zeitschrift für soziale Probleme und soziale Kontrolle, 2000, S. 86.

rung gestärkt werden. Die Regelung bezweckt, alle Initiativen zu vernetzen, die sich mit dem Verhüten von Straftaten i. w. S. befassen. Die Einrichtung dieser Gremien steht im Ermessen der allgemeinen Ordnungsbehörden, ebenso wie deren Zusammensetzung. Die Gremien sollen nur analysieren und beraten, hiermit werden weder neue Zuständigkeiten noch Eingriffsbefugnisse geschaffen.

Die Aufgabe der kriminalpräventiven Räte liegt darin, insbesondere verstreut vorhandenes spezielles Tatsachen- und Fachwissen sowie regionale, kulturelle und berufliche Kenntnisse und Erfahrungen so zu bündeln und zu koordinieren, dass die Voraussetzungen und Ursachen für kriminelle Verhaltensweisen verringert oder gar beseitigt werden. Die Arbeitsstrukturen zwischen den kriminalpräventiven Räten variiert zum Teil stark, etwa ein Drittel[81] gilt inzwischen praktisch als inaktiv. Gründe dafür sind das Fehlen konkreter Arbeitsinhalte und Aufgabenbereiche, fehlende personelle und finanzielle Mittel sowie die geringe Außenwirkung. Der Gewinn dieser Gremien ist allerdings, dass es sie als Ansprechpartner überhaupt gibt und ihre Vernetzung.

Träger öffentlicher Belange sind alle Einrichtungen, denen das Gesetz öffentliche Aufgaben zugewiesen hat (nicht notwendig auch hoheitliche Befugnisse), neben der Polizei und den Ordnungsbehörden auch z. B. Feuerwehr, Sozialdienste, Jugendämter; unerheblich ist die öffentlich-rechtliche oder privatrechtliche Rechtsform. Nicht in die kriminalpräventiven Gremien gehören Private, wie z. B. Bürgerinitiativen, so gut auch ihre Absichten sein mögen. Denn das würde alleine schon datenschutzrechtliche Probleme aufweisen. Mit ihnen kann natürlich gegebenenfalls in anderer Weise zusammengearbeitet werden.

VIII. Gefahrenabwehr durch Private

25 Gefahrenabwehr ist eine hoheitliche Aufgabe. Wenig Bedenken bestehen, wenn Private ihr Eigentum durch private Bewachungsunternehmen schützen, z. B. beim Schutz von Objekten, gegen Ladendiebe usw. Diesen Personen stehen die allgemeinen Jedermann-Befugnisse zu (vgl. Rn B 20). Die Ausübung hoheitlicher Befugnisse als ständige Aufgabe ist aber nach Art. 33 Abs. 4 GG Angehörigen des öffentlichen Dienstes übertragen, die in einem öffentlich-rechtlichen Dienst- und Treueverhältnis stehen. Der Grundgesetzgeber wollte keine autarke „Bürgerwehr". Nicht unbedenklich ist es daher, wenn in Süddeutschland gesetzliche Regelungen über freiwillige Polizeidienste bestehen, die Privatpersonen Aufgaben der Gefahrenabwehr im hoheitlichen Bereich einräumen und sie gleichzeitig mit hoheitlichen Befugnissen wie z. B. Befragung, Platzverweis, Identitätsfeststellung, ausstatten.[82] Zwar pflegen auch die Ordnungsbehörden Personen in der Gefahrenabwehr einzusetzen, deren Ausbildung zumindest in der Anfangszeit bedenklich gering ist, aber hier ist zumindest die Zielrichtung die einer professionellen Tätigkeit. Noch zweifelhafter ist eine Beleihung privater Sicherheitsunternehmen mit hoheitlichen Aufgaben, soweit es dafür keine

---

81 Ministerium des Innern, für Sport und Infrastruktur (2014): Auswertung der Bestandsaufnahme „kommunale Kriminalprävention in Rheinland-Pfalz", Mainz.
82 Gesetz über den Freiwilligen Polizeidienst (FPolDG) v. 12. April 1985, b-w. GBl. 1985, 129; Gesetz über die Sicherheitswacht in Bayern (SWG) vom 28. April 1997, GVBl. 1997, S. 88; Gesetz für die aktive Bürgerbeteiligung zur Stärkung der Inneren Sicherheit (HFPG) vom 13. Juni 2000, GVBl. I 2000, S. 294.

gesetzliche Regelung gibt[83], die einen Beleihungsakt voraussetzt und eine ausreichende Kontrolle durch staatliche Behörden gewährleistet.[84]

---

83 Z. B. § 1 Abs. 3 Gesetz über die Anwendung unmittelbaren Zwanges und die Ausübung besonderer Befugnisse durch Soldaten der Bundeswehr und verbündeter Streitkräfte sowie zivile Wachpersonen (UZwGBw) oder § 5 Abs. 5 Luftsicherheitsgesetz (LuftSiG) für den Schutz von Flughäfen.
84 Vgl. Schenke Rn 475.

C. Die Schutzgüter des POG

I. Allgemeines

1 Viele **Standardmaßnahmen** des POG und viele **Spezialgesetze** definieren ausgesprochen oder unausgesprochen die Schutzgüter selber, um deren Wahrung es geht. So schützt z. B. § 14 Abs. 1 Nr. 1 POG Leib und Leben von Personen, § 22 Nr. 2 POG das Eigentum oder § 18 Abs. 3 VersG den Ablauf einer Versammlung. Soweit das Schutzgut aber nicht definiert ist, z. B. in § 14 Abs. 1 S. 1 POG, § 13 Abs. 1 S. 1 POG oder § 22 Nr. 1 POG, geht es nach § 1 Abs. 1 S. 1 POG immer um den Schutz der öffentlichen Sicherheit und Ordnung. Das gilt natürlich erst recht, wenn das ausdrücklich so normiert ist, wie z. B. in § 9 Abs. 1 S. 1 POG oder § 15 Abs. 1 VersG.

2 Wenn man die Schutzgüter prüft, fragt man, **was der Amtswalter eigentlich schützen will** oder wollte. Ob dieses Schutzgut überhaupt geschützt werden musste, ist keine Frage des Schutzgutes, sondern die Frage, ob eine Gefahr vorliegt (s. dazu Kap. D). Die Schutzgutprüfung ist inhaltlich also völlig unabhängig davon, ob eine Gefahr i. e. S., eine Anscheins- oder eine Scheingefahr vorlag. Der Rechtsbegriff der öffentlichen Sicherheit ist durch die Rechtsprechung und Verwaltungspraxis hinreichend konkretisiert[1] und gilt damit für einen unbestimmten Rechtsbegriff hinreichend eindeutig. Beim Schutzgut öffentliche Ordnung ist die Beurteilung schon problematischer (dazu unten Rn C 13). Durchaus häufig kommt es vor, dass ein und derselbe Sachverhalt mehrere Schutzgüter berührt.

Beispiel: Schüler schütten in einer Winternacht Wasser auf die Stufen am Eingang ihrer Schule. – Hier sind zum einen die Individualgüter Gesundheit und Eigentum, aber auch die Kollektivrechtsgüter Rechtsordnung (§ 303 StGB) und Funktionieren einer hoheitlichen Einrichtung (Schulgebäude) betroffen.

II. Die öffentliche Sicherheit

1. Individualrechtsgüter

3 Die **öffentliche Sicherheit** umfasst die Rechte einzelner Personen oder Gruppen (Individualrechtsgüter) und die der Allgemeinheit (Kollektivrechtsgüter), wobei sich letztere in den Schutz der Rechtsordnung und den des Hoheitsbereiches unterteilen.[2] **Individualrechtgüter** sind alle Schutzgüter, die einzelnen Personen alleine oder zusammen mit einer abgrenzbaren Anzahl anderer zustehen. Sie unterteilen sich in absolute und relative Rechte.[3] Individualrechtgüter berühren – anders als bei den Kollektivrechtsgütern (vgl. Rn C 8) – nicht automatisch die *öffentliche* Sicherheit; für diese Schutzgüter muss darum immer gesondert geprüft werden, ob der Schutz der Güter im **Allgemeininteresse** ist. Das ist insbesondere der Fall, wenn es um den Schutz von Leben, Gesundheit und Freiheit geht, wenn unbeteiligte und unbestimmte Personen in ihren Individualgütern betroffen sind oder sein könnten (z. B. beim Fahren mit einem nicht verkehrssicheren Fahrzeug oder Wohnungseinbrüchen),

---

1 Erbel DVBl. 2001, 1714; Lisken / Denninger / Rachor D Rn 16 ff.
2 Götz / Geis § 4 Rn 1 ff.; Schenke Rn 53 ff.; Gusy Rn 79, Pieroth / Schlink / Kniesel § 8 Rn 3 ff; Würtenberger / Heckmann / Tanneberger § 5 Rn 260; Knemeyer Rn 100 f.
3 Vgl. Pieroth / Schlink / Kniesel § 8 Rn 1 ff.; Rühle / Suhr § 9, 2.1.1.

C. Die Schutzgüter des POG

wenn sich die Schutzguteinwirkung nachteilig auf die Allgemeinheit auswirkt (z. B. Behinderung der Postverteilung durch Beschädigung von Fahrzeugen der Deutschen Post AG) oder wenn die Voraussetzungen des § 1 Abs. 3 POG vorliegen (dazu Rn C 6 f.).

a) Absolute Rechte

Absolute Rechte sind solche, die einerseits einer Person oder einem bestimmten Personenkreis ausschließlich zustehen und andererseits **gegenüber jedermann geltend gemacht** werden können. Hierzu gehören insbesondere, aber keinesfalls abschließend:

- Aus Art. 2 Abs. 2 GG **Leben und Gesundheit, Freiheit**: Leben ist die physische Existenz von Menschen, Gesundheit ist die Abwesenheit von Schmerzen und Krankheiten. Freiheit ist die Möglichkeit, sich vom jeweiligen Aufenthaltsort wegzubewegen. Der Schutz dieser Güter liegt grundsätzlich im öffentlichen Interesse, aber nicht immer. Denn beim Schutz von Leben und Gesundheit ist zu beachten, dass der Schutz dieser Güter mit dem Persönlichkeitsrecht aus Art. 2 Abs. 1 GG kollidieren kann. Wer Bungee-Springen, Drachenfliegen, Fallschirmspringen, Autorennen usw. betreibt, setzt sich einer gegenüber dem Normalleben erhöhten Gefahr aus. Eine solche **Selbstgefährdung** ist jedoch grundsätzlich ein zulässiges Wahrnehmen des Persönlichkeitsrechts, Maßnahmen dagegen daher grundsätzlich unzulässig.[4] Doch gilt das nur insoweit, als auch das Persönlichkeitsrecht reicht. Kann das Persönlichkeitsrecht nicht wirklich umfassend ausgeübt werden (z. B. bei Kindern, Betrunkenen, Personen unter Schock u. Ä., bei mangelnder Kenntnis der tatsächlichen Umstände)[5], oder sind nicht nur eigene Rechte betroffen (z. B. der Drachenflieger könnte auf Zuschauern landen; in einem Notfall müssten sich Rettungshelfer selbst in Gefahr begeben)[6], sind Maßnahmen zur Verringerung der Gefährdung von Leib und Leben wieder möglich.

Beispiel: In einem Skigebiet besteht Lawinengefahr. Dennoch will eine Gruppe zu einer Skiwanderung aufbrechen. – Hier kann die Gruppe am Vorhaben gehindert werden. Denn im Falle eines Lawinenunglücks sind Leben und Gesundheit nicht nur der Teilnehmer dieser Gruppe in Gefahr, sondern auch der Bergungsgruppe, die die Verschütteten aufspüren und gegebenenfalls ausgraben müsste.

Eingriffsmaßnahmen zugunsten von Leib und Leben sind auch dann möglich und sogar geboten, wenn die Gefährdung dieser Schutzgüter aus höherrangigen Gesichtspunkten nicht zulässig ist. Das gilt insbesondere für den Versuch der **Selbsttötung**.[7] Dieses Problem wird überwiegend als eines der öffentlichen Sicherheit gesehen. Da es sich um ein Individualproblem handelt, erscheint es nicht richtig, in der einzelnen Selbsttötung einen Verstoß gegen die Gesellschaft und ihre Grundwerte und damit gegen die öffentliche Ordnung zu sehen.[8] Die herr-

---

4 VGH Mannheim v. 11.7.1997 - 8 S 2683/96, NJW 1998, 2235; OVG Lüneburg v. 27.3.1991 - 12 M 23/91, NVwZ 1992, 502; VGH Kassel v. 30.4.1991 - 11 TG 567/91, NVwZ 1992, 503; Drews / Wacke / Vogel / Martens § 14 S. 231; Rühle / Suhr § 9, 2.1.1.1.
5 Götz / Geis § 4 Rn 28 ff.; Gusy Rn 85.
6 VGH Mannheim v. 25.10.2012 - 1 S 1401/11, DVBl. 2013, 119 Götz / Geis § 4 Rn 31.
7 Vgl. Pieroth / Schlink / Kniesel § 8 Rn 31 ff.; Rühle / Suhr § 9, 2.1.1.1.
8 Wer will schon absolut bestimmen können, wann z. B. bei einer unheilbaren Krankheit im Endstadium ein Suizid ethisch verwerflich ist? So aber noch BayOLG DÖV 1989, 273.

schende Meinung folgert aus der Verfassung, dass es nur ein Recht auf Leben[9], nicht aber auf dessen Beendigung gibt.[10] Ob das auch für Fälle richtig ist, in denen es nur noch darum geht, einen kurzen Lebensrest unter hohen Leiden zu vermeiden (die aktive Sterbehilfe ist beispielsweise in den Niederlanden unter engen Voraussetzungen rechtmäßig), kann für das Ordnungsrecht dahinstehen. Zwar kann man nicht ohne Weiteres annehmen, dass bei Suizid *immer* ein pathologisch geistig-seelischer Zustand die freie Willensbildung ausschließt.[11] Jedoch hat der Ordnungsbedienstete oder Polizeibeamte (allgemeine Ordnungsbehörden werden allerdings seltener mit diesem Problem konfrontiert werden) bei seiner schnell zu treffenden Entscheidung weder ausreichend Anhaltspunkte über die tatsächlichen Voraussetzungen des Todesentschlusses, noch ist er medizinisch-psychologisch ausreichend fachkompetent, um die engen Voraussetzungen beurteilen zu können, die selbst die Befürworter des Rechts auf Selbsttötung hierfür aufstellen. An der Verhinderung eines Suizids besteht daher *immer* ein öffentliches Interesse.[12]

6 ■ Aus Art. 2 Abs. 2 GG **Ehre, Persönlichkeitsrecht, personenbezogene Daten, Recht am eigenen Bild**: Dieser Bereich ist aber weitgehend auch von der Rechtsordnung (z. B. §§ 185 ff. StGB, §§ 26 ff. POG, Bundes- und Landesdatenschutzgesetz, §§ 22 ff. Kunst- und Urheberrechtsgesetz – KUG -) erfasst (vgl. Rn G 71). Grundsätzlich handelt es sich hierbei zwar um private Rechte i. S. d. § 1 Abs. 3 POG, bei denen der gerichtliche Selbstschutz vorgeht, bei einem gleichzeitigen Verstoß gegen Straf- oder andere öffentlich-rechtliche Normen besteht auch ein öffentliches Interesse.

Beispiel: E hat Streit mit seinem Nachbarn N. Um aller Welt zu zeigen, welchen unmoralischen Lebenswandel N führt, macht er heimlich Fotos von Intimitäten des N mit diversen Freundinnen. Diese Fotos will E ins Internet stellen. N erfährt davon und bittet um Hilfe der Polizei, die Datenträger der Fotos sicherzustellen. – Hier wäre ein Sicherstellen der Datenträger trotz § 1 Abs. 3 POG möglich, da mit gerichtlicher Hilfe die unmittelbar bevorstehende Veröffentlichung entgegen § 22 KUG und damit die Verletzung des Rechts am eigenen Bild nicht verhindert werden kann.

7 ■ Aus Art. 14 **Eigentum** und Art. 13 GG **Wohnung**: Für beide Begriffe gilt hier die weite Auslegung. I. S. d. Art. 14 sind Eigentum alle vermögenswerten Positionen des Privatrechts (z. B. Sacheigentum, Besitz; Erbbaurechte, Forderungen, Aktion, Urheberrechte, eingerichteter und ausgeübter Gewerbebetrieb = Sachbestand, Forderungen, Geschäftsbeziehungen, Name, Kundschaft, „good will" usw., Zugang zu Licht und Luft bei Grundstücken) und alle vermögenswerten Positionen des öffentlichen Rechts, soweit dafür Gegenleistungen erbracht wurden (z. B. berufs-/gewerberechtliche Zulassungen; Ansprüche von Soldaten; Arbeitslosengeld; Rentenversicherung). Der weite Wohnungsbegriff ist in § 20 Abs. 1 S. 2 POG umschrieben (vgl. dazu Rn G 61). Auch hier geht wegen **§ 1 Abs. 3** POG (s. o. Rn B 20) der gerichtliche Schutz regelmäßig vor. Nur dort, wo gerichtlicher Schutz aus zeitlichen Gründen nicht mehr effektiv wäre (z. B. es droht die endgültige Zerstö-

---

9 BVerfG v. 25.2.1975 - 1 BvF 1/74; 1 BvF 2/74; 1 BvF 3/74; 1 BvF 4/74; 1 BvF 5/74; 1 BvF 6/74, BVerfGE 39, 1 (Schwangerschaftsabbruch); v. 16.10.1977 - 1 BvQ 5/77, 46, 160 (Entführungsopfer); v. 28.7.1987 - 1 BvR 842/87, NJW 1987, 2287 (AIDS-Bekämpfung); v. 29.10.1987 - 2 BvR 624/83; 2 BvR 1080/83; 2 BvR 2029/83, 1988, 1651 (Lagerung chemischer Waffen); BGH v. 10.12.1987 - III ZR 220/86, NJW 1988, 478; OVG Hamburg 26.5.1977 - Bs III 20/77, NJW 1977, 1254; Götz / Geis § 4 Rn 32.
10 VerfGH Bayern v. 16.12.1988 - 7-VII-86, NJW 1989, 1790; Habermehl Rn 97; Drews / Wacke / Vogel / Martens § 14 S. 230.
11 So Thiel § 8 Rn 31.
12 Götz / Geis § 4 Rn 32.

C. Die Schutzgüter des POG

rung der Sache, Fremde dringen gerade in die Wohnräume ein), besteht am Schutz dieser Güter ein öffentliches Interesse, so dass ein Eingreifen der Ordnungskräfte in Betracht kommt.[13] (s. a. Rn G 61 und 92)

b) Relative Rechte

Relative Rechte sind solche, die einerseits nur bestimmten Personen, nicht also der 8 Allgemeinheit zustehen, und andererseits **nur gegen bestimmte Personen oder eine bestimmte Personengruppe geltend gemacht** werden können. Es sind also Leistungs- und Forderungsrechte, denen kein dingliches Recht (z. B. Eigentum) zugrunde liegt. Relative Rechte entstehen meistens durch Vertrag oder vertragsähnliche Vereinbarungen, denkbar sind jedoch auch andere Gründe (z. B. Vermächtnis i. S. d. §§ 2147 ff. BGB). Relative Rechte spielen im Ordnungsrecht kaum eine Rolle, weil sie nur ausnahmsweise im öffentlichen Interesse liegen. Das liegt an **§ 1 Abs. 3 POG** (s. o. Rn B 20), wonach deren Schutz den allgemeinen Ordnungsbehörden und der Polizei nur dann obliegt, wenn gerichtlicher Schutz nicht rechtzeitig zu erlangen ist und wenn ohne ordnungsbehördliche oder polizeiliche Hilfe die Verwirklichung des Rechts vereitelt oder wesentlich erschwert werden würde. Relative Rechte werden in der Regel gerichtlich geklärt. Anders als bei absoluten Rechten kommt es nur selten vor, dass selbst der gerichtliche Eilschutz für relative Rechte zu spät käme. Insbesondere kann hier nicht mit einem evtl. zu langen Verfahren bei Gericht argumentiert werden, denn *„gerichtlicher Schutz"* ist in diesem Sinne bereits erreicht, wenn die Gerichte entscheiden könnten; wann sie es denn tun, ist dann deren Entscheidung und berechtigt alleine angesichts der verfassungsmäßigen Gewaltenteilung keine Ordnungsbehörden zu irgendwelchen Handlungen. Wenn die Ordnungskräfte bei relativen Rechten einschreiten, dann meistens nur, wenn zusätzlich andere Schutzgüter wie Individualrechtsgüter (wenn z. B. die Vertragserfüllung medizinisch erforderlich ist) oder die Rechtsordnung (z. B. bei Betrug oder Unterschlagung) betroffen sind.

Beispiel: E hat eine Erbschaft angenommen. Nach dem Testament hat der Neffe des Erblassers N einen Vermächtnisanspruch auf Herausgabe eines Bildes von Salvador Dalí. Um diesen Anspruch nicht erfüllen zu müssen, versucht E das Bild mit einem Paketversand ins nichteuropäische Ausland zu schicken. – E ist nach § 1922 BGB Eigentümer des Bildes. N hat noch kein dingliches Recht an dem Bild, sondern nur nach § 2174 BGB einen privatrechtlichen Herausgabeanspruch (relatives Recht). Wenn E das Bild nun verschickt, käme gerichtliche Hilfe zu spät. Und befindet sich das Bild erst einmal außerhalb Europas, ist die Durchsetzung des Vermächtnisanspruchs (der durch Schadensersatz ideell nicht auszugleichen ist) mindestens wesentlich erschwert, wenn nicht gar vereitelt.

2. Kollektivrechtsgüter

Kollektivrechtsgüter sind die Schutzgüter, die nicht einzelnen Personen, sondern 9 der Allgemeinheit zugewiesen sind. Sie unterteilen sich in die objektive Rechtsordnung und in den Schutz der Hoheitsträger, ihrer Einrichtungen und Veranstaltungen.[14] Der Schutz von Kollektivrechtsgütern ist immer im Allgemeininteresse, so dass nicht gesondert geprüft zu werden braucht, ob die *öffentliche* Sicherheit betroffen ist.

---

13 Vgl. Götz / Geis § 4 Rn 20; Rühle / Suhr § 1 2.3.
14 Vgl. Pieroth / Schlink / Kniesel § 8 Rn 34 ff.; Rühle / Suhr § 9, 2.1.1.2.

a) Die objektive Rechtsordnung

10 Die objektive **Rechtsordnung** ist ein kollektives Schutzgut der öffentlichen Sicherheit. Hierzu zählt das gesamte in Rheinland-Pfalz gültige Recht, gleich ob es geschrieben oder ungeschrieben ist. Also zählen hierzu insbesondere EU-Recht, das Grundgesetz und die Landesverfassungen, alle Gesetze, Rechtsverordnungen, Satzungen, Verwaltungsakte, Verträge (unter dem Vorbehalt des § 1 Abs. 3 POG), aber auch **Gewohnheitsrecht** wie z. B. das öffentlich-rechtliche Hausrecht (vgl. Rn G 30), die sog. „unvordenkliche Verjährung" (bei der Widmung von schon in historischer Zeit genutzten öffentlichen Sachen, insbesondere Straßen) oder sonstiges nichtgeschriebenes Recht, wie z. B. mündliche Anweisungen oder Zeichen von Polizeibeamten. Sofern sich die Rechtsordnung aus Rechtsnormen oder **Verwaltungsakten** ergibt, müssen diese nicht zwingend rechtmäßig sein, sofern sie nur gültig sind (wobei allerdings rechtswidrige Rechtsnormen in der Regel ungültig sind). Soweit die Verfassungen (EU-, GG, Landes-) zur objektiven Rechtsordnung gehören, gilt das aber so gut wie nicht für die **Grundrechte**, da diese nur der Abwehr von staatlichen Maßnahmen gegenüber dem Bürger dienen, nicht aber umgekehrt Grundlage für staatliche Eingriffe sein können.[15]

Der vielfach in diesem Zusammenhang genannte § 823 BGB ist eigentlich überflüssig. Soweit sein 1. Absatz absolute Rechte schützt, wird das schon von der Gruppe der Individualrechtsgüter (s. o. Rn C 4 ff.) erfasst, die Schutzgesetze nach § 823 Abs. 2 BGB fallen schon unter die Gruppe der objektiven Rechtsordnung.

Geschützt ist bereits die **objektive** Rechtsordnung, d.h. es kommt insbesondere bei **Haftungs- und Strafrechtsnormen** auf subjektive Merkmale (Schuldfähigkeit, Schuld, Verfolgungshindernisse) grundsätzlich nicht an.[16] Das wirkt sich insbesondere bei Haftungs- und Strafrechtsnormen aus. In Bezug auf Normen des Strafrechts ist die öffentliche Sicherheit bereits dann betroffen, wenn der objektive Tatbestand eines strafbewehrten Handelns erfüllt ist. Soweit zur Strafverfolgung allerdings ein **Antrag** des Verletzten erforderlich ist (vgl. §§ 77 ff. StGB), berührt die Rechtsverletzung die *öffentliche* Sicherheit nur dann, wenn dieser Antrag gestellt wurde oder das zumindest nicht ausgeschlossen ist. Die Wertung der Bedeutung für das Allgemeininteresse wird praktisch vom Strafrecht in das Ordnungsrecht übernommen. Das bedeutet z. B. für den unbefugten Gebrauch eines Fahrzeugs (§ 248b StGB) oder Hausfriedensbruch (§ 123 StGB), dass auch ordnungsbehördliche oder polizeiliche Maßnahmen ausgeschlossen sind, wenn es der Verletzte ablehnt, einen Antrag zu stellen; für Delikte wie einfache Körperverletzung (vgl. § 230 StGB), Diebstahl oder Unterschlagung geringwertiger Sachen (§ 248a StGB) oder einfache Sachbeschädigung (vgl. § 303c StGB) gilt das insoweit, als kein überwiegendes öffentliches Interesse an der Strafverfolgung besteht..

Beispiel: Unbekannte Obdachlose klettern immer wieder über den Gartenzaun in das Anwesen des E, um von dort Früchte zu stehlen. E stellt ausdrücklich keinen Strafantrag. Hier können die Ordnungskräfte nicht eingreifen. Die kollektiven Schutzgüter der öffentlichen Sicherheit sind nicht betroffen. Für den Hausfriedensbruch gilt das schon deshalb, weil den nach § 123 Abs. 2 StGB für die Strafverfolgung notwendige Antrag fehlt, für den Diebstahl der Früchte, weil dieser Antrag fehlt und ein besonderes öffentliches Interesse nicht erkennbar ist (vgl. § 248a StGB).

---

15 Thiel § 8 Rn 16.
16 BVerwG v. 8.9.1981 - 1 C 88.77, NJW 1982, 1008 zu „Mörderbande" gegenüber chilenischem Botschafter und § 103 StGB.

C. Die Schutzgüter des POG

b) Existenz und Funktionieren der Träger hoheitlicher Gewalt, ihrer Einrichtungen und Veranstaltungen[17]

Hoheitsträger sind alle juristischen Personen des öffentlichen Rechts, insbesondere **11** der Bund, das Land, die Landkreise, die Gemeinden, die Zweckverbände, die rechtsfähigen Anstalten des öffentlichen Rechts und die öffentlich-rechtlichen Stiftungen.[18] Zu den geschützten Einrichtungen gehören auch solche **anderer Hoheitsträger**. Das können ausländische Missionen, aber auch Einrichtungen supranationaler Einrichtungen wie EU, UNO oder NATO sein. Dass Hoheitsträger in ihrer Existenz gefährdet sind, kommt praktisch nicht vor. Wohl aber kann deren ordnungsgemäßes Funktionieren betroffen sein

Beispiel: Parkt ein Fahrzeug widerrechtlich vor einer städtischen Feuerwehrausfahrt, ist (neben der Rechtsordnung StVO) auch die Einsatzbereitschaft nicht mehr gewährleistet. Damit ist auch die Funktionsfähigkeit der Feuerwehr berührt.

Hoheitliche Einrichtungen sind alle Gegenstände, die ein Hoheitsträger zur unmit- **12** telbaren Erfüllung seiner hoheitlichen Aufgaben unterhält. Hierzu gehören z. B. Verwaltungsgebäude (auch Schulen, Kasernen u. Ä.), Gerichte, Parlamente, Straßen, Sozial-, Ver- und Entsorgungseinrichtungen, Hilfsdienste usw. Ihre Funktion darf nicht nennenswert behindert werden. Hierzu gehört zwar eigentlich schon das öffentlich-rechtliche Hausrecht (vgl. zu diesem Rn G 30)[19], das aber schon vom Schutzgut der objektiven Rechtsordnung umfasst ist.

Beispiel: Warnstreiks an Schulen betreffen diese Einrichtung und damit die öffentliche Sicherheit.[20] Gleiches gilt hinsichtlich der Bundeswehr für eine militante Gegenveranstaltung zu einer Vereidigung von Wehrpflichtigen. Das verbotene Abhören des Polizeifunks betrifft eine Einrichtung der Polizei und deren vertrauliches Funktionieren.[21]

Hoheitliche Veranstaltungen sind alle Unternehmungen und Aktivitäten, die ein **13** Hoheitsträger zur unmittelbaren Erfüllung seiner hoheitlichen Aufgaben unternimmt. Solche Veranstaltungen des Hoheitsträgers sind z. B. Wahlen, Volkszählungen, offizielle staatliche Empfänge[22], Parlaments- oder Ratssitzungen, Staatsbesuche, Vereidigung von Soldaten, öffentlich-rechtliche Ausbildung, Verkehrskontrollen und -überwachungen[23], Anhörungen oder Erörterung von Einwendungen im Zug öffentlicher Verwaltungsverfahren usw. Der Ablauf dieser Aktivitäten darf nicht maßgeblich beeinträchtigt werden.[24]

Beispiel: Bauern behindern aus Unmut über die Agrarpolitik den Zugang zum Wahlraum der Europawahl. Damit wird sowohl die staatliche Veranstaltung der Wahl als auch der Zugang der Wähler, die an der Veranstaltung teilnehmen, behindert.

---

17 Grundsätzlich anerkannt z. B. durch BVerfG v. 6.6.2007 - 1 BvR 1423/07, NJW 2007, 2167 Rn 29; man sollte zutreffender vom „Hoheitsträger", nicht wie verbreitet vom „Staat" sprechen, da letzterer nur den Bund und das Bundesland umfasst, was aber viel zu eng ist.
18 Thiel § 8 Rn 18 ff.
19 Gusy Rn 82; Götz / Geis § 4 Rn 44.
20 OVG Hamburg v. 22.10.1988 - Bs I 195/88, NJW 1989, 605 und VGH Kassel v. 13.9.1989 - Bf V 33/88, NJW 1990, 727.
21 BayObLG v. 18.2.1999 – 24 CS 98.3198, DÖV 1999, 520.
22 BVerfG v. 6.6.2007 - 1 BvR 1423/07, NJW 2007, 2167 Rn 29.
23 OVG Münster v. 21.8.1996 - 11 C 9.95, NVwZ 1997, 161; VG Bautzen SächsVBl. 2008, 90.
24 OVG Koblenz v. 27.3.2014 - 7 A 10993/13.OVG.

Öffentliche Sicherheit

Individualrechtsgüter

absolute Rechte

immaterielle:
Leben, Gesundheit
auch: **Selbsttötung**
aber nicht: bloße
Selbstgefährdung bei
freier
Willensbestimmung

andere immaterielle, z. B.
**Freiheit, Ehre*,
Persönlichkeit,
persönliche
Daten*, eigenes Bild***

materielle:
**Eigentum*,
Wohnung** u.a.

relative Rechte

Vermögen i. Ü.,
insbesondere
individuelle
Forderungen*
(wegen § 1 Abs. 3 POG nur selten betroffen)

Kollektivrechtsgüter

Rechtsordnung

Unverletzlichkeit von
geschriebenem und
ungeschriebenem
Recht
(insbes. Rechtsnormen,
Verwaltungsakte,
öffentl.-r. Verträge,
Gewohnheitsrecht,
anerkannte
Rechtssätze usw.)

Hoheitsbereich

Existenz und
Funktionieren von:

• **Hoheitsträgern**

• ihren
Veranstaltungen
(= jede Unternehmung
eines Hoheitsträgers zur
Erfüllung hoheitlicher
Aufgaben)

• ihren **Einrichtungen**
(= jeder Gegenstand, den
Hoheitsträger zur
Erfüllung seiner
hoheitlichen Aufgaben
verwendet)

---

* § 1 Abs. 3 POG: Nur wenn
1. gerichtlicher Schutz nicht rechtzeitig erlangbar ist +
2. ohne exekutiven Schutz die Rechtsverwirklichung vereitelt / wesentlich erschwert würde

III. Die öffentliche Ordnung

14 Die öffentliche Ordnung umfasst die Gesamtheit der **ungeschriebenen Regeln**, deren Befolgung nach den jeweils herrschenden sozialen und ethischen Anschauungen als **unerlässliche Voraussetzung** eines geordneten menschlichen Zusammenlebens innerhalb eines bestimmten Gebietes angesehen wird.[25] Es kommt also weniger auf ein rechtliches als auf ein gesellschaftliches, also soziologisches Verständnis an. Erheblich ist nur ein Verhalten, soweit es sich entweder **in der Öffentlichkeit** abspielt oder von dieser leicht wahrgenommen werden kann. Darum fallen Vorgänge unter Erwachsenen, zu denen Jugendliche keinen Zutritt haben und die nur von denen wahrgenommen werden können, die das wollen, schon mangels Öffentlichkeit nicht unter die öffentliche Ordnung.[26]

Die öffentliche Ordnung darf man nicht verwechseln mit der geschriebenen oder ungeschriebenen Rechtsordnung im Rahmen der öffentlichen Sicherheit. Hier geht es

---

25 BVerfG 14.5.1985 - 1 BvR 233/81; 1 BvR 341/81, NJW1985, 2395; v. 23.6.2004 - 1 BvQ 19/04, NJW 2004, 2814; v. 5.9.2003 - 1 BvQ 32/03, NVwZ 2004, 90; v. 26.1.2001 - 1 BvQ 9/01, NJW 2001, 1409; so ähnlich std. Rspr. seit PrOVG 91, 140; Szczekalla, JA 2002, 992; Tölle, NVwZ 2001, 153, 154; Würtenberger / Heckmann / Tanneberger § 5 Rn 256 ff. und Heckmann, JuS 1999, 986, 992; Rühle / Suhr § 9, 2.1.2; Götz / Geis § 5 Rn 1 ff.; § 3 Nr. 2 s.-a. SOG und § 54 Nr. 2 thür. OBG; zur Kritik Gusy Rn 99.
26 VGH München v. 9.8.1996 - 22 CS 96.2438, GewArchiv 1996, 474; Gusy DVBl 1982, 984.

C. Die Schutzgüter des POG

um grundlegende soziale oder ethische Anschauungen, also unverzichtbare **Wertvorstellungen** für das gesellschaftliche Miteinander,[27] insbesondere um

- **Toleranz** (Gelten- und Gewährenlassen fremder Überzeugungen, Handlungsweisen und Sitten),

  Beispiele: besonders grobe und herabsetzende Religionskritik im Theater[28], Zeigen der Reichskriegsflagge Norddeutscher Bund (oder der ihr ähnlichen Flaggen, wie die kaiserlichen Flaggen der Postschiffe, Lotsen-, Zoll- oder Regierungsfahrzeuge) als Ausdruck faschistischer Gesinnung[29], Prostitution in der Nähe von Kirchen[30], Aufzug von Rechtsextremisten am Holocaust-Gedenktag[31].

- **Ethik** (alle sittlichen Normen und Werte, auf denen verantwortungsbewusstes Handeln fußt),

  Beispiele: öffentliche Ausstellung von Leichenteilen[32]; Zwergenweitwurf[33]; ungewollte (!) Obdachlosigkeit[34]; Quasar-Tötungs-Spiel[35]; Laser-Tötungs-Spiele[36]; strittig: Paintball-Spiel (Gotcha)[37]; Damenring-/-boxkämpfe[38]; str. bei Selbsttötung[39].

- **öffentlichen Anstand** (Ordnung des menschlichen Zusammenlebens, soweit es nach außen in Erscheinung tritt und das Allgemeinwohl beeinträchtigen kann),

  Beispiele: Pkw, der mit bildlichen Darstellungen eines Leichnams und einer gekreuzigten Frau versehen ist[40]; entgeltliche „Peepshow"[41]; entgeltliche „Telefon-Peepshow"[42]; entgeltliches Zurschaustellen von Frauen hinter Gittern im Nachtclub[43]; entgeltliches Vorführen des Geschlechtsverkehrs[44]; Verkauf von Kondomen in der Nähe von Schulen, Kirchen, Halte-

---

27 BVerfG v. 26.1.2001 - 1 BvQ 9/01, NJW 2001, 1409; v. 9. 12.2007 - 1 BvR 2793/04, NVwZ 2008, 671; v. 26.1.2014 – 6 C 1.13, NVwZ 2014, 883; OVG Koblenz v. 27.1.2012 - 7 B 10102/12.OVG, DÖV 2012, 405.
28 OVG Koblenz v. 2.12.1996 - 11 A 11503/96.OVG, NJW 1997, 1174; dagegen öffentliche Sicherheit: Störung der Religionsausübung § 167 StGB; Störung von Bestattungsfeiern § 167a StGB; § 117 OWiG.
29 OVG Münster v. 9.2.1994 - C-319/92, NJW 1994, 2409; dagegen Reichskriegsflagge von 1935 ist Verstoß gegen öffentliche Sicherheit wegen § 86a StGB; kritisch Rühl NVwZ 2003, 531; Enders JuS 1997, 545.
30 Soweit nicht schon von GAVO/ § 184a StGB, § 184b StGB, § 120 OWiG erfasst.
31 BVerfG v. 26.1.2001 - 1 BvQ 9/01, NJW 2001, 1409; OVG Münster v. 23.3.2001 - 5 B 395/01, NJW 2001, 2111.
32 VGH München 21.2.2003 - 4 CS 03.462, NJW 2003, 1618.
33 VG Neustadt v. 27.3.1992 - 9 TG 1112/89, NJW 1992, 3253.
34 OVG Lüneburg v. 27.3.1991 - 12 M 23/91, NVwZ 1992, 502, VGH Mannheim v. 24.2.1993 - 1 S 279/93, NVwZ 1993, 1220; vgl. a. Rn L 6..
35 OVG Koblenz v. 21.6.1994 - 11 B 11428/94, NVwZ-RR 1995, 30; OVG Münster v. 28.6.1995 - 5 B 3187/94, DÖV 1995, 1004; anders VGH München v. 27.11.2012 - 15 BV 09.2719, DVBl 2013, 525; v. 27.6.2000 - 21 B 98.2184; OVG Lüneburg 18.2.2010 - 1 LC 244/07, DVBl 2010, 526; OVG Münster 24.2.2015 - 2 B 99/15, DÖV 2015, 534.
36 EuGH v. 14.10.2004 - C-36/02, NVwZ 2004, 1471; BVerwG v. 24.10.2001 - 6 C 3.1, NVwZ 2002, 598; OVG Münster v. 27.9.2000 - 5 A 4916/98, DÖV 2001, 217.
37 Kein Fall der öffentlichen Ordnung: VG Dresden v. 28.1.2003 - 14 K 2777/02, NVwZ-RR 2003, 848; VG Regensburg v. 16.6.1998 - RO 11 K 97.02270; anders: OVG Münster v. 26.6.2000 - 5 B 588/00.
38 VGH München v. 23.9.1983 - 6 S 2246/83, NVwZ 1984, 254; v. 2.11.1977 – III 263/77, GewArch 1978, 163; VG Gelsenkirchen 21.11.1977 – 7 L 3562/77, GewArch 1978, 164, entgegen früher noch PrOVGE 91, 139, VGH München v. 23.9.1983 – 6 S 2246/83, NVwZ 1984, 254.
39 Dafür BayObLG v. 18.11.1988 – RReg. 1 St 186/88, DÖV 1989, 273; VGH München 16.12.1988 – 7- VII-86, NJW 1989, 1790 und v. 18.11.1988 – RReg. 1 St 186/88, NJW 1815; vgl. aber Rn C 4.
40 VG Mainz v. 3.11.2005 – 1 L 964/05.MZ.
41 BVerwG v. 15.12.1981 – 1 C 232.79, NJW 1982, 664; v. 23.8.1995 - 1 B 46.95, NJW 1996, 1423.
42 OVG Hamburg v. 7.8.1992 - Bs VI 64/92, NVwZ-RR 1993, 293.
43 VGH München v. 12.8.1991 – 21 CS 91.2245, NVwZ 1992, 76.
44 BVerwG v. 27.9.1991 - 3 C 32.90, NJW 1992, 1251; anders vor Jugendlichen geschützte „Swinger-Partys", BVerwG v. 6.11.2002 - 6 C 16.02, NVwZ 2003, 603; VGH München v. 9.8.1996 - 22 CS 96.2438, GewArchiv 1996, 474; BayOLG BayVBl. 1977, 220 „Nackdeiball", dagegen in der Öffentlichkeit § 183a StGB, § 119 OWiG.

stellen usw.[45]; Nacktgehen[46]; Bettelei mit Kindern oder mit Bedrängen oder Berühren[47] oder organisiert.

Es ist aber nicht unproblematisch, Wertvorstellungen zur Grundlage von Ordnungsverfügungen zu machen. Die herrschenden sozialen und ethischen Wertvorstellungen sind oft zum einen nur schwer feststellbar, zum anderen sind sie regional unterschiedlich und wandeln sich im Laufe der Zeit, manchmal sind die Wertungen auch widersprüchlich. Schließlich ist es fraglich, inwieweit die Wertvorstellungen einer Mehrheit denen einer Minderheit vorgehen sollen. Darum wird der Begriff von manchen als zu unbestimmt angesehen und seine Vereinbarkeit mit der Verfassung bezweifelt.[48] Dem wird entgegengehalten, dass die ordnungsbehördliche bzw. polizeiliche Generalklausel in jahrzehntelanger Entwicklung durch Rechtsprechung und Lehre nach Inhalt, Zweck und Ausmaß hinreichend präzisiert, in ihrer Bedeutung geklärt und im juristischen Sprachgebrauch verfestigt sei.[49] Selbst das Grundgesetz setze den Schutz der öffentlichen Ordnung in Art. 13 Abs. 7, 35 Abs. 2 GG voraus und verlange dabei erkennbar nicht, dass die Parlamente den Kreis der hiervon erfassten Güter abschließend festlegen. Schließlich könne es mit Blick auf das Demokratieprinzip nicht zu beanstanden sein, an die Vorstellungen der Mehrheit anzuknüpfen. Die unterschiedlichen Sichtweisen führen dann auch zu unterschiedlichen Bewertungen, insbesondere wenn es um den **Schutz der Menschenwürde** geht. Die Gefahr einer Verletzung der Menschenwürde ist dann gegeben, wenn aktuell ein Verhalten droht, durch das die Subjektqualität eines Menschen prinzipiell in Frage gestellt wird oder in einem konkreten Fall ein willkürliches Missachten der Menschenwürde liegt.[50] So werden sog. Quasar-[51] oder Laserdrom[52]-Tötungsspiele wegen Missachtung des Rechtsguts Leben als sittenwidrig und ein Verstoß gegen die öffentliche

---

45 BVerwG v. 23.2.1960 - I C 240.58, NJW 1960, 1407;; anders aus Straßenautomaten OVG Münster 7.7.1987 - 9 A 2529/86, NJW 1988, 787.
46 VGH Mannheim v. 3.9.2002 - 1 S 972/02, NJW 2003, 234; OVG Münster v. 18.6.1996 - 5 A 769/95, NJW 1997, 1180; aber VGH Mannheim v. 3.9.2002 - 1 S 972/02, NJW 2003, 234: Fall des § 118 OWiG; dagegen dürfte es angesichts Art. 8 GG zu weit gehen, unbekleidetes Fahrradfahren anlässlich des Weltnacktradeltages" wegen Verstoß gegen die öffentliche Ordnung nach dem VersG zu verbieten, so VG Karlsruhe 2.6.2005 - 6 K 1058/05, NJW 2005, 3658; OVG Berlin v. 10.4.1987 - 2 B 124/86: Durch umherlaufende Nackte sind anliegende Grundstückseigentümer allenfalls unwesentlich in ihren Rechten verletzt.
47 BayObLG 13.6.1997 - 3 ObOWi 21/97, NVwZ 1998, 104; s.a. Bracker JuS 1996,482; anders „stilles Betteln", VGH Mannheim v. 6.7.1998 - 1 S 2630/97, NVwZ 1999, 560.
48 Götz / Geis § 5 Rn 5 ff.; Habermehl Rn 103; vgl. auch BVerfG v. 8.2.2001 - 2 BvF 1/00, NJW 2001, 1048; W. Schmidt, NJW 2001, 1035, 1036.
49 BVerfG v. 23.5.1980 - 2 BvR 854/79, NJW 1980, 2572; v. 26.1.2001 - 1 BvQ 9/01, NJW 2001, 1409; v. 23.6.2004 - 1 BvQ 19/04, NJW 2004, 2814; BVerwG v. 24.10.2001 - 6 C 3.01, NVwZ 2002, 598; Schenke Rn 65 f.
50 VG Dresden v. 28.1.2003 - 14 K 2777/02, NVwZ-RR 2003, 848.
51 Gewerbliche Veranstaltung des Spiels „Quasar", in dem mit Laserpistolen Tötungshandlungen an Menschen simuliert werden.
52 Die Teilnehmer des gewerblichen Spiels werden mit einem Laserziel- und einem Laserempfangsgerät ausgestattet, wobei sie zugleich als Schütze und als Ziel eines zu tötenden Kontrahenten fungieren. Der „Erfolg" wird durch die Laserstrahlen angezeigt.

C. Die Schutzgüter des POG

Ordnung angesehen[53], Paintballspiele[54] dagegen nicht.[55] . Überholt sein dürfte, dass das entgeltliche Vorführen des Geschlechtsverkehrs[56] oder die „Peepshow"[57] sittenwidrig und damit ein Verstoß gegen die öffentliche Ordnung sein soll, alleine weil die Frauen ihre Menschenwürde aufgäben, über die sie auch nicht disponieren könnten. Abgesehen davon, dass es anmaßend ist, einem gesunden erwachsenen Menschen die Fähigkeit abzusprechen, über die eigene Würde entscheiden zu können, setzt man sich damit auch in Widerspruch zur heutigen Akzeptanz von Pornographie und Prostitution. Die Bewertung der **Prostitution** hat sich in den letzten Jahrzehnten erheblich verändert.[58] Zwar kann die Straßenprostitution verboten werden, wo Kinder und Jugendliche mit ihr konfrontiert und Einflüssen ausgesetzt werden, die sich auf ihre Einstellung zur Sexualität und damit auf die Entwicklung ihrer Persönlichkeit nachteilig auswirken können (§ 184b StGB); ferner wenn sie in der Öffentlichkeit grob anstößig abläuft (§ 119 OWiG). Das Schutzgut des öffentlichen Anstands soll darüber hinaus die Straßenprostitution von Gebieten fernhalten, die durch eine besondere Schutzbedürftigkeit und Sensibilität, gekennzeichnet sind, z.B. als Gebiet mit hohem Wohnanteil sowie Schulen, Kindergärten, Kirchen und sozialen Einrichtungen, was durch Sperrgebietsverordnungen[59] geschieht (Art. 297 EGStGB, §§ 184a StGB, 120 Abs. 1 Nr. 1 OWiG). Der Verordnungsgeber kann dabei ein Verbot in diesen Gebieten im Regelfall schon deshalb anordnen, weil Straßenprostitution mit den typischen anstößigen Begleiterscheinungen wie etwa Werben von Freiern auf der Straße verbunden ist.[60] Die Prostitution als solche ist aber weder mit einem sozialen Unwerturteil behaftet noch gar verboten.[61] Mit den heute herrschenden Werturteilen unvereinbar sind lediglich der Menschenhandel, die Ausbeutung der Prostituierten und die mit der Tätigkeit einhergehende Begleitkriminalität. Durch das Prostituiertenschutzgesetz[62] , das eine Anmelde- und Ausweispflicht für diese Berufsausübung festschreibt, Gesundheitskontrollen vorsieht und einen Vergütungsanspruch einräumt, ist der Status der Prostituierten als ein mit der Werteordnung ver-

---

53 EuGH 14.10.2004 - C-36/02, NVwZ 2004, 1471; BVerwG v. 24.10.2001 - 6 C 3.1, NVwZ 2002, 598; OVG Koblenz 21.6.1994 - 11 B 11428/94, NVwZ-RR 1995, 30; OVG Münster 28.6.1995 - 5 B 3187/94, DÖV 1995, 1004; OVG Münster v. 27.9.2000 - 5 A 4916/98, DÖV 2001, 217; dazu auch Beaucamp DVBl. 2005, 1174.
54 Mannschaftsspiel, bei dessen unterschiedlichen Spielvarianten jeweils Gegner mit Hilfe von schusswaffenähnlichen Gerätschaften "ausgeschaltet" werden. Es werden mit Farbe gefüllte kleine Bälle verschossen, die beim Aufprall zerplatzen und einen Farbfleck hinterlassen (bei Reball-Spielen werden wiederverwendbare Bälle ohne Farbwirkung benutzt).
55 OVG Lüneburg v. 18.2.2010 - 1 LC 244/07, DVBl 2010, 526 ; VG Dresden 28.1.2003 - 14 K 2777/02, NVwZ-RR 2003, 848, mit dem Hinweis, dass viele – auch klassische – Spiel- und Sportarten die Ausschaltung des Gegners zum Ziel hätten.
56 BVerwG v 6.12.1981, - 1 C 32.78, NJW 1982, 665; v. 23.8.1995 - 1 B 46.95, NJW 1996, 1423.
57 BVerwG a. a. O.
58 Z. B. wurde die Stadt Dortmund verpflichtet, außerhalb des erweiterten Innenstadtbereichs einen neuen Standort zu suchen, um legale Prostitution zu ermöglichen, VG Gelsenkirchen v. 21.3.2013 - 16 K 2082/11.
59 Vgl. hierzu BVerfG 28.4.2009 - 1 BvR 224/07, NVwZ 2009, 905.
60 Zum Ganzen: BVerfG v. 22.3.2016 - 6 B 42.15; v. 28.4.2009 - 1 BvR 224/07, NVwZ 2009, 905 Rn 11 ff.; BVerwG v. 17.12. 2014 - 6 C 28.13.
61 BVerwG v. 23.3.2009 - 8 B 2.09, NVwZ 2009, 909; VGH Kassel 31.1.2013 - VGH 8 A 1245/12, DÖV 2013, 441; VG Berlin v. 1.12.2000 - 35 A 570.99, NJW 2001, 983; vgl. a. Armbrüster NJW 2002, 2763; Pöltl VBlBW 2003, 181.
62 Gesetz zur Regulierung des Prostitutionsgewerbes sowie zum Schutz von in der Prostitution tätigen Personen v. 21. Oktober 2016, gültig ab 1.7.2017, BGBl 2016, 2372. Eine gesetzliche Regelung gibt es seit dem ehemaligen Gesetz zur Regelung der Rechtsverhältnisse der Prostituierten v. 20.12.2011, gültig ab 1.1.2002, BGBl 2001, 3983.

einbarer Beruf konstituiert. Die frühere Diskussion, ob es sich nun um ein Gewerbe i. S. d. Gewerbeordnung handelt oder nicht [63], ist damit hinfällig.

15 Weiterhin ist bedenklich, dass man davon ausgeht, es entscheide die **herrschende Anschauung**.[64] Selbst wenn man einmal unterstellen will, dass man diese im Ordnungsrecht immer sicher definieren könnte, erhebt sich die Frage des Minderheitenschutzes. Erfahrungsgemäß hat nicht immer die Mehrheit Recht. Noch in den sechziger Jahren des 20. Jahrhunderts wäre womöglich eine Mehrheit zu finden gewesen, Arbeitsmaßnahmen gegen jene zu verhängen, die sich mit langen Haaren und provozierendem Gebaren den Regeln der damaligen Gesellschaft entzogen. Bis 1973 war beispielsweise in Übereinstimmung mit der moralischen Überzeugung der damaligen Bevölkerungsmehrheit Homosexualität unter erwachsenen Männern (§ 171 StGB a. F.), das Erschleichen des Beischlafs durch Vorspiegeln einer Heiratsabsicht (§ 179 StGB a. F.), das uneigennützige Gewähren oder Verschaffen von Gelegenheit zum Beischlaf für Nichtverheiratete (§ 180 StGB a. F.) oder das Verbreiten *„unzüchtiger"* Schriften oder Gegenstände (§ 184 StGB a. F.) strafbar, bis 1969 Ehebruch (§ 172 StGB a. F.). Und in jüngerer Zeit hat man die Prostitution aus dem Graubereich zwischen Legalität und Illegalität herausgenommen[65]. Zwar wird die herrschende Anschauung dann nicht mehr zu Grunde gelegt, wenn sie mit Grundsätzen der Verfassung unvereinbar ist,[66] aber auch das ist letztlich eine Wertung.

16 Differenziert wird auch danach, an welchem **Ort** die Maßnahme zu treffen ist, da auch hiervon die Wertvorstellungen beeinflusst werden (z. B. eine Parade zum „Christopher-Street-Day" würde vielleicht in einem kleinen Ort in der Eifel auf wesentlich unfreundlichere Resonanz stoßen als in einer Großstadt). Das soll aber nur gelten, soweit kein krasser Widerspruch zur überörtlichen Auffassung oder zu Verfassungsgrundsätzen besteht. Angesichts der Tatsache, dass die Unterschiede zwischen Stadt und Land infolge der Medieneinflüsse immer mehr verschwinden, dürfte die Unterscheidung nach der Region aber keine große Bedeutung mehr haben.

17 Aus den oben genannten Gründen ist die Notwendigkeit des Begriffs der öffentlichen Ordnung sehr **umstritten**[67] und findet sich nicht in allen Ordnungsgesetzen.[68] Teilweise ist man der Ansicht, auf ein gesondertes Prüfen der öffentlichen Ordnung verzichten zu können, auch weil viele **Rechtsnormen** gerade aus Gesichtspunkten der öffentlichen Ordnung erlassen wurden, z. B. die §§ 130 Abs. 3 und 4, 167, 167a, 184, 184b StGB oder die §§ 116–121 OWiG. In diesen Fällen erfasst bereits die öffentliche Sicherheit alle Wertvorstellungen, und ein Rückgriff auf die öffentliche Ordnung ist insoweit nicht mehr erforderlich. Wer auf die öffentliche Ordnung als Schutzgut verzichtet, muss konsequenterweise die Verfassungen einschließlich Art. 1 GG zur bei der öffentlichen Sicherheit angesiedelten Rechtsordnung rechnen. Dennoch verbleiben bei allen Bedenken gegen den Begriff der öffentlichen Ordnung Zweifel, ob man ohne ihn eine lückenlose Gefahrenabwehr gewährleisten kann. Für

---

63 Vgl. Wolfarth Verwaltungsrundschau 2004,127 f. m. w. N.
64 Pieroth / Schlink / Kniesel § 8 Rn 46.
65 Gesetz zur Regelung der Rechtsverhältnisse der Prostituierten (BGBl. I 2001, S. 3983.).
66 So Drews / Wacke / Vogel / Martens S. 247 und Lisken/ / Denninger / Rachor D Rn 36.
67 BVerwG v. 24.10.2001 - 6 C 3.01, NVwZ 2002, 598 (bestätigend); vgl. z. B. Götz / Geis § 5 Rn 10; ablehnend Pieroth / Schlink / Kniesel § 8 Rn 48 ff.
68 Die meisten Polizeigesetze nennen als Schutzgut neben der öffentlichen Sicherheit auch die öffentliche Ordnung. 1983 strich Bremen die öffentliche Ordnung aus seinem Polizeigesetz. 1989 folgte das Saarland, 1992 Schleswig-Holstein und 1994 Niedersachsen. Im Jahre 2000 führt das Saarland, im Jahre 2003 Niedersachsen das Schutzgut der öffentlichen Ordnung wieder ein. In Nordrhein-Westfalen fehlte der Begriff vorübergehend im § 8 Abs. 1 PolG NRW (nicht aber in § 14 Abs. 1 OBG). Somit fehlt der Begriff heute nur in § 10 Abs. 1 brem. PolG und § 174 schl-h. LVwG.

C. Die Schutzgüter des POG

Versammlungs*verbote* genügt ihre Gefährdung entgegen dem Wortlaut des § 15 Abs. 1 VersG regelmäßig nicht.[69]

Aber nicht immer decken die Güter der öffentlichen Sicherheit den Gefahrenbereich vollständig ab, wie die Beispiele oben unter Rn C 13 zeigen. Um hier Gefahren abwehren zu können, greift die herrschende Meinung doch auf das Schutzgut der öffentlichen Ordnung zurück. Dafür spricht auch, dass sich dieser Begriff nicht nur in den allgemeinen Ordnungsgesetzen findet, sondern z. B. auch in Art. 35 Abs. 2 GG, § 15 VersG, § 19 GastG oder § 38 StVO. Zudem sieht selbst das Bundesverfassungsgericht den Begriff der öffentlichen Ordnung als durch Rechtsprechung und Literatur hinreichend bestimmt an.[70] Im Hinblick auf die geschilderte Problematik des Begriffs betrachtet man jedoch die Gesichtspunkte der öffentlichen Ordnung als gegenüber der öffentlichen Sicherheit **subsidiär** und zieht sie nur dann noch heran, wenn Gesichtspunkte der öffentlichen Sicherheit nicht eingreifen oder in den seltenen Fällen, in denen sich neben der öffentlichen Sicherheit **neue Gefahrengesichtspunkte** ergeben. **18**

Beispiel: Eine Person wird obdachlos. Die Ordnungsbehörde greift zwar zum Schutz von Leib und Leben ein. Der Nachweis einer Unterkunft erfolgt hier aber auch deswegen, weil es mit unseren gesellschaftlichen Wertvorstellungen unvereinbar ist, dass ein Mensch gegen seinen Willen ohne Obdach ist.[71] – Skinheads sprühen die Reichskriegsflagge des Norddeutschen Bundes auf eine Häuserwand. Hier ist wegen der Sachbeschädigung die öffentliche Sicherheit betroffen, wegen des Zeigens der Reichskriegsflagge des Norddeutschen Bundes als Ausdruck faschistischer Gesinnung aber auch die öffentliche Ordnung.[72]

Eine besondere Behandlung erfährt der Begriff der öffentlichen Ordnung im **Versammlungsrecht**. Für ein Verbot oder eine Auflösung einer Versammlung reicht ein Verstoß gegen die öffentliche Ordnung regelmäßig nicht, wohl aber für beschränkende Auflagen.[73] Aber auch hier dürfen die Auflagen nicht ihren Grund darin haben, dass der *Inhalt* von Meinungsäußerungen i. S. d. Art. 5 GG zu Beschränkungen des Grundrechts aus Art. 8 GG führt. Demgegenüber sind beschränkende Verfügungen zum Schutz der öffentlichen Ordnung verfassungsrechtlich unbedenklich, wenn sich die Gefahr nicht aus dem Inhalt der Äußerung, sondern aus der Art und Weise der Durchführung der Versammlung ergibt.[74] **19**

---

69 BVerfG 5.9.2003 - 1 BvQ 32/03, NVwZ 2004, 90; es sei denn, sie ist ausdrücklich normiert, z. B. in § 118 OWiG, VG Karlsruhe v. 2.6.2005 - 6 K 1058/05, NJW 2005, 3658; zu Versammlungen s. a. Rn G 2 und 3.
70 BVerfG 26.1.2001 - 1 BvQ 9/01, NJW 2001, 1409; v. 23.5.1980 - 2 BvR 854/79, NJW 1980, 2572; BVerwG v. 24.10.2001 - 6 C 3.01, NVwZ 2002, 598.
71 OVG Lüneburg v. 27.3.1991 - 12 M 23/91, NVwZ 1992, 502; VGH Mannheim v. 24.2.1993 - 1 S 279/93, NVwZ 1993, 1220.
72 OVG Münster v. 22.6.1994 - 5 B 193/94, NJW 1994, 2909.
73 BVerfG v. 14.5.1985 - 1 BvR 233/81; 1 BvR 341/81, NJW 1985, 2395 (Brockdorf).
74 BVerfG v. 19.12.2007 – BvR 2793/04, NVwZ 2008, 671.

Öffentliche Ordnung

BVerfG NJW1985, 2395 (urspr. PrOVG 91, S. 140):

Gesamtheit der ungeschriebenen **Regeln**,	⇦ Regeln: *Es geht um **Wertvorstellungen**, insbes. Toleranz, Ethik, äußeren Anstand u. ä., soweit es um Verhalten in der Öffentlichkeit geht*
deren **Befolgung** nach den jeweils herrschenden sozialen und ethischen Anschauungen	⇦ Herrschend: *Die Anschauung muss unzweifelhaft und weit überwiegend herrschend sein sowie mit der Verfassung im Einklang stehen*
als **unerlässliche Voraussetzung eines geordneten menschlichen Zusammenlebens**	⇦ Unerlässlich: *Die Missachtung der Werte muss schweren Schaden für das gesellschaftliche Miteinander befürchten lassen*
innerhalb eines bestimmten Gebietes angesehen wird	⇦ Gebiet: *Das gilt nicht, soweit ein krasser Widerspruch zur überörtlichen Auffassung besteht*

Wegen seiner Problematik wird auf die öffentliche Ordnung nur zurückgegriffen, soweit Gefahrengesichtspunkte nicht schon von der öffentlichen Sicherheit erfasst sind.

D. Die Gefahr und ähnliche Rechtsbegriffe

I. Gefahr i. S. d. Gefahrenabwehr

Das POG dient der Gefahrenabwehr, § 1 Abs. 1 S. 1 POG. **Gefahr**[1] im Sinne dieser Vorschrift heißt, dass ein Schaden für Schutzgüter oder dessen Vertiefung möglich ist. **Gefahrenabwehr** in diesem Sinne heißt, dass versucht wird, Schaden zu verhindern oder wenigstens zu vermindern. Dieser übergreifende Gefahrenbegriff des § 1 POG (nicht zu verwechseln mit der konkreten Gefahr, dazu gleich Rn 3) umfasst sowohl die abstrakte als auch die konkrete Gefahr, aber auch den Gefahrenverdacht (s. zu den einzelnen Begriffen unten). Während also Vorschriften wie der § 9 Abs. 1 S. 1 POG nur solche Gefahrensituationen erfassen, die konkret vorliegen (S. 1) oder normiert sind (S. 2), umfasst die Gefahrenabwehr im Sinne des § 1 POG schon alle diejenigen Maßnahmen, die dem Vorbeugen gegen mögliche, fernere zukünftige Störungen (z. B. Maßnahmen nach § 11 Abs. 1 Nr. 2 POG) oder der Gefahrerforschung (z. B. § 10 Abs. 1 S. 2 POG) dienen, ohne dass eine im einzelnen Falle hinreichende Wahrscheinlichkeit einer Störung in absehbarer Zeit oder eine abstrakte Normierung vorliegen müssten. Der Begriff Gefahr in diesem allgemeinen Sinne erfasst nach § 1 Abs. 1 S. 2 und 3 POG auch die Vorbereitung auf die Gefahrenabwehr und das vorbeugende Bekämpfen von Straftaten (s. dazu Rn B 12). Diese Gefahrverhütung stellt auf noch nicht absehbare, zukünftig mögliche Gefahren ab (vgl. Rn B 2). Der hier verwendete Gefahrenbegriff ist zum einen im Rahmen der Aufgabenzuweisungen (s. dazu Kap. B) bedeutsam, insbesondere für grundsätzliche und vorbeugende Maßnahmen ohne konkreten Eingriffscharakter. Für einen konkreten Eingriff genügt er aber nur dann, wenn das eine Ermächtigungsgrundlage ausnahmsweise ausdrücklich zulässt (z. B. § 26 Abs. 2 S. 1 Nr. 1 oder § 27 Abs. 1 S. 1 POG) oder wenn sie insoweit überhaupt keine Voraussetzungen aufstellen (z. B. § 10 Abs. 3 oder § 30 Abs. 1 S. 1 POG). In der Regel verlangt das POG entweder das Bestehen einer im einzelnen Falle bestehenden (= konkreten) Gefahr (z. B. neben § 9 Abs. 1 S. 1 in § 10 Abs. 1 S. 1, § 13 Abs. 1 und Abs. 2, § 20 Abs. 1 S. 1 Nr. 1, § 22 Nr. 1 oder § 27 Abs. 1 S. 2 Nr. 1 POG) oder zumindest eines Gefahrenverdachts (z. B. in § 10 Abs. 1 S. 2, § 12 Abs. 1 Nr. 1, § 13 Abs. 3, § 18 Abs. 1 S. 1 Nr. 2, § 19 Abs. 1 S. 1 Nr. 2 und 3, § 20 Abs. 1 S. 1 Nr. 2 und 3 POG).[2]

Beispiel: Wenn die Kriminalpolizei der Polizeipräsidien im Rahmen des § 1 Abs. 1 S. 3 POG Hauseigentümer über effektiven Einbruchsschutz berät, wird zwar noch keine im einzelnen Falle bestehende Gefahr im Sinne des § 9 Abs. 1 POG abgewehrt, da weder ein konkreter Einbruch in absehbarer Zeit wahrscheinlich ist, noch abstrakt ein hier relevanter Sachverhalt als gefährlich normiert worden ist. Im Sinne des § 1 POG handelt es sich dennoch um Gefahrenabwehr, da im Vorfeld verhindert werden soll, dass Gefahren im Sinne des § 9 Abs. 1 POG überhaupt entstehen.

II. Die konkrete Gefahr

Eine **im einzelnen Falle bestehende** (= konkrete) **Gefahr** ist eine tatsächlich bestehende Sachlage, die bei ungehindertem Ablauf des objektiv zu erwartenden Geschehens

---

1 Das Wort kommt aus dem mittelhochdeutschen „gevare", was Hinterhalt, Betrug heißt.
2 Dazu gleich Rn D 2 bzw. D 18.

- mit hinreichender Wahrscheinlichkeit
- in absehbarer Zeit
- zu einem Schaden (= **Störung**) an einem geschützten Rechtsgut führt[3] oder einen bereits eingetretenen Schaden vertieft.

Geschützte Rechtsgüter sind im POG die öffentliche Sicherheit und Ordnung.[4]

3 Die Feststellung einer konkreten Gefahr ist eine **Prognoseentscheidung**, die grundsätzlich objektiv aus der Sicht eines fähigen, besonnenen und sachkundigen Ordnungsbediensteten zu beurteilen ist.[5] Maßgeblich ist der Kenntnisstand, den die am Einsatz beteiligten Ordnungsbediensteten in der konkreten Situation haben. Stellt sich im Nachhinein (ex post betrachtet) die Lage als ungefährlich dar, ist dies unschädlich, wenn zum maßgeblichen Zeitpunkt des Tätigwerdens (ex ante betrachtet) hinreichende objektive Anhaltspunkte für eine Gefahr vorlagen. Anders als beim allgemeinen Gefahrenbegriff in § 1 POG (vgl. Rn D 1) muss sich also die Möglichkeit des Schadens auf einen wirklich vorliegenden Sachverhalt konkretisiert haben.

Beispiel: Treffen Mitglieder rivalisierender Motorradclubs, die zuvor in gewalttätige Auseinandersetzungen verwickelt waren, mit den jeweils charakteristischen Kleidungs- und Ausrüstungsgegenständen im Rahmen einer öffentlichen Veranstaltung aufeinander, besteht eine hinreichende Wahrscheinlichkeit dafür, dass es zu weiteren Gewaltausbrüchen kommen kann, bei denen auch unbeteiligte Dritte geschädigt werden können.[6]

4 Der Schadenseintritt an einem der Schutzgüter muss nicht nur theoretisch möglich, sondern aus der Sicht eines objektiven Beobachters[7] **hinreichend wahrscheinlich** sein. Ob ein Schaden wahrscheinlich ist, kann nur prognostiziert werden. Jede **Prognose** baut auf Tatsachen der Gegenwart und Vergangenheit auf und schließt daraus auf die Zukunft; reine Vermutungen genügen hier als Grundlage nicht.[8] Diese Tatsachen können sich aus Erfahrung, technischen Erkenntnissen oder wissenschaftlichem Fachwissen ergeben. Maßgebend ist der Kenntnisstand zum **Zeitpunkt der Entscheidung** (ex ante). Die entscheidende Stelle muss aus diesen Tatsachen einen logischen und nachvollziehbaren Schluss ziehen.[9] Diese Schlussfolgerung ist im Rechtsbehelfsverfahren voll überprüfbar.

Zur Annahme einer Gefahr ist zwar keine Gewissheit des Schadenseintritts erforderlich.[10] Es muss aber mehr als die bloße Möglichkeit eines Schadenseintritts vorliegen. Schadensmöglichkeiten, die sich deshalb nicht ausschließen lassen, weil nach dem derzeitigen Wissensstand bestimmte Ursachenzusammenhänge weder bejaht noch verneint werden können, begründen keine Gefahr (z. B. bei behauptetem Elek-

---

3 Ähnlich BVerwG v. 3.7.2002 - 6 CN 8.01, NVwZ 2003; v. 26.2.1974 - I C 31.72, NJW 1974, 807; OVG Münster v. 24.2.1989 - 15 A 1711/86, NVwZ 1989, 987; § 2 Nr. 10 nds. SOG /§ 2 Nr. 3a brem. PolG, Gusy Rn 108; Knemeyer Rn 87; Rühle / Suhr § 9, 22; Pieroth / Schlink / Kniesel § 4 Rn 31; Schenke Rn 69 ff.
4 So BVerwG v. 26.2.1974 - I C 31.72, NJW 1974, 807; OVG Münster v. 15.5.1990 - 5 A 1687/89, NJW 1990, 2835; OVG Koblenz v. 7.5.1991 - 1 R 10297/89, NVwZ 1992, 499 und Brandt / Smeddinck JurA 1994, 224 (227).
5 Vgl. VGH Mannheim v. 17.3.2011 - 1 S 2513/10, NJW 2011, 2748; OVG Koblenz v. 14.7.2011 - 7 B 10594/11.OVG; VGH München v. 17.4.2008 - 10 B 07.219.
6 OVG Münster v. 6.8.2015 – 4 B 908/15.
7 OVG Lüneburg v. 22.9.2005 - 11 LC 51/04, NJW 2006, 391.
8 BVerfG v. 11.3.2008 - 1 BvR 2074/05, 1 BvR 1254/07, NJW 2008, 1505; VG Minden v. 2.12.2005 - 11 K 1662/05, NJW 2006, 1450; Gusy Rn 111.
9 VGH München v. 2.12.1991 - 21 B 90.1066, BayVBl 1993, 429; Gusy Rn 109 ff.
10 VGH Mannheim v. 30.1.1990 - 5 S 1806/89, NVwZ-RR 1991, 27; überzogen allerdings OVG Münster v. 2.4.1998 - 13 B 1560/97, NVwZ 1999, 562, wegen erst geplanter, unzulässiger Zigarettenwerbung speziell für Jugendliche.

D. Die Gefahr und ähnliche Rechtsbegriffe

trosmog).[11] Der drohende Schaden kann besonders schwer wiegen, weil besonders viele von dem Schaden bedroht sind oder weil das gefährdete Schutzgut besonders bedeutsam und wichtig ist.[12] Die Schwere des möglichen Schadens wiederum ist ein Maßstab für die Anforderungen, die an den Grad der Wahrscheinlichkeit gesetzt werden. Die Bedeutung des geschützten Rechtsguts und die erforderliche Wahrscheinlichkeit eines drohenden Schadens für dieses Schutzgut stehen umgekehrt proportional zueinander: Die Wahrscheinlichkeit des Schadenseintritts muss umso größer sein, je geringer der möglicherweise eintretende Schaden ist, und sie darf umso kleiner sein, je schwerer der etwa eintretende Schaden wiegt.[13]

Beispiel: Die Wahrscheinlichkeit für einen Schaden an Leib und Leben kann relativ früh angenommen werden, während diese Wahrscheinlichkeit vielleicht für eine mögliche leichte Sachbeschädigung noch nicht reichen würde.

Schaden ist dabei die objektive, nicht unerhebliche Minderung eines vorhandenen Bestands an materiellen oder immateriellen Rechtsgütern. Davon sind solche Bestrebungen nicht erfasst, die auf eine Verbesserung der bestehenden Zustände gerichtet sind (z. B. Reparaturen, Sanierung) oder Nachteile, die nur durch die gewöhnliche Abnutzung einer Sache oder nur durch Entgehen erwarteter Gewinne entstehen.[14] Ist ein Schaden dagegen bereits eingetreten, ist das ordnungsrechtlich nur dann noch erheblich, wenn sich der **Schaden noch verschlimmern kann**, was auch dann vorliegt, wenn die Schutzgüter fortlaufend verletzt werden. Von einer Gefahr kann man allerdings dann nicht mehr sprechen, wenn der Schaden im vollen denkbaren Umfang eingetreten ist, so dass er nicht mehr schlimmer werden kann und damit auch nichts mehr abzuwehren ist (z. B. das Kunstwerk ist vollkommen zerstört, eine Person getötet usw.)[15]. 5

Beispiel: Auch wenn die Körperverletzung schon eingetreten ist, kann sich der Zustand des Verletzten noch verschlechtern; es ist für die Beeinträchtigung des Straßenverkehrs nicht gleichgültig, ob ein Fahrzeug kurz oder lange widerrechtlich parkt; demgegenüber ist nichts mehr abzuwehren, wenn das denkmalgeschützte Haus abgerissen oder der Verunglückte tot ist.

Berücksichtigt werden nur solche drohenden Nachteile, die **nicht unerheblich** sind. 6
Die Grenze zu unerheblichen Einwirkungen ist dabei nach den örtlichen Verhältnissen und in Abhängigkeit von der gewöhnlichen Anschauung zu ziehen.[16] Alles, was unter der Schwelle erheblicher Beeinträchtigungen bleibt, ist grundsätzlich als Belästigung unbeachtlich.[17]

Beispiel: Dass in der Nachbarschaft jemand viel Damenbesuch hat, seinen Garten nicht pflegt oder tagsüber betrunken nach Hause kommt, mag die Anwohner belästigen, wäre aber alleine noch unterhalb der Gefahrenschwelle.

---

11 BVerwG v. 3.7.2002 - 6 CN 8.01, NVwZ 2003, 95; v. 19.12.1985 - 7 C 65.82, NVwZ 1986, 208.
12 BVerwG v. 26.6.1970 - IV C 99.67, NJW 1970, 1890; v. 11.11.1980 - I C 46.74, NJW 1981, 1915; BVerfG v. 9.2.1983 - 1 BvL 8/80; 1 BvL 16/81; 1 BvR 257/80; 1 BvR 890/80; 1 BvR 1357/81, NVwZ 1984, 31: Wahrscheinlichkeit für Schäden durch Demonstration als bes. wichtigem Grundrecht muss besonders hoch sein.
13 BVerfG 27.7.2005 - 1 BvR 668/04, NJW 2005, 2603; BVerwG v. 3.7.2002 - 6 CN 8.01, NVwZ 2003, 95; v. 24.8.1989 - 4 B 59.89, NVwZ 1990, 474; OVG Bremen v. 15.11.2016 – OVG 1 D 57/15 und OVG Koblenz v. 7.5.1991 – 1 R 10297/89, NVwZ 1992, 499 (Grundwasserverunreinigung); Götz / Geis § 6 Rn 7; Schenke Rn 77.
14 Martens DVBl 1981, 598 und VGH Kassel v. 24.10.1983 – VIII OE 107/82, NJW 1984, 1169.
15 Gusy Rn 109.
16 OVG Lüneburg EOVG 27, 323.
17 VGH Mannheim ESVGH 24, 213; Pieroth / Schlink / Kniesel § 4 Rn 3.

Da auch die Verletzung einer Rechtsnorm ein Schaden in diesem Sinne ist, können **Belästigungen** aber dann eine konkrete Gefahr sein, wenn Rechtsnormen bestimmte Personengruppen oder die Allgemeinheit bereits vor diesen schützen, wie z. B. hinsichtlich Immissionen in §§ 3, 2 Abs. 1 LImSchG, § 5 Abs. 1 Nr. 1 BImSchG, § 4 Abs. 1 Nr. 3 GastG oderallgemein in § 118 OWiG (Belästigung der Allgemeinheit)[18].

7 Mit dem Eintritt des drohenden Schadens muss **in absehbarer Zeit** zu rechnen sein. Dieser Zeitraum ist nicht absolut bestimmbar. Ähnlich wie bei der Wahrscheinlichkeitsprognose (Rn D 6) kann hier nur eine Beziehung zwischen der Bedeutung der Schutzgüter und dem zeitlichen Abstand zum möglichen Schadenseintritt hergestellt werden. Je wichtiger das Schutzgut, desto großzügiger kann der Zeitrahmen gezogen werden, in dem der Schaden eintreten könnte. Liegt der mögliche Schadenseintritt in ferner, nicht mehr überschaubarer Zukunft, liegt keine konkrete Gefahr vor.

Beispiel: Ruhestörungen müssen schon in einem Zeitraum zu befürchten sein, der sich nach Minuten oder wenigen Stunden messen lässt; Gefahren für Leib und Leben können dagegen schon Zeiträume erfassen, die noch Monate entfernt sind.

III. Steigerungsformen der konkreten Gefahr

1. Die gegenwärtige Gefahr

8 Verschiedene Ermächtigungen der Gefahrenabwehr verlangen eine gesteigerte Art der konkreten Gefahr als Eingriffsvoraussetzung. So wird in z. B. § 7 Abs. 1 Nr. 1, 20 Abs. 1 S. 1 Nr. 3, 22 Nr. 1 POG, § 31 Abs. 1 oder § 61 Abs. 2 LVwVG verlangt, dass die Gefahr **gegenwärtig** sein muss. Insbesondere eigenmächtige oder besonders intensive grundrechtsrelevante Eingriffe sind nur bei gegenwärtigen Gefahren zulässig.[19] Gegenwärtig ist eine Gefahr, bei der die Einwirkung des schädigenden Ereignisses bereits begonnen hat oder bei der diese Einwirkung unmittelbar oder in allernächster Zeit mit einer an Sicherheit grenzenden Wahrscheinlichkeit bevorsteht.[20]

Beispiel: Bei Hochwasser kann der Campingwagen auf einem Campingplatz am Fluss auch ohne Verfügung oder Beteiligung des Besitzers, sogar gegen seine vorab erklärte Weigerung, abgeschleppt werden gemäß § 61 Abs. 2 LVwVG. – Der nach § 9 BestG Bestattungspflichtige reagiert nicht auf behördliche Schreiben über den Tod eines Elternteils, weil er sich auf seine schlimme Kindheit beruft, die ihm die Übernahme der Bestattung unzumutbar mache. Die Pflicht, eine Leiche binnen 7 Tagen erdzubestatten oder einzuäschern, § 15 Abs. 1 BestG, wehrt (neben der Totenwürde) eine gegenwärtige Gefahr für die Hygiene und Gesundheit anderer Menschen ab und kann daher gegebenenfalls durch Ersatzvornahme nach §§ 63, 61 Abs. 2 LVwVG durchgesetzt werden. Die Beisetzung der Urne dient nur noch der Totenwürde, die Gefahr hierfür ist nicht gegenwärtig. (Es fehlen also die Voraussetzungen des § 61 Abs. 2 LVwVG; allerdings in anders gelagerten Fällen nicht die des § 9 Abs. 1 S. 1 evtl. i. V. m. § 6 POG).

Der Begriff „gegenwärtige Gefahr" ist terminologisch verunglückt. Jede konkrete Gefahr ist zwangsläufig gegenwärtig, da die hinreichende Wahrscheinlichkeit von

---

18 Z. B. scherzhafter, aber unwahrer Hinweis bei einer Flughafenkontrolle auf eine vermeintliche Bombe im Gepäck, KG v. 11.5.1987 - Ws (B) 60/87, NStZ 1987, 467; Störung eines offiziellen Gelöbnisses der Bundeswehr, OLG Karlsruhe v. 27.8.1969 - Ss 151/69, NJW 1970, 64; Bespritzen der Passanten durch zu schnelles Fahren mit dem Auto durch eine Pfütze, BayObLGSt 26,111; Hissen der Reichskriegsflagge, OLG Koblenz, 14.1.2010 - 2 Ss Bs 68/09.
19 BVerwG v. 26.2.1974 - I C 31.72, NJW 1974, 807,und VGH Mannheim v. 16.11.1992 - 1 S 2727/91, NVwZ-RR1994, 52; vgl. Rühle / Suhr § 9, 2.2.3b).
20 § 2 Nr. 1b) nds. SOG.

D. Die Gefahr und ähnliche Rechtsbegriffe 77

Schadenseintritt bzw. -vertiefung im Zeitpunkt der Maßnahme vorliegen muss. Gemeint ist eigentlich die Gegenwärtigkeit des Schadens.[21]

2. Die Gefahr im Verzug

Gefahr im Verzug ist eine Sachlage, bei der ein Schaden eintreten würde, wenn nicht anstelle der zuständigen Behörde oder Person eine andere Behörde oder Person tätig wird.[22] Zeitlich muss der Schaden auch hier unmittelbar bevorstehen oder teilweise schon eingetreten sein und andauern. Die Regelungen beziehen sich aber nicht auf materiell-rechtliche Fragen der Eingriffsbefugnis, sondern auf formell-rechtliche Fragen der **Zuständigkeit**. Bei Gefahr im Verzug ist es rechtmäßig, dass auch eine nicht originär zuständige Behörde wegen der dringlichen Gefahr tätig wird.[23] Solche Notkompetenzregelungen enthalten unter anderem § 21 Abs. 1, § 28 Abs. 5 S. 3, § 78 Abs. 2, § 90 Abs. 2 und § 91 Abs. 2 POG.

Beispiel: Ein Mitarbeiter der Ordnungsbehörde der benachbarten Verbandsgemeinde verbietet Kindern, auf das brüchige Eis eines Weihers zu gehen. Mitarbeiter der an sich zuständigen Ordnungsbehörde der benachbarten Verbandsgemeinde waren nicht vor Ort. Wegen der Dringlichkeit der Gefahr durfte die Maßnahme auch von dem Mitarbeiter der an sich örtlich unzuständigen Behörde getroffen werden (vgl. § 91 Abs. 2 POG).

9

3. Die erhebliche Gefahr

Eine Gefahr ist **erheblich**, wenn sie für ein bedeutsames Rechtsgut wie Bestand des Staates, Leben, Gesundheit, Freiheit, nicht unwesentliche Vermögenswerte sowie andere strafrechtlich geschützte Güter droht.[24] Durch sie werden umgekehrt die Gefahren ausgeschlossen, die nur eher unerheblichen Schutzgütern drohen. Das POG verlangt eine derartige Gefahr z. B. in den §§ 7 Abs. 1 Nr. 1, 18 Abs. 3, 20 Abs. 1 Nr. 3, § 20 Abs. 2, § 28b Abs. 5 S. 3 POG.

Beispiel: Zum Schutz für Leib und Leben von Unfallopfern und angesichts unmittelbar bevorstehender oder schon begonnener Schädigung kann die Polizei bei Vorliegen der sonstigen Voraussetzungen des § 7 POG unbeteiligte Dritte zur Unfallhilfe für die Verletzten verpflichten.

10

4. Die dringende Gefahr

Den Begriff der **dringenden** Gefahr findet man z. B. in Art. 13 Abs. 4 und 7, 2. Hs. GG (dort geht es um die Verhütung – nicht Abwehr – dringender Gefahren aufgrund gesetzlicher Regeln), in § 20 Abs. 1 und Abs. 2 POG (als Ausnahme vom Verbot, fremde Wohnungen zu betreten) oder in § 29 Abs. 1 POG. Unter einer dringenden Gefahr versteht das BVerfG[25] eine hinreichend hohe Wahrscheinlichkeit eines Schadens für ein **wichtiges Rechtsgut** der öffentlichen Sicherheit. Entweder müssen

11

---

21 So auch Schwabe JZ 1993, 868.
22 § 2 Nr. 4 nds. SOG; Schenke Rn 78; Rühle / Suhr § 9, 2.2.3c).
23 BVerfG 24.7.1979 - 2 BvK 1/78, BVerfGE 52, 95; Gusy Rn 128 .
24 § 2 Nr. 1c) nds. SOG; VerfGH Mecklenburg-Vorpommern, 18.5.2000 - LVerfG 5/98, NJ 2000, 480 = NVwZ 2000, 1038 (Ls.); Rühle / Suhr § 9, 2.2.3d); Schenke Rn 78; Gusy Rn 129.
25 BVerfG v. 3.3.2004 - 1 BvR 2378/98; 1 BvR 1084/99, NJW 2004, 999; BVerwG v. 6.9.1974 - I C 17.73, NJW 1975, 130; OVG Rheinland-Pfalz 29.1.2007 - VGH B 1/06, NVwZ-RR 2007, 721; VGH München v. 21.9.1990 - 21 CS 90.02051, NVwZ 1991,688; OLG Frankfurt/M. 21.2.2002 - 20 W 55/02, NVwZ 2002, 626; Gusy Rn 128.

Schäden für besonders wichtige Güter drohen oder es muss ein besonders hoher Schaden zu erwarten sein.

Beispiele: Eine Demonstration kann zur Gefahr werden, wenn zwei Demonstrationszüge zu kollidieren drohen oder von einer Demonstration zu erwarten ist, dass von ihr Körper- oder Sachbeschädigungen ausgehen.[26] – Der Aufenthalt eines türkischen Staatsbürgers in Deutschland kann eine dringende Gefahr sein, wenn er auf einer Internetplattform ein den Terrorismus und den Dschihad verherrlichendes Video verbreitet.[27]

Diese Definition setzt entgegen ihrem Wortsinn nicht voraus, dass der Schadenseintritt ähnlich dem Begriff der gegenwärtigen Gefahr in zeitlicher Hinsicht unmittelbar bevorsteht oder bereits eingetreten ist. Allein die Bedeutung des zu schützenden Rechtsguts entscheidet über die Dringlichkeit der Gefahr. Das allerdings ist umstritten. Andere verlangen zusätzlich eine **zeitliche Komponente** derart, dass der Schaden unmittelbar bevorstehen muss.[28]

Beispiel: Um jemanden aus einer brennenden Wohnung zu retten, kann es wegen der vom Feuer verstellten Wohnung nötig werden, bedrohte Personen von einer Wohnung des Nachbarhauses aus zu retten. Dazu darf diese Wohnung Unbeteiligter wegen dringender Gefahr betreten werden.

5. Die Gefahr für Leib und Leben

12   Für **Leib und Leben** droht eine Gefahr, bei der eine nicht nur leichte Körperverletzung oder der Tod einzutreten droht.[29] Als Maßstab kann hier der § 226 Abs. 1 StGB dienen. Anders als beim bloßen Schutzgut der Gesundheit reichen einfachere körperliche Beeinträchtigungen (z. B. Schnittwunden, Beulen, Blutergüsse) nicht. Diese Voraussetzung findet sich z. B. in § 14 Abs. 1 Nr. 1, § 20 Abs. 1 S. 1 Nr. 3 oder § 28 Abs. 1 Nr. 1 POG.

6. Die gemeine Gefahr

13   Der Begriff der **gemeinen** Gefahr findet sich z. B. in § 29 Abs. 1 POG oder in Art. 13 Abs. 4 und 7 GG (vgl. Rn G 93). Eine gemeine Gefahr ist eine Sachlage, bei der eine unbestimmte Zahl von Personen oder zahlreiche Sachwerte von mindestens insgesamt hohem Wert gefährdet sind, z. B. durch Naturkatastrophen, terroristische Anschläge u. Ä.

IV. Irrtümlich angenommene konkrete Gefahr

1. Die Anscheinsgefahr

14   Die **Anscheinsgefahr**[30] wird im Ergebnis der konkreten Gefahr gleichgestellt.[31] Bei der Anscheinsgefahr liegt im Zeitpunkt der Gefahrenabwehr beim objektiven (= alle *gegenwärtigen*, nicht aber zukünftigen Umstände kennenden) Betrachter **keine im**

---

26   VG Berlin, 29.4.2013, VG 1 L 130.13.
27   VGH Mannheim, 14.11.2012, 12 S 2092/12.
28   S. bei Götz / Geis § 6 Rn 29; Rühle / Suhr § 9, 2.2.3e); Gusy Rn 121.
29   Vgl. § 2 Nr. 1d) nds. SOG; § 2 Nr. 3d) brem. PolG; Rühle / Suhr § 9, 2.2.3f); Gusy Rn 129.
30   Der Begriff stammt vom preußischen PrOVGE 77, 333 (Möbelwagenentscheidung).
31   VGH Mannheim v. 24.6.1993 - 1 S 2550/91, NVwZ-RR 1994, 184; Schenke Rn 80; vgl. Rühle / Suhr § 9, 2.2.2.

D. Die Gefahr und ähnliche Rechtsbegriffe

einzelnen Falle bestehende Gefahr im oben unter 2. beschriebenen Sinne vor. Dennoch geht der Behördenbedienstete oder Polizeibeamte aufgrund seiner zwangsläufig subjektiven Betrachtung im Zeitpunkt seiner Maßnahme vom Vorliegen einer solchen konkreten Gefahr aus. Er unterliegt also einem **Irrtum** über die tatsächlichen Umstände. Im Gegensatz zum Gefahrenverdacht (s. dazu unten Rn D 18) geht der Amtswalter bei der Anscheinsgefahr irrtümlich davon aus, dass er den Sachverhalt vollständig erfasst habe. Das falsche Einschätzen einer Gefahr beruht entweder auf einer lückenhaften Sachverhaltserkenntnis oder auf einer zwar nahe liegenden, aber im Ergebnis doch fehlerhaften Prognoseentscheidung. Die Fehleinschätzung lag von Anfang an vor, wird jedoch erst nachträglich bemerkt.

Um eine Anscheinsgefahr handelt es sich bei dieser Konstellation dann, wenn der Amtswalter diesen Irrtum **nicht fahrlässig** verursacht hat.[32] Ob der Irrtum fahrlässig entstand oder nicht, muss den Umständen nach beurteilt werden. Dabei ist auf das Urteil eines sachkundigen und besonnenen Amtswalters der Behörde abzustellen.[33] Wichtige Kriterien sind dabei, welcher Zeitraum angesichts der Gefahrenlage für das Aufklären und Beurteilen der Umstände zur Verfügung stand, was dem Amtswalter in dieser Situation an Aufklärungsmaßnahmen zumutbar war und welche Vorkenntnisse vom Amtswalter vorausgesetzt werden konnten. Je wichtiger die zu schützenden Interessen sind und je unmittelbarer sie bedroht sind, umso schneller muss auch entschieden werden. Umgekehrt muss ein Eingriff umso sorgfältiger bedacht werden, je schwerwiegender dafür in die Freiheitsrechte von Bürgern eingegriffen werden muss.

Die Anscheinsgefahr besteht so lange fort, wie diese Voraussetzungen gegeben sind.

Beispiel: Die Polizei stellt einen Posten Pullover mit dem Aufnäher eines bekannten Markenemblems sicher. Die Pullover waren deutlich billiger als die Originalware. Die Preisreduzierung war mit kaum wahrnehmbaren Webfehlern in dem Markenemblem begründet. Wegen ähnlicher Praktiken in bereits abgeschlossenen Verfahren geht die Polizei auch in diesem Vorfall vom Vorliegen einer Gefahr des Markenmissbrauchs aus. Auch wenn sich im Nachhinein die Annahme der Polizei als falsch erweisen sollte, kann man ihr nicht vorhalten, dass sie im Zeitpunkt ihrer Entscheidung nach den damals verfügbaren und möglichen Ermittlungen eine Gefahr bejaht hat. Es lag eine **Anscheinsgefahr** vor.
Gegenbeispiel 1: Der kommunale Vollzugsbeamte V findet in einer abgelegenen Gegend bei einer nicht mehr benutzten Fabrik einen sehr verbeulten PKW, dessen Antenne abgebrochen worden ist und dessen Türen unverschlossen sind. Allerdings übersieht V einen Zettel auf dem Armaturenbrett mit dem Hinweis auf den Aufenthaltsort des Halters. Da V davon ausgeht, dass das Fahrzeug in diesem Zustand durch den Zugriff Dritter gefährdet ist, lässt er das Fahrzeug nach §§ 22 Nr. 2, 23 POG abschleppen und verwahren (vgl. hierzu Rn G 72 f.). Später stellt sich heraus, dass der Eigentümer, der Student S, nur wenige hundert Meter weg war, weil er mit seiner Freundin für eine halbe Stunde alleine sein wollte. – Hier durfte V den Umständen nach nicht davon ausgehen, dass der sich Wagen in einem gefährdeten Zustand befand. Da der Irrtum fahrlässig entstanden war, lag nur eine **Scheingefahr** vor (s. unten Rn D 16); V hat rechtswidrig gehandelt.
Gegenbeispiel 2: Als der Hochwasserpegel der Stadt S dramatisch steigt, lässt die zuständige Stadtverwaltung die Häuser am Ufer räumen, weil nach den Wetterprognosen zu befürchten ist, dass das Hochwasser die noch 1 cm entfernte kritische Pegelmarke erreicht, an der die Uferbebauung überflutet wird. Danach bleibt der Pegelstand wider Erwarten konstant und fällt anschließend wieder. – Hier liegt weder eine Anscheins- noch eine Scheingefahr, sondern eine konkrete **Gefahr** im oben unter Rn D 2 ff. beschriebenen **engeren Sinne** vor. Denn es bestand zum Zeitpunkt der Maßnahme für einen objektiven (= alle *gegenwärtigen* Umstände kennen-

---

32 BVerwG v. 26.2.1974 - I C 31.72, NJW 1974, 807; v. 1.7.1975 - I C 35.70 NJW 1975, 2158; OVG Münster v. 7.6.1978 - IV A 330/77, NJW 1980, 138 und OVG Hamburg 24.9.1985 - Bf VI 3/85, NJW 1986, 2005.
33 VGH Mannheim v. 16.10.1990 - 8 S 2087/90, NVwZ 1991, 493; VG Berlin v. 28.11.1990 - 1 A 154.89, NJW 1991, 2854; OLG Köln 26.1.1995 - 7 U 146/94, NJW-RR 1996, 860.

den) Beobachter tatsächlich die hinreichende Wahrscheinlichkeit eines Hochwassers in absehbarer Zeit vor. Die konkrete Gefahr setzt ja keine Sicherheit des Schadenseintritts oder seiner Vertiefung voraus, sondern nur eine hinreichende Wahrscheinlichkeit. Jeder sachkundige objektive Beobachter, der also sämtliche gegenwärtigen Tatsachen zum Zeitpunkt der Maßnahme kennt (der aber nicht in die Zukunft blicken kann), hätte ebenso prognostiziert. Die Stadtverwaltung hat rechtmäßig gehandelt.

Würde man die Anscheinsgefahr der konkreten Gefahr nicht gleichstellen, wäre eine effektive Gefahrenabwehr nicht möglich. Die Ordnungsbehörde oder Polizei müsste zur Vermeidung eigener Haftung stets ausführlich den Sachverhalt erforschen, was vielfach aus zeitlichen Gründen die Effektivität der Gefahrenabwehr erheblich behindern oder diese gar unmöglich machen würde. Prüft man bei einer Anscheinsgefahr den Adressaten (s. hierzu Rn E 25) und die Geeignetheit (hierzu Rn F 20) der Maßnahme, muss man für diese Begriffe konsequenterweise nicht die objektive, sondern die subjektive Sicht der Ordnungskraft zugrunde legen, sonst wäre eine Maßnahme bei einer Anscheinsgefahr *immer* ermessensfehlerhaft.

Beispiel: In einer belebten Einkaufspassage rufen Passanten Polizeibeamte zu Hilfe, weil ihnen ein islamisch aussehender Mann mit Bart, der einen Rucksack auf dem Rücken trägt, verdächtig vorkomme. Als sich die Polizeibeamten dem Mann nähern, läuft dieser weg, wird aber eingeholt und überwältigt. Jetzt stellt sich heraus, der Mann ist Italiener, lebt in 3. Generation in Deutschland und ist im öffentlichen Dienst angestellt. Gelaufen ist er, der die Polizeibeamten gar nicht gesehen hatte, weil er seinen Bus noch rechtzeitig erreichen wollte. – Den Polizeibeamten kann angesichts der terroristischen Anschläge der vergangenen Jahre kein Vorwurf gemacht werden, dass sie den Mann für gefährlich hielten. Es handelt sich um eine Anscheinsgefahr. Objektiv gibt es zwar i. S. d. § 4 Abs. 1 POG kein Verhalten des Mannes, das eine Gefahr verursacht hätte. Bei der Anscheinsgefahr muss die Adressatenfrage aber so beurteilt werden, als hätte die fälschlich angenommene Gefahr tatsächlich bestanden. Darum ist der Mann (Anscheins-) Verantwortlicher. Gleiches gilt für die Geeignetheit. Obwohl das Überwältigen gar keine Gefahr unterbinden konnte (weil ja kein Schaden drohte), ist die Maßnahme geeignet, weil sie in dieser Situation als eine geeignete Maßnahme erschien.

15 Auf der Sekundärebene[34] können entstandene Nachteile im Fall einer Anscheinsverantwortlichkeit noch in Geld ausgeglichen werden.[35] Stellt sich im Nachhinein heraus, dass der Anscheinsverantwortliche objektiv gar nicht wirklich verantwortlich ist und den Anschein auch nicht zu vertreten hat, sind die Kosten dem wirklich Verantwortlichen aufzuerlegen[36] oder von der Behörde zu tragen. Hat er aber durch sein Verhalten zurechenbar den Anschein einer Verantwortlichkeit erweckt, ist er für die entstehenden Kosten zahlungspflichtig.[37] Ist jemand bereits während der noch unsicheren Verdachtslage zu bestimmten Tätigkeiten verpflichtet worden, muss er diesen Bescheid falls möglich angreifen. Ansonsten kann er später gegen ihn festgesetzte Kosten nicht abwehren, weil eine verbindliche Grundverfügung Tatbestandswirkung für den nachfolgenden Kostenbescheid entfaltet.

---

34 Thiel § 5 Rn 3 spricht hier von „Tertiärebene".
35 BVerfG v. 24.10.1990 – 1 BvR 1028/90, NJW 1991, 415; VG Berlin v. 28.11.1990 – 1 A 154.89, NJW 1991, 2854; OLG Köln, 26.1.1995 – 7 U 146/9, NJW-RR 1996, 860; OVG Münster v. 16.3.1993 – 5 A 496/92, NJW 1993, 2698.
36 OVG Berlin v. 28.11.2001 – 1 N 45.00, NVwZ-RR 2002, 623; OVG Münster 14.6.2000 – 5 A 95/00, NWVBl. 2001, 142; OVG Münster 16.3.1993 – 5 A 496/92, NJW 1993, 2698.
37 VGH Mannheim v. 17.3.2011 – 1 S 2513/10, NJW 2011, 2748; vgl. a. Finger DVBl. 2007, 798 ff.

D. Die Gefahr und ähnliche Rechtsbegriffe

2. Scheingefahr (Putativgefahr)

Die **Scheingefahr** (oder auch Putativgefahr) ist anders als die Anscheinsgefahr keine Gefahrenart, sondern eine Form der Nichtgefahr.[38] Sie ist jedoch im Erscheinungsbild der Anscheinsgefahr sehr ähnlich. Beide Begriffe haben gemeinsam, dass **keine konkrete Gefahr** vorliegt und dass der Amtswalter aufgrund eines **Irrtums** von einer solchen ausgeht (vgl. oben Rn 14). Der entscheidende Unterschied liegt darin, dass dieser Irrtum dem Amtswalter **vorwerfbar** ist, weil er bei der ihm verbliebenen Aufklärungszeit, seinen Aufklärungsmöglichkeiten und seinen Vorkenntnissen den Irrtum hätte erkennen müssen. Das ist insbesondere der Fall, wenn ein erfahrener und umsichtiger Amtswalter aufgrund der vorliegenden Tatsachen eine Gefahr nicht angenommen hätte, weil entweder die vorhandenen Tatsachen für eine solche Annahme nicht ausreichten oder weil aufgrund der Tatsachen nicht mit hinreichender Wahrscheinlichkeit von einem drohenden Schaden ausgegangen werden konnte.[39] Gleiches gilt, wenn der Amtswalter auf die vorliegenden Tatsachen überreagiert und aus Übereifer oder besonderer Ängstlichkeit eine Gefahr bejaht hat. Da die Scheingefahr den Begriff der konkreten Gefahr weder erfüllt noch (wie die Anscheinsgefahr) ersetzt, fehlt es in diesen Fällen an diesem Tatbestandsmerkmal und führt dazu, dass die Maßnahme rechtswidrig ist.[40] Herangezogene dürfen nicht mit Kosten der rechtswidrigen Maßnahme belastet werden, ihnen ist im Gegenteil gegebenenfalls ein Ausgleich zu gewähren, § 68 Abs. 1 S. 2 POG.[41]

Beispiel: Ordnungsbedienstete einer Stadtverwaltung erfahren von Anrufern, dass in einem Ortsteil ein Go-Kart-Rennen stattfindet. Eine halbe Stunde vor dem Start schreiten sie, nachdem sie den Veranstalter nicht sofort finden können, unmittelbar ein und verfügen mündlich die Einstellung des Rennens. 45 Minuten später erscheint bei ihnen in der Stadtverwaltung der Veranstalter, der ihnen die für dieses Rennen notwendigen straßenverkehrsrechtlichen und straßenrechtlichen (Sondernutzung) Erlaubnisse vorlegt. – Hier ist den Bediensteten der Irrtum vorwerfbar. Die hier notwendigen Erlaubnisse wurden entweder von der eigenen Behörde erteilt oder wurden ihr zumindest förmlich mitgeteilt. Außerdem war noch eine halbe Stunde Zeit, den Veranstalter zu suchen und von ihm Einsicht in die Erlaubnisse zu verlangen. Die Einstellung des Rennens war rechtswidrig. Der Veranstalter hat Anspruch auf Ersatz seines Schadens nach § 68 Abs. 1 S. 2 POG und nach § 839 BGB / Art. 34 GG.

Nach VGH Mannheim soll keine Schein-, sondern eine Anscheinsgefahr vorliegen, wenn der Eindruck der Gefahr auf fehlerhaften Angaben in einer Datei beruht, die die Polizei selbst führt.[42]

Beispiel: V ist in der polizeilichen Datei INPOL (s. Rn G 115) im Zusammenhang mit einer 5 Jahre alten Demonstration wegen verschiedener Gewaltdelikte geführt. Die Eintragung war rechtswidrig und wäre längst zu löschen gewesen, was aber nicht passierte. Aufgrund dieser Eintragungen wird ihm während eines Weltwirtschaftsgipfels in Italien die Ausreise nach Italien untersagt. – Hier war der VGH der Ansicht, für die Abgrenzung Anscheins- und Scheingefahr sei immer die Sicht des handelnden Beamten maßgebend, nicht die der Polizei oder Ordnungsbehörde allgemein. Demnach könnte also eine Maßnahme als Anscheinsgefahr rechtmäßig sein, obwohl sie auf die Verwendung von Daten beruht, die grob rechtswidrig geführt werden! Eine sehr zweifelhafte Sicht. Eine Anscheinsgefahr verneinte der VGH Mannheim dann allerdings doch, weil die verwendeten Daten nach 5 Jahren nicht mehr aktuell gewesen seien.

---

38 Vgl. VGH Mannheim v. 16.10.1990 - 8 S 2087/90, NVwZ 1991, 493; Schenke Rn 82; Rühle / Suhr § 9, 2.2.2; Pieroth / Schlink / Kniesel § 4 Rn 63 .
39 VGH München v. 28.5.1993 - 1 N 92.537, BayVBl 1993, 431.
40 VGH Mannheim v. 10.3.1990 – 5 S 1842/89, NVwZ-RR 1991, 24; v. 16.10.1990 - 8 S 2087/90, NVwZ 1991, 493.
41 Drews / Wacke / Vogel / Martens S. 225.
42 VGH Mannheim v. 7.12.2004 - 1 S 2218/03, VBlBW 2005,231 (anders noch die Vorinstanz VG Freiburg 9.7.2002 - 7 K 1232/01).

V. Abstrakte Gefahr, § 9 Abs. 1 S. 2 POG

17 Die **abstrakte** Gefahr ist eine nach allgemeiner Lebenserfahrung oder den Erkenntnissen fachkundiger Stellen mögliche Sachlage, die im Fall ihres Eintritts eine konkrete Gefahr würde.[43] Sie betrifft typisierte Sachverhalte und hat vor allem für Gefahrenabwehrverordnungen (s. dazu Kap. H) und Gesetze Bedeutung. Sie ist eine lediglich vorgestellte, mögliche, aber zumindest zurzeit noch nicht in einem Einzelfall bestehende Schadenswahrscheinlichkeit. Eine generell-abstrakte (also vom Einzelfall losgelöste) Betrachtung bestimmter Verhaltensweisen oder Zustände führt zu dem Ergebnis, dass diese Verhaltensweisen oder Zustände mit hinreichender Wahrscheinlichkeit einen Schaden im Einzelfall zur Folge hätten, wenn sie tatsächlich vorliegen würden, und daher Anlass besteht, diese Gefahr mit generell-abstrakten Mitteln (also Rechtsnormen) zu bekämpfen (vgl. Rn H 7).[44] Abstrakte Gefahren betreffen also typische Sachverhalte (z. B. Füttern von Tauben[45]), die nach der Lebenserfahrung oder nach Erkenntnissen fachkundiger Stellen **als gefährlich bekannt** sind (z. B. Verbreiten von Krankheiten durch Taubenfüttern). Auf den Nachweis der Gefahr im Einzelfall (z. B. die tatsächliche Krankheit einer konkret gefütterten Taube) kann dann verzichtet werden, es genügt, wenn der Sachverhalt zu der beschriebenen Verhaltensweise oder dem Zustand gehört. Das verhindert ein zeitraubendes Eingehen auf jeden Einzelfall. Die abstrakte Gefahrenvermutung ist **unwiderlegbar**. Die entsprechenden Feststellungen der Verordnung werden unselbstständig übernommen. Man spricht in Fällen solcher unselbstständiger Übernahme von Bewertungen auch von einer **unselbstständigen Verfügung**.

Beispiel: Von Hunden gehen nach allgemeiner Lebenserfahrung Gefahren aus.[46] Verlangt eine Gefahrenabwehrverordnung, dass Hunde in geschlossenen Ortslagen anzuleinen sind, kann ein sich dem widersetzender Hundehalter zum Anleinen per Verfügung angehalten werden, ohne dass der Nachweis geführt werden müsste, dass der konkret geführte Hund gefährlich ist. – Ist in einer Gefahrenabwehrverordnung ein Aufenthaltsverbot für stark alkoholisierte Personen auf öffentlichen Plätzen geregelt, so sind die Ordnungskräfte befugt, eine solche Person des Platzes zu verweisen. Es bedarf dazu nicht der (ansonsten notwendigen) Feststellung, dass von der konkret verwiesenen Person eine wie immer auch geartete Gefahr ausgeht. – (s. auch **Beispiele** unter Rn H 7 ff.)

Auch die Feststellung einer abstrakten Gefahr verlangt eine in tatsächlicher Hinsicht genügend gesicherte Prognose.[47] Auch für diese gilt, dass je höher der möglicherweise eintretende Schaden wäre, je geringer sind die Anforderungen an dessen Wahrscheinlichkeit.[48] Steht der Schutz des Lebens und der Gesundheit von Menschen in Rede, kann auch die entfernte Möglichkeit eines Schadenseintritts ausreichen.[49]

Bei der **vorbeugenden Bekämpfung von Straftaten** (s. dazu Rn B 13) genügt (neben der konkreten) auch eine abstrakte Gefahr. Weder muss hierfür der Eintritt eines

---

43 § 2 Nr. 2 nds. SOG; Gusy Rn 125.
44 BVerwG v. 3.7.2002 - 6 CN 8.01, NVwZ 2003, 95; OLG Karlsruhe v. 18.2. 1983 – 3 Ss 113/82, NJW 1984, 503; VGH Mannheim v. 6.7.1998 – 1 S 2630/97, DVBl 1999, 333 und OVG Bremen v. 6.10.1992 - 1 N 1/92, DÖV 1993, 576.
45 VerfGH Bayern v. 9.11.2004 - 5-VII-03, BayVBl 2005, 172; VGH Mannheim v. 27.9.2005 - 1 S 261/05, NVwZ-RR 2006, 398; OVG Lüneburg v. 6.11.2004 – 11 ME 322/04, NVwZ-RR 2005, 820.
46
47 BVerwG v. 3.7.2002 - 6 CN 8.01, NVwZ 2003, 95; OVG Bremen v. 15.11.2016 – OVG 1 D 57/15.
48 OVG Koblenz v. 21.9.2006 - 7 C 10539/06.OVG, DÖV 2007, 82; VGH Mannheim VBlBW 2008, 135; Möstl JurA 2005, 51.
49 BVerwG v. 26.6.1970 - IV C 99.67, NJW 1970, 1890; OVG Koblenz v. 22.3.2002 - 12 B 10331/02.OVG, NVwZ 2002, 1528.

konkreten Schadens unbedingt hinreichend wahrscheinlich sein noch in absehbarer Zeit bevorstehen (z. B. ist der Einbruch in ein Haus grundsätzlich immer denkbar, aber fast nie in absehbarer Zeit hinreichend wahrscheinlich).[50]

VI. Gefahrenverdacht

Ein **Gefahrenverdacht** ist gegeben, wenn aus der Sicht eines verständigen und objektiven Betrachters zwar keine hinreichende Wahrscheinlichkeit für einen Schadenseintritt oder dessen Vertiefung vorliegen, wohl aber Anhaltspunkte für eine Gefahr für die öffentlichen Sicherheit oder Ordnung vorliegen.[51] Während sich die Ordnungskräfte bei der Anscheinsgefahr im Zeitpunkt des Einschreitens sicher sind, dass ein Schaden eintreten kann, sind sie sich beim bloßen Verdacht über den weiteren Geschehensverlauf unsicher. Es bestehen nur Anhaltspunkte, die auf eine Gefahr hindeuten, es fehlt aber beim Gefahrenverdacht noch an der hinreichenden Wahrscheinlichkeit eines Schadenseintritts oder seiner Vertiefung. Deswegen ermittelt die Ordnungsbehörde oder Polizei weiter, um den Gefahrenverdacht zu bestätigen oder zu widerlegen.[52] Einige Vorschriften innerhalb und außerhalb des POG lassen einen Eingriff zur Gefahrenabwehr bereits beim bloßen Vorliegen eines Gefahrenverdachts zu (z. B. § 10 Abs. 1 S. 2, § 12 Abs. 1 Nr. 1, § 13 Abs. 3, § 18 Abs. 1 S. 1 Nr. 2, § 19 Abs. 1 S. 1 Nr. 2 und 3, § 20 Abs. 1 S. 1 Nr. 2 und 3 POG). Man erkennt sie meistens an der Formulierung „wenn Tatsachen die Annahme rechtfertigen ...". Dann können Adressaten zur Gefahrenabwehr ebenso verpflichtet werden, wie das bei Vorliegen einer konkreten Gefahr auch möglich ist. Das umfasst neben der Gefahrenabwehr auch die **Ursachenerforschung**, also das Klären der Frage, wie die Gefahr und durch wen überhaupt entstanden ist (wichtig bei der Bekämpfung von umweltschädigenden Unfällen).

18

Verlangt die Eingriffsnorm aber ausdrücklich eine „Gefahr", muss die Ordnungsbehörde oder Polizei nach überwiegender Meinung die erforderlichen Ermittlungsmaßnahmen nach dem Amtsermittlungsgrundsatz des § 24 VwVfG / § 1 Abs. 1 LVwVfG selbstständig durchführen, um festzustellen, ob überhaupt eine Gefahrensituation besteht oder nicht (**Gefahrerforschung**). Dabei sind zwar Eingriffe gegenüber Adressaten nicht ausgeschlossen, diese Adressaten können aber nur eingeschränkt beansprucht werden. Aufgrund des Gefahrenverdachts ist die zuständige Behörde im Rahmen der Ordnungsgesetze dazu ermächtigt, Maßnahmen zu ergreifen, die der Erforschung der Gefahr dienen.[53]

Beispiel: Für einen Lebensmittelsupermarkt gibt es eine nicht vollkommen überzeugende Drohung, man habe bestimmte Lebensmittel vergiftet; ein streunender Schäferhund hat in letzter Zeit mehrere Personen angefallen, ein Ordnungsbediensteter sieht einen Schäferhund in der Nähe von Kindern, der es vielleicht sein könnte; ein Polizeibeamter entdeckt ein Auto, das einem als gestohlen gemeldeten Fahrzeug ähnlich sieht, allerdings ein anderes Kennzeichen hat (ausgetauscht?), er lässt es überprüfen.

---

50 Habermehl Rn 86.
51 OVG Münster v. 21.1.2002 - 21 A 5820/00, WuM 2002, 322 = ZMR 2002, 555; vgl. Rühle / Suhr § 9, 2.3; Schenke Rn 83; Pieroth / Schlink / Kniesel § 4 Rn 50 ff.; Götz / Geis § 6 Rn 30 ff. und Götz NVwZ 1990, 725 (730); Porscher NVwZ 2001,141; Gerhardt JurA 1987, 521; Schink DVBl 1989, 1182 (1186) und Petri DÖV1996, 443 ff.
52 Lisken / Denninger / Rachor D Rn 48.
53 OVG Koblenz v. 7.5.1991 – 1 R 10297, NVwZ 1992, 499; v. 25.3.1986 – 1 B 14/86, NVwZ 1987, 240; Classen JA 1995, 608; Petri DÖV 1996,443.

Den potenziell Verantwortlichen (Gefahrverdächtigten, vgl. Rn E 26) trifft in diesem Fall grundsätzlich noch keine Pflicht zur Gefahrenaufklärung oder gar -beseitigung. Jedoch können die jeweiligen Ordnungskräfte von Personen bestimmte Verhaltensweisen verlangen, wenn diese unumgänglich sind, damit die Ordnungskräfte ihrer Untersuchungs- und Aufklärungspflicht nachkommen können.[54] Ermächtigungsgrundlage hierfür sind die Eingriffsnormen, die im Falle, dass die Existenz einer Gefahr feststünde, auch Grundlage der Gefahrenabwehrmaßnahmen wären. Zu eng ist jedoch die immer wieder zu lesende Behauptung, der Adressat sei nur zur Duldung, nie aber zu aktivem Handeln verpflichtet.[55] Diese Aussage ist insoweit richtig, als die bloße Duldungsverfügung gegenüber der Handlungsverfügung das mildere Mittel und darum regelmäßig vorzuziehen ist. Auch reicht in den typisch ordnungsbehördlichen Fällen, insbesondere im Bereich der Boden- und Gewässerverschmutzung in der Regel eine Duldungsverfügung aus. In manchen Fällen setzt aber die Gefahrerforschung voraus, dass eine Person auch etwas tut (z. B. Einlass gewähren, den Ort verlassen, Auskünfte geben). Soweit die Handlungen für die Gefahrerforschung unerlässlich sind, könne sie dem Adressaten aufgegeben werden.[56]

Beispiel: In einem Seniorenheim wird eine demenzkranke Frau vermisst. Ein Vollzugsbeamter der örtlichen Ordnungsbehörde sieht eine ältere Frau, auf die die Beschreibung zutreffen könnte. Da er sich aber nicht sicher ist (darum keine Anscheinsgefahr!), hält er die Frau an und verlangt von ihr ein Ausweispapier. Sie gibt ihm einen Personalausweis, und es stellt sich heraus, dass es sich nicht um die Gesuchte handelt. – Hier war die Maßnahme als solche der Gefahrenerforschung bei Vorliegen eines Gefahrenverdachts analog § 10 Abs. 1 S. 1 POG berechtigt, obwohl von der Frau ein Handeln verlangt wird.

Das ist allerdings dann anders, wenn vor vornherein feststeht, dass der Adressat jedenfalls auch die Kosten der Maßnahme zu tragen hat, egal ob sich eine Gefahr bestätigt oder nicht. Das gilt z. B. nach § 99 Abs. 1 S. 2 LWasserG, wonach der Zustandsverantwortliche von Grundstücken oder Anlagen, die Aufsichtsmaßnahmen wegen ihres nicht ordnungsgemäßen Zustands verursachen, die dadurch verursachten Kosten zu tragen hat, als hätte er unerlaubt auf das Gewässer eingewirkt. Wenn er nämlich sowieso die Kosten zu tragen hat, ist es für ihn auch zumutbar, die Gefahrerforschungsmaßnahme gleich selbst auszuführen.[57] Während des Gefahrenverdachts dürfen aber nur **vorläufige Verfügungen** erlassen werden. Dass sind solche Verwaltungsakte, deren Regelung von vornherein nicht auf eine endgültige Regelung ausgerichtet, sondern nur den momentanen Zustand vorläufig regeln soll.[58] Erweist sich der Gefahrenverdacht im Nachhinein als unbegründet, sind diese vorläufigen Maßnahmen deswegen nicht rechtwidrig. Grundsätzlich ist aber der Verdachtsverantwortliche dann ein Nichtverantwortlicher, weswegen die Behörde die Kosten der Maßnahme tragen bzw. in direkter oder wenigstens sinngemäßer Anwendung des § 68 Abs. 1 S. 1 (nicht: S. 2) POG erstatten muss. Anders ist das allerdings dann, wenn dem Verdachtsstörer das Entstehen des Gefahrenverdachts zuzurechnen ist. Das gilt insbesondere dann, wenn der Verdacht einer Gefahr dadurch entstanden ist, dass ein Betreiber seine Anlage nicht in einem ordnungsgemäßen

---

54 OVG Koblenz 7.5.1991 – 1 R 10297/89, NVwZ 1992, 499; OVG Münster NWVBl 1990, 159; v. 11.6.1992 – 20 A 2485/89, NVwZ 1993, 1000.
55 BVerwG v. 1.7.1975 – BVerwG I C 35.70, BVerwGE 49, 36; Knemeyer Rn 96 Drews / Wacke / Vogel / Martens S. 226, Schoch Jus 1994, 670; differenzierend Breuer NVwZ 1987, 751; Fleischer Jus 1988, 330 ff; de Wall Jus 1993, 939.
56 BVerwG v. 3.7.2002 - 6 CN 8.01, NVwZ 2003, 95.
57 OVG Koblenz, 12.9.1991 - 1 A 11081/90, NVwZ-RR 1992, 238.
58 Überblick zum Anwendungsbereich der vorläufigen Verfügung bei Martens NVwZ 1991, 1043 ff.

Zustand hat.[59] Stellt sich dagegen heraus, dass tatsächlich die hinreichende Wahrscheinlichkeit eines Schadens oder dessen Vertiefung, also eine Gefahr besteht, trägt der dafür verantwortliche Störer die Kosten. Ob dazu nur die Kosten der unmittelbaren Gefahrenbeseitigung oder auch die Kosten der weiteren Aufklärung eines festgestellten Gefahrenzustandes und der Vorbereitung einer Sanierung oder darüber hinaus alle Kosten der Ermittlung bei Verdacht eines Gefahrenzustandes gehören, ist umstritten.[60]

VII. Latente Gefahr

Unter dem Begriff der **latenten Gefahr** versteht man Konstellationen, bei denen eine der Sache von vornherein anhaftende Gefährlichkeit existiert, die jedoch erst durch das Hinzutreten weiterer Umstände zu einer akuten Gefahr wird, also „schlummernd" (latent) vorhanden ist.[61] Der Begriff umschreibt kein Problem der bestehenden Gefahr, sondern deren Verursachung und damit die in diesen Fällen problematische Ordnungspflicht. Es geht also darum, dass zwei unterschiedliche Kausalketten aufeinander treffen und erst dadurch die konkrete Gefahr begründet wird (z. B. Dämpfe eines Kühlturms führen zu Glatteis auf der Straße; neue Straßenführung führt zu einer gefährlichen Grundstücksausfahrt). Große Bedeutung hat dieser Begriff heute kaum noch, weil die meisten der typischen Problemgestaltungen heute gesetzlich geregelt sind, insbesondere im Bau-, Immissions- und Planungsrecht. Die latente Gefahr kann manchmal noch für vorbeugende Maßnahmen und für die Verantwortlichkeit nach Schadenseintritt maßgeblich sein. Dann nämlich muss die Frage entschieden werden, welche der beiden Kausalketten denn nun für die Gefahr ursächlich ist.[62] Die Bestimmung einer latenten Gefahr ist also für die Bestimmung des Adressaten von Bedeutung,[63] weshalb diese Problematik auch dort behandelt wird (vgl. Rn E 27).

19

---

59 OVG Koblenz, 12.9.1991 - 1 A 11081/90, NVwZ-RR 1992, 238.
60 Dagegen OVG Koblenz v. 25.3.1986 - 1 B 14/86, NVwZ 1987 S. 240; VGH Kassel v. 11.10.1990 - 14 TH 2428/90, NVwZ 1991, 498; a. A. VGH Mannheim v. 11.10.1985 - 5 S 1738/85, NVwZ 1986, 325; v. 10.3.1994- - 10 S 1415/92, VBlBW 1995, 64; v. 8.9.1989 - 5 S 3099/88, DÖV 1990, 394.
61 Schenke Rn 249 f.; Kästner JuS 1994, 361.
62 OVG Münster v. 24.1.1972 - IX A 167/71, OVGE 27, 248.
63 Schoch JuS 1994, 937.

Gefahr

konkrete (= im einzelnen Fall bestehende)

Im engeren Sinne	Anscheinsgefahr
1) In einem konkreten Fall ergeben **tatsächlich** bestehende Umstände	*(nur für nachträgliche Rechtmäßigkeitsprüfung anwendbar)*
2) im Zeitpunkt der Entscheidung eine hinreichende **Wahrscheinlichkeit,**	1) Bei Kenntnis aller gegenwärtigen Gegebenheiten besteht **keine Gefahr i.e.S.**
3) dass **in absehbarer Zeit**	+
	2) der Amtswalter hat aber im Zeitpunkt der Entscheidung den **Eindruck** einer Gefahr
4) das zu schützende Gut • entweder **geschädigt** wird oder • sich eine Schädigung weiter vertieft	+ 3) an diesem Irrtum trifft ihn angesichts der Umstände **keine Fahrlässigkeit**
abstrakte Gefahr: Eine nach Erfahrungsgrundsätzen mögliche Sachlage, die i. F: ihres Eintritts eine konkrete Gefahr bewirken könnte	**Scheingefahr:** *(Putativgefahr)* Der Amtswalter nimmt fahrlässig das Vorliegen einer Gefahr an (≠ Gefahr)

Sonderformen der konkreten Gefahr:

gegenwärtige = unmittelbare	Die Schädigung hat **bereits begonnen** oder sie steht nach menschlicher Erfahrung als sicher oder höchst wahrscheinlich **alsbald bevor**
in Verzug	Die **zuständige** Stelle kann den erwarteten Schaden **nicht rechtzeitig** verhindern
erhebliche	Es ist ein Schaden für ein **bedeutsames Schutzgut** zu befürchten
f. Leib u. Leben	Es droht eine **nicht nur leichte Körperverletzung** oder der **Tod**
dringende	Es droht (str., ob gegenwärtig) ein Schaden für wichtige **Schutzgüter**
latente	Noch keine hinreichende Wahrscheinlichkeit eines Schadens, aber eine von vornherein im Verhältnis zum Normalmaß **erhöhte Gefahrentendenz**

Gefahrenverdacht

= Eine gegenwärtige oder zukünftige Schädigung ist zwar noch nicht hinreichend wahrscheinlich, aber es bestehen doch so viele Anhaltspunkte, dass weiterer **Aufklärungsbedarf** besteht.

⇩

Rechtmäßig sind nur solche Eingriffe, die unabdingbar sind, um den Sachverhalt **selbst** weiter aufzuklären; Eingriffe zur Gefahrenabwehr sind grundsätzlich unzulässig

E. Die Adressaten

I. Die Regeln der Adressaten allgemein

In **Spezialgesetzen** finden sich vielfach eigene abstrakte Regeln über die Verantwortlichkeit.[1] Manche davon sind nach ihrem Sinn her abschließend.[2] Andere Spezialgesetze sowie die Mehrheit der §§ 9a ff. POG regeln die Verantwortlichkeit bei der Ermächtigungsgrundlage gleich mit.[3] Soweit es keine speziellen Adressatenregelungen gibt oder diese Ergänzungen nicht ausdrücklich oder vom Sinn her ausschließen, können die §§ 4 ff. POG ergänzend herangezogen werden. Beim Versammlungsgesetz ist zu beachten, dass zwar für dessen Anwendung im Hinblick auf Art. 8 GG der Rückgriff auf Ermächtigungsgrundlagen (!) des POG verwehrt ist (vgl. Rn G 2 f.), nicht jedoch der Rückgriff auf allgemeine Grundsätze wie die Adressatenregelungen, soweit das VersG keine spezielleren Regeln trifft.

Beispiel: Soweit sich Maßnahmen gegen die geplante Versammlung unter freiem Himmel richten (z. B. Verbot, Auflage), richtet sich die Maßnahme der Logik nach gegen den, der die Versammlung nach § 14 VersG angemeldet hat oder anmelden müsste. Vergleichbares gilt für Maßnahmen *während* der Versammlung (z. B. Auflösung, Unterbrechung) gegenüber dem Versammlungsleiter. Der Ausschluss eines Teilnehmers nach § 18 Abs. 3 VersG richtet sich notgedrungen gegen diesen. Wenn allerdings mitgeführte verbotene Gegenstände sichergestellt werden sollen, fehlt es an einer Regelung im VersG; dann bestehen keine Bedenken, auf die §§ 4 ff. POG zumindest sinngemäß zurückzugreifen.

Zu beachten ist, dass ein Adressat nicht nur durch Verwaltungs-, sondern **auch durch Realakt** herangezogen werden kann (z. B. der Zugang zu einem Grundstück wird durch ein Polizeifahrzeug versperrt, die Ordnungsbehörde befestigt am Fahrzeug eine sog. „Parkkralle"). Es ist sogar möglich einen Adressaten heranzuziehen, der **nicht anwesend** ist.

Beispiel: Bei einem Brand in einem Busdepot muss für die Feuerwehr eine Rettungsgasse durch parkende Autos freigemacht werden. Es stehen dort sowohl Fahrzeuge des Busdepots als auch andere Fahrzeuge. Es bedarf aber nur der Umsetzung einiger weniger Kfz. – Da die Halter / Fahrer der Fahrzeuge nicht vor Ort sind, scheidet deren Heranziehung durch Verwaltungsakt aus, denn ein solcher kann hier nicht durch Bekanntgabe i. S. d. § 43 Abs. 1 VwVfG / § 1 Abs. 1 LVwVfG wirksam werden. Dennoch muss eine Auswahl getroffen werden, welche Fahrzeuge umgesetzt werden und welche stehen bleiben. Das brennende Busdepot ist zurzeit eine im Zustand gefährliche Sache i. S. d. § 5 POG, die Busgesellschaft damit Zustandsverantwortliche. Demnach sind die Fahrzeuge des Busunternehmens vorrangig vor den Fahrzeugen Unbeteiligter umzusetzen. Erst wenn das nicht möglich ist oder nicht reicht, stellt sich die Frage, ob auch (weitere) Fahrzeuge von Nichtverantwortlichen umgesetzt werden müssen. Unter den Voraussetzungen des § 7 POG ist das dann möglich. Innerhalb der Verantwortlichen und danach innerhalb der Nichtverantwortlichen gelten für die Auswahl die unten unter Rn E 36 ff. genannten Auswahlkriterien. Auch hier ist also primär nach der größeren Effektivität und ansonsten nach anderen Kriterien zu entscheiden.

---

1   Z. B. §§ 40 f. WHG; § 2 DenkmSchG.
2   Z. B. das Gewerberecht, das sich immer nur an den Gewerbetreibenden richtet; §§ 54 ff. LBauO; § 9 BestG; §§ 15, 17 KrWG.
3   Z. B. ist derjenige verantwortlich, der i. S. d. § 18 Abs. 3 VersG die Versammlungen stört; nach § 40 LStrG, wer die Straße verunreinigt; nach § 16 Abs. 1 LKrWG, wer Abfälle rechtswidrig entsorgt usw.; nach § 12 Abs. 1 S. 1 Nr. 1 POG, wer sachdienliche Angaben machen kann; nach § 13 Abs. 1 S. 2 POG ist derjenige verantwortlich, der Rettungskräfte behindert; nach § 18 Abs. 1 Nr. 3 POG, wer sich in hilfloser Lage befindet.

2 Soweit nicht Spezialnormen vorgehen, richtet sich die Frage des Adressaten nach den §§ 4 bis 7 POG. Der Aufbau dieser vier Normen lässt eine klare **3-Stufen-Regelung** erkennen:

1) Zuerst kommen die Verantwortlichen nach § 4 oder § 5 POG zur Gefahrenabwehr in Betracht (1. Stufe).
2) Nur wenn das effektiv nicht möglich ist (vgl. § 6 Abs. 1 POG: „*... wenn der Zweck der Maßnahme durch Inanspruchnahme der nach den §§ 4 oder 5 Verantwortlichen nicht oder nicht rechtzeitig erreicht werden kann."*), kommt die 2. Stufe in Betracht. Dann muss nämlich nach § 6 POG die Ordnungsbehörde oder Polizei versuchen, die Gefahr selbst oder durch beauftragte Dritte zu beseitigen.
3) Und wenn das auch nicht effektiv möglich ist, aber nur dann, kommt das Heranziehen von nichtverantwortlichen Personen in Betracht, das allerdings auch nur dann, wenn die vier Voraussetzungen des § 7 Abs. 1 POG kumulativ gegeben sind (3. Stufe).

Das ist auch der Grund, warum die unmittelbare Ausführung bei den Vorschriften über die Adressaten zu finden ist. Sie ist eben keine Vorschrift über den Zwang i. S. d. LVwVG, sondern eine negative Adressatenregelung. Allerdings ist sie in ihrer Erscheinungsform dem Zwang sehr ähnlich und vom Laien davon kaum zu unterscheiden. Aus diesem Grund und zur besseren Verständlichkeit ist die unmittelbare Ausführung weiter unten (Rn J 38 ff.) behandelt.

3 Das Gesetz spricht von „*Verantwortlichen*". Weit verbreitet ist noch der Begriff des „Störers". **Störer** ist jemand, der selbst zur Gefahr oder Störung beiträgt.[4] Dieser Begriff ist aber für die §§ 4 und 5 POG zu eng. Der Verantwortliche nach § 4 Abs. 2 oder 3 oder der nach § 5 POG muss nicht unbedingt selbst etwas zur Störung beigetragen haben. Er muss nicht einmal rechts- oder geschäftsfähig sein.[5] Nach diesen Vorschriften haftet man ordnungsrechtlich, weil einen aus einer bestimmten tatsächlichen oder rechtlichen Situation heraus eine bestimmte Verantwortung trifft, ungeachtet der Tatsache, ob man ursächlich oder schuldhaft etwas zum Entstehen der Gefahr beigetragen hat oder nicht.[6] Vergleichbares gibt es auch in anderen Rechtsgebieten; z. B. haftet nach § 7 StVG der Halter eines Fahrzeuges, nach § 833 BGB der Halter eines sog. „Luxustieres" oder nach § 22 WHG derjenige, der Stoffe in ein Gewässer einleitet, ungeachtet der Tatsache, ob er den Schaden verursacht oder verschuldet hat.

4 Die §§ 4 und 5 POG sind grundsätzlich **gleichwertig**. Alleine die Tatsache, dass sich eine Verantwortlichkeit aus der einen oder anderen Norm ergibt, sagt noch nichts über die Vorrangigkeit aus. Allerdings kann für die Adressatenauswahl i. e. S. (dazu unten Rn E 33) von Bedeutung sein, aus welchem Gesichtspunkt und aus wie vielen Aspekten sich im Einzelfall die Verantwortlichkeit ergibt. Aus diesen Gründen sollten für jeden Fall vollständig § 4 Abs. 1 bis § 5 Abs. 3 POG, also alle Aspekte einer möglichen Verantwortlichkeit geprüft werden, auch wenn man an irgendeiner Stelle schon fündig geworden ist. Insbesondere ist es ein bei Lernenden weit verbreiteter Irrtum, dass der § 5 den § 4 POG ausschließe.

Beispiel: Geht H mit seinem Hund spazieren und reißt dieser sich los, um andere anzugreifen, ist H wegen des Ausführens Verhaltensverantwortlicher nach § 4 Abs. 1 POG, aber auch als Inhaber der tatsächlichen Gewalt und als Eigentümer / Berechtigter nach § 5 Abs. 1 und 2 POG verantwortlich.

---

4 Thiel § 8 Rn 82; anders Knemeyer Rn 318 ff.
5 Thiel § 8 Rn 83.
6 BVerfG v. 6.2.2000 - 1 BvR 242/91 und - 1 BvR 315/99, NJW 2000, 2573; Schenke Rn 241.

E. Die Adressaten

Die Regeln der Ordnungspflicht dienen der Allgemeinheit und können (anders die der Erstattungs- oder Ausgleichsschuld, vgl. dazu Rn J 43 und K 29) darum **weder verwirkt** werden **noch verjähren**.[7]

II. Verhaltensverantwortlichkeit nach § 4 POG

1. Verhaltensverantwortlichkeit für eigenes Verhalten, § 4 Abs. 1 POG

a) In Betracht kommende Person

§ 4 Abs. 1 POG regelt die Verantwortlichkeit für eigenes ursächliches Verhalten. Der **Wortlaut** dieser Norm ist bedauerlicherweise doppelt verunglückt. Zum einen taucht im Gegensatz zur Überschrift im Text selber nicht mehr auf, dass die Gefahr durch das *Verhalten* einer Person verursacht sein muss. Das legt den falschen Schluss nahe, dass man alleine durch seine Existenz oder durch ungesteuertes Sein (z. B. auch derjenige, der von Dritten auf Eisenbahnschienen festgebunden wird) verantwortlich werden kann, was weder ein ausreichender Grund für die Verantwortlichkeit noch für die Gefahrenabwehr effektiv ist. Zum anderen sagt die Vorschrift, dass Maßnahmen gegen diese Personen zu richten „*sind*", was sprachlich eigentlich „müssen" heißt. Das aber nimmt ernsthaft niemand an. Richtigerweise „können" die Maßnahmen gegen diese Personen gerichtet werden; die Maßnahme kann im Rahmen ordnungsgemäßer Ermessensabwägung aber auch gegen einen anderen Verantwortlichen oder gegen gar keinen gerichtet werden. Die Adressatenauswahl bleibt im Ermessen der Ordnungskräfte (ansonsten gelänge man auch zu einem unauflösbaren Widerspruch, wenn zusätzlich noch eine andere Person nach dem insoweit ebenfalls falsch formulierten § 5 Abs. 1 POG verantwortlich wäre). 5

Die Verantwortlichkeit nach § 4 POG trifft immer eine **Person**. Als solche kommen sog. **natürliche Personen** in Betracht, also Menschen.[8] Tiere dagegen, z. B. ein beißender Hund, Verunreinigung verursachende Vögel oder ausbrechende Schafe, kommen schlechthin nicht in Frage. Verantwortlich ist dann gegebenenfalls der Mensch, dessen Verhalten für das des Tieres ursächlich war (z. B. weil er den Hund geführt, die Vögel gefüttert oder die Schafe nicht sorgsam eingeschlossen hatte). In diesem Falle kommt daneben gleichwertig noch eine Verantwortlichkeit nach § 5 POG in Betracht, wenn die Person die tatsächliche Gewalt über das Tier hat (§ 5 Abs. 1 S. 1 POG), dessen Eigentümer ist (§ 5 Abs. 2 S. 1 POG) oder das Eigentum an dem Tier aufgegeben hat, ohne es jemandem zu übertragen (§ 5 Abs. 3 POG).[9] Da Verantwortlichkeit nur etwas mit Zurechnung, nicht aber unbedingt etwas mit Schuld oder Wissen zu tun hat, besteht die grundsätzliche Verantwortlichkeit von Menschen unabhängig von ihrem Alter, ihrer Geschäfts-, Zurechnungs- oder Haftungsfähigkeit, und zwar sowohl auf der Primärebene (Gefahrenabwehr) als auch auf der Sekundärebene (Kosten).[10] Allerdings können diese Kriterien für die Auswahl unter mehreren möglichen Adressaten eine Rolle spielen. Auch die Regeln der Immunität oder Indemnität, z. B. nach Art. 46 Abs. 3 GG und Art. 94 Abs. 2 Landesverfassung Rhein- 6

---

7 BVerwG v. 28.2.2008 - 7 B 12.08, NVwZ 2008, 684; v. 7.8.2013 - 7 B 9.13; VGH Mannheim v. 1.4.2008 - 10 S 1388/06, NVwZ-RR 2008, 696; Pieroth / Schlink / Kniesel § 9 Rn 65 .
8 Menschen benötigen anders als Pflanzen Sauerstoff zur Atmung, sind also biologisch Tiere, haben aber ein Bewusstsein und sich können selbst reflektieren (vgl. Fn zu Rn E 18).
9 Vgl. Rn E 17 ff.
10 VG Berlin v. 15.3.2001 - 1 A 185.99, NJW 2001, 2489.

land-Pfalz, schützen grundsätzlich nicht vor Ordnungsverfügungen, wohl allerdings vor freiheitsbeschränkenden Maßnahmen.

Auch **juristische Personen** des Privatrechts oder Personengesellschaften können – gegebenenfalls neben den sie vertretenden natürlichen Personen – ordnungspflichtig sein.[11] Juristische Personen des Privatrechts sind Vereine (§§ 21 ff. BGB), Stiftungen des Privatrechts (§§ 80 ff. BGB), Gesellschaften mit beschränkter Haftung (GmbHG), Aktiengesellschaften (AktienG) und eingetragene Genossenschaften (GenossenschaftsG); Personengesellschaften sind insbesondere Gesellschaften des bürgerlichen Rechts (§ 705 BGB), Offene Handelsgesellschaften (§§ 105 ff. HGB) und Kommanditgesellschafen (§§ 161 ff. HGB).[12]

7 Ist der Adressat allerdings ein **Hoheitsträger**, also der Bund, ein Bundesland, eine Körperschaft, rechtsfähige Anstalt oder Stiftung des öffentlichen Rechts, stellt sich die Frage, ob der eine Hoheitsträger (Ordnungsbehörde) gegenüber einem anderen eine Ordnungsverfügung erlassen kann.[13] Dabei liegt das Problem nicht in der Frage, ob Hoheitsträger die Regelungen der Gefahrenabwehr zu beachten haben (sog. **materielle Ordnungspflicht**, vgl. Rn B 6), denn das haben sie in einem Rechtsstaat ohne Zweifel.[14]

Beispiel: Bundesbehörden müssen die Vorschriften der Gefahrenabwehr beachten, z. B. die Verordnungen über Landschafts- und Naturschutzgebiete.[15] – Die Kirche muss das Geräusch ihrer Turmuhr an § 22 Abs. 1 S. 2 BImSchG ausrichten.

Die eigentliche Frage liegt darin, ob ein Hoheitsträger sich der Verfügung eines anderen unterwerfen muss (sog. formelle Ordnungspflicht). Hier muss man differenzieren: Soweit sich der Hoheitsträger auf das Gebiet des Privatrechts begibt, wie es auch ein Privatmann könnte (**fiskalische Tätigkeiten**), kann er keinen anderen Regelungen unterliegen als dieser.[16] Wenn er also am Privatrechtsverkehr teilnimmt, ohne hoheitliche Aufgaben unmittelbar wahrzunehmen, unterliegt er auch der formellen Ordnungspflicht und muss Ordnungsverfügungen befolgen, die gegen ihn erlassen werden.[17]

Beispiel: Die Straßenverkehrsbehörde darf ein Dienstfahrzeug der Verbandsgemeindeverwaltung wegen Sicherheitsmängeln stilllegen; die Gaststättenbehörde darf der Kantine einer Behörde (falls diese sie ausnahmsweise noch selbst betreibt) Auflagen zur Einhaltung der Hygienevorschriften erteilen.

---

11 OVG Münster v. 12.10.2012 - 2 B 1135/12; v. 26.2.2013 - 2 A 1674/10, DVBl 2013, 931; OVG Lüneburg v. 16.3.1978 - I OVG A 111/76, NJW 1979, 735; Pieroth / Schlink / Kniesel § 9 Rn 8.
12 **Ausländische juristische Personen**, die ihren Sitz in der Europäischen Union haben, sind nach der neueren Rechtsprechung des Bundesverfassungsgerichtes ebenso zu behandeln, wie inländische Grundrechtsträger im Sinne von Art. 19 Abs. 3 GG, wenn ihre Tätigkeit einen „hinreichenden Inlandsbezug aufweist", BVerfG v. 19.7.2011 - 1 BvR 1916/09, NJW 2011, 3428. – Einigen **Religionsgemeinschaften** wurde aufgrund der nach Art. 140 GG fortgeltenden Bestimmungen der Art. 136–139 und Art. 141 Weimarer Verfassung der sog. Körperschaftsstatus verliehen.
13 Vgl. Pieroth / Schlink / Kniesel § 9 Rn 8 f.; Rühle / Suhr vor §§ 4 ff., 1.2.2; Lisken / Denninger / Rachor D Rn 95 ff.; Götz / Geis § 9 Rn 80 ff.
14 Götz / Geis a. a. O.
15 BVerwG v. 16.1.1968 - I A 1.67, BVerwGE 29, 58; v. 30.7.1976 - IV A 1.75, NJW 1977, 163; VGH Mannheim v. 24. 6.1983 - 5 S 2201/82.
16 Habermehl, Rn 221 m. w. N.
17 BVerwG a. a. O. S. 59.

E. Die Adressaten

Ordnungsrechtliche Verfügungen gegen einen Hoheitsträger sind aber dann grundsätzlich nicht mehr möglich, wenn dieser **hoheitlich** tätig wird.[18] Andernfalls würde die Ordnungsbehörde oder Polizei mittelbar über das Ordnungsrecht die Erfüllung der hoheitlichen Aufgaben des Adressaten bestimmen. Das aber würde wiederum zu einer faktischen Kompetenzverschiebung führen, die den Vorschriften über die Zuständigkeiten zuwiderlaufen würde. Hier fehlt es schon an dem notwendigen Über- / Unterordnungsverhältnis. Aus diesem Grunde haben die allgemeinen Ordnungsbehörden und die Polizei nur dann die Kompetenz, eine Ordnungsverfügung gegen einen Hoheitsträger in dessen hoheitlichem Bereich zu erlassen, wenn es ausnahmsweise ausdrücklich im Gesetz bestimmt ist oder wenn ein Eilfall vorliegt, der dem eigentlich zuständigen Hoheitsträger nicht mehr die Zeit für wirksame Maßnahmen lässt (vgl. Rn B 5). Die Ordnungskräfte können also grundsätzlich nur an den Hoheitsträger appellieren, notfalls muss versucht werden, die Angelegenheit über gemeinsame Aufsichtsinstanzen, bei Ermangelung solcher sie politisch zu lösen.

Beispiel: Leitet die Bundeswehr auf ihrem Gelände Chemikalien in den Boden, so ist das aus unterschiedlichen rechtlichen Gesichtspunkten rechtswidrig. Dennoch haben die Ordnungsbehörden keine hoheitliche Möglichkeit, unmittelbar gegen die Bundeswehr vorzugehen, die Polizei allenfalls aus repressiven Gründen. Anders nur, wenn die Einleitung z. B. aus einem Unfall herrührte und die Ordnungsbehörde weiteren Schaden wesentlich schneller und effektiver abwehren könnte als die Bundeswehr selbst. Anders auch, wenn es sich um Verstöße gegen die StVO durch Fahrzeuge der Bundeswehr handelt. Aus dem Umkehrschluss aus §§ 35, 44 Abs. 5 StVO ergibt sich, dass auch die dort genannten Organisationen (darunter die Bundeswehr in Friedenszeiten) nicht nur materiell, sondern auch formell dem Straßenverkehrsrecht unterstehen. Damit ist hier die Straßenverkehrsbehörde nach § 44 Abs. 1 StVO zuständig.

Problematisch ist der Fall, dass der Hoheitsträger **verwaltungsprivatrechtlich** tätig wird. Darunter versteht man, dass der Hoheitsträger zwar auf dem Gebiet des Privatrechts handelt, damit aber *unmittelbar* Aufgaben erfüllt, die ihm als Hoheitsträger übertragen sind. Dabei handelt es sich im Wesentlichen um kommunale Aufgaben der Daseinsvorsorge.

Beispiel: Betreiben eines Jugendtheaters (das Bereitstellen von Freizeiteinrichtungen ist eine kommunale Aufgabe, der Eintritt ist aber nur mit dem privatrechtlichen Kauf einer Eintrittskarte möglich); Personennahverkehr durch die Stadtwerke GmbH (der Personennahverkehr gehört ebenfalls zur Daseinsvorsorge, die GmbH kann als privatrechtliche Körperschaft aber nur Beförderungsverträge in zivilrechtlicher Form abschließen, auch wenn die Stadt regelmäßig Mehrheitseigner ist); Betreiben eines Fischereihafens durch eine Stadt.[19]

Hier liegt zwar formal Privatrecht vor, es geht aber letztlich um hoheitliche Bereiche. Wie diese Fälle einzuordnen sind, ist nicht ganz klar. Eine Ordnungsverfügung gegen einen auf dem Verwaltungsprivatrecht tätigen Hoheitsträger dürfte insoweit zulässig sein, als die Wirkungen der Verfügung nicht den Grad einer De-facto-Zuständigkeitsverlagerung vom anderen Hoheitsträger zur Ordnungsbehörde bzw. Polizei annimmt und die Erfüllung der hoheitlichen Aufgaben des anderen Hoheitsträgers nicht beeinträchtigt.[20] In jedem Falle muss man jedoch darauf achten, dass nicht über die Ordnungsverfügung die Wahrnehmung der hoheitlichen Aufgaben des Adressaten inhaltlich bestimmt wird.

---

18 BVerwG v. 16.1.1968 - I A 1.67, BVerwGE 29, 52; v. 25.9.2008 - 7 A 4.07, NVwZ 2009, 588; OVG Lüneburg v. 18.6.1957 – II OVG A 47/55, BVerwGE 12, 340 (Paketpostamt); OVG Lüneburg v. 8.11.1990 - 3 L 105/89, ZfW 1992, 318; OVG Lüneburg v. 21.2.2002 - 7 LB 153/01; Götz / Geis § 9 Rn 82; Papier JurA 1989; 510; Kloepfer NuR 1988, 17.
19 OVG Schleswig v. 31.1.2002 - 4 L 107/01.
20 OVG Schleswig a. a. O.: Errichtung einer Ölsperre durch die Ordnungsbehörde auf Kosten des Bundes als Träger des Wasser- und Schifffahrtsamtes.

b) Relevantes Verhalten

8 Verhalten ist zum einen grundsätzlich jedes **Handeln**. Handeln setzt kein bewusstes Tun mit Handlungswillen oder gar Zweckgerichtetheit im Rechtssinne voraus, sondern erfasst auch jedes Tun von Unreifen oder Desorientierten, solange zumindest ein natürlicher Handlungswille erkennbar ist.[21] Hiervon aber gibt es einige Ausnahmen. Ein für eine Verantwortlichkeit relevantes Verhalten ist z. B. nicht mehr gegeben, wenn selbst bei großzügigem Betrachten nicht mehr von Handlungsfähigkeit (z. B. bei Gefesselten oder gewaltsam Gestoßenen) oder zumindest nicht mehr von auch nur natürlichem Handlungswillen gesprochen werden kann (z. B. bei Bewusstlosigkeit, im Vollrausch, im Endstadium einer Demenz); dann aber auch würden ordnungsrechtliche Verfügungen ohnehin keinen Sinn machen.

Beispiel: Kinder laufen über eine Autobahn; ein stark Betrunkener will mit dem Fahrrad nach Hause fahren; eine demente Frau geht in Richtung eines Gewässers.

Handeln begründet aber dann keine ordnungsrechtliche Verantwortlichkeit, wenn ihm eine behördliche Genehmigung zu Grunde liegt; das gilt aber nur bezogen auf solche Gefahren, die zur Zeit der Genehmigungserteilung für die Behörde erkennbar waren.[22]

Beispiel: Der Abbruch eines Kokereibetriebs ist grundsätzlich durch die Betriebsplanzulassung und die Abbruchgenehmigung abgedeckt, sein Betreiber kann grundsätzlich also nicht in diesem Rahmen für damit erkennbare Nachteile als verantwortlich herangezogen werden. Wird dadurch aber das Erdreich kontaminiert, kann der Betreiber auch nach der Entlassung aus der Bergaufsicht und nach dem Verkauf des Geländes noch zur Gefahrenbeseitigung herangezogen werden.[23]

Wer also in eine hilflose Lage kommt, ist grundsätzlich nicht verantwortlich. Die Verantwortlichkeit kann aber in seinem vorangehenden Verhalten begründet sein (z. B. durch Sich-Betrinken). Umstritten ist, wann jemand die Gefahrenschwelle bei erlaubter Selbstgefährdung überschreitet und dadurch verhaltensverantwortlich wird, wenn er in Not gerät.

Beispiel: Jemand gerät beim Kite-Surfen (also auf einem Surfbrett, das von einem Lenkdrachen gezogen wird) in Seenot. Die bloße Gefahrengeneigtheit genügt zur Verhaltenshaftung alleine noch nicht. Zweifelhaft aber ist, ob das auch dann gilt, wenn erforderliche Sicherungsmaßnahmen unterblieben sind (z. B. durch ein Begleitboot).[24]

9 Unterlassen ist grundsätzlich kein Verhalten. Es ist grundsätzlich nicht einzusehen, warum jemand in die Verantwortung genommen wird, wenn er nichts getan hat. Denn solche Pflichten wirken zwischen den Vertragspartnern, räumen aber der Allgemeinheit, für die die Ordnungsbehörden handeln, keine unmittelbaren Rechte ein.

Beispiel: E hat Altreifen auf seinem Grundstück. Der Unternehmer U übernimmt es gegenüber E vertraglich, diese Reifen ordnungsgemäß zu beseitigen. Es passiert aber nichts. – Verantwortlich ist alleine E. U hat nichts getan; er hatte zwar aus dem Vertrag eine Pflicht zum Handeln, diese Pflicht oblag ihm aber nur gegenüber E, so dass die allgemeinen Ordnungsbehörden daraus nichts ableiten können.

---

21 Götz / Geis § 9 Rn 43; Drews / Wacke / Vogel / Martens S. 307.
22 BVerwG NJW 1978, 1818; VGH Mannheim NVwZ-RR 2000, 589; DÖV 1990, 344; OVG Münster NVwZ 1985, 355; Gusy Rn 363; Würtenberger / Heckmann / Tanneberger § 5 Rn 322; a. A. Papier NVwZ 1986, 257.
23 OVG Münster v. 10.1.1985 – 4 B 1434/84, NVwZ 1985, 355.
24 Wohl (richtigerweise) eher dafür OVG Schleswig v. 5.3.2015 – 4 LB 10/14.

E. Die Adressaten

Unterlassen ist aber zumindest dann ein relevantes Verhalten i. S. d. § 4 Abs. 1 POG, wenn der Betreffende eine **öffentlich-rechtliche Pflicht zum Handeln** hatte. [25] Eine solche Pflicht kann sich aus einer Rechtsnorm (Gesetz, Rechtsverordnung, Satzung), aus einem Verwaltungsakt oder aus einem öffentlich-rechtlichen Vertrag ergeben. Soweit richtigerweise gesagt wird, dass auch der Verstoß gegen eine privatrechtliche Handlungspflicht zur Verhaltensverantwortlichkeit führen kann[26], sind damit keine schuldrechtlichen (vertraglichen) Handlungspflichten gemeint, da solche Pflichten nur im Einzel-, nicht aber im Allgemeininteresse stehen. Gemeint sind Leib und Leben oder vergleichbare Güter schützende Verkehrssicherungs- oder **Garantenpflichten**, da am Schutz solcher Güter immer ein öffentliches Interesse besteht. Die Garantenstellung kann sich daraus ergeben, dass eine Person

- in einer Pflichtenposition steht, in der sie dafür einzustehen hat, dass ein bestehendes Rechtsgut vor Schäden geschützt wird (z. B. Eltern für Kinder und umgekehrt, Ehegatten untereinander, bei einem Vormund oder Betreuer nach § 832 BGB, bei Ärzten, Polizei, Feuerwehr, bei Gefahrengemeinschaften wie z. B. Bergsteigergruppen).
- gefährliche Gegenstände in den Verkehr gebracht hat (z. B. Schaustellergeräte, besondere Fluggeräte).
- in einer Pflichtenposition steht, in der sie dafür einzustehen hat, dass sich die Gefahren, die von einer bestimmten Gefahrenquelle ausgehen, nicht realisieren (z. B. bei Verkehrssicherungspflichten, pflichtwidrigem gefährlichem Vorverhalten (Ingerenz; z. B. der den Unfall pflichtwidrig verursachende Kraftfahrer).[27]
- Dritte zu beaufsichtigen hatte (z. B. Gefangene, psychisch Kranke; für Kinder gilt § 4 Abs. 2 POG.

Beispiel: Nach der örtlichen Satzung haben die Eigentümer der Grundstücke die Pflicht, die öffentliche Straße vor dem eigenen Anwesen zu kehren. Mieter M hat im Mietvertrag gegenüber dem Vermieter V diese Pflicht übernommen. Hier handelt es sich um eine rein schuldrechtliche Pflicht, die alleine dem V gelten soll. Die Allgemeinheit und damit die allgemeinen Ordnungsbehörden können aus dieser Privatverpflichtung nichts herleiten. Gleiches würde gelten, wenn V eine Firma mit dem Kehren beauftragt hätte. Die allgemeinen Ordnungsbehörden halten sich an den V als Eigentümer. Sollte allerdings die Reinigungssatzung bestimmen, dass die „Bewohner" eines Hauses die Kehrpflicht wahrnehmen müssen, könnte auch M beansprucht werden. – Würde es nicht nur um die Kehrpflicht gehen, sondern um die Beseitigung von Eis und Schnee, und wäre eine Gefahr für Leib und Leben ausrutschender Personen zu befürchten, ließe sich auch eine Pflicht zum Handeln aus der Garantenpflicht des M ableiten, die sich aus dem Mietvertrag ergibt.

Zweifelhaft ist, ob die Verhaltenshaftung durch Unterlassen auch durch Normen begründet werden kann, die sich nicht an bestimmte Personen oder Gruppen, sondern sich an Jedermann richten. Richtigerweise wird man das bei der **Unterlassenen Hilfeleistung** (§ 323c StGB) verneinen müssen.[28] Einerseits begründet hier eine öffentlich-rechtliche Norm eine Handlungspflicht, deren Missachtung sogar strafbewehrt ist, woraus sich umgekehrt eine Pflicht zum Handeln ableitet. Andererseits wendet sich aber § 323c StGB an jedermann. Es fehlt hier anders als in den anderen Fällen an einer wirklichen Sonderstellung, die die Zuordnung einer Verantwortlichkeit i. S. d. § 4 Abs. 1 POG rechtfertigt. Der Streit hat jedoch eigentlich nur für die Frage Be-

---

25 OVG Münster v. 9.2.1979 – IV A 1251/77, DVBl 1979, 735; VGH Mannheim N 4.8.1995 - 10 S 828/95, VwZ 1996, 1036; Götz / Geis § 9 Rn 46; Rühle / Suhr § 9, 1.1.2.
26 Pieroth / Schlink / Kniesel § 9 Rn 6 f.; Schenke Rn 239.
27 VGH München v. 26.9.1995 - 21 B 95.1527, BayVBl 1996, 437 wegen andauernder Untätigkeit des Eigentümers nach Felssturz.
28 So auch Gusy Rn 380; Habermehl Rn 203; Drews / Wacke / Vogel / Martens S. 331, 332; a. A. Pieroth / Schlink / Kniesel § 9 Rn 75; Schenke Rn 694.

deutung, aus welchem Budget Ausgleichszahlungen geleistet werden, nämlich ob diese sich nach den §§ 68 ff. POG (bei Nichtverantwortlichkeit) oder nach den §§ 2, 26, 63 SGB VII (bei Verantwortlichkeit) richten. Herangezogen werden kann die Person in diesen Notfällen fast immer, gleich ob als Verantwortlicher oder als Nichtverantwortlicher.

c) Ursächlichkeit

12 Das Verhalten der Person muss für die Gefahr **ursächlich** sein. Ursächlichkeit setzt zunächst einmal voraus, dass das Verhalten nicht hinweggedacht werden kann, ohne dass die konkret eingetretene Gefahr entfiele (Conditio-sine-qua-non-Formel, auch naturgesetzlicher Ursachenzusammenhang oder **Äquivalenztheorie**, weil nach ihr alle Bedingungen ein gleiches = äquivalentes Gewicht haben).[29] Danach ist ein Verhalten also ursächlich, wenn ohne das die Gefahr nicht genau so entstanden wäre. Diese Theorie alleine ist aber für Zurechnungen viel zu weit. Sie würde dazu führen, dass Tatbeiträge aus einem völlig anderen Zusammenhang oder aus vielleicht lang abgelaufener Zeit noch relevant wären. Im Straf- und im privaten Haftungsrecht bestehen diese Bedenken nicht, weil dort noch zusätzlich die Schuld der ursächlichen Person geprüft und das zu weite Ergebnis dieser Kausalitätsprüfung damit relativiert wird. Aber im Gefahrenabwehrrecht geht es ausschließlich um Verantwortlichkeit, die Schuld hingegen wird nicht mehr geprüft.[30]

Beispiel: Bei einem Unfall wären bei bloßer Anwendung der Äquivalenztheorie z. B. auch Hersteller und Voreigentümer des Fahrzeugs ursächlich, weil ohne das Herstellen des Fahrzeuges oder ohne die Eigentumsübertragung auf den jetzigen Eigentümer der Unfall so nicht hätte geschehen können.

Will man also abstrus weite Zurechnungen vermeiden, muss man die Äquivalenzlehre einschränken. Hierzu gibt es eine Vielzahl an Theorien[31], die letztlich alle nicht vollkommen befriedigend sind. Durchgesetzt hat sich heute die Theorie der unmittelbaren Verursachung.[32] Nach dieser **Unmittelbarkeitstheorie** ist verantwortlich, wer bei wertender Betrachtung unter Einbeziehung aller Umstände des jeweiligen Einzelfalles die Gefahrengrenze überschritten und damit die unmittelbare Ursache für den Eintritt der Gefahr gesetzt hat.[33] In der Regel ist darum zumindest auch die **letzte Ursache** in der äquivalenten Ursachenkette maßgeblich. [34]

Beispiel: Fahrzeug wird hergestellt – dann an den Ersteigentümer verkauft – der verkauft an Zweiteigentümer – dieser verleiht das Fahrzeug – der Entleiher fährt zu schnell und bewirkt einen Unfall. – Alle Vorgänge können nicht hinweggedacht werden, ohne dass der Unfall in seinem konkreten Ablauf entfiele, also sind alle Vorgänge äquivalent ursächlich. Ordnungsrecht-

---

29 BGH v. 4.4.1951 - II ZR 52/50, NJW 1951, 711; BVerwG v. 23.11.1967 - VIII C 50.67, BVerwGE 28, 240; Pieroth / Schlink / Kniesel § 9 Rn 9 ff.
30 BVerfG v. 6.2.2000 - 1 BvR 242/91 und - 1 BvR 315/99, NJW 2000, 2573; Schenke Rn 241.
31 Z. B. Rechtswidrigkeitstheorie von Schnur DVBl 1962, 1 ff; Theorie von der Sozialadäquanz, wonach Störer ist, wer rechtswidrig handelt oder gegen eine Sozialnorm verstößt und dadurch ein polizeirechtlich geschütztes Gut gefährdet und dies nicht von der Rechtsnorm erlaubt ist; Hurst AöR 83 (1958) 43 ff (75); s. a. Selmer JuS 1992, 99.
32 PrOVGE 103, 139; OVG KO v. 7.5.1991 - 1 R 10297/89, NVwZ 1992, 500 m. w. N.; OVG Münster v. 11.4.2007 - 7 A 678/07, NVwZ-RR 2008, 12; VGH Mannheim v. 4.3.1996 - 10 S 2687/95, NVwZ-RR 1996, 387; VGH Kassel v. 21.3.1988 - 4 TH 3794/87, NVwZ-RR 1989, 137; Götz / Geis § 11 Rn 11 ff.; Kemeyer Rn 325; Selmer JuS 1992, 99; Drews / Wacke / Vogel / Martens S. 313.
33 OVG Koblenz 26.11.2008 - 8 A 10933/08, NVwZ-RR 2009, 280; ähnlich: OVG Schleswig, v. 5.3.2015 – 4 LB 10/14; OVG Münster v. 10.1.1985, NVwZ 1985, 355 f.; Lisken / Denninger / Rachor D Rn 75.
34 S. VGH Kassel v. 4.9.1985 - 5 UE 178/85, DÖV 1986, 441, wonach sogar der vorwerfbar bremsende und einen Ketten-Auffahr-Unfall auslösende Autofahrer als mittelbarer Verursacher nicht herangezogen werden kann.

E. Die Adressaten

lich interessiert grundsätzlich aber nur der letzte Vorgang. Darum gilt ordnungsrechtlich hier nur das Fahren des Entleihers als letzte Ursache.

Die naturwissenschaftliche Kausalbeziehung allein ist aber noch keine hinreichende **13** Bedingung für die Verantwortlichkeit. Es muss wertend festgestellt werden, ob das Verhalten die **Gefahrengrenze** schon **überschritten** hat oder nicht. Das ist noch nicht der Fall, dass jemandes Verhalten zwar äquivalent ursächlich ist, aber dabei nur seine ihm nach unserer Rechtsordnung zustehenden Rechte wahrnimmt.[35] Denn soweit sich jemand innerhalb dessen hält, was unsere Rechtsordnung ihm einräumt, z. B. Rechtsbehelfe einlegt, Verträge abschließt oder kündigt, sein Eigentum verteidigt usw., kann er damit nicht eine Gefahrengrenze überschreiten. Gleiches gilt für denjenigen, der etwas Rechtmäßiges tut, und die Störung nur dadurch „verursacht", dass jemand anderes nicht bereit ist zu tolerieren (z. B. eine Veranstaltung abzuhalten).[36]

Beispiel: Der Vermieter wird nicht verantwortlich für die Obdachlosigkeit seines bisherigen Mieters, nur weil er von seinen im BGB verbürgten Rechten Gebrauch gemacht und seinem zahlungssäumigen Mieter die Wohnung gekündigt hat.[37] Andernfalls würde man ihm den aus in Art. 14 GG gewährten Schutz, seine Wohnung nach den zivilrechtlichen Regeln zu kündigen und das auch gerichtlich durchzusetzen, öffentlich-rechtlich wieder nehmen.

Umgekehrt kann diese Wertung aber auch dazu führen, dass auch solche Verhalten **14** als ursächlich gelten, die nicht die Letztursache sind. Ein früherer Tatbeitrag kann für die Gefahr vergleichbar oder sogar mehr bestimmend sein, als die Letztursache. Das gilt vor allem dann, wenn ein früherer Verursacher bewusst auf das Verhalten des Letztverursachers Einfluss nimmt, z. B. ein Anstifter. Man spricht dann vom **Zweckveranlasser**.[38] Dann nämlich stehen Letzt- und früherer Verursacher wertend betrachtet derart gleich, dass *beide* als verantwortliche Adressaten in Betracht kommen. Auf diese Weise hat die Polizei oder die Ordnungsbehörde die Möglichkeit, nicht nur gegen das Symptom (den beeinflussten Letztverursacher) vorzugehen, sondern auch gegen die Quelle (den manipulierenden früheren Verursacher). Keine Einigkeit besteht allerdings darin, wann genau man von einem Zweckveranlasser sprechen kann.

Überwiegend geht man davon aus, dass Zweckveranlassung zumindest dann vorliegt, wenn der frühere (meist, aber nicht notwendig der Vorletzte) seine Ursache **zu dem Zweck** setzt, den späteren Letztverursacher zu seinem Verhalten zu veranlassen, dessen Verhalten zumindest in den groben Umrissen dadurch bestimmt wird und damit die Gefahr auslöst (**subjektive Theorie**).[39] Dabei genügt es, dass der beabsichtigte Erfolg wenigstens so ungefähr eingetreten ist; nicht unbedingt braucht der Betroffene das konkrete Ausmaß seiner Verursachung oder gar die Gefahr selbst erkannt zu haben, denn das wird ja nicht einmal vom Letztverursacher gefordert. Die Schwierigkeit dieser Konstruktion besteht darin, dass das nicht gelten kann, solange

---

35 OVG Münster v. 19.12.1958 – II A 563/56, OVGE 14, 265; Drews / Wacke / Vogel / Martens S. 195; 316; Pieroth / Schlink / Kniesel § 9 Rn 15 ff.
36 Götz / Geis § 9 Rn 15 ff.
37 OVG Greifswald, 3 M 92/09 v. 23.7.2009, Abs. 19, NJW 2010, 1096, 1097.
38 Habermehl Rn 285; Götz / Geis § 9 Rn 18 ff.; Schenke Rn 244 ff.; Würtenberger / Heckmann / Tanneberger § 5 Rn 311 ff.; Lisken / Denninger / Rachor D Rn 80; Muckel DÖV 1998, 18; *kritisch*: Pieroth / Schlink / Kniesel § 9 Rn 27 ff. und wohl auch Gusy Rn 336.
39 PrOVGE 103, 139; 40, 216 und E 85, 270; BVerfG v. 1.9.2000 - 1 BvQ 24/00, NVwZ 2000, 1406; VGH Kassel v. 27.2.1992 - 11 TH 1975/91, NVwZ 1992, 1111 und v. 23.4.1992 - 11 TH 3607/90, NVwZ-RR 1992, 622; VGH Mannheim v. 4.3.1996 - 10 S 2687/95, NVwZ-RR 1996, 387;; BVerwG, 26.1.1988 - 7 B 189.87, NVwZ 1988, 665; vgl. Rühle / Suhr § 4, 1.2.2.

der Veranlassende seinen grundrechtlich geschützten Rechtskreis nicht verlässt, aber nur durch Wertung bestimmt werden kann, wann das der Fall ist.

Beispiele: Der Inhaber eines Ladengeschäfts setzt in seinem Schaufenster eine Puppe in eine Badewanne, um Interessenten anzulocken; dadurch bilden sich Menschenmengen vor dem Schaufenster, die wegen ihrer Größe zur Verstopfung der Straße führen.[40] – Der Gastwirt entlässt seine Gäste, die beim Weggehen auf der Straße lärmen.[41] – Ein Vermieter vermietet im Sperrgebiet Wohnungen zur Prostitution, weil er dadurch mehr Miete bekommt; eine hier wirksame Sperrgebietsverordnung verbietet lediglich *„die Ausübung* der Prostitution", nicht ausdrücklich die Vermietung selbst.[42] – Die Schaulustigen, Gäste und Prostituierten sind in diesen Fällen Letztverursacher, der Ladeninhaber, der Gastwirt und der Vermieter haben aber ihren Ursachenbeitrag zu dem Zweck gesetzt, dass die Letztverursacher sich eben so verhalten. Hier sind die Gerichte in allen Fällen stillschweigend davon ausgegangen, dass die Veranlasser damit ihren durch Art. 14 GG geschützten Rechtskreis überschritten hätten, was nur wertend festgestellt werden kann. Ob sie den Eintritt der Gefahr gewollt oder auch nur gesehen haben, ist nicht erheblich. Sie sind Zweckveranlasser. – (Fälschlich) abgelehnt: Eine Borkumer Kurkapelle spielt 1924 ein bekanntes Lied, dessen erste zwei Strophen harmlos, die dritte jedoch krass judenfeindlich und herabwürdigend ist. Nach Abspielen und Mitsingen der ersten beiden Strophen singt das Publikum die dritte Strophe mit. Hier war das preußische OVG der (irrigen) Meinung, die Kapelle sei kein Zweckveranlasser, sondern die Gefahr läge latent bei den Singenden.[43]

Eine Gegenmeinung objektiviert die Sichtweise darüber hinaus dahin, dass es für die frühere Ursache genügt, dass objektiv gefahrerhöhende Risiken geschaffen werden, wodurch *aus der Sicht eines unbefangenen Dritten* die vom Letztverursacher herbeigeführte Gefahr eine **typische Folge** des Verhaltens des früheren Verursachers ist (**objektive Theorie**).[44] Diese Lehre bemängelt an der subjektiven, dass Wertungen dem schuldunabhängigen Ordnungsrecht fremd seien.[45] Sie stellt darum auf den von Willen und Vorstellung der Personen losgelösten Zusammenhang ab. Danach ist entscheidend, ob diese vorausgehende mit der späteren letztursächlichen Handlung eine erkennbare natürliche Einheit bildet.

Beispiele: Eine Gruppe Fußballrowdies möchte von einem Busfahrer vom Stadion in die Innenstadt gefahren werden. Es gibt objektive Anhaltspunkte dafür, dass sie dort (wieder) randalieren werden. Darüber macht sich der Busfahrer aber keine Gedanken, es ist ihm auch egal. Die Polizei gibt dem Busfahrer auf, diese Beförderung zu unterlassen. – Der Busfahrer ist nach der subjektiven Lehre kein Zweckveranlasser, denn er hat keinerlei Interesse, die Rowdies an einen bestimmten Ort zu fahren, ihm geht es nur um die (noch nicht zur Gefahr gehörende) Fahrt. Allerdings ist die Randale seiner Fahrgäste eine typische, vorhersehbare Folge seines Transports. Nach der objektiven Lehre ist er darum Zweckveranlasser. – Ein Autofahrer bremst, um nicht ein Eichhörnchen zu überfahren. Dadurch kommt es hinter ihm zu Auffahrunfällen. – Subjektiv hat der Fahrer keinerlei Vorstellung oder Willen im Hinblick zu allem, was hinter ihm ist. Objektiv ist aber der Unfall eine typische Folge seines Verhaltens. Nach der objektiven Lehre wäre er darum Zweckveranlasser, nach der subjektiven dagegen Nichtverantwortlicher. –Umstritten ist, ob man einen Sportveranstalter als Zweckveranlasser werten kann, wenn es trotz

---

40 PrOVG 40, 216; 85, 270; die Entscheidungen sind von 1904 bzw. 1929, daher erklärt sich die in heutigen Tagen unverständliche Aufregung vor dem Schaufenster.
41 BVerwG v. 18.12.2002 - 14 S 1198/01, GewArch 2003, 200; VGH Kassel v. 2.10.1989 - 8 UE 2362/88, NVwZ-RR 1990, 406; OVG Münster v. 2.7.1991 - 14 TH 3563/90, NVwZ-RR 1992, 615.
42 VGH Kassel v. 27.2.1992 - 11 TH 1975/91, NVwZ 1992, 1111. – Allein die Vermietung von Zimmern an ausländische Prostituierte im Mischgebiet *außerhalb* von Sperrbezirken macht den Vermieter noch nicht zum Zweckveranlasser; VGH Mannheim v. 13.6.1995 - 1 S 631/95, NVwZ-RR 1996, 149.
43 PrOVG E 80, 176; die 3., hetzerische Strophe des Liedes lautete: *„An Borkums Strand nur Deutschtum gilt, nur deutsch ist das Panier. Wir halten rein den Ehrenschild Germania für und für! Doch wer dir naht mit platten Füßen, mit Nasen krumm und Haaren kraus, der soll nicht deinen Strand genießen, der muß hinaus, der muß hinaus!"*.
44 OVG Lüneburg v. 24.9.1987 - 12 A 269/86, NVwZ 1988, 638; VGH Mannheim v. 29.5.1995, DÖV 1996, 83; Drews / Wacke / Vogel / Martens S. 316.
45 Was nicht stimmt, man sehe sich nur z. B. die Entscheidungen zur öffentliche Ordnung oder zur Angemessenheit i. S. d. § 2 Abs. 2 POG an.

E. Die Adressaten

der gebotenen organisatorischen Vorkehrungen zu Ausschreitungen kommt.[46] Das ist wohl in dieser Allgemeinheit eher zu verneinen, denn er hält sich im Einklang mit der Rechtsordnung und erst die Zuschauer überschreiten die Gefahrengrenze.[47]

Die objektive Sichtweise schränkt also die Ergebnisse der Äquivalenzlehre weit weniger ein als die subjektive und zieht den Kreis der Zweckveranlasser damit weiter. Unabhängig von diesem Meinungsstreit kommt allerdings die Provokation, die typischerweise eine **Versammlung** für Andersdenkende auslöst, für sich alleine als Zweckveranlassung keinesfalls in Betracht, denn eine solche Sicht würde das in Art. 8 GG geschützte Recht erheblich aushöhlen.[48] Ob die Auswahl eines Versammlungsortes dann anders gesehen werden kann, wenn eine rechtsgerichtete Organisation einen Versammlungsort mit für den Nationalsozialismus geschichtsträchtiger Bedeutung auswählt, erscheint ohne verfassungsmäßiges Verbot der Organisation und ohne Verletzung eines Straftatbestandes bei aller Sympathie für die Unterbindung rechtsextremen Gedankenguts eher zweifelhaft.[49] Vereinzelt wird die Rechtsfigur des Zweckveranlassers bei Versammlungen generell abgelehnt.[50]

2. Verantwortlichkeit für fremdes Verhalten

a) Verantwortlichkeit des Aufsichtspflichtigen

Nach § 4 Abs. 2 POG kann die Maßnahme auch gegen denjenigen gerichtet werden, den die Aufsichtspflicht für eine Person trifft, die noch nicht 14 Jahre alt ist. Eine Person unter 14 Jahre ist nach dem gesetzlichen Sprachgebrauch ein **Kind**, vgl. § 19 StGB, § 1 Abs. 1 Nr. 1 JuSchG. Für dieses Kind muss der Betreffende eine **Aufsichtspflicht** haben. Woraus sich diese Aufsichtspflicht ableitet, ist unerheblich. Die Grundlage der Aufsichtspflicht kann folgern aus

15

- Gesetz,
  z. B. Lehrer an öffentlich-rechtlichen Schulen, §§ 1a Abs. 3, 41, 44 Abs. 1 LSchulG; elterliches Sorgerecht, soweit es auch das Recht zur Personensorge umfasst (vgl. §§ 1626 Abs. 1 S. 2, 1631 Abs. 1 BGB)
- gerichtlicher Anordnung
  z. B. Vormundschaft nach den §§ 1773 BGB
- Vertrag
  z. B. entgeltliche Dienst- oder Werkverträge i. S. d. §§ 611 ff., 631 ff. BGB, wie bei Erzieherinnen im Kindergarten, Babysitter; Privatlehrer usw.
- vertragsähnlichem Verhältnis
  z. B. unentgeltliche Auftragsverhältnisse i. S. d. §§ 662 ff. BGB, z. B. wenn die Freundin sich zur Aufsicht des Kindes bereit erklärt oder wenn eine Mutter die Spielfreunde des eigenen Kindes zu Besuch hat (z. B. Kindergeburtstag)

---

46 So Götz / Geis § 9 Rn 32 ff.; Lege VerwArch 89 (1998), 71; Broß „Zur Erstattung von Polizeieinsätzen, DVBl. 1983, 377.
47 So Würtenberger / Heckmann / Tanneberger § 5 Rn 313; Schenke Rn 246; Lisken / Denninger / Rachor D Rn 84; Schoch JuS 1994, 934.
48 BVerfG v. 1.9.2000 - 1 BvQ 24/00, NVwZ 2000, 1406.
49 So aber OVG Lüneburg, v. 24.9.1987 - 12 A 269/86, NVwZ 1988, 638 im sog. „Bad-Harzburg-Fall"; hier kam noch erstaunlicherweise hinzu, dass auch der Versammlungsschutz der Veranstaltungshalle durch die Polizei verneint wurde, obwohl anderorts gewalttätige Fußballfans von der Polizei erfolgreich vom Bahnhof zum Stadion und zurückgeführt werden.
50 Enders JurA 2003, 103, 108.

- Geschäftsführung ohne Auftrag (§§ 677 ff. BGB)

z. B. die Nachbarin nimmt das Kind vorübergehend zu sich, weil es nach der Schule zu Hause vor verschlossenen Türen stand

Wer eine Aufsichtspflicht hat, muss damit rechnen, dass man ihn eben wegen dieser Pflicht zur Verantwortung zieht, wenn Gefahren für oder durch das Kind abgewehrt werden müssen. Eine Aufsichtspflichtverletzung braucht nicht vorzuliegen. Die aufsichtspflichtige Person ist dann für die Gefahrenbeseitigung neben dem Kind verantwortlich Die Ordnungsbehörde oder Polizei wird dann jeweils denjenigen heranziehen, der zur Gefahrenabwehr jeweils effektiver erscheint; so werden Maßnahmen im Eilfall eher gegen das nach § 4 Abs. 1 POG verantwortliche Kind gerichtet werden, grundlegendere Weisungen dagegen eher gegen den aufsichtspflichtigen Erwachsenen.

Beispiel: Ein 5jähriger Junge läuft an parkenden Autos entlang und zerkratzt mit einer Glasscherbe deren Lack. – Unzweifelhaft ist der Junge nach § 4 Abs. 1 POG verantwortlich. Das ermöglicht es den Ordnungskräften, gegen ihn Weisungen zu erteilen und diese auch durchzusetzen. Wenn es aber um längerfristige Vorkehrungen gegen die Wiederholung solcher Vorkommnisse geht, wird es effektiver sein, entsprechende Verhaltensregeln den Eltern als Aufsichtspflichtigen aufzugeben.

b) Verantwortlichkeit für den Verrichtungsgehilfen

16 Nach § 4 Abs. 3 POG ist auch derjenige verantwortlich, der eine andere Person zu einer Verrichtung bestellt hat, wenn die bestellte Person in Ausübung dieser Verrichtung die Gefahr i. S. d. § 4 Abs. 1 POG verursacht hat. Das betrifft das arbeitsrechtliche oder arbeitsähnliche Auftragsverhältnis. Anders formuliert ist der Geschäftsherr (der arbeitsrechtliche Auftraggeber) neben dem verantwortlich, der in Ausübung dieses Auftrags zum Verantwortlichen nach § 4 Abs. 1 POG geworden ist. Da der Ausführende als Angestellter seines Chefs gehandelt hat, von diesem ausgesucht, eingewiesen und für den konkreten Fall beauftragt worden ist, soll dieser Auftraggeber sich nicht hinter seinem Angestellten „verstecken" dürfen, sondern ist neben diesem verantwortlich. **Zur Verrichtung bestellt** wird man typischerweise durch Dienst- oder Werkverträge. Maßgebend ist, dass der Bestellte (= Angestellte) in einem Weisungs- und in einem **sozialen Abhängigkeitsverhältnis** zum Besteller (= Arbeitgeber) steht und die Weisung vornehmlich gemäß den **Interessen des Anweisenden** erlassen wird.[51] Darum kommen wohl keine Gefälligkeitsverhältnisse oder Verträge zwischen grundsätzlich Gleichberechtigten ohne soziale Abhängigkeit (z. B. Freundschafts-, Nachbardienste, zwischen Kunde und Handwerker) in Betracht[52], ebenso wenig wie solche Über- / Unterordnungsverhältnisse, wo die Weisung nicht primär im Interesse des Anweisenden erlassen werden (z. B. wenn das Kind im Haushalt hilft, da zwar hier ein Weisungsverhältnis vorliegt, dieses aber nicht arbeitsrechtlich zugunsten der Eltern, sondern familienrechtlich zugunsten des Kindes besteht).

Weitere Voraussetzung einer Verantwortung des Auftraggebers nach § 4 Abs. 3 POG ist, dass der Auftragnehmer und Weisungspflichtige **in Ausführung der Verrichtung**, also der ihm übertragenen Aufgaben fehlerhaft gehandelt hat.[53] Das Verhalten des Verrichtungsgehilfen (= Arbeitnehmers) muss, wenn man sich seinen Fehler wegdenkt, eben das sein, wozu er beauftragt worden ist. Ob der Weisungsbefugte tatsächliche Weisungen erteilt hat, ist dabei unerheblich. Es genügt, dass er die Be-

---

51 VGH Mannheim v. 7.12.1992 - 1 S 2079/92, NJW 1993, 1543; vgl. Rühle / Suhr § 4, 2.2.
52 Anders VGH Mannheim v. 13.12.1989 - 5 S 3807/88, NVwZ 1990, 684 für Bauherrn und Heizungsbauer.
53 OVG Münster v. 17.4.1973 - XI A 551/70, DVBl 1973, 924.

fugnis zu entsprechender Weisung hatte.[54] Wenn der Weisungspflichtige dagegen nur bei Gelegenheit der Ausführung eines Auftrags gehandelt hat, dann kann der Weisungsberechtigte dafür nicht verantwortlich gemacht werden. Die Gelegenheitshandlung erfüllt weder den zu erbringenden Auftrag, noch dient sie der Erfüllung dieses Auftrags. Der Auftrag gibt nur die Gelegenheit dazu, ein auftragsfremdes Ziel / Vorhaben mit erledigen zu können. Für diese gelegentliche Handlung ist nur der Ausführende selbst verantwortlich.

Beispiel: Blockiert der Fahrer eines Umzugsunternehmens mit dem Möbelwagen unnötig lang die Durchfahrt einer Straße, ist dafür neben ihm (§ 4 Abs. 1 POG) seine Firma als weisungsbefugter Arbeitgeber nach § 4 Abs. 3 POG verantwortlich, nicht dagegen der Umziehende als Auftraggeber. Dieser hat mit dem Umzugsunternehmen einen Werkvertrag über die Durchführung des Umzuges geschlossen. Dieses Werk hat das Unternehmen selbstverantwortlich zu erbringen. Zwischen Auftraggeber und Auftragnehmer besteht insoweit kein sozialabhängiges Weisungsverhältnis. – Wenn ein Möbelpacker von zu Hause mit seinem privaten PKW anreist, um seine Arbeit beim Umzug zu verrichten, und dann mit seinem Fahrzeug die Straße blockiert, handelt er nur bei Gelegenheit seiner arbeitsvertraglichen Aufgabe. Dafür ist er allein verantwortlich. Der Arbeitgeber ist dafür nicht nach § 4 Abs. 3 POG verantwortlich.

III. Verantwortlichkeit für Tiere und den Zustand von Sachen

1. Anwendungsbereich des § 5 POG

§ 5 POG ist Ausdruck der Inhalts- und Schrankenbestimmung des Art. 14 Abs. 1 S. 2 GG.[55] Wer eine **potenziell gefährliche Sache** oder ein **gefährliches Tier** (§ 5 Abs. 1 S. 2 POG) besitzt oder daran Rechte hat, trägt wegen der damit verbundenen Einwirkungsmöglichkeit nach § 5 POG Verantwortung. Diese ist wie beim Verhaltensverantwortlichen (vgl. oben Rn E 5) unabhängig von Fragen der Schuld oder Schuldfähigkeit. Die Verantwortlichkeit nach § 5 POG entfällt weder durch die eventuelle **gleichzeitige Anwendbarkeit des § 4 POG** noch gilt das umgekehrt. Eine Person kann z. B. für einen Hund verantwortlich sein, weil sie ihn ausgeführt hat (§ 4 Abs. 1 POG), sie die tatsächliche Gewalt über ihn hatte (§ 5 Abs. 1 S. 1 POG) und dessen Eigentümer war (§ 5 Abs. 2 S. 1 POG). Maßgeblich für die Verantwortlichkeit nach § 5 POG ist (anders als bei § 4 POG) der **Zeitpunkt der Ordnungsmaßnahme** (Verfügung oder Realakt); fallen nach einer Ordnungsverfügung die Voraussetzungen weg, ändert das nichts mehr an der Verantwortlichkeit, kann aber möglicherweise ein Vollstreckungshindernis sein.

Deshalb muss man, bevor man in die nähere Prüfung der Voraussetzungen des § 5 näher einsteigt, erst einmal feststellen, ob im konkreten Sachverhalt im Zeitpunkt der Ordnungsverfügung ein Objekt des § 5 POG vorliegt. Leider ist der § 5 Abs. 1 S. 1 POG ähnlich schlecht formuliert wie der § 4 Abs. 1 POG (s. o. Rn E 5). Denn auch hier wird ein wichtiger Begriff aus der Überschrift (*„Zustand"*) nicht im Text wiederholt, und auch hier wird fälschlich das Heranziehen scheinbar als verbindlich vorgeschrieben (*„sind"*), obwohl unzweifelhaft Ermessen besteht. Insbesondere ist es ein großer Unterschied, ob der Betreffende dafür haftet, dass von seiner „Sache" die Gefahr ausgeht oder nur von deren „Zustand".[56]

---

54 Lisken / Denninger / Rachor D Rn 103 will dagegen bei Handeln entgegen ausdrücklicher Weisung den Weisungsberechtigten freistellen. Das ist nur möglich, wenn auch andere Entlastungsbeweise des Arbeitgebers zugelassen würden. Das will das POG der Effizienz wegen aber gerade nicht.
55 BVerwG NJW 1999, 2312.
56 Vgl. Habermehl Rn 184; Rühle / Suhr § 5, 1.2.

Beispiel: Derjenige, mit dessen Hammer jemand eine Scheibe einschlägt, ist nicht nach § 5 POG verantwortlich (sondern nur nach § 4 POG). Zwar geht vom Hammer infolge seiner Zweckentfremdung eine Gefahr aus, nicht jedoch von dessen Zustand.

18 Tier (s. a. § 90a BGB) ist jedes irdische Lebewesen, das kein Mensch und keine Pflanze ist.[57] Seine Gefährlichkeit bestimmt sich bereits aus seinem konkreten Verhalten oder aus seiner individuellen Eigenschaft[58] (vgl. z. B. § 1 Abs. 2 LHundG). Anders als bei Sachen wird bei Tieren nicht unterschieden, ob sie *potenziell* („im Zustand") gefährlich sind oder nicht. Ob sie gefährlich sind, erweist sich alleine aus der konkreten Situation.

Beispiel: Ein Pferd ist ausgebrochen und läuft frei auf einer Straße herum (vgl. a. § 28 StVO). § 5 POG ist anwendbar. Ob das Pferd grundsätzlich gefährlich oder lammfromm ist, spielt keine Rolle.

Tiere sind in Art. 20a GG und in Art. 70 Landesverfassung Rheinland-Pfalz, konkreter noch durch die Regeln des Tierschutzgesetzes (vgl. insbesondere §§ 1 bis 6, 13 TierSchG) geschützt, wonach ein Tier soweit vermeidbar nicht leiden darf. Darum steht das Tier zwar grundsätzlich einer Sache gleich (§ 5 Abs. 1 S. 2 POG), aber nur solange sich nicht Unterschiede daraus ergeben, dass das Tier ein fühlendes Lebewesen ist. Auch nach anderen öffentlich-rechtlichen oder privaten Vorschriften muss man grundsätzlich ohne Schuld für Tiere einstehen (sog. Garantiehaftung; z. B. bei §§ 14, 10 LImSchG, § 30 LJagdG). Ebenso privatrechtlich nach § 833 S. 1 BGB (ausgenommen Haustiere, die dem Beruf, der Erwerbstätigkeit oder dem Unterhalt des Tierhalters zu dienen bestimmt sind, sog. „Nutztiere" wie z. B. Tiere in der Landwirtschaft, Blindenhunde, professionelle Wachhunde, Kutschenpferde, im Gegensatz zu den eher dem Spaß am Tier dienenden „Luxustieren").

Bei Hunden wird die Gefährlichkeit durch verschiedene Rechtsnormen näher spezifiziert. Das *Bundes*gesetz zur Bekämpfung gefährlicher Hunde[59] regelt in dem nicht für verfassungswidrig erkannten Teil[60] ein Einfuhr- und Verbringungsverbot für bestimmte Hunderassen. Das *Landes*hundegesetz[61] begründet Pflichten für sog. **„gefährlichen Hunde"**. Das sind solche, die sich durch ihr aggressives Verhalten (Beißen, drohende Gebärden) als gefährlich erwiesen haben[62] oder (wegen ihrer Aggressivität, Bissfestigkeit und Bissstarre) Abkömmlinge der Rassen Pit Bull Terrier, American Staffordshire Terrier und Staffordshire Bullterrier sind, § 1 LHundG. Mit gefährlichen Hunden darf weder Zucht noch Handel betrieben werden (§ 2 LHundG), gegebenenfalls ist das Tier unfruchtbar zu machen.[63] Der Halter bedarf einer Erlaubnis, muss seine Sachkunde nachweisen und zuverlässig sein, also die Gewähr dafür bieten, dass er den Hund in einer Weise hält, dass von dem Hund keine in der Gefahrenabwehrverordnung aufgeführten Gefahren ausgehen.[64] Er muss eine Haftpflichtversicherung abschließen, den Hund durch einen einzuspritzenden Mikrochip kenn-

---

57 Naturwissenschaftlich gesehen sind Tiere Lebewesen, die Sauerstoff zur Atmung benötigen, aber keine Menschen (hierzu Rn E 6) oder Pilze sind. Pflanzen dagegen beziehen Stoffwechselenergie aus dem Sonnenlicht.
58 BVerwG v. 20.8.2003 – 6 CN 3.02.
59 BGBl. I 2001, S. 530.
60 BVerfG v. 16.3.2004 - 1 BvR 1778/01, DVBl. 2004, 698.
61 GVBl. 2004, 576.
62 OVG Koblenz v. 11.06.2013 - 7 B 10501/13.OVG, wonach Bissigkeit nicht erforderlich ist, vielmehr eine über das natürliche Maß hinausgehende Kampfbereitschaft oder Angriffslust entwickelt haben. Für die Qualifizierung als gefährlich sei es daher nicht erforderlich, dass der Hund in der Vergangenheit Menschen oder andere Hunde gebissen habe.
63 Was nach BVerfG v. 16.03.2004 - 1 BvR 550/02, NVwZ 2004, 975 verfassungsgemäß ist.
64 OVG Münster v. 16.06.1999 - 5 B 424/99, NVwZ 2000, 458.

E. Die Adressaten

zeichnen[65] und anderweitige Obhut oder Abhandenkommen des Tieres anzeigen. Gefährliche Hunde dürfen in der Öffentlichkeit nur einzeln sowie von erwachsenen und zuverlässigen Personen mit Maulkorb und Leine geführt werden. Gegebenenfalls darf der Hund dem Halter auf Dauer weggenommen werden.[66] Ermächtigungsgrundlage für Ordnungsverfügungen ist § 7 LHundG.

Ferner regeln örtliche Satzungen zur Gefahrenabwehr für alle Hunde Anleinpflicht oder Verunreinigungsverbot auf öffentlichen Flächen. Verursachen Hunde zu viel Lärm, kann hiergegen nach den §§ 14, 10 LImSchG eingeschritten werden.

Für den Begriff der **Sache** gelten grundsätzlich die §§ 90 ff. BGB. Erfasst werden wie im BGB unbewegliche und bewegliche Gegenstände einschließlich der mit ihnen untrennbar verbundenen wesentlichen Bestandteile im Sinne der § 93 und 94 BGB. Das gilt auch für angepflanzten Bewuchs eines Grundstücks, § 94 Abs. 2 BGB, sowie ungetrennte Erzeugnisse und Ausbeute eines Grundstücks nach § 99 BGB, insbesondere Früchte. Aber anders als dort kommt es nur auf die tatsächlichen, nicht auf rein rechtliche Verhältnisse an. Deshalb entscheidet nicht die körperliche Abgrenzbarkeit, so dass weiter als im BGB auch schwebende Gase und flüssige Stoffe Sachen im Sinn des § 5 POG sein können, ohne in Behältnissen gefasst zu sein.[67] Oberirdisches Gewässer ist darum eigentumsfähig, vgl. §§ 4 ff. LWasserG; Grundwasser nicht.[68] Sind die beweglichen Sachen allerdings Abfall i. S. d. § 3 KrWG, gehen die abfallrechtlichen Vorschriften, insbesondere das KrWG und das LKrWG, vor. **19**

Beispiel: Eine Reinigung verwendet als Reinigungssubstanz eine Chemikalie, die giftige Chlordämpfe entwickelt. Diese Dämpfe sind dem tatsächlichen Inhaber der Reinigung zuzurechnen, ebenso wie die Sachgesamtheit der Gegenstände, die erst im Zusammenwirken die Dämpfe in der Reinigung verursachen.[69]

Aus der rein tatsächlichen Betrachtung ergibt sich weiter, dass anders als im Zivilrecht Scheinbestandteile i. S. d. § 95 BGB (= Sachen, z. B. Pflanzungen oder Hütten, die nur vorübergehend oder in Ausübung z.B. eines Erbbaurecht oder einer Grunddienstbarkeit mit dem Grundstück verbunden sind) oder Zubehör eines Grundstücks i. S. d. § 97 BGB keine selbstständigen Gegenstände, sondern Bestandteil der Hauptsache sind. Sogar ganze Sachgesamtheiten wie z. B. öffentliche Einrichtungen können in diesem Sinne „*Sache*" sein.[70] Zur Sache Grundstück gehören aber die Bestandteile nicht mehr, die ihm rechtlich schlechthin nicht zugeordnet sind, z. B. das darunter liegende Grundwasser[71] oder Stollen eines Bergwerks.[72]

Anders aber als bei Tieren reicht es für die Anwendbarkeit des § 5 POG nicht, dass die Sache momentan (z. B. durch Zweckmissbrauch oder durch Zufall) gefährlich ist, sie muss bereits potenziell gefährlich sein. Die Gefahr muss von ihrem **Zustand** ausgehen, also in ihr angelegt sein.[73] Das ist zum einen der Fall, wenn die Gefahr be-

---

65 Ist nach OVG Münster v. 5.3.2004 - 5 B 2640/03, NVwZ 2004, 489 verfassungsgemäß.
66 OVG Koblenz v. 30.10.2009 - 7 A 10723/09.OVG, AS 38, 114.
67 Lisken / Denninger / Rachor E Rn 88.
68 BVerfG v. 15.7.1981 - 1 BvL 77/78, NJW 1982, 745 (Nassauskiesung); Götz / Geis § 9 Rn 67.
69 VG Arnsberg v. 9.5.2008 - 3 L 336/08, NZM 2008, 814.
70 OVG Schleswig vom 31.1.2002 - 4 L 107/01: Städtischer Hafen als Sache.
71 Vgl. § 4 Abs. 2 WHG.
72 VGH Mannheim v. 25.10.2012 - 7 A 10671/12.OVG, DVBl. 2013, 132: Ist der Stollen einbruchgefährdet, ist der Eigentümer des darüber liegenden Grundstücks Nichtverantwortlicher.
73 VGH München v. 13.5.1986 - 20 CS 86.338, NVwZ 1986, 942 und v. 1.7.1986 - 21 B 85 A.3336, NVwZ 1987, 912; Lisken / Denninger / Rachor D Rn 107 f.; Habermehl Rn 185; 633; Schoch JuS 1994, 937; Gusy Rn 349; Pietzcker DVBl 1984, 458 und .

reits dann besteht, wenn sich die Sache in der Ruhelage befindet, gleich wie sie in diese Lage gekommen ist.[74]

Beispiel: Wenn ein Auto einen Vergaserbrand hat und Explosionsgefahr besteht, so ist es wegen seines konkreten Zustandes gefährlich.[75]– Wenn ein Auto auf dem Bürgersteig geparkt ist, behindert es die Fußgänger; das Auto selbst ist dann gefährlich durch seine spezielle Lage im Raum.

Zum anderen ist die Sache im Zustand gefährlich, wenn die Gefahr bei der *bestimmungsgemäßen* Benutzung der Sache auftritt.

Beispiel: Die Reifen des geparkten Autos haben nicht mehr ausreichend Profil (würde es bestimmungsgemäß gefahren, droht ein Unfall); Kampfmesser (ist – wie der Name schon sagt – bestimmungsgemäß zum Kämpfen da).

Waffen und insbesondere verbotene Waffen i. S. d. § 2 Abs. 3 WaffG i. V. m. Anl. 2 Abschn. 2 zum WaffG sind immer im Zustand gefährlich. Der Zustandsverantwortliche haftet in Grenzen auch für Naturereignisse.[76] Nicht genügt es, dass eine Sache, die in der Ruhelage und beim bestimmungsgemäßen (!) Gebrauch keine Gefahr auslöst, sondern erst durch Zweckmissbrauch Dritter gefährlich wird. Das würde den Verantwortungskreis ins Unermessliche weit ziehen.

Beispiel: Einstechen auf eine Person mit dem Küchenmesser eines Dritten; Werfen mit einem Ziegelstein einer nahe gelegenen Baustelle. – Hier sind die Eigentümer der Sachen nicht verantwortlich, weil nur ihre potenziell nicht gefährlichen Sachen zweckentfremdet worden sind.

Zustandsverantwortlich wird man aber nicht schon deshalb, weil man keine Vorkehrungen zum Schutze seiner Sache dagegen trifft, dass Dritte diese gefährden, z. B. bei der Gefahr terroristischer Anschläge, es sei denn, man verstößt damit gleichzeitig gegen Vorschriften, die eine Eigensicherung vorschreiben.[77]

2. Inhaber der tatsächlichen Sachgewalt

20 Zugerechnet wird die von einer Sache ausgehende Gefahr nach § 5 Abs. 1 POG dem **Inhaber der tatsächlichen Gewalt** über eine Sache.[78] Wenn es um Bodenverunreinigungen geht, ist § 4 Abs. 3 S. 1 BBodSchG spezieller. Wer einen besonderen Zugriff auf eine Sache oder ein Tier hat, muss sich gefallen lassen, dass er deswegen auch zur Verantwortung gezogen wird, wenn trotz dieser Zugriffsmöglichkeit eine Gefahr entsteht.[79] Im Interesse effektiven polizeilichen Handelns ist es sinnvoll, gegenüber demjenigen einschreiten zu können, der die gefährliche Sache tatsächlich innehat. Dabei müssen die Ordnungskräfte nicht erst ermitteln, ob der tatsächliche Inhaber auch rechtlich befugter Inhaber der Sache ist. Der Begriff des Inhabers der tatsächlichen Gewalt ist nahezu deckungsgleich mit dem „*Besitz*" i. S. d. § 3 Abs. 9 KrWG. Die Sachherrschaft muss gegenüber anderen Personen in irgendeiner Weise qualifizierter sein (z. B. durch Nähe, Einfluss, Akzeptanz Dritter). Anders als beim privatrechtlichen „*Besitzer*" i. S. d. § 854 BGB kommt es aber nicht auf subjektive Elemente an. Ob der Betroffene Besitzwillen hat oder nicht oder ob er überhaupt

---

74 Habermehl Rn 188; Lisken / Denninger / Rachor D Rn 107.
75 Zur Zustandsverantwortlichkeit des Eigentümers eines vom Brand betroffenen Grundstücks OVG Frankfurt / O. v. 3.4.2003 - 4 B 291/02, NVwZ-RR 2003, 496.
76 BVerfG v. 6.2.2000 - 1 BvR 242/91 und - 1 BvR 315/99, NJW 2000, 2573; OVG Koblenz v. 1.10.1997 - 11 A 12542/96, NJW 1998, 625.
77 BVerfG v. 26.1.2006 – 1 BvQ 3/06, DVBl 1986, 369; Lisken / Denninger / Rachor D Rn 109.
78 Vgl. Gusy Rn 350; Rühle / Suhr § 5, 2; auch ein Insolvenzverwalter BVerwG NVwZ 2004, 1505.
79 OVG Schleswig v. 31.1.2002 - 4 L 107/01: Stadt ist Inhaber der tatsächlichen Gewalt ihres Hafens.

E. Die Adressaten

Kenntnis von seinem Besitz hat, ist völlig irrelevant. Deshalb ist für die Inhaberschaft der tatsächlichen Sachgewalt als rein tatsächlichem Vorgang nur die natürliche Willensfähigkeit (Bewusstsein, Gewalt zu erlangen), nicht aber Geschäftsfähigkeit notwendig; folglich ist es für die Verantwortlichkeit auch völlig gleichgültig, ob dem Betreffenden die tatsächliche Gewalt aufgedrängt wurde oder ob er sie freiwillig erworben hat.

Beispiel: Auch derjenige, der nicht weiß, dass jemand Kokain in seinem Wagen versteckt hat, muss als Zustandsverantwortlicher die Durchsuchung dulden.

Auch derjenige ist Inhaber der tatsächlichen Gewalt, der nach § 855 BGB nicht Besitzer, sondern nur Besitzdiener wäre (z. B. der Fahrer eines Firmenfahrzeugs). Umgekehrt wird der Erbe nach § 857 BGB mit dem Erbfall zwar Besitzer, soweit das auch der Erblasser war, aber dadurch alleine noch nicht Inhaber der tatsächlichen Gewalt.

Die tatsächliche Gewalt ist eine gegenüber anderen besondere Beziehung von gewisser Dauer und Festigkeit zu der Sache bzw. dem Tier. Dabei sind die Voraussetzungen beim Erwerb der Gewalt enger zu ziehen als bei ihrer Fortdauer. So reicht beim Erwerb der Gewalt eine vorübergehende, flüchtige Berührung der Sache nicht. Dagegen dauert eine einmal begründete Gewalt grundsätzlich auch dann noch fort, wenn z. B. eine Sache vorübergehend in eigene Räume verlegt ist, ein zahmes Tier frei herumläuft oder bei kurzfristiger Abwesenheit von einer Sache. Auch steht der tatsächlichen Gewalt nicht entgegen, dass die Sache oder das Tier nur mangelhaft beherrscht wird, denn häufig wird das gerade die Ursache der abzuwehrenden Gefahr sein. Ebenso wenig steht der Annahme tatsächlicher Gewalt entgegen, dass ein anderer ebenfalls solche ausübt, solange sich nicht beides gegenseitig ausschließt. Die tatsächliche Gewalt geht erst dann verloren, wenn dieses Herrschaftsverhältnis nicht nur vorübergehend beendet wird, sei es freiwillig oder unfreiwillig. Die tatsächliche Gewalt endet deshalb z. B. mit der Weitergabe des Besitzes, mit dem Verlieren der Sache außerhalb der eigenen Wohnung oder wenn ein Tier endgültig aufgehört hat zurückzukehren. Die tatsächliche Gewalt braucht nicht rechtmäßig zu sein. Auch derjenige, der die Sache gestohlen, unterschlagen oder rechtswidrig in Benutzung hat (z. B. nach § 248b StGB), ist Inhaber der tatsächlichen Gewalt.

Beispiel: Der Dieb eines Hundes ist für das Tier verantwortlich, solange er die tatsächliche Sachherrschaft über das Tier ausüben kann. Ob ihm das Tier gehorcht und der Dieb die Sachherrschaft insoweit auch tatsächlich ausübt, ist unerheblich. Entscheidend ist, dass das Tier seiner Einflusssphäre zugeordnet ist.

Bei Grundstücken ist zu beachten, dass von einer qualifizierten Sachherrschaft nur gesprochen werden kann, wenn das Grundstück gegen unbefugte Einwirkung durch Zäune, Tor o. Ä. geschützt und nicht frei oder nur erschwert zugänglich ist. Es genügt auch, dass das Grundstück wegen seiner Lage (z. B. direkt neben dem Wohnhaus) oder seiner Einsehbarkeit für Unbefugte nicht zugänglich ist, ohne aufzufallen. Allerdings nur Eigentümer eines irgendwo im Außenbereich gelegenen Grundstücks zu sein, das ja nach § 35 Abs. 3 Nr. 5 BauGB grundsätzlich nicht einmal eingezäunt werden darf, genügt nicht. Sachen, die durch Dritte auf nicht eingezäunte landwirtschaftlich genutzte Grundstücke gelangen, machen dessen Eigentümer weder zum Eigentümer dieser Sachen noch zu deren Inhaber der tatsächlichen Gewalt.[80]

Beispiel: Eine GmbH betreibt eine Schleuse und Schiffsanlegestelle. Das Gelände ist nicht eingezäunt. Dort ist ein Schild aufgestellt: *„Benutzen des Betriebsgeländes verboten, ausgenom-*

---
80 Lisken / Denninger / Rachor D Rn 114.

men Schifffahrtsbetreibende, Ausrüster, Radfahrer und Fußgänger auf eigene Gefahr." Die GmbH soll für Ablagerungen auf diesem Gelände als Verantwortliche herangezogen werden.[81] – Die GmbH ist nicht Inhaberin der tatsächlichen Gewalt, da nahezu jeder gleichen Zugang hatte. Das ist vor allem im Abfallrecht bedeutsam, da dort nicht der Eigentümer alleine als solcher herangezogen werden kann.[82]

21 Eine Besonderheit besteht bei **Insolvenzverwaltern**. Er handelt als Amtswalter im eigenen Namen und für Rechnung der Masse. Der Insolvenzverwalter erfüllt also eine persönliche Pflicht nach § 55 Abs. 1 Nr. 1 Insolvenzordnung.[83] Damit kommt er grundsätzlich als Verantwortlicher in Betracht, wenn er selbst die Voraussetzungen der Verantwortlichkeit in seiner Person erfüllt.[84] Solange er als Insolvenzverwalter die Verfügungsgewalt über eine Sache hat, ist er als Inhaber der tatsächlichen Gewalt und als Berechtigter Zustandsverantwortlicher. Allerdings mit Ausnahme des in § 4 Abs. 3 S. 4 1. Hs. BBodSchG genannten Falles[85] führt die Freigabe der Sache durch den Insolvenzverwalter dazu, dass die Verantwortlichkeit von ihm auf den Schuldner des Insolvenzverfahrens zurückgeht, auch wenn die Freigabe erst nach der Ordnungsverfügung erfolgt.[86] Allerdings darf er dann aber auch keine Sachherrschaft mehr besitzen (z. B. bleibt er verantwortlich, wenn er zwar Abfälle freigibt, aber weiterhin Betreiber des Betriebes bleibt, auf dessen Gelände die Abfälle lagern)[87]. Hat der Insolvenzverwalter allerdings z. B. einen nach dem BImSchG zu regelnden Betrieb fortgeführt, kommt er als Verhaltensverantwortlicher in Betracht.[88] Eine solche Fortführung setzt allerdings voraus, dass der Insolvenzverwalter verfügungsbefugt war und den ursprünglichen Betriebszweck fortsetzt, also wirtschaftlich nutzt.[89]

3. Berechtigter an der Sache oder dem Tier

22 Während § 5 Abs. 1 POG an die tatsächliche Beziehung zur Sache oder zum Tier anknüpft, leitet § 5 Abs. 2 POG die Verantwortlichkeit aus der rechtlichen Beziehung dazu ab. Denn wer rechtlich auf eine Sache oder ein Tier einwirken kann, trägt dadurch bereits grundsätzlich eine Verantwortung. Das ist der Fall, wenn der Betroffene an der Sache irgendeine Berechtigung hat, wobei das Eigentum nur ein Unterfall davon ist. Was Eigentum ist, richtet sich nach den allgemeinen Regeln.[90] **Eigentümer** ist deshalb nur derjenige, der i. S. d. § 903 BGB mit der Sache (im Rahmen des Gesetzes und Rechte Dritter) nach Belieben verfahren und andere von Einwirkungen ausschließen kann, also z. B. nicht der Erbbauberechtigte.[91] Eigentum am Grundstück bzw. sein Verlust setzt Auflassung und Eintragung voraus.[92] **Sonstige Berechtigungen** können sich aus Miete, Pacht, Erbbaurecht, Leasing, Leihe, Auftrag,

---

81 OVG Lüneburg v. 20.12.2001 - 7 L 5659/98, DVBl 2002, 472 (Ls.).
82 OVG Münster v. 13.6.2006 - 13 A 632/04, DÖV 2006, 968.
83 BVerwG v. 23.9.2004 - 7 C 22.03, NVwZ 2004, 1505; BGH v. 5.7.2001 - IX ZR 327/99, NJW 2001, 2966; dagegen will Schmidt NJW 2010, 1493 alleine auf die ursprüngliche Ordnungspflicht der insolventen Gesellschaft abstellen.
84 OVG Berlin v. 10.11.2009 - 11 N 30.07, NVwZ 2010, 594; VGH München v. 4.5.2005 - 22 B 99.2208, NVwZ-RR 2006, 537.
85 Zum BBodSchG BVerwG v. 26.4.2006 - 7 C 15.05, NVwZ 2006, 1067.
86 BVerwG v. 23.9.2004 - 7 C 22.03, NVwZ 2004, 1505; OVG Lüneburg v. 3.12.2009 - 7 ME 55/09, NJW 2010, 1546.
87 VGH München v. 4.5.2005 - 22 B 99.2208, NVwZ-RR 2006, 537.
88 BVerwG v. 13.12.2007 - 7 C 40.07, NVwZ 2008, 583.
89 VGH Kassel v. 4.11.2009 - 2 StR 347/09, NStZ-RR 2010, 77.
90 VGH Mannheim v. 30.4.1996 - 10 S 2163/95, NVwZ-RR 1997, 267.
91 VGH Mannheim v. 15.5.1997 - 8 S 272/97, NJW 1998, 624.
92 VGH Mannheim v. 30.4.1996 - 10 S 2163/95, NVwZ-RR 1997, 267.

Pfandrechten, Sicherungsrechten usw. ergeben. Der Inhaber der tatsächlichen Gewalt ist immer Berechtigter, es sei denn, er hat die Sache oder das Tier gestohlen, unterschlagen oder unrechtmäßig im Gebrauch. Innerer Anknüpfungspunkt für die Zustandshaftung des Eigentümers ist nicht die formale Rechtsposition als solche, sondern die regelmäßig mit ihr verbundene Verfügungsmacht, d.h. die rechtliche und tatsächliche Möglichkeit auf die die Gefahr verursachende Sache Erfolg versprechend einzuwirken.[93]

Beispiel: Die Eigentümer eines Mietshauses sind verpflichtet, die vermüllte Wohnung ihrer („Messie"-) Mieter unverzüglich zu reinigen, zu entwesen und zu entrümpeln, um den unhygienischen Zustand der Wohnung und die daraus resultierenden Gesundheitsgefahren (verursacht etwa durch Fliegen oder Maden) zu bekämpfen.[94]

Nur für den Fall, das der Berechtigte keinerlei Einfluss auf die Sache mehr hat, weil ein anderer die Berechtigung dem Grunde nach nicht akzeptiert, entfällt nach § 5 Abs. 2 S. 2 POG die Verantwortlichkeit. Das setzt aber voraus, dass der Inhaber der tatsächlichen Gewalt die Sache oder das Tier gestohlen oder unterschlagen hat oder es ohne grundsätzliche Zustimmung des Berechtigten benutzt. Es genügt nicht, dass er es nur anders benutzt als abgesprochen.

Beispiel: Der Eigentümer stellt über Nacht seinen vollgetankten LKW ordnungsgemäß auf einem Parkplatz ab. In der Nacht brechen Diebe den Tank auf, um an den Dieselkraftstoff heranzukommen. Dabei übersahen sie, dass ein Teil des Kraftstoffes an den Kanistern vorbei ins Erdreich gesickert ist. Der Eigentümer benachrichtigt am nächsten Morgen die Polizei, die aber die Täter nicht ausfindig machen kann. Die zuständige Ordnungsbehörde sendet ihm später einen Kostenbescheid über die Sanierung des Bodens zu, da eine Beeinträchtigung des Grundwassers gedroht habe. – Der Eigentümer ist nach § 5 Abs. 2 S. 2 POG nicht verantwortlich. Als die Täter den Kraftstoff abtankten, waren diese und nicht er Inhaber der tatsächlichen Gewalt. Das war er zwar wieder am nächsten Morgen, aber zu diesem Zeitpunkt ging keine Gefahr mehr vom Zustand des Lastwagens aus.[95]

Weiterhin gilt der Ausschluss der Verantwortlichkeit nur so lange, als auch die Sache entzogen wird. Danach (wenn z. B. das Fahrzeug abgestellt, die Sache abgelegt oder das Tier freigelassen wird) fällt dem ursprünglich Berechtigten die Verantwortlichkeit ohne neuen Begründungakt wieder zu, sobald er wieder auf die Sache rechtlich einwirken kann.[96]

Beispiel: Der Dieb lässt das Fahrzeug nach einer Spritztour vor der Ausfahrt eines Krankenhauses stehen. Für den gefährlichen Zustand des Fahrzeugs, das durch seine Lage die öffentliche Einrichtung Krankenhaus sowie die für Patienten lebenswichtige Zu- und Abfahrt des Krankenhauses beeinträchtigt, ist der Eigentümer ab Wiederauffinden seines PKW nach § 5 Abs. 2 POG verantwortlich. – Der Dieb kann nur noch aus Verhalten verantwortlich gemacht werden. Seine Zustandsverantwortlichkeit für den PKW nach § 5 Abs. 1 POG bestand nur für die Dauer seiner Sachherrschaft über den PKW und ist seit der Aufgabe des PKW beendet.

4. Aufgabe des Eigentums an einer Sache oder einem Tier

Überträgt der Eigentümer sein Eigentum auf eine andere Person (z. B. Verkauf, Schenkung), erlischt insoweit auch seine Verantwortlichkeit. Gibt er aber sein Eigen- **23**

---

93 OLG Dresden v. 19.2.2003 - 6 U 1522/02, NJ 2003, 376 = LKV 2003, 583 = VersR 2003, 1538; darum ist der Eigentümer eines Grundstücks nicht zustandsverantwortlich für einen darunter liegenden instabilen Stollen, VGH Mannheim v. 25.10.2012 - 1 S 1401/11, DVBl. 2013, 119, wohl aber für eine darauf befindliche Fliegerbombe, OVG Münster v. 6.6.1997 - 9 A 5899/95, NWVBl. 1998, 65.
94 VG Arnsberg v. 9.5.2008 - 3 L 336/08, NZM 2008, 814.
95 OVG Lüneburg v. 7.7.2016 – 13 LA 67/16.
96 Habermehl Rn 190.

tum schlicht auf, so dass kein neuer Eigentümer an seine Stelle tritt (**Dereliktion**), die Sache also **herrenlos** (d.h. ohne Eigentümer) bleibt, verhindert § 5 Abs. 3 POG die Flucht aus der Verantwortlichkeit. Eine solche Dereliktion geschieht bei beweglichen Sachen und bei Tieren dadurch, dass der Eigentümer in der Absicht, auf das Eigentum zu verzichten, den Besitz an der Sache aufgibt (§ 959 BGB); bei Grundstücken muss der Eigentümer den Verzicht gegenüber dem Grundbuchamt erklären, und dieses muss den Verzicht im Grundbuch eintragen (§ 928 Abs. 1 BGB).

Beispiel: E ist Eigentümer eines Grundstückes, auf dem ein Felsen steht, der Steinschläge verursacht. Der Felsen müsste aufwendig saniert werden. Um das zu vermeiden, erklärt E gegenüber dem Grundbuchamt den Verzicht auf das Eigentum am Grundstück. – Dieser Verzicht nutzt E hier nichts, da er nach § 5 Abs. 3 POG weiterhin Zustandsverantwortlicher bleibt.

Große praktische Bedeutung hat die Vorschrift nicht. Auch ohne § 5 Abs. 3 POG wird weitgehend angenommen, dass die Dereliktion sittenwidrig und daher unbeachtlich ist, wenn ihr einziger Zweck derjenige ist, die Allgemeinheit mit Entsorgungskosten zu belasten.[97] Zudem ist häufig das Aufgeben des Eigentums ein Verhalten i. S. d. § 4 Abs. 1 POG, wodurch zumindest insofern eine Verantwortlichkeit besteht.

Beispiel: Wird der Hund auf der Autobahn ausgesetzt, liegt darin zwar auch eine Eigentumsaufgabe mit anschließender Herrenlosigkeit i. S. d. § 5 Abs. 3 POG; gleichzeitig ist die Eigentumsaufgabe aber auch die letzte Ursache i. S. d. § 4 Abs. 1 POG für das Entstehen der Gefahr.

Weiterhin ist eine Dereliktion, die *nach* der betreffenden Ordnungsverfügung vorgenommen wird, ohnehin nicht mehr relevant (siehe auch oben Rn E 19 a. E.).[98]

Beispiel: V verkauft und übereignet ein kleines Schiff an K. Dieses liegt an einem Stausee etwa 200 km entfernt von K. Bevor K das Schiff in unmittelbaren Besitz nehmen kann, sinkt das Boot infolge eines Sturms. Um die hohen Bergungskosten zu sparen, gibt K das Eigentum am Schiff auf. – Hätte hier K vor der Eigentumsaufgabe bereits eine Ordnungsverfügung erhalten, das Schiff zu bergen, würde das an der Anwendbarkeit des § 5 **Abs. 2** S. 2 POG nichts mehr ändern, da es auf den Zeitpunkt der Verfügung ankommt. Käme die Ordnungsverfügung erst danach, wäre K nach § 5 **Abs. 3** POG verantwortlich.

Und schließlich werden die wichtigsten Fälle von den Umweltgesetzen geregelt, insbesondere durch 16 Abs. 1 LKrWG und das KrWG.[99] Allerdings ist strittig, ob man diese Regelung nicht auch auf die Fälle ausdehnen muss, in denen der Eigentümer die Sache oder das Tier an eine vermögenslose Person weiterveräußert.[100]

5. Opfergedanke

24 Soweit Grundstücke durch Fremdeinwirkung in einen gefährlichen Zustand gebracht worden sind und sich der Grundstückseigentümer selbst in einer Opferrolle befindet, fragt es sich, ob die Zustandshaftung des Eigentümers aus § 5 POG bzw. § 4 Abs. 3 S. 1 BBodSchG einzuschränken ist.

Beispiel: Eigentümer hat ein vor Jahren verseuchtes Grundstück erworben; durch einen Schiffs-, Fahrzeug- oder Flugzeugkatastrophe wird das Erdreich mit Öl verseucht; durch Un-

---

97 BVerwG v. 11.4.2003 - 7 B 141.02, NJW 2003, 2250.
98 OVG Bremen v. 16.8.1988 - 1 BA 25/88, DÖV 1989, 16; VGH Mannheim v. 30.4.1996 - 10 S 2163/95, NVwZ-RR 1997, 267.
99 Vgl. Rühle / Suhr § 5, 4.
100 Dagegen zunächst VGH Mannheim v. 4.8.1995 - 10 S 828/95, NVwZ 1996, 1036; später dafür VGH Mannheim v. 20.1.1998 - 10 S 233/97, VBlBW 1998, 312.

E. Die Adressaten

wetter gelangt ein Hang ins Rutschen. – Wer trägt in diesen Fällen die im Vergleich zum Grundstückswert enorm hohen Kosten der Gefahrenabwehr? Teilweise wurde dazu vertreten, dass es sich aus Art. 14 Abs. 2 GG nicht rechtfertigen lasse, dem Eigentümer die Zustandsverantwortlichkeit auch dann aufzubürden, wenn sie aus Gefahrenereignissen folge, die spezifisch der Allgemeinheit zugerechnet werden müssten.[101] Demgegenüber vertrat die früher herrschende Meinung die Ansicht, der Eigentümer oder tatsächliche Inhaber habe die Nutzung der Sache mit ihren wirtschaftlichen Vorteilen, darum müssten sie auch die Nachteile tragen, wenn das Grundstück die Gefahrengrenze überschreite.[102] Eine Ausnahme von diesem Grundsatz sei allenfalls denkbar, wenn die Inanspruchnahme den wirtschaftlichen Wert des Eigentums übersteigen oder zumindest aushöhlen würde. Das BVerwG erwog eine Einschränkung der Zustandsverantwortlichkeit des Eigentümers für solche Fälle, in denen die Übernahme der vollen Kostenlast für den Eigentümer als Zustandsverantwortlichen enteignenden Charakter hätte.[103] Das Bundesverfassungsgericht[104] hat in einer Entscheidung über Sanierungsmaßnahmen nach dem BBodSchG klargestellt, dass es der Grundsatz der Verhältnismäßigkeit erfordere, im Hinblick auf Art. 14 Abs. 1 S. 2 GG den finanziellen Sanierungsaufwand zu dem Verkehrswert des Grundstücks in Relation zu setzen. Im Regelfall bilde der Verkehrswert die Obergrenze der Kostentragung, weil ab dort der privatnützige Gebrauch des Grundstücks wegfällt. Diese Grenze könne sogar niedriger sein, wenn die Gefahr durch Naturereignisse, Eingriffe nicht berechtigter Dritter, Kriege oder anderer der Allgemeinheit zuzurechnender Faktoren verursacht sei. Sie kann auch deshalb niedriger sein, weil die Vorteile des Grundstücks den wesentlichen Teil des Vermögens des Eigentümers bilden und Grundlage seiner privaten und familiären Lebensführung ist. Umgekehrt könne die Grenze aber auch höher liegen, wenn der Eigentümer die Gefahr bewusst in Kauf nimmt (z. B. weil er die Belastung des Grundstücks bei Erwerb gekannt hatte) oder die Risiken fahrlässig nicht gekannt hat.[105] Auf jeden Fall sei die Zumutbarkeitsgrenze aber überschritten, wenn der Zustandsverantwortliche mit Vermögen einstehen müsste, das in keinem rechtlichen oder wirtschaftlichen Zusammenhang mit dem sanierungsbedürftigen Grundstück mehr steht.

Ein enteignender Charakter liegt sicherlich auch dann nicht vor, wenn der Betroffene die Gefahr durch Versicherungen hätte abdecken können oder die Gefahr gerade Folge einer zielgerichteten gezogenen Nutzung ist.

Beispiel: Die Aufwendungen für die Sicherung eines Felsüberhangs zum Schutz der darunter liegenden Hausgrundstücke sind dem Eigentümer des Felsgrundstücks uneingeschränkt zumutbar, wenn er bzw. sein Rechtsvorgänger den unter dem Felsen wohnenden Hauseigentümern eben die jetzt bedrohten Grundstücke verkauft hatte.[106]

---

101 OVG Koblenz v. 1.10.1997 - 11 A 12542/96, NJW 1998, 625; Pietzcker DVBl 1984, 463; Breuer JuS 1986, 363; Papier JurA 1989, 505 (509); Schinck VerwArch. 82 (1991), 378; Lisken / Denninger / Rachor D Rn 119.
102 VGH Mannheim v. 30.4.1996 - 10 S 2163/95, NVwZ-RR 1997, 267, VGH München v. 13.5.1986 - 20 CS 86.338, NVwZ 1986, 942 m. w. N.; VGH Mannheim 11.10.1985 - 5 S 1738/85, NVwZ 1986, 325und v 14.12.1989 - 1 S 2719/89, NVwZ 1990, 781; OVG Koblenz NVwZ 1992, 500; Drews/Wacke/Vogel/Martens, S. 320.
103 BVerwG v. 14.12.1990 - 7 B 134.90, NVwZ 1991, 475; BVerwG v. 14.11.1996 - 4 B 205.96, NVwZ 1997, 577.
104 BVerfG v. 16.2.2000 - 1 BvR 242/91 und 1 BvR 315/99, NJW 2000, 2573; Finger NVwZ 2011, 1288.
105 S. hierzu auch Mohr NVwZ 2003, 686.
106 OVG Koblenz 1.10.1997 - 11 A 12542/96, NJW 1998, 625.

IV. Anschein und Verdacht

1. Anscheinsverantwortlichkeit

25 Anscheinsverantwortliche stehen den Verantwortlichen gleich und zwar sowohl für die Gefahrenabwehrmaßnahme als auch für eine spätere Kostenpflicht[107]. **Anscheinsverantwortlicher**[108] ist, wer für die Polizei oder Ordnungsbehörde **dem Anschein nach** eine **Gefahr verursacht** hat. Es genügt dagegen nicht, dass jemand bei der Polizei oder Ordnungsbehörde nur den Anschein verursacht hat, es läge überhaupt eine Gefahr vor. Der Anschein bezieht sich also auf die Verursachung, nicht auf die Gefahr. Der Anschein, eine Gefahr verursacht zu haben, kann auf zweierlei Weise entstehen. Die eine ist, obwohl tatsächlich **gar keine Gefahrenlage** besteht, sieht es aber so aus, dass eine bestimmte Person eine solche verursacht hätte.[109]

Beispiel: E ist Eigentümer eines 3 Monate alten Löwen, den er F zur Aufbewahrung gibt. In dem Alter haben Löwen noch keine besondere Gefährlichkeit. F geht eines Morgens mit diesem Tier spazieren. Passanten teilen der Polizei mit, dass „ein Löwe" herumlaufe. Die Polizei schwärmt mit mehreren Streifenwagen aus, findet den Löwen aber nicht, weil F mit diesem schon wieder zu Hause ist. Als F die Meldung im Radio hört, meldet er sich bei der Polizei.[110] – Das Verhalten des F begründet für die Polizei noch keinen Anschein einer Gefahr. Dieser Anschein entsteht erst durch die Mitteilungen der Passanten. Aber nur den Anschein einer Gefahr zu verursachen, macht die Passanten noch nicht zu Anscheinsverantwortlichen. Nachdem nun aber der Anschein einer Gefahr entstanden ist, hat F dem Anschein nach eine Gefahr verursacht. Er ist Anscheinsverantwortlicher.[111]

Die andere ist, es liegt tatsächlich eine Gefahr vor, die hat **ein Dritter verursacht**, aber es besteht der Eindruck, als sei der Betreffende der Verursacher.[112]

Beispiel: Aufgrund von Messungen steht fest, dass in das Grundwasser gefährliche Stoffe eingedrungen sind. Die zuständige Behörde geht ohne Schuld davon aus, dass diese Stoffe nur aus dem Betrieb des C kommen können, weil dieser mit diesen Stoffen unsachgemäß hantiert hat. Sie gibt ihm bestimmte Abwehrmaßnahmen auf. Später stellt sie fest, dass der Betrieb des B hierfür verantwortlich war. C wurde als Anscheinsverantwortlicher herangezogen, denn sein unsachgemäßer Umgang mit den Stoffen war die letzte Ursache für die irrtümliche Annahme der Ordnungsbehörde, er sei Verantwortlicher.

Anscheinsverantwortlicher kann nur sein, wer Verantwortlicher wäre, wenn die Gefahr tatsächlich bestünde. Er müsste also, wenn die Gefahr tatsächlich bestanden hätte, Letztverursacher oder Zweckveranlasser gewesen sein.[113]

Beispiele: Der Wohnungseigentümer W verreist und hat vorher seine Wohnung mit Zeitschaltuhren versehen. Das An- und Ausgehen der Lichter veranlasst die nicht informierten Nachbarn, die Polizei zu rufen, die in die Wohnung, in der sie Einbrecher vermutet, eindringt.[114] – Hätte hier die Gefahr (Einbruch) tatsächlich bestanden, wäre nicht W, sondern der Einbrecher verantwortlich gewesen. W erweckte also gar nicht den Eindruck, er könne eine Gefahr verursacht haben. Damit ist er kein Anscheinsverantwortlicher. –

---

107 Vgl. hierzu Rn K 6.
108 Pieroth / Schlink / Kniesel § 9 Rn 21. Der Begriff ist umstritten; vgl. dazu Schenke Rn 256 ff., der auf diesen Begriff eher verzichten würde.
109 Pieroth / Schlink / Kniesel § 9 Rn 21.
110 OVG Hamburg 24.9.1985 - Bf VI 3/85, NJW 1986, 2005.
111 Vgl. den entsprechenden Fall bei Pieroth / Schlink / Kniesel § 9 Rn 22.
112 Schenke Rn 259; Pieroth / Schlink / Kniesel § 9 Rn 21.
113 OLG Köln v. 26.1.1995 - 7 U 146/94, NJW-RR 1996, 860; VG Berlin v. 28.11.1990 - 1 A 154/89, NJW 1991, 2854.
114 OLG Köln a. a. O.

E. Die Adressaten

In der Gemeinde G bestimmt eine Gefahrenabwehrverordnung i. S. d. § 13b TierSchG, dass dort gehaltenen Katzen, die unkontrollierten freien Auslauf haben können, zu kennzeichnen sind. E ist dort Eigentümer einer Katze, die aber im Hause seines Sohnes S vom Sohn gehalten wird. Bei Kontrollen war dort die Katze wiederholt nicht anzutreffen, weshalb die Verbandsgemeindeverwaltung[115] annimmt, dass das Tier unkontrolliert frei herumläuft. Die Behörde fordert nun E dazu auf, seine Katze zu kennzeichnen. Später kann E nachweisen, dass S die Katze nur häufiger einschließt, tatsächlich aber die Katze das Grundstück nie verlässt und somit nicht unter die Verordnung fällt. – Hier besteht für das Tier der Anschein, dass es nicht wie vorgeschrieben gekennzeichnet ist. Da es damit gegen Vorschriften verstoßen würde, besteht i. S. d. Ordnungsrecht eine Anscheinsgefahr. Würde es sich tatsächlich um eine Gefahr handeln (die Katze also tatsächlich herumstreunen), wäre E nach § 5 Abs. 2 S. 1 POG verantwortlich. Er erweckt also den Eindruck, eine Gefahr verursacht zu haben und ist Anscheinsverantwortlicher.

Sofern die Gefahr oder die Verantwortlichkeit für diese durch Fahrlässigkeit der Ordnungskräfte angenommen wurde, liegt nur eine **Scheinverantwortlichkeit** vor (vgl. hierzu Rn D 16). Diese ist eine Form der Nichtverantwortlichkeit.[116] Darauf gestützte Maßnahmen sind immer rechtswidrig.

Die Frage der Verantwortlichkeit muss auf **Primärebene** (Gefahrenbeseitigung) und **Sekundärebene** (Kostenersatz)[117] **getrennt** geprüft werden.[118] So kann es sein, dass jemand aufgrund eines Anscheins zu Recht als Verantwortlicher zur Gefahrenbeseitigung herangezogen wird, ein anderer aber später zu den Kosten, weil sich inzwischen herausgestellt hat, dass tatsächlich die Störung von diesem ausging.[119]

2. Verdachtsverantwortlichkeit

Im Gegensatz zur Anscheinsgefahr bestehen beim **Gefahrverdacht** (vgl. hierzu Rn D 18) Bedenken, ob tatsächlich eine Gefahr vorliegt. Die Ordnungskräfte sind noch nicht vom Vorliegen einer Gefahr überzeugt und wollen gerade deshalb weitere Ermittlungen zur Aufklärung des Verdachts vornehmen. Dazu erlassen sie aufgrund der jeweiligen Ermächtigungsgrundlagen vorläufige Verwaltungsakte, mit denen die Ordnungskräfte es sich selbst ermöglichen, im Rahmen des Untersuchungsgrundsatzes (§ 24 VwVfG) den Sachverhalt weiter aufzuklären. Dabei ist es nicht immer so, wie oft behauptet, dass nur Duldungspflichten auferlegt werden können. Wenn die Untersuchung durch die Ordnungskräfte nicht anders möglich ist, kann auch in engen Grenzen ein Tun verlangt werden (z. B. den Platz zu verlassen). Diese Verwaltungsakte richten sie dann gegen diejenigen, die Verantwortliche wären, wenn der Verdacht sich bestätigen würde. Zweifelhaft ist dabei, ob der Gefahrverdächtigte wirklich ein Verantwortlicher ist.[120]

Beispiel: Wenn im vorigen Fall noch nicht feststünde, ob Stoffe in das Grundwasser gelangt sind, aber zerborstene Leitungen und fehlende Bestände des Stoffes festgestellt worden wären

26

---

115 Vgl. Landesverordnung zur Übertragung der Ermächtigung und über die Zuständigkeit nach § 13 b TierSchG v. 2.7.2015 (GVBl. S. 171).
116 Schenke Rn 251.
117 Vgl. Rn B 1.
118 VGH Mannheim v. 24.1.2012 - 10 S 1476/11, NVwZ-RR 2012, 387; BGH v. 23.6.1994 - III ZR 54/93, NJW 1994, 2355.
119 OVG Münster v. 16.3.1993 - 5 A 496/ 92, NJW 1993, 2698; s. dazu Rn J 42.
120 Verneinend Pieroth / Schlink / Kniesel § 9 Rn 24.

(Gefahrenverdacht), wäre der Betreiber des Grundstücks mit den Unregelmäßigkeiten Gefahrverdächtigter (vgl. auch § 94 Abs. 1 S. 2 LWasserG).

Zumindest für die Kosten muss ein Gefahrverdächtiger, der sich später als nicht verantwortlich für die richtiger- oder fälschlicherweise angenommene Gefahr erweist und diesen Verdacht auch nicht zu vertreten hat, als Nichtverantwortlicher behandelt werden.[121]

V. Latenter Verursacher

27 Problematisch wird die Bestimmung der Verantwortlichkeit, wenn **zwei Ursachenketten** erst durch ihr Aufeinandertreffen und alleine deswegen die Gefahr verursachen, ohne dass wie beim Zweckveranlasser die eine Ursache auf die andere bezogen ist (vgl. hierzu auch Rn D 19).[122] Eine ursprünglich ungefährliche Sache mit **erhöhtem Gefährdungspotential** überschreitet durch Hinzutreten weiterer Einzelheiten oder absehbare Veränderungen die Gefahrenschwelle, und die in einer Sache angelegte Gefährlichkeit aktualisiert sich.[123] Diese Problematik tritt meistens im Bereich der Zustandsverantwortlichkeit auf, ist aber auch im Bereich der Verhaltensverantwortlichkeit denkbar.[124]

Beispiel: Ein Haus wird abgerissen, wodurch der verunstaltende Giebel des Nachbarhauses (latente Gefahr für das Ortsbild) sichtbar wird.[125] – Die (latent den Straßenverkehr gefährdende) Hecke an der Straßenkreuzung wächst zu einem Verkehrshindernis.[126] – Der (latent immissionsgefährliche) Schweinemastbetrieb beeinträchtigt die herannahende Wohnbebauung.[127] – Die (latent gefährlichen) Kühltürme eines Kraftwerks führen bei bestimmten Wetterlagen zur Glatteisbildung auf der vorbeiführenden Straße.[128]– Ein nachträglich errichtetes Wasserwerk neben bereits bestehenden Friedhöfen gefährdet (latent) die Wasserqualität.[129]

Da nur eine Ursachenkette maßgeblich sein kann, muss entschieden werden, in welcher die Gefahr ursprünglich (latent) angelegt war. Das kann letztlich nur durch Wertung geschehen, was in der Praxis zu gewissen Unsicherheiten führt.[130] Die Rechtsprechung hierzu ist nicht immer einheitlich. Mangels wirklich klarer Regeln hat sich dieses Konstrukt letztlich als wenig hilfreich und eigentlich überflüssig erwiesen, weshalb man auch kaum noch darauf zurückgreift.[131]

VI. Rechtsnachfolge in polizeirechtliche Verantwortlichkeit

28 Wechseln die tatsächlichen Verhältnisse, stellt sich die Frage, ob Ordnungspflichten überhaupt übergehen können.[132] Heute wird zumindest überwiegend angenommen,

---

121 OVG Berlin v. 28.11.2001 - 1 N 45.00, NVwZ-RR 2002, 623; OVG Münster v. 14.6.2000 - 5 A 95/00 NVwZ 2001, 1314; v. 26.3.1996 - 5 A 3812/92, DVBl. 1996, 1444; BGH v. 12.3.1992 - III ZR 128/91, NJW 1992, 2639;.
122 Vgl. Götz / Geis § 9 Rn 39; Rühle / Suhr § 4, 1.2.3.
123 V. Mutius JurA 1983, 306; Ronellenfitsch VerwArch.1986, 438 und Staupe DVBl 1988, 610.
124 Vgl. z. B. Borkumlied-Fall PrOVGE 80, 176.
125 PrOVGE 40, 391.
126 OVG Lüneburg v. 24.11.1961 – I OVG A 123/60, OVGE 17, 447.
127 OVG Münster v. 16.10.1956 – VII A 1971/56, OVGE 11, 250.
128 OVG Münster v. 18.4.1961 – VII A 1281/56, OVGE 16, 289.
129 OVG Münster vom 16.5.52 bei Vogel-Martens, S. 123.
130 Vgl. etwa die Zusammenstellung bei Habermehl Rn 210.
131 Thiel § 8 Rn 74 f.
132 Rechtsnachfolge wurde früher überwiegend abgelehnt, vgl. Schenke Rn 292 ff.; Pieroth / Schlink / Kniesel § 9 Rn 49 ff.

E. Die Adressaten

dass das in bestimmten Fällen möglich ist.[133] Rechtsnachfolge setzt einen Übergangstatbestand und eine übergangsfähige Rechtsbeziehung voraus.[134] Ein **Übergangstatbestand** kann in Form einer Gesamt- (z. B. Erbschaft, Vermögensübernahme) oder Einzelrechtsnachfolge (z. B. Kauf, Vermächtnis) gegeben sein. **Übergangsfähig** sind allerdings nur vertretbare, nicht aber höchstpersönlich Rechtsbeziehungen. **Höchstpersönlich** ist eine Rechtsbeziehung, wenn sie sich nicht von der Person des Trägers lösen lässt, weil sie sich in diesem persönlichen Bezug erschöpft oder aus anderen Gründen nicht von dieser Person zu trennen ist.[135] Regelungsgegenstand ist dann also ein lebender Mensch, weswegen die Ordnungsverfügung nicht oder nicht ohne wesentliche Änderung ihres Inhalts auf andere übertragen werden kann. Die Höchstpersönlichkeit bestimmter Pflichten und Befugnisse ist manchmal bereits gesetzlich bestimmt, z. B. § 9 GastG. Darüber hinaus sind Duldungs- oder Unterlassungspflichten immer höchstpersönlich. Bei Handlungspflichten ist das dagegen nur dann der Fall, wenn das geforderte Handeln nicht sinnvoll durch einen anderen ausgeführt werden kann (z. B. bei körperlichen Untersuchungen oder Eingriffen, Platzverweisungen, Anhaltegeboten, Vorladungen). In Fällen höchstpersönlicher Pflichten ist ein Übergang ausgeschlossen, die Ordnungspflicht würde dadurch ihren Sinn entweder verändern oder gar keinen Sinn mehr machen.[136]

Lässt sich hingegen die Rechtsbeziehung sinnvoll von dem jeweiligen Träger lösen oder erschöpft sie sich nicht in diesem persönlichen Bezug, ist sie **vertretbar** und damit übergangsfähig. Das sind die Fälle, in denen Regelungsgegenstand eine Sache oder ein Tier, also ein übergangsfähiges Objekt ist (z. B. Beseitigung eines Fahrzeugs, Leinenzwang für einen gefährlichen Hund, Einzäunung eines Geländes). Die Ordnungspflicht geht dann, einer dinglichen Belastung gleich, mit der Sache oder dem Tier über. Selbst ein Konkursverwalter hat die Verpflichtung noch zu erfüllen, sogar als Masseschuld.[137] Umstritten ist im Einzelnen die Begründung, soweit nicht der Übergang wie z. B. in § 81 S. 3 LBauO, § 8 Abs. 4 WHG; § 4 Abs. 3 S. 1 BBodSchG[138] oder § 90 Abs. 2 ZVG ausdrücklich geregelt ist. Teilweise wird der Übergang für die Gesamtrechtsnachfolge direkt aus den §§ 1922, 1967 BGB oder den sonstigen Regelungen der Gesamtrechtsnachfolge abgeleitet.[139] Andere wenden diese Regeln nur bei gesetzlicher ausdrücklicher Verweisung[140] oder analog[141] an.

Letztlich dürfte die Begründung aber nicht entscheidend sein. Praktisch gilt der Grundsatz: Ist das Objekt der Regelung übergangsfähig (z. B. ein Grundstück, eine

---

133 BVerwG v. 16.3.2006 - 7 C 3.05, NVwZ 2006, 928; VGH München v. 5.2.2001 - 22 C 00.3619, NVwZ 2002, 364; VGH Kassel NVwZ v. 17.6.1997 - 14 TG 2673/95, 1998, 1315; Pieroth / Schlink / Kniesel § 9 Rn 53 ff.; Lisken / Denninger / Rachor D Rn 121 ff.; Würtenberger / Heckmann / Tanneberger § 5 Rn 319 f.
134 OVG Lüneburg v. 7.3.1997 - 7 M 3628/96, NJW 1998, 97.
135 BVerwG v. 16.3.2006 - 7 C 3.05, NVwZ 2006, 928; s. a. VGH Kassel v. 23.8.1985 - 19 A 755/85, NJW 1987, 394 und BVerwG v. 18.9.1981 - 8 C 72.80, BVerwGE 64, 110. Nach BVerwG v. 10.1.2012 - 7 C 6.11, NVwZ 2012, 888, geht keine Rechtsbeziehung über, die auf Zuverlässigkeit des Adressaten basiert.
136 BVerwG v. 13.2.1987 - 8 C 111.84, NJW 1987, 3212.
137 OVG Greifswald v. 16.1.1997 - 3 L 94/96, NJW 1998, 175.
138 Hierzu VGH Kassel 09.9.1999 - 8 UE 656/95, NVwZ 2000, 828.
139 VGH Mannheim v. 31.7.1985 - 6 S 2606/83, NJW 1986, 272; BGH v. 22.6.1978 - III ZR 109/76, NJW 1978, 2091.
140 Peine DVBl 1980, 941 (946) m. w. N.
141 Drews/Wacke/Vogel/Martens, S. 300 m. w. N.; Wallerath JuS 1971, 464; BVerwG v. 13.2.1987 - 8 C 111.84, NJW 1987, 3212; offengelassen von Ossenbühl NJW 1968, 1992 und BVerwG v. 11.3.1971 - II C 36.68, BVerwGE 37, 317.

bewegliche Sache, ein Tier), geht mit ihm auch die Ordnungspflicht über, andernfalls nicht (s. dazu a. Rn J 37).

VII. Heranziehung von Nichtverantwortlichen

1. Personenkreis

29 **Nichtverantwortliche** sind nach der Legaldefinition des § 7 Abs. 1 POG alle, die nicht nach § 4 oder § 5 POG (man müsste eigentlich ergänzen: und nicht nach anderen Vorschriften) verantwortlich sind.[142] Sie sollen grundsätzlich nicht zur Gefahrenbeseitigung herangezogen werden. Einzige Ausnahme ist der sog. **Notstand**, der in § 7 Abs. 1 POG beschrieben wird.[143] Nur wenn sämtliche Ziffern dieser Vorschrift erfüllt sind, kann der Nichtverantwortliche in Anspruch genommen werden. Dann steht er aber immer noch besser da als der Verantwortliche, denn ihm stehen nach den §§ 68 ff POG regelmäßig Ausgleichsansprüche zu. Zu den Nichtverantwortlichen zählen hinsichtlich der Kosten richtigerweise auch solche Personen, die nur verantwortlich zu sein scheinen, und Gefahrenverdächtige, die den **Anschein** bzw. den **Verdacht nicht zu vertreten** haben (vgl. dazu Rn E 25 ff.).

2. Voraussetzungen

30 Um einen Nichtverantwortlichen zur Gefahrenabwehr heranziehen zu können, muss nach § 7 Abs. 1 Nr. 1 POG zunächst einmal eine **gegenwärtige und erhebliche Gefahr** vorliegen (vgl. hierzu Rn D 8 und 10). Es müssen also besonders wichtige Schutzgüter der öffentlichen Sicherheit betroffen sein und außerdem muss die Dringlichkeit der Gefahr besonders groß sein.[144] Dabei gilt, je höherwertiger das Schutzgut, desto großzügiger sind die Anforderungen an die Dringlichkeit.[145]

Beispiel: Die Inanspruchnahme eines Nichtverantwortlichen zur Abwehr von unmittelbar drohenden Schäden für Leib und Leben ist darum denkbar, nicht dagegen für Bagatellschäden oder Schäden, die erst in ferner Zukunft eintreten würden.

31 Zur Abwehr dieser Gefahr dürfen nach § 7 Abs. 1 Nr. 2 POG **Maßnahmen gegen** einen nach §§ 4 und 5 POG Verantwortlichen **nicht** oder nicht rechtzeitig **möglich** oder sie dürfen nicht erfolgversprechend sein. Das ist insbesondere der Fall, wenn

- es gar keine Verantwortlichen gibt, z. B. bei Naturkatastrophen,
- der Verantwortliche oder sein Aufenthalt unbekannt ist
- der Verantwortliche nicht ansprechbar ist (z. B. Ohnmacht, Volltrunkenheit) oder
- gar nicht rechtzeitig zur Gefahrbeseitigung in der Lage ist.

Es können auch Hinderungsgründe **rechtlicher Art** vorliegen, etwa wenn der Verantwortliche nur unter Verstoß gegen öffentliches Recht herangezogen werden könnte oder seine Heranziehung zu einem unverhältnismäßig hohen Schaden führen würde.[146]

---

[142] Vgl. Rühle / Suhr § 7, 1.
[143] Schenke Rn 313 ff.
[144] OVG Hamburg v. 13.4.2012 - 4 Bs 78/12, NJW 2012, 1975.
[145] BVerwG v. 26.2.1974 - I C 31.72, NJW 1974, 807; VGH Mannheim v. 16.11.1992 - 1 S 2727/91, NVwZ-RR 1994, 52.
[146] Drews/Wacke/Vogel/Martens, S. 334.

E. Die Adressaten

Nach § 7 Abs. 1 Nr. 3 POG muss es auch ausgeschlossen sein, dass die **Ordnungskräfte selbst oder durch Beauftragte** die Gefahr effektiv abwehren können, insbesondere durch unmittelbare Ausführung i. S. d. § 6 POG. Das gilt selbst dann, wenn zwar die Gefahrenabwehr dadurch etwas langsamer, umständlicher usw. ist, solange die Effektivität der Gefahrenabwehr dadurch nicht ernsthaft beeinträchtigt wird. Die Behörde ist also verpflichtet, die Gefahr zunächst mit eigenen Mitteln abzuwehren, bevor sie Dritte als Notstandspflichtige in Anspruch nehmen kann. Dabei hat sie gegebenenfalls auch andere Behörden um Amts- oder Vollzugshilfe zu ersuchen. [147] Allerdings kann die Polizei oder allgemeine Ordnungsbehörde nicht über die Kapazitäten anderer Hoheitsträger verfügen, insbesondere wenn dadurch deren Aufgaben längerfristig blockiert würden. Darum kommen für die Ordnungskräfte z. B. keine zu anderen Zwecken gewidmete, öffentlichen Gebäude, Bürogebäude, Schulen usw. in Betracht. [148] Das galt bislang auch für Schulturnhallen, wird aber seit der Flüchtlingskrise 2015 großzügiger gesehen.[149] Die Behörde trägt die Darlegungs- und Beweislast für ihre Hilflosigkeit.[150]

32

Die Polizei und in selteneren Fällen die allgemeinen Ordnungsbehörden können die Gefahr mit eigenen Bediensteten und Kräften abwehren (sog. Selbstvornahme). Das setzt voraus, dass bei der Behörde das ausreichende Personal, das nötige Fachwissen und die notwendige Ausrüstung dafür verfügbar sind.

Beispiele: Das Entsiegeln des abgemeldeten Kraftfahrzeugs, das Einsperren eines entlaufenen Hundes, die Einweisung des Obdachlosen in kommunaleigene Unterkünfte oder das Wegschieben eines Unfallfahrzeugs von der Kreuzung sind Maßnahmen, die die Polizei bzw. allgemeine Ordnungsbehörde (durch ihre Vollzugsbeamten) selbst vornehmen kann. Hierfür benötigt sie weder die Hilfe eines Nichtverantwortlichen noch eines Beauftragten.

Anders als die Polizei werden Ordnungsbehörden die Maßnahme aber eher nicht selbst durchführen, sondern damit andere beauftragen (sog. Fremdvornahme). **Beauftragter** ist, wer für die Polizei oder die Ordnungsbehörde auf deren Ersuchen hin **freiwillig** tätig ist. Das werden meist Gewerbetreibende sein, die das entgeltlich machen (z. B. Abschleppunternehmer, Schlüsseldienst, Abrissfirma), Voraussetzung ist das aber nicht. Das Rechtsverhältnis zwischen Polizei bzw. Ordnungsbehörde zum Beauftragten richtet sich nach den **zivilrechtlichen** Bestimmungen, in der Regel nach dem BGB. Man darf Beauftragte nicht verwechseln mit Nichtverantwortlichen, die wie die Verantwortlichen auch hoheitlich und gegebenenfalls auch gegen deren Willen herangezogen werden. Darum kann ein und dieselbe Person je nachdem, wie die Umstände sind, einmal Beauftragte und das andere Mal Nichtverantwortliche sein.

33

Beispiel: Polizeibeamte werden von Nachbarn gebeten, einmal nach einer alten Frau zu schauen, die in ihrer Wohnung sei, aber seit Tagen auf nichts mehr reagiere. Um die Tür nicht zu zerstören, bitten die Polizeibeamten einen Schlosser, für sie die Tür zu öffnen. Tut er das, dann macht er das freiwillig. Er ist Beauftragter und das Rechtsverhältnis zwischen ihm und dem Land Rheinland-Pfalz, insbesondere der Vergütungsanspruch, richtet sich nach den §§ 631 ff. BGB. Lehnt der Schlosser aber den Auftrag ab, weil er anderswo einen lukrativeren Auftrag hat, kommt seine hoheitliche Inanspruchnahme als Nichtverantwortlicher i. S. d. § 7 POG in Betracht. Er hat dann gegen das Land Ausgleichsansprüche nach den §§ 68 ff. POG (im Zweifel, aber nicht zwingend in gleicher Höhe).

---

147 VGH Kassel 17.9.1993 - 3 TH 2190/93, NVwZ-RR 1994, 86, für Versammlung mit Gegenveranstaltung.
148 OVG Schleswig v. 21.9.1992 - 4 M 95/92, NJW 1993, 413.
149 OVG Lüneburg v. 1.12.2015 - 11 ME 230/15, NVwZ 2016, 164.
150 BVerfG v. 20.12.2012 – 1 BvR 2794/10, NVwZ 2013, 570.

Das vertragliche Heranziehen Dritter ist aber nicht schon wegen hoher Kosten unmöglich, es sei denn, sie sind völlig unverhältnismäßig.

Beispiel: Ein Luxushotel mit Tagespreisen von 200 EUR ist keine vertragliche Alternative zu einer Zwangseinweisung eines Obdachlosen bei einem Nichtverantwortlichen. Für kurzfristige, zwangsweise Unterbringung kommt aber auch ein schlecht belegtes Hotel in Betracht.

34 Ein unbeteiligter Dritter darf erst dann belangt werden, wenn dies ohne Gefahr für eigene, wichtige Rechtsgüter und ohne Verletzung anderweitiger, vorrangiger Pflichten dieses Dritten möglich ist (§ 7 Abs. 1 Nr. 4, 1. Fall, POG). Als **wichtige Rechtsgüter** sind Leib, Leben und Gesundheit anzusehen. Vermögen und Eigentum können hier nur ausnahmsweise als erheblich berücksichtigt werden. Wenn eine Entschädigung nach §§ 68 ff POG nur unzureichender Ausgleich wäre, etwa wegen der Einmaligkeit eines Gegenstands oder existenzieller Bedeutung der Erhaltung oder Erlangung bestimmter Eigentums- und Vermögensgegenstände, kann auch insoweit eine Inanspruchnahme unzulässig sein.[151]

Beispiel: Ein Unbeteiligter kann nicht zur Versorgung eines Verletzten mit offenen Wunden verpflichtet werden, wenn der Verletzte an einer lebensgefährlichen Infektion leidet und der Unbeteiligte ohne Schutzhandschuhe arbeiten soll.

35 Schließlich müssen vor einer Inanspruchnahme des unbeteiligten Dritten nach § 7 Abs. 1 Nr. 4 2. Fall POG dessen **sonstige Pflichten** bedacht werden. Soweit derartige Pflichten des unbeteiligten Dritten höher zu gewichten sind als die mit der Abwehr einer Gefahr verbundenen Schutzgüter der öffentlichen Sicherheit, kann sich der Dritte auf die Wahrnehmung dieser Pflichten berufen und auch deshalb eine Inanspruchnahme nach § 7 Abs. 1 POG zurückweisen. Es kann sich dabei auch um privatrechtlich begründete Pflichten handeln.[152] Sind beide kollidierenden Pflichten gleichrangig, ist die Beanspruchung des Nichtverantwortlichen zumindest dann rechtswidrig, wenn der Nichtverantwortliche (z. B. aufgrund seines Berufes) eine besondere Verantwortung im Hinblick auf die Pflichtenwahrnehmung hat, denn die Ordnungskräfte dürfen dann seine Entscheidung nicht einfach ersetzen.

Beispiel: Der Arzt auf dem Weg zu einem Patienten mit Herzinfarkt muss nach seiner Überzeugung und beruflichen Verantwortung selbst entscheiden, ob die Versorgung des Patienten oder die von der Polizei verlangte Versorgung des Unfallopfers Vorrang hat. – Demgegenüber wäre die Weisung des Polizeibeamten rechtmäßig, wenn er nur zum Schichtdienst ins Krankenhaus fahren wollte, weil das keine gleichwertige oder gar höhere Pflicht als die Rettung akut verletzter Personen wäre.

Daneben gibt es noch den sog. **unechten polizeilichen Notstand.** Der liegt vor, wenn Ordnungsmaßnahmen gegen die für die befürchtete Störung Verantwortlichen einen Schaden herbeiführen würden, der in offenkundigem Missverhältnis zum angestrebten Erfolg stünde.[153] Voraussetzung des Einschreitens ist die hohe Wahrscheinlichkeit in der Gefahrenprognose und die Ausschöpfung aller geeigneten und milderen Mittel.

Beispiel: Es drohen Gewalttaten als Reaktion auf eine geplante Versammlung gegen diese. Die erforderlichen Gegenmaßnahmen lassen befürchten, dass es nach ihrer Art und Ausmaß zwangsläufig zu Schäden an Leib und Leben bei friedlichen Versammlungsteilnehmern oder unbeteiligten Dritten oder an Sachen von erheblichem Wert kommen wird.

---

151 Zur Zulässigkeit der Bildung eines künstlichen Staus auf der Autobahn zum Ergreifen von Straftätern vgl. LG Bückeburg v. 5.1.2005 - Qs 77/04, NJW 2005,3014.
152 Habermehl, Rn 198.
153 VGH Mannheim v. 21.12.2015 – 1 S 1125/15, NVwZ-RR 2016, 462.

E. Die Adressaten

VIII. Auswahl der Adressaten

Kommt nach den obigen Grundsätzen nur eine Person als Verantwortlicher oder als nach § 7 POG heranziehbarer Nichtverantwortlicher in Betracht, ist damit auch schon die Frage geklärt, wer als Adressat ausgewählt werden muss. Oft wird man aber mehrere Personen finden, die nach den obigen Grundsätzen verantwortlich sind oder, wenn es keine zur Gefahrenabwehr fähigen Verantwortlichen gibt, die nach § 7 POG als Nichtverantwortliche herangezogen werden können. Dann fragt es sich, nach welchen Grundsätzen auszuwählen ist. Hierbei handelt es sich bereits um eine Ermessensentscheidung.[154] Zu beachten ist, dass sich die Frage der Adressatenauswahl anders stellt, je nachdem ob es noch um die Gefahrenabwehr oder ob es schon um die Kostenfolge geht (s. dazu Rn J 42), was natürlich nicht mehr für Nichtverantwortliche gilt. Dabei ist dem Gesetz kein Rangverhältnis zwischen verschiedenen Arten von Verantwortlichkeit zu entnehmen.[155] Weder besteht ein genereller Vorrang von Verhaltens- gegenüber Zustandsverantwortlichen,[156] noch einer von Mehrfachverantwortlichen gegenüber Einfachverantwortlichen[157] oder verschuldeter vor unverschuldeter Verantwortlichkeit oder Täter- vor Opferverantwortlichkeit. Noch weniger gibt es gesetzliche Differenzierungskriterien unter den Nichtverantwortlichen.

36

Für diese Auswahl i. e. S. ist entscheidend, dass es sich hier nicht um eine Form der Bestrafung handelt, sondern dass das Ordnungsrecht ausschließlich dazu dient, Gefahren und Schäden abzuwehren. Folglich ist in erster Linie entscheidend, welche Person am **effektivsten** die Gefahr abwehren kann.[158] Effektiv heißt schnell, gründlich und zuverlässig. Wer die Gefahr am effektivsten beseitigen kann, ist von Fall zu Fall individuell zu entscheiden. Die größere Effektivität liegt in eiligen Fällen regelmäßig bei dem, der zeitlich-räumlich der Sache am nächsten ist, bei kostenintensiven Maßnahmen bei dem, der über das größere Vermögen verfügt, bei komplizierten Vorgängen bei dem, der das beste Fachwissen hat. Auch die persönliche Reife, die Bereitschaft mitzuwirken, die gleichzeitige Beanspruchung mit anderen Maßnahmen der Gefahrenabwehr oder auch weitere Kriterien können für die Effektivität maßgebend sein.

Beispiel: Der 8-jährige K verlässt gelegentlich nachts heimlich das Haus und läuft durch die Stadt. – Hier besteht eine Gefahrensituation zumindest aus Gründen des Jugendschutzes. Wird der Junge aufgegriffen, dient es der Gefahrenabwehr am meisten, wenn gegen ihn selbst als Verantwortlichen nach § 4 Abs. 1 POG verfügt wird, sich nach Hause zu begeben (natürlich unter Kontrolle). Wenn es aber um die Regelung für die Zukunft geht, die Wiederholungen vermeiden soll, wäre eine Verfügung gegen K in Anbetracht seiner Reife nicht sehr Erfolg versprechend. Verfügungen, die Vorkehrungen gegen Wiederholungen enthalten, wären gegen die Eltern als Verantwortliche nach § 4 Abs. 2 POG Erfolg versprechender.

Die Ordnungskräfte müssen aber nicht unbedingt jedem Aspekt intensiv nachgehen.[159] Insbesondere sind sie nicht verpflichtet, auf einen gerechten Lastenausgleich unter den Verantwortlichen zueinander zu achten.[160]

---

154 OVG Koblenz, 18.2.2010, 1 A 10973/09, DVBl 2010, 862 ; VGH Mannheim v. 24.1.2012 - 10 S 1476/11, NVwZ-RR 2012, 387; OVG Magdeburg v. 20.8.2015 - 2 M 25/15; v. 11.2.2008 – 2 M 4/08, NVwZ-RR 2008, 615; Pieroth / Schlink / Kniesel § 9 Rn 86 ff.; Rühle / Suhr vor §§ 4 ff., 2.
155 VGH Mannheim v. 16.11.1992 - 1 S 2727/91, NVwZ RR 1994, 52; Pieroth / Schlink / Kniesel § 9 Rn 92 ff.
156 VGH München v. 22.4.1992 - 2 B 90.1348, NJW 1993, 81.
157 VGH Mannheim 7.12.1981 - 1 S 1752/80, ZfW 1981, 105; Lisken / Denninger / Rachor D Rn 131.
158 Schenke Rn 285; Götz / Geis § 9 Rn 91 ff.; Habermehl Rn 205.
159 OVG Münster v. 17.1.1997 - 5 B 2601/96, NJW 1997, 1596.
160 Schenke Rn 286; Habermehl Rn 205.

37 Nun kommt es auch vor, dass nach den obigen Kriterien zwei oder mehre Personen in gleicher oder vergleichbarer Effektivität herangezogen werden können. Wenn zur Gefahrenabwehr aber eine Person genügt, wäre es Übermaß, alle heranzuziehen. Hier muss dann nach weiteren Kriterien ausgewählt werden. Damit beginnt die eigentliche Ermessensentscheidung (die näher im nächsten Kapitel behandelt wird). Zu dieser Entscheidung können alle sonstigen sachbezogenen Kriterien herangezogen werden, insbesondere unter dem Gesichtspunkt der **Zumutbarkeit**. Derartige Kriterien können sein: Gibt es in öffentlich-rechtlichen oder privaten Vorschriften Regelungen der Lastverteilung (z. B. Regressansprüche eines Verantwortlichen gegen einen anderen, Zuordnung über Normen der Gefährdungshaftung oder der Risikoverteilung)? Wer steht dem Ereignis am nächsten? Wer hat oder hätte von dem Vorgang, der die Gefahr auslöste, den größten Vorteil, d.h. in wessen Interesse fand der Vorgang statt? Wem ist die Maßnahme unter Berücksichtigung seiner sonstigen Verpflichtungen, seiner wirtschaftlichen Möglichkeiten und seiner sonstigen Leistungsfähigkeit am ehesten zuzumuten?[161] Wie sind die Anteile der Verursachung, z. B. kann es bei sog. Summationsschäden[162] die Inanspruchnahme einer Person unverhältnismäßig sein, die nur einen ganz untergeordneten Beitrag geleistet hat.[163] Hier, aber nur hier, können ausnahmsweise auch einmal Schuldgesichtspunkte einfließen, denn natürlich ist regelmäßig demjenigen, der einen Gefahrenzustand verschuldet hat, die Gefahrenabwehr eher zuzumuten als demjenigen, den nur eine Gefährdungshaftung trifft.

Beispiel: Bei einer Gewässerverunreinigung durch die Produktion eines Betriebes liegt es nahe, wegen der Verantwortung nach § 21a ff. WHG die Maßnahmen gegen den Betriebsbeauftragten für Gewässerschutz zu richten; kommen Regressansprüche des Fahrzeughalters gegen den Fahrzeugführer in Frage, der schuldhaft einen Unfall verursacht hat, liegt es nahe, den Fahrer auch gleich ordnungsrechtlich zu beanspruchen; hat ein Tanklastzug einen Ölunfall verursacht und muss ein Fachunternehmen beauftragt werden, werden Maßnahmen sinnvollerweise eher an den vermögensstärkeren Unternehmer als an den Fahrer gerichtet werden.

38 Schließlich kann es vorkommen, dass keines dieser Kriterien zu einer Entscheidung führt. Da aber einerseits eine Person ausgewählt werden muss, aber andererseits die Auswahl mehrerer Personen Übermaß wäre, bleibt den Ordnungskräften gar nichts anderes übrig, als auch ohne Differenzierungsmerkmal irgendeine dieser Personen auszusuchen. Da ihnen keine Alternative bleibt, ist diese Auswahl trotz mangelnder Unterscheidungsmerkmale rechtmäßig, solange nicht sachfremde Erwägungen oder andere Ermessensfehler (siehe dazu das nächste Kapitel) einfließen. Zu beachten ist, dass bei **Kostenbescheiden** (z. B. über die Kosten einer unmittelbaren Ausführung, Ersatzvornahme oder Sicherstellung), bei deren Erlass die Gefahr ja schon abgewehrt und nur noch zu fragen ist, wer die Kosten trägt, ausschließlich nach den hier beschriebenen **Zumutbarkeitskriterien** entschieden werden kann.[164]

39 Für die Gefahrenabwehr auf der Primärebene (vgl. hierzu Rn B1und E 25) gilt der Grundsatz der Ewigkeitshaftung. Ordnungsrechtliche Befugnisse zur Gefahrenabwehr können **nicht verwirkt** werden.[165] Umgekehrt **verjährt** die Ordnungspflicht

---

161 VGH Mannheim v. 13.3.2014 – 10 S 205.2210 /12, NVwZ-RR 2014, 593; Schenke Rn 285; Götz / Geis § 10 Rn 92.
162 Damit meint man Schäden, die erst mit einer Anhäufung von Maßnahmen verschiedener Personen entstehen, insbesondere bei Umweltverschmutzungen.
163 BVerwG 16.3.2006 – 7 C 3/05, NVwZ 2006, 928 (hier 2 % der verschmutzenden Ablagerungen).
164 Vgl. Rühle / Suhr vor §§ 4 ff., 2.
165 BVerwG v. 28.2.2008 - 7 B 12.08, NVwZ 2008, 684; VGH Mannheim v. 1.4.2008 - 10 S 1388/06, NVwZ-RR 2008, 696; Pieroth / Schlink / Kniesel § 9 Rn 65; Götz / Geis § 9 Rn 52; Würtenberger / Heckmann / Tanneberger § 5 Rn 326.

E. Die Adressaten

selbst auch **nicht**.[166] Die einzige zeitliche Begrenzung für Ordnungsverfügungen und Ordnungspflichten ist der Grundsatz der Verhältnismäßigkeit (vgl. hierzu § 2 Abs. 1 und 2 POG). Das ist anders, wenn es auf der Sekundärebene um Fragen der Kostenerstattung oder des Ausgleichs für enttäuschtes Vertrauen oder aus Gründen der Gerechtigkeit geht (s. dazu Rn J 43 und K 29).

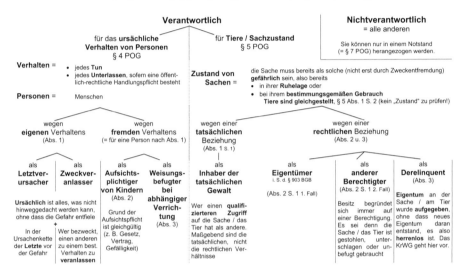

---

166 BVerwG v. 7.8.2013 - 7 B 9.13.

F. Rechtsfolgenseite allgemein

I. Allgemeine Rechtmäßigkeit

1. Bestimmtheit der Verfügung

1 Aus § 37 Abs. 1 VwVfG / § 1 LVwVfG ergibt sich, dass der Adressat **unzweifelhaft erkennen** können muss, was von ihm eigentlich verlangt wird. Andernfalls kann er ja die Verfügung nicht zuverlässig befolgen und ist dem Risiko ausgesetzt, dass die Ordnungsverfügung mit Zwangsmitteln durchgesetzt wird. Bestimmtheit ist keine Frage der Ausführlichkeit einer Anweisung, sondern ihrer Klarheit.[1] Abzustellen ist immer auf den Erkenntnis- und Wissensstand des jeweiligen Adressaten. Darum ist eine Anweisung nicht absolut entweder bestimmt oder unbestimmt. Vielmehr hängt die Bestimmtheit vom Horizont des Adressaten und von den konkreten Umständen ab.[2] Kommen zur Gefahrenabwehr mehrere Mittel in Betracht, genügt es, wenn eines davon bestimmt wird, § 3 Abs. 2 S. 2 POG.

Beispiel: Soll ein Grundstück abgesichert werden, so wird man einem nicht sachkundigen Bürger recht genau beschreiben müssen, wie er das auszuführen hat; gegenüber einem Fachunternehmer reicht es dagegen möglicherweise schon aus, wenn man ihm das bloße erwartete Ergebnis vorgibt. – Gibt es in einem Wirtshaus eine Schlägerei, kann die aus einem Wort bestehende Verfügung „Aufhören!" völlig bestimmt sein, da alle Angesprochenen verstehen können, was gemeint ist. Demgegenüber können unpräzise Ausführungen über mehrere Seiten einer Ordnungsverfügung im Einzelfall verwirrend und damit unbestimmt sein. – Die Verfügung zum Streuen des eisglatten Fußwegs mit einem abstumpfenden Mittel kann sich darauf beschränken, ein von mehreren gleich gut geeignetes Mittel, z. B. Salz, zu benennen.[3]

Unbestimmt sind insbesondere Formulierungen wie, dass der Adressat „die Gefahr abzuwehren" oder „ordnungsgemäße Zustände herzustellen" habe, dass Wände „in einem landschaftlich farblich unauffälligen Farbton zu gestalten" seien[4] oder dass der Eigentümer „durch einen Zaun" spielende Kinder vom Betreten eines Grundstück abhalten soll (Höhe? Material? Weite der Lücken?)

Ungenügende Bestimmtheit macht eine Verfügung mindestens rechtswidrig, bei völliger Unbestimmtheit sogar nach § 44 Abs. 1 VwVfG / § 1 LVwVfG nichtig (zu den Folgen für die Vollstreckung s. Rn J 23).

2. Möglichkeit, die Verfügung zu befolgen

2 Die Verfügung darf vom Adressaten nur verlangen, was er auch erfüllen kann, § 2 Abs. 1 POG. Das bezieht sich sowohl auf die tatsächliche als auch auf die rechtliche[5] Möglichkeit. **Tatsächlich** möglich ist eine Maßnahme, die körperlich, physikalisch und technisch erfüllbar ist, die man also ausführen *kann*. **Rechtlich** möglich ist eine Maßnahme, deren Ausführung nicht gegen unsere Rechtsordnung verstößt, die man also ausführen *darf*. Zudem unterscheidet man noch objektive und subjektive

---

1 OVG Münster v. 26.1.1987 - 7 A 605/85, NVwZ 1988, 659, und VGH Mannheim v. 9.6.1988 - 1 S 1544/87, NVwZ 1989, 163.
2 VGH Mannheim v. 15.1.1990 - 1 S 3664/88, DÖV 1990, 485.
3 VGH Kassel v. 13.12.1994 - 1 C 31.92, NVwZ-RR 1995, 525.
4 VGH Mannheim v. 10.1.2013 – 8 S 2919/11, NVwZ-RR 2013, 451.
5 OVG Frankfurt/O. v. 3.4.2003 - 4 B 291/02, NVwZ-RR 2003, 496: Keine Auferlegung abfallrechtlicher Maßnahmen, bei denen der Adressat wiederum gegen das KrWG verstoßen würde.

F. Rechtsfolgenseite allgemein

Hindernisse. **Objektiv unmöglich** ist eine Maßnahme, die niemand ausführen kann oder darf, **subjektiv unmöglich** (auch „Unvermögen") ist diejenige, die zwar der Adressat nicht ausführen kann oder darf, aber mindestens eine andere Person ausführen könnte bzw. dürfte. Diese Begriffspaare werden kombiniert.

Beispiele:
a) Tatsächlich-objektive Unmöglichkeit (aus tatsächlichen Gründen kann niemand die Verfügung ausführen): Maulkorbverfügung hinsichtlich eines Hundes, der inzwischen schon getötet wurde; Abrissverfügung hinsichtlich bereits abgebrannter Bauten; technisch unmögliche Sicherungsmaßnahmen an einem Felsen.
b) Rechtlich-objektive Unmöglichkeit (aus rechtlichen Gründen kann niemand die Verfügung ausführen): Verbrennen von Abfällen außerhalb dafür zugelassener Anlagen; Beseitigung eines Bauwerks, das unter Denkmalschutz steht; Rodungsarbeiten in einem Naturschutzgebiet.
c) Tatsächlich-subjektive Unmöglichkeit (aus tatsächlichen Gründen kann der Adressat die Verfügung nicht ausführen, wohl aber ein Dritter): Ein körperlich Behinderter soll bei Aufräumarbeiten nach einem Unfall helfen; ein nicht fachkundiger Angestellter soll eine komplizierte Maschine umstellen; eine Person ohne Telefon soll ein Fachunternehmen herbeirufen.
d) Rechtlich-subjektive Unmöglichkeit (aus rechtlichen Gründen kann der Adressat die Verfügung nicht ausführen, wohl aber ein Dritter): Eine Person ohne Waffenschein soll mit einer Pistole einen Hund töten; der Mieter eines Gebäudes soll die Zierspitzen des Gartenzaunes (Verletzungsgefahr für Kinder) absägen oder abstumpfen (Eingriffe in die Substanz der Mietsache sind dem Mieter grundsätzlich nicht gestattet).

Eine tatsächlich-objektiv nicht ausführbare Ordnungsverfügung ist nach § 44 Abs. 2 Nr. 4 VwVfG / § 1 LVwVfG **nichtig** und damit nach § 43 Abs. 3 VwVfG unwirksam. Für die anderen Formen der Unmöglichkeit gilt das allerdings nur dann, wenn sie i. S. d. § 44 Abs. 1 VwVfG (die Unmöglichkeit ist immer ein besonders schwerwiegender Fehler) auch offensichtlich ist (was man z. B. regelmäßig bei Verstößen gegen Strafrechtsnormen annehmen kann); andernfalls ist die Verfügung nur im Rahmen der Rechtsbehelfsfristen anfechtbar. Davon gibt es aber zwei Ausnahmen:

Fehlt es dem Adressaten an den notwendigen finanziellen Mitteln, der Verfügung nachzukommen (z. B. die Beseitigung von Trümmerteilen in Auftrag zu geben), wäre das eigentlich ein Fall der tatsächlich-subjektiven Unmöglichkeit. Würde man dieses **wirtschaftliche Unvermögen** als Rechtswidrigkeitsgrund anerkennen, käme man zu einem widersinnigen Ergebnis.

3

Beispiel: Die Beseitigung von Erdverunreinigungen kostet 50.000 EUR, der Verantwortliche kann aber nur 49.000 EUR aufbringen, so dass die Maßnahme im Wege der Ersatzvornahme durchgeführt werden muss (vgl. Rn J 4 ff). Sähe man die Verfügung deshalb als in der Ausführung unmöglich und damit als rechtswidrig an,[6] könnte auch eine Kostenforderung nach § 63 Abs. 1 LVwVG nicht gegen den Adressaten gerichtet werden, weil ja die zugrunde liegende Verfügung rechtswidrig wäre. Im Ergebnis müsste der Verantwortliche überhaupt nichts bezahlen. Könnte er aber in diesem Beispiel 1.000 EUR mehr aufbringen, wäre die Verfügung rechtmäßig und er hätte 50.000 EUR zu zahlen.

Um das zu vermeiden, wird das wirtschaftliche Unvermögen nicht als Fall der Unmöglichkeit behandelt, sondern nur als Fall der eingeschränkten Durchsetzbarkeit.[7] Das bedeutet für das obige **Beispiel**: Die Ordnungsverfügung wäre nicht wegen der mangelnden finanziellen Mittel des Verantwortlichen rechtswidrig. Zwar müsste auch dann die Maßnahme im Wege der Ersatzvornahme umgesetzt werden. Da die zugrunde liegende Ordnungsverfügung aber rechtmäßig ist, kann gegen den Verant-

---
6 So aber noch 1953 OVG Koblenz AS 2, 1, 4 f.
7 OVG Koblenz v. 25.3.1986 – 1 B 14/86, NVwZ 1987, 240; VGH München v. 13.5.1986 - 20 CS 86.338, NVwZ 1986, 942.

wortlichen ein auf § 63 Abs. 1 LVwVG gestützter Kostenbescheid gerichtet werden. Dieser kann dann bis zu einer Höhe von 49.000 EUR sofort und hinsichtlich des Restes vielleicht später verwirklicht werden.

Aber auch nicht ausreichend vorhandene Geldmittel führen nicht unbedingt zum wirtschaftlichen Unvermögen. Wer z. B. als Bestattungspflichtiger i. S. d. § 9 BestG nicht über ausreichende Mittel für die Bestattung nach § 8 BestG verfügt, hat einen Anspruch auf Kostenerstattung nach § 74 SGB XII.[8]

4 Der zweite Sonderfall ist die rechtlich-subjektive Unmöglichkeit, **solange** diese noch **behebbar** ist. Der Grund rechtlich-subjektiver Unmöglichkeit liegt häufig darin, dass der Adressat die Zustimmung (z. B. nach § 182 BGB) des (Mit-)Berechtigten benötigt. Solange es realistisch möglich ist, dass diese Zustimmung noch erteilt wird oder erzwungen werden kann, ist die Ordnungsverfügung nicht rechtswidrig, sondern nur **vorläufig nicht durchsetzbar**.[9]

Erzwungen werden kann die Zustimmung durch eine sog. **Duldungsverfügung**.[10] Das ist eine Ordnungsverfügung, in der einem Adressaten zwar nicht aufgegeben wird, etwas selbst auszuführen, wohl aber, die Ausführung durch einen anderen zu dulden. Es ergehen also dann in derselben Sache zwei Verfügungen: Die eine richtet sich gegen den Hauptadressaten, der eine bestimmte Maßnahme vornehmen soll, die andere gegen den Rechtsinhaber, der diese Maßnahme dulden soll. Gegen eine solche Duldungsverfügung kann sich ihr Adressat nur wehren, soweit er durch diese selbst in eigenen Rechten verletzt ist, nicht aber kann er sich auf vermeintliche Mängel der nicht gegen ihn gerichteten Hauptverfügung wenden.[11] Andererseits steht einem Rechtsbehelf gegen die Duldungsverfügung nicht entgegen, dass möglicherweise die Hauptverfügung schon bestandskräftig ist, da diese nur zwischen dem Hauptadressaten und der Behörde wirkt, grundsätzlich nicht aber ihm gegenüber. Ist eine solche Duldungsverfügung vollziehbar (das ist z. B. nicht der Fall, wenn nach § 80 Abs. 1 VwGO aufschiebende Wirkung besteht), steht sie im Verhältnis zu demjenigen, der die Maßnahme ausführen soll, einer Zustimmung gleich, so dass diesem die Maßnahme nun rechtlich möglich ist. Um allerdings vollstreckt werden zu können, muss auch die Duldungsverfügung außerdem i. S. d. § 2 LVwVG vollstreckbar sein (s. dazu Rn J 26).

Beispiel: Mieter M wurde vor drei Wochen in einem Bescheid aufgegeben, eine rechtswidrig errichtete Mauer abzureißen. Die Verfügung erging an ihn, weil der Eigentümer E in Norddeutschland wohnt. E hält entgegen, er sei als Mieter zu einer solchen Maßnahme nur berechtigt, wenn der Eigentümer E zustimme, was dieser aber verweigert habe. Darum schickt die zuständige Behörde eine Woche später an E eine Verfügung, nach der E den Abriss durch M zu dulden habe. Da M sich dennoch weigert, die Mauer abzureißen, wird ihm ein Zwangsgeld angedroht. – M ist zivilrechtlich nicht berechtigt, in die Substanz der Mietsache einzugreifen. Eine Zustimmung des E liegt nicht vor. Eine Verfügung existiert zwar, diese ist aber nach § 2 LVwVG noch nicht vollstreckbar, da sie weder bestandskräftig ist noch ein Fall des § 80 VwGO vorliegt. Deshalb ist derzeit zwar nicht die Beseitigungsverfügung rechtswidrig, wohl aber jede Zwangsmaßnahme rechtswidrig. M könnt also mit Erfolg gegen die Androhung vorgehen. –
Fortführung: M lässt die Beseitigungsverfügung bestandskräftig werden. Aber E legt gegen die an ihn gerichtete Duldungsverfügung Widerspruch ein. Darin trägt er vor, die Beseitigungsverfügung verletze sein Eigentum und sei eine unzumutbare Beeinträchtigung der Rechte des M. –

---

8 OVG Schleswig v. 27.4.2015 – 2 LB 27/14.
9 VGH Kassel v. 25.1.1985 – 4 UE 2107/84, NJW 1985, 2492 f.; VGH München v. 5.8.1996 – 14 AS 96.1624, NJW 1997, 961; Götz / Geis § 11 Rn 22; Habermehl Rn 763, 839.
10 BVerwG v. 28.4.1972 – IV C 42.69, BVerwGE 40, 101; OVG Saarlouis v. 18.6.2002 – 2 R 9/01, NVwZ-RR 2003, 337; OVG Berlin v. 26.4.2005 – 2 L 54.04, LKV 2005,515; Pieroth / Schlink / Kniesel § 9 Rn 95 ff.; Würtenberger / Heckmann / Tanneberger § 5 Rn 369 f. und § 8 Rn 23.
11 OVG Berlin a. a. O.

F. Rechtsfolgenseite allgemein

Dass die gegen M ergangene Verfügung bestandskräftig ist, steht dem Widerspruch des E nicht entgegen. In diesem Widerspruch kann er auch die mögliche Verletzung seines Eigentums geltend machen, nicht allerdings die mögliche Beeinträchtigung des M, denn insoweit beruft er sich auf fremde Rechte.

Eine Duldungsverfügung setzt voraus, dass sie erforderlich ist, um das Hindernis zur Durchsetzung der Hauptverfügung auszuräumen, also nur wenn die Gefahr besteht, dass ein Dritter unter Berufung auf eigene Rechte den Vollzug der Hauptverfügung verhindert.[12] Sie kann der Duldungsadressat mit der Begründung angreifen, die Hauptverfügung sei rechtswidrig.[13]

Beispiel: Einem von mehreren Eigentümern wird die Beseitigung von illegal errichteten Anlagen aufgegeben. Dieser Eigentümer verliert den folgenden Anfechtungsprozess. Nunmehr wird dem Miteigentümer aufgegeben, die Maßnahme zu dulden. Diesem gegenüber ist der Beseitigungsbescheid aber nicht bestandskräftig, da er am Prozess nicht beteiligt war und ihn darum die Rechtskraft des Urteils nach § 121 VwGO nicht bindet. Die Duldungsverfügung kann er noch mit der Behauptung angreifen, die Beseitigungsverfügung sei rechtswidrig. – Aber: Ein Ehepaar erwirbt ein Grundstück, für dessen Gebäude eine bestandskräftige Beseitigungsverfügung vorliegt. Gegen den Ehemann soll diese nun durchgesetzt werden. Hier bedarf es keiner Duldungsverfügung gegen die Ehefrau, denn diese ist ja als (Mit-) Rechtsnachfolgerin des früheren Eigentümers selbst an die zu vollstreckende Grundverfügung gebunden.[14]

Eine Duldungsverfügung kann aber nur erlassen werden, wenn die Gefahr besteht, dass ein Dritter unter Berufung auf eigene Rechte den Vollzug der Hauptverfügung verhindert. Sie ist darum rechtswidrig, wenn ihr Adressat dem Vollzug der Hauptverfügung zugestimmt hat oder ihm offensichtlich kein den Vollzug hinderndes Recht zusteht.[15]

3. Gleichbehandlung

Nach Art. 3 GG sind **gleiche Sachverhalte** gleich zu behandeln. Daraus wiederum folgt, dass ungleiche Sachverhalte gleichmäßig ungleich zu behandeln sind. Dabei muss man zunächst feststellen, ob es sich wirklich um gleiche Sachverhalte handelt. Sachverhalte sind gleich, wenn sie in ihren wesentlich entscheidungserheblichen Merkmalen vergleichbar sind. Aspekte, die für die Entscheidung nicht wesentlich sind, können dagegen voneinander abweichen.

Beispiele: Beim Umsetzen von Fahrzeugen ist es relevant, ob die Verstöße gegen die StVO und die Verkehrsbeeinträchtigung vergleichbar sind, nicht etwa, um was für Wagentypen es sich handelt. – Bei Hunden kann die Rassezugehörigkeit, ihre Einordnung als gefährlicher Hund oder das Verhalten zu vergleichbaren Kriterien führen. Ob die Hunde jung oder alt sind, ist dagegen meist unerheblich.

Diese Sachverhalte müssen gleich behandelt werden.

Beispiel: Entweder es werden alle falsch parkenden Fahrzeuge umgesetzt oder keiner. Entweder es bekommen alle gefährlichen Hunde konkrete Auflagen oder keiner.

Gleich behandelt bedeutet aber nicht, dass ich tatsächlich in allen vergleichbaren Fällen in gleicher Weise vorgehen muss. In vergleichbaren Fällen darf durchaus unterschiedlich vorgegangen werden. Maßgebend ist vielmehr, dass **nicht willkürlich** gehandelt wird. Solange es einen vernünftigen Grund für das unterschiedliche Vor-

---

12 OVG Koblenz v. 8.12.2003 - 8 B 11827/03.OVG, NVwZ-RR 2004, 239.
13 OVG Saarlouis a. a. O.
14 OVG Lüneburg v. 6.5.2011 - 1 ME 14/11, NJW 2011, 2228.
15 OVG Koblenz 6.5.2011 - 1 ME 14/11, NVwZ-RR 2004, 239.

gehen gibt, liegt kein Verstoß gegen den Gleichheitsgrundsatz vor. Ein vernünftiger Differenzierungsgrund kann sein, dass

- eine parallele Behandlung zweier Fälle gar nicht möglich ist (z. B. es fahren die restlichen falsch geparkten Fahrzeuge weg, bevor die Ordnungsbehörden alle umsetzen kann),
- die Ordnungsbehörden ihre Verwaltungspraxis mit Jetztwirkung nachhaltig ändern will (z. B. bis gestern hat die Ordnungsbehörde Falschparker nie umgesetzt, das hat sich als nicht sinnvoll erwiesen, ab heute werden alle umgesetzt), andernfalls würde man es ja der Ordnungsbehörde verwehren „schlauer" zu werden.

Soweit es um eine Vielzahl gleichgeordneter Maßnahmen geht (z. B. Beseitigung verkehrswidrig abgestellter Fahrzeuge, illegale Außenbereichsbauten usw.), kann der Behörde, die gegen vergleichbare Fälle (noch) nicht eingeschritten ist, der Gleichheitsgrundsatz nur dann entgegengehalten werden, wenn bei der Art des Einschreitens jedes System fehlt und für die Art und zeitliche Reihenfolge des Einschreitens kein einleuchtender Grund besteht, so dass das Vorgehen willkürlich erscheint.[16] Abzustellen ist immer auf die Praxis der Behörde, deren Bediensteter die Entscheidung trifft. Es wird darauf abgestellt, wie diese Behörde in vergleichbaren Fällen ihren Ermessensspielraum ausnutzt. Besteht in derartigen Fällen eine solche Entscheidungspraxis, dürfen die Bediensteten der Behörde davon nicht ohne besondere Gründe abweichen. Dieser Entscheidungspraxis gleich stehen **Verwaltungsrichtlinien** oder -vorschriften sowie sonstige Weisungen, die den Bediensteten vorgeben, wie in bestimmten Fällen der Ermessensspielraum auszufüllen ist.

7 Wird gegen den Gleichheitsgrundsatz verstoßen, kann der Bürger das der Verfügung oder Maßnahme rechtlich entgegenhalten, auch wenn die Maßnahme für sich alleine gesehen keine Mängel aufwiese. Der in der *Leistungs*verwaltung geltende Grundsatz „Keine **Gleichheit im Unrecht**" ist hier in der *Eingriffs*verwaltung nicht anwendbar, weil es ja gerade um die Abwehr von willkürlichen Eingriffen geht.[17]

Auch kann der Bürger eine Maßnahme schon alleine deswegen angreifen, weil sie entsprechenden, für diese Ordnungsbehörde oder Polizei verbindlichen **Verwaltungsvorschriften** oder anderen grundsätzlichen Anweisungen an alle Bediensteten einer Behörde widerspricht.[18] Zwar richten sich diese Maßnahmen direkt nur intern an die Bediensteten einer Verwaltung und wirken nicht unmittelbar auf die Rechtsbeziehungen zum Bürger. Dieser kann sich aber mittelbar doch darauf berufen, da Verwaltungsvorschriften und andere grundsätzliche Weisungen als intern verbindliche Vorgabe die Verwaltungspraxis bestimmen. Hält sich ein Bediensteter nicht an diese Vorgaben, weicht er ja zwangsläufig auch von der Verwaltungspraxis ab.

Beispiel: Weist der Bürgermeister der Verbandsgemeindeverwaltung seine Bediensteten an, Fahrzeuge nur noch bei Verkehrsbehinderung abzuschleppen, ist ein danach durchgeführtes Abschleppen eines nicht behindernden Fahrzeuges in der Regel schon deswegen rechtswidrig.

---

16 OVG Lüneburg v. 2.9.1964 – I A 111/63, DVBl. 1965, 776; BVerwG v. 2.3.1973 - IV C 40.71, DVBl 1973, 636; Götz / Geis § 11 Rn 10.
17 BVerwG v. 19.2.1992 - 7 B 106.91, NVwZ-RR 1992, 360; VGH Mannheim v. 8.2.1988 – 3 S 2194/87, NJW 1989, 603; VGH Mannheim v. 10.3.1994 - 10 S 1415/92, VBlBW 1995, 64; VGH Kassel v. 29.4.1982 - IV OE 40/79, NJW 1984, 318; Drews / Wacke / Vogel / Martens S. 388; einschränkend Götz / Geis § 11 Rn 10.
18 BVerwG v. 26.6.1987 - 8 C 6.85, NJW-RR 1987, 1486.

F. Rechtsfolgenseite allgemein

4. Kein Verstoß gegen gesetzliche Vorgaben

Nach § 40 VwVfG / § 1 LVwVfG sind die gesetzlichen Grenzen des Ermessens einzuhalten. Häufig machen Gesetze Vorgaben, die die Grenzen des Ermessens noch weiter abstecken. Das gilt für das POG insbesondere bei der Frage des **Adressaten** (siehe dazu Kap. E). Aber auch andere Gesetze stellen weitere Grenzen auf (z. B. kann eine Ordnungsverfügung, die einen Dritten begünstigt, nur innerhalb der Entscheidungsfrist des § 48 Abs. 4 / § 49 Abs. 3 S. 2 VwVfG aufgehoben werden).

II. Umfang der behördlichen Entscheidungsbefugnis

1. Arten von Rechtsfolgen

Das deutsche Recht kennt drei unterschiedliche Arten von Rechtsfolgen: Das Ermessen, die Regelvorgabe und die gebundene Entscheidung. Der Normalfall ist als Folge der Gewaltenteilung das **Ermessen**. Für das POG ergibt sich das aus § 3 Abs. 1 POG (Opportunitätsprinzip). Ermessen wird deshalb regelmäßig eingeräumt, weil auf völlig unterschiedliche, vielfach nicht vorher absehbare Sachverhalte reagiert werden muss, was im Vorhinein durch Rechtsnormen nicht möglich ist. Im Rahmen des Ermessens können die jeweiligen Amtsträger flexibel auf den Einzelfall reagieren und gegebenenfalls Besonderheiten berücksichtigen. Ermessen kann ausdrücklich eingeräumt werden (in der Regel durch Beugeformen von „können oder „dürfen" wie z. B. in § 20 Abs. 4 POG). Da Ermessen aber die Regel ist, ist es auch dann eingeräumt, wenn nicht ausdrücklich eine Regelvorgabe oder eine Bindung angeordnet ist.

Eine Regelvorgabe (**intendiertes Ermessen**[19]) erkennt man überwiegend daran, dass etwas getan werden „soll" (z. B. in § 16 Abs. 2 S. 3 2. Hs., Abs. 3, § 24 Abs. 2 POG), manchmal aber auch erst aus dem Sinn (vgl. z. B. Rn J 43). Das bedeutet dann, dass normalerweise so wie vorgegeben zu verfahren ist, aber in atypischen Ausnahmefällen auch einmal im Rahmen des Ermessens davon abgewichen werden kann.[20] Fast so selten wie die Regelvorgabe ist die **gebundene Entscheidung** (in der Regel erkennbar an einer Beugeform von „sein", „haben zu", „müssen", „dürfen nur" oder einer ähnlich zwingenden Formulierung, z. B. in §§ 15 Abs. 1 S. 1, 16 Abs. 1 und Abs. 2, 17, 18 Abs. 3, 21 Abs. 1 und 3–4, 23, 25 POG). Bei ihr wird zwingend eine Rechtsfolge vorgegeben, der Amtswalter hat hier keinerlei Spielraum bei seiner Entscheidung. Weicht er von der Vorgabe ab, ist die Maßnahme schon deswegen rechtswidrig.

2. Das Ermessen

Nach § 40 VwVfG / § 1 Abs. 1 LVwVfG ist Ermessen auszuüben. **Ermessensausübung** bedeutet, dass alle für die Entscheidung relevanten Belange, das Für und Wider jeder Entscheidungsmöglichkeit zueinander abgewägt werden müssen. Zunächst einmal ist dabei festzustellen, welche rechtmäßigen Möglichkeiten die Ordnungsbehörde hat, sich in einer konkreten Situation zu verhalten. Meistens gibt es mehrere Möglichkeiten, dann hat die Behörde einen **Ermessensspielraum**, für welche Möglichkeit sie sich nach sachlichen Kriterien der Zweckmäßigkeit entscheidet.

---

19 Vgl. Schoch JurA 2010; 358.
20 BVerwG v. 28.2.1973 - VIII C 49.72, NJW 1973, 1206.

Das Besondere ist, dass ein Gericht zwar überprüfen kann, ob es sich um eine rechtmäßige Maßnahme handelt und ob die Auswahl unter mehreren rechtmäßigen Möglichkeiten rechtsfehlerfrei war. Das Gericht, dass ja nach § 113 VwGO nur die Rechtmäßigkeit des behördlichen Verhaltens, nicht aber deren Zweckmäßigkeit prüfen darf, kann jedoch nicht seine Auswahlentscheidung an die Stelle der der Behörde setzen.

Beispiel: Die Verbandsgemeindeverwaltung wird mittags darum gebeten, zum Schutz der Mittagsruhe der Anwohner gegen laute private Bauarbeiten einzuschreiten. Hier haben grundsätzlich die Bediensteten einen gerichtlich nicht überprüfbaren Spielraum, ob sie angesichts anderer zu erledigender Aufgaben einschreiten, wann sie das tun und in welcher Form das zweckmäßig ist. Dieser Spielraum endet erst dort, wo nach den unten beschriebenen Regeln Grenzen bestehen.

11 Man unterscheidet das Entschließungs- und das Auswahlermessen.[21] Beim **Entschließungsermessen** geht es um den Abwägungsvorgang hinsichtlich der Frage, „ob" die Ordnungskräfte tätig werden. Sie müssen nicht in jedem Fall tätig werden.[22] Sie müssen nur fehlerfrei darüber entschieden haben.[23] Das **Auswahlermessen** betrifft die Frage, „wie" die Ordnungsbehörde oder Polizei die Maßnahme getroffen hat. Mit Ausnahme der Ermessensüberschreitung, die beim Entschließungsermessen nicht denkbar ist, können alle unten aufgeführten Ermessensfehler sowohl beim Entschließungsermessen als auch beim Auswahlermessen vorkommen, so dass diese Punkte immer für beide Arten des Ermessens geprüft werden müssen. Die Rechtmäßigkeit der Ermessensausübung lässt sich nicht positiv feststellen, sondern ergibt sich daraus, dass keine **Ermessensfehler** vorliegen, d.h. dass die folgenden **Ermessensgrenzen** eingehalten sind.

3. Ermessensüberschreitung

12 Jede Ermessensnorm räumt auf der **Rechtsfolgenseite** einen gewissen Spielraum ein, der **nicht überschritten** werden darf, § 40 VwVfG / § 1 LVwVfG. So darf z. B. gestützt auf § 13 Abs. 1 POG jemand des Platzes verwiesen werden; diese Vorschrift alleine deckt aber beispielsweise weder eine damit verbundene Freiheitsentziehung (z. B. durch Wegtransport im Streifenwagen, den sog. Verbringungsgewahrsam, vgl. dazu Rn G 41), noch nicht nur vorübergehende Maßnahmen ab (z. B. ein langfristiges Aufenthaltsverbot). Selbst die Generalklausel des § 9 Abs. 1 S. 1 POG hat trotz ihres weiten Wortlautes auf der Rechtsfolgenseite („... *können die notwendigen Maßnahmen treffen* ...") ihre Grenzen in dem, was auf der Rechtsfolgenseite angeordnet werden darf, was sich allerdings im Wesentlichen aus grundrechtlichen Regelungen ergibt (vgl. Rn G 14).

---

21 Vgl. Pieroth / Schlink / Kniesel § 10 Rn 33; Rühle / Suhr § 3 1.2; Gusy Rn 388.
22 Knemeyer Rn 128.
23 Unlogisch ist darum die in studentischen Arbeiten immer wieder zu lesende Formulierung, dass kein Fehler im Entschließungsermessen vorliege, da die Ordnungsbehörde oder Polizei ja gehandelt habe. Ob die Behörde gehandelt hat oder nicht, ist alleine für die Rechtmäßigkeit des Entschließungsermessens überhaupt nicht aussagekräftig. Maßgebend ist, **warum** sie gehandelt bzw. nicht gehandelt hat.

F. Rechtsfolgenseite allgemein

4. Richtige Ermittlung des Sachverhalts

Eine ordnungsgemäße Abwägung setzt zunächst voraus, dass der tatsächliche **13** Sachverhalt richtig ermittelt wurde.[24] Es müssen alle für den Einzelfall erheblichen Tatsachen nach §§ 24, 26 VwVfG/§ 1 LVwVfG durch die Behörde erhoben und erwogen worden sein.[25] Ohne vollständige Sachverhaltsermittlung ist eine ausgewogene Ermessensentscheidung, bei der alle erheblichen Aspekte einzubeziehen und gegeneinander abzuwägen sind, gar nicht möglich. Ansonsten will der Amtswalter einen **anderen Sachverhalt** regeln als den, über den gerade zu entscheiden ist. Daher ist außerhalb von Eilfällen auch die Anhörung der Betroffenen (§ 28 VwVfG / § 1 LVwVfG) regelmäßig unverzichtbar.[26] Rechtswidrig ist eine auf einem fehlerhaft angenommenen Sachverhalt basierende Verfügung aber nur dann, wenn dieser Fehler dem Amtswalter **vorwerfbar** ist.

Beispiel: Nach einem Verkehrsunfall ist Öl ausgelaufen. Der Polizei ist wegen oberflächlicher Ermittlungen entgangen, dass das Oberflächenwasser in einen vorbei fließenden Bach mit Fischbesatz geleitet wird. Das ausgestreute Ölbindemittel fließt mit dem Regen in den Bach und tötet die Fische. Die ergriffene Maßnahme war fehlerhaft wegen des unzulänglich ermittelten Sachverhalts.

5. Gebrauch des Ermessens

Nach § 40 VwVfG / § 1 LVwVfG muss eingeräumtes Ermessen auch tatsächlich **aus-** **14** **geübt** werden.[27] Dabei hat die Ordnungsbehörde oder Polizei das Für und Wider eines Eingreifens und seiner Art und Weise zu prüfen und zu entscheiden, ob ein Eingreifen geboten ist und gegebenenfalls wie.[28] Wird nicht derart abgewägt, z. B. weil die Ordnungsbehörde oder Polizei irrig glaubt, gar kein Ermessen zu haben, spricht man vom **Ermessensnichtgebrauch**.

Ermessensnichtgebrauch erkennt man daran, dass entweder Abwägungen gar nicht erkennbar sind (was bei mündlichen Verfügungen allerdings kaum zu beurteilen ist) oder zum Ausdruck kommt, dass der Sachwalter davon ausging, schon vom Grundsatz her kein Ermessen zu haben. Häufig wird ein solcher Fehler an der Begründung deutlich, wenn dort ohne weitere Ausführung z. B. davon gesprochen wird, dass „so zu entscheiden war" oder so entschieden werden „musste".

Wenn die Entscheidungsbehörde auf eigene Ermittlungen im Einzelfall völlig verzichtet und insbesondere Massenvorgänge hinsichtlich der Tatsachenermittlung vollständig privaten Dritten überlässt, kann sie mangels eigener Erkenntnisse vom Einzelfall Ermessen nicht mehr sinnvoll ausüben. Zweck des Ermessens ist gerade die am Einzelfall orientierte sachgerechte Einzelentscheidung anstelle der abstrakt-generellen Maßnahmenregelung bei gebundener Verwaltung. Diese Einzelfallentscheidung ist bei der vorgenannten Pauschalierung der Entscheidungsmuster nicht mehr möglich.

Beispiel: Private Überwachungsdienste ermitteln verkehrswidrig geparkte Fahrzeuge in ihnen von der Verwaltung vorgegebenen Stadtbereichen und geben ihre Feststellungen mit Angabe zum Standort der Fahrzeuge an die zuständige Ordnungsbehörde durch. Die Ordnungsbehör-

---

24 VGH Mannheim v. 1.10.1991 - 5 S 1823/90, NVwZ-RR 92, 350.
25 BVerwG v. 14.1.1969 - I WB 88.68, BVerwGE 3, 245.
26 BVerwG 31.7.1964 - I C 132.59, DVBl 1965, 280.
27 V. Mutius JurA 1987, 97.
28 BVerwG v. 13.11.1979 - 1 C 100.76, NJW 1980, 2037.

de erlässt dann ausnahmslos und ausschließlich aufgrund der ihr gemachten Angaben Abschleppanordnungen.

Bei schriftlichen Ordnungsverfügungen ist zu beachten, dass diese nach § 39 Abs. 1 VwVfG / § 1 LVwVfG zu begründen sind, insbesondere soll die Begründung von Ermessensentscheidungen auch die Gesichtspunkte erkennen lassen, von denen die Behörde bei der Ausübung ihres Ermessens ausgegangen ist. Bei der Überprüfung solcher schriftlichen Bescheide gehen daher die Gerichte meistens davon aus, dass die Begründung alle abgewogenen Gesichtspunkte enthält. Das heißt dann im Umkehrschluss, dass im Zweifel die Gesichtspunkte, die nicht in der Begründung wieder zu finden sind, auch nicht Gegenstand der Abwägung waren. Nachträgliche Beteuerungen der Sachbediensteten, man habe sehr wohl abgewogen, nur das in der Begründung zu erwähnen vergessen, helfen dann gegen die Aufhebung des Bescheides meistens wenig.

Richtlinien, Verwaltungsvorschriften oder **Anweisungen**, die den Amtswaltern Vorgaben zur Ausübung des Ermessens geben, sind mit diesen Grundsätzen vereinbar. Denn das Ermessen steht nicht dem einzelnen Bediensteten, sondern der jeweiligen zuständigen Ordnungs- oder Polizeibehörde zu. Die Pflicht zur Ermessensausübung gilt zwischen Exekutive und dem Bürger, nicht zwischen Weisungsberechtigtem und Weisungsgeber innerhalb der Exekutive. In diesen Fällen muss allerdings geprüft werden, ob bei dem Weisungsgeber das Ermessen auch für den jeweiligen Einzelfall ausreichend ausgeübt wurde bzw. ob den Weisungsgebundenen ein ausreichender Spielraum zur Beurteilung des Einzelfalls gelassen wurde.

6. Ermessensunterschreitung

15 Bei der Abwägung kann es vorkommen, dass nicht *alle relevanten Gesichtspunkte eingestellt* werden (sog .**Ermessensdefizit**). Wird nicht alles, was abzuwägen ist, in den Abwägungsvorgang eingestellt, muss das die Abwägung und damit das Ergebnis verzerren.

Beispiel: Der Bedienstete B der Stadtverwaltung verweist pöbelnde Jugendliche aus der Fußgängerzone. Der davon betroffene J erklärt dem Bediensteten, er habe in einer halben Stunde einen Arzttermin bei Dr. A um die Ecke. B hält dem entgegen, dass ihn das nicht interessiere und J sich darum zu entfernen habe. – Hier hätte der Arzttermin in die Abwägung einbezogen werden müssen. B war aber nicht einmal bereit sich mit diesem Argument zu beschäftigen, also hat er es auch nicht abgewägt. Unabhängig von der Frage, wie diese Abwägung ausgegangen wäre, ist die Platzverweisung schon deswegen rechtswidrig, weil der Gesichtspunkt Arztbesuch außer Acht blieb.

7. Sachgemäße Erwägungen

16 Das Ermessen ist entsprechend dem Zweck der Ermächtigung auszuüben, § 40 VwVfG / § 1 LVwVfG. Abgewägt werden darf nur dass, was für die zu treffende Entscheidung relevant ist.[29] Was relevant ist, hängt von der jeweiligen Zielrichtung der Maßnahme ab. Im Polizei- und Ordnungsrecht ist das Ziel immer die **Effektivität der Gefahrenabwehr**. Folglich sind alle Motive sachfremd, die sich nicht an der Gefahrenabwehr orientieren. Sie dürfen nicht in die Abwägung mit eingestellt werden. Dass können unehrenhafte (z. B. persönliche), aber auch durchaus ehrenhafte Motive (z. B. fiskalische Gesichtspunkte) sein.

---

29 BVerwG v. 15.3.1988 - 1 C 25.84, NJW 1988, 2254.

F. Rechtsfolgenseite allgemein 127

Beispiel: Ein Parkverbot im öffentlichen Straßenraum vor dem Gebäude der Ordnungsbehörde mit Ausnahmen zugunsten der dort Beschäftigten verfolgt keinerlei sachbezogene, verkehrsregelnde Ziele, sondern ausschließlich sachfremde, für die Bediensteten der Ordnungsbehörde gedachte Erleichterungen. – Eine Platzverweisung wird u. a. auch deswegen ausgesprochen, weil die Betreffenden das Straßenbild „verunzieren" und somit für den Tourismus und die Geschäftswelt nachteilig sind.[30]

Eine an sich zutreffende Sachentscheidung darf auch nicht mit Auflagen oder Bedingungen verknüpft werden, die nicht gefahrenorientiert sind.[31] Es besteht insoweit ein **Kopplungsverbot.**

Beispiel: Die Verwaltung darf ein gebotenes Einschreiten gegen Randalierer einer bestimmten Szene nicht davon abhängig machen, dass der Beschwerdeführer sich zur informellen Zusammenarbeit mit der Polizei gegen die polizeibekannten Randalierer bereit erklärt.

Ordnungsrechtliche Maßnahmen dürfen auch nicht der **ausschließlichen Aufgabenerleichterung** der Polizei dienen, wie insoweit § 45 Abs. 1 POG für Gefahrenabwehrverordnungen ausdrücklich feststellt.

Beispiel: Die polizeirechtliche Verpflichtung des Vermieters eines Wohnheims für Prostituierte, die Pässe ausländischer Prostituierter vor Abschluss eines Mietvertrags darauf zu kontrollieren, ob im Pass Arbeitsauflagen enthalten sind, überzieht die möglichen Pflichten des Vermieters. Damit ist eine reine Arbeitserleichterung für die selbst kontrollpflichtige Behörde verbunden, eine eigene Aufgabe wird unzulässig auf Privatleute verlagert.[32]

8. Richtige Gewichtung der Belange

Selbst wenn alle relevanten Gesichtspunkte in die Abwägung eingestellt worden und umgekehrt keine darin enthalten sind, die dort nicht hingehören (sog .**Ermessensfehleinstellung**), hängt die Abwägung maßgeblich auch davon ab, ob die Gesichtspunkte das Gewicht in der Abwägung erhalten, das ihnen zukommt. Werden hier wichtige Gesichtspunkte nur untergeordnet oder unwichtige vorrangig berücksichtigt, beeinflusst auch das die Richtigkeit der Abwägung nachteilig. 17

Beispiel: Maßnahmen bezogen auf einen Kampfhund werden nicht umgesetzt, weil man dem Hund auch unter Berücksichtigung der von dem Tier ausgehenden Gefahren derartige Einschränkungen seiner natürlichen Lebensbedingungen nicht zumuten will. – Hier wurde zwar kein Abwägungsgesichtspunkt fehlerhaft weggelassen oder hinzugefügt, der Gesichtspunkt der natürlichen Lebensbedingungen des Hundes wurde aber über- bzw. der der Gefahren für Leib und Leben Dritter unterbewertet.

9. Einhalten der Denkgesetze

Nur ein **schlüssiges** und in sich **logisches Vorgehen** ist sachgerecht. Weder allgemeine Denkgesetze noch Lebenserfahrung dürfen bei einer Entscheidung außer Acht gelassen werden, weil andernfalls eine Gefahr nicht abgewehrt werden kann. 18

Beispiel: Einen Bombenfund darf die Behörde nicht deshalb auf sich beruhen lassen, weil die Bombe dort schon seit dem Kriegsende gelegen hat ohne Schaden anzurichten und deshalb viele Jahre später schon gar kein Handlungsbedarf bestehe.

---

30 S. Rühle in Polizei-heute 1998, 191 f.
31 BVerwG v. 9.3.1979 - 6 C 11.78, DÖV 1979, 759.
32 VGH Mannheim v. 13.6.1995 - 1 S 631/95, DÖV 1996, 84.

10. Folgen von Ermessensmängeln

19 Bei den oben beschriebenen Ermessensmängeln kann manchmal zweifelhaft sein, ob ein Aspekt unter diesem oder unter jenem Gesichtspunkt einzuordnen ist. Da es letztlich nur darauf ankommt, dass alle denkbaren Fehler irgendwie erfasst werden, ist die exakte Einordnung ebenso zweitrangig wie die genaue Reihenfolge der Fehlerprüfung.

Wenn einer der oben als relevant beschriebenen Mängel in der Entscheidung vorliegt, heißt das noch nicht zwangsläufig, dass die Entscheidung selbst rechtswidrig ist. Hinzukommen muss weiterhin, dass es zumindest nicht auszuschließen ist, dass der Fehler Einfluss auf das sachliche Ergebnis hatte. Das allerdings wird man in der Regel annehmen müssen, da man normalerweise nicht ausschließen kann, dass die Entscheidung ohne den Ermessensmangel anders und vielleicht für den Betroffenen günstiger ausgegangen wäre. Einzige Ausnahme ist der Fall der Ermessensreduzierung auf Null (s. dazu unten Rn 26), wenn zwar ein Ermessensfehler vorliegt, aber dennoch das Ergebnis gewählt wurde, auf das sich das Ermessen ohnehin reduziert hatte. Wenn keine andere Entscheidung hätte ergehen können, kann der Mangel im Ermessen nicht ursächlich gewesen sein. Die Entscheidung ist dann trotz des Mangels nicht rechtswidrig. In praktisch allen anderen Fällen führt ein einziger Ermessensfehler zur Rechtswidrigkeit der gesamten Entscheidung.

Beispiel: Der Vollzugsbeamte V sieht das falsch geparkte Fahrzeug des F. Von der Situation her ließe es sich ebenso gut vertreten, das Fahrzeug abzuschleppen, als auch, es bei einer Verwarnung zu belassen. Mit F hat V schon lange Streit. Um F zu ärgern lässt er das Fahrzeug auf einen anderen Platz umsetzen. – Obwohl die Maßnahme im Ergebnis vertretbar ist, ist sie hier rechtswidrig. Denn V hatte sachfremde Motive, und es kann nicht ausgeschlossen werden, dass V ohne diese Motivation anders entschieden hätte. Das wäre nur dann anders, wenn unzweifelhaft wäre, dass als rechtmäßige Maßnahme nur und nichts anderes als die Abschleppmaßnahme übrig geblieben wäre, z. B. wenn F eine Feuerwehrausfahrt zugestellt hätte.

III. Verhältnismäßigkeit einer Maßnahme, §§ 2 und 3 Abs. 2 S. 2 POG

1. Geeignetheit

20 Der Begriff der Geeignetheit im Ordnungsrecht geht über den des allgemeinen Sprachgebrauchs hinaus. Gemeinsam ist beiden, dass eine Maßnahme geeignet ist, wenn sie zur Abwehr der objektiv tauglich oder zumindest förderlich *ist*.[33] Kann die Gefahr nicht vollständig abgewehrt werden, ist die Maßnahme auch dann geeignet, wenn sie die Gefahr nur teilweise oder vorübergehend abwehrt. Nie geeignet ist allerdings eine Maßnahme, die dem Adressaten etwas Unmögliches aufgibt (vgl. hierzu im Einzelnen Rn F 15).[34] Im Ordnungsrecht kommt es aber oft darauf an, dass möglichst schnell etwas getan wird, was Erfolg gegen den drohenden Schaden oder seine Vertiefung verspricht. Damit stünde aber im Widerspruch, dass die Ordnungskräfte noch prüfen müssten, ob das Mittel tatsächlich zum Erfolg führen wird, was auch manchmal überhaupt nicht vorhersehbar ist. Darum genügt es, wenn die Maßnahme zur Abwehr einer Gefahr nach allgemeiner und nicht nur subjektiver Einschätzung tauglich oder zumindest dazu förderlich *erscheint*. Es kommt also nicht zwingend darauf an, ob die Maßnahme wirklich objektiv geeignet ist, also im Nach-

---

[33] Ähnlich Pieroth / Schlink / Kniesel § 10 Rn 17 ff.; Schenke Rn 333 ff.; Lisken / Denninger / Rachor E Rn 167; Würtenberger / Heckmann / Tanneberger § 5 Rn 367; zu eng darum Götz / Geis § 11 Rn 21.
[34] OVG Koblenz v. 25.3.1986 - 1 B 14/86, NVwZ 1987, 240; 7.5.1991 - 1 A 10297/89, NVwZ 1992, 499; Würtenberger / Heckmann / Tanneberger § 5 Rn 368.

F. Rechtsfolgenseite allgemein

hinein betrachtet zum Erfolg führt. Ausreichend ist, dass die getroffene Maßnahme aus vernünftiger Sicht zum Zeitpunkt der Maßnahme als eine **sinnvolle Maßnahme der Gefahrenabwehr erscheint** („Schritt in die richtige Richtung"). Das gilt auch für die Geeignetheit einer Maßnahme zur Abwehr einer Anscheinsgefahr (hierzu Rn D 14).

Beispiel: So ist das bloße Sicherstellen des Führerscheins und der Fahrzeugpapiere nicht geeignet, den volltrunkenen Autofahrer vom Weiterfahren abzuhalten; das Androhen von Zwangsgeld i. V. m. Zwangshaft gegenüber einer mit Aids infizierten und drogenabhängigen Prostituierten ist ungeeignet, ein Prostitutionsverbot gegen sie durchzusetzen, wenn bereits mehrfach vergeblich gegen die Prostituierte Zwangshaft angewandt worden war; es ist absehbar, dass sich die Drogenabhängige nach Absitzen der zweiwöchigen Zwangshaft wieder prostituieren wird[35]. Aber sinnvolle Maßnahmen zur Lebensrettung sind auch dann geeignet, wenn der Verletzte dennoch stirbt. Ebenso das Sperren einer Straße, wenn dennoch jemand die Sperren überwindet und in die Straße einfährt.

2. Erforderlichkeit

Nach § 2 Abs. 1 POG ist von mehreren möglichen und geeigneten Maßnahmen diejenige auszuwählen, die den Einzelnen und die Allgemeinheit am wenigstens beeinträchtigt. Es muss das **mildeste Mittel** angewandt werden.[36] Dieser Prüfungspunkt hat natürlich nur dann Bedeutung, wenn wenigstens zwei mögliche und geeignete Maßnahmen zur Gefahrenabwehr zur Verfügung stehen. In diesem Fall vergleicht man diese möglichen und geeigneten Maßnahmen miteinander. Diejenige, die den Einzelnen und die Allgemeinheit am wenigsten beeinträchtigt, ist auszuwählen. Dabei kann es sein, dass es ein Mittel gibt, dass den Einzelnen (womit in der Regel der Adressat gemeint ist) weniger beeinträchtigt, die Allgemeinheit aber stärker belastet (z. B. Auflagen, weil sie in unzumutbarem Umfang ständig überwacht werden müssten), oder umgekehrt. Dann müssen die Interessen des Einzelnen und die der Allgemeinheit gegeneinander abgewägt werden. Die Interessen eines Verantwortlichen haben dabei grundsätzlich geringeren Rang, als die anderer, was aber nicht automatisch heißt, dass sie immer zurückstehen müssen. Alle Mittel, die stärker belasten, sind wegen des milderen Mittels nicht erforderlich und damit rechtswidrig. Diese Entscheidung enthält ihrer Natur nach also immer auch wertende Elemente. 21

Beispiel: Beim Abspielen von Musik auf einem Fest in einer Wohnung wird unzumutbar lauter Lärm für die Nachbarschaft verursacht. Es ist möglich, durch Schließen der Fenster dieser Wohnung und Umstellen der Musik auf eine Anlage mit geringerer Kapazität den Lärm auf ein zulässiges Maß zurückzuführen. Dann darf der Lärm nicht durch ein Verbot des Festes bekämpft werden. Stattdessen müssen die zuvor genannten, zur Lärmbekämpfung gleichermaßen geeigneten Maßnahmen ergriffen werden.

3. Angemessenheit

Nach § 2 Abs. 2 POG darf eine Maßnahme nicht zu einem Nachteil führen, der zu dem erstrebten Erfolg **erkennbar außer Verhältnis** steht. Man spricht hier von Verhältnismäßigkeit i. e. S. oder auch von Angemessenheit. Diese ist nur noch eine reine Wertung[37]: 22

---

35 VG Stuttgart v. 6.5.1998 - 14 A 1042/97, NVwZ 1999, 323 (Ls.), = NZM 1999, 88 = ZMR 1998, 730.
36 Götz / Geis § 11 Rn 24; Schenke Rn 335 ff.
37 Götz / Geis § 11 Rn 29 ff.; Schenke Rn 338; Würtenberger / Heckmann / Tanneberger § 5 Rn 374.

1. Dazu muss man zunächst feststellen, welcher **Nachteil** durch die mögliche, geeignete und mildeste Maßnahme der Ordnungsbehörde oder Polizei entsteht. Das werden meistens Eingriffe in Grundrechte (insbesondere Art. 2, 5, 13 oder 14 GG), können aber auch solche in Rechte aus anderen Grundlagen sein.
2. Dann muss man den **erstrebten Erfolg** bestimmen. Das ist hier immer die effektive Gefahrenabwehr, d.h. der Schutz aller oder nur bestimmter Güter der öffentlichen Sicherheit und Ordnung.
3. Beides darf zueinander nicht erkennbar **außer Verhältnis** stehen. Erkennbar heißt, dass das Missverhältnis ins Auge springt; auch ein Laie muss ohne Weiteres erkennen können, dass hier „mit Kanonen auf Spatzen geschossen" wird. Das hat zur Konsequenz, dass sogar ein Eingriff rechtmäßig ist, der leicht intensiver ist als die Störung, die abgewehrt werden soll (was im Rahmen einer Wertung ohnehin nicht scharf abgegrenzt werden kann); nur offensichtlich darf das nicht sein.

Beispiel: F hat sein Fahrzeug im Geltungsbereich eines Parkscheinautomaten abgestellt und ordnungsgemäß einen Parkschein gelöst und ins Fahrzeug gelegt. Vollzugsbeamte stellen später bei einer Kontrolle fest, dass die Parkzeit fast abgelaufen ist. Das warten sie ab und lassen, da es keinen Hinweis auf den Aufenthalt von F gibt, dann unmittelbar das Fahrzeug umsetzen. – Das Umsetzen war geeignet, den Parkverstoß zu beseitigen; es gab auch kein milderes Mittel. Aber eine Abschleppmaßnahme mit ihren praktischen und finanziellen Nachteilen für den Betroffenen stand, da keine weitergehende Gefährdung von Schutzgütern vorlag, erkennbar außer Verhältnis zur Abwehr eines gerade wenige Minuten dauernden Parkverstoßes.

Das gleiche gilt auch für die **zeitliche Angemessenheit** einer Maßnahme. Eine Maßnahme darf zeitlich nur solange aufrechterhalten werden, wie dies zur Abwehr der Gefahr gerechtfertigt ist. Das ist selbstverständlich. Da für Maßnahmen ab ihrer Erledigung oder einer erkennbaren Aussichtslosigkeit kein Tatbestand einer Ermächtigung mehr besteht, werden sie rechtswidrig und wären auch ohne § 2 Abs. 3 POG nach den Regeln des Folgenbeseitigungsanspruchs zu beenden.

IV. Austauschmittel

23 Der von den Behörden herangezogene Verantwortliche hat allerdings das – eher selten ausgeübte – Recht, von sich aus ein Austauschmittel anzubieten gemäß § 3 Abs. 2 S. 2 POG. Ist das Austauschmittel nicht nur geeignet, sondern zudem auch **gleich effektiv**, und wird dadurch die **Allgemeinheit nicht stärker belastet** als mit dem verfügten Mittel, so muss die Verwaltung dem Angebot entsprechen. § 3 Abs. 2 S. 2 POG hat nur da Bedeutung, wo das Austauschmittel ein anderes ist als das, was sich aus den Erwägungen der Erforderlichkeit und der Angemessenheit nach § 2 Abs. 1 und 2 POG ergäbe.[38] Wenn der Adressat eine Maßnahme, die nach allgemeiner Abwägung nicht erforderlich oder im Verhältnis zu den Rechtsgütern des Adressaten vielleicht sogar unangemessen ist, subjektiv als angenehmer empfindet, warum sollte man ihm diese Möglichkeit nicht lassen, wenn es aus der Sicht der effektiven Gefahrenabwehr und der Allgemeininteressen unerheblich ist?

Das Austauschmittel muss beantragt werden. Ein solcher **Antrag** ist nur innerhalb laufender Rechtsbehelfsfristen oder bei sofort vollziehbaren Verfügungen innerhalb einer gewährten Nachfrist möglich, und auch nur so lange, als sinnvollerweise das Mittel noch gewechselt werden kann. Ob das angebotene Mittel gleich effizient ist,

---

38 Schenke Rn 336; Habermehl Rn 239; Thiel § 8 Rn 182.

F. Rechtsfolgenseite allgemein

prüft die Verwaltung nach ihrem **Ermessen**. Das auf Antrag von der Behörde zugelassene Austauschmittel kann befristet zugelassen werden. Es verdrängt dann nicht die ursprünglich verfügte Maßnahme. Nach fruchtlosem Ablauf der gesetzten Frist kann wieder gemäß der verfügten Maßnahme vorgegangen werden.

Beispiel: Der Eigentümer ist durch Verfügung verpflichtet worden, eine morsche Linde zu fällen. Er bietet an, zusammen mit dem örtlichen Heimatverein die Linde durch Mauerwerk dauerhaft abzustützen. Die Behörde muss das Angebot annehmen, weil die angebotene, für E kostspieligere Maßnahme gleich effektiv ist, ohne die Allgemeinheit mehr zu belasten. Sie darf auf der Durchführung in angemessener Frist bestehen. Wenn nach Ablauf dieser Frist die Stützaktion nicht durchgeführt ist, kann die Behörde nur gemäß ihrer ursprünglichen Verfügung vorgehen und den Baum fällen lassen. Sie darf aber nicht ihrerseits im Weg der Ersatzvornahme die Maurerarbeiten auf Kosten des E durchführen lassen.

Prüfungsschema: Fehler auf der Rechtsfolgenseite

1. Allgemeine Rechtsfehler
Sie kommen sowohl bei Ermessens- als auch bei gebundenen Entscheidungen vor.

- **Bestimmtheit**: Die Regelung ist nicht so verständlich, dass der Adressat sie in der konkreten Situation verstehen und ihren Urheber erkennen kann, § 37 Abs. 1 VwVfG.
- **Möglichkeit**: Die Regelung ist rechtlich nicht erlaubt oder tatsächlich nicht umsetzbar. (Ausnahme: Finanzielle Leistungsfähigkeit und fehlende, aber ersetzbare Zustimmung Dritter)

2. Ermessensfehler (§ 40 VwVfG)
Eine Ermessensentscheidung ist nur dann fehlerhaft, wenn ein Rechtsfehler bei der **Entschließung** einzugreifen oder bei der **Auswahl** der Mittel vorliegt. Jeder Fehler führt zur Rechtswidrigkeit der Verfügung:

- **Ermessensüberschreitung**:
  Es wird eine nicht mehr im Rahmen der Norm liegende Rechts**folge** wählt oder eine Ermessens**grenze** wird überschritten (z. B. zeitliche in § 13 Abs. 1 S. 1 oder § 20 Abs. 2 POG).
- **Nichtgebrauch des Ermessens**:
  Es fehlt an einer Abwägung des ein Für und Wider der Entscheidung überhaupt.
- **Ermessensfehlgebrauch**:
  Die Entscheidung kam entgegen Sinn und Zweck der Vorschrift zustande.
  - **Sachverhalt**: Die Behörde geht von wesentlich **falschen Tatsachen** aus.
  - **Ermessensdefizit**: Es wurden nicht **alle erheblichen Belange** berücksichtigt.
  - **Fehleinstellung**: Es wurden **sachfremde Erwägungen** eingestellt.
  - **Fehleinschätzung**: Es wurden die abzuwägenden **Belange falsch gewichtet**.
  - **Gleichbehandlung**: Vergleichbare Sachverhalte werden **nicht gleich geregelt**, obwohl es dafür keinen sachlichen Grund gibt, Art. 3 Abs. 1 GG.
  - **Logik**: Es liegen Verstöße gegen Denkgesetze vor.

3. Fehler der Verhältnismäßigkeit i. w. S.

- **Ungeeignetheit**: Die Maßnahme **taugt nicht**, das angestrebte Ziel zu erreichen.
  (Im Gefahrenabwehrrecht genügt es, wenn die Maßnahme zumindest als sinnvoll erscheint.)
- **Keine Erforderlichkeit**: Es gibt ein anderes geeignetes, aber milderes Mittel, das den einzelnen und die Allgemeinheit voraussichtlich weniger beeinträchtigt.
- Unangemessenheit: Die Maßnahme führt zu einem Nachteil, der zum erstrebten Zweck **erkennbar außer Verhältnis** (i. e. S.) steht.

Anmerkung: Die Prüfungsreihenfolge auf der Rechtsfolgenseite wird sehr unterschiedlich gehandhabt. In einer Ordnungsverfügung oder Prüfung erwähnt man aber nur die Punkte, die problematisch erscheinen.

V. Anspruch des Bürgers auf Tätigwerden der Ordnungskräfte

24 Meistens geht es dem Bürger im Konflikt mit den allgemeinen Ordnungsbehörden bzw. der Polizei darum, Eingriffsmaßnahmen abzuwehren. Es kann sich jedoch auch die umgekehrte Interessenlage ergeben, dass nämlich Dritte die Ordnungskräfte drängen, gegen einen bestimmten Adressaten vorzugehen.[39]

---

39 Vgl. Rühle / Suhr § 3, 1.3.5.2; Götz / Geis § 11 Rn 35 ff.

F. Rechtsfolgenseite allgemein

Beispiel: Nachbarn wünschen ein Vorgehen gegen den Veranstalter einer lauten Party; ein Hausbewohner verlangt das Entfernen eines vor seiner Garagenausfahrt abgestellten Fahrzeugs; Bürger fordern Maßnahmen gegen einen streunenden Kampfhund; die Ehefrau beantragt ein Vorgehen gegen ihren sie prügelnden Ehemann.

Dann stellt sich die Frage, ob ein Bürger ein solches Recht überhaupt haben kann. Denn Ordnungsrecht ist hoheitliche Aufgabe, die nicht von Privaten bestimmt werden darf. Insbesondere das Ermessen der Ordnungsbehörde oder der Polizei kann nicht durch den Wunsch Einzelner ausgefüllt werden (was ohnehin unmöglich ist, wenn an die Ordnungskräfte widerstreitende Wünsche herangetragen werden). Es gilt darum der **Grundsatz**, dass der Bürger **keinen Anspruch** darauf hat, ob überhaupt eine Maßnahme getroffen wird und falls ja, mit welchem Inhalt. Andererseits gibt es Fälle, in denen der Rechtsstaatlichkeit wegen doch ein solcher Anspruch ausnahmsweise bejaht werden muss. Ein Anspruch auf ein bestimmtes Handeln der allgemeinen Ordnungsbehörden oder der Polizei besteht aber nur dann, wenn die im Folgenden beschriebenen drei Voraussetzungen kumulativ vorliegen:

1. Möglichkeit, die Forderung zu erfüllen

Ein Anspruch auf eine bestimmte Maßnahme setzt zunächst voraus, dass die beanspruchte Ordnungsbehörde oder Polizei diese Maßnahme überhaupt erfüllen kann und darf, ihr das Gewünschte also **tatsächlich und rechtlich möglich** ist. Dem können tatsächliche oder rechtliche Hindernisse entgegenstehen. Zur Frage des rechtlichen Dürfens gehört auch, ob die jeweilige Stelle originär oder zumindest für Eilfälle zuständig ist.

Beispiel: Die Polizei kann keine Streife irgendwo hinschicken, wenn alle Polizeibeamten bereits im Einsatz sind; die Ordnungsbehörde kann keine Messungen durchführen, wenn die notwendigen Messgeräte anderweitig benutzt werden; die Ordnungsbehörde kann keine Sicherungsmaßnahmen durchführen, wenn das technisch unmöglich ist – Die Ordnungskräfte dürfen einen Kampfhund nicht töten, wenn von diesem keine unmittelbare und gegenwärtige Gefahr ausgeht; die allgemeine Ordnungsbehörde darf mit eigenen Kräften niemanden in Gewahrsam nehmen, der wiederholt die Ruhe stört.

Aber der bloße Umstand, dass die Maßnahme vom Hoheitsträger durchgeführt werden könnte und dürfte gibt dem Bürger noch keinen Anspruch auf diese, nicht einmal einen Anspruch auf fehlerfreie Entscheidung. Denn grundsätzlich handelt es sich um Aufgaben, die alleine dem Hoheitsträger obliegen und die Rechte Einzelner nicht berühren.

Beispiel: Im Straßenbereich vor einer Mietwagenagentur A ist regelmäßig ein Mietfahrzeug der Konkurrenz B mit Werbeaufschriften im Parkverbot abgestellt. Gelegentliche Geldbußen nimmt Firma B als Nebeneffekt einer kostenlosen Werbung in Kauf. Das Parkverbot dient nur der Leichtigkeit des fließenden und ruhenden Straßenverkehrs, A hat keinen Anspruch darauf, dass das Fahrzeug B abgeschleppt wird.

2. Betroffenheit subjektiver Rechte

Dem Anspruchsteller muss ein (subjektives) Recht zustehen, das ohne die begehrte Maßnahme gefährdet wäre. Ein **subjektives Recht** liegt regelmäßig vor, wenn die Norm

1. zwingenden Charakter hat,
2. nicht nur den Schutz der Allgemeinheit bezweckt, sondern zumindest auch **zugunsten einer bestimmten Person** (oder eines bestimmten abgrenzbaren Personenkreises) erlassen wurde und
3. erkennbar wird, dass sich die Person auf den Rechtsatz auch berufen können soll.[40]

Viele Vorschriften lassen schon im Wortlaut erkennen, dass sie einen abgrenzbaren Personenkreis, insbesondere die Nachbarschaft, schützen wollen, z. B. § 5 Abs. 1 GastG, § 5 Abs. 1 Nr. 1 BImSchG oder §§ 10, 14 LImSchG. Anderen kann man das nur aus ihrem Sinn entnehmen, z. B. § 8 LBauO. Grundrechte sind immer subjektive Abwehrrechte.

Wird festgestellt, dass 1. der Ordnungsbehörde bzw. der Polizei die Maßnahme möglich ist und dass 2. die subjektiven Rechte des Anspruchstellers gefährdet sind (aber nur dann), hat der Anspruchsteller zumindest einen **Anspruch auf eine ermessensfehlerfreie Entscheidung**. D.h. er kann zwar noch nicht eine bestimmte Maßnahme verlangen, wohl aber, dass über sein Begehren fehlerfrei entschieden wird. Wird sein Begehren abgelehnt und enthält es einen Ermessensfehler, kann er eine neue, fehlerfreie Entscheidung verlangen.

3. Ermessensreduzierung auf Null

27 Einen Anspruch auf eine bestimmte Maßnahme hat der Antragsteller nur dann, wenn sich zusätzlich das den Ordnungskräften zustehende Ermessen auf Null reduziert hat. Das ist der Fall, wenn bei ordnungsgemäßer Prüfung im konkreten Fall *nur eine rechtmäßige Maßnahme übrig* bleibt, weil alle alternativ möglichen Maßnahmen an einem Fehler leiden würden.[41] Das kann insbesondere auch der Fall sein, weil sich das Ermessen wegen des Gleichbehandlungsgrundsatzes (Art. 3 GG) reduziert hat, weil die Polizei oder Ordnungsbehörde ohne hinreichende Differenzierungskriterien anders entschieden hatte.[42] Damit verbleibt den Ordnungskräften kein Spielraum mehr im Rahmen des Ermessens. Die Ordnungsbehörde oder Polizei kann rechtmäßigerweise nur diese eine Maßnahme treffen und der Antragsteller kann diese konkrete Maßnahme wegen der Gefährdung seiner subjektiven Rechte auch verlangen. Zu beachten ist allerdings, dass die Ermessensreduktion für Entschließungsermessen und Auswahlermessen getrennt zu prüfen ist und eine Reduzierung des Entschließungsermessens nicht unbedingt auch eine Reduzierung des Auswahlermessens bedeutet. Auch innerhalb des Auswahlermessens kann die Reduktion nur einen Teil betreffen.

Beispiel: Die Anwohner haben bei nächtlicher Ruhestörung durch eine Party einen Anspruch darauf, dass die Ordnungskräfte dagegen einschreiten und ihre Gesundheit schützen (Reduzierung des Entschließungsermessens), wenn das den Ordnungskräften möglich ist; in welcher Form die Ruhe aber wieder hergestellt wird (Auswahlermessen), ist alleine Ermessen der Ordnungskräfte. – Der Geschädigte hat gegen einen Ordnungsbediensteten einen Anspruch darauf, dass er die Personalien des anwesenden Schädigers feststellt, wenn das zur Durchsetzung des Schadensersatzes erforderlich ist (Reduzierung des Entschließungs- und teilweise des Auswahlermessens); für weitergehende Maßnahmen (im Auswahlermessen) bleibt es wiederum beim Ermessensspielraum der Ordnungskräfte.

---

40 BVerwG v. 26.10.1995 - 3 C 27.94, NVwZ-RR 1996, 537; v. 16.3.1989 - 4 C 36.85, NVwZ 1989, 1157.
41 VGH Mannheim v. 16.5.1990 - 14 S 2916/89, NVwZ-RR 1991, 66.
42 Knemeyer Rn 128.

F. Rechtsfolgenseite allgemein 135

Anspruch auf ein bestimmtes Verhalten eines Hoheitsträgers

1. Ist dem beanspruchten Hoheitsträger das Verlange überhaupt möglich?

a) Kann der Hoheitsträger das Verlangte **tatsächlich** durchführen?

b) Ist es ihm **rechtlich** erlaubt?
- Ist der Hoheitsträger für die begehrte Maßnahme überhaupt zuständig?
- Gibt es eine Rechtsnorm, die das Verlangte vorsieht und liegen deren rechtliche Voraussetzungen vor?

↳ Der Bürger hat alleine deswegen grundsätzlich noch **keinerlei Rechte**, weder im Hinblick auf den Erlass noch auf den Inhalt einer hoheitlichen Entscheidung

2. Droht ein Nachteil für ein subjektives Recht des Antragstellers?

1) Subjektives Recht:

Gibt es eine geschriebene oder ungeschriebene Rechtsgrundlage, die
- die begehrte Rechtsfolge vorsieht +
- die zumindest auch dazu dient, einen **Personenkreis zu schützen**, zu dem auch der Antragsteller gehört, und zwar vor Nachteilen wie den hier in Rede stehenden?
(= bei Drittbeteiligung häufig die für die Behörde geltende Ermächtigungsgrundlage)

2) **Droht** ohne die begehrte Maßnahme ein nennenswerter **Nachteil** für dieses Recht?

↳ Wenn 1. und 2. vorliegen, hat der Antragsteller zumindest einen Anspruch darauf, dass sein Antrag beschieden wird; ist der Behörde Ermessen eingeräumt, hat er einen Anspruch **auf ermessensfehlerfreie Entscheidung**

3. Ist fehlerfrei nur eine Stattgabe des Antrages denkbar?

✧ Bei **gebundener Entscheidung**: Deckt sich die Rechtsfolge mit dem Anspruch?

oder

✧ Bei Ermessen: **Reduziert sich das Ermessen** auf die Vornahme des begehrten Verhaltens („auf Null"), weil jede alternative Entscheidung einen Rechtsfehler hätte?

↳ Wenn neben 1. und 2. auch 3. vorliegt, hat der Antragsteller einen
Anspruch auf das konkrete hoheitliche Verhalten.

G. Die Eingriffsermächtigungen des POG

I. Allgemeines

1. Spezialregelungen außerhalb des POG

1 Eingriffe in die Rechte des Bürgers bedürfen nach Art. 20 Abs. 3 GG einer **Ermächtigungsgrundlage**. Derartige Eingriffsbefugnisse dienen der Allgemeinheit und können (anders als Erstattungs- oder Ausgleichsansprüche, vgl. dazu Rn J 43 und K 29) darum **weder verwirkt** werden **noch verjähren** (sog Ewigkeitshaftung).[1] Die umfangreiche Entwicklung des Ordnungsrechts hat es mit sich gebracht, dass das **besondere Ordnungsrecht** eine Vielzahl spezieller Regelungen enthält. Die meisten Sonderregeln sind solche, die für *Sonder*ordnungsbehörden wie Gewerbe-, Umwelt-, Baubehörden usw. (vgl. § 88 Abs. 2 POG und Rn B 17) gelten und das POG gänzlich verdrängen, es sei denn es wird ausdrücklich zurückverwiesen[2]; diese sind hier ebenso wenig Gegenstand der Darstellung wie Sonderregeln für Bundesordnungsbehörden. Aber auch für die allgemeinen Ordnungsbehörden (vgl. Rn B 18) gibt es viele Spezialvorschriften, die den Standardmaßnahmen des POG vergleichbar sind und diesen als Spezialregelungen entweder vorgehen oder sie manchmal ganz ausschließen. Nach § 9 Abs. 2 POG haben die allgemeinen Ordnungsbehörden und die Polizei zur Erfüllung von Aufgaben, die ihnen durch andere Rechtsvorschriften übertragen sind, die in diesen **Spezialvorschriften** benannten Befugnisse, im Übrigen können sie auf die Befugnisse des POG zurückgreifen. Das bedeutet, dass für jede Maßnahme zunächst einmal zu schauen ist, ob für diese nicht irgendwo spezialgesetzlich etwas geregelt ist. So erlassen die allgemeinen Ordnungsbehörden z. B. Verfügungen gegen gefährliche Hunde nach § 7 LHundG, untersagen Deutschen die Ausreise nach § 10 PassG, stellen einen Personalausweis nach § 7 LPAuswG sicher oder schleppen ein Kraftfahrzeug im Halteverbot nach § 63 LVwVG ab. Die Polizei z. B. kontrolliert im Bereich des Straßenverkehrs nach § 36 Abs. 5 StVO oder schickt den Ausländer nach §§ 12 Abs. 3, 71 Abs. 5 AufenthG in den für ihn zulässigen Bezirk zurück. Diese Befugnisse gehen den Regeln des POG vor. Das gilt auch dann, wenn den allgemeinen Ordnungsbehörden zwar keine Befugnisse eingeräumt werden, diese aber im Spezialgesetz auch nicht gewollt waren (sog. negative Regelung). Z. B. enthält das Versammlungsgesetz keine Regelung der Gewahrsamnahme von Versammlungsteilnehmern oder das LMedienG keine Regelung über eine Sicherstellung von Druckwerken oder eines Verteilungsverbotes wegen ihres Inhalts durch Ordnungskräfte; beides soll bewusst nicht möglich sein, weswegen man diesen gesetzgeberischen Willen nicht durch einen Rückgriff auf das POG umgehen

2. Versammlungsrecht

2 Ein Sonderfall ist das Versammlungsrecht (zu der Besonderheit im Rahmen der Zuständigkeit vgl. Rn B 18). Eine **Versammlung** ist eine örtliche Zusammenkunft meh-

---

1 BVerwG v. 28.2.2008 - 7 B 12.08, NVwZ 2008, 684; v. 7.8.2013 - 7 B 9.13; VGH Mannheim v. 1.4.2008 - 10 S 1388/06, NVwZ-RR 2008, 696; Pieroth / Schlink / Kniesel § 9 Rn 65; Würtenberger / Heckmann / Tanneberger § 5 Rn 326.
2 Z. B. § 18 Abs. 1 S. 3 LKrWG; § 97 Abs. 1 S. 2 Landeswassergesetz; § 59 Abs. 2 LBauO; § 42 Abs. 1 S. 31 LNatSchG.

G. Die Eingriffsermächtigungen des POG

rerer Personen[3] zur gemeinschaftlichen, auf die Teilhabe an der öffentlichen Meinungsbildung gerichteten Erörterung oder Kundgebung.[4] Keine Versammlungen sind daher bloße Ansammlungen (s. dazu unten Rn G 3). Versammlungen sind durch Art. 8 GG geschützt, soweit es sich um **Deutsche** (Art. 116 GG) handelt[5], die sich friedlich und **ohne Waffen** (= Waffen i. S. d. § 1 WaffenG und jeder Gegenstand, der geeignet und vom Benutzer dazu bestimmt ist, Verletzungen oder erhebliche Sachschäden beizubringen) versammeln. Das POG füllt für alle Versammlungen Lücken des Versammlungsgesetzes aus, soweit es nicht um Ermächtigungsgrundlagen geht, insbesondere bei der Zuständigkeit oder der Konkretisierung des Ermessens, z. B. in §§ 2 f. oder die 4 ff. POG. Darüber hinaus wird das **POG** in **Vorphase** (Planung, Anreise) und **Nachphase** (Auflösung, Abfahrt) von Versammlungen ergänzend für anwendbar gehalten, soweit das Versammlungsgesetz nichts Spezielleres regelt und die Maßnahme gegenüber Art. 8 GG verhältnismäßig ist.[6] Unproblematisch ist umgekehrt auch, dass im Zusammenhang mit Versammlungen die Standardmaßnahmen des Versammlungsgesetzes als Spezialregeln vorgehen (insbesondere die §§ 12a / 19a, 13 / 18 Abs. 2, 15, 18 Abs. 3[7], 19 VersG). Allerdings für den **Ablauf** der Versammlung muss man für die Anwendbarkeit des POG unterscheiden:

a) Öffentliche Versammlungen unter freiem Himmel

Versammlungen **unter freiem Himmel** sind praktisch immer öffentlich, da die Zahl und Identität der Anwesenden in aller Regel nicht reguliert werden kann. Öffentliche Versammlungen unter freiem Himmel sind solche, die seitlich nicht zur Allgemeinheit hin abgeschirmt sind.[8] Sie gelten wegen des direkten Kontakts zum Umfeld als riskanter als Versammlungen in geschlossenen Räumen und sind zwar grundsätzlich durch Art. 8 Abs. 1 GG geschützt, in sie kann aber nach Art. 8 Abs. 2 GG „durch Gesetz oder aufgrund eines Gesetzes" **eingegriffen** werden. In diesen Fällen binden die Grundrechte nicht mehr nur Verwaltung und Gerichte, sondern auch den zu ihrer Einschränkung befugten Gesetzgeber (Art. 1 Abs. 3 GG). Dieser ist darüber hinaus an die Verfassung gebunden (Art. 20 Abs. 3 GG). Dem Gesetz, das die Grundrechte beschränkt (Schranke), sind aber selbst Schranken gesetzt (**Schranken-Schranken**). Dazu gehören insbesondere:

2a

---

3 Zwei (Schenke Rn 361; Kniesel NJW 2000, 2857; Kahl JuS 2000, 1092) oder drei (OLG Saarbrücken v. 15.9.1998 - Ss (Z) 225/98 - (106/98), NStZ-RR 1999, 119).
4 Vgl. v. 24.10.2001 - 1 BvR 1190/90; 1 BvR 2173/93; 1 BvR 433/96, NJW 2002, 1031; VG Braunschweig v. 27.7.1999 - 6 A 74/99, NZV 2000, 142; OVG Weimar v. 29.8.1997 - 2 ZEO 1037/97 und 2 EO 1038, NVwZ-RR 1997, 498; Schenke Rn 361; Deger NVwZ 1999, 266; Kniesel NJW 2000, 2857; Kahl JuS 2000, 1091; Deutelmoser NVwZ 1999, 240 ff.; wobei aber umstritten ist, ob das mit dem Ziel der Teilhabe an der öffentlichen Meinungsbildung geschehen muss, so z. B. BVerfG v. 25.1.2011 - 2 BvR 2015/09, NVwZ 2011, 422, Rn 19; v. 26.10.2004 - 1 BvR 1726/01, NVwZ 2005, 80; v. 12.7.2001 - 1 BvQ 28/01; 1 BvQ 30/01, NJW 2001, 2459 (Loveparade); OVG Münster v. 29.6.2001 - 5 B 832/01, NJW 2001, 2986; VGH Mannheim v. 26.1.1998 - 1 S 3280/96, NVwZ 1998, 761; dazu auch Tschentscher NVwZ 2001, 1243 ff.
5 Nach herrschender Meinung gilt für EU-Bürger wie bei allen Ausländern das Versammlungsrecht nur über Art. 2 Abs. 1 GG, so Pieroth / Schlink, Grundrechte. Staatsrecht II, 27. Aufl. 2011, Rn 122; Sachs-Höfling, Grundgesetz, 6. Aufl. 2011, Art. 8 Rn 46; a. A. z. B. Sachs BayVBl. 1990, 385, Ruppel „Der Grundrechtsschutz der Ausländer im deutschen Verfassungsrecht", 1968, S. 43 ff.; Schwabe, NJW 1974, 1044.
6 BVerfG v. 12.5.2010 - 1 BvR 2636/04, NVwZ-RR 2010, 625, Rn 14.
7 S. zur Vollstreckung von § 18 Abs. 3, Abs. 1, § 11 Abs. 2 VersG das Beispiel bei Rn J 24.
8 BVerfG v. 14.5.1985 - 1 BvR 233/81; 1 BvR 341/81, NJW 1985, 2395 (Brokdorf); Gusy Rn 417; Dietel / Gintzel / Kniesel vor § 14 Rn 11.

- Das Zitiergebot, wonach das einzuschränkende Grundrecht benannt werden muss (Art. 19 Abs. 1 S. 2 GG).
- Nach der Wesensgehaltsgarantie darf das einzuschränkende Grundrecht in seinem Kern nicht angetastet werden (Art. 19 Abs. 2 GG).
- Das Verbot eines Einzelfallgesetzes (Art. 19 Abs. 1 S. 1 GG).
- Das Übermaßverbot (Verhältnismäßigkeitsprinzip).
- Möglichkeit des gerichtlichen Rechtsschutzes.
- Bindung durch die Grundrechte als unmittelbar geltendes Recht.
- Schutz- und Achtungsanspruch der Menschenwürde.

Ein solches Gesetz kann nur eine Vorschrift sein, die sich typischerweise im Regelungsbereich des Grundrechts, hier also der Versammlungsfreiheit, bewegt und gemäß Art. 19 Abs. 1 S. 2 GG das Grundecht (hier Art. 8 GG) zitiert.[9] Ein solches Gesetz sind die §§ 14 ff. i. V. m. § 20 Versammlungsgesetz (VersG).[10] Das POG dagegen zitiert zwar ebenfalls in § 8 Nr. 3 POG den Art. 8 GG, bewegt sich aber nicht typischerweise in dessen Regelungsbereich. Darum ist das **POG** hier *hinsichtlich seiner Ermächtigungsgrundlagen* **nicht anwendbar**[11]. Das ist insofern misslich, als das Versammlungsgesetz Standardeingriffe nur unvollständig regelt. Sofern es eine bestimmte Standardmaßnahme im Versammlungsgesetz nicht gibt (z. B. Sicherstellung, Sachdurchsuchung), muss die Maßnahme auf eine Analogie zu § 15 Abs. 3 4. Fall i. V. m. Abs. 1 VersG gestützt werden. Denn wenn der Gesetzgeber bei einer unmittelbaren Gefahr für die öffentliche Sicherheit oder Ordnung eine Auflösung der Versammlung zulässt, muss wegen des verfassungsmäßigen Grundsatzes der Verhältnismäßigkeit erst recht eine geringere Maßnahme darauf gestützt werden können. Nicht hierauf stützen kann man aber eine Gewahrsamnahme (nicht minder schwer als Auflösung) oder einen Platzverweis (spezieller geregelt in § 18 Abs. 3, Abs. 1 i. V. m. 11 Abs. 2 VersG).[12]

b) Öffentliche Versammlungen in geschlossenen Räumen

2b **Öffentliche** Versammlungen **in geschlossenen Räumen** finden an einem Ort statt, an dem sie nach allen Seiten (nicht notwendig von oben, es sei denn in diese Richtung bestünde ausnahmsweise Kontakt zu anderen, z. B. möglich bei tiefliegenden Standorten) von der Allgemeinheit abgeschirmt sind und bei denen der Zugang nicht auf bestimmte Personen eingeschränkt ist.[13] Durch diese räumliche Abgrenzung geht von einer solchen Versammlung eine geringere Gefahr aus als von einer unter freiem Himmel.[14] Für diese Versammlungen gilt daher nur Art. 8 Abs. 1 GG, nicht auch Art. 8 Abs. 2 GG. Das bedeutet, in dieses Recht **kann** überhaupt **nicht einge-**

---

9 Solche sind in Rheinland-Pfalz neben dem Versammlungsgesetz (s. a. § 20) das Landesgesetz über die Bildung eines befriedeten Bezirks für den Landtag Rheinland-Pfalz, die §§ 6, 11 Landesgesetz über den Schutz der Sonn- und Feiertage und das Landesgesetz zum Schutz der Gedenkstätte KZ Osthofen und der Gedenkstätte SS-Sonderlager/KZ Hinzert vom 28. September 2005, GVBl. 2005, 442.
10 Mit Inkrafttreten des 1. Teils der sog. Föderalismusreform am 1.9.2006 (52. Gesetz zur Änderung des Grundgesetzes vom 28.8.2006, BGBl. I, S. 2034) ist der Regelungsbereich „Versammlungsrecht" aus Art. 74 Abs. 1 Nr. 3 GG und damit aus dem Katalog der konkurrierenden Gesetzgebung gestrichen und in die Gesetzgebungszuständigkeit der Länder gemäß Art. 70 Abs. 1 GG überführt worden; in Rheinland-Pfalz gilt jedoch bis zum Erlass eines Landesversammlungsgesetzes das Bundesgesetz einschließlich evtl. künftiger Änderungen weiter, Art. 125a GG. Dagegen haben die Länder Bayern, Niedersachsen, Sachsen, Sachsen-Anhalt und Schleswig-Holstein eigene Versammlungsgesetze.
11 Kahl JuS 2000, 1092.
12 Auch eine Identitätsfeststellung ist kritisch, vgl. Kniesel NJW 2000, 2862 f.
13 Schenke Rn 362.
14 Vgl. BVerfG v. 14.5.1985 - 1 BvR 233/81; 1 BvR 341/81, NJW 1985, 2395; BVerfGE 69, 348 (Brokdorf); Dietel / Gintzel / Kniesel vor § 5 Rn 8.

G. Die Eingriffsermächtigungen des POG

griffen werden.[15] Solche Grundrechte sind vorbehaltlos, aber nicht schrankenlos. Es bestehen nämlich Schranken, die in der Natur der Grundrechte angelegt sind: Aus dem Prinzip der Einheit der Verfassung können auch vorbehaltlose Grundrechte durch kollidierendes Verfassungsrecht eingeschränkt werden (**verfassungsimmanente Schranken**, Praktische Konkordanz). Solch kollidierendes Verfassungsrecht sind insbesondere Grundrechte Dritter und außerdem andere mit Verfassungsrang ausgestattete Rechtsgüter. Nach herrschender Meinung ist auch in solchen Fällen eine gesetzliche Grundlage erforderlich, die zwischen den widerstreitenden Prinzipien abwägt.[16] §§ 2–13 VersG sind darum keine Normen, die das Versammlungsrecht einschränken, sondern nur solche, die dessen verfassungsimmanente Schranken aufzeigen, also die Grenzen des Grundrechts. Da jede weitergehende Maßnahme eine verbotene Einschränkung des Grundrechts wäre, bleibt auch hier für die Anwendung der Ermächtigungsgrundlagen des **POG kein Raum**. Allerdings ist zu beachten, dass dann, wenn die in den §§ 5 und 13 VersG genannten Schutzgüter gefährdet sind, diese beiden Vorschriften auch Maßnahmen abdecken, die geeignet, aber milder als ein Verbot bzw. eine Auflösung sind.

c) Nichtöffentliche Versammlungen in geschlossenen Räumen

Nichtöffentliche Versammlungen (nur möglich **in geschlossenen Räumen**) unterscheiden sich von den zuletzt genannten dadurch, dass nur ein vorher konkret festgelegter Personenkreis eingeladen ist und das auch ernsthaft kontrolliert wird.[17] Auch für sie gilt nur Art. 8 Abs. 1 GG, wonach ein echter **Eingriff nicht möglich** ist. Für sie gilt aber das Versammlungsgesetz nach seinem Wortlaut nicht[18], so dass die herrschende Meinung die Vorschriften des **POG** anwendet, allerdings nur um die verfassungsgemäßen Schranken zu bestimmen.[19] Das heißt, man wendet das POG nur zum Schutz solcher Schutzgüter an, die die verfassungsimmanenten Schranken des Art. 8 Abs. 1 GG bestimmen. Man könnte auch die §§ 2 ff. VersG analog anwenden, das Ergebnis wäre dasselbe.

2c

Zusammenfassend ergibt sich also für das **Verhältnis POG zum Versammlungsgesetz**:

1. Die Ermächtigungsgrundlagen des **POG** (nicht das POG insgesamt) sind **während des Ablaufs** einer öffentlichen Versammlung durch das Versammlungsgesetz **verdrängt**; in der Vor- und Nachphase allerdings ergänzend zum VersG anwendbar.
2. Das **POG** ist während des Ablaufs einer nichtöffentlichen Versammlung (in geschlossenen Räumen) **eingeschränkt** auf die verfassungsimmanenten Schranken **anwendbar** (h. M.).

---

15 BVerwG v. 23.3.1999 - 1 C 12.97, NVwZ 1999, 991 unter Berufung auf BVerwG v. 27.3.1992 - 7 C 21.90, NJW 1992, 2496 (zu Art. 4 GG); vgl. dazu auch Brodersen JuS 2000, 199.
16 BVerfG v. 24.9.2003 - 2 BvR 1436/02, NJW 2003, 3111.
17 BVerwG v. 23.3.1999 - 1 C 12.97, NVwZ 1999, 991; OVG Weimar NVwZ-RR 1998, 498; Kniesel NJW 2000, 2862.
18 Ausgenommen die §§ 3, 21, 23 und 28 VersG.
19 BVerwG v. 23.3.1999 - 1 C 12/97, NVwZ 1999, 92; VGH Mannheim v. 28.8.1986 - 1 S 3241/85, NVwZ 1987, 237; OVG Lüneburg v. 24.9.1987 - 12 A 269/86, NVwZ 1988, 638; OVG Münster v. 26.4.1988 - 11 UE 468/85, NJW 1989, 1500; OVG Saarbrücken v. 17.5.1973 - I R 59/71, DÖV 1973, 863; VG Minden v. 6.8.1987 - 2 K 807/87, NVwZ 1988, 663; Schoch JuS 1994, 481; Schenke Rn 362; a. A. OVG Münster v. 10.2.1989 - 4 B 504/89, NVwZ 1989, 885; Dietel / Gintzel / Kniesel vor § 1 Rn 224 ff.; Gallwas JA 1986, 484; Kniesel NJW 2000, 2865; Alberts NVwZ 1992, 40; Rühl NVwZ 1988, 581; Ketteler, DÖV 1990, 956; Krüger DÖV 1993, 660; zur hierfür abweichenden Zuständigkeit vgl. Rn B 18 am Ende.

3. Das **POG** ist dagegen neben dem Versammlungsgesetz **uneingeschränkt anwendbar**
   a) mangels Eingriffs in den sachlichen Regelungsbereich des Art. 8 GG
      – bei Maßnahmen, die zwar zeitlich während einer Versammlung stattfinden, mit deren Ablauf und Inhalt keinen inhaltlichen Zusammenhang haben (z. B. Brandschutzmaßnahmen, Eingriffe wegen mitgeführter Kampfhunde; Unterbinden von Rauschgifthandel)
      – bei nach den §§ 5, 13 oder 15 VersG verbotenen oder aufgelösten Versammlungen (kein Schutz durch Art. 8 GG), sofern das Versammlungsgesetz nicht Spezielleres regelt (z. B. § 15 Abs. 4 VersG) und
   b) mangels Zugehörigkeit zum durch Art. 8 GG geschützten Personenkreis
      – gegenüber ausländischen Teilnehmern
      – neben § 2 Abs. 3 VersG gegenüber unfriedlichen oder bewaffneten Teilnehmern
      – gegenüber nach den §§ 11 / 18 Abs. 1 und 3 VersG ausgeschlossenen Teilnehmern
      – gegenüber reinen Versammlungsstörern ohne eigene Versammlungsabsicht
      – gegenüber sonstigen Anwesenden ohne Versammlungsabsicht, z. B. Zuschauer, Gewerbetreibende

Repressive Maßnahmen (Straf- oder Bußgeldverfolgung) werden durch das VersG nicht eingeschränkt, wenn sie gegenüber Art. 8 GG verhältnismäßig sind. Zu beachten ist noch, dass das **Uniformverbot** (§ 3 VersG) sowie das **Schutzwaffen- und Vermummungsverbot** (§ 17a VersG) über die Versammlungen hinaus für alle „*öffentlichen Veranstaltungen*" gilt.

d) **Veranstaltungen und Ansammlungen**

3 Eine **Veranstaltung** ist ein zeitlich begrenztes und geplantes Ereignis, das in der begrenzten Verantwortung eines Veranstalters organisiert wird und an dem eine Gruppe von Menschen teilnimmt. Sie hat ein definiertes Ziel und eine Programmfolge mit thematischer, inhaltlicher Bindung oder Zweckbestimmung (z. B. Konzert, Volksfest, Märkte, Sportveranstaltung). Bei einer **Ansammlung** kommt (meist spontan) eine Gruppe von Menschen aus einer einheitlichen Motivation zusammen („Gaffer" bei einem Unfall oder Brand, Autokorso nach einem gewonnenen Spiel). In beiden Fällen verfolgen die Menschen keinen gemeinsamen Zweck wie bei der Versammlung.[20] Die Abgrenzung ist fließend und rechtlich nicht erheblich. Grundsätzlich unterliegen sie nur den allgemeinen, aber keinen besonderen Regeln. Das ist in Anbetracht ihres Gefahrenpotenzials erstaunlich bei Großveranstaltungen. Diese bedürfen nur wegen der Veranstaltung normalerweise nicht nur gar keiner Zulassung, es fehlt auch fast immer an der rechtlichen Möglichkeit, ähnlich wie bei § 5 Abs. 2 GastG, § 69 Abs. 2 LBauO oder § 15 Abs. 2 VersG selbständige Auflagen oder Anordnungen zu verfügen.[21] Denn z. B. Fußballspiele von Profíclubs sind geneigt, Anlass für Ran-

---

20 Probleme bereiten neuerdings sog. Facebook-Partys (vgl. Levin/Schwarz DVBl. 2012, 10; Trurnit JurA 2012, 365) und sog Flashmobs (vgl. Ernst DÖV 2011, 537).
21 Das aktuelle Verfahren ist rechtlich sehr bedenklich. So wurde bisher z. B. „Rock am Ring" über das POG legitimiert, was bei Eingriffsnormen schon rechtslogisch nicht möglich ist, „Nature One" bei Kastellaun nach Gaststättenrecht und der Firmenlauf in Koblenz nach Straßenverkehrsrecht. Nicht nur, dass diese Vorschriften der eigentlichen Gefahrenproblematik kaum gerecht werden, die darauf gestützten Einschränkungen gingen notgedrungen auch noch weit über den Regelungsbereich dieser Vorschriften hinaus. Das Land Rheinland-Pfalz plant (zur Zeit der Drucklegung dieses Buches) diesen Bereich im POG speziell und grundsätzlich zu regeln.

G. Die Eingriffsermächtigungen des POG

dale zwischen den „feindlichen" Hooligans zu werden, Unwetter bedrohen großflächige Musikveranstaltungen im Sommer (z. B. bei „Rock am Ring" 2016) und seit einiger Zeit werden Großveranstaltungen auch vermehrt Ziel von terroristischen Anschlägen (z. B. der Weihnachtsmarkt an der Berliner Gedächtniskirche im Dezember 2016). Wenn schon Auflagen bei den wesentlich höherwertig geschützten Versammlungen gesetzlich vorgesehen sind, müsste das erst recht für die sonstigen Großveranstaltungen gelten, von denen viele mindestens ebenso gefährdet sind. Zudem bedarf es einer Regelung über das Zusammenwirken von Ordnungsbehörden, Polizei, Feuerwehr, andere Rettungskräfte, gegebenenfalls auch Bau, Jugend- und anderer Behörden. Schließlich dürften die derzeitig zuständigen Verwaltungen von Verbandsgemeinden und einfachen Städten mit Veranstaltungen, die zigtausende von Menschen anziehen, überfordert sein; die Kreisebene ist deutlich geeigneter, weil sie viele damit zusammenhängende Zuständigkeiten bereits hat (z. B. Rettungsdienste, Versammlungsaufsicht, Jugendamt, Baubehörde, Gesundheitsamt, Waffenrecht usw.) und personell qualitativ ganz anders aufgestellt ist. Das geht allerdings nur durch eine Regelung des Gesetzgebers.

3. Verhältnis Generalklausel zu Standardmaßnahmen des POG

Greift kein Spezialgesetz ein, sind als nächstes die Standardmaßnahmen des POG, die §§ 9a ff. POG zu prüfen. Denn die Standardmaßnahmen der § 9a ff. POG sind gegenüber der Generalklausel § 9 Abs. 1 S. 1 POG die **spezielleren Regelungen**, gegenüber den präventiven Regelungen außerhalb des POG die allgemeinen. Dass sie § 9 Abs. 1 S. 1 POG vorgehen, ergibt sich schon alleine aus ihrem spezielleren Tatbestand, der der Polizei und den Ordnungsbehörden für besondere Situationen eine auf diese zugeschnittene Ermächtigungsgrundlage an die Hand gibt.[22] Alleine die besondere rechtliche Ausgestaltung für besondere Situationen rechtfertigt schon die Existenz der Standardmaßnahmen.[23]

Abgesehen von den §§ 13 Abs. 1, 19 und 22 ff. POG sind die Standardmaßnahmen aber vor allem deshalb notwendig, weil das **Grundgesetz** diese Sonderregelungen erfordert; die betreffenden Maßnahmen auf § 9 Abs. 1 S. 1 POG zu stützen, wäre in vielen Fällen verfassungswidrig. Zum einen unterliegen die in § 8 POG zitierten Grundrechte nach Art. 2 Abs. 2 S. 3, 8 Abs. 2, 10 Abs. 2, 11 Abs. 2 bzw. Art. 13 Abs. 7 GG dem **Gesetzesvorbehalt**. Das bedeutet zum einen, dass Einschränkungen nur „*durch oder aufgrund*" eines formellen Gesetzes möglich sind, dessen wesentliche Regelungen sich **im Schutzbereich des Grundrechtes bewegen** (was bei Generalklauseln nie möglich sein kann). Außerdem müssen diese Einschränkungen, da sie sich nicht schon aus der Hauptintention des POG ergeben (anders z. B. beim StGB), der Klarheit halber gemäß Art. 19 Abs. 1 S. 2 GG **zitiert** werden, um eine vom Gesetzgeber ungewollte Einschränkung auszuschließen.[24] § 8 POG zitiert folgende Grundrechte:

- Nr. 1: **Art. 2 Abs. 2 S. 1 GG** (Leben und körperliche Unversehrtheit) im Hinblick z. B. auf die §§ 62 ff. POG
- Nr. 2: **Art. 2 Abs. 2 S. 2, 104 GG** (Freiheit der Person) z. B. wegen der §§ 10 bis 12 sowie 14 bis 18 POG, deren Vollzug Freiheitsentziehungen oder -beschränkungen

---

22 Möstl JurA 2011, 840.
23 Genauer Schenke Rn 115 ff.; Beckmann NVwZ-RR 2011, 842.
24 Vgl. oben Rn G 2.

entweder zum Ziel hat oder typischerweise als Begleiterscheinung mit sich bringen kann.
- Nr. 3: **Art. 8 GG** (Versammlungsfreiheit) hätte nicht wegen der nichtöffentlichen Versammlungen in geschlossenen Räumen eingefügt werden müssen, für die das Zitiergebot aus Art. 8 Abs. 2 GG nicht gilt, wohl aber für Maßnahmen nach dem POG in der Vor- und Nachphase einer Versammlung unter freiem Himmel (s. o. Rn G 2).
- Nr. 4: **Art. 10 GG** (Brief-, Post-, Fernmeldegeheimnis) im Hinblick auf die §§ 31 ff. POG
- Nr. 5: **Art. 11 GG** (Freizügigkeit) im Hinblick auf das Aufenthaltsverbot (§ 13 Abs. 3 POG) sowie die Meldeauflage (§ 12 a POG)
- Nr. 6: **Art. 13 GG** (Unverletzlichkeit der Wohnung) muss wegen der Eingriffe in §§ 13 Abs. 2, 20 f. und 29 POG zitiert werden (vgl. dazu Rn G 61 f.)

Dagegen greifen rechtmäßige Maßnahmen nach den §§ 13 Abs. 1, 19 und 22 ff. POG weder in Art. 2 Abs. 2 GG noch – zumindest soweit sich die Maßnahme gegen Verantwortliche richtet – in das nach Art. 14 GG geschützte Eigentum ein[25]; die §§ 19 und 22 ff. stehen allerdings z. T. mit Einschränkungen i. S. d. Art. 2 Abs. 2 S. 2 GG in engem Zusammenhang.

5 Zum anderen wird das aus Art. 2 Abs. 1 i. V. m. Art. 1 GG folgende Recht auf **informationelle Selbstbestimmung** spätestens seit dem Volkszählungsurteil des Bundesverfassungsgerichts[26] als ein so wichtiges Schutzgut angesehen, dass für Eingriffe in dieses eine konkrete Regelung zwingend erforderlich ist. Das macht die §§ 10 bis 12 sowie 26 ff. POG erforderlich, in denen genaue Regelungen enthalten sind, wie personenbezogene Informationen erhoben und behandelt werden dürfen.

6 Ein weiter Sinn der Standardmaßnahmen ist der, durch besondere **Verfahrens- und Folgenregeln** den Schutz der Grundrechte soweit wie möglich zu erhalten[27]. Dem dienen Regelungen über die Art und Weise, in der die Grundrechte durch die Standardmaßnahmen eingeschränkt werden können, über die Dauer des Eingriffs und was anschließend zu geschehen hat, über Richtervorbehalte, Beteiligungs- und Anwesenheitsrechte, Bescheinigungen usw. (siehe die §§ 11 Abs. 2, und 12 Abs. 2 und 4, 15 ff., 18 Abs. 3, 19 Abs. 2, 20 Abs. 3, 21 und 23 ff. POG).

4. Allgemeines zu den Standardmaßnahmen des POG

7 Die in §§ 9 a ff. POG enthaltenen Regelungen zu Standardmaßnahmen lassen sich nach dem **Regelungsgegenstand** gliedern und unterscheiden:
- **Erhebung und Verarbeitung personenbezogener Informationen**:
Identitätsfeststellung (§ 10 Abs. 1), Prüfung von Berechtigungsscheinen (§ 10 Abs. 3), erkennungsdienstliche Behandlung (§§ 11, 11a), Vorladung und Vernehmung (§ 12), Datenerfassung und -verarbeitung (§§ 26 ff. POG).

---

25 Drews / Wacke / Vogel / Martens § 33, 3. a), S. 668; vgl. zur fehlenden Eigentumsgarantie polizeiwidriger Sachen BVerfG v. 17.11.1966 - 1 BvL 10/61, NJW 1967, 548; BVerwG v. 31.7.1998 - 1 B 229.97, NJW 1999, 231; BVerwG v. 24.6.1971 - I C 39.67, NJW 1971, 1475; BGH v. 30.9.1970 - III ZR 148/67, NJW 1971, 133.
26 BVerfGE v. 15.12.1983 - 1 BvR 209/83; 1 BvR 269/83; 1 BvR 362/83; 1 BvR 420/83; 1 BvR 440/83; 1 BvR 484/83, NJW 1984, 418ff. (Volkszählungsurteil).
27 BVerfG v. 13.1.1981 - 1 BvR 116/77, NJW 1981, 1431.

G. Die Eingriffsermächtigungen des POG

- **Einschränkung der Bewegungsfreiheit i. w. S.:**
  Platzverweisung, Aufenthaltsverbot (§ 13), An- und Festhalten zur Befragung oder Identitätsfeststellung (§§ 9a, 10 Abs. 2 S. 3) bzw. zur Vorführung (§ 12), Gewahrsamnahme (§§ 14–17 POG),
- **Durchsuchung** und **Sicherstellung:**
  Personendurchsuchung (§ 10 Abs. 2 bis 4, § 18 Abs. 1–3), Sachdurchsuchung (§ 10 Abs. 2 bis 4, § 19), Durchsuchung von Räumen und Wohnungen (§§ 20, 21), Sicherstellung von Sachen (§§ 22–25 POG)

Die Standardmaßnahmen kann man auch danach unterteilen, ob sie eine **Gefahr** (z. B. § 10 Abs. 1 S. 1, § 13, § 14, § 20, § 22), einen **Gefahrenverdacht** (z. B. § 9a Abs. 4, § 10 Abs. 1 S. 2, § 18 und § 19 jew. Abs. 1 Nr. 4 + 5) oder **nicht** einmal diesen voraussetzen (z. B. § 9a Abs. 1, § 10 Abs. 3).

In Konstruktion und Aufbau sind die Standardmaßnahmen zueinander sehr unterschiedlich gestaltet, so dass es schwer fällt, gemeinsame Prüfungsreihenfolgen zu finden. Bei den Standardmaßnahmen gibt es solche, die, wie die Generalklausel auch, Grundlage für eine Verfügung sein können, die ein Handeln, Dulden oder Unterlassen aufgeben (§§ 9a, 10, 12, 13 und 22 POG). Die anderen Standardmaßnahmen (§§ 11, 14 bis 21 sowie 26 ff.) haben ihre eigentliche Bedeutung darin, eigenes Handeln der Polizei zu ermöglichen. Diese sog. **Standardmaßnahmen im engeren Sinne** können allenfalls Grundlage einer Duldungs- oder Unterlassungs-, niemals aber einer Handlungspflicht sein. Bedeutung hat das insoweit, als die Ausführung dieser Maßnahmen noch keine Vollstreckung ist und daher für sich alleine noch nicht deren Regeln unterliegt (vgl. Rn J 1). Standardmaßnahmen sind, obwohl präventiv, nicht analogiefähig.[28]

8

Für die meisten Standardmaßnahmen gelten besondere **Regelungen hinsichtlich des Adressaten**[29], indem sie den sich aus den §§ 4 ff. (vgl. hierzu Rn E 1) ergebenden Umfang der Ausführungsmöglichkeiten erweitern oder einschränken. Diese Adressatenregelungen reichen von sog. „Jedermann-Regelungen" (z. B. in § 9a Abs. 4, § 10 Abs. 1 S. 2 Nr. 3 oder § 26 Abs. 2 POG) bis zu speziellen Definitionen (z. B. in § 13 S. 2; § 14 Abs. 1; § 18 Abs. 1; § 20, § 22 Nr. 3 POG). Zu beachten ist, dass auch eine Standardmaßnahme gegen einen Nichtverantwortlichen nur zulässig ist, wenn zusätzlich die Voraussetzungen des § 7 Abs. 1 POG vorliegen. Nichtverantwortliche sind die, die nicht nach irgendeiner Zuweisung Verantwortliche sind (vgl. Rn E 29 ff.). Wichtig ist diese Differenzierung vor allem deswegen, weil der Nichtverantwortliche einen Ausgleichsanspruch nach den §§ 68 ff. POG hat (z. B. für Schäden, vgl. Rn K 1 ff.). Eine Nichtverantwortlichkeit kommt allerdings nur in Betracht, wenn sich die Verantwortlichkeit für die jeweilige Standardmaßnahme aus den §§ 4 ff. POG und nicht aus der Standardmaßnahme selbst ableitet, denn letztere kennen keine Regeln der Nichtverantwortlichkeit.

9

Beispiel: Die Polizei betritt gewaltsam eine Wohnung, um dort einen Amokläufer in Gewahrsam zu nehmen. – Aus § 20 Abs. 1 Nr. 1 POG ergibt sich, dass die Maßnahme grundsätzlich rechtlich möglich ist, regelt aber selbst keine Verantwortlichkeit, so dass die §§ 4 ff. POG gelten. Der Amokläufer ist unzweifelhaft Verantwortlicher nach § 4 Abs. 1 POG. Ist der Wohnungsinhaber allerdings ein anderer, ist dieser ohne Hinzutreten weiterer Umstände im Zweifel Nichtverantwortlicher. Also müssen zudem die Voraussetzungen des § 7 POG vorliegen, was hier der Fall ist. Es bestehen für ihn grundsätzlich Ansprüche aus den §§ 68 ff. POG (z. B. wegen der beschädigten Haustür).

---

28 BVerfG v. 14.8.1996 - 2 BvR 2088/93, NJW 1996, 3146.
29 Habermehl Rn 175.

Gegenbeispiel: A und B betreten gemeinsam ein Kaufhaus. A wird von der Security beim Ladendiebstahl erwischt. Aber nicht alle gestohlenen Gegenstände können bei A gefunden werden. Der herbeigerufene Polizeibeamte untersucht darum auch den B nach § 18 Abs. 1 Nr. 2 POG, ohne allerdings etwas zu finden. B hat finanzielle Verluste, weil er auf die Polizei warten musste und darum zu spät zur Arbeit kommt. – § 18 Abs. 1 POG enthält eigene Adressatenregelungen, die den §§ 4 ff. und damit auch dem § 7 POG vorgehen. Für B gilt daher nicht § 7 und damit auch nicht die §§ 68 ff. POG.

Die §§ 10 Abs. 1 S. 1, 13 S. 1 und 22 Nr. 1 POG enthalten keine solchen speziellen Adressatenregelungen; für sie und für die Generalklausel des § 9 Abs. 1 S. 1 POG gelten ausschließlich die §§ 4 ff POG.

5. Konkurrenz der Standardmaßnahmen nach dem POG und der StPO

10 Schwierigkeiten kann die **Abgrenzung** der Standardmaßnahmen zu den Eingriffsbefugnissen der Strafprozessordnung bereiten, denn fast jede Standardmaßnahme des POG hat eine Entsprechung in der StPO. Da Polizeibeamte häufig gleichzeitig sowohl zur Gefahrenabwehr als auch zur Verfolgung der Tat einschreiten (doppelfunktional), entsteht die Frage, welche Vorschriften für den Eingriff eigentlich jeweils gelten.[30] So ähnlich sich zum Teil diese Standardmaßnamen sind, der Unterschied zwischen präventivem und repressivem Eingriff ist immens. Die **Prävention** ist zukunftsbezogen, eine auf einer Prognose beruhende Reaktion auf eine Schadenswahrscheinlichkeit, um den Eintritt des Schadens zu verhindern oder dessen Umfang zu mindern; die moralische Qualität des Verhaltens ist fast ohne Bedeutung. Die Maßnahmen richten sich nach dem Prinzip der Opportunität (Ermessen, vgl. Rn F 10 ff.). Die **Repression** dagegen ist vergangenheitsbezogen, reagiert auf ein schädigendes Verhalten oder den Versuch dazu; sie orientiert sich an der Einzelfallgerechtigkeit und sucht nach individueller Schuld[31]. Hier gilt grundsätzlich das Legalitätsprinzip (§ 152 Abs. 2 StPO), die Maßnahmen sind also weitgehend gesetzlich vorgegeben. Keine Probleme bereitet das nur, wenn der Amtswalter ausschließlich zur Gefahrenabwehr oder ausschließlich zur Verfolgung von Straftaten oder Ordnungswidrigkeiten tätig wird. Häufig wird aber die Maßnahme sowohl von präventiven als auch von repressiven Gesichtspunkten motiviert sein.

Beispiel: Ein Polizeibeamter will eine Person durchsuchen, bei der er Rauschgift zum Verkauf vermutet. – Er stellt ein Auto sicher, das gestohlen worden ist und in dem sich Spuren eines Mordes befinden. – Hier bestehen sowohl präventive (Rauschgift soll nicht in Verkehr gelangen; Fahrzeug soll dem Eigentümer nicht weiter entzogen werden) als auch repressive Gesichtspunkte (Verstoß gegen das BTMG; Sicherung von Beweisen für eine Straftat).

11 Hier kann letztlich nur den Ausschlag geben, ob der **Schwerpunkt** der Maßnahme eher auf dem einen oder eher auf dem anderen Gebiet liegt (Dominanztheorie).[32] Dazu muss man die Güter, zu deren Schutz die konkreten Maßnahmen dienen, einander gegenüberstellen und gewichten. Eine generelle Regel, dass im Zweifel das eine oder das andere vorginge, gibt es nicht. Allenfalls ließe sich generalisieren, dass es wichtiger ist, einen Schaden für ein Schutzgut zu verhindern (präventiv), als die Verletzung desselben (!) Schutzgutes zu ahnden (repressiv), da es erstes Ziel der Ordnungskräfte sein muss, Schutzgutverletzungen erst gar nicht zuzulassen.

---

30 Hierzu Thiel § 6 Rn 6 ff.; Götz / Geis § 18 Rn 15 ff.
31 Staechlin ZRP 1996, 431.
32 BVerfG v. 25.5.1975 – 1 BvF 1, 2, 3, 4, 5, 6/74, BVerfGE 39, 44; VGH München v. 14.1.1986 – 21 B 85 A 390, BayVBl. 1986, 337.

G. Die Eingriffsermächtigungen des POG

Im o. g. ersten Beispiel wäre es im Zweifel wichtiger, Leben und Gesundheit der „Kunden" eines Dealers, insbesondere der noch nicht abhängigen, zu schützen, als die möglicherweise begangene Straftat (die ja denselben Schutzgütern dient) zu verfolgen. Der Schwerpunkt der Maßnahme ist also präventiv. – Im zweiten Beispiel stehen mit dem Eigentumsschutz (präventiv) und Aufklärung eines Kapitalverbrechens gegen das Leben (repressiv) einander unterschiedliche Schutzgüter gegenüber. Da das Leben höherwertig gegenüber dem Eigentum ist, ist hier der Schwerpunkt im Repressiven zu sehen.

Dabei sind manchmal Überscheidungen zwischen präventivem und repressivem polizeilichen Handeln möglich. Im Zweifel entscheidet die Polizei selbst, ob sie gerade präventive oder repressive Aufgaben erfüllt.[33]

Zu beachten ist bei mehraktigen Tatbeständen, dass eine ursprünglich präventive Motivation durch den Tatsachenablauf in eine repressive umschlagen kann oder umgekehrt.

Beispiel: Ein Polizeibeamter hält ein Kfz ohne konkreten Grund im Rahmen einer allgemeinen Verkehrskontrolle an (§ 36 Abs. 5 StVO, also präventiv) und verlangt Führer- und Fahrzeugschein zu sehen. Der Fahrer hält zunächst an, zündet aber plötzlich wieder den Motor und versucht wegzufahren, was jedoch der Polizeibeamte noch verhindern kann. Dieser verlangt u. a. erneut die beiden Ausweise. – Jetzt, da mindestens ein Verstoß gegen § 49 Abs. 3 Nr. 1 StVO vorliegt, überwiegt eindeutig der repressive Gesichtspunkt, die Forderung ist daher diesmal aus § 163b StPO gerechtfertigt.

Diese Unterscheidung hat nicht nur Bedeutung für den anzuwendenden Tatbestand, der bei der Standardmaßnahme häufig von dem der StPO-Norm abweicht, sondern auch für den **Rechtsschutz**. Während die präventivpolizeilichen Maßnahmen (auch die der StPO, wie z. B. § 81b 2. Fall) den allgemeinen verwaltungsrechtlichen Regeln unterliegen, sind die repressiven Maßnahmen Justizverwaltungsakte für die der Rechtsweg zum Oberlandesgericht nach § 23 EGGVG gegeben ist.[34]

Dass der präventive Gesichtspunkt den repressiven verdrängt oder umgekehrt, heißt nicht, dass der zurücktretende für die konkrete Maßnahme ohne Bedeutung sei. Denn zumindest für die Frage der Angemessenheit der Maßnahme i. S. d. § 2 Abs. 2 POG sind *alle* Eingriffsgesichtspunkte zu berücksichtigen. Darüber hinaus ist zu beachten, dass für die Entscheidung, *ob* eingegriffen wird oder nicht, das Gefahrenabwehrrecht andere Regeln kennt als die StPO. Während beim ersteren grundsätzlich Entschließungsermessen besteht, gilt für repressive Maßnahmen nach den §§ 152 Abs. 2, 160 StPO, § 152 GVG grundsätzlich das Legalitätsprinzip (ausgenommen die in § 172 Abs. 2 S. 3 StPO genannten Fälle und bei Ordnungswidrigkeiten, § 47 Abs. 1 OWiG). Das hat zur Konsequenz, dass praktisch bei doppelt motivierten Maßnahmen häufig eingegriffen werden muss.

Die Standardmaßnahmen des POG sind Eingriffsnormen und haben eine deutlich **12** größere Bedeutung für die Arbeit der **Polizei** als für die der Ordnungsbehörden. Insbesondere die Standardmaßnahmen i. e. S. sind dem – nur der Polizei zustehenden – unmittelbaren Zwang ähnlich und werden häufig von ihm begleitet. Folgerichtig stehen nur der Polizei *alle* Standardmaßnahmen zur grundsätzlichen Verfügung. Demgegenüber beschränkt sich für die **allgemeinen Ordnungsbehörden** die Anwendungsberechtigung auf einige Maßnahmen der § 9a ff. POG.

---

33 LG Kaiserslautern v. 10.8.2004 - 1 T 244/04, NJW 2005, 443 ; LG Mainz v. 14.7.2004 - 8 T 151/04.
34 BVerwG v. 3.12.1974 - I C 11.73, NJW 1975, 893 und BVerwG v. 19.10.1982 - 1 C 29.79, NJW 1983, 772; v. 6.7.1988 - 1 B 61.88, NJW 1989, 2640 und VGH München 27.9.1983 - 21 B 82 A.2261, NJW 1984, 2235.

6. Handlungsformen

13 Die Ordnungsbehörden und die Polizei haben drei Möglichkeiten, Maßnahmen der Gefahrenabwehr zu treffen. Neben den Gefahrenabwehrverordnungen (s. dazu Kap. H) können sie Verwaltungsakte erlassen und Realakte ausführen[35]. **Realakte** sind alle Einzelfallmaßnahmen, die keine Verwaltungsakte sind. **Verwaltungsakte** sind alle Einzelfallmaßnahmen, die die Voraussetzungen des § 35 VwVfG / § 1 Abs. 1 LVwVfG erfüllen und wirksam bekannt gemacht worden sind. Wesentliches Merkmal des **Verwaltungsakts** ist, dass er auf eine Regelung im Einzelfall gerichtet ist (die Regelung muss also so beabsichtigt sein). Derjenige, der einen Verwaltungsakt erlässt, will auf die Rechtslage einwirken. Bei Ordnungsverfügungen kommen dabei nur Gebote (auch solche zur Duldung einer Maßnahme), Verbote und Erlaubnisse in Betracht. Unerlässliche Voraussetzung für die Wirksamkeit eines Verwaltungsakts ist aber auch seine Bekanntgabe, § 43 Abs. 1 VwVfG / § 1 LVwVfG. Wird also eine Maßnahme nach den §§ 9 ff. POG in Abwesenheit des potenziellen Adressaten ausgeführt, liegt mangels einer solchen Bekanntgabe nur ein Realakt vor. Dieser ist aber nur dann eine unmittelbare Ausführung i. S. d. § 6 POG, wenn damit eine vertretbare Handlung durchgesetzt wird, der Betroffene also bei Anwesenheit und Fähigkeit dazu etwas vorzunehmen hätte, was er nicht unbedingt höchstpersönlich tun müsste (vgl. hierzu Rn J 38). Bei den Standardmaßnahmen wird aber regelmäßig eine Duldungspflicht ersetzt (z. B. bei der Personen- oder Sachdurchsuchung nach den §§ 19 f. POG, dem Betreten von Wohnungen usw.), die aus ihrer Natur heraus stets höchstpersönlich ist. Das gilt auch für die Sicherstellung nach § 22 POG, soweit man richtigerweise davon ausgeht, dass sie dem anwesenden Betroffenen nur eine Duldungspflicht aufgibt, die Wegnahme zu dulden, und keine darüber hinausgehende aktive Heraus- und Übergabepflicht. Darum sind Standardmaßnahmen in Abwesenheit des Betroffenen regelmäßig Maßnahmen eigener Art und keine unmittelbare Ausführungen i. S. d. § 6 POG.

Beispiel: Das Durchsuchen der Tasche einer angehaltenen Person nach § 18 POG oder einer Wohnung nach § 21 POG bei Anwesenheit des Wohnungsinhabers ist wegen der damit verbundenen Duldungspflicht Verwaltungsakt; ist aber kein Adressat anwesend oder ist die allein anwesende Person bewusstlos oder volltrunken, fehlt es an der für einen Verwaltungsakt notwendigen Bekanntgabe, und die Maßnahme ist Realakt. – Weigert sich eine Person trotz Platzverweisung, den Ort zu verlassen, und wird er gewaltsam weggedrängt, ist zwar die Platzverweisung Verwaltungsakt, nicht jedoch das Wegdrängen, da dieses zwar auf eine tatsächliche Folge, aber nicht mehr auf eine Rechtsfolge gerichtet ist (die Rechtspflicht zu Verlassen des Ortes ergab sich ja schon aus der Platzverweisung).

---

35 Würtenberger / Heckmann / Tanneberger § 1 Rn 40; zu den Begriffen und den formalen Voraussetzungen Rühle / Suhr § 9, 3.

G. Die Eingriffsermächtigungen des POG

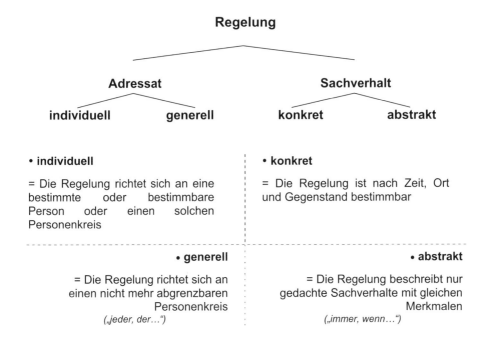

II. Die Generalklausel, § 9 Abs. 1 S. 1 POG

Tatbestandsvoraussetzung des § 9 Abs. 1 S. 1 POG ist das Vorliegen einer Gefahr für die öffentliche Sicherheit oder Ordnung (vgl. Kap C und D). Auf der Rechtsfolgenseite können die **notwendigen Maßnahmen** getroffen werden (vgl. (Kap. E und F). Trotz dieser Anhäufung von unbestimmten Rechtsbegriffen gilt die Generalklausel als verfassungsgemäß.[36] Maßnahmen können sowohl Verwaltungsakte als auch Realakte sein. Danach kann grundsätzlich jede zur Gefahrenabwehr dienende Maßnahme getroffen werden, ausgenommen die folgenden (vgl. auch oben Rn G 1):

- **Spezialgesetze** (z. B. § 7 LHundG) und Standardmaßnahmen des POG (§§ 9a ff. POG) sind vorrangig anzuwenden.
- Bei **Grundrechten mit Einschränkungsvorbehalt** (s. dazu oben Rn G 4) sind Eingriffe aufgrund von § 9 Abs. 1 S. 1 POG nie möglich, auch wenn sie in § 8 POG zitiert sind, weil die Generalklausel nie typischerweise den Schutzbereich eines bestimmten Grundrechts regelt.
- Bei **Grundrechten ohne Einschränkungsvorbehalt** (z. B. Art. 4 oder 8 Abs. 1 GG) kann § 9 Abs. 1 S. 1 POG nur Grundlage von Maßnahmen sein, die die verfassungsimmanenten Grenzen aufzeigen; echte Eingriffe sind dagegen nicht möglich, weil diese Grundrechte über die verfassungsimmanenten Schranken (Schutz wichtiger Verfassungsgüter und Schutz von Grundrechten Dritter) hinaus nicht eingeschränkt werden können.

Beispiel: Eine auf § 9 Abs. 1 S. 1 POG gestützte Anmeldepflicht für nichtöffentliche (darum nicht VersG!) Versammlungen in geschlossenen Räumen ist als echter Eingriff in Art. 8 Abs. 1 GG unzulässig; nicht aber deren Auflösung bei Gefahren für Leib und Leben, da hierbei die verfassungsimmanenten Schranken erreicht sind. – Generelles Verbot religiöser

14

---

36 BVerfG v. 23.5.1980 - 2 BvR 854/79, NJW 1980, 2572 (Taubenfütterungsverbot); Schenke Rn 49.

Werbung auf der Straße unzulässig (Art. 4 Abs. 1 GG); nicht aber ein Verbot im Einzelfall bei unverhältnismäßiger Einschränkung der Religionsfreiheit Dritter.

Auf die Generalklausel stützt sich auch die sog. **Gefährderansprache.** Als Gefährder werden im Zusammenhang mit der öffentlichen Sicherheit und Gefahrenabwehr Personen bezeichnet, bei denen kein konkreter Hinweis vorliegt, dass sie eine Straftat planen, aber bei denen „bestimmte Tatsachen die Annahme der Polizeibehörden rechtfertigen, dass sie Straftaten von erheblicher Bedeutung, insbesondere solche im Sinne des § 100a der Strafprozessordnung (StPO), begehen" werden.[37] Die Polizei kann bei bekannten Gefährdern eine Gefährderansprache durchführen, um deren weiteres Verhalten zu beeinflussen. Die individuelle Ansprache soll signalisieren, dass polizeiliches Interesse an seiner Person besteht, die Gefährdungslage bei der Polizei registriert wird und die Lage ernst genommen wird. Im Bereich Jugendkriminalität soll sie zudem die jugendtypische Normunsicherheit durch Grenzsetzung und Aufzeigen möglicher Konsequenzen beeinflussen. Dem potentiellen Täter soll ein erhöhtes Tatentdeckungsrisiko deutlich gemacht werden. Das Gespräch soll ferner Informationen liefern, die für das weitere polizeiliche Handeln von Bedeutung sind. Aber nicht jede Gefährderansprache ist auch ein Eingriff, da in dem Gespräch ja nichts geregelt wird. Ein Eingriff in die allgemeine Handlungsfreiheit (Art. 2 Abs. 1 GG) wird jedoch dann angenommen, wenn dadurch die Willensentschließung des Betroffenen in relevanter Weise eingeschränkt wird oder eine unverhältnismäßige Art und Weise der Ansprache gewählt wird.[38] .

Beispiel: Anlässlich eines EU-Gipfels schreibt die Polizei Personen an, die bei früher an Demonstrationen gegen solche Veranstaltungen beteiligt waren. Darin heißt es u. A.: *„Um zu vermeiden, dass Sie sich der Gefahr präventiver polizeilicher Maßnahmen im Rahmen des Gefahrenabwehr oder strafprozessualen Maßnahmen ... aussetzen, legen wir Ihnen hiermit nahe, sich nicht an den oben genannten Aktionen zu beteiligen."* – In diesem Schreiben wird einerseits kein Recht unmittelbar begründet, geändert, aufgehoben, mit bindender Wirkung festgestellt oder verneint; also nichts geregelt, weshalb kein Verwaltungsakt vorliegt. Es geht andererseits aber auch über eine unverbindliche Beratung oder Information hinaus, da es geeignet ist, auf die durch die Freiheitsrechte des Art. 5 Abs. 1 S. 1 und Art. 8 Abs. 1 GG gewährleistete Willensentschließungsfreiheit des Adressaten einzuwirken. Darum handelt es sich um einen Eingriff, der einer Ermächtigungsgrundlage bedarf. Ein solches Schreiben kann auf § 9 Abs. 1 S. 1 POG gestützt werden, wenn das Vorverhalten des Adressaten und die sonstigen Umstände eine Gefahrenprognose rechtfertigen.[39]

Im Übrigen wird zur Generalklausel auf die vorausgehenden Kapitel und den unten stehenden Vorschlag einer Prüfungsreihenfolge verwiesen.

---

37 Hierzu auch Götz / Geis § 6 Rn 14 ff.
38 OVG Münster v. 22.8.2016 – 5 A 2532/14, bei einem wegen Kindesmissbrauchs und Besitz kinderpornografischer Bilder Verurteilten, der regelmäßig mit Jungen im Vorschulalter Fußball spielt, wurde bereits das Vorliegen eines Eingriffs sowohl hins. des Inhalts als auch der Art und Weise verneint.
39 OVG Lüneburg v. 22.9.2005 - 11 LC 51/04, NJW 2006, 391, das die Rechtmäßigkeit des Eingriffs im konkreten Fall verneint hat.

G. Die Eingriffsermächtigungen des POG

Prüfschema: Ordnungsverfügung gem. § 9 Abs. 1 S. 1 POG

formell

1. **Zuständigkeit?**
   - **sachlich** (für Ordnungsbehörden §§ 1 Abs. 1, 88 ff. POG / ZustVO; für die Polizei §§ 1, 76 ff. POG)
   - **örtlich** (für Ordnungsbehörden § 91 POG; für die Polizei § 77 Abs. 2 bzw. 85 POG)
2. **Form?** (grds. frei nach § 37 Abs. 2, aber §§ 37 Abs. 3+6, 39 VwVfG / § 1 Abs. 1 LVwVfG)
3. **Verfahren?** (§§ 9 ff., insbes. § 28 VwVfG / § 1 Abs. 1 LVwVfG)

materiell

Tatbestand (= Ist die Norm anwendbar?)

1. Welches **Schutzgut** ist zu schützen?
   - Schutz der **öffentlichen Sicherheit** (Individualrechtsgüter; Rechtsordnung; Hoheitsbereich)? oder
   - Schutz der **öffentlichen Ordnung** (gesellschaftlich unverzichtbare Wertevorstellungen)?
   Öffentliche Ordnung ist subsidiär, wenn öffentliche Sicherheit bereits alle Gefahrengesichtspunkte erfasst

2. Besteht für diese Schutzgüter eine konkrete (Anscheins-) **Gefahr?**
   (= Besteht im einzelnen Fall zum Entscheidungszeitpunkt die hinreichende Wahrscheinlichkeit, dass ohne ordnungsrechtliche Maßnahme in absehbarer Zeit das Schutzgut geschädigt wird oder ein solcher Schaden sich vertieft?)

Rechtsfolge (= Wozu wird die Ordnungsbehörde / Polizei ermächtigt?)

„können"⇨ **Ermessen**, § 3 Abs. 1 POG = Abwägung des Für und Wider
Eine Ermessensentscheidung ist ausschließlich dann fehlerhaft, wenn ein Rechtsfehler vorliegt. Jeder Fehler führt zur Rechtswidrigkeit der gesamten Verfügung (Prüfungsreihenfolge darum variabel). Ein solcher Fehler ist sowohl beim grundsätzlichen **Entschluss** einzugreifen als auch bei der **Auswahl** der Mittel und des Adressaten möglich:

1. Keine allgemeinen **ermessensunabhängigen Fehler?**
   - Ausreichende **Bestimmtheit,** § 37 Abs. 1 VwVfG? (Adressatenabhängig)
   - **Möglichkeit,** § 2 Abs. 1 POG? (Ausnahmen: Wirtschaftl. Unvermögen; fehlende Zustimmung Dritter)

2. Keine allgemeinen **Fehler im Ermessen,** § 40 VwVfG, § 3 Abs. 1 POG?
   - **Ermessensüberschreitung:**
   Wird eine im Rahmen der Norm liegende Rechtsfolge gewählt und werden evtl. Ermessensgrenzen eingehalten (z. B. „zeitlich befristet" in § 13 Abs. 1 S. 1 oder Nachtzeitregelung in § 20 Abs. 2 POG).
   - **Nichtgebrauch des Ermessens:**
   Gibt es überhaupt eine Abwägung des Für und Wider der Entscheidung?
   - **Ermessensfehlgebrauch:** Richtiger Sachverhalt? Alle erheblichen Belange berücksichtigt? Keine sachfremden Erwägungen eingestellt? Abzuwägenden Belange falsch gewichtet? Verstoß gegen Grundsatz der Gleichbehandlung? Verstöße gegen die Logik?

3. Keine Ermessensfehler bei der **Auswahl des Adressaten,** §§ 4 ff. POG / Spezialregeln?
   (Welche Person kann herangezogen werden?)
   - Kommt der **Verfügungsempfänger** als Adressat in Betracht? = Ist er **verantwortlich** (z. B. nach §§ 4, 5 POG) oder nach § 7 POG **notstandspflichtig?**   ggf.:
   - Sind auch **andere** verantwortlich oder notstandspflichtig?   ggf.:
   - Wäre es nicht **effektiver** (hilfsw.: zumutbarer, gerechter), diese anderen heranzuziehen?

4. Keine Rechtsfehler bei der **Verhältnismäßigkeit** i. w. S., § 2 Abs. 1 + 2 POG?
   - **geeignet?** Erscheint Maßnahme bei Erlass zur Gefahrenabwehr zumindest sinnvoll?
   - **erforderlich?** Gibt ein anderes geeignetes Mittel, das den einzelnen und die Allgemeinheit weniger beeinträchtigt?
   - **angemessen?** Steht der Eingriff nicht erkennbar **außer Verhältnis** zum Schutzgut?

III. Kontrolleingriffe, §§ 9a ff. POG

1. Befragung und Auskunftspflicht, § 9a POG

a) Tatbestand des § 9a Abs. 1 bis 3 POG

15 **Befragung** i. S. d. § 9a POG ist die Anhörung einer Person gegen oder ohne ihren Willen zu polizei- oder ordnungsrechtlichen Zwecken.[40] Mit dieser Norm können die allgemeinen Ordnungsbehörden oder die Polizei Auskünfte von Personen zur Erfüllung ordnungsbehördlicher oder polizeilicher Aufgaben auch unterhalb der Schwelle einer konkreten Gefahr erlangen und auch dann, wenn auch noch kein Anfangsverdacht i. S. d. StPO vorliegt. Das gilt aber nicht für Aufgaben der Strafaufklärung i. S. d. § 163 StPO i. V. m. § 1 Abs. 2 POG, da dafür die Sonderregeln der §§ 133 ff. StPO gelten und der Landesgesetzgeber nicht zuständig ist.

Beispiel: Die Polizei hat den Verdacht, dass A mit Drogen handelt. Sie befragt dazu seine Freundin F. Als Freundin darf sie die Auskunft nicht verweigern.[41] – Ein Sachverständiger muss für die Behandlung eines Vergifteten über ein ihm bekanntes Gegengift Auskunft geben. Ist die Art der Vergiftung unbekannt, kann er nicht zur Auskunft nach § 9a POG verpflichtet werden. Er kann allenfalls als Sachverständiger nach § 98 VwGO i. V. m. §§ 485, 402 ZPO zur Untersuchung und Aussage i. S. d. verpflichtet werden (§ 26 Abs. 3 S. 1 VwVfG).

Ebenso hat § 9a POG dort keine Bedeutung, wo aus anderen Vorschriften heraus der Betroffene schon zur Auskunft verpflichtet ist.[42] Vielfach machen Personen Angaben auch völlig freiwillig und sogar unaufgefordert. Dann bedarf es mangels Eingriffs natürlich gar keiner Ermächtigungsgrundlage. Ansonsten ist eine Befragung erlaubt, wenn

1. anzunehmen ist, dass die Person **sachdienliche Angaben** machen kann; diese Annahme muss sich auf bestimmte Umstände stützen, z. B. aufgrund persönlicher Beziehungen, besonderer Fachausbildung, besonderer Ortskenntnisse usw., und
2. außerdem sich die Befragung auf einen **bestimmten Sachverhalt** bezieht und aus einem **bestimmten Anlass** herrührt; ein allgemeines Ausforschen ohne konkreten Anlass, z. B. „ins Blaue hinein" oder auf Vorrat, ist nicht zulässig.

Beispiel: Zulässig ist z. B. die Frage an eine asiatisch aussehende Person, die beim Anblick der Polizei wegzulaufen versuchte, nach Ausweis- und Aufenthaltspapieren. Unverbindlich wäre dagegen die ohne Anlass gestellte Frage an den Nachbarn, ob ihm zufällig in letzter Zeit etwas aufgefallen sei.

b) Rechtsfolgen des § 9a Abs. 1 bis 3 POG

16 **Befragung** ist das Gebot an eine Person, Auskünfte über ihre Wahrnehmungen oder sonstige sachbezogene oder personenbezogene Informationen zu geben. Die Voraussetzungen der §§ 4, 5 oder 7 POG brauchen nicht vorzuliegen, allerdings muss es sich um eine Person handeln, von der angenommen werden kann, dass sie hilfreiche Kenntnisse haben könnte. Es handelt sich hier um eine höchstpersönliche

---

40 Gusy Rn 216.
41 BVerfG v. 22.1.1999 - 2 BvR 961/94, NJW 1999, 1622.
42 Geplante Kapitalverbrechen sind nach § 138 StGB ohne Aufforderung anzuzeigen; es gibt aber noch andere Auskunftspflichten, z. B. für Gastwirte, ihre Stellvertreter und Betriebsleiter nach § 22 GastG; ähnlich § 31 BImSchG für den Betreiber emittierender Anlagen oder § 47 KrWG bei Abfallentsorgungsanlagen; der in § 39 Abs. 1 WaffG erwähnte Personenkreis im Umgang mit Waffen; § 9 Abs. 2 GGBefG im Zusammenhang mit beförderten Gefahrgütern; § 16 Abs. 2 InfSchG zur Verhütung und Bekämpfung von Infektionskrankheiten; § 12 BestG über die Todesumstände und Erkrankungen; § 16 Abs. 1 EichG über das Einhalten der Messbestimmungen.

G. Die Eingriffsermächtigungen des POG

Handlungspflicht des Adressaten. § 9a POG ist anders als die §§ 26 ff. POG primär auf Sachauskunft gerichtet, auch wenn der Adressat verpflichtet wird, seine persönlichen Grunddaten anzugeben, damit die Sachauskünfte verwertbar und überprüfbar sind. Von § 10 POG unterscheide sich § 9a POG daher darin, dass die Feststellung der Identität des Adressaten nicht das eigentliche Ziel sein darf.

Die **allgemeinen Ordnungsbehörden oder die Polizei** können eine Person zunächst **anhalten**, also kurzfristig zum Verweilen zwingen, und zwar egal wo sie sich befindet. § 9a Abs. 2 POG differenziert zwischen den Angaben zur Person und der Auskunft zur Sache. Der Befragte muss unter den Voraussetzungen des § 9a Abs. 1 POG jedenfalls **Angaben zur Person** machen, also seine persönlichen Grunddaten, nämlich Vor- und Familiennamen, Tag und Ort der Geburt, Wohnanschrift und Staatsangehörigkeit angeben, vorausgesetzt das ist für die Erfüllung der Aufgabe erforderlich (z. B. für die Verwertbarkeit der Sachaussagen oder um den somit amtlich bekannten Aussagenden zu mehr Sorgfalt bei der Aussage zu bewegen). Diese Angaben dürfen immer nur der Nebenzweck zur Sachauskunft sein, weshalb es nicht möglich ist, alleine gestützt auf § 9a POG Ausweise zu verlangen oder gar den Ausgefragten zur Identitätsprüfung mitzunehmen (das müsste auf § 10 POG gestützt werden). Ein Aussageverweigerungsrecht entsprechend den §§ 52 ff. StPO gibt es hier nicht. Die unberechtigte Verweigerung dieser Auskünfte ist eine Ordnungswidrigkeit nach § 111 OWiG.

Auskünfte zur Sache muss der Angehaltene aber grundsätzlich nicht erteilen. Anders ist das allerdings dann, wenn die Auskunft zur Abwehr einer Gefahr für die öffentliche Sicherheit oder Ordnung erforderlich, sie also zur konkreten Aufgabenerfüllung notwendig ist (wohl besser: „erscheint"). Das gilt aber nicht oder nur eingeschränkt, soweit **Auskunftsverweigerungsrechte** aus persönlichen oder beruflichen Gründen bestehen und der Betreffende sich darauf beruft (§ 9a Abs. 3 POG). Solche Verweigerungsrechte bestehen für Partner, Verwandte oder Verschwägerte i. S. d. § 52 StPO, Berufsgeheimnisträger i. S. d. §§ 53 f. StPO, Angehörige des öffentlichen Dienstes (§ 54 StPO) und Personen, die mit ihrer Aussage sich selbst oder einen der in § 52 Abs. 1 bezeichneten Angehörigen (Partner, Verwandte oder Verschwägerte) in die Gefahr bringen würde, wegen einer Straftat oder einer Ordnungswidrigkeit verfolgt zu werden (§ 55 StPO). Ein Verweigerungsrecht aus anderen Gründen besteht nicht. Bei einer unberechtigten Verweigerung der Sachauskunft kann die Person nach § 12 POG vorgeladen und die Auskunft mit Zwangsgeld nach § 64 LVwVG erzwungen werden, falls überhaupt dazu Zeit bleibt.

Beispiel: Beamter B soll bestochen worden sein. Die Polizei befragt ihn, B verweigert die Auskunft, weil er ein Disziplinarverfahren fürchtet. Soweit dagegen ein Beamter als Geheimnisträger Geld für Informationen erhalten hat, kann er sich wegen eines Disziplinarverfahrens nicht auf sein Schweigerecht berufen, wohl aber wegen eines drohenden Strafverfahrens.

Aber nur für Berufsgeheimnisträger i. S. d. §§ 53 f. StPO (z. B. Ärzte, Rechtsanwälte, Steuerberater, Apotheker, Journalisten, Seelsorger, Patentanwälte, Notare, Wirtschaftsprüfer, vereidigte Buchprüfer, Steuerbevollmächtigte, Psychologische Psychotherapeuten, Hebammen, Berater nach dem Schwangerschaftskonfliktgesetz oder für Fragen der Betäubungsmittelabhängigkeit, Parlamentarier, s. a. Rn 77) und deren Gehilfen ist dieser Schutz absolut[43], weil an deren vertrauensvoller Tätigkeit ein besonderes öffentliches Interesse besteht. In allen anderen Fällen (Belastung von sich selbst, von Partnern, Verwandten oder Verschwägerten) gilt der Schultz dann nicht, wenn die Gefahr zur Abwehr einer **gegenwärtigen Gefahr für Leib oder Le-**

16a

---

43 Vgl. hierzu BVerfG v. 3.3.2004 - 1 BvR 2378/98; 1 BvR 1084/99, NJW 2004, 999, Rn 148.

ben eines Menschen unerlässlich ist. Es muss also die einzige Möglichkeit sein, einen unmittelbar bevorstehenden erheblichen Körperschaden noch abzuwenden. Im Gegenzug dürfen diese Aussagen nicht für andere Zwecke verwendet werden, insbesondere nicht zur Grundlage eines Strafverfahrens gegen die belasteten Personen gemacht werden. Hier wird deutlich, dass die Abwägung anders als in der StPO (dort geht es um den „bloßen" staatlichen Strafanspruch) mit wesentlich höheren Schutzgütern zu treffen sein kann. Dass das Berufsgeheimnis dagegen höher wiegt als Leib und Leben, kann man philosophisch hinterfragen und ist wohl auf den Einfluss dieser Berufsgruppen zurückzuführen.

Beispiel: Ein Täter entführt ein Kind, um es zu missbrauchen (keine Katalogtat der §§ 138 f. StGB), was er vorher schon mit anderen Kindern getan hat. Seinem katholischen Priester hat er den Ort des Verbrechens gebeichtet (von der Anzeigepflicht ausgenommen, vgl. § 139 Abs. 2 StGB). Soll dieser sich jetzt bei der Frage nach der Örtlichkeit unter völliger Verschiebung unserer Verfassungswerte auf Kosten des Kindes auf sein Aussageverweigerungsrecht nach § 53 Abs. 1 Nr. 1 StPO (gilt nur für öffentlich-rechtliche Geistliche bei Ausübung ihrer seelsorgerischen Tätigkeit) berufen können?

Das Aussageverweigerungsrecht nach den §§ 53 f. StPO besteht allerdings dann nicht, wenn das Berufsgeheimnis missbraucht wird, indem der Berufsgeheimnisträger selbst an der Gefahr mitwirkt (z. B. der Rechtsanwalt an terroristischen Vorbereitungen mitwirkt), § 39b Abs. 2 POG.

Grundsätzlich sind die erlangten Auskünfte auch zu anderen Zwecken einschließlich derer in einem Strafverfahren **verwertbar**. Das gilt nur nicht für die Aussagen,

- die wegen des dringlichen Schutzes nach § 9a Abs. 2 S. 2 POG trotz eines grundsätzlich bestehenden Zeugnisverweigerungsrechtes gemacht werden mussten,
- die entgegen §§ 136a StPO, § 9a Abs. 5 POG mit verbotenen Vernehmungsmethoden erlangt worden sind (insbesondere durch Täuschung, Misshandlung, Ermüdung, Verabreichen von Mitteln oder andere die Willensentschließung oder -betätigung einschränkende Maßnahmen) oder
- bei fehlender Belehrung. Über ein Aussageverweigerungsrecht bei der Sachaussage ist der Befragte vorher zu **belehren**. Ohne das ist die Aussage unverwertbar. [44]

Beispiel: Die Polizei droht Pastor P ein Zwangsgeld für den Fall an, dass er den neuen Aufenthalt der bis dahin in seiner Gemeinde im Kirchenasyl weilenden Abschiebeflüchtlinge nicht preisgibt. Auf berufliche Schweigepflichten könne er sich nicht berufen, da die Flüchtlinge Moslems seien. Diese falsche Belehrung durch die Polizei führt dazu, dass die danach preisgegebene Information über die neue Unterkunft der Abschiebeflüchtlinge nicht verwertet werden darf.

Allerdings wird man eine Belehrungspflicht gegen den Wortlaut der Norm verneinen müssen, wenn offensichtlich keine Benachteiligung der Befragten möglich ist und eine Befragung absurd wäre.

Beispiel: Eltern bitten die Polizei um Hilfe, weil ihre Tochter verschwunden ist. Dazu muss die Polizei wissen, wo die Eltern die Tochter zuletzt gesehen haben. Diese Aussage dürften rein rechtlich die Eltern gestützt auf § 52 Abs. 1 Nr. 3 StPO verweigern. Es ist aber abwegig anzunehmen, sie würden das tun. Eine Belehrung würde in dieser Situation eher Irritationen auslösen. Anders liegt der Fall allerdings dann, wenn nicht ausgeschlossen werden kann, dass die Eltern etwas mit dem Verschwinden des Kindes zu tun haben könnten.

---

44 BGH v. 27.2.1992 - 5 StR 190/91, NJW 1992, 1463.

G. Die Eingriffsermächtigungen des POG

c) Schleierfahndung, § 9a Abs. 4 POG

§ 9a Abs. 4 POG ist eine Konsequenz aus den geringen Grenzkontrollen in Europa, die den illegalen Handel mit Menschen, Drogen, Waffen, Abfall begünstigt oder Straftätern die Flucht erleichtern. Die Vorschrift ermächtigt die Polizei zu Personen- und Sachkontrollen, bei der Personen angehalten und befragt, deren Ausweise kontrolliert sowie mitgeführte Fahrzeuge und Sachen durchsucht werden können, sog. **Schleierfahndung** (Personenkontrollen, die in einem „Sicherheitsschleier" stattfinden).[45] Anders als die §§ 36 Abs. 5 StVO, 111 StPO oder 10 Abs. 1 Nr. 3 POG ist diese Kontrolle nicht auf verkehrsrechtliche Verstöße bzw. bestimmte Straftatbestände beschränkt. Eine Rechtsgrundlage für verdachtsunabhängige Kontrollen ist das aber nicht. Voraussetzung ist, dass durch Tatsachen begründete Anhaltspunkte vorliegen, dass

1. dies zur vorbeugenden Bekämpfung von **Straftaten von erheblicher Bedeutung** (das sind die in § 28 Abs. 3 POG beschriebenen) oder
2. zur vorbeugenden Bekämpfung **grenzüberschreitender Kriminalität** oder
3. zur Unterbindung **unerlaubten Aufenthalts** erforderlich ist.

Beispiel: Es gibt Anzeichen dafür, dass islamistische Terroristen einen Lastwagen-Anschlag auf den Weihnachtsmarkt einer Stadt planen. Die Polizei hält stichprobenartig Lastkraftwagen in Richtung Stadtinnern an, kontrolliert die Fahrer und lässt sich den Laderaum öffnen.

Die Person muss im öffentlichen Verkehrsraum angetroffen werden. **Öffentlich zugänglich** sind Räume, wenn sie entweder ausdrücklich oder mit stillschweigender Duldung des Verfügungsberechtigten für jedermann oder aber für eine allgemein bestimmte größere Personengruppe überlassen sind und auch so benutzt werden.[46] Das ist also jeder Bereich, der auf einer rechtlichen Grundlage (z. B. Widmung) oder auch nur praktisch jedermann zugänglich ist (z. B. unbebaute Grundstücke, Geschäftsräume mit Publikumsverkehr). Nicht hierzu gehören insbesondere die Wohnung i. S. d. § 20 Abs. 1 S. 2 POG, hoheitliche Bereiche, die nicht jedermann zugänglich sind (z. B. Kasernen), aber auch sonstige Flächen, die erkennbar nicht der Allgemeinheit zur Verfügung stehen, wohl aber von einigen tatsächlich benutzt werden (z. B. frei zugängliche Schulhoffläche)[47].

Beispiele: Kontrollen auf Landstraßen, um Anhaltspunkten nachzugehen, dass Autos in größerem Stil verschoben oder Drogen transportiert werden sollen. Kontrollen von Kleinbussen gegen osteuropäische Einbrecherbanden. Kontrolle von Schiffen zur Bekämpfung der Schleuserkriminalität.

Auch für diese Maßnahme bedarf es Anhaltspunkte, dass die Maßnahmen zu den o. g. Zwecken erforderlich sind. Diese Anhaltspunkte müssen auf nachprüfbaren Tatsachen basieren und eine naheliegende Möglichkeit ergeben, dass erhebliche Straftaten, grenzüberschreitende Kriminalität oder unerlaubter Aufenthalt zu unterbinden sind. Einer „hinreichenden Wahrscheinlichkeit" wie bei der konkreten Gefahr bedarf es hier nicht. Die Polizei kann dann zum einen ohne Verdacht und Anlass im öffentlichen Verkehrsraum angetroffene Personen kurzfristig anhalten, befragen und verlangen, dass mitgeführte Ausweispapiere ausgehändigt werden. Die gewonnenen Daten können (nur) zu den o. g. Zwecken mit dem Fahndungsbestand abgeglichen werden, § 37 Abs. 2 POG. Weitergehend als § 36 Abs. 5 StVO werden hier Kontrollen auch innerhalb von Verkehrseinrichtungen (z. B. Eisenbahnen) und gegen Mitfahrer

---

45 Näheres bei Götz / Geis § 17 Rn 17 ff.; Knemeyer Rn 172; Groh NdsVBl. 2011, 10; Trennt DÖV 2012, 216.
46 BGH v. 8.6.2004 - 4 StR 160/04, NStZ 2004, 625.
47 BGH v. 8.6.2004 - 4 StR 160/04, NStZ 2004, 625; v. 2.5.1998 - 4 StR 163/98, NZV, 1998, 418.

ermöglicht. Im Gegensatz zur unberechtigten Verweigerung von persönlichen Grunddaten nach § 111 OWiG ist die Verweigerung der Ausweispapiere keine Ordnungswidrigkeit, zumal es für die Ausweise keine Mitführungspflicht gibt. Ferner darf die Polizei mitgeführte Fahrzeuge aller Art (z. B. Schiffe) und andere Sachen in Augenschein nehmen, also es darf Einblick verlangt werden, einschließlich der Forderung, Kofferraum oder andere Behältnisse zu öffnen oder Abdeckungen zu beseitigen. Eine gezielte Durchsuchung der Fahrzeuge und sonstigen Sachen richtet sich auch hier nach § 19 POG (vgl. dazu Rn G 58).

Beispiele: Öffnen des Kofferraums, Betrachten abgedeckter Gegenstände, Einsatz von Spürhunden.[48]

Die Schleierfahndung wird vielfach als unverhältnismäßig betrachtet,[49] zumal sie auch zeitlich und räumlich unbeschränkt ist und nicht einmal einen Behördenleitervorbehalt (wie z. B. in § 28 Abs. 5 oder § 32 Abs. 3 POG) erfordert.

2. Identitätsfeststellung nach § 10 Abs. 1 und 2 POG

18 **Identitätsfeststellung** ist die Erhebung von Daten, die eine Person von anderen unterscheidet, insbesondere Vor- und Familiennamen, Tag und Ort der Geburt, Wohnanschrift und Staatsangehörigkeit.[50] Ihr präventiver Charakter ergibt sich daraus, dass der potenzielle Störer aus der Anonymität herausgeholt wird und so möglicherweise von (weiteren) Störungen abgehalten werden kann.[51] Sie greift in das Recht auf informationelle Selbstbestimmung (Art. 2 Abs. 1 i. V. m. Art. 1 GG) des Überprüften ein,[52] kann aber ausnahmsweise auch Dritte belasten, z. B. den Gastwirt, in dessen Gaststätte wiederholt umsatzschädigende Überprüfungen vorgenommen werden.[53] Während Verlangen des Ausweises ein Verwaltungsakt ist, handelt es sich bei dem gegebenenfalls folgenden Datenabgleich um einen Realakt.[54]

a) Tatbestände des § 10 Abs. 1 POG

§ 10 Abs. 1 S. 1 POG erfordert eine im einzelnen Falle bestehende **Gefahr** für die öffentliche Sicherheit oder Ordnung und entspricht insoweit § 9 Abs. 1 S. 1 POG. Gerade auch zum Schutz privater Rechte i. S. d. § 1 Abs. 3 POG hat er besondere Bedeutung.

Beispiel: Ein Passant beschädigt mit seiner Leiter eine Schaufensterscheibe. Er weigert sich aber gegenüber dem Ladeninhaber, seine Personalien für die Schadensregulierung anzugeben. Hier dürfte ein herbeigerufener Polizeibeamter oder Vollstreckungsbediensteter die Personalien feststellen, damit der Geschädigte seinen Anspruch zivilrechtlich verfolgen kann.

§ 10 **Abs. 1 S. 2** gilt schon bei Gefahrenverdacht. § 10 Abs. 1 2 **Nr. 1** POG betrifft allgemein **gefährliche Orte**. Das sind solche, an denen aufgrund tatsächlicher An-

---

48 Kaster VerwArch 2001, 234.
49 LVerfG MV 06.5.1999 - LVerfG 2/98, NVwZ-RR 1999, 617; Lisken NVwZ 1998, 23 f.; Möllers NVwZ 2000, 384 f.; Waechter DÖV 1999, 145; a. A. VerfGH Sachsen, 10.7.2003 - 43-II-00.
50 S. a. Gusy Rn 227; Götz / Geis § 8 Rn 12 ff.
51 VGH Mannheim v. 14.12.2010 - 1 S 338/10, NVwZ-RR 2011, 231; Eignung der Identitätsfeststellung durch Lichtbild und Fingerabdrücke für die Erforschung möglicher zukünftiger Straftaten, OVG Koblenz v. 17.11.2000 - 11 B 11859/00, NVwZ-RR 2001, 238.
52 OVG Koblenz v. 21.4.2016 - 7 A 11108/14, NJW 2016, 2820; Urteil v. 27.3.2014 – 7 A 11202/13; VerfGH Bayern v. 28.3.2003 – Vf. 7-VII-00, Vf. 8-VIII-00, NVwZ 2003, 1375; OVG Hamburg v. 13.5.2015 – Bf 226/12.
53 OVG Bremen v. 2.9.2003 - 1 A 445/02, NordÖR 2003, 457.
54 OVG Koblenz v. 21.4.2016 - 7 A 11108/14.OVG, NJW 2016, 2820.

G. Die Eingriffsermächtigungen des POG

haltspunkte nach aller Erfahrung eines kundigen Amtswalters damit zu rechnen ist, dass

- dort Straftaten geplant oder durchgeführt werden; dabei genügt nicht jede Straftat, sondern nur Taten mit einer gewissen Schwere, die einen Eingriff in die informationelle Selbstbestimmung rechtfertigen,
- sich dort Ausländer unter Verstoß gegen aufenthaltsrechtliche Vorschriften aufhalten,
- sich dort Straftäter verbergen oder
- dort Personen der Prostitution nachgehen; die Prostitution ist selbst keine Straftat, sie ist aber häufig mit solchen verbunden

Beispiel: Orte für solche Kontrollen sind z. B. Asylantenheime, Bordelle, einschlägige Kneipen usw.

Es genügt, dass sich der Adressat an einem solchen Ort aufhält. Aufhalten ist mehr als sich nur hindurchzubewegen; es bedarf eines gewissen Verharrungsmoments.[55]

§ 10 Abs. 1 S. 2 Nr. 2 POG bezieht sich auf besonders **gefährdete Objekte** und ist insoweit objektbezogen. Hier genügt es, dass

1. sich der Adressat an einem besonders gefährdeten Objekt aufhält, z. B. an Verkehrs- oder Versorgungsanlagen oder -einrichtungen, öffentlichen Verkehrsmitteln, Asylbewerberheimen, jüdischen Friedhöfen, Kasernen, Flughäfen, und
2. aufgrund tatsächlicher Anhaltspunkte nach aller Erfahrung eines kundigen Amtswalters damit zu rechnen ist, dass an derartigen Objekten Straftaten begangen werden, die die darin befindlichen Personen oder das Objekt selbst unmittelbar körperlich gefährden. Zu beachten ist, dass es ausreicht, dass aus Erfahrung oder aus Anhaltspunkten heraus geschlossen werden kann, dass Objekte dieser Art („*an derartigen Objekten*") Gegenstand von Angriffen oder anderen Störungen sein können (z. B. Asylantenheime, weil es in Deutschland in der Vergangenheit Anschläge gegen solche gegeben hat); nicht erforderlich ist es, dass irgendwelche Anhaltspunkte dafür sprechen, wonach gerade diesem Objekt (also z. B. dem konkret betroffenen Asylantenheim) Störungen drohen.

Beispiel: Orte für solche Kontrollen sind z. B. Atomkraftwerke, Asylantenheime, Polizeidienststellen, Trinkwasserbrunnen.

§ 10 Abs. 1 S. 2 Nr. 3 POG ist schließlich die Einrichtung einer **Kontrollstelle** zur Verhinderung von Straftaten nach § 100a StPO bzw. § 27 Vers G ausreichende Voraussetzung dafür, um dort entsprechende Kontrollen i. S. d. § 10 Abs. 2 POG durchführen zu dürfen. Damit gemeint sind wesentlich politische und besonders schwere, sonstige Straftaten bzw. typische versammlungsrechtliche Straftaten. Für das Begehen dieser Taten muss ein konkreter Verdacht bestehen. Eine anlassfreie Kontrolle aus generalpräventiven Gründen, die sog. Schleierfahndung (ähnlich § 36 Abs. 5 StVO), darf aufgrund § 10 POG (s. aber § 9a Abs. 4 POG) nicht durchgeführt werden.[56]

---

[55] OVG Hamburg 23.8.2002 - 1 Bf 301/00, NVwZ-RR 203, 276.
[56] Vgl. § 163b StPO für repressive Verfahren; ablehnend Waechter DÖV, 1999, 138; VerfGH M-V v. 6.5.1999 - LVerfG 2/98, NVwZ-RR 1999, 617 hat präventive Schleierfahndung im Binnenland als verfassungswidrig aufgehoben; im Ergebnis gegen die verdachtlose Schleierfahndung im Bereich der Fernmeldeüberwachung auch BVerfG 14.7.1999 - 1 BvR 2226/94; 1 BvR 2420/95; 1 BvR 2437/95, NJW 2000, 55.

b) Rechtsfolgen

19 Befugt sind die **allgemeinen Ordnungsbehörden** und die **Polizei**. Nach § 10 Abs. 2 S. 1 POG sind **die erforderlichen Maßnahmen zur Identifizierung** zulässig, soweit nicht speziellere Vorschriften gelten. Auch wenn die Norm verdachtsunabhängige Maßnahmen gestattet, handelt es sich nicht um eine voraussetzungslose Eingriffsnorm, die vollkommen willkürliches, durch kein Ziel vorgegebenes Kontrollieren ermöglichte. Rechtwidrig ist es darum, wenn die Identität *alleine* aufgrund der Hautfarbe festgestellt wird (sog. „racial profiling"[57]).[58] Für den Umfang der berechtigt feststellbaren Daten kann § 9a Abs. 2 POG entsprechend herangezogen werden. Darüber hinaus können nach § 10 Abs. 2 S. 2 POG die zur Identitätsfeststellung erforderlichen Begleitmaßnahmen getroffen werden, insbesondere kann der Betroffene

- **angehalten** werden, dies ist als Aufforderungen zu kurzfristigem Innehalten eine bloße Freiheitsbeschränkung, keine Freiheitsentziehung i. S. d. Art. 104 GG,
- nach seinen **Personalien** befragt und aufgefordert werden, mitgeführte **Ausweispapiere** zur Prüfung auszuhändigen

und falls die Identität auf andere mildere Weise nicht oder nur unter erheblichen Schwierigkeiten festgestellt werden kann

- **festgehalten** werden, was schon intensiver und als Freiheitsentziehung i. S. d. Art. 2 Abs. 2 S. 2, 104 GG nach § 15 Abs. 1 S. 1 POG **richterlich** zu bestätigen ist; dabei darf der Betroffene nicht über mehrere Stunden nur für erkennungsdienstliche Maßnahmen festgehalten werden, wenn deren Identität auch einfacher geklärt werden kann[59]; und
- persönlich und hinsichtlich der Sachen **durchsucht** werden, auf die er Zugriff hat (z. B. Gegenstände im Fahrzeug, in der Nähe abgestellte Taschen usw.).

Beispiel: Mitglieder einer Fangruppe sind zu einem Fußballspiel ihrer Mannschaft nach Trier angereist. Sie werden gleich nach ihrer Ankunft vor dem Bahnhof nach ihren Personalien gefragt. Bis zur Durchführung der Identifizierung müssen die Betroffenen warten, obwohl das Spiel ihrer Mannschaft bereits begonnen hat. – Die Identifizierung wäre rechtswidrig, solange weitere tatsächliche Anhaltspunkte für eine konkrete Gefahr oder für bevorstehende Straftaten i. S. d. § 10 Abs. 1 S. 2 Nr. 1a. aa fehlen. (Eine gleichwohl durchgeführte Maßnahme wäre aber zu dulden und dürfte ggf. mit Zwang von der Polizei durchgesetzt werden, da sie wirksam und beachtlich ist.)

Die Identitätsfeststellung gibt dem Adressaten eine vertretbare Handlungspflicht zum Aushändigen der Ausweispapiere und eine Duldungspflicht für die übrigen Maßnahmen auf.

3. Prüfung von Berechtigungsscheinen, § 10 Abs. 3 POG

20 Tatbestandsmäßig reicht hier aus, dass ein Berechtigungsschein vorliegt. **Berechtigungsscheine** sind mitzuführende behördliche Urkunden, die bestätigen, dass bestimmte Tätigkeiten ausgeführt oder bestimmte Gegenstände mitgeführt oder benutzt werden können. Die **Pflicht zum Mitführen** eines Scheins muss sich aus anderen Regelungen ergeben. Solche Regelungen gibt es z. B. in § 2 StVG i. V. m. § 36 Abs. 5 StVO für den Führerschein, §§ 24 S. 2, 31a S. 3 StVZO für den Fahrzeug-

---

57 OVG Koblenz v. 21.4.2016 - 7 A 11108/14.OVG, NJW 2016, 2820, zu § 22 Abs. 1a BPolG.
58 VG Köln v. 10.12.2015 - 20 K 7847/13: Heruntergezogene Kapuze und ungewöhnliches Verhalten reichen aber.
59 BVerfG v. 8.3.2011 - 1 BvR 47/05, 1 BvR 142/05, NJW 2011, 2499.

schein und das Fahrtenbuch, § 37 WaffG für die Waffenbesitzkarte bzw. den Waffenschein, § 15 Abs. 1 BJagdG für den Jagdschein, § 33 Abs. 1 LFischereiG für den Fischereischein, § 55 Abs. 2 i. V. m. § 60c Abs. 1 S. 1 GewO für die Reisegewerbekarte usw.

Beispiel: Eine Drückerkolonne von Zeitschriftenwerbern ist von Haus zu Haus unterwegs. Nach Beschwerden über das aufdringliche Vorgehen der Werber verlangt die Polizei, dass die Werber ihre Reisegewerbekarte vorlegen. Dazu sind sie nach § 60 Abs. 1 bzw. § 60 Abs. 2 GewO gegenüber den zuständigen Behörden verpflichtet.

Insbesondere bedarf es weder einer im einzelnen Falle bestehenden Gefahr noch auch nur eines Gefahrenverdachts.

Auf der Rechtsfolgenseite ist der Adressat verpflichtet, den Beamten der **allgemeinen Ordnungsbehörden** und der **Polizei** den Berechtigungsschein zur Prüfung **auszuhändigen** (vertretbare Handlungspflicht).

Im Straßenverkehrsrecht hat diese Vorschrift wegen der spezielleren §§ 36 Abs. 5 StVO, 24 StVO, 4 Abs. 2, 48 Abs. 3 FahrerlaubnisVO kaum Bedeutung.

4. Erkennungsdienstliche Maßnahmen nach § 11 POG

Erkennungsdienstliche Maßnahmen ist die Feststellung der Identität einer Person durch Vergleich von Bildern, Hand- und Fingerabdrücken oder anderer unverwechselbarer Merkmale, insbesondere die in § 11 Abs. 4 POG genannten.[60] Sie stehen nur der **Polizei** zu, den allgemeinen Ordnungsbehörden stehen erkennungsdienstliche Maßnahmen z. B. nach § 4 Abs. 5 LPAuswG zu, wenn Zweifel an der Identität des Ausweisinhabers bestehen.

a) Tatbestand des § 11 Abs. 1 Nr. 1 POG

Voraussetzung nach § 11 Abs. 1 Nr. 1 POG ist, dass
1. eine **Identitätsfeststellung** allein mit den Mitteln nach § 10 POG nicht oder nur unter erheblichen Schwierigkeiten möglich wäre und
2. zusätzlich hinreichend wahrscheinlich ist, dass beim Einsatz erkennungsdienstlicher Maßnahmen eine Identifizierung möglich sein wird.

Beispiel: Die Polizei führt auf dem Platz vor dem Dom in Mainz eine Personenkontrolle durch. Nach örtlicher Erfahrung der Polizei vor Ort werden dort immer wieder ausländerrechtlich Illegale aufgegriffen. Diesmal wird der farbige Deutsche D angetroffen, der seine Identität nicht näher darlegen kann. Er wird zur erkennungsdienstlichen Behandlung nach § 11 Abs. 1 Nr. 1 i. V. m. § 10 Abs. 1 2 Nr. 1a. bb POG auf die Wache gebeten. Er weigert sich, da er weder Ausländer sei noch sonst Anlass für eine solche Überprüfung gegeben habe. – Die erkennungsdienstliche Behandlung des D ist nach den genannten Vorschriften zulässig, da davon nicht nur Ausländer betroffen sind und keine konkrete Gefahr vorliegen muss. Nach vergeblich versuchter Identifikation im Rahmen von § 10 POG sind zusätzliche Maßnahmen nach § 11 Abs. 1 Nr. 1 POG möglich.

---

60 Gusy Rn 240.

b) Tatbestand des § 11 Abs. 1 Nr. 2 POG

22 Nach § 11 Abs. 1 Nr. 2 POG muss

1. jemand einer – nicht unbedingt erheblichen[61] – **Straftat verdächtig** sein und
2. aus der Art und Weise der Tatbegehung darüber hinaus eine hinreichende Wahrscheinlichkeit dafür bestehen, dass eine **Wiederholung** der Tat in absehbarer Zeit zu erwarten ist.[62]

> **Beispiel:** In der Tasche einer Kundin findet der Kaufhausdetektiv eine nicht bezahlte Ware. Das Kaufhaus ruft die Polizei. Diese nimmt den Fall auf. Ferner ist sie zu erkennungsdienstliche Maßnahmen berechtigt, weil ein Verdacht besteht.

Die Tat muss strafbewehrt sein, Bußgeldtatbestände genügen nicht. Für den Verdacht, dass jemand eine Straftat begangen hat, müssen tatsächliche Hinweise bestehen. Ist jemand bereits Beschuldigter eines Ermittlungsverfahrens, kommen erkennungsdienstlichen Maßnahmen nur nach § 81b 1. Fall (*„für die Zwecke der Durchführung des Strafverfahrens"*) StPO in Betracht.[63]

Problematisch ist die Abgrenzung zu **§ 81b 2. Fall StPO** (*„für die Zwecke des Erkennungsdienstes"*). Während im 1. Fall dieser Vorschrift Ermächtigungen zur repressiven Verfolgung von Straftätern enthalten sind, erlaubt der 2. Fall präventive erkennungsdienstliche Maßnahmen.[64] Der Bundesgesetzgeber durfte aus dem Sachzusammenhang mit Art. 74 Abs. 1 Nr. 1 GG heraus die Regelung des § 81b 2. Fall StPO treffen, wodurch § 11 Abs. 1 Nr. 2 POG nach Art. 31 GG insoweit verdrängt ist, soweit der früher geschaffene § 81b 2. Fall StPO reicht.[65] Für erkennungsdienstliche Maßnahmen, die im Zusammenhang mit oder als Folge von Strafverfahren durchgeführt werden, ist daher § 11 Abs. 1 Nr. 2 POG unwirksam und nicht anzuwenden. Er bleibt aber insoweit wirksam, als keine Überschneidung mit § 81b 2. Fall StPO besteht. § 11 Abs. 1 Nr. 2 POG ist demnach anwendbar, wenn die erkennungsdienstlichen Maßnahmen von vornherein gegen Personen gerichtet sind, für die selbst bei Tatbegehung ein Strafverfahren nicht in Betracht kommt. Das betrifft im Wesentlichen die nicht strafmündigen Kinder unter 14 Jahren i. S. d. § 19 StGB, Schuldunfähige i. S. d. § 20 StGB, Verurteilte, Freigesprochene, auch Anfangsverdächtigte, gegen die anschließend kein Ermittlungsverfahren eingeleitet wird.[66] Dagegen gilt § 81b 2. Fall StPO auch dann wenn ein eingeleitetes Verfahren später, d. h. nach der erkennungsdienstlichen Maßnahme eingestellt wird.[67] In jedem Fall richtet sich die polizeiliche Zuständigkeit hierfür nach § 1 Abs. 1 S. 3 POG und nicht nach der StPO.[68]

---

61 OVG Koblenz v. 1.12.2000 – 11 B 11929/00.OVG.
62 Bei Involvierung in die Drogenszene regelmäßig anzunehmen, VG Neustadt/W. vom 6.3.2006 - 5 K 1991/05.NW; bei einem rückfallgefährdeten Sexualstraftäter allerdings abgelehnt von OVG Lüneburg 01.6.2011 - 11 PA 156/11 – nds. VBl. 2011, 290.
63 OVG Münster v. 14.7.1982 - 4 A 2493/81, DÖV 1983, 603.
64 BVerwG v. 19.10.1982 - 1 C 114.79, NJW 1983, 1338; v. 23.11.2005 - 6 C 2.05, NJW 2006, 1225; OVG Koblenz v. 17.11.2000 - 11 B 11859/00, NVwZ-RR 2001, 238; OVG Münster v. 13.11.1999 - 5 B 2562/98, NJW 1999, 2689; früher anders unter Berufung auf OVG Koblenz v. 27.6.1984 AZ 11 A 37/83.
65 BVerwG , 25.10.1960 - I C 63.59, NJW 1961, 57 + 571; v. 9.2.1967 - I C 57.66, NJW 1967, 1192 ; OVG Koblenz v. 17.11.2000 - 11 B 11859/00, NVwZ-RR 2001, 238; OVG Münster v. 8.7.1998 - 4 B 38.98, NVwZ 1999, 63; OVG Schleswig NVwZ-RR 15.3.2007 - 4 MB 5/07, 2007, 817; VG Trier 5.6.2002 - - 1 L 477/02.TR und 1 L 478/02.TR; Schenke Rn 126.
66 VG Neustadt/W. 29.11.2011 - 5 K 550/11.NW; Drews/Wacke/Vogel/Martens, S. 189.
67 BVerwG 25.10.1960 - I C 63.59, NJW 1961, 57 + 571; v. 9.2.1967 - I C 57.66, NJW 1967, 1192; VGH Kassel v. 9.3.1993 – 11 UE 2613/89, NVwZ-RR 1994, 654.
68 BVerwG 23.11.2005 - 6 C 2.05, NJW 2006, 1225.

G. Die Eingriffsermächtigungen des POG

c) Rechtsfolgen des § 11 POG

Als mögliche Maßnahmen zählt § 11 Abs. 3 POG beispielhaft die wichtigsten erkennungsdienstlichen Maßnahmen auf. Aber auch Stimmaufzeichnungen, Zahnbilder, Videos, Unterschriften, Maßnahmen, die den ganzen Körper oder bestimmte Körperteile und besondere persönliche Merkmale, wie Narben, Tätowierungen oder auch Piercings betreffen, usw. sind zulässig.[69] Ihnen allen gemeinsam ist die **beschreibende** und vergleichende, aber **nicht untersuchende Natur** der Maßnahmen. Insoweit können körperliche Untersuchungen, die mit Eingriffen verbunden sind, nicht dazu rechnen. Ebenso wenig zählen hierher beschreibende und vergleichende Maßnahmen, die typischerweise erst aufgrund körperlicher Eingriffe möglich werden. Blutuntersuchungen, Genomanalysen[70] oder die Gabe von Brechreizmitteln[71] sind präventivpolizeilich nur im Rahmen des § 11a POG zulässig. Die erkennungsdienstliche Maßnahme geschieht auch immer **offen**.

Beispiel: Vor dem Gebäude des Strafgerichts werden Jugendliche mit Spraydosen aufgegriffen. Das Amtsgebäude ist noch nicht mit Graffiti bemalt. Die Jugendlichen werden einer erkennungsdienstlichen Behandlung durch Bildanfertigung und Abnahme von Fingerabdrücken unterzogen. – Das Anfertigen von Personenfotos und Fingerabdrücken ist eine erkennungsdienstliche Maßnahme i. S. d. § 11 Abs. 3 Nr. 1 und 2 POG. Die Tatbestandsvoraussetzungen des § 11 Abs. 1 Nr. 2 POG sind zwar nicht erfüllt. Die aufgegriffenen Personen haben noch keine Sachbeschädigung am Gerichtsgebäude begangen. Erkennungsdienstliche Behandlung nach § 11 Abs. 1 Nr. 1 i. V. m. § 10 Abs. 1 S. 2 Nr. 2 POG kommt ebenfalls nicht in Betracht, weil eine absehbare Sprayaktion der Jugendlichen weder die Beschäftigten im Gericht noch das Gebäude selbst in seiner Amtsfunktion schädigt. Allerdings besteht nach § 10 Abs. 1 S. 1 POG eine konkrete Gefahr für die öffentliche Sicherheit, soweit eine Sachbeschädigung des Gerichts absehbar bevorsteht. Soweit die Jugendlichen als mögliche Verursacher dieser Gefahr nicht identifiziert werden können, dürften sie nach § 11 Abs. 1 Nr. 1 POG zusätzlich erkennungsdienstlich behandelt werden.

Der Adressat ist zur Duldung der Maßnahme, soweit zur erkennungsdienstlichen Maßnahme unverzichtbar, auch zur Mitwirkung (insoweit höchstpersönliche Handlungspflicht) verpflichtet. Die erkennungsdienstliche Maßnahme selbst ist Realakt, gegebenenfalls verbunden mit Verwaltungszwang. In der Regel bleibt es nicht bei der schlichten, erkennungsdienstlichen Behandlung. Betroffene Personen werden zusätzlich in Dateien oder Informationssystemen nach bestimmten Ordnungskriterien dieser Dateien erfasst und gespeichert. Spätestens dieser Dokumentationsvorgang greift gezielt in die Grundrechte des Betroffenen im Sinne eines Eingriffs mit Regelungscharakter ein und hat insoweit den Charakter einer Verfügung. Zum Ermessen im Einzelnen vergleiche Kapitel F.

Zuständig für die erkennungsdienstlichen Maßnahmen ist die **Polizei**. Das gilt auch für solche Maßnahmen, die ihren Ausgang bei einer Identifikation durch Ordnungsbehörden nach § 10 Abs. 1 S. 1 POG genommen haben.

Verfahrensrechtliche Erfordernisse ergeben sich aus § 11 Abs. 2 POG und § 81f Abs. 2 StPO. Angelegte Daten zu erkennungsdienstlichen Maßnahmen sind nach Wegfall der Voraussetzungen des § 11 Abs. 1 POG **von Amts wegen zu vernichten**, also nicht nur unbrauchbar zu machen. Das gilt auch für die Untersuchungsergebnisse und Spurenmaterial von Vermissten, wie auch der Verweis auf § 81g StPO zeigt. Als falsch erkannte Ergebnisse erkennungsdienstlicher Maßnahmen sind ebenfalls zu vernichten. Verwaltungsrichtlinien regeln hierfür **Überprüfungsfristen**.

---

69 BVerfG v. 14.2.1978 - 2 BvR 406/77, NJW 1978, 1149 (Veränderung der Haar- und Barttracht).
70 Brinkmann NJW 1999, 1697.
71 OLG Frankfurt v. 11.10.1996 - 1 Ss 28/96, NJW 1997, 1647; dazu Grüner JuS 1999, 122.

Der Betroffene kann bei Fehlen oder Wegfall der Voraussetzungen des § 11 Abs. 1 POG die Vernichtung der Unterlagen verlangen. Darüber ist der Betroffene beim Durchführen der Maßnahmen zu belehren.

Die gerichtliche Durchsetzung eines Anspruchs auf Vernichtung entsprechender Unterlagen erfolgt je nach Rechtsgrund der Maßnahmen vor unterschiedlichen Gerichten. Wegen Unterlagen in **strafverfahrensrechtlichen Akten** nach § 81b 1. Fall StPO kann nach § 23 ff. EGGVG vor dem **OLG** Klage erhoben werden. Das Aufbewahren entsprechender Unterlagen zur Straftatenverhütung nach § 81b 2. Fall StPO ist eine **präventive** Maßnahme, die vor dem **Verwaltungsgericht** nach § 40 Abs. 1 VwGO zu überprüfen ist.[72] Gleiches gilt für § 11 POG. Klageart ist dann die **Verpflichtungsklage**, da es um die Löschung von vorgehaltenen, persönlichen Merkmalen bei Verdächtigen geht. Das Anlegen solcher Daten über Verdächtige ist ein Verwaltungsakt, dann gilt gleiches für den umgekehrten Fall des Beseitigens dieser Aufzeichnungen.[73]

5. Medizinische und molekulargenetische Untersuchungen, § 11a POG

25 Hierbei handelt es sich um eine besondere Form der **Identitätsfeststellung**. Die in § 11a POG beschriebenen Untersuchungen sind zu keinem anderen Zweck zulässig. Nach § 11a Abs. 1 POG sind bei **verstorbenen** oder solchen Personen, die sich erkennbar in einem die **freie Willensbildung ausschließenden Zustand** oder sonst in **hilfloser Lage** befinden, auch medizinische Untersuchungen zur Identitätsfeststellung rechtmäßig, wenn andere Möglichkeiten zur Identitätsfeststellung nicht oder nur unter erheblichen Schwierigkeiten möglich sind.

Beispiel: In einem Reisebus verbrennen nach einem Unfall Insassen zur Unkenntlichkeit. Um festzustellen, wer die Opfer sind, bleibt nur die molekulargenetische Untersuchung.

Die **Polizei** ordnet zwar die Untersuchung an, ausführen darf sie jedoch nur ein approbierter **Arzt**, § 81 Abs. 1 S. 2 StPO, § 11a Abs. 1 S. 2 POG, wobei sich allerdings fragt, ob das auch für die Hauptanwendungsfälle der Speichel- oder Haarprobe gelten muss. Diese Form der Untersuchungen kann aber auch bei Lebenden wichtig werden, z. B. zur Identifizierung von ausgesetzten Säuglingen oder anderer hilfloser Personen. Dann darf allerdings kein Nachteil für die Gesundheit des Betroffenen zu befürchten sein.

Diese medizinischen Untersuchungsergebnisse dürfen nach § 11a Abs. 2 POG mit Spurenmaterial von **Vermissten** zum Zwecke der Identitätsfeststellung verglichen werden, indem molekulargenetische Vergleichsuntersuchungen durchgeführt werden. Zu diesem Zweck können, soweit erforderlich, medizinische Unterlagen (z. B. Röntgenbilder des Hausarztes, Gebissabdrücke) vorübergehend genutzt oder Körperzellen entnommen oder sichergestellt werden. Das ist bedeutsam vor allem für Großschadensereignisse (z. B. Großbrand, terroristischer Anschlag) mit einer Vielzahl von verletzten Personen, für das Klären von Vermisstenfällen und das Identifizieren von Verstorbenen außerhalb von staatsanwaltschaftlichen Ermittlungen. Demgegenüber sind die Rechtsgrundlagen für körperliche und molekulargenetische Untersuchungen zu *repressiven* Zwecken die §§ 81a, 88 ff. StPO und das DNA-Identi-

---

72 BVerwG v. 6.7.1988 - 1 B 61.88, NJW 1989, 2640, und VGH München v. 27.9.1983 - 21 B 82 A.2261, NJW 1984, 2235; vorausgesetzt die Daten werden noch vorgehalten VG Trier 16.11.2010 - 1 K 178/10.TR.
73 VGH München wie vor.

tätsfeststellungsgesetz. Abweichend von § 81a StPO sind diese Untersuchungen nur zur Identitätsfeststellung zugelassen. Die hier gewonnen Erkenntnisse können also nicht für andere Zwecke verwendet werden, § 81f StPO, § 11a Abs. 2 S. 2 POG. Soweit es sich um die molekulargenetische Untersuchung einer lebenden Person handelt, bedarf es einer Entscheidung des **Amtsgerichts** am Sitz der Polizeidienstelle, § 11a Abs. 3 POG.

Wie bei den meisten Maßnahmen bedarf es auch hier der Ermächtigungsgrundlage nur, wenn der Betroffene, bei Toten die Personenberechtigten, eingewilligt haben. Eine **Einwilligung** im Rechtssinne liegt aber nur vor, wenn sie eindeutig und ausdrücklich von einer Person mit entsprechender Verstandesreife erfolgt, diese über die Sachlage und ihr Verweigerungsrecht belehrt worden ist und die Person den Eingriff nicht nur resigniert hinnimmt. Im Zweifel liegt keine Einwilligung vor.

6. Vorladung, § 12 POG

Vorladung ist das Gebot an eine Person, zur Klärung oder Erörterung von Tatsachen zu einer bestimmten Zeit bei einer bestimmten Behörde persönlich zu erscheinen.[74] **Vorführung** ist die Durchsetzung der Vorladung mittels unmittelbaren Zwangs.

a) Tatbestände des § 12 Abs. 1 S. 1 POG

Nach § 12 Abs. 1 **Nr. 1** POG kann eine Person vorgeladen werden, wenn
- Tatsachen, nicht nur Vermutungen, die Annahme rechtfertigen, dass jemand **sachdienliche Angaben** machen kann und
- diese Angaben zur **Erfüllung einer bestimmten polizeilichen Aufgabe** erforderlich sind.

Ob den Vorgeladenen eine **Pflicht zur Aussage** trifft und keine Aussageverweigerungsgründe vorliegen, ist **nicht Voraussetzung** einer Vorladung.

Beispiel: Bei der Stadtverwaltung als Versammlungsbehörde verdichten sich die Hinweise, dass die rechtsradikale Organisation O plant, die für in 5 Tagen angemeldete Versammlung gewaltsam zu gestalten. A ist ein Mitglied dieser Organisation, hat aber schon früher wertvolle Auskünfte gegeben. Man will ihn nun zu diesen Hinweisen befragen. Er dürfte für diese Befragung in die Behörde vorgeladen werden.

§ 12 Abs. 1 **Nr. 2** POG ermöglicht der Polizei die Vorladung, wenn es zur Durchführung **erkennungsdienstlicher Maßnahmen** erforderlich ist. D.h. es darf kein weniger einschneidendes Mittel geben, die erkennungsdienstlichen Maßnahmen umzusetzen.

Beispiel: Der 12jährige L stiehlt eine Ware aus einem Kaufhaus, wird erkannt, kann aber fliehen. Nun sollen nach § 11 Abs. 1 Nr. 2 POG erkennungsdienstliche Maßnahmen durchgeführt werden. Hierzu kann er von der Polizei (nicht von der Ordnungsbehörde) vorgeladen werden.

b) Rechtsfolgen

Dem Adressaten kann das Erscheinen auferlegt werden, allerdings eng begrenzt auf den **Vorladungszweck**. Die **Verhältnismäßigkeit** i. w. S. ist besonders zu beachten. Allerdings ist eine Vorladung nicht schon deshalb unverhältnismäßig, weil sich der Geladenen ernsthaft weigert auszusagen, denn meistens kann nicht ausgeschlossen werden, dass der Geladene sich in der Behörde eines Besseren besinnt.

---

74 Gusy Rn 223; Götz / Geis § 8 Rn 22.

Bei der Vorladung ist auf die persönlichen Verhältnisse des Geladenen Rücksicht zu nehmen. Das gilt gegenüber beruflich bedingten Zeiteinschränkungen ebenso wie gegenüber familiär oder gesundheitlich bedingten zeitlichen oder sachlichen Einschränkungen, § 12 Abs. 2 S. 2 POG. Es muss geprüft werden, ob der Zweck nicht auch durch Aufsuchen des Betroffenen erfüllt werden kann. Zum Ermessen im Einzelnen vergleiche Kapitel F.

c) Durchführung der Vorladung

28 Zuständig für die Vorladung ist in beiden Fällen des § 12 Abs. 1 POG die **Polizei**, bei Auskunftsersuchen im Rahmen ordnungsbehördlicher Aufgaben auch die Ordnungsbehörde, § 12 Abs. 1 S. 2 POG. Bei der Vorladung muss der **Grund** dafür angegeben werden, § 12 Abs. 2 S. 1 POG.

Notfalls, also wenn der Vorladung keine Folge geleistet wird und kein milderes Mittel zur Verfügung steht, kann die Verfügung auch durch **Zwang** durchgesetzt werden, § 12 Abs. 3 POG. Das gilt für die Durchführung erkennungsdienstlicher Maßnahmen im Rahmen der Verhältnismäßigkeit uneingeschränkt. Eine Aussage darf aber nur erzwungen werden, wenn die erwarteten Angaben zur Abwehr einer Gefahr für Leib, Leben oder Freiheit einer Person dienen. Als Zwangsmittel der höchstpersönlichen Erscheinungspflicht kommen Zwangsgeld und – insoweit nur für die Polizei – unmittelbarer Zwang durch Vorführung in Betracht.[75] Die zwangsweise Durchsetzung von Vorladungen ist ein Eingriff in Art. 2 Abs. 2 S. 2 GG und bedarf wegen Art. 104 GG der Bestätigung durch **gerichtlichen Beschluss** gemäß § 15 Abs. 1 S. 1 POG.

Mittels § 12 dürfen aber nicht die **§ 133 Abs. 2 oder § 163a Abs. 3 S. 1 StPO umgangen** werden, wonach im repressiven Verfahren ein Erscheinen mit Vorführung nur gegenüber Gericht und Staatsanwaltschaft, nicht aber gegenüber der Polizei, erzwingbar ist.[76]

7. Meldeauflagen, § 12a POG

29 Mit der Meldeauflage sollen vor allem Großveranstaltungen wie Sport- oder Musikereignisse, Versammlungen[77] vor gewaltbereiten Störern geschützt werden. Diese Spezialregelung war notwendig,[78] weil die Meldeauflage in Art. 11 GG eingreift, was nur „durch oder aufgrund eines Gesetzes" möglich ist, also eine Zitierung erfordert (§ 8 Nr. 5 POG) und eine spezielle gesetzliche Regelung. Die **Polizei** kann gegenüber einer Person anordnen, sich an bestimmten Tagen zu bestimmten Zeiten bei bestimmten Polizeidienststellen zu melden. Voraussetzung ist, dass Tatsachen die Annahme rechtfertigen (**Gefahrenverdacht**), dass der Adressat eine **Straftat** (nicht nur Ordnungswidrigkeit) begehen wird. Allgemeine Vermutungen reichen nicht. Der Verdacht braucht andererseits aber noch nicht zu einer konkreten Gefahr verdichtet zu sein. Es reicht eine Prognose, für die z. B. die Art und Weise der Ausführung bisheriger Straftaten, erfolgte Drohungen, Aufrufe oder Internetauftritte maßgebend sein

---

[75] VG Gießen v. 28.8.1998 - 10 G 1342/98, NVwZ-RR 1999, 376.
[76] Gusy Rn 226.
[77] Vgl. hierzu BVerwG v. 25.7.2007 - 6 C 39.06, NVwZ 2007, 1439; OVG Lüneburg NJW 2006, 391; OVG Lüneburg NVwZ-RR 2006, 613; VGH München v. 9.6.2006 - 24 CS 06.1521, BayVBl. 2006, 671; VGH Mannheim v. 14.6.2000 - 1 S 1271/00, NJW 2000, 3658; speziell zur Gefahrprognose hinsichtlich potentieller Gewaltbereitschaft OVG Magdeburg, v. 27.6.2006 - 2 M 224/06; v. 19.6.2006 - 2 M 216/06. VGH Mannheim v. 14.6.2000 - 1 S 1271/00, NJW 2000, 3658; Schucht NVwZ 2011, 709.
[78] Anders offenbar noch BVerwG v. 25.7.2007 – 6 C 39.06, NVwZ 2007, 1439 .

können. Die Unschuldsvermutung gilt hier wie im gesamten Gefahrenabwehrrecht nicht.

Beispiel: H ist ein polizeibekannter Hooligan, der schon fünfmal in der Datei „Gewalttäter Sport"[79] erfasst ist, weil er bei Fußballspielen andere zu Sachbeschädigungen und Körperverletzungen aufstachelt und diese Taten auch selber begeht. Als in Deutschland ein internationales Fußballturnier stattfindet, wird H aufgegeben, sich zu bestimmten Zeiten bei seiner örtlichen Polizeidienststelle zu melden.[80]

Die zu verhindernden Straftaten sind jedenfalls die, die nach deutschem Strafrecht strafbar sind, also nicht nur solche im Inland (§ 3 StGB), sondern auch solche im **Ausland**, insbesondere gegen deutsche oder international geschützte Rechtsgüter oder deutsche Staatsbürger (vgl. §§ 4 ff. StGB). Ob das auch für die seltenen Fälle gilt, in denen die Tat *nur* nach dem Recht des ausländischen Staates strafbar ist, in dem die Tat begangen werden soll, wird man wohl nach Wortlaut und Sinn der Vorschrift bejahen müssen, solange die Strafbewehrung mit unserer verfassungsgemäßen Werteordnung übereinstimmt (z. B. demonstrative Schmähkritik an religiösen Einrichtungen anderer Länder, nicht aber z. B. bei sachlicher Kritik). Präventiv kann ja die Ausreise durchaus eingeschränkt werden (vgl. §§ 7 Abs. 1 Nr. 1, 8, 10 PassG,[81] § 2 Abs. 2 LPAuswG; insoweit kein Eingriff in Art. 11 GG, sondern nur in Art. 2 Abs. 1 GG), die Meldeauflage kann dann dieses Ausreiseverbot flankieren.

Die Meldeauflage ist ein **Eingriff in Art. 11 GG**, da so ein freier Aufenthalt in ganz Deutschland nicht mehr möglich ist. Selbstverständlich muss die Meldeauflage zur Verhinderung der Straftat das **mildeste geeignete Mittel** sein, § 2 Abs. 1 und 2 POG. Besonders wenn es um das Ziel geht, einen potenziellen Gewalttäter von einer Versammlung fernzuhalten, ist wegen des Schutzes von Art. 8 GG genaue Sorgfalt geboten; hier wird man schon schwere Gründe und eine recht sichere Schadenserwartung haben müssen, wenn man die Teilnahme unterbinden will. Eine Meldeauflage darf zunächst nur für höchstens einen Monat verfügt werden und kann auf Entscheidung des **Amtsgerichts** am Sitz der Polizeidienststelle um einen weiteren Monat verlängert werden. Der Verstoß gegen eine Meldeauflage ist eine **Ordnungswidrigkeit** nach § 99a POG.

IV. Entfernungsgebote, § 13 POG

Der Verstoß gegen fast alle Regelungen des § 13 POG (Ausnahme: § 13 Abs. 4 Nr. 2 POG) ist eine Ordnungswidrigkeit nach § 99a POG.

1. Allgemeine Platzverweisung, § 13 Abs. 1 POG

Platzverweisung ist das Gebot, eine bestimmte Örtlichkeit kurzfristig zu verlassen, **30** bzw. das Verbot, sie kurzfristig nicht zu betreten. Ihre allgemeine Form gilt nicht als schwerwiegender Eingriff.[82] Diese Platzverweisung steht sowohl den **allgemeinen**

---

79 Die Zentrale Informationsstelle Sporteinsätze (ZIS) registriert und beobachtet bundesweit Fußball-Gewalttäter im Rahmen der Datei „Gewalttäter Sport". Dort werden Daten solcher Personen gespeichert, gegen die im Zusammenhang mit Sportveranstaltungen strafrechtliche Ermittlungsverfahren eingeleitet oder deswegen verurteilt wurden (vgl. dazu Spiecker/Kehr DVBl. 2011, 930).
80 OVG Lüneburg v. 14.6.2006 - 11 ME 172/06, NVwZ-RR 2006, 613; hierzu auch BVerfG v. 19.6.2006 - 1 BvQ 17/06, BVerfGK 8, 225; Rühle / Suhr § 12a, 4.
81 Hierzu OLG Stuttgart v. 4.4.2009 - 11 K 1293/09, NVwZ-RR 2009, 679.
82 VG Neustadt/W. v. 15.11.2002 - 7 K 811/02.NW, NVwZ-RR 2003, 277.

Ordnungsbehörden als auch der **Polizei** zu. **Speziellere** Regeln der Platzverweisung finden sich in § 46, § 57 Aufenthaltsgesetz, §§ 56, 59 Asylgesetz, § 25 Abs. 1 S. 4 Landesbrand- und -Katastrophenschutzgesetz, § 28 Infektionsschutzgesetz oder in § 8 Jugendschutzgesetz. Gegen Teilnehmer einer ablaufenden öffentlichen Versammlung (vgl. Rn G 2) setzt die Anwendbarkeit von § 13 Abs. 1 POG voraus, dass der Adressat aufgrund eines Ausschlusses von der Versammlung nach den §§ 18 Abs. 3 und 1, 11 Abs. 2 Versammlungsgesetz eine gesetzliche Pflicht zum Weggehen hat. Bei der Störung von Amtshandlungen geht § 164 StPO vor, der zwar eigentlich die Festnahme regelt, aber als Mindermaßnahme auch die Befugnis zur Platzverweisung umfasst. Eine gewisse Ähnlichkeit der allgemeinen Platzverweisung besteht mit dem **öffentlich-rechtlichen Hausrecht**, dessen Anwendung der Platzverweisung vorgeht.[83] Das öffentlich-rechtliche Hausrecht gewährt wie das private Hausrecht die Befugnis, den Zutritt nur zu bestimmten Zwecken zu erlauben und das Einhalten dieser Zwecke durchzusetzen.[84] Das private Hausrecht soll die in Art. 13 GG geschützte Privatsphäre wahren.[85] Beim öffentlich-rechtlichen[86] wird dagegen aus der Zuweisung, Verwaltungsaufgaben wahrzunehmen, eine Annexkompetenz hergeleitet, für die Aufrechterhaltung des störungsfreien Dienstbetriebs bzw. Wahrung des Widmungs- bzw. Anstaltszwecks zu sorgen.[87] Das öffentlich-rechtliche Hausrecht ist im räumlichen Anwendungsbereich enger als die Platzverweisung, da es auf Räumlichkeiten und befriedetes Besitztum beschränkt ist, die hoheitlich genutzt werden. Auch darf das Hausverbot nicht im Widerspruch zur eigenen Aufgabenerfüllung stehen, z. B. gegen einen Obdachlosen bezogen auf die Obdachlosenunterkunft ergehen.[88] Dafür reicht es zeitlich weiter, da es anders als die Platzverweisung nach § 13 Abs. 1 POG auch langfristig oder gar dauerhaft ausgesprochen werden kann. Eine Platzverweisung ist jedoch in aller Regel **ausgeschlossen**, wenn die abzuwehrende Gefahr *vom Inhalt* eines **Druckwerkes** i. S. d. LMedienG ausgeht, vgl. § 4 LMedienG (s. dazu Rn G 74).

31 Ähnlich wie bei § 9 Abs. 1 S. 1 POG erfordert der Tatbestand des § 13 Abs. 1 S. 1 POG eine **Gefahr für die öffentliche Sicherheit oder Ordnung**; insoweit wird auf die Kapitel C und D verwiesen. Satz 2 dieser Vorschrift (Behinderung von Rettungskräften) enthält lediglich einen praktisch bedeutsamen Unterfall von Satz 1.

Beispiel: Aus einer chemischen Anlage sind giftige Gase ausgetreten, der Bevölkerung wird untersagt, die Umgebung in den nächsten Stunden zu betreten; konkrete mutmaßliche Beteiligte der Drogenszene werden aufgefordert, den „Umschlagplatz" am Bahnhof zu verlassen[89]; nach einer Bombendrohung werden die Besucher der Diskothek aufgefordert, diese zunächst zu verlassen, damit nach dem Sprengsatz gesucht werden kann.

Das Vorliegen einer Gefahr für die öffentliche Sicherheit oder Ordnung kann insbesondere bei Platzverweisungen gegen **Nichtsesshafte** aus dem Innenstadtbereich

---

83 Vgl. hierzu OVG Koblenz v. 14.3.2014 - 7 D 10039/14.OVG; Götz / Geis § 4 Rn 44; Gusy Rn 82, 277.
84 BVerfG v. 14.03.2012 - 2 BvR 2405/1, NJW 2012, 1863 zum Hausrecht eines Gerichtspräsidenten; BGH, v. 20.1.2006 - V ZR 134/05, NJW 2006, 1054, zum Hausrecht innerhalb eines Flughafens; OVG Koblenz v. 14.3.2014 - 7 D 10039/14.OVG, auch beim „Tag der offenen Tür".
85 Auch das kann einem Hoheitsträger zustehen, BVerfG, v. 22.2.2011 - 1 BvR 699/06, Abs. 79 ff., NJW 2011, 1201.
86 Umstr. ist, ob sich das öffentlich-rechtliche vom privaten Hausrecht nach dem Zweck des Besuches (so die Rspr., BGH v. 6.6.1967 - VI ZR 214/65, NJW 1967, 1911; BVerwG v. 13.3.1970 - VII C 80.67, BVerwGE 35, 103) oder nach der Natur der zu schützenden Aufgaben abgrenzt (so eher die Literatur, Stelkens, JurA 2010, 363, 369).
87 Stelkens: „Das behördliche Hausrecht", JurA 2010, 363.
88 VG Osnabrück v. 4.5.2012 - 6 B 44/12.
89 So VG Sigmaringen v. 14.9.1994 - 9 K 1533/94, NVwZ-RR 1995, 327.

G. Die Eingriffsermächtigungen des POG

zweifelhaft sein[90], denn z. B. die schlichte Belästigung, bloßer Alkoholkonsum, atmosphärische Beeinträchtigung oder Nachteile für den Tourismus der Kommune stellen für sich alleine noch keine Gefahr i. S. d. POG dar. Zu beachten ist aber dabei, dass in den Fällen des § 183a StGB und der §§ 118 und 119 OWiG **Belästigungen** bereits einen Straf- bzw. Ordnungswidrigkeitstatbestand erfüllen, so dass ausnahmsweise Belästigungen als Verstoß gegen die objektive Rechtsordnung eine Gefahr für die öffentliche Sicherheit sein können.

Beispiel: Stadtstreicher, die in der Fußgängerzone nur herumsitzen und Alkohol trinken, mögen zwar eine Belästigung sein, sind aber noch keine ordnungsrechtliche Gefahr. Anders dagegen, wenn sie z. B. demonstrativ urinieren (§ 118 OWiG), sexuelle Handlungen aneinander vornehmen (§ 183a StGB) oder sich den Alkohol durch Diebstähle besorgen oder gegen Passanten tätlich werden.

Zusätzlich kann eine Gefahr für die objektive Rechtsordnung (öffentliche Sicherheit) dadurch gegeben sein, dass der Adressat vorangegangenen Platzverweisungen nicht gefolgt ist und somit den Tatbestand des § 113 OWiG oder des § 29 Abs. 1 Nr. 2 VersG erfüllt hat. Der Platzverweis kann auch dazu dienen, Behinderungen präventiver Tätigkeiten (z. B. eine Identitätsfeststellung) zu unterbinden[91]; **nicht** allerdings kommt § 13 Abs. 1 POG zum Schutz **repressiver** Tätigkeit in Betracht, da dafür § 164 StPO spezieller ist.

Auf der Rechtsfolgenseite ist ausschließlich das Freihalten des Ortes von dieser Person Regelungsgegenstand der Maßnahme. § 13 Abs. 1 POG rechtfertigt darum auch nicht, der Person eine bestimmte Richtung vorzugeben, in der sie den Ort zu verlassen hat, es sei denn, die Entfernung in andere Richtungen begründet wiederum eine Gefahr. Noch weniger rechtfertigt § 13 Abs. 1 POG alleine eine Freiheitsentziehung. Zwar darf die Platzverweisung grundsätzlich mit den Mitteln des unmittelbaren Zwangs durchgesetzt werden, aber z. B. für das Wegfahren der Person im Streifenwagen bedarf es zusätzlich der Voraussetzungen des § 14 Abs. 1 Nr. 3 POG (zum Verbringungsgewahrsam s. Rn G 41).

Die Platzverweisung nach § 13 Abs. 1 POG gibt eine höchstpersönliche Handlungspflicht (Verlassen) bzw. ein Unterlassungsgebot (Nichthingehen) auf. Dabei handelt es sich um einen in der Bedeutung nur untergeordneten Eingriff.[92] Sie ist nur **zeitlich befristet** möglich. Die frühere Formulierung „vorübergehend" war allerdings besser, denn „befristet" suggeriert, dass die Maßnahme von vornherein für eine Frist (also einen festen Tag, eine feste Uhrzeit usw.) ausgesprochen werden müsse, was aber sehr unpraktisch wäre, wenn die Dauer z. B. von einem ungewissen Ereignis, z. B. der Räumung der Unfallstelle, (also von einer Bedingung) abhinge. Sie kommt daher, anders als das Hausrecht, nur für einen überschaubaren zeitlichen Rahmen in Betracht. Grundsätzlich ist die Dauer der Platzverweisung vom Bestehen der Gefahrenlage abhängig. Regelmäßig wird es sich um Minuten oder Stunden handeln, je nach Sachlage kann das Betretungsverbot aber auch durchaus mehrere Tage wirken.[93]

Beispiel: Zulässig nach § 13 POG wäre für den Zeitraum mehrtägiger Chaostage ein Betretungsverbot der Innenstadt für bestimmte Mitglieder der Chaosszene.

Zum Ermessen im Einzelnen vergleiche Kapitel F.

---

90 So auch Lisken / Denninger / Rachor E Rn 437.
91 OVG Koblenz v. 27.3.2014 – 7 10993/13, AS 42, 222.
92 OVG Koblenz a.a.O.
93 s. Lisken / Denninger / Rachor E 436; Schenke Rn 132: maximal 24 Stunden.

32 Umstritten ist, ob § 13 Abs. 1 POG in das Freiheitsrecht nach Art. 2 Abs. 2 S. 2 GG eingreift. Richtigerweise garantiert das durch einen qualifizierten Gesetzesvorbehalt gesicherte Freiheitsrecht aber nur den Anspruch, grundsätzlich jeden Ort verlassen zu dürfen. Die Platzverweisung beschränkt aber gerade umgekehrt das Recht, einen Ort zu betreten. Das Recht, jeden Ort zu betreten, hat aber historisch und in seiner Auswirkung nicht dieselbe Bedeutung wie das Entfernungsrecht und bedarf keines qualifizierten Schutzes. Es ist daher kein Eingriff in Art. 2 Abs. 2 S. 2^{94}, sondern nur Bestandteil des **allgemeinen Persönlichkeitsrechtes** nach Art. 2 Abs. 1 GG und steht unter dem einfachen Vorbehalt der verfassungsgemäßen Ordnung, kann also ungezielt und ohne Zitieren durch jegliches geschriebene oder ungeschriebene Recht begrenzt werden. Bei anderer Ansicht wären das öffentliche Hausrecht (keine Grundlage in einem formalen Gesetz, vgl. hierzu Rn G 30)) oder Bewegungsbeschränkungen nach der StVO (kein Zitieren des Art. 2 Abs. 2 S. 2 GG nach Art. 19 Abs. 1 S. 2 GG im StVG) verfassungswidrig. Daher ist § 13 Abs. 1 POG verfassungsrechtlich nicht zwingend notwendig; wenn es ihn nicht gäbe, könnte seine Regelung auch auf die Generalklausel (§ 9 Abs. 1 S. 1 POG) gestützt werden

2. Wohnungsverweisung, § 13 Abs. 2 POG, Art. 13 Abs. 7 GG

33 Eingriffe und Beschränkungen in den Wohnraum sind im Falle **einer gemeinen Gefahr** (s. dazu Rn D 13) **oder einer Lebensgefahr** für einzelne Personen schon nach Art. 13 Abs. 7 GG unmittelbar zugelassen, ohne dass es dazu zusätzlich eines einfachen Gesetzes bedürfte (s. dazu Rn G 62).

Beispiel: Die Wohnung muss wegen einer Bombendrohung oder wegen Hochwasser geräumt werden.

Im Übrigen gilt für den physischen Eingriff in den Wohnraum neben §§ 20 f. POG insbesondere § 13 Abs. 2 POG. Der Tatbestand des § 13 Abs. 2 POG setzt eine **Gefahr** für **Leib, Leben** (vgl. hierzu Rn D 12), die Freiheit (vgl. Rn C 4) oder **für bedeutende Sach- und Vermögenswerte** voraus. Sach- und Vermögenswerte sind dann bedeutend, wenn sie einen hohen materiellen Wert besitzen (z. B. Juwelen, Kunstgegenstände, Aktien, Fahrzeuge usw.), der ideelle Wert (z. B. persönlicher Erinnerungswert) bleibt außer Betracht, sofern er sich nicht wiederum im Wert auswirkt (z. B. zerschlissener Fußballschuh von Fritz Walter).

Beispiele: Der islamischen Wohnungsinhaberin droht dort ein Säureanschlag; ohne dass der Mieter die Wohnung verlässt, ist eine Sanierung der kurz vor dem Bersten stehenden Abwasserleitungen nicht möglich.

Unter diesen Voraussetzungen kann die **Polizei** oder die **allgemeine Ordnungsbehörde** regelmäßig eine Person im Rahmen des Ermessens (Kapitel F) zeitlich befristet sogar aus ihrer durch Art. 13 GG geschützten **Wohnung verweisen** bzw. ihr deren Betreten verbieten. Führt diese Maßnahme zur Obdachlosigkeit, ist es Aufgabe der allgemeinen Ordnungsbehörde, dem Verwiesenen Obdach zu beschaffen (also Schutz vor Wind und Wetter, in der man schlafen und sich waschen kann, nicht zwingend eine vollwertige Wohnung). Der Umfang der **Wohnung** ergibt sich hier aus einer entsprechenden Anwendung des § 20 Abs. 1 S. 2 POG (s. Rn G 61 f.), wobei im

---

94 H.M. BVerwG v. 22.5.1958 - I C 27.57, NJW 1958, 1249; VGH München v. 18.2.1999 - 24 CS 98.3198, NVwZ 2000, 454, 20.3.2001 – v. 24 B 99.2709, NVwZ 2001, 1291; VG Neustadt v. 15.11.2002 - 7 K 811/02, NVwZ-RR 2003, 277; VG Frankfurt v. 21.2.2002 - 5 E 4962/01, NVwZ-RR 2002, 575; anders z. B. Lisken / Denninger / Rachor E 435, wohl auch Roos / Lenz § 13 Rn 1.

G. Die Eingriffsermächtigungen des POG

Rahmen des Ermessens die Verfügung auch auf Wohnungsbereiche beschränkt werden kann. Gleichzeitig greift die Maßnahme auch in das Recht auf Freizügigkeit nach Art. 11 Abs. 1 GG ein.[95] **Adressat** der Wohnungsverweisung kann jede Person sein, die die tatsächliche Gewalt über die Wohnung rechtmäßig ausübt (z. B. Eigentümer, (Unter-) Mieter, Pächter, Inhaber eines Wohnrechts usw.). Diese Person muss nicht zwingend für die Gefahr verantwortlich sein.[96]

Besondere Bedeutung hat diese Regelung vor allem auch bei **Gewalt in engen sozialen Beziehungen**, z. B. bei Partnerschaften, Familien oder engen Wohngemeinschaften. Hier gibt es zwar für das Opfer grundsätzlich die Möglichkeit, eine zivilgerichtliche Entscheidung über die weitere Nutzung der Wohnung herbeizuführen.[97] Bis diese Entscheidung aber ergehen kann, sind polizeiliche Maßnahmen zum Schutz des Opfers nach § 13 Abs. 2 und 4 POG möglich, vorausgesetzt das Opfer ist Mitbewohner der Wohnung.[98] Hierfür ist nach § 1 Abs. 6 POG ausschließlich die **Polizei** zuständig. Es geht dann darum, die Opfer häuslicher Gewalt einerseits vor weiterer Gewaltanwendung des Mitbewohners zu schützen, anderseits aber nicht die Opfer indirekt zum Verlassen der Wohnung zu zwingen. Es soll nicht der Gewaltanwender auch noch dadurch „belohnt" werden, dass ihm zum Schutz seines Opfers die Wohnung alleine überlassen wird. Voraussetzung dieser Wohnungsverweisung ist eine Gefahr wiederholter Gewaltanwendung innerhalb der Wohnung, die entweder aus einer sog. Gewaltbeziehung mit konkreten Anhaltspunkten für sich wiederholende Misshandlungen oder aus der Intensität des Angriffs und der Schwere der Verletzungen abgeleitet werden kann.[99] Die Maßnahme bedarf einer Gesamtwürdigung der widerstreitenden Sachdarstellungen.[100] Sie bedarf keines Antrages nach § 1 GewaltSchG[101] und ist gegebenenfalls sogar gegen den Willen des Opfers möglich, da Gewaltopfer leicht dazu neigen, das Geschehende zu verharmlosen.[102] Da die Wohnungsverweisung die durch Art. 11 Abs. 1 GG garantierte Freizügigkeit einschränkt, kommt sie grundsätzlich nur zur **Vorbeugung strafbarer Handlungen** in Betracht.[103]

33a

Beispiel: A wohnt als Untermieter mit seinem damaligen gleichgeschlechtlichen Lebenspartner B in einer Wohnung. Auf die Ankündigung des A, aus der gemeinsamen Wohnung auszuziehen, kam es wiederholt zu Meinungsverschiedenheiten, bei denen B seinen Suizid ankündigte. B verlässt schließlich mit Rucksack und Schlaftabletten die Wohnung und erklärte, sich das Leben nehmen zu wollen. Die von A daraufhin informierten Polizeibeamten nehmen B zunächst in Gewahrsam und bringen ihn dann in die gemeinsame Wohnung zurück, nachdem dessen Hausärztin eine akute Suizidgefahr verneint hatte. Auf die Empfehlung der Hausärztin, ein Zusammentreffen der Partner in der Nacht zu verhindern, forderten die Polizeibeamten den A auf, die Wohnung zu verlassen und die Wohnungsschlüssel herauszugeben. – Das wäre grundsätzlich nur zur Vorbeugung strafbarer Handlungen rechtmäßig. Strafbare Handlungen des A sind aber nach dem damaligen Kenntnisstand der Polizei nicht zu befürchten. Ferner droht keine Gefahr *innerhalb* der Wohnung. Schließlich ist A kein Verhaltensverantwortlicher i. S. d. § 4 Abs. 1 POG, weil er weder der Letztverursacher noch ein Zweckveranlasser für die Gefahr ist,

---

95 VGH Mannheim v. 22.7.2004 - 1 S 2801/03, NJW 2005,88.
96 A. A. VGH Mannheim a. a. O.
97 §§ 1 ff. Gewaltschutzgesetz vom 11. Dezember 2001 (BGBl. I, S. 3513); hierzu auch Guckelberger JA 2011, 1; Krugmann NVwZ 2006, 152; Wuttke JuS 2005, 779.
98 Thiel § 10 Rn 96.
99 OVG Münster v. 23.12.2014 - 5 E 1202/14, NJW 2015, 1468.
100 OVG Koblenz v. 31.10.2012 - 7 D 10903/12.OVG.
101 Gesetz zum zivilrechtlichen Schutz vor Gewalttaten und Nachstellungen vom 11. Dezember 2001 (BGBl. I S. 3513).
102 OVG Münster v. 30.1.2007 - 5 E 1493/06; VG Aachen v. 17.2.2004, NJW 2004, 1888; Schenke Rn 135; Thiel § 10 Rn 97.
103 VGH Mannheim v. 22.7.2004 - 1 S 2801/03, NJW 2005, 88.

sondern lediglich sein Persönlichkeitsrecht wahrnimmt. Die Wohnungsverweisung war rechtswidrig.

Zeitliche Grenze dieser kurzzeitigen Verweisung ist dann wegen § 1 Abs. 3 POG der Zeitpunkt, an dem das Opfer über die vorläufige Zuweisung der Wohnung gerichtliche Hilfe effektiv beantragen kann. Denn der Richter kann nach dem **Gewaltschutzgesetz** Schutzanordnungen erlassen, deren Zuwiderhandlung nach § 4 Gewaltschutzgesetz unter Strafe steht.[104]

Beispiel: M kommt häufig angetrunken nach Hause und schlägt dann seine Ehefrau F, so dass diese erhebliche Verletzungen davonträgt. Hier kann die herbeigerufene Polizei dem M aufgeben, die Wohnung bis zu einer vorläufigen zivilgerichtlichen Entscheidung über die Wohnungsnutzung zu verlassen.

3. Kontakt und Näherungsverbot, § 13 Abs. 4 POG

34 Über diese Wohnungsverweisung hinaus kann die **Polizei** nach § 13 Abs. 4 POG in Fällen der Gewalt in engen sozialen Beziehungen (vgl. § 1 Abs. 6 POG) die bedrohte Person (im obigen Beispiel die F) davor schützen, dass sich ihr der Gewalttätige nähert oder versucht, mit ihr Kontakt aufzunehmen. In diesen Fällen ist auch diese Maßnahme nur eine Zwischenlösung bis das Zivilgericht eine Maßnahme getroffen hat.[105] Allerdings beschränkt sich diese Befugnis nicht nur auf die Fälle der engen sozialen Beziehungen (vgl. „insbesondere"). Es ist weder Voraussetzung, dass die beteiligten Personen zusammen in Wohngemeinschaft leben, noch dass eine Wohnungsverweisung vorausgegangen ist, noch muss überhaupt eine besondere Beziehung bestanden haben (z. B. bei sogenannten „Stalkern", also die nachhaltige Beeinträchtigung einer Person durch Verfolgen, Auflauern, Ausspionieren, Bedrohen oder andere Arten der Kontaktaufnahme)[106].

Beispiel: Ein streng islamgläubiger Vater lauert wiederholt seiner volljährigen Tochter in gewalttätiger Absicht auf, weil diese durch die Wohngemeinschaft mit ihrem Freund die Familienehre besudele.

Die Opfer von Gewalt leben regelmäßig in einer Dauergefahr, die vor allem durch ein Treffen oder Kontakt mit dem Gewalttäter in eine akute Gefährdung umschlagen kann. Durch das völlige Fernhalten des Gewalttätigen hat das Opfer die Möglichkeit, in Ruhe Entscheidungen über die künftige Lebensgestaltung zu treffen.

Voraussetzung ist, dass Aufenthalt, Kontakt oder **Annäherung** zu **dringenden Gefahren** durch den Adressaten gegenüber der zu schützenden Person führen kann[107]. Dann kann dem Adressaten befristet verboten werden,
1. sich in einem bestimmten Umkreis der Wohnung der betroffenen Person aufzuhalten,
2. Verbindung zur betroffenen Person, auch unter Verwendung von Fernkommunikationsmitteln (Telefon, Fax, Mail, SMS usw.), aufzunehmen oder
3. Zusammentreffen mit der betroffenen Person herbeizuführen,

soweit dies nicht zur Wahrnehmung berechtigter Interessen (z. B. Erledigung juristisch notwendiger Formalien, Herbeiführen von für die Kinder notwendigen Entscheidungen u. Ä.) erforderlich ist. Diese Anordnung ist zu befristen.

---

104 VG Karlsruhe v. 16.8.2007 - 6 K 2446/07.
105 §§ 1 Abs. 1 Gewaltschutzgesetz vom 11. Dezember 2001 (BGBl. I, S. 3513).
106 Vgl. auch § 238 StGB.
107 Insofern seit 2011 weit geringere Voraussetzungen als bis dahin.

G. Die Eingriffsermächtigungen des POG

4. Aufenthaltsverbot, § 13 Abs. 3 POG

Aufenthaltsverbot ist das Gebot, einen bestimmten Bereich längerfristig zu verlassen, bzw. das Verbot, ihn längerfristig nicht zu betreten, wenn Tatsachen die **Annahme** rechtfertigen, dass diese Person an diesem Ort **Straftaten begeht**[108]. Es dient der vorbeugenden Bekämpfung von Straftaten und steht darum in Übereinstimmung mit § 1 Abs. 1 S. 3 POG nur der Polizei zu. Nach herrschender Meinung greift das Aufenthaltsverbot zwar in **Art. 11 GG** (vgl. § 8 Nr. 5 POG) ein[109], dessen Regelung nach Art. 73 Nr. 3 GG grundsätzlich nicht in der Zuständigkeit des Landesgesetzgebers liegt. Da hier aber die Gefahrenabwehr im Vordergrund steht, kann das Aufenthaltsverbot im POG geregelt werden.[110] Das Aufenthaltsverbot greift nicht in Art. 2 Abs. 2 S. 2 GG ein, weil der Adressat nicht an einem Ort festgehalten wird.[111] Tatbestandsvoraussetzung des Aufenthaltsverbots nach § 13 Abs. 3 POG ist, dass Bei den Tatbestandsvoraussetzungen bedarf es zwar keiner Gefahr, wohl aber eines konkreten Gefahrenverdachts. Tatsachen, die nachprüfbar sein müssen, müssen eine gewisse Wahrscheinlichkeit begründen, dass bestimmte Straftaten begangen (nicht nur vorbereitet) werden. Auch hier gilt der Grundsatz, dass das umso wahrscheinlicher ist, je gravierender die befürchteten Straftaten sind. Als solche Tatsachen genügen keine bloßen allgemeinen Erfahrungsgrundsätze, sondern sie müssen einen konkreten Bezug zum Sachverhalt haben. Gerade der Aufenthalt an diesem Ort muss eine der Ursachen sein, die die Straftat ermöglichen würden (z. B. Drogenumschlagplatz[112], Prostituiertenstrich, Hütchenspiele,[113] Fußballstadien[114]). Das schließt ein Aufenthaltsverbot zur Verhinderung von Straftaten, die überall begangen werden können (z. B. Anpöbeleien, Ladendiebstähle), aus. Die Verwirklichung von Bußgeldtatbeständen oder die Verursachung sonstiger Gefahren genügt nicht. Das dient z. B. der Bekämpfung von Drogenszenen, der Unterbindung aggressiver Bettelei, dem Schutz von Veranstaltungen oder Transporten, der Verhinderung von Randalen oder Gewalttaten.[115] Ein Problem bereitet dabei ein Aufenthaltsverbot gegen eine Vielzahl von Personen.

Beispiel: Anlässlich eines Fußball-Bundesligaspiels des SV Darmstadt 98 gegen Eintracht Frankfurt werden wegen vorangegangener Ausschreitungen die Frankfurter Fans vom DFB vom Spiel ausgeschlossen. Die Stadtverwaltung Frankfurt befürchtet nun, dass diese Fans für Ausschreitungen in der Darmstädter Innenstadt sorgen könnten. Mit Allgemeinverfügung verfügt sie für einen genau begrenzten Teil der Darmstädter Innenstadt gegen alle „Anhänger / Fans von Eintracht Frankfurt". – Diese Verfügung ist in dieser Art aus mehreren Gründen rechtswidrig. Bereits der Adressat ist zu unbestimmt, weil nicht klar ist, wann in diesem Sinne als „Anhänger / Fan" gilt. Zudem richtet sie sich bei weiterer Auslegung auch gegen Eintracht-Anhänger, die friedlich sind und bei denen keine Gefahr einer Ausschreitung besteht. Die Maß-

---

108 So unabhängig von einer gesetzlichen Regelung schon OVG Münster NVwZ 2001, 459, VGH München NVwZ 2001, 1291.
109 Dafür OVG Bremen v. 24.3.1998 - 1 BA 27/97, NVwZ 1999, 314; Albertz NVwZ 1997; 45 Hetzer thür. VwBl 1997, 241, Waechter nds. VwBl 1997, 197; dagegen VG Sigmaringen v. 14.9. 1994 - 9 K 1533/94, NVwZ-RR 1995, 327; Deger VBlBW 1996, 90; Latzel / Lustina Die Polizei 1995, 132: Art. 11 GG erfasse nicht interlokale Freizügigkeit.
110 Dafür VerfGH Bayern 2.8.1990 - 3-VII-89, NVwZ 1991, 664; OVG Bremen v. 24.3.1998 - 1 BA 27/97, NVwZ 1999, 314.
111 H.M. BVerwG v. 22.5.1958 - I C 27.57, NJW 1958, 1249; VGH München v. 18.2.1999 - 24 CS 98.3198, NVwZ 2000, 454.
112 OVG Münster v. 6.9.2000 - 5 B 1201/00, NVwZ 2001, 459; VGH Mannheim v. 30.9.1996 · - 1 S 2531/96, NVwZ-RR 1997, 225.
113 VG Berlin v. 30.8.2012 - VG 1 L 196.12.
114 VG Aachen v. 26.4.2013 - 4 L 162/13.
115 Die „Chaos-Tage" in Hannover waren 1996 der Anlass für das Land Niedersachsen, als erstes Bundesland das Aufenthaltsverbot als Standardmaßnahme zu normieren.

nahme ist ungeeignet, da auch die gewaltbereiten Eintracht-Fans die Umsetzung dieser Verfügung leicht umgehen können, indem sie ihre Fankleidung und -utensilien verstecken. Sie ist auch nicht erforderlich, weil im Falle eines Verstoßes die Polizei die Verfügung durchsetzen müsste, dabei aber nur dieselben Möglichkeiten hätte, wie ohne die Verfügung, also auch ohne sie genauso einschreiten könnte. Schließlich ist sie auch nicht angemessen, weil nur bei Einzelfallmaßnahmen die Notwendigkeit der Gefahrenabwehr mit den Grundrechten der Adressaten abgewägt werden können.[116] Als Rechtsfolge kann die **Polizei** (nicht die allgemeine Ordnungsbehörde) den **Aufenthalt** an einem bestimmten Ort, in einem bestimmten Gebiet innerhalb einer Gemeinde oder bei Auswärtigen[117] auch im gesamten Gebiet einer Gemeinde **verbieten**. Das gilt allerdings **nicht für Versammlungen** i. S. d. Art. 8 GG, da Ermächtigungsgrundlagen aus dem POG nicht angewendet werden dürfen. (vgl. Rn G 2 f.). Hier kommt allenfalls ein Ausschluss aus der Versammlung nach den §§ 18 Abs. 3 + 1 i. V. m. § 11 Abs. 2 VersG und ein anschließender Platzverweis gegen den Nicht-mehr-Versammlungsteilnehmer nach § 13 Abs. 1 POG in Betracht.[118] Die **zeitliche Beschränkung** kann hier erheblich großzügiger ausgedehnt werden als bei der Platzverweisung nach § 13 Abs. 1 POG („*bestimmte Zeit*"). Sie kann mehrere Monate erfassen.[119] **Adressat** der Verfügung ist derjenige, für den Tatsachen sprechen, dass er an dem betreffenden Ort Straftaten begehen könnte. Das gilt vor allem für den harten Kern einer Drogenszene[120] und alle Personen, die in besonderer Weise zur Verfestigung der Drogenszene beitragen[121], aber auch für ehemalige Angehörige der rechten Szene, wenn die Begehung von Straftaten hinreichend wahrscheinlich ist.[122]
Beispiel: D ist wiederholt wegen Handels mit Heroin strafrechtlich verurteilt worden. Die meisten Taten beging er in der Innenstadt von S. Die zuständige Stadtverwaltung erhält Hinweise, dass D erneut „in das Geschäft einsteigen" will. Zum Schutz der eigenen Jugend verfügt die Stadtverwaltung gegenüber D, dass er die Innenstadt für die nächsten 6 Monate nur noch für einzeln aufgeführte Zwecke (z. B. Arzt-, Anwaltsbesuche usw.) betreten darf.

35a Bei der **Geeignetheit** der Maßnahme ist besonders zu beachten, ob durch das Aufenthaltsverbot nicht nur lediglich ein Verdrängungseffekt entsteht.[123] Da das Aufenthaltsverbot ja Straftaten verhindern soll, muss diese Wirkung zumindest im Bereich des Möglichen sein. Als sachlich und zeitlich besonders schwerwiegend, kommt das Aufenthaltsverbot erst in Betracht, wenn mildere Mittel (z. B. ein Platzverweis nach § 13 Abs. 1 POG) nicht ausreichen würden. Zudem darf ein räumlich weiter oder zeitlich enger bemessenes Aufenthaltsverbot keinen Erfolg versprechen. Auch ansonsten muss das Verbot **verhältnismäßig** i. w. S. sein. Das Verbot darf z. B. den Adressaten nicht aus dem normalen Leben ausschließen. Der Zugang zur eigenen Wohnung muss schon nach § 13 Abs. 3 S. 2 POG gewährleistet sein. Im Rahmen des Erforderlichen müssen aber auch Ausnahmen für Wohnen, Arbeiten, Besuche bei Arzt, Rechtsanwalt, Sozialarbeiter, Behörden, auch für bestimmte persönliche und kultu-

---

116 VG Darmstadt v. 28.4.2016 - 3 L 642/16.DA, NVwZ 2016, 1344.
117 OVG Lüneburg v. 15.10.1998 - 13 M 4144/98, NVwZ 2000, 454.
118 Rechtswidrig dürfte sein, § 13 Abs. 3 POG in besonderen Fällen „auffüllend" anzuwenden, so Roos / Lenz § 13 Rn 25.
119 VGH München v. 18.2.1999 - 24 CS 98.3198, NVwZ 2000, 454: 12 Monate; OVG Münster v. 18.1.2000 - 5 B 1956/99, NVwZ 2001, 231; OVG Bremen v. 24.3.1998 - 1 BA 27/97, NVwZ 1999, 314; VG Göttingen v. 14.10.1998 - 1 B 1194/98, NVwZ 1999, 169: 6 Monate.
120 OVG Bremen v. 24.3.1998 - 1 BA 27/97, NVwZ 1999, 314.
121 Also nicht nur Drogenhändler und -konsumenten OVG Münster v. 6.9.2000 - 5 B 1201/00, NVwZ 2001, 459; zu den Konsumenten VGH München v. 20.3.2001 - 24 B 99.2709, NVwZ 2001, 1291; aber auch nicht pauschal gegen sämtliche Angehörigen der offenen Drogenszene OVG Münster v. 18.1.2000 - 5 B 1956/99, NVwZ 2001, 231, ähnlich VG Stuttgart v. 13.11.1996 - 3 K 896/96, NVwZ-RR 1998, 103.
122 OVG Koblenz 13.10.2009 - 7 A 10740/09.OVG; VG Leipzig NVwZ 2001, 1317.
123 VGH Mannheim v. 30.9.1996 - 1 S 2531/96, NVwZ-RR 1997, 225; OVG Bremen v. 24.3.1998 - 1 BA 27/97, NVwZ 1999, 314; VGH München v. 18.2.1999 - 24 CS 98.3198, NVwZ 2000, 454.

G. Die Eingriffsermächtigungen des POG

relle Kontakte zugelassen werden[124]; diese Ausnahmen müssen aber nicht zwingend von vorneherein vorbehalten sein.[125]

V. Eingriffe in die Bewegungsfreiheit, §§ 14 ff. POG

Gewahrsam ist eine Freiheitsentziehung durch die Polizei aus präventiven Gründen.[126] Er ist ein mit hoheitlicher Gewalt hergestelltes Rechtsverhältnis, kraft dessen die **Polizei** eine Person in einer dem polizeilichen Zweck entsprechenden Weise verwahrt und sie daran hindert, sich fortzubewegen.[127] Sie ist eine Form der präventiven Freiheitsentziehung, die für das POG abschließend in den §§ 14 ff., aber auch in anderen Gesetzen geregelt ist, z. B. in § 67 LVwVG, § 11 ff. PsychKG oder §§ 62 ff. AufenthG. Anders als in manchen Spezialgesetzen können nach den §§ 14 ff. POG allgemeine Ordnungsbehörden keine freiheitsentziehende Maßnahmen verfügen. Eine Gewahrsamnahme außerhalb solcher gesetzlichen Regelungen kommt wegen Art. 2 Abs. 2 S. 2, 3 GG nicht in Betracht. Neben der präventiven Gewahrsamnahme gibt es noch die im Rahmen der Strafverfolgung nach den §§ 112 StPO. Demgegenüber regeln die §§ 415 ff. FamFG nur das Verfahren der Freiheitsentziehung, nicht aber den Grund, wann in Gewahrsam genommen werden darf.

36

1. Eingriff in das Freiheitsrecht

Der **Gewahrsam** ist immer auch **Freiheitsentziehung** i. S. d. Art. 2 Abs. 2 S. 2 GG. Sie ist verfassungsgemäß und verstößt nicht gegen Art. 5 EMRK.[128] Allerdings bedarf es nach Art. 2 Abs. 2 S. 2, 3 GG eines speziellen Gesetzes für die Freiheitsentziehung, das das eingeschränkte Grundrecht auch zitiert. Das erfüllten die §§ 14 ff. i. V. m. § 8 Nr. 2 POG. Demnach steht die Freiheitsentziehung **nur der Polizei** zu, nicht aber den allgemeinen Ordnungsbehörden. Für die Annahme einer Freiheitsentziehung ist es nicht entscheidend, ob die Person in einen Arrest- oder Haftraum verbracht wird, solange er am Sich-Weg-Bewegen gehindert wird, z. B. in einem sog. Polizeikessel (dazu Rn G 39), im Streifenwagen, einem Bus[129], in einem Krankenzimmer oder auch nur in eine abgelegene Gegend ohne notwendiges Fahrzeug. Auch alle Formen des **Festhaltens** nach dem POG (s. § 15 Abs. 1 S. 1 POG) greifen in das Freiheitsrecht nach Art. 2 Abs. 2 S. 2 GG ein. Art. 104 GG unterscheidet sprachlich zwischen **Freiheitsbeschränkung** (Abs. 1) und -**entziehung** (Abs. 2). Beides unterscheidet sich durch die Intensität des Eingriffs. Die Abgrenzung ist im Einzelnen streitig[130]. Die einzige – aber für präventivpolizeiliche Aufgaben zu enge – gesetzliche Begriffsbestimmung findet sich in § 415 Abs. 2 FamFG. Danach liegt eine Freiheitsentziehung vor, wenn einer Person gegen ihren Willen oder im Zustand der Wil-

---

124 VGH Mannheim v. 30.9.1996 - 1 S 2531/96, NVwZ-RR 1997, 225; v. 8.7.1997 - 1 S 1409/97, NVwZ-RR 1998, 428; OVG Bremen v. 24.3.1998 - 1 BA 27/97, NVwZ 1999, 314; VGH München v. 18.2.1999 - 24 CS 98.3198, NVwZ 2000, 454; VG Stuttgart v. 6.12.1995 - 1 K 4045/95, NVwZ-RR 1996, 390.
125 OVG Münster v. 18.1.2000 - 5 B 1956/99, NVwZ 2001, 231.
126 Gusy Rn 295.
127 Ähnlich Lisken / Denninger / Rachor E Rn 495.
128 BVerfG v. 26.1.2006 - 1 BvQ 3/06, NVwZ 2006; 585; VGH Mannheim v. 27.9.2004 - 1 S 2206/03, NVwZ-RR 2005, 540; VerfGH Bayern v. 2.8.1990 - 3-VII-89, NVwZ 1991, 664; VerfGH Sachsen v. 14.5.1996 - 44-II-94, DVBl 1996, 1423; VG Schleswig v. 15.6.1999 - 3 A 209/97, NJW 2000, 970.
129 VG Frankfurt / M. v. 10.1.2014 - 5 K 1289/13.F.
130 S. dazu im Einzelnen z. B. BGH v. 17.12.1981 – VII Z. B. 8/81, NJW 1982, 754 oder Gusy NJW 1992, 457.

lenlosigkeit insbesondere in einer abgeschlossenen Einrichtung, wie einem Gewahrsamsraum oder einem abgeschlossenen Teil eines Krankenhauses, die Freiheit entzogen wird. Im Ordnungsrecht ist es aber für den Begriff des Gewahrsams ausreichend, dass irgendwie die Bewegungsfreiheit eingeschränkt ist. Nach der herrschenden Rechtsprechung liegt eine **Freiheitsentziehung** dann vor, wenn

- entweder die Einschränkung der Bewegungsfreiheit **nicht nur kurz andauert**, insbesondere in Einsperren und Einschließen besteht[131], und sie der **vorrangige Zweck** der Maßnahme, nicht nur das Mittel für einen anderen polizeilichen Zweck ist, oder
- sie zwar einem anderen polizeilichen Zweck dient, aber die Maßnahme länger andauert, als für die einzelne Person selbst erforderlich[132] ist.[133]

Keine Freiheitsentziehung liegt also vor, wenn die Bewegungsfreiheit nicht um ihrer selbst willen eingeschränkt wird, sondern nur damit die betreffende Person an einem anderen Ort etwas tut oder duldet (z. B. Blutprobe nach § 81a StPO, im Rahmen einer Vorladung nach § 12 POG, ärztliche Begutachtung nach § 25 Abs. 3 Infektionsschutzgesetz[134], Vorführen eines Wehrpflichtigen zur Musterung nach § 44 Abs. 2 Wehrpflichtgesetz). Freiheitsentziehung liegt natürlich auch dann nicht vor, wenn sich der Betroffene freiwillig, also ohne jeden behördlichen Druck in polizeiliche Obhut begibt, z. B. um vor Dritten sicher zu sein.

Beispiel: Die Polizei führt eine Person, die gemäß § 32 Abs. 2 BSeuchG eine Untersuchung zu dulden hat, zwangsweise dem Gesundheitsamt vor. – Grundsätzlich nur Freiheitsbeschränkung, da die Einschränkung der Freiheit nur das Mittel zum Zweck, nicht aber der eigentliche Beweggrund der Maßnahme (hier: Untersuchung) ist. Anders allerdings, wenn eine Vielzahl von Personen gleichzeitig dem Gesundheitsamt vorgeführt werden und deshalb die Person dort drei Stunden zusätzlich warten muss. –
Ein Tobsüchtiger wird in eine Arrestzelle gesperrt und fünf Minuten später freigelassen, nachdem er sich beruhigt hat. – Hier ist zwar die Freiheitseinschränkung der eigentliche Zweck der Maßnahme, aber wegen der Kurzfristigkeit handelt es sich nur um Freiheitsbeschränkung.

2. Der Schutzgewahrsam (§ 14 Abs. 1 Nr. 1 POG)

37 Durch Gewahrsamnahme i. S. d. § 14 Abs. 1 Nr. 1 POG wird der **Adressat selbst geschützt**, obwohl ein entsprechender Wille *nicht* in rechtlich erheblicher Weise geäußert worden ist. Denn wäre er geäußert, begibt sich also eine Person freiwillig in (den sog. **unechten**) **Gewahrsam**, bedarf es keiner Ermächtigungsgrundlage (z. B. beim Obdachlosen, der von Rechtsextremen, oder ein Schiedsrichter, der von Zuschauern bedroht wird). Im Übrigen ist diese Vorschrift dort anzuwenden, wo man den Adressaten **ohne** (z. B. bei Bewusstlosen) **oder gegen seinen Willen** schützen muss.[135] Ob daneben noch die Voraussetzungen der §§ 4 ff. POG vorliegen, ist unerheblich. Da ein solcher aufgedrängter Schutz im Hinblick auf das Persönlichkeitsrecht nach Art. 2 Abs. 1 GG nicht unproblematisch ist, beschränkt ihn schon der Gesetzgeber auf die Gefahr für Leib und Leben (vgl. Rn D 12). Aber auch das kann nicht uneingeschränkt gelten, denn aus dem Persönlichkeitsrecht ergibt sich grundsätzlich auch das Recht zur Selbstgefährdung (s. Rn C 4). Diese Vorschrift wird man

---

131 BVerwG v. 23.6.1981 - 1 C 78.77, NJW 1982,537.
132 Bei der Abschiebung eines Ausländers z. B. werden 7 Stunden noch nicht als Freiheitsentziehung angesehen.
133 BGH v. 17.12.1981 - VII ZB 8/81, NJW 1982,753; BVerwG v. 23.6.1981 - 1 C 78.77, NJW 1982, 537.
134 BGH 17.12.1981 - VII ZB 8/81, NJW 1982, 753 noch zum ehemaligen § 18 GeschlKrG.
135 Daher kein Schutzgewahrsam eines nur leicht Betrunkenen, VGH Mannheim v. 13.5.2004 – 1 S 2052/03, NVwZ-RR 2005, 247.

G. Die Eingriffsermächtigungen des POG

deshalb hierfür nur mit großer Zurückhaltung anwenden dürfen, und zwar allein dann, wenn in hohem Maße die Wahrscheinlichkeit dafür besteht, dass dem Betreffenden ohne die Gewahrsamnahme erhebliche Körperverletzungen oder gar der Tod drohen. Drohen diese Gefahren durch Dritte, gehen mögliche Maßnahmen gegen die Störer vor. Im Übrigen muss im Rahmen der Verhältnismäßigkeit immer geprüft werden, ob nicht geringere Eingriffe (z. B. Verbringen nach Hause oder zu Angehörigen, eine Platzverweisung o. a.) genügen. Ein die **freie Willensbestimmung ausschließender Zustand** besteht, wenn der Betreffende sich im Zustand krankhafter Störung der Geistestätigkeit befindet, d.h. im Regelfall geschäftsunfähig im Sinne des § 104 Nr. 2 BGB ist, fremden Willenseinflüssen unterliegt oder wenn die Willensbildung von unkontrollierten Trieben und Vorstellungen ähnlich mechanischen Verknüpfungen von Ursache und Wirkung bestimmt wird.[136] In **hilfloser Lage** ist eine Person, wenn sie sich ohne fremde Hilfe nicht gegen Gefahren für ihr Leben oder ihre Gesundheit schützen kann und solche Hilfe nicht vorhanden ist.

Beispiel: Ein „Raser" hat gerade ein Kind tödlich verletzt; die aufgebrachte Menge macht Anstalten, sich gewaltsam auf ihn zu stürzen; der Fahrer will aber der Menge nicht weichen und „seinen Mann stehen"; er ist ohne Gewahrsamnahme durch die zweiköpfige Streifenbesatzung nicht zu schützen. – Eine Person hat soeben eine Selbsttötung versucht; es besteht die Befürchtung, dass sie das wiederholt.

3. Der Vorbeuge- oder Sicherungsgewahrsam (§ 14 Abs. 1 Nr. 2 POG)

Anders als der vorangegangene Fall dient dieser Gewahrsam (auch als **Präventiv-** oder **Unterbindungsgewahrsam** bezeichnet) dem Schutz *vor dem* Adressaten. Man darf ihn nicht verwechseln mit der Sicherungsverwahrung nach § 66 StGB, die eine strafrechtliche Maßregel ist. Zunächst einmal müssen – und zwar *vor* der Gewahrsamnahme – konkrete Anhaltspunkte dafür bestehen, dass der Adressat **Straftaten** oder **Ordnungswidrigkeiten von erheblicher Bedeutung** begehen oder fortsetzen wird, wobei es auf dessen Schuldfähigkeit allerdings nicht ankommt[137]. Ordnungswidrigkeiten von erheblicher Bedeutung sind solche, die in nicht unerhebliche Rechtsgüter eingreifen oder durch ihre Dauer nicht mehr unerheblich sind, wie im Umwelt- oder Versammlungsrecht.[138] Die angedrohte Bußgeldhöhe hat dabei nur Indizwirkung. Auch die konkrete Intensität des Verstoßes kann diese Voraussetzung erfüllen, z. B. wenn es das einzige Mittel ist, laute Musik und Trommeln gegen die Wand zu unterbinden.[139] Obwohl hier die Freiheitsentziehung nur auf prognostizierte künftige Gründe gestützt wird, gilt der Vorbeugegewahrsam als verfassungsgemäß[140] und mit Art. 5 Abs. 1 EMRK vereinbar.[141] Umstritten ist, ob die Einbeziehung der Ordnungswidrigkeiten mit Art. 5 Abs. 1c) MRK vereinbar ist, der diese Erweiterung nicht enthält Das Bevorstehen einer Straftat oder Ordnungswidrigkeit muss aus

---

136 BayObLG v. 26.8.1986 - BReg. 3 Z 119/86, Z 1986, 338-339 = FamRZ 1986, 1248 (Ls.).
137 Falsch ist es, bei der Fortsetzung von „Repressivgewahrsam" zu sprechen (z. B VGH München v. 10.1.2000 – 24 B 99/3316), da die Gefahrenabwehr unzweifelhaft auch die Verhinderung von Schadensvertiefungen bei bereits eingetretener Störung erfasst (vgl. Lisken / Denninger / Rachor E Rn 504).
138 Ähnlich Roos / Lenz § 14 Rn 16.
139 VG Schleswig v. 15.6.1999 - 3 A 209/97, NJW 2000, 970.
140 BVerfG v. 26.6.1997 - BvR 126/91; BVerwG v. 26.2.1974 - I C 31.72, NJW 1974, 807.
141 OVG Lüneburg v. 24.2.2014 – 11 LC 228/12, NVwZ-RR 2014, 552; EGMR v. 1.12.2011 - 8080/08 und 8577/08, NVwZ 2012, 1089; VerfGH Bayern 2.8.1990 - 3-VII-89, NVwZ 1991, 664; VerfGH Sachsen v. 14.5.1996 - 44-II-94, DVBl 1996, 1423; VGH Mannheim v. 27.9.2004 - 1 S 2206/03, NVwZ-RR 2005, 540; OVG Bremen v. 6.7.1999 - 1 HB 498/98, NVwZ 2001, 221; VG Hannover v. 18.7.2012 - 10 A 1994/11, NVwZ-RR 2012, 925; LG Lüneburg 19.6.2012, - 10 T 12/11; VG Schleswig v. 15. 6.1999 - 3 A 209/97, NJW 2000, 970.

nachvollziehbaren Tatsachen gefolgert und nicht nur auf Vermutungen gestützt werden.[142] Grundsätzlich darf der polizeiliche Gewahrsam nicht dazu dienen, erst noch festzustellen, ob eine Gefahr überhaupt vorliegt. [143]Schließlich muss der Gewahrsam zur Verhinderung der Tat **unerlässlich** sein. Das ist dann der Fall, wenn es kein milderes Mittel gibt, die Person an der Tat zu hindern und wenn die Gewahrsamnahme zu dem Schutzzweck nicht außer Verhältnis steht.[144] So kann es z. B. milder sein, einen Ruhestörer vom Ort der Störung zu entfernen und ihn bis vor seiner Wohnung zu bringen.[145] Im Grunde ergibt sich das schon aus dem Grundsatz der Verhältnismäßigkeit (§ 2 POG) und der Tatsache, dass die Bewegungsfreiheit eines der höchsten Schutzgüter ist. Der Präventivgewahrsam darf keinen Strafcharakter haben.

Die Person aus dem Gewahrsam zu entlassen ist, sobald der Grund der Gewahrsamnahme entfallen ist. Eine Gewahrsamnahme zur »Verhinderung von Straftaten« auf der Grundlage des POG kommt nur kurzfristig in Betracht, weil eine langfristige Freiheitsentziehung in rechtlich zulässiger Weise hierauf nicht gestützt werden kann. Die Gewahrsamnahme kann folglich nur dazu dienen, im ersten Zugriff zum Schutz der Betroffenen oder zum Schutz der Rechtsgüter Dritter eine befristete Freiheitsentziehung durchzuführen.

Beispiel: H wird öfters an verschiedenen Stellen der Bahnhofsgegend beim Veranstalten des sog. Hütchenspiels angetroffen. Er ist wegen dieses verbotenen Glücksspiels vorbestraft. Um diese Tätigkeit zu verhindern, wird er in Gewahrsam genommen, und es wird versucht, eine richterliche Entscheidung herbeizuführen[146]. – Eine Person wird immer wieder beim Fahren unter Drogen- oder Alkoholeinfluss angetroffen. Bis zu einer richterlichen Entscheidung soll sie durch Gewahrsamnahme an diesen Taten gehindert werden. – Hausbesetzer besetzen ein Haus sofort wieder, sobald die Polizei es geräumt hat. - Die Polizei nimmt zwei Demonstranten in Gewahrsam, die auf frischer Tat dabei angetroffen werden, Schottersteine aus dem Gleisbett auf die Schienen zu legen (sog. Schottern, eine Form der Sabotage, die mehrere Straftatbestände erfüllen kann).[147]

39 Eine Sonderform des Vorbeuge- oder Sicherungsgewahrsams ist der sog. **Polizeikessel**. Das ist eine Taktik im Polizeieinsatz, die bei Demonstrationen, Aufzügen und anderen Versammlungen eingesetzt wird, um Menschenmassen zu kontrollieren. Ein dichter Ring aus Polizisten wird um die Versammlung gebildet und macht es den Teilnehmern etwa durch Anwendung unmittelbaren Zwanges stundenlang unmöglich, den Ort zu verlassen. Bei dieser Maßnahme wird in die Grundrechte auf körperliche Unversehrtheit und Bewegungsfreiheit eingegriffen. Seit seiner erstmaligen Anwendung[148] ist umstritten, ob er verhältnismäßig und verfassungsgemäß ist.[149] Polizeitaktisch sind Abschirmungen oder teilweise und komplette Einkesselungen eine

---

142 OLG Hamm v. 30.8.2007 - 15 W 147/07, NVwZ-RR 2008, 321.
143 OLG München v. 9.8.2007 - 34 Wx 31/07, NVwZ-RR 2008, 247.
144 Der Europäische Gerichtshof hat entschieden (EGMR, 7.3.2013 - 15598/08, NVwZ 2014, 43), dass Fußball-Hooligans zur Verhütung von Straftaten unter den im Urteil näher bezeichneten Voraussetzungen auf der Grundlage von Art. 5 EMRK, die Bewegungsfreiheit kurzfristig entzogen werden darf. Ebenso OVG Lüneburg v. 24.2.2014 - 11 LC 228/12v, NVwZ-RR 2014, 552.
145 VG Freiburg, 13.5.2004 - 4 K 1034/02.
146 VG Frankfurt/M. v. 20.1.1993 - V/3 E 1210/90, NVwZ 1994, 720.
147 BVerfG v. 18.4.2016 - 2 BvR 1833/12 und 2 BvR 1945/12, NJW 2016, 2800.
148 Sog. „Hamburger Kessel" vom 6.6.1986; nach VG Hamburg v. 30.10.1986 - 12 VG 2442/86, NVwZ 1987, 829 rechtswidrig; ebenso „Braunschweiger Kessel" vom 18.6.2005, wo die Polizei 250 Personen mehr als zwei Stunden einschloss, darunter auch zufällig vorbeikommende Passanten, OLG Braunschweig v. 20.10.2006 - 2 W 93/09.
149 OVG Münster v. 2.3.2001 – 5 B 273/01, DVBl. 2001, 839; VG Mainz NVwZ-RR 1991, 242; VG Berlin NVwZ-RR 1990, 188; OLG München NJW-RR 1997, 279; LG Hamburg v. 6.3.1987 - 3 O 229/86, NVwZ 1987, 833; einschränkend KG Berlin v. 29.1.1999 - 25 W 1473/96, NVwZ 2000, 468. Allerdings hat BVerfG v. 2.11.2016 - 1 BvR 289/15 eine mehrstündige Einkesselung zur Identitätsfeststellung gebilligt.

G. Die Eingriffsermächtigungen des POG

einfache und effektive Möglichkeit, Gewalttaten z. B. bei Sportveranstaltungen zu unterbinden und Ordnung beizubehalten. Da den Eingekesselten neben der entzogenen Freizügigkeit auch ganz praktische Bedürfnisse wie Trinkwasser oder Toilettenbesuche vorenthalten sind, kommt es maßgeblich auch auf die Dauer der Maßnahme an. Ein Festhalten einer Fangruppe im Stadiontrakt für 15 oder 30 Minuten, bis die Gegenfans abgezogen sind, das Trennen unfriedlicher Blocks (gewaltextreme politische Gruppen, Hooligans) von einander, damit sie nicht gegenseitig und für Dritte Schäden anrichten, z. B. durch Einziehen zweier Polizeiketten[150], dürfte noch verhältnismäßig sein. Ein mehrstündiger Polizeikessel,[151] eine massenhafte und nicht selektive Einkesselung aber ist sehr problematisch, zumal sie auch Nichtstörer betreffen kann.

Noch problematischer ist der Polizeikessel bei Versammlungen i. S. d. Art. 8 GG. Bei Versammlungen ist der Kessel in vielen Einzelfällen schon deswegen rechtswidrig, weil bei Maßnahmen im Zusammenhang mit Versammlungen unter freiem Himmel grundsätzlich das Versammlungsgesetz abschließend anwendbar ist (vgl. Art. 8 Abs. 2 GG und Rn G 2) und dieses selbst keine Grundlage für ein Festhalten bietet. Ein Festhalten nach POG setzt voraus, dass die betreffende Person entweder nach § 18 Abs. 3 VersG von der Versammlung ausgeschlossen oder dass die ganze Versammlung nach § 15 VersG verboten oder aufgelöst worden ist. Zudem bestehen Zweifel daran, ob die Freiheitsentziehung durch bloße Umstellung in der Örtlichkeit ihrer Natur nach überhaupt ordnungsgemäßer Gewahrsam i. S. d. § 14 POG sein kann. Als Vorbeugegewahrsam (Abs. 1 Nr. 2) ist die Maßnahme schon deswegen rechtswidrig, weil es an jeder Fürsorgepflicht (Verpflegung, Gelegenheit zur Notdurft, zur Versorgung von Kleinkindern, Schutz vor Witterung usw.) fehlt. Darüber hinaus dürfte kaum einmal die unmittelbar bevorstehende Begehung oder Fortsetzung einer Straftat oder einer Ordnungswidrigkeit von erheblicher Gefahr durch *alle* eingekesselten Teilnehmer hinreichend wahrscheinlich sein. Insbesondere dürfte es sich bei dem Verstoß gegen § 29 Abs. 1 Nr. 2 VersG (kein Entfernen nach Auflösung der Versammlung) nicht um eine Ordnungswidrigkeit von erheblicher (!) Gefahr handeln. Auch ein Durchsetzungsgewahrsam (Abs. 1 Nr. 3) kommt nicht in Betracht, weil nicht eine Platzverweisung durchgesetzt wird; die Personen werden ja gerade an dem Ort festgehalten.

4. Der Durchsetzungsgewahrsam (§ 14 Abs. 1 Nr. 3 POG)

Diese Vorschrift dient der Durchsetzung einer **Platzverweisung** oder eines **Aufenthaltsverbotes** (vgl. Rn G 30 ff., 35 f.), setzt also voraus, dass eine solche Maßnahme wirksam und nicht offensichtlich rechtswidrig gegenüber dem Adressaten bekannt gegeben worden ist, dieser dem aber nicht folgen will. Auch wenn ein Adressat der Platzverweisung bzw. des Aufenthaltsverbots Nichtverantwortlicher i. S. d. § 7 POG sein kann, ist er im Rahmen des Durchsetzungsgewahrsams Verantwortlicher, da er einer ordnungsrechtlichen Verfügung nicht gefolgt ist. Wie sich aber aus § 62 Abs. 1 LVwVG ergibt, handelt es sich beim Durchsetzungsgewahrsam nicht um ein Zwangsmittel, auch wenn diese Art des Gewahrsams der Zwangsanwendung sehr ähnlich ist.

40

---

150 BVerfG v. 2.11.2016 - 1 BvR 289/15.
151 Beim G7-Gipfel in München vom 6. bis zum 8. Juli 1992.

Zur Durchsetzung der Platzverweisung oder des Aufenthaltsverbots muss der Gewahrsam **unerlässlich** sein. Wie schon in der vorangehenden Nummer handelt es sich dabei um eine besondere Betonung der ohnehin notwendigen Verhältnismäßigkeit i. S. d. § 2 POG. Das setzt zunächst voraus, dass in erheblicher Weise damit zu rechnen ist, dass der Adressat auch nach seiner Entfernung vom betreffenden Ort zu diesem zurückkehrt, noch ehe die der Platzverweisung bzw. dem Aufenthaltsverbot zugrundeliegende Gefahrenlage behoben ist. Umgekehrt heißt das aber auch, dass der Gewahrsam nur **zeitlich befristet** sein darf, da diese zeitliche Einschränkung ja auch für die Platzverweisung bzw. das Aufenthaltsverbot selbst gilt, die er durchsetzen soll (vgl. Rn G 31 bzw. 35). Ferner darf keine mildere Form der Durchsetzung möglich sein, wozu insbesondere gehören würde, den Betroffenen durch unmittelbaren Zwang vom verbotenen Ort abzuhalten bzw. ihn von dort wegzuführen.

41 Genügt das nicht oder ist das den Ordnungskräften nicht mehr zumutbar, kann er durch Freiheitsentzug am Betreten des Ortes gehindert werden. Zweifelhafter ist allerdings, inwieweit auch die Entfernung vom verbotenen Ort mit Gewahrsam durchgesetzt werden darf. Umstritten ist nämlich die Rechtmäßigkeit des sog. **Verbringungsgewahrsams**, soweit es sich nicht um die Fälle des § 14 Abs. 2 oder 3 POG handelt (dazu gleich unten). Unter Verbringungsgewahrsam versteht man den zwangsweisen Transport einer Person von ihrem Aufenthaltsort an einen anderen, weiter entfernten Ort, insbesondere um sie mittels der so geschaffenen räumlichen Distanz an störenden Handlungen zu hindern, aber auch aus anderen Gründen. Gegen seine Zulässigkeit über die gesetzlich geregelten Fälle hinaus spricht zum einen, dass er ausdrücklich im POG nicht genannt ist. Zum anderen enthält er Belastungen, die sich aus § 14 POG nicht ergeben können: Mit ihm wird ja nicht lediglich eine Verlassenspflicht durchgesetzt (wie beim Durchsetzungsgewahrsam nach § 14 Abs. 1 Nr. 3 POG), sondern weitergehend eine Bewegungsrichtung und sogar ein Bestimmungsort vorgegeben, der regelmäßig erheblich jenseits der Grenzen liegt, die eine eventuelle Platzverweisung bzw. ein Aufenthaltsverbot abgesteckt haben. Insoweit geht der Verbringungsgewahrsam also weiter als die Fälle des § 14 POG und ist diesem gegenüber nicht nur ein reines Minus.[152]

Dennoch dürfte der Verbringungsgewahrsam (soweit es kein Fall von § 14 Abs. 2 POG ist, dazu Rn G 43) **unter engen Voraussetzungen rechtmäßig** sein[153]. Denn man muss sich vergegenwärtigen, dass die Alternative oft nur eine länger andauernde Gewahrsamnahme in direkter Anwendung des § 14 Abs. 1 Nr. 2 oder 3 POG ist. Diese Vorschrift setzt aber wie alle Maßnahmen der Gefahrenabwehr voraus, dass es kein **milderes Mittel** gibt. Ein solches kann aber der Verbringungsgewahrsam sein, weil er die Freiheitseinschränkung auf den bloßen Transport reduziert, sie dann aber beendet, während die Gewahrsamnahme nach § 14 Abs. 1 Nr. 2 oder 3 POG regelmäßig zu einer längeren Freiheitsentziehung führt. Der Verbringungsgewahrsam

---

152 OLG Celle v. 2.4.2004 - 17 W 100/03, NVwZ-RR 2005, 252; LG Hamburg v. 14.6.1996 - 608 Os 18/96, NVwZ-RR 1997, 537; Schenke Rn 142; Lisken / Denninger / Rachor E Rn 502; Kappeler DÖV 2000, 227; Maß NVwZ 1985, 151; Götz / Geis § 8 Rn 22; a. A. Leggereit NVwZ 1999, 263; Thiel § 10 Rn 131 sieht den Verbringungsgewahrsam als Vollstreckungsmaßnahme, obwohl die Vollstreckungsvorschriften Art. 2 Abs. 2 S. 2 GG nicht einmal erwähnen, das LVwVG ihn nicht einmal zitiert!
153 So z. B. OVG Bremen v. 4.11.1986 - 1 BA 15/86, NVwZ 1987, 235; VG Frankfurt/M. v. 20.1.1993 - V/3 E 1210/90, NVwZ 1994, 720; BayObLG v. 6.7.1989 - BReg. 3 Z 22/89, NVwZ 1990, 194; Lisken / Denninger / Rachor E Rn 502 f.; Würtenberger / Heckmann / Tanneberger § 5 Rn 39; a. A. z. B. LG Hamburg v. 14.6.1996 - 608 Os 18/96, NVwZ-RR 1997, 537; Maaß NVwZ 1985, 151 ff; Roos / Lenz § 14 Rn 7 f.

G. Die Eingriffsermächtigungen des POG

ist darum in dem Umfang zulässig, als er gegenüber den Fällen des § 14 Abs. 1 Nr. 2 oder 3 POG die **mildere Maßnahme** ist.

Beispiel: Bestimmte gewalttätige Demonstranten werden von einer Großdemonstration nach § 18 Abs. 3 VersG ausgeschlossen. Da aus gleichartigen Vorgängen bei dieser Demonstration geschlossen werden muss, dass diese Personen, falls sie sich überhaupt entfernen, gleich wieder zurückkehren werden, verbringt man sie in die nächste Ortschaft, wodurch sie eine Zeit lang daran gehindert sind, wieder an der Versammlung teilzunehmen[154]. – Hier ist der Verbringungsgewahrsam milder, als wenn die Betreffenden für mehrere Stunden in eine Arrestzelle gesperrt worden wären.

Milder ist der Verbringungsgewahrsam aber dann nicht, wenn er in höherwertige Schutzgüter oder in sonstiger Weise intensiver als der in § 14 Abs. 1 POG geregelte Gewahrsam eingreift. Deshalb ist ein Verbringungsgewahrsam rechtswidrig, wenn er Leben und Gesundheit des Adressaten gefährdet oder dieser an abgelegenen Stellen abgesetzt wird, von wo er ohne Verkehrsmittel nur schwer wieder weggelangen kann. Denn der Verbringungsgewahrsam darf kein Mittel dazu sein, dass sich die Polizei der Schutz- und Betreuungspflicht entzieht, die sie denen gegenüber hat, die sie in Gewahrsam genommen hat.

Beispiel: Die Polizei hat gegen einen älteren, nicht mehr vollständig gesunden Stadtstreicher einen Platzverweis dahin gehend ausgesprochen, dass dieser den Innenstadtbereich von Mainz zu verlassen habe. Er wird aus der Stadt hinausgefahren und – nachts und mitten im Winter – in einem völlig entlegenen Weinberg ausgesetzt. Der Stadtstreicher erfriert[155]. – Hier dürfte die Anwesenheit des Stadtstreichers in der Innenstadt schon gar keine Gefahr i. S. d. § 13 Abs. 1 POG sein. Selbst aber, wenn das so wäre, ist die Maßnahme völlig unverhältnismäßig i. S. d. § 2 POG. Das Verbringen einer Person an einen Ort außerhalb der Grenzen einer Großstadt, an dem er unzumutbar schlechte Konditionen hat, von dort wegzukommen, ist nicht mehr das mildeste Mittel und daher nicht erforderlich. Und den Betroffenen einer Leibes- und Lebensgefahr auszusetzen, ist i. S. d. § 2 Abs. 2 POG völlig unangemessen, schon weil hiermit die Tatbestände der §§ 221 (Aussetzung) und 222 StGB (fahrlässige Tötung) erfüllt sind.

Wie beim Gewahrsam nach § 14 POG, muss man sich natürlich auch beim Verbringungsgewahrsam immer fragen, ob es nicht ein ihm gegenüber milderes Mittel gibt (z. B. Entfernen durch unmittelbaren Zwang, Strafandrohung u. Ä.) und ob die Einschränkung der Freiheit noch in einem angemessenen Verhältnis zur Gefahrenbeseitigung steht, § 2 POG. Aus diesen Gründen wird ein Verbringungsgewahrsam gegen Personen, denen gegenüber die zugrundeliegende Platzverweisung bzw. das Aufenthaltsverbot als Nichtverantwortliche i. S. d. § 7 POG ausgesprochen worden ist, nur in seltenen Ausnahmefällen zulässig sein.

5. Der Gewahrsam zum Schutz privater Rechte (§ 14 Abs. 1 Nr. 4 POG)

Wie alle Maßnahmen zur Regelung privatrechtlicher Angelegenheiten handelt es sich auch hier nur um eine grundsätzlich vorläufige Regelung bis eine gerichtliche Entscheidung möglich ist. Voraussetzung ist hier eine beharrlich fortgesetzte oder eine sehr gravierende **Rechtsverletzung** des Adressaten **gegenüber den Rechten einer Privatperson**. Kann zivilrechtliche Hilfe nicht rechtzeitig erreicht werden (§ 1 Abs. 3 POG; vgl. dazu im Einzelnen Rn B 19), hätte diese Person grundsätzlich ein **Selbsthilferecht** nach den §§ 229 f., 859 BGB. Dieses räumt dem Rechtsinhaber die dort aufgezählten Abwehrrechte ein, die bis zu einer Festnahme gehen können. Um eine grundsätzlich nicht gewünschte Festnahme durch Privatpersonen zu vermeiden,

42

---

[154] BayObLG v. 6.7.1989 - BReg. 3 Z 22/89, NVwZ 1990, 194.
[155] LG Mainz v. 17.12.1982 - 2 Js 19170/80 - 5 Ns, MDR 1983, 1044.

wird der Polizei hier das Recht eingeräumt, an Stelle der Privatperson den Störer in Gewahrsam nehmen zu können.

Beispiel: Der Schuldner macht Anstalten seine Vermögensgegenstände „in Sicherheit" zu bringen, bevor der Gläubiger beim Amtsgericht einen persönlichen Arrest nach den §§ 916 ff. ZPO erwirken kann. – Ein Unterhaltspflichtiger beabsichtigt, sich ins Ausland abzusetzen.

6. Der Sorgerechtsgewahrsam (§ 14 Abs. 2 POG)

43 Diese Regelung des Verbringungsgewahrsams soll es der Polizei ermöglichen, zum Schutz des Sorgerechts effektiv einzuschreiten, zumal der Jugendliche weder eine Straftat noch eine Ordnungswidrigkeit begeht, wenn er sich dem Sorgerecht entzieht. Nach § 8 JuSchG i. V. m. § 24 AGKJHG bestünde nur die Möglichkeit, den Jugendlichen von jugendgefährdenden Orten zu verweisen. Aber weder die Nichtbefolgung des Verweises noch der Entzug aus der Obhut des Sorgeberechtigten sind straf- oder bußgeldbewehrt, so dass ein Gewahrsam nach § 14 Abs. 1 POG ausscheidet. Ziel des Sorgerechtsgewahrsams ist, den Minderjährigen dem Sorgeberechtigten oder dem Jugendamt zuzuführen. Es handelt sich somit um einen gesetzlich geregelten Fall des **Verbringungsgewahrsams**.

Das Besondere ist hier, dass das Sorgerecht zum **Privatrecht** gehört. Demnach gilt für alle Fälle des § 14 Abs. 2 POG, in denen es um das private Sorgerecht geht, die Aufgabeneinschränkung nach **§ 1 Abs. 3 POG** (s. Rn B 20). Eine Aufgabe der Polizei liegt in diesem Rahmen also nur vor, wenn gerichtliche Hilfe einschließlich ihres einstweiligen Rechtsschutzes zur effektiven Gefahrenabwehr nicht rechtzeitig käme.

Beispiel: Der 10-jährige Sohn geschiedener Eltern hat die Wohnung der Mutter, die das alleinige Sorgerecht hat, verlassen und hält sich bei seinem Vater mit dessen Zustimmung auf. Die Mutter verlangt die Rückführung des Sohnes. – Hier ist das Kind grundsätzlich nicht akut gefährdet. Gefährdet ist das zivilrechtliche Sorgerecht der Mutter. Diese kann sich diesbezüglich an das Vormundschaftsgericht wenden, eine einstweilige Verfügung erwirken und diese durch einen Gerichtsvollzieher, ggf. mit Vollzugshilfe der Polizei, durchsetzen (diese ist dann aber nur für das Wie, nicht wie bei § 14 Abs. 2 POG auch für das Ob verantwortlich, vgl. Rn B 23). Mangels Aufgabenzuweisung ist die Polizei unter diesen Umständen nicht nach § 14 Abs. 2 POG zuständig und eingriffsbefugt.

Die **Subsidiarität** besteht aber auch **gegenüber dem Jugendamt**. In erster Linie dieses hat z. B. durch die Inobhutnahme nach § 42 oder § 43 SGB VIII Gefahren von dem Minderjährigen abzuwehren. § 14 Abs. 2 POG dient lediglich dazu, derartige Maßnahmen des Jugendamtes zu ermöglichen, wenn eine Zuführung an einen privaten Sorgeberechtigten ausscheidet, z. B. weil die Zuordnung des Sorgerechts unklar ist, oder wenn das Jugendamt selbst das Recht der Aufenthaltsbestimmung innehat. Solange also das Jugendamt ausreichende Maßnahmen zur Gefahrenabwehr treffen kann, scheidet eine Gewahrsamnahme nach § 14 Abs. 2 POG aus.

44 Minderjährig ist, wer das achtzehnte Lebensjahr noch nicht vollendet hat (§ 2 BGB), wobei man zwischen Kindern (unter 14 Jahren) und Jugendlichen (14 bis 17 Jahre) unterscheidet, vgl. § 1 Abs. 1 JuSchG, § 7 Abs. 1 Nr. 1 und 2 SGB VIII.

Das **Sorgerecht** im Ganzen besteht aus der Personensorge und der Vermögenssorge (§ 1626 Abs. 1 S. 2 BGB), wobei zur Personensorge nach § 1631 Abs. 1 BGB u. a. auch das **Recht zur Aufenthaltsbestimmung** gehört. Die Differenzierung ist deshalb wichtig, weil die einzelnen Bestandteile des Sorgerechts im konkreten Fall durchaus auf verschiedene Personen und das Jugendamt verteilt sein können und für § 14 Abs. 2 POG nur interessiert, wer das Recht zur Aufenthaltsbestimmung hat. Dieses Recht hat auch der Betreuer nach § 1901 BGB nicht. Das Sorgerecht haben

G. Die Eingriffsermächtigungen des POG

grundsätzlich die **Eltern** (§ 1626a Abs. 1 BGB), auch dann, wenn die Eltern nicht oder nicht mehr verheiratet sind oder getrennt leben. Bei nicht miteinander verheirateten Eltern kann aber auch die **Mutter** alleine sorgeberechtigt sein (§ 1626a Abs. 2 BGB)[156]; weiterhin kommt das Sorgerecht nur eines Elternteils in Betracht, wenn der andere ausfällt (§ 1678 Abs. 1; § 1680 Abs. 1, § 1681; § 181 Abs. 1 BGB) oder durch Übertragung durch das Familiengericht (§ 1672 Abs. 1 S. 1; § 16S. 1 BGB). Ebenfalls durch gerichtliche Anordnung kann personensorgeberechtigt der Vormund oder der Pfleger sein, §§ 1773, 1793, 1909 Abs. 3 BGB. Der **Obhut entzieht** sich der Jugendliche, wenn er sich für eine gewisse Dauer ohne Wissen des Sorgeberechtigten oder gegen dessen Willen entfernt und diesem der Aufenthaltsort unbekannt ist.

Ungeachtet aller vorgenannten Regeln übt das Jugendamt – allerdings nur vorläufig – auch dann das Recht zur Aufenthaltsbestimmung aus, wenn es den Minderjährigen **in Obhut nimmt**, weil dieser darum bittet oder wenn eine dringende Gefahr für diesen das erfordert (§ 42 SGB VIII) oder wenn es bei Gefahr im Verzug den Minderjährigen bei einer Person oder einer Einrichtung herausnimmt (§ 43 SGB VIII).

Beispiel: Die Polizei greift gegen 3.00 Uhr nachts einen 15-Jährigen auf, der sich im Bahnhofsviertel im „Rotlichtmilieu" herumtreibt. Hier ist davon auszugehen, dass ein pflichtbewusster Sorgeberechtigter damit niemals einverstanden ist. Damit kann auch von der Entziehung aus der Obhut des Sorgeberechtigten ausgegangen werden. Ein Platzverweis nach § 8 JuSchG wäre hier offensichtlich keine ausreichende Maßnahme der Gefahrenabwehr. Der Jugendliche kann daher nach § 14 Abs. 2 POG in Gewahrsam genommen werden, um ihn umgehend oder, wenn das nicht möglich ist, später dem Sorgeberechtigten oder, wenn der nicht feststellbar ist, dem Jugendamt zuzuführen.

Ein Sonderfall der Verbringung von Jugendlichen ist die **Schulzuführung**. Sie ist **45** kein Fall des § 14 POG, sondern des § 66 LSchulG. Kinder, Jugendliche und Heranwachsende unterliegen der Schulpflicht grundsätzlich **ab dem 6. Lebensjahr** (Stichtag 31.8., ausnahmsweise ab dem 5. Lebensjahr, vgl. §§ 56 ff. LSchulG); ihr unterliegen auch Asylbewerber und Flüchtlinge nach Zuweisung zu einer Gemeinde in Rheinland-Pfalz, anerkannte Asylberechtigte sowie nicht anerkannte Asylbewerberinnen und Asylbewerber, deren Aufenthalt geduldet wird.[157] Die Schulpflicht dauert grundsätzlich 12 Jahre (§ 7 SchulG), also einschließlich Wiederholungsjahre; gegebenenfalls endet sie vorzeitig bei einem **erfolgreichen Schulabschluss**, § 60 Abs. 2 SchulG, spätestens aber mit dem 21. Lebensjahr (weil sie dann keine Heranwachsenden mehr sind, vgl. § 1 Abs. 1 JuSchG, § 1 Abs. 2 Jugendgerichtsgesetz). In dieser Zeit sind Schüler verpflichtet, vom schulischen Angebot Gebrauch zu machen, § 3 Abs. 3 LSchulG. Insbesondere sind sie verpflichtet, am Unterricht und an sonstigen verbindlichen Schulveranstaltungen teilzunehmen und sich notwendigen Untersuchungen zu unterziehen, § 64 LSchulG. Die Eltern oder sonstige mit der Erziehung und Pflege des Schulpflichtigen Beauftragten trifft die hierzu notwendige Mitwirkungspflicht, § 65 Abs. 1 LSchulG. Es ist Sache der **Schule**, das Problem durch schulische Maßnahmen und durch Gespräche mit dem Schüler und seinen Erziehungsberechtigten zu lösen. Reichen Schüler- und Elterngespräche nicht aus, soll das **Jugendamt** eingeschaltet werden, um mit pädagogischen Mitteln auf die Familie einzuwirken. Nutzt auch das nichts, ist das **Ordnungsamt** einzuschalten, § 66 LSchulG. Dieses kann zunächst dem Erziehungsberechtigten ein Zwangsgeld androhen, §§ 64, 66 LVwVG. Das Androhen eines Zwangsgelds gegenüber Kindern ist

---

[156] Es sei denn, die Mutter ist selbst minderjährig (vgl. § 1791c BGB), dann ist aber auch kein praktischer Fall des § 14 Abs. 2 POG denkbar.
[157] Nr. 2 Abs. 2 Verwaltungsvorschrift des Ministeriums für Bildung, Wissenschaft, Weiterbildung und Kultur vom 20. September 2015, Amtsbl. 2015, S. 206.

nicht möglich, gegenüber Jugendlichen problematisch, eine Ersatzzwangshaft nach § 67 LVwVG nur in sehr engen Grenzen rechtlich vorstellbar (vgl. hierzu Rn J 10). Führt das zu keinem Erfolg (z. B. in ständigen Wiederholungsfällen), bleibt als letztes Mittel die Androhung, den Schüler der Schule zuzuführen §§ 65, 66 LVwVG. Nach dem Wortlaut des § 66 Abs. 1 S. 2 a. E. LSchulG ist die **örtliche** (untere) **Kommunalverwaltung** als Sonderordnungsbehörde zuständig. Erforderlich ist ein dezidiert begründeter **Antrag** des Schulleiters (bei Verhinderung des Vertreters) oder der Schulbehörde, § 66 Abs. 1 S. 2 LSchulG. Der Antrag irgendeines anderen Lehrers genügt nicht. In diesem Antrag hat der Antragsteller der Behörde glaubhaft zu machen, dass **andere Mittel** der Einwirkung nicht Erfolg versprechend oder nicht zweckmäßig sind, § 66 Abs. 2 LSchulG. Außerdem müssen so viele Angaben über den betreffenden Schüler gemacht werden, dass die Ordnungsbehörde diesen finden und identifizieren kann. Die Zuführung nach § 66 LSchulG ist für sich genommen noch kein Zwang i. S. d. LVwVG. Es ist die Anordnung, den Beamten zur Schule zu begleiten (Verwaltungsakt), sowie die Begleitung zur Schule (Realakt). Folgt der Schüler dem, liegt keine Gewaltanwendung i. S. d. § 65 LVwVG vor. Im Hinblick auf Art. 13 GG ist die Wohnung besonders geschützt. Die Ordnungsbediensteten sind grundsätzlich nicht befugt, ohne (vorherige) Einwilligung des Wohnungsinhabers (z. B. Eltern) die **Wohnung** zu betreten, um den Schüler zu holen. Fehlt eine solche Einwilligung, brauchen sie dazu nach § 9 Abs. 2 LVwVG eine Anordnung des Verwaltungsgerichts, es sei denn im Eilfall würde deren Einholen den Erfolg der Durchsuchung gefährden. Zwar wird dem Wortlaut nach nur das „Durchsuchen" von einer solchen Anordnung abhängig gemacht und häufig muss die Wohnung nur durchschritten werden, um den Schüler zu ergreifen. Aber da es für die Vollstreckung keine gesonderte Ermächtigungsgrundlage für das nach Art. 13 GG grundsätzlich nicht erlaubte „Betreten" der Wohnung gibt, gelten die Voraussetzungen des § 9 Abs. 2 LVwVG auch dafür.[158] Das Betreten oder gar Durchsuchen der Wohnung würde ein z. B. dem § 44 Abs. 4 S. 1 Wehrpflichtgesetz entsprechendes Spezialgesetz voraussetzen, woran es hier fehlt. Die Voraussetzungen des Art. 13 Abs. 7 GG liegen hier nie vor. Die Mitnahme zur Schule ist regelmäßig mit einer **Freiheitsbeschränkung** verbunden, die durch § 66 LSchulG abgedeckt ist. Eine darüber hinaus gehende Freiheitsentziehung (z. B. der Schüler wird länger als nur einige Minuten in einem Raum der Ordnungsbehörde festgehalten) ist mangels Ermächtigungsgrundlage rechtswidrig. Wehrt sich der Jugendliche, darf **einfacher unmittelbarer Zwang** i. S. d. § 65 LVwVG angewendet werden. Der Einsatz von Hilfsmitteln i. S. d. § 5 Landesverordnung für Vollzugsbeamte[159] gegen Schüler dürfte aber regelmäßig unverhältnismäßig sein. Gegebenenfalls ist **Vollzugshilfe** der Polizei (§ 96 POG) anzufordern. Eine Grundlage für eine Kostenerstattung für die Zuführung gibt es nicht.

7. Rückführungsgewahrsam (§ 14 Abs. 3 POG),

46 Diese Regelung ist ebenfalls eine besondere Form des Verbringungsgewahrsams und dient der Anwendung von Gewahrsam bei Personen, die ohnehin schon in ihrem Freiheitsrecht eingeschränkt sind, weil für sie **Untersuchungshaft, Freiheitsstrafen oder freiheitsentziehende Maßregeln der Besserung und Sicherung** (vgl.

---

158 OVG Koblenz v. 24.8.2009 - 7 E 10166/09 geht von der Notwendigkeit einer richterlichen Durchsuchungsanordnung nach § 9 Abs. 2 LVwVG zu dem Zweck aus, einen abgelehnten Asylbewerber bei der Auslandsvertretung seines vermuteten Heimatstaates zwangsweise vorzuführen.

159 Landesverordnung über die kommunalen Vollzugsbeamtinnen und kommunalen Vollzugsbeamten sowie die Hilfspolizeibeamtinnen und Hilfspolizeibeamten, s. Rn B 20 mit Fußnote.

G. Die Eingriffsermächtigungen des POG

§§ 63 ff. StGB) gelten. Sind sie dem Vollzug **entwichen** oder halten sie sich ansonsten ohne Erlaubnis außerhalb einer Justizvollzugsanstalt auf, können sie in Gewahrsam gebracht und zurückgeführt werden. Eine Straftat begehen sie durch ihr Entweichen nicht. Ohne diese Regelung ist eine Festnahme nur nach § 127 Abs. 2 StPO möglich, wenn der Betreffende aus der Untersuchungshaft geflohen ist, ferner auf Veranlassung der Vollstreckungsbehörde nach § 87 Strafvollzugsgesetz oder bei Vorliegen eines Haftbefehls nach § 457 StPO. Hat die Vollzugsbehörde die Polizei um die Gewahrsamnahme und Rückführung ersucht, ergibt sich dieses Recht auch aus § 87 StVollzG.

8. Besondere Regeln für die Freiheitsentziehung, §§ 15 ff. POG

a) Die richterliche Entscheidung

Über die Zulässigkeit und Fortdauer der Freiheitsentziehung hat nur der Richter zu entscheiden, Art. 104 Abs. 2 S. 1 GG. Dazu muss der Richter den Betroffenen persönlich anhören, § 420 Abs. 1 FamFG. Für diese richterliche Entscheidung ist es nicht erforderlich, dass der Betroffene vernehmungsfähig ist.[160] Die persönliche Anhörung des Betroffenen kann nur unterbleiben, wenn nach ärztlichem Gutachten hiervon erhebliche Nachteile für seine Gesundheit zu besorgen sind oder wenn er an einer übertragbaren Krankheit im Sinne des Infektionsschutzgesetzes leidet, § 420 Abs. 2 FamFG. Dann ist aber ein Verfahrenspfleger zu bestellen, § 419 Abs. 1 S. 1 FamFG. **47**

Diese Entscheidung geht über die bloße Kontrolle der Verwaltungsentscheidung hinaus, der Richter trifft selbst die Entscheidung über die Freiheitsentziehung. Gemeint ist damit grundsätzlich die **vorherige** richterliche Entscheidung.[161] Das gilt auch für § 15 Abs. 1 S. 1 POG, auch wenn dieser eine Festnahme für die richterliche Entscheidung voraussetzt und damit ausdrücklich nur die *nachträgliche* richterliche Entscheidung beschreibt. Ein Festhalten, für das die richterliche Entscheidung vorher hätte eingeholt werden können, ist ohne sie also rechtswidrig. Das ist hinsichtlich § 12 Abs. 3 POG bemerkenswert, sehen doch z. B. weder § 81b noch § 136 StPO einen entsprechenden Richtervorbehalt vor. Allerdings verlangt auch § 15 POG nur dann eine *vorhergehende* richterliche Entscheidung, wenn die festzuhaltende Person vorher überhaupt konkret benannt werden kann.

Beispiel: F ist ein Fan des 1. FC Kaiserslautern, der bei nahezu jedem Spiel durch gewalttätige Aktionen aufgefallen ist. Auch vor dem nächsten Heimspiel verdichten sich Informationen, dass er Gewalt gegen die Fans der Gastmannschaft plant. Hier müsste vor einem Vorbeugegewahrsam die richterliche Entscheidung eingeholt werden. –
Gegenbeispiel: Die Polizei führt nach Heimspielen des 1. FC Kaiserslautern zunächst die Fans der Gastmannschaft zum Hauptbahnhof. Die Kaiserslauterer Fans werden während dessen für 15 bis 30 Minuten nicht aus ihrer Fankurve herausgelassen, um eine Konfrontation mit den Gästefans zu vermeiden. Sie befinden sich damit in Vorbeugegewahrsam. Eine vorherige richterliche Entscheidung ist nicht möglich, weil man die betroffenen Personen vorher nicht benennen kann.

Im präventiven Polizeirecht ist naturgemäß die Möglichkeit, den Richter vorher zu beteiligen, die Ausnahme. Fehlt sie, haben die Ordnungskräfte grundsätzlich die (nachträgliche) richterliche Entscheidung unverzüglich und von Amts wegen herbei- **47a**

---

160 VGH Mannheim v. 10.1.2012 - 1 S 2963/11, NVwZ-RR 2012, 346.
161 BVerfG v. 15.5.2002 - 2 BvR 2292/00, NJW 2002, 3161; BVerfG v. 30.10.1990 - 2 BvR 562/88, NJW 1991, 1283; BGH 17.12.1981 - VII ZB 8/81, NJW 1982, 753.

zuführen, § 15 Abs. 1 S. 1 POG, Art. 104 Abs. 2 S. 2 GG. **Unverzüglich** heißt (abweichend von § 121 BGB = ohne schuldhaftes Zögern), dass jede Verzögerung zu vermeiden ist, die sich nicht aus tatsächlichen oder rechtlichen Gründen rechtfertigen lässt,[162] also dass die richterliche Entscheidung ohne jede Verzögerung, die sich nicht aus sachlichen Gründen rechtfertigen lässt, herbeigeführt werden muss.[163] Aus Art. 104 Abs. 2 GG folgt für den Staat die Verpflichtung zu gewährleisten, dass ein zuständiger Richter erreicht werden muss - jedenfalls zur Tageszeit - und ihm auch insoweit eine sachangemessene Wahrnehmung seiner richterlichen Aufgaben zu ermöglichen.[164] Eine richterliche Entscheidung kann aber auch dann „unverzüglich" herbeigeführt werden, wenn die Gewahrsamnahme außerhalb der Dienststunden des Gerichts erfolgte und die richterliche Entscheidung erst während der darauf folgenden Dienststunden des Gerichts oder des Bereitschaftsdienstes an dienstfreien Tagen eingeholt wird; dem Erfordernis des Art. 104 Abs. 2 S. 2 GG ist demnach organisatorisch genügt, wenn gewährleistet ist, dass der Richter innerhalb der Frist die Entscheidung treffen kann; die Einrichtung eines Bereitschaftsdienstes ist hingegen nicht erforderlich.[165] Nach Ankunft der betroffenen Person bei der Polizei hat die Zuführung zum Richter oberste Priorität. Tagsüber kann man davon regelmäßig sprechen, wenn binnen 2-3 Stunden der Richter den Betroffenen sieht.[166] Unverzügliche Herbeiführung einer richterlichen Entscheidung bedeutet, dass es nicht zulässig ist, erst andere polizeiliche Maßnahmen als der Personalienfeststellung und der Durchsuchung durchzuführen.[167] Sachliche Gründe für eine Verzögerung können insoweit die Länge des Weges vom Ort der Gewahrsamnahme bis zur Protokollierungsstelle, das Verhalten der Betroffenen selbst[168] oder aber Verzögerungen sein, die sich infolge von Massenfestnahmen aus organisatorischen Gründen ergeben.[169] Kein Grund die Vorführung zu verzögern ist jedoch, dass der Betroffene wegen Volltrunkenheit nicht vorführbar ist.[170] Keinesfalls darf damit alleine deswegen bis zum Ende des nächsten Tages gewartet werden, weil § 17 Abs. 1 Nr. 3 POG eine solche Frist vorsieht, denn bei dieser handelt es sich um ein absolutes Limit, nicht um eine Antrags- oder Entscheidungsfrist.[171] Allerdings ist die Entscheidung des Richters dann entbehrlich, wenn anzunehmen ist, dass sie erst nach Wegfall des Grundes der Maßnahme ergehen würde, § 15 Abs. 1 S. 2 POG. Denn würde man den Betreffenden nunmehr alleine deswegen noch festhalten, damit ein Richter über die bisherige Maßnahme entscheiden kann, würde sich der in Art. 104 Abs. 2 GG beabsichtigte Schutz in sein Gegenteil verkehren, da er zu einer weiteren Freiheitsentziehung führen würde, die es ohne diese Regelung nicht gäbe.

Beispiel: A wird in Vorbeugegewahrsam genommen, um ihn an einer illegalen nächtlichen Autorallye („Joyriding") zu hindern. Nachts um 3.00 Uhr ist die Veranstaltung vorbei. Hier wäre es

---

162 BVerfG v. 27.2.2013 - 2 BvR 1872/10; v. 15.5.2002 - 2 BvR 2292/00, NJW 2002, 3161; BVerwG v. 26.2.1974 - I C 31.72, NJW 1974, 807; Götz / Geis § 8 Rn 43 ff.
163 BVerfG v. 15.5.2002 - 2 BvR 2292/00, NJW 2002, 3161; BVerwG v. 26.2.1974 - I C 31.72, NJW 1974, 807; OLG Rostock v. 16.7.2007 - 3 W 79/07, NVwZ-RR 2008, 173: zur Tagzeit binnen 2–3 Stunden; VGH Mannheim v. 27.9.2004 - 1 S 2206/03, NVwZ-RR 2005, 540; LG Koblenz v. 26.9.1997 - 2 T 546/97, NVwZ-RR 1998, 429; BVerfG v. 15.5.2002 - 2 BvR 2292/00, NJW 2002, 3161.
164 BVerfG v. 15.5.2002 - 2 BvR 2292/00, NJW 2002, 3161; LG Hamburg v. 9.3.2009 · - 604 Qs 3/09.
165 BVerwG v. 26.2.1974 - I C 31.72, NJW 1974, 807.
166 OLG Rostock v. 16.7.2007 - 3 W 79/07, NVwZ-RR 2008, 173.
167 LG Rostock v. 3.6.2007 - 2 T 183/07.
168 BVerfG v. 15.5.2002 - 2 BvR 2292/00, NJW 2002, 3161.
169 VG Gera v. 3.7.2004 - 1 K 1071/00.
170 OVG Bremen v. 23.9.2014 - 1 A 45/12, NordÖR 2015, 175.
171 BVerfG v. 15.5.2002 - 2 BvR 2292/00, NJW 2002, 3161.

G. Die Eingriffsermächtigungen des POG

nicht vertretbar, A noch weitere 5 bis 6 Stunden in Gewahrsam zu halten, nur um ihn dann dem Richter vorzuführen..[172]

Fehlt eine rechtzeitige richterliche Anhörung oder ist sie nicht unerheblich mangelhaft, ist die Freiheitsentziehung rechtswidrig, was nachträglich nicht mehr heilbar ist.[173]

Zuständig ist der **Amtsrichter**[174] an dem Ort, an dem der Festgehaltene gerade festgehalten wird (§ 15 Abs. 2 POG); ändert sich der Ort der Festnahme (z. B. durch eine sachlich notwendige Verlegung), ändert sich gegebenenfalls auch die örtliche Zuständigkeit des Amtsgerichts[175]. Da die Freiheitsentziehung durch die Polizei und die durch den Richter auch bei derselben Person rechtlich verschiedene Vorgänge sind, entscheidet der Amtsrichter (entgegen dem etwas missverständlichen Gesetzeswortlaut) je nach Situation entweder über die **Zulässigkeit** der bisherigen polizeilichen Freiheitsentziehung *oder* (nicht: „*und*") über die nunmehr richterlich begründete **Fortsetzung** der Freiheitsentziehung.[176] Das Verfahren richtet sich nach dem FamFG, § 15 Abs. 2 S. 2 POG. Der Richter muss selbst die Tatsachen feststellen, die die Freiheitsentziehung rechtfertigen[177]. Dazu hat er nach § 420 Abs. 1 FamFG die Person grundsätzlich (Ausnahmen in § 420 Abs. 2 FamFG) vor der Entscheidung persönlich mündlich **anzuhören**, was physische Anwesenheit erfordert (z. B. telefonisch reicht nicht), so dass diese die Gelegenheit hat, auf die Entscheidung Einfluss zu nehmen.[178] Das wird regelmäßig eine persönliche Vorführung erfordern[179]. Eine nachträgliche Anhörung lässt sich in engen Grenzen nur rechtfertigen, wenn ansonsten die Gefahrenabwehr vereitelt würde oder eine Entscheidung nach vorheriger Anhörung zu spät käme. Die Entscheidung des Richters ist schriftlich festzuhalten.[180] Die Entscheidung über die **Zulässigkeit** der bisherigen polizeilichen Freiheitsentziehung ist die Feststellung über die Rechtmäßigkeit der vergangenen Maßnahme. Demgegenüber ist die Entscheidung, die Freiheitsentziehung fortzusetzen, als rein zukunftsbezogene Regelung konstitutiv, also nicht etwa nur eine Genehmigung der vergangenen polizeilichen Maßnahme.[181] Der Richter entscheidet durch Beschluss (§ 420 FamFG), gegen den sowohl der Betroffene als auch die Polizeibehörde (genauer: das Land Rheinland-Pfalz) nach § 429 FamFG sofortige Beschwerde an das Landgericht erheben können.

Die Freiheitsentziehung ist entgegen früherer Ansichten mit der Entlassung des Betroffenen **nicht erledigt**.[182] Die richterliche Entscheidung soll die Freiheitsentziehung nicht hinauszögern, andererseits aber auch nicht verhindern, dass das polizeiliche Verhalten noch überprüft werden kann (Näheres dazu unten Rn G 53). Auch nach der Maßnahme besteht regelmäßig ein Rechtsschutzinteresse an der Feststellung der Rechtmäßigkeit, da eine Freiheitsentziehung ein erheblicher Grundrechtseingriff

48

---

172 LG Rostock v. 28.8.2007 – 3 W 109/07, NJW 1980, 138.
173 BVerfG v. 7.9.2006 – 2 BvR 129/04, BVerfGK 9, 132; v. 11.3.1996 – 2 BvR 927/95.
174 Wohingegen bei der Ersatzzwangshaft nach § 67 LVwVG das Verwaltungsgericht zuständig ist, vgl. Rn J 10, eine überflüssige Differenzierung.
175 So auch Roos / Lenz § 15 Rn 24 ff.
176 BVerwG v. 23.6.1981 - 1 C 93.76, NJW 1982, 536; VerfGH Bayern v. 2.8.1990 – Vf. 3 VII/89, NVwZ 1991, 664; BayObLG v. 5.5.1988 - BReg. 3 Z 14/88, DÖV 1989, 168.
177 BVerfG v. 25.4.1991 - 2 BvR 1437/90, NVwZ 1992, 261.
178 BVerfG NJW 1991, 1283; VGH Kassel NJW 1984, 822.
179 So auch Roos / Lenz § 15 Rn 14.
180 VGH Kassel a. a. O.
181 BVerfG a. a. O.
182 BVerfG NJW 1997, 27; Lisken / Denninger / Rachor E Rn 541; Roos / Lenz § 15 Rn 29.

ist. Nicht erledigt ist die Freiheitsentziehung insbesondere auch dann, wenn gegenüber dem Betroffenen dafür Kosten verlangt werden.[183]

b) Die Behandlung der festgehaltenen Person, §§ 16 ff. POG

49 Verwahrt wird eine Person regelmäßig in einem speziellen polizeilichen Gewahrsamsarrest- oder Haftraum, in besonderen – vor allem eher kurzfristigen[184] – Fällen auch in anderen **Räumen** (vgl. § 415 Abs. 2 FamFG), wie z. B. Dienstfahrzeuge, Diensträume einer Polizeibehörde, Krankenzimmer oder sogar auch Räume des Betroffenen selber (Hausarrest). Nach § 16a POG kann der Gewahrsam nach § 14 POG auch in vom Innenministerium anerkannten nichtpolizeilichen Einrichtungen i. S. d. § 16a POG (z. B. die Gewahrsamseinrichtung für Ausreisepflichtige [GfA] in Ingelheim) nach den Regeln der Gewahrsamsordnung[185] vollzogen werden.[186] Wie die festgehaltene Person zu behandeln ist, ergibt sich aus Art. 104 GG und aus § 16 POG. Verstöße gegen § 16 POG machen zwar (anders als solche nach § 15 und § 17 POG) nicht das Festhalten als solches rechtswidrig, sie sind aber Amtspflichtverletzungen. Nach § 16 Abs. 1 POG ist der Person unverzüglich der **Grund** des Festhaltens **bekannt zu geben**. Dazu muss ihr formlos, aber allgemeinverständlich wenigstens in groben Zügen erläutert werden, aus welchem Sachverhalt heraus und gemäß welcher Rechtsgrundlage sie festgehalten gestützt wird. Zwar ist nach § 23 VwVfG / § 1 Abs. 1 LVwVfG die Amtssprache deutsch, doch kann man daraus nicht folgern, dass gegenüber der deutschen **Sprache** nicht mächtigen Ausländern eine deutsche Belehrung über das Festhalten genügt. Hier geht die als einfaches Gesetz gültige MRK vor, deren Art. 5 Abs. 2 die Belehrung in einer dem Festgenommenen verständlichen Sprache vorschreibt. Das aber ist bei der denkbaren Sprachenvielfalt vielfach nicht kurzfristig einzuhalten. Da aber unverzüglich ohne schuldhaftes Zögern heißt (analog § 121 BGB), ist das Festhalten ohne Belehrung in einer dem Festgenommenen verständlichen Sprache rechtmäßig, solange die Polizei sich ernsthaft, aber mit zumutbarem Einsatz erfolglos um eine solche Belehrung bemüht hat. Bei ausländischen Gefangenen ist außerdem noch unverzüglich (also in der Regel schon durch die Polizei) darüber zu belehren, dass er nach Art. 36 WÜK[187] das Recht hat, seine konsularische Vertretung zu benachrichtigen.[188]

Aus der vorgeschriebenen Unverzüglichkeit folgt ferner, dass schon die Polizei und sofort bei der Festnahme, nicht erst wie im Falle des Art. 104 Abs. 3 GG der Richter zu belehren hat, vorausgesetzt der Betreffende ist aufnahmefähig. Zu dieser Belehrung gehört nach überwiegender Auffassung nicht die Rechtsmittelbelehrung, weil sie im Gesetz nicht ausdrücklich vorgesehen ist; zumindest aber folgt aus der in Art. 19 Abs. 4 GG normierten Rechtsschutzgarantie, dass der Festgehaltene auf Nachfrage über seine Rechtsbehelfe zu belehren ist.

Ebenfalls unverzüglich ist der Person Gelegenheit zu geben, selbst einen Angehörigen (§ 11 Abs. 1 Nr. 1 StGB analog) oder eine sonstige **Person ihres Vertrauens zu**

---

183 BVerfG v. 30.4.1997 - 2 BvR 817/90, NJW 1997, 2163; OVG Bremen v. 10.1.2012 - 1 S 327/11, NVwZ-RR 2012, 272; anders noch BVerfG v. 11.10.1978 - 2 BvR 1055/76, NJW 1979, 154.
184 Mehrstündiges Festhalten in einem Polizeigewahrsamsbus ist rechtswidrig, VGH München DÖV 2012, 444 und 816.
185 Gewahrsamsordnung für die Polizei des Landes Rheinland-Pfalz v. 2.2.2013, MinBl. 2013, 104.
186 Gewahrsamsordnung für die Polizei des Landes Rheinland-Pfalz vom 8. März 2003 (MinBl. S. 292; 2008 S. 326); bei nichtpolizeilichen Landeseinrichtungen kann auch eine andere Ordnung gelten.
187 Wiener Übereinkommen über konsularische Beziehungen (Wiener Konsularrechtsübereinkommen, BGBl. 1969 II S. 1585); da es von Deutschland unterzeichnet, gilt das WÜK nach Art. 59 Abs. 2 S. 1 GG wie nationales Bundesrecht.
188 BVerfG v. 19.9.2006 - BvR 2115/01; 2 BvR 2132/01; 2 BvR 348/03, NJW 2007, 4992.

benachrichtigen, § 16 Abs. 2 POG (in Anlehnung an Art. 104 Abs. 4 GG). Die Polizei muss selbst benachrichtigen, wenn der Festgenommene das wünscht. Ist der Festgenommene zu einer Benachrichtigung nicht in der Lage (z. B. durch Alkohol, Drogen, Krankheit), soll ebenfalls die Polizei eine mutmaßliche Vertrauensperson benachrichtigen. Handelt es sich bei dem Festgenommen um einen Minderjährigen oder Betreuten, hat die Polizei in jedem Fall den Sorgeberechtigten oder den Betreuer unverzüglich zu benachrichtigen, gegebenenfalls auch zusätzlich neben einer vom Festgenommenen ausgewählten Vertrauensperson. Eine Benachrichtigung kann darum nur entfallen, wenn der Festgenommene das ausdrücklich wünscht (das sollte urkundlich festgehalten und möglichst gegengezeichnet werden) oder wenn bei einem Alleinstehenden keine Vertrauensperson erkennbar und er in nicht in der Lage ist, jemanden zu benennen (z. B. wenn er zur Ausnüchterung im Gewahrsam ist).

Die Polizei hat darauf zu achten, dass hinsichtlich der Art und Weise oder hinsichtlich des Benachrichtigungsempfängers nicht in bloßstellender Form (z. B. Vorfahren im Streifenwagen; Mitteilung an Nachbarn) benachrichtigt wird; insbesondere kommt eine Nachricht an Angehörige nur in Betracht, wenn diese zumindest dem Anschein nach auch Vertrauenspersonen des Festgenommenen sind.

Beispiel: Kein Anruf bei der Ehefrau, wenn beide in streitiger Trennung leben, oder bei Geschwistern, wenn Erbstreitigkeiten bestehen; kein Vorfahren bei der Familie mit einem Streifenwagen, wenn dadurch das Aufsehen der Nachbarn provoziert würde.

Der Sinn des § 16 Abs. 2 POG liegt darin, dass nicht (wie seinerzeit z. B. in der **50** „DDR" üblich) eine Person hinter Gittern verschwindet, ohne dass die Außenwelt weiß, dass, wo und warum die Person festgehalten worden ist. In welcher Form Gelegenheit der Benachrichtigung gegeben wird, steht der Polizei grundsätzlich frei. Doch wird man aus der vorgegebenen Unverzüglichkeit schließen müssen, dass ein **schnelles Medium**, vornehmlich Telefon, aber auch Telefax, SMS, WhatsApp oder E-Mail, gewählt wird. Die Pflicht, Gelegenheit zur Benachrichtigung einer Vertrauensperson zu geben, bezieht sich nach dem klaren Gesetzeswortlaut nur auf *eine* Vertrauensperson; die Benachrichtigung der Außenwelt ist ja damit erfüllt. Es steht daher im Ermessen der Polizei, ob sie z. B., wenn der Betroffene seinen Rechtsanwalt angerufen hat, noch die Benachrichtigung der Ehefrau zulässt, was ja auch der Rechtsanwalt erledigen könnte. Gelegenheit geben heißt auch nicht, das kostenlos zu tun[189]. Andererseits darf aber das Benachrichtigungsrecht auch nicht von der Kostenzahlung abhängig gemacht werden, wenn der Betreffende keine Zahlungsmittel dabei hat, da sonst der Sinn der Vorschrift unterlaufen werden könnte.

Festgehaltene Personen dürfen weder seelisch noch körperlich **misshandelt** werden, Art. 104 Abs. 1 S. 2 GG. Nach § 16 Abs. 3 POG sollen die präventiv festgehaltenen Personen gesondert und nur mit ihrer ausdrücklichen Einwilligung in demselben Raum mit Straf- oder Untersuchungsgefangenen **untergebracht** werden. Regelmäßig („*soll*") sind Männer und Frauen räumlich getrennt unterzubringen. Da eine Regelvorgabe aber auch Ausnahmen zulässt, steht der gemeinsamen Unterbringung von Lebenspartnern, Geschwistern u. Ä. dann nichts im Wege, wenn alle gemeinsam Untergebrachten damit einverstanden sind und die Raumaufteilung in der Dienststelle das zulässt.

---

[189] A. A. Lisken / Denninger / Rachor E Rn 556, die als Rechtsgrundlage den öffentlich-rechtlich Erstattungsanspruch übersehen.

Gerade bei **Minderjährigen** ist der Art und Weise des Gewahrsams besondere Beachtung zu schenken. Jede Form, die für deren Entwicklung schädlich sein kann, ist daher grundsätzlich unzulässig. Deswegen wird man insbesondere die Unterbringung eines Kindes in einer Arrestzelle regelmäßig als unverhältnismäßig ansehen müssen, während man bei Jugendlichen unter Berücksichtigung ihres Alters und Entwicklungsstandes zwischen der Notwendigkeit, die Flucht zu verhindern, und dem möglichen Einfluss auf die Entwicklung jeweils abwägen muss[190].

Im Übrigen dürfen der festgehaltenen Person nur solche Beschränkungen auferlegt werden, die für den Zweck der Freiheitsentziehung oder die Ordnung des Gewahrsams erforderlich sind.

51 Während des Gewahrsamsaufenthalts kann es immer wieder zu Unfällen, Eigenverletzungen, Suizidversuchen oder zur Begehung von Straftaten kommen. § 16b Abs. 1 S. 1 POG ermächtigt darum die Polizei, Gewahrsamseinrichtungen **offen** durch **Bildübertragung** zu überwachen. Eine Bild*aufzeichnung* gemäß § 27 Abs. 1 S. 2 POG ist hiernach allerdings nicht zulässig. Diese Videoüberwachung nach § 16b POG setzt keine konkrete Gefahrenlage voraus, sondern es reichen tatsächliche Anhaltspunkte, die die Annahme rechtfertigen, dass die Maßnahme zum Schutz von Personen erforderlich ist (z. B. Randalieren bei Einlieferung, Ankündigung von Straftaten oder Suizid, früheres gewalttätiges Verhalten). Andererseits reichen bloße Vermutungen nicht, um eine Bildübertragung zu rechtfertigen. Soweit das im Rahmen der Gefahrenabwehr möglich ist, ist der Schutz der Intimsphäre der festgehaltenen Person zu wahren. Daher ist insbesondere auf die Videoüberwachung hinzuweisen und ihr die Möglichkeit zu eröffnen, auf Wunsch eine Toilette außerhalb des Gewahrsamsraums aufzusuchen. Die Datenerhebung ist durch ein optisches oder akustisches Signal anzuzeigen. Die zur Anordnung führenden tatsächlichen Anhaltspunkte der optisch-elektronischen Beobachtung in Gewahrsamsräumen sowie Beginn und Ende der Bildübertragung sind zu dokumentieren.

c) Dauer der Freiheitsentziehung, § 17 POG

52 Dass die festgehaltene Person entlassen werden muss, und zwar unverzüglich, wenn der Grund der Maßnahme weggefallen (§ 17 Abs. 1 Nr. 1 POG) oder wenn die Fortdauer der Freiheitsentziehung durch richterliche Entscheidung für unzulässig erklärt worden ist (§ 17 Abs. 1 Nr. 2 POG), ist eine Selbstverständlichkeit. Aber aus § 17 Abs. 1 Nr. 3 POG ergibt sich darüber hinaus, dass eine Person **ohne Richter niemals länger bis zum Ende des nächsten Tages** (24.00 Uhr), gerechnet ab ihrer Festnahme, festgehalten werden darf (also je nach Uhrzeit der Festnahme zwischen gut 24 und fast 48 Stunden). Alles andere ist Freiheitsberaubung i. S. d. § 239 StGB. Selbstverständlich darf § 17 Abs. 1 Nr. 3 POG auch nicht dadurch umgangen werden, dass der Betroffene kurz freigelassen wird, um dann mittels eines neuen Gewahrsams die Frist neu in Gang zu setzen. Eine Verlängerung der Freiheitsentziehung kommt nur durch richterliche Anordnung nach dem POG oder einem anderen Gesetz (z. B. StPO, AufenthG, PsychKG, ZPO i. V. m. §§ 229 f. BGB) in Betracht.

Beispiel: Der zur Verhinderung einer Straftat in Präventivgewahrsam Genommene äußert sehr ernst zu nehmende Selbstmordabsichten. Hier läuft die Frist des § 17 Nr. 3 POG nicht etwa neu, so dass mit dem neuen Gewahrsamsgrund kein Festhalten begründet werden kann, das über das Ende des Tages nach der ersten Festnahme hinausgeht. Eine Verlängerung der Freiheitsentziehung ohne Richter wäre hier nur auf Basis der §§ 15, 11 PsychKG rechtmäßig.

---

190 Lisken / Denninger / Rachor E Rn 525 betrachten für alle Minderjährigen die Unterbringung in Arrestzellen zur Durchsetzung des Sorgerechts als unzulässig.

G. Die Eingriffsermächtigungen des POG

Durch richterlichen Beschluss kann die Dauer der Freiheitsentziehung aber zur Durchsetzung des Vorbeugegewahrsams (§ 14 Abs. 1 Nr. 2 POG) zur Verhinderung einer unmittelbar bevorstehenden Begehung oder Fortsetzung einer Straftat oder des Duldungsgewahrsams (§ 14 Abs. 1 Nr. 3 POG) auf **bis zu 7 Tagen** ausgedehnt werden, § 17 Abs. 2 POG.[191] Erstaunlich ist dabei der Unterschied zu § 67 LVwVG für die Ersatzzwangshaft (vgl. Rn J 10), der sogar eine Freiheitsentziehung von zwei Wochen zulässt!

Beispiel: Gewalttätige halten 8 Tage lang sog. „Chaostage" ab. Der als besonders gewalttätig bekannte G soll für die Dauer dieser Aktion durch Vorbeugegewahrsam an schweren Straftaten gehindert werden. Nach Ablauf spätestens der 7 Tage ist G wieder freizulassen, selbst wenn er erklärt, jetzt Autos anzünden zu wollen. Erst wenn er in das Versuchsstadium einer Straftat kommt, ist eine weitere Freiheitsentziehung, nun nach der StPO, möglich.

d) Rechtsschutz

Über die Zulässigkeit bzw. Fortdauer der Freiheitsentziehung muss möglichst **vor** **53** **der Festnahme**, zumindest aber unverzüglich danach der **Richter** entscheiden, Art. 104 Abs. 2 S. 1 GG, § 15 Abs. 1 S. 1 POG, § 428 Abs. 1 S. 2 FamFG. Geschieht das nicht, so hat der noch Festgehaltene die Möglichkeit, den Verwaltungsakt der Polizei nach § 428 Abs. 2 FamFG beim **Amtsgericht** anzufechten. Gegen die richterliche Entscheidung stehen *dem noch Festgehaltenen* die sofortige Beschwerde zu, § 429 FamFG, § 15 Abs. 2 S. 2 POG.

Wird die festgehaltene Person entlassen, ohne dass ein Richter über die Zulässigkeit und Fortdauer der Freiheitsentziehung entschieden hat, kann sie auch **nachträglich** noch die Rechtmäßigkeit des Festhaltens beim Amtsgericht[192] überprüfen lassen.

Fraglich ist aber, wie und inwieweit eine solche Überprüfung auch dann noch möglich ist, wenn ein **Richter** vor der Entlassung über die Zulässigkeit oder Fortdauer der Freiheitsentziehung **schon entschieden** hatte. Die früher herrschende Rechtsprechung[193] verneinte einen nachträglichen Rechtsschutz gegen die richterliche Entscheidung, weil das damals gültige Freiheitsentziehungsgesetz eine dem § 113 Abs. 1 S. 4 VwGO entsprechende Regelung nicht kannte; der verfassungsrechtlichen Forderung nach einer gerichtlichen Nachprüfung sei grundsätzlich Genüge getan, wenn einmal der Richter entschieden habe. Es ist aber wenig einleuchtend, warum eine rechtswidrige Freiheitsentziehung nur deswegen nicht überprüfbar sein soll, weil der Betroffene „rechtzeitig" vorher entlassen worden ist. Inzwischen ist die bisher herrschende Meinung durch die Änderung der Rechtsprechung des Bundesverfassungsgerichts überholt.[194] Danach darf die sofortige Beschwerde nicht allein deswegen als unzulässig verworfen werden, weil die Freiheitsentziehung beendet worden war, bevor die Beschwerde eingelegt oder beschieden wurde. Deshalb ist auch nach der Entlassung der Rechtsschutz gegen die richterliche Entscheidung über die Freiheitsentziehung einschließlich aller ihrer Begleitmaßnahmen (wie z. B. Durchsuchungen) nach den allgemeinen Regeln vor den **ordentlichen Gerichten** zulässig

---

191 Art. 20 Nr. 3 bay. PAG; § 11 Abs. 7 Nr. 3 sächs. PolG: 2 Wochen; § 22 Nr. 3 thür. PolG: 10 Tage.
192 BVerwG v. 23.6.1981 - 1 C 93.76, BVerwG NJW 1982, 536.
193 BGH v. 19.10.1989 - V ZB 13/89, NJW 1990, 1418; OVG Münster v. 3.11.1989 - 5 A 886/88, NJW 1990, 3224; v. 7.6.1978 - IV A 330/77, NJW 1980, 138; VGH Kassel v. 11.7.1983 - VIII OE 46/82, NJW 1984, 821.
194 BVerfG v. 27.5.1997 - 2 BvR 1992/92, NJW 1997, 2165.

(nicht etwa vor den Verwaltungsgerichten, denn es geht ja nicht um ihre Entscheidung); es sei denn die Polizei hat keinen Bestätigungsantrag gestellt.[195] Wie bei § 113 Abs. 1 S. 4 VwGO bedarf es auch beim nachträglichen Feststellungsantrag nach § 428 Abs. 2 FamFG eines besonderen Feststellungsinteresses, also der Darlegung, warum der Betroffene noch beschwert ist, obwohl sich die zu überprüfende Freiheitsentziehung durch die Entlassung erledigt hat. Dieses **Fortsetzungsfeststellungsinteresse** wird regelmäßig darin liegen, dass wegen der diskriminierenden Wirkung einer Festnahme ein **Rehabilitationsinteresse** (= Interesse an der Wiederherstellung des guten Rufs) besteht, den Umständen nach eine **Wiederholung** zu befürchten ist oder es sich um die Feststellung eines intensiven Eingriffs in ein spezifisches Grundrecht handelt.[196]

VI. Durchsuchungen und Betreten, §§ 18 ff. POG

1. Die Durchsuchungen von Personen, § 18 POG

a) Tatbestände

54 **Personendurchsuchung** ist das gezielte Nachschauen am äußerlichen menschlichen Körper, einschließlich seiner äußeren Öffnungen (Mund, Nase, Ohren) sowie in Kleidung und anderen Sachen, die am Körper getragen werden. Sie ist darauf gerichtet, Gegenstände aufzufinden, welche die Person in ihrer Kleidung, an ihrem Körper oder in Körperöffnungen mit sich führt.[197] Die schlichte körperliche Durchsuchung ist, da der Betroffene dazu am Ort verweilen muss, eine Freiheitsbeschränkung i. S. d. Art. 2 Abs. 2 S. 2, 104 Abs. 1 GG.

Die Personendurchsuchung ist – neben der zur **Identitätsfeststellung**, § 10 Abs. 2 S. 4 POG (z. B. zum Auffinden eines Ausweispapiers; eine weitergehende Durchsuchung muss auf § 18 Abs. 1 Nr. 4 bzw. 5 POG gestützt werden) – nach § 18 Abs. 1 POG alternativ möglich,

1. wenn die Voraussetzungen des **Festhaltens** (s. dazu oben Rn G 36) vorliegen, § 18 Abs. 1 Nr. 1 POG (z. B. nach gefährlichen Gegenständen bei der Gewahrsamnahme), und zwar ohne dass noch irgendwelche weiteren Gefahren vorliegen müssten. Diese Maßnahme dient dem Eigenschutz, dem Schutz Dritter sowie der Verhinderung einer Flucht oder Selbsttötung.
2. wenn Tatsachen (z. B. Beobachtungen, Zeugenaussagen, Erfahrungsgrundsätze, bloße Vermutungen reichen dagegen nicht) die Annahme rechtfertigen, dass die Person Sachen mit sich führt, die nach § 22 POG oder einer anderen präventiven Vorschrift (z. B. § 13 PassG) **sichergestellt** werden dürfen, § 18 Abs. 1 Nr. 2 POG (z. B. i. V. m. § 22 Nr. 2 POG beim Taschendieb, aber auch beim Ahnungslosen, dem der Taschendieb das Diebesgut in die Tasche gesteckt hat).
3. wenn die durchsuchte Person **hilflos** ist, § 18 Abs. 1 Nr. 3 (z. B. bei Tablettenmissbrauch, um für den Arzt festzustellen, welche Mittel die Person eingenommen hat; zum Auffinden eines Notausweises; um sie nach Hause zu bringen oder Angehörige zu informieren).

---

195 So BGH v. 5.8.1998 – 5 ARs (VS) 1/97, NJW 1998, 3653 (für § 127 Abs. 2 StPO); OVG Bremen v. 10.1.2012 – 1 S 327/11, NVwZ-RR 2012, 272; OLG München v. 9.8.2007 – 34 Wx 31/07, NVwZ-RR 2008, 247; OVG Lüneburg v. 21.11.2003 – 11 PA 345/03, NVwZ 2004, 760.
196 Für das Verwaltungsrecht BVerwG v. 17.10.1990 – 1 C 12.88, NJW 1991, 581.
197 Gusy Rn 252.

G. Die Eingriffsermächtigungen des POG

4. wenn sich die Person an einem **gefährlichen Ort** i. S. d. § 10 Abs. 1 S. 2 Nr. 1 POG aufhält, § 18 Abs. 1 Nr. 4 (z. B. bei einer Razzia an einem Umschlagplatz für illegale Drogen, vgl. Rn G 18) und die Durchsuchung der Person auch in entsprechender Beziehung zu den Tatsachen steht, die die Gefährlichkeit des Ortes begründen; dass die Person sich zufällig an diesem Ort befindet, genügt nicht.[198]
5. wenn sich die Person an einem **gefährdeten Objekt** i. S. d. § 10 Abs. 1 S. 2 Nr. 2 POG aufhält und Tatsachen die Annahme rechtfertigen, dass an Objekten dieser Art (also keine Anhaltspunkte für das konkrete Objekt notwendig) Straftaten begangen werden sollen, § 18 Abs. 1 Nr. 5 (z. B. rechtsradikale Skinheads, die nachts an einem Asylantenheim umherschleichen, wenn rechtsradikale Organisationen zu Anschlägen aufgerufen haben, vgl. Rn G 18)
6. wenn sich die Person an einer **Kontrollstelle** nach § 10 Abs. 1 S. 2 Nr. 3 POG aufhält, sofern nur so die dort genannten Straftaten ohne wesentliche Erschwernis verhindert werden können (insbesondere im Vorfeld von Großdemonstrationen, wenn mit Gewalt gerechnet wird, vgl. Rn G 18).

Nach § 18 Abs. 2 POG ist bei den dort genannten Maßnahmen auch ein Durchsuchen des Betroffenen oder von weiteren Fahrzeuginsassen nach Waffen (Schuss-, Hieb- und Stichwaffen, vgl. § 1 Abs. 2 Nr. 1 uns 2a) WaffG), anderen gefährlichen Werkzeugen (zwar als Waffe nicht geschaffene, aber objektiv dazu geeignete Gegenstände, vgl. § 1 Abs. 2b) WaffG) und Explosivmitteln (Stoffe, die durch eine nicht außergewöhnliche Beanspruchung eine plötzliche Druckwirkung erzeugen, vgl. § 1 Sprengstoffgesetz[199]) zur **Eigen- oder Fremdsicherung** zulässig. Es spielt dabei keine Rolle, nach welchen Vorschriften der Adressat in der Bewegung beschränkt, kontrolliert oder verbracht wird, so dass eine Kontrolle auch zulässig ist, wenn z. B. der Kraftfahrer zur Blutentnahme verbracht oder die Identität des Ausländers festgestellt werden soll.

b) Rechtsfolge

Ermächtigt wird im vollen Umfang der Norm die **Polizei**, die **allgemeinen Ordnungsbehörden** im Rahmen des § 18 Abs. 5 Abs. 2 Nr. 1–3, Abs. 2 Nr. 6 POG. Diese dürfen insoweit ziel- und zweckgerichtet am äußerlichen menschlichen Körper einschließlich seiner äußeren Öffnungen sowie in Kleidung und anderen Sachen, die am Körper getragen werden, suchen; hierzu kann die Person auch **angehalten** (s. Rn G 19) werden. Durchsuchung setzt voraus, dass der Fundort zum Zeitpunkt der Maßnahme noch nicht genau bekannt ist. Wenn also der Polizeibeamte sieht, dass der betreffende Gegenstand in die Hosentasche gesteckt wird, ist dessen Wiederherausnehmen keine Durchsuchung, sondern Sicherstellung. Im Rahmen des § 18 POG wird nach beweglichen Sachen oder Tieren (vgl. § 5 Abs. 1 S. 2 POG) gesucht, und zwar in der Kleidung, in am Körper getragenen Taschen (z. B. Brust-, Gürteltasche) sowie durch Abtasten des bekleideten Körpers. Darum deckt § 18 Abs. 1 und 2 POG jedenfalls das Betrachten von Körperteilen ab, die alleine durch bloßes Entkleiden, aber ohne jede weiteren Hilfsmittel (z. B. Hände, Instrumente) eingesehen werden können, einschließlich der Haare und ohne Weiteres zugänglicher Körperhöhlen (z. B. Achselhöhlen, Nase, Ohr, geöffneter Mund), nicht aber mehr das Nachschauen in muskelumschlossene Körperhöhlen wie in den geschlossenen Mund[200], das tiefere Eindringen in After oder Scheide oder das äußere Abtasten von Darm oder Ma-

---

[198] VGH München v. 8.3.2012 - 10 C 12.141, DÖV 2012, 816.
[199] BGBl. I 2002, S. 3518.
[200] A. A. OLG Celle v. 5.11.1996 - 3 Ss 140/96, NJW 1997, 2463, wonach das Suchen in der Mundhöhle nach versteckten Kokainkugeln nur Durchsuchung sein soll.

gen.[201] Derartige Maßnahmen bringen nämlich eine höhere Gefahr der körperlichen Verletzung des Betroffenen mit sich und sind darum körperliche Untersuchungen, die grundsätzlich nur von Ärzten unter den Voraussetzungen des § 18 Abs. 3 POG durchgeführt werden dürfen (s. dazu unten). Nicht unbedenklich ist daher die überwiegende Auffassung, zur Durchsuchung gehöre auch das Öffnen des absichtlich geschlossenen Mundes[202] sowie das Aufklaffen von After oder Scheide[203].

Objekt der körperlichen Durchsuchung können nur lebende Menschen sein; die Durchsuchung **Toter** richtet sich nach § 19 POG; ihre *Unter*suchung zur Identitätsfeststellung nach § 11a POG. Sonstige *Unter*suchungen sind nach dem POG nur im Rahmen des § 18 Abs. 3 zulässig (dazu gleich Rn G 57). Alles sind Maßnahmen eigener Art, keine unmittelbare Ausführung vertretbarer Handlungen i. S. d. § 6 POG (vgl. Rn G 13).

56 Bei der Durchsuchung ist besonders das Persönlichkeitsrecht zu beachten. Das kann es erfordern, den Betroffenen nicht vor Ort zu durchsuchen, sondern hierzu zur Dienststelle zu bringen.[204] Die Durchsuchung darf nur von Personen gleichen Geschlechts, bei Ärzten auch des anderen Geschlechts, vorgenommen werden, § 18 Abs. 4 POG, es sei denn es gibt kein milderes Mittel zur Abwehr einer Gefahr für Leib und Leben.

Beispiel: Zwei männliche Polizeibeamte wollen im Streifenwagen eine gewalttätige Frau zur Polizeiinspektion bringen. Um sicher zu gehen, dass sie nicht während der Fahrt ein Messer herauszieht und die Polizeibeamten angreift, wird ihr Körper nach Waffen durchsucht. – Hier ist es zweifelhaft, ob die Ausnahmevoraussetzungen des § 18 Abs. 4 POG vorliegen, denn als milderes Mittel käme hier eine Fesselung nach § 62 POG in Betracht.

Fehler der Durchsuchung machen diese zwar rechtswidrig, anders als aber in der StPO entsteht dadurch aber **kein Verwertungsverbot** hinsichtlich der gefundenen Gegenstände.[205]

2. Die Untersuchung von Personen

57 Während sich die Durchsuchung lediglich auf die Kleidung, die Körperoberfläche und die ohne Weiteres zugänglichen Körperhöhlen bezieht, geht die Untersuchung weiter und umfasst auch das Eindringen in den Körper über die Genitalien.[206] Die Polizei darf eine Person nach § 18 Abs. 3 POG nur zur Abwehr von Gefahren für Leib und Leben **körperlich untersuchen**, soweit die Untersuchung nicht aufgrund von Spezialgesetzen (z. B. § 11a POG, § 26 Infektionsschutzgesetz, §§ 81a, c StPO) vorgenommen wird. Die körperliche Untersuchung ist darauf gerichtet, den Zustand und die Beschaffenheit des Körpers sowie seiner Bestandteile für die Zwecke der Gefahrenabwehr durch einen **körperlichen Eingriff** festzustellen. Unter einem körperlichen Eingriff ist alles zu verstehen, was zu einer auch noch so geringfügigen Verletzung des Körpers führt oder führen kann. Untersuchungen ohne körperliche Eingriffe wie Augenscheinnahmen der Körperoberfläche zum Auffinden bestimmter

---

201 Nach VGH München v. 16.7.1998 - 24 ZB 98.850, NVwZ-RR 1999,310, ist schon die auf den Genitalbereich erstreckende Betrachtung des Körpers eine *Unter*suchung.
202 Z. B. OLG Celle v. 5.11.1996 - 3 Ss 140/96, NJW 1997, 2463, hält sogar das gewaltsame Verhindern des Schluckens für Durchsuchung.
203 VGH München v. 4.3.1998 - 8 UE 1136/96, NVwZ-RR 1999, 310.
204 VGH München v. 27.1.2012 - 10 B 08.2849, DÖV 2012, 816.
205 Habermehl Rn 606.
206 VGH München a. a. O.; Schenke Rn 150.

Körpermerkmale (z. B. Leberflecken oder Tätowierungen) oder Verletzungen (Kratz- und Injektionsspuren, Blutspritzer auf der Haut) fallen unter die Regeln der Durchsuchung von Personen, sofern es sich um Auffälligkeiten handelt, die sich offen bieten (s. o.). § 18 POG befugt hingegen nicht zu medizinischen Behandlungsmaßnahmen. Wichtig ist die körperliche Untersuchung zur Abwehr von Infektionsgefahren. Kommen Opfer oder im Rahmen ihres Einschreitens Polizeibeamte mit möglicherweise infektiösen Körperflüssigkeiten des Verursachers in Kontakt (z. B. durch Stichverletzungen, eine Spritze oder eine Bisswunde), kann die Entnahme einer Blutprobe und ihre Untersuchung Sicherheit über das Infektionsrisiko und mögliche Abwehrmaßnahmen geben. Körperliche Untersuchungen sind aber auch in anderen Fällen denkbar, z. B. bei einer konkreten Vergiftungsgefahr oder dem Verdacht bei einer in Gewahrsam genommenen Person, sie könne Rasierklingen in After oder Scheide für Angriffe oder Suizid versteckt haben.

§ 18 Abs. 3 S. 2, der § 81 a Abs. 1 S. 2 StPO entspricht, regelt, dass Entnahmen von Blutproben und andere körperliche Eingriffe nur von einem **Arzt** nach den Regeln der ärztlichen Kunst vorgenommen werden dürfen. Für alle anderen bei der Untersuchung anwesenden Personen gilt § 18 Abs. 4 POG (s. o.). Vor einem körperlichen Eingriff hat ein Arzt mit entsprechenden Fachkenntnissen festzustellen, dass kein Nachteil für die Gesundheit der Betroffenen zu befürchten ist. Außerdem bedarf es einer Entscheidung des Amtsrichters; bei Gefahr im Verzug kann die Anordnung durch die Behördenleitung oder einen von ihr besonders beauftragten Beamten des höheren Dienstes erfolgen.

Die Verwertung der durch die Untersuchung gewonnenen personenbezogenen Daten ist nur zu dem Zweck zulässig, für den sie erhoben worden sind, sowie zur Abwehr schwerwiegender Gesundheitsgefährdungen oder zur Verfolgung von Straftaten von erheblicher Bedeutung gemäß § 28 Abs. 3 POG. Damit soll ein vergleichbarer Maßstab wie bei der Erhebung dieser Daten angelegt werden. Damit können die Daten für Beweiszwecke in einem Strafverfahren wegen einer Straftat von erheblicher Bedeutung verwertet werden.

3. Die Durchsuchung von Sachen, § 19 POG

Sachdurchsuchung ist das gezielte Nachschauen in Sachen und Tieren (vgl. § 5 Abs. 1 S. 2 POG) an nicht ohne Weiteres einsehbaren Stellen, insbesondere in Behältnissen. Sie betrifft alle körperlichen Gegenstände, die der Betroffene nicht am Leibe trägt.[207]

58

a) Tatbestände

Außer zur **Identitätsfeststellung**, § 10 Abs. 2 S. 4 POG (z. B. um einen Ausweis in der Handtasche zu finden) ist die Sachdurchsuchung alternativ in folgenden 6 Fällen zulässig:
1. In Gegenständen oder Tieren, die von einer Person mitgeführt werden, gegen die im konkreten Augenblick eine **Personendurchsuchung** nach § 18 zulässig ist, ungeachtet der Tatsache, ob diese auch durchgeführt wird, § 19 Abs. 1 Nr. 1 POG
2. Wenn Tatsachen (z. B. Beobachtungen, Zeugenaussagen) die Annahme rechtfertigen, dass sich **in der Sache eine Person** befindet (§ 19 Abs. 1 Nr. 2), die

---
207 Gusy Rn 257.

a) in Gewahrsam genommen werden darf (z. B. ein entlaufener 12-jähriger versteckt sich in einem Müllcontainer)
b) widerrechtlich festgehalten wird (z. B. eine im Autokofferraum versteckte Geisel)
c) sonst wie hilflos ist (z. B. Durchsuchen eines leer stehenden Hauses nach verschwundenen Kindern)
3. Wenn Tatsachen die Annahme rechtfertigen, dass sich in der Sache (oder dem Tier) eine andere Sache (oder ein Tier) befindet, die nach § 22 POG oder einer anderen präventiven Vorschrift (z. B. § 13 PassG) **sichergestellt** werden darf, § 19 Abs. 1 Nr. 3 (z. B. i. V. m. § 22 Nr. 1 POG ein Fleischmesser in einer Einkaufstasche bei einer suizidgefährdeten Person; Durchsuchen eines Waldgeländes nach einem Depot für Wurfgeschosse)
4. Wenn sich die zu durchsuchende Sache an einem **gefährlichen Ort** i. S. d. § 10 Abs. 1 Nr. 1 POG befindet, § 19 Abs. 1 Nr. 4 (z. B. ein Koffer in einer Unterkunft für illegal eingereiste Bauarbeiter, vgl. Rn G 18; das Betreten der Unterkunft selbst richtet sich jedoch nach § 20 POG!); allerdings muss die Maßnahme gegen die Person in gewisser Beziehung dazu stehen, dass der Ort gefährlich ist; dass die Person sich zufällig an diesem Ort befindet, genügt nicht. [208]
5. Wenn sich die zu durchsuchende Sache an einem **gefährdeten Ort** i. S. d. § 10 Abs. 1 Nr. 2 POG befindet und Tatsachen (z. B. bereits erfolgte Anschläge) die Annahme rechtfertigen, dass an Objekten dieser Art (also keine Anhaltspunkte für das konkrete Objekt notwendig) Straftaten begangen werden sollen, § 19 Abs. 1 Nr. 5 (z. B. Durchsuchen der Tasche einer Person, die sich in ungewöhnlicher Weise nachts um die Wohnung eines Politikers bewegt, vgl. Rn G 18)
6. Bei Durchsuchen von **Fahrzeugen** jeder Art und der in ihnen enthaltenen Sachen **an Kontrollstellen** i. S. d. § 10 Abs. 1 S. 2 Nr. 3 POG (z. B. Durchsuchen von Kraftfahrzeugen auf dem Weg zu einer Großdemonstration nach Waffen, vgl. Rn G 18), und zwar nach anderen Dingen als nach Identifikationsmerkmalen, denn nach diesen darf schon nach § 10 Abs. 2 S. 4 POG in (an der Kontrollstelle mitgeführten) Fahrzeugen gesucht werden; allerdings muss der Zweck des Durchsuchens mit dem der Kontrollstelle übereinstimmen.[209]

b) Rechtsfolge

59 Die **Polizei** und im Umfang des § 19 Abs. 3 POG die **allgemeinen Ordnungsbehörden** dürfen **Sachen** durchsuchen, die (in Abgrenzung zu § 18 POG) nicht am Körper getragen werden; hierzu kann die Person auch **angehalten** (s. Rn G 19) werden. Sachen sind alle körperlichen Gegenstände (§ 90 BGB), und zwar bewegliche wie grundsätzlich auch unbewegliche (Grundstücke und ihre wesentlichen Bestandteile i. S. d. §§ 94 ff. BGB). Ausgenommen sind nur die Grundstücke, die Wohnzwecken dienen und darum von § 20 POG erfasst sind. Demnach richtet sich z. B. das Durchsuchen unbefriedeter Grundstücke oder eingezäunter Weiden nach § 19 POG. Auch **Tiere** (vgl. § 5 Abs. 1 S. 2 POG) können nach § 19 POG durchsucht werden (z. B. nach Gegenständen im Fell). Gleichgültig ist, wonach gesucht wird, ob nach beweglichen Sachen, Tieren, lebenden Personen oder Toten. Auch das Durchsuchen der Kleidung einer Leiche (nicht aber das Untersuchen der Leiche selbst, vgl. § 11a Abs. 1 S. 1 Nr. 1 POG) fällt unter § 19 POG. Zum Ermessen im Einzelnen vergleiche Kapitel F.

---

208 VGH München v. 8.3.2012 - 10 C 12.141, DÖV 2012, 816.
209 Habermehl Rn 614.

G. Die Eingriffsermächtigungen des POG

Die schlichte Sachdurchsuchung greift in das allgemeine Persönlichkeitsrecht nach Art. 2 Abs. 1 GG ein, im Durchsuchen eines während der Fahrt angehaltenen Fahrzeugs kann auch eine Freiheitsbeschränkung (Art. 2 Abs. 2 S. 2, 104 Abs. 2 GG) liegen. Insbesondere aber fällt der Eingriff zum Schutz des Eigentums, der in störendes Eigentum und der in Eigentum, das Medium der Störung ist, nicht unter den geschützten Kernbereich des Eigentumsschutzes und ist darum als Inhalts- und Schrankenbestimmung des Eigentums i. S. d. Art. 14 Abs. 1 S. 2 GG[210], nach a. A. im Rahmen der Sozialpflichtigkeit des Eigentums hinzunehmen (Art. 14 Abs. 2 GG)[211]. Soweit Eigentum des Nichtverantwortlichen eingeschränkt wird, ist das POG unter Berücksichtigung seiner §§ 68 ff. eine bloße Inhaltsbestimmung des Eigentums nach Art. 14 Abs. 1 S. 2 GG (z. B. wenn das Auffinden einer Sache oder einer Person die Durchsuchung seines Autos erforderlich macht, sie dort aber nicht gefunden wird). Aus diesem Grunde brauchte Art. 14 Abs. 3 GG auch nicht in § 8 POG zitiert zu werden.

60 Beim Verfahren (§ 19 Abs. 2 POG) ist zu beachten, dass der Inhaber der tatsächlichen Gewalt grundsätzlich das Recht hat, bei der Durchsuchung **anwesend** zu sein. Ist er abwesend (das muss auch gelten, wenn er aus anderen Gründen zum Überprüfen nicht in der Lage ist, z. B. bei Kindern, Betrunkenen usw.), muss grundsätzlich („soll") sein Vertreter (z. B. die Eltern, der Rechtsanwalt) oder ein anderer (dazu freiwillig bereiter!) Zeuge herangezogen werden. Werden diese Regeln nicht beachtet, obwohl deren Einhaltung möglich gewesen wäre, ist das Durchsuchen formell rechtswidrig. Die Durchsuchung in Abwesenheit von Gewaltinhabern ist eine Maßnahme eigener Art, mangels Umsetzung einer vertretbaren Handlung keine unmittelbare Ausführung i. S. d. § 6 POG (vgl. Rn G 13).

Wenn der Inhaber der tatsächlichen Gewalt das verlangt, ist ihm eine **Bescheinigung** darüber zu erteilen, dass und aus welchem Grund die Sache durchsucht worden ist[212]. Auf sein Anwesenheitsrecht und sein Recht auf eine Bescheinigung ist er richtigerweise hinzuweisen (§ 25 VwVfG / § 1 Abs. 1 LVwVfG)[213], was aber die Rechtmäßigkeit des Durchsuchens selbst nicht mehr beeinflusst. Aber auch andere Fehler führen nicht zu einem Verwertungsverbot hinsichtlich der gefundenen Sachen (s. o. Durchsuchen von Personen).

4. Betreten und Durchsuchung von Wohnungen, § 20 f. POG

a) Schutz aus Art. 13 GG

61 Die **Wohnung**, also der räumlich abgegrenzte private Intimbereich, ist nach Art. 13 GG besonders geschützt.[214] Nach Art. 13 Abs. 7 GG kann nur durch oder aufgrund einer förmlichen Gesetzesregelung eingegriffen werden, die sich typischerweise im Schutzbereich des Art. 13 GG bewegt und diesen ausdrücklich zitiert.[215] Eine Norm

---

210 BVerfG v. 17.11.1966 - 1 BvL 10/61, NJW 1967, 548; BVerwG v. 31.7.1998 - 1 B 229.97, NJW 1999, 231; BVerwG v. 24.6.1971 - I C 39.67, NJW 1971, 1475;.
211 Drews / Wacke / Vogel / Martens § 33, 3. a), S. 668; vgl. zur fehlenden Eigentumsgarantie polizeiwidriger Sachen.
212 Hierzu ließe sich § 21 Abs. 4 S. 2 POG analog heranziehen, nur ein Ergebnis braucht nicht benannt zu werden.
213 So auch Roos / Lenz § 19 Rn 17.
214 Würtenberger / Heckmann / Tannenberger § 5 Rn 203.
215 Solche Gesetze sind neben den §§ 20 f. POG z. B. § 29 Abs. 2 GewO, § 22 Abs. 2 GastG, §§ 12, 20 VersG; § 52 Abs. 2 BImSchG, § 47 Abs. 1 S. 3 + 4 KrWG, § 91 Abs. 2 LWasserG.

unterhalb des parlamentarischen Gesetzes reicht zum Betreten einer Wohnung nicht.[216]

Beispiel: Kommunale Vollzugsbeamte holen ein schulpflichtiges Kind ab, um es der Schule zuzuführen. Das Kind ist zu Hause, die Eltern wollen die Ordnungskräfte nicht hineinlassen. Grundsätzlich benötigen die Vollzugsbeamten nach § 9 LVwVG i. V. m. § 84 Nr. 3 LVwVG für das Durchsuchen (das bloße Betreten wird merkwürdigerweise nicht geregelt) der Wohnung entweder die Einwilligung des Wohnungsinhabers (in der Regel die Eltern) oder eine richterliche Anordnung (§ 9 Abs. 2 LVwVG); wenn allerdings damit der Zweck der Maßnahme gefährdet würde (bis der Richter erreicht ist, ist das Kind wohlmöglich schon woanders hin verbracht), ist das auch ohne eine solche Anordnung zulässig (§ 9 Abs. 2 S. 3 LVwVG).

Wohnung i. S. d. Art. 13 Abs. 1 GG ist jeder nicht allgemein zugängliche Raum, der zur Stätte des Aufenthalts oder des Wirkens von Menschen gemacht wird.[217] Schutzgut des Art. 13 Abs. 1 GG ist die räumliche Sphäre der Privatheit, es gewährleistet das Recht, in Ruhe gelassen zu werden. Der Begriff ist viel weiter als das, was man umgangssprachlich unter Wohnung versteht, nämlich nur die Räume, in denen man auch wohnt. Er wird in § 20 Abs. 1 S. 2 POG klarstellend präzisiert. Wohnung sind demnach zunächst einmal die **Wohnräume** im engeren Sinne (z. B. auch Hotelzimmer, Campingwagen, Wohnschiff; auch Obdachlosenheime, soweit ein abgrenzbarer privater Bereich verfügbar ist; sogar ein Krankenzimmer soll hierunter fallen können[218]) einschließlich der **Nebenräume** (z. B. Keller, Garagen, Dachboden, Speicher). Bereiche, die entweder nicht dazu bestimmt oder nicht dazu geeignet sind, dort das Privatleben ungestört zu entfalten, gehören nicht dazu (Fahrzeuge, die nicht zu Wohnzwecken benutzt werden[219], Unterkünfte mit Gemeinschaftsschlafräumen, z. B. für Obdachlose, Soldaten, Polizeibeamte, Haftträume in Justizvollzugsanstalten). Gleiches gilt, wenn die Eigenschaft als Wohnung endet; für leerstehende Räume gilt der Schutz des Art. 13 Abs. 1 GG, der gewährleistet, im elementaren Lebensraum das »Recht, in Ruhe gelassen zu werden, weder vom Wortlaut noch vom Sinn her.[220]

Beispiele: Eine allein lebende betagte Frau ist gestorben. Ordnungsbedienstete gehen in die Räume der Verstorbenen und stellen nach § 22 Nr. 2 POG Wertsachen zum Schutz des Erbes sicher. – Hier bedarf es zum Betreten der Räume nicht des § 20 POG. Diese waren zwar privater Lebensmittelpunkt der Verstorbenen. Nunmehr lebt dort keiner mehr. Damit haben die Räume ihr Schutzbedürfnis und damit den Charakter als „Wohnung" i. S. d. Art. 13 GG verloren. Es handelt sich nur noch um eine Sachdurchsuchung i. S. d. § 19 POG.

61a Zur Wohnung gehören weiterhin die nicht allgemein zugänglichen **Arbeits-, Betriebs- und Geschäftsräume** (z. B. Büros, Werkstätten, Betriebsgelände, Restaurantküche). Allerdings schützt Art. 13 GG die Wohnung nur in dem Umfang, in dem der Inhaber sie zu seiner Privatsphäre macht. Das ist bei Arbeits-, Geschäfts- und Betriebsräumen insoweit nicht der Fall, wenn und solange der Inhaber Ausstellungs-, Verkaufsräume oder andere Räume einem nicht mehr individualisierbaren Publikum öffnet (sog. Räume minderen Schutzes, z. B. Gaststätten, Theater, Muse-

---

216 Abfallsatzung ist keine Grundlage: BVerwG v. 29.12.1993 - 7 NB 4.93, NVwZ-RR 1994, 251; OVG Koblenz v. 8.3.1994 - 7 C 11302/93, NVwZ-RR 1994, 570.
217 BVerfG v. 13.10.1971 - 1 BvR 280/66, NJW 1971, 2299; OVG Koblenz v. 8.3.1994 - 7 C 11302/93, NVwZ-RR 1994, 570.
218 BGH v. 10.8.2005 - 1 StR 140/05, NJW 2005, 3295 zu § 100c StPO; wird man aber allenfalls auf Einzelzimmer anwenden können.
219 LG Stendal v. 12.4.1993 - 501 Qs 49/94, NStZ 1994, 556.
220 BayObLG v. 19.5.1999 - 3Z BR 38/99, NJW 1999, 3205; s. a. Rn G 70b.

G. Die Eingriffsermächtigungen des POG

en, Kaufhäuser,) und das Betreten der Räume nicht dem ausdrücklichen oder ansonsten erkennbaren Willen widerspricht. Folgerichtig dürfen nach § 20 Abs. 4 POG zur Gefahrenabwehr diese Räume betreten (nicht durchsucht) werden, solange sie der Öffentlichkeit zugänglich sind (also während der individuellen Öffnungszeiten) und solange sie im Anschluss daran den Anwesenden zum weiteren Aufenthalt zur Verfügung stehen (z. B. zur Verkaufsabwicklung nach Ladenschluss, zum Austrinken nach Beginn der Sperrzeit). Insoweit liegt nur ein Eingriff in **Art. 2 Abs. 1 GG** vor. Voraussetzung ist allerdings, dass keine räumliche Untrennbarkeit zu reinen Wohnräumen gegeben ist, z. B. bei besonderes kleinen Gewerberäumen innerhalb des eigenen Hauses oder der eigenen Wohnung), weil dann der höhere Schutz vorginge.[221] Da § 20 Abs. 4 POG lediglich den Wohnungsbegriff in § 20 Abs. 1 S. 2 POG einschränkt, gilt das Betretungsrecht insoweit auch für die allgemeinen Ordnungsbehörden, auch wenn § 20 Abs. 5 POG darauf nicht ausdrücklich verweist. Jedoch werden an die Schranken des Art. 2 Abs. 1 GG besondere Anforderungen gestellt. Im Einzelnen ist das Betreten öffentlich zugänglicher Betriebs- und Geschäftsräume aufgrund des § 20 POG dann mit dem Grundgesetz vereinbar, wenn es einem erlaubten Zweck dient und für dessen Erreichen erforderlich ist.[222] Für das Betreten öffentlich zugänglicher Räume bedarf es keiner dringenden Gefahr (vgl. Rn D 11) für die öffentliche Sicherheit oder Ordnung i. S. d. Art. 13 Abs. 7 GG.[223]

Der Wohnungsbegriff erstreckt sich auch auf das mit den Wohn- oder Berufsräumen zusammenhängende **befriedete Besitztum** (z. B. Vorgärten, Höfe). Befriedet ist ein Besitztum, wenn es rundherum in äußerlich erkennbarer Weise durch zusammenhängende Schutzwehren (z. B. Mauer, Zaun, Hecke) gegen das beliebige Betreten durch Unbefugte geschützt ist; die Schutzwehren müssen zwar deutlich erkennbar, nicht aber ununterbrochen oder unüberwindlich sein[224]. Wenn allerdings die Befriedung nicht im räumlichen Zusammenhang mit Wohnzwecken steht (z. B. Weidezäune), richtet sich der Eingriff nicht nach den §§ 20 f., sondern nach § 19 POG.

Inhaber der Wohnung ist grundsätzlich jede natürliche oder juristische Person, die die Wohnung tatsächlich als eigenen Lebens- oder Arbeitsbereich nutzt. Art. 13 Abs. 1 GG garantiert die Unverletzlichkeit der Wohnung. Jedermann hat grundsätzlich einen Anspruch darauf, in seiner räumlichen Privatsphäre von staatlichen Eingriffen in Ruhe gelassen zu werden.[225] Maßgeblich ist darum nicht, wem die Sache gehört, sondern wer das unmittelbare und berechtigte Nutzungsrecht hat. Das hat grundsätzlich zwar der Eigentümer, geht aber kraft Vertrages (z. B. Mieter, Pächter), Hoheitsakt (z. B. Zwangseingewiesener) oder tatsächlicher Übertragung (z. B. Besuch) über. Das gilt nur dann nicht, wenn die Person sie unter Verstoß gegen öffentlich-rechtliche (!) Vorschriften gegen den Willen des Verfügungsberechtigten nutzt. Deshalb ist der Hausbesetzer (Verstoß gegen § 123 StGB) nicht Wohnungsinhaber[226], wohl aber der Mieter, der trotz Kündigung in der Wohnung verbleibt („nur" Verstoß gegen § 556 BGB). Bei mehreren gleichberechtigten Nutzern (z. B. Eheleute, Wohngemeinschaft für die Gemeinschaftsräume) müssen grundsätzlich alle zustimmen; sofern sich nicht das Gegenteil aufdrängt, wird man aber die Berechtigten als

62

---

221 BVerwG v. 25.8.2004 - 6 C 26.03, NJW 2005, 454.
222 BVerfG v. 13.10.1971 - 1 BvR 280/66, NJW 1971, 2299; OVG Bremen v. 2.9.2003 - 1 A 445/02, NordÖR 2003, 457.
223 OVG Bremen a.a.O.; Götz / Geis § 8 Rn 56.
224 BGH v. 11.4.1997 - 1 BGs 88/97, NJW 1997, 2189.
225 BVerfG v. 16.7.1969 - 1 BvL 19/63, NJW 1969, 1707; v. 13.10.1971 - 1 BvR 280/66, NJW 1971, 2299; v. 3.4.1979 - 1 BvR 994/76, NJW 1979, 1539.
226 Anders Thiel Rn 493; näher zur Hausbesetzung Benighaus LKV 2009, 202.

grundsätzlich befugt ansehen können, auch in Vertretung des / der anderen zu entscheiden.

Der Inhaber der Wohnung kann sowohl selbst verantwortlich als auch Nichtverantwortlicher i. S. d. § 7 POG sein (z. B. man muss durch das Haus, um in das Nachbarhaus zu gelangen). Dann müssen zusätzlich die Voraussetzung des § 7 Abs. 1 POG geprüft werden.

Eingriffe und Beschränkungen sind im Falle **einer gemeinen Gefahr** (s. dazu Rn D 13) **oder einer Lebensgefahr** für einzelne Personen schon nach Art. 13 Abs. 7 GG unmittelbar zugelassen, ohne dass es dazu zusätzlich eines einfachen Gesetzes, z. B. der §§ 20 f. POG, bedürfte. Im Übrigen setzen derartige Eingriffe und Beschränkungen materiell voraus, dass eine **dringende Gefahr** (gleichbedeutend mit gegenwärtiger Gefahr, vgl. Rn D 11) für die öffentliche Sicherheit und (klarer:) Ordnung verhütet werden soll, und formell, dass es speziell für das Betreten einer Wohnung eine Ermächtigungsgrundlage in einem formellen (parlamentarischen) Gesetz gibt, das ausdrücklich die Einschränkung des Art. 13 GG für diesen Fall vorsieht (z. B. § 8 Nr. 6 POG). Nach Art. 13 Abs. 2 GG darf die Durchsuchung der Wohnung grundsätzlich nur ein Richter anordnen; ein formelles Gesetz darf aber bestimmen, dass bei Gefahr im Verzug andere hoheitliche Organe diese Anordnung treffen können, wobei dieses Gesetz die Form der Durchsuchung vorschreiben muss. Ein solches Gesetz i. S. d. Art. 13 Abs. 2 und 7 GG sind die §§ 20 und 21 sowie § 29 POG.

Beispiel: Ein psychisch Gestörter hat eine Frau in seine Wohnung verschleppt, um sie dort langsam durch Folter zu töten. Polizeibeamte dringen in die Wohnung ein, um die Frau zu retten. – Hier ergibt sich die Ermächtigung zum Betreten der Wohnung bereits aus Art. 13 Abs. 7 GG; § 20 Abs. 1 Nr. 3 S. 1 POG ist nur noch deklaratorisch. – Anders: Der Täter missbraucht ein Kind, ohne dass für dieses Lebensgefahr besteht. Ermächtigungsgrundlage für das Betreten der Wohnung wäre dann § 20 Abs. 1 Nr. 1 und Nr. 3 S. 1 POG.

b) Betreten der Wohnung, § 20 POG

63 **Betreten** ist das körperliche Hineingelangen in die Wohnung sowie das Verweilen und Beobachten darin.[227] Dabei ist es wegen des Schutzes der räumlichen Intimsphäre gleichgültig, ob ein Fuß hineingesetzt, hineingefahren, nur mit dem Arm hineingegriffen oder der Kopf hineingesteckt wird. Lässt der Inhaber den Polizeibeamten freiwillig hinein (kein Eingriff), fordert ihn später aber zum Verlassen auf, ist das weitere Verweilen Betreten. Erforderlich ist aber immer die körperliche Anwesenheit des Betretenden. Dagegen ist das Hineinsehen oder -horchen mit oder ohne Hilfsmittel alleine noch kein Betreten, sondern richtet sich nach § 29 POG (s. Rn G 92). § 29 POG gilt auch dann, wenn die Wohnung betreten wird, um dort technische Geräte zum Abhören, Beobachten usw. einzubauen (sog. „Lauschangriff").[228]

Durchsuchen ist das ziel- und zweckgerichtete Suchen nach Sachen, Tieren (vgl. § 5 Abs. 1 S. 2 POG) oder Personen an Stellen, die nicht durch einfache Augenscheinnahme beim Umhergehen einsehbar sind (sonst bloße Um- oder Nachschau), insbesondere in Behältnissen (z. B. Schränke, Kisten, Schubladen), oder zur Ermittlung eines Sachverhalts. Wie beim Betreten muss auch der Durchsuchende körperlich anwesend sein. Vom bloßen Beobachten unterscheidet sich das Durchsuchen, dass etwas aufgespürt werden soll, was nicht klar zutage liegt und der Inhaber der Woh-

---

227 Gusy Rn 260.
228 Der sog. große Lauschangriff dient der Gewinnung von Informationen über den Betroffenen, der kleine bezweckt den Schutz des eingesetzten Polizeibeamten, Pieroth / Schlink / Kniesel § 14 Rn 122.

nung von sich aus nicht herausgibt oder offen legt[229]. Das Durchsuchen ist gegenüber dem bloßen Betreten deshalb schwerwiegender, weil die Tatsache, dass man bei der Suche an vielen Stellen nachschauen muss, regelmäßig zu einem zeitlich und qualitativ viel intensiveren und intimeren Eingriff führt. Geht also der Polizeibeamte in die Wohnung und weiß, in welcher Schublade sich die Sache befindet, ist das Eintreten in die Wohnung und das Auffinden der Sache Betreten der Wohnung, weiß er es nicht, ist es deren Durchsuchen, selbst dann, wenn er die Sache zufällig auf Anhieb findet.

Voraussetzung des eigenmächtigen Betretens einer Wohnung kann im Hinblick auf Art. 13 Abs. 7 GG immer nur eine dringende Gefahr sein. § 20 Abs. 1 POG lässt alternativ das Betreten zu, wenn **64**
1. Tatsachen die Annahme rechtfertigen, dass sich in ihr eine **Person** befindet, die nach § 12 Abs. 3 POG vorgeführt oder nach § 14 POG in Gewahrsam genommen werden darf, § 20 Abs. 1 Nr. 1 POG (z. B. eine Person schließt sich in ihre Wohnung ein, um eine Vorführung zur Anfertigung erkennungsdienstlicher Unterlagen zu verhindern) oder
2. Tatsachen die Annahme rechtfertigen, dass sich in ihr eine Sache befindet, die nach § 22 Nr. 1 POG **sichergestellt** werden darf, § 20 Abs. 1 Nr. 2 POG (z. B. Kampfhunde im Zwinger bei verbotener Haltung; Entsiegelung von Kfz-Kennzeichen von in Garage oder Hof abgestellten Fahrzeugen) oder
3. das zur Abwehr einer gegenwärtigen Gefahr (vgl. hierzu Rn D 11) für **Leib, Leben** (vgl. hierzu Rn D 12) **oder Freiheit** einer Person oder **bedeutende Sach- und Vermögenswerte** (vgl. hierzu Rn G 33) erforderlich ist, § 20 Abs. 1 Nr. 3 S. 1 POG (z. B. ein Suizidgefährdeter macht Anstalten, aus dem Fenster im 4. Stock zu springen). Dabei muss die Gefahr nicht von der zu betretenden Wohnung ausgehen (z. B. Betreten eines Nachbarhauses, um von dort aus eine Person aus seinem brennenden Haus zu retten; Eindringen in eine leere Nachbarwohnung, um dort einen Zweitschlüssel zu holen, der zur Wohnung einer hilflosen Person passt). Soweit damit eine gemeine Gefahr (vgl. hierzu Rn D 13) oder eine individuelle Lebensgefahr abgewehrt wird, lässt sich das auch unmittelbar auf Art. 13 Abs. 7 GG stützen (z. B. durch eine unverschlossene Gasöffnung entströmt Gas, so dass das Haus zu explodieren droht).

Auch ohne Ermächtigungsgrundlage dürfen Polizei und Ordnungsbehörden Personen, Sachen und Wohnungen durchsuchen, wenn der Betroffene ausdrücklich oder mutmaßlich in die Durchsuchung **einwilligt**. Eine ausdrücklich erklärte Einwilligung ist wirksam, wenn vier Voraussetzungen erfüllt sind: **65**
1. Einwilligungsfähigkeit: Diese liegt vor, wenn der Berechtigte dazu in der Lage ist, die rechtlichen Folgen der Einwilligung zu erkennen. Davon kann bei Erwachsenen ausgegangen werden, sofern sie nicht z. B. wegen Krankheit, Rauschmitteleinfluss oder alkoholbedingt unfähig sind, verantwortlich zu handeln. Auch Jugendliche (14- bis 18-jährige Personen) sind einwilligungsfähig, wenn sie körperlich und geistig normal entwickelt sind. Kinder (Personen unter 14 Jahren) sind einwilligungsfähig, wenn sie aufgrund ihres Verhaltens die Tragweite ihrer Einwilligung in Rechtspositionen erkennen können. Die Geschäftsfähigkeit i. S. d. §§ 104 ff. BGB ist nicht maßgebend.[230]

---

229 BVerfG 3.4.1979 - 1 BvR 994/76, NJW 1979, 1539; BVerwG v. 6.9.1974 - I C 17.73, NJW 1975, 130; OVG Bremen v. 2.9.2003 - 1 A 445/02, NordÖR 2003, 457.
230 OLG Hamm v. 8.1.96 – 15 W 389/96, FamRZ 1998, 190.

2. Verfügungsberechtigung: Grundrechtsberechtigter Wohnungsinhaber kann jedermann sein. Auf die Eigentumsverhältnisse an den geschützten Räumen kommt es nicht an. Geschützt ist der unmittelbare, nicht der mittelbare Besitzer; bei vermieteten Wohnungen der Mieter, bei vermieteten Hotelzimmern die Hotelgäste. Ausgenommen sind solche Personen, die den unmittelbaren Besitz an der Wohnung durch Verletzung von strafrechtlichen oder anderen öffentlich-rechtlichen Vorschriften erlangt haben, insbesondere Hausbesetzer. Auch Minderjährige können sich auf Art. 13 Abs. 1 GG berufen; sofern sie aber bei den Eltern wohnen, ist ihre Rechtsstellung von der ihrer Eltern überlagert. Sind mehrere Personen gleichermaßen Inhaber der Wohnung (z. B. bei Eheleuten, bei Wohngemeinschaften soweit es die gemeinschaftlich genutzten Räumlichkeiten betrifft), ist im Zweifel jeder Einzelne zu Einwilligung berechtigt, es sei denn, es liegt ein ausdrücklicher Widerspruch vor, das Betreten ist dem oder den anderen nicht zumutbar oder das Wohnrecht wird missbraucht.
3. Erklärung der Einwilligung: Die Einwilligung kann ausdrücklich oder konkludent (stillschweigend) erteilt werden und bedarf keiner Form. Die Einwilligung erstreckt sich aber nicht schlechthin nur auf das Betreten (und gegebenenfalls Durchsuchen), sondern erfasst das Betreten zu einem bestimmten Zweck. Von einer Einwilligung kann man darum nicht sprechen, wenn der Einwilligende darüber getäuscht wird, warum der Wohnungsbereich betreten wird. Geben die Ordnungskräfte dazu keine irgendwie geartete Erklärung ab, liegt nicht alleine deshalb eine Täuschung vor, nur weil der Einwilligende von einem falschen Grund des Betretens ausgegangen ist. Haben die Ordnungskräfte aber ausdrücklich oder stillschweigend einen falschen Grund vorgetäuscht, liegt ja für das Betreten zu dem wahren Grund gerade keine Einwilligung vor.
4. Freiwilligkeit: Eine Einwilligung, die unter dem Druck einer Drohung oder Bedrohung erklärt wird, ist nicht rechtswirksam. Eine unerlaubte Beeinflussung ist jedoch (noch) nicht gegeben, wenn der Betroffene lediglich auf die rechtlichen Folgen einer Verweigerung hingewiesen wird.
5. Vorherige Einwilligung: Die Einwilligung muss bereits beim Beginn des Betretens vorgelegen und der Polizei- oder Ordnungsbedienstete muss das gewusst haben.

Wird die Einwilligung zurückgenommen und sind von diesem Zeitpunkt an die Voraussetzungen keiner das Betreten erlaubenden Ermächtigungsgrundlage erfüllt, müssen die Ordnungskräfte den Bereich der nach Art. 13 GG geschützten Wohnung unverzüglich verlassen. Tun sie das nicht, handeln sie nicht nur ohne die erforderliche Ermächtigungsgrundlage, sondern begehen außerdem noch Hausfriedensbruch i. S. d. § 123 StGB.

Auch ohne ausdrückliche Einwilligung sind die Bediensteten der Polizei und der Ordnungsbehörden zum Betreten oder Durchsuchen von Räumen dann befugt, wenn eine mutmaßliche Einwilligung angenommen werden kann. Das kann vor allem bei Räumen angenommen werden, die dem allgemeinen Publikumsverkehr oder Kunden zugänglich sind. Auf mutmaßliche Einwilligung kann das Betreten oder Durchsuchen dann aber nur gestützt werden, wenn unter Berücksichtigung aller Umstände, insbesondere der Verkehrsüblichkeit, davon ausgegangen werden darf, dass das Betreten oder Durchsuchen dem Willen des Rechtsinhabers entspricht. Das ist z. B. der Fall, wenn anlässlich einer Bombendrohung Ordnungskräfte das Kaufhaus betreten, um die Lage abzuklären. Da der Geschäftsinhaber das Kaufhaus für den allgemeinen Publikumsverkehr geöffnet hat, darf davon ausgegangen werden, dass die Einwilligung zum Betreten der Verkaufsräume mutmaßlich (konkludent)

G. Die Eingriffsermächtigungen des POG

erklärt ist. Das ändert sich aber sofort, wenn der Hausrechtsinhaber erkennen lässt, dass er mit der Anwesenheit von Ordnungskräften in den Geschäftsräumen nicht einverstanden ist.

Während der **Nachtzeit** dürfen Wohnungen, soweit sie nicht unter § 20 Abs. 4 fallen, nach § 20 Abs. 2 POG grundsätzlich nur in den Fällen des § 20 Abs. 1 Nr. 3 POG (**Abwehr einer gegenwärtigen Gefahr für Leib, Leben oder Freiheit einer Person oder für bedeutende Sach- und Vermögenswerte**[231]) betreten und durchsucht werden. Als Nachtzeit übernimmt das POG die überkommene Regelung des § 104 Abs. 3 StPO, wonach diese um 21.00 Uhr beginnt und im Winter (1. Oktober bis 31. März) um 6.00 Uhr, im Sommer (1. April bis 30. September) um 4.00 Uhr endet; sinnvoller wäre die Anpassung an § 4 LImSchG (ganzjährig 22.00 bis 6.00 Uhr). Hinsichtlich der Uhrzeiten ist in besonderem Maße der Grundsatz der Verhältnismäßigkeit zu beachten. Maßgebend ist nur der Beginn[232]; es ist also unschädlich, wenn die Maßnahme vor der Nachtzeit beginnt, aber in sie hineinreicht.

66

In den beiden anderen Fällen (§ 20 Abs. 1 Nr. 1 und 2) darf die Wohnung nach § 20 Abs. 3 POG nur betreten (nicht aber schon durchsucht) werden, wenn die Abwehr einer **dringenden Gefahr** nur dadurch ermöglicht wird. Unter einer dringenden Gefahr versteht das BVerfG[233] eine hinreichend hohe Wahrscheinlichkeit eines Schadens für ein **wichtiges Rechtsgut** der öffentlichen Sicherheit. Bei der Beurteilung der Gefahrenlage ist der Verhältnismäßigkeitsgrundsatz zu beachten.[234] Diese Regelung schafft in Rheinland-Pfalz eine für die Ordnungskräfte unhaltbare Situation bei nächtlichen Ruhestörungen. Denn leider hat sich der rheinland-pfälzische Gesetzgeber nicht zu einer Regelung entschließen können, wie andere Bundesländer sie haben[235], nach der auch nachts bei Wohnungsemissionen, die zu erheblichen Belästigungen der Nachbarschaft führen, nach der Geräuschquelle gesucht werden darf. Bei allem Respekt vor dem Schutz des Wohnbereichs, insbesondere auch nachts, ist das kaum nachvollziehbar[236]: Gerade dann, wenn Geräusche besonders stören, darf kein Polizeibeamter und kein kommunaler Vollzugsbeamter auch nur in den umzäunten oder umheckten Vorgarten des uneinsichtigen Störers, um die Störung zu unterbinden. Außer allenfalls einem Zwangs- und einem Bußgeld hat der nächtliche Störer von der Polizei und den allgemeinen Ordnungsbehörden nichts, aber auch gar nichts zu befürchten. Ein Störer, der das weiß, kann die Ordnungskräfte in aller Öffentlichkeit regelrecht vorführen.

Beispiel: N beschallt weit nach 22.00 Uhr die Nachbarschaft mit einer Party in seinem umzäunten Garten. Die Nachbarn beschweren sich, sie könnten nicht schlafen. N zeigt sich auch gegenüber den Ermahnungen der herbeigerufenen Ordnungsbediensteten uneinsichtig. – Der umzäunte Garten ist als befriedetes Besitztum bereits „**Wohnung**" i. S. d. § 20 Abs. 1 S. 2 POG

---

231 Vgl. hierzu Rn G 33.
232 Habermehl Rn 626.
233 BVerfG v. 3.3.2004 - 1 BvR 2378/98; 1 BvR 1084/99, NJW 2004, 999; BVerwG v. 6.9.1974 - I C 17.73, NJW 1975, 130; OVG Rheinland-Pfalz 29.1.2007 - VGH B 1/06, NVwZ-RR 2007, 721; VGH München v. 21.9.1990 - 21 CS 90.02051, NVwZ 1991,688; OLG Frankfurt/M. 21.2.2002 - 20 W 55/02, NVwZ 2002, 626.
234 BVerfG v. 13.2.1964 - 1 BvL 17/61; 1 BvR 494/60; 1 BvR 128/61, NJW 1964, 1067; BVerwG v. 6.9.1974 - I C 17.73, NJW 1975, 130.
235 Wie z. B. § 41 Abs. 1 Nr. 3, Abs. 2 nrw. PolG(§ 24 Nr. 13 nrw. OBG): „*Die Polizei kann eine Wohnung ohne Einwilligung des Inhabers betreten und durchsuchen, wenn ... 3. von der Wohnung Immissionen ausgehen, die nach Art, Ausmaß oder Dauer zu einer erheblichen Belästigung der Nachbarschaft führen*". Ebenso § 23 Abs. 1 Nr. 3, Abs. 2 brbg. PolG, § 36 Abs. 1 Nr. 2, Abs. 3 berl. ASOG, § 23 Abs. 2 Nr. 4, Abs. 4 nds. SOG, § 16 Abs. 2 Nr. 4, Abs. 2 hamb. SOG, § 21 Abs. 1 Nr. 4, Abs. 2 brem. PolG, § 25 Abs. 1 Nr. 4, Abs. 2 thür. PAG; anders jedoch leider die übrigen Bundesländer.
236 Ebenso Roos / Lenz § 20 Rn 23 a. E.

(vgl. oben Rn G 61). Ihn zu betreten oder gar nach Geräuschquellen zu durchsuchen wäre zwar grundsätzlich nach § 20 Abs. 1 Nr. 2 i. V. m. § 22 Nr. 1 POG möglich, allerdings nachts nur unter den Voraussetzungen des § 20 Abs. 2 POG. Hierzu fehlt es jedoch an einer „*gegenwärtigen Gefahr für Leib und Leben*" (vgl. hierzu Rn D 12). Auch dürfte die einmalige Ruhestörung selbst nachts noch **kein** so **wichtiges Rechtsgut** sein, dem ein in großem Ausmaß zu befürchtenden Schaden droht, um eine „dringende Gefahr" i. S. d. § 20 Abs. 3 POG zu begründen (vgl. Rn D 11), was als ultima ratio ein Betreten rechtfertigte. Ausgerechnet nachts kann der Ruhestörer also unbehelligt weiter dröhnen - und die Ordnungskräfte lächerlich machen.

67 Befugt ist grundsätzlich die **Polizei**, im Rahmen des § 20 Abs. 5 POG auch die **allgemeinen Ordnungsbehörden**. Adressat der Maßnahme ist der Inhaber der Wohnung. § 20 POG deckt auch den Fall ab, dass dieser beim Betreten der Wohnung abwesend ist. Wird dabei Gewalt angewendet, handelt es sich um unmittelbaren Zwang nach §§ 65 LVwVG, 57 ff. POG. Dagegen ist § 6 POG schon deswegen nicht anwendbar, weil es sich es sich nicht um die Ausführung einer vertretbaren Maßnahme handelt (vgl. Rn G 13, J 38). Zum Ermessen im Einzelnen vergleiche Kapitel F.

c) Besondere Verfahrensregeln für die Durchsuchung, § 21 POG

68 § 21 POG präzisiert im Wesentlichen die Vorgabe des Art. 13 Abs. 2 GG. Wegen der besonderen Intensität der Durchsuchung gelten für diese nach § 21 POG besondere Verfahrensvorschriften, die vorher (§ 21 Abs. 1), währenddessen (§ 21 Abs. 2 und 3) bzw. nachher (§ 21 Abs. 4 und 5) zu beachten sind. § 21 Abs. 1 POG wiederholt die Regelung des Art. 13 Abs. 2 GG, grundsätzlich **vorher** dazu eine Anordnung des **Amtsrichters** am Ort der Wohnung einzuholen.[237] Bei **Gefahr im Verzug** (vgl. dazu Rn D 9) darf darauf verzichtet werden, anders als z. B. bei § 15, § 29 Abs. 6 S. 4 oder § 31 Abs. 5 S. 6 POG ist die richterliche Entscheidung dann nicht einmal nachzuholen. Gefahr im Verzug ist als Ausnahmetatbestand, eng auszulegen[238] und bedarf an Arbeitstagen vor einer Entscheidung der Rückversicherung, dass das nach § 21 Abs. 1 S. 2 POG zuständige Amtsgericht ausnahmsweise nicht erreichbar ist[239], und damit die richterliche Anordnung also den Erfolg der Durchsuchung gefährden würde.[240] Dabei ist es egal, ob das alleine durch die Situation oder durch Unerreichbarkeit oder Handlungsunwilligkeit des Gerichts verursacht ist. § 21 Abs. 1 S. 1 POG entbindet aber lediglich von der Einhaltung des Richtervorbehalts, nicht aber von den übrigen Voraussetzungen des § 21 POG.[241] Daraus folgt die Notwendigkeit einer sorgfältigen Prüfung der Angemessenheit der Maßnahme unter Einbeziehung aller im konkreten Fall erheblichen Gesichtspunkte.

Umstritten war, ob auch noch **nach abgeschlossener Durchsuchung** gerichtlicher Rechtsschutz dagegen möglich ist. Das wurde früher ganz überwiegend verneint.[242] Davon ist das Bundesverfassungsgericht zu Recht abgerückt.[243] Eine Beschwerde

---

237 Zur Bedeutung des Richtervorbehalts s. BVerfG v. 12.2.2007 - 2 BvR 273/06, NJW 2007, 1345 und v. 28.9.2006 - 2 BvR 876/06, NJW 2007, 1444.
238 BVerfG v. 20.2.2001 - 2 BvR 1444/00, NJW 2001, 1121.
239 OVG Koblenz v. 28.1.2014 - 7 F 10040/14.OVG.
240 BVerfG v. 3.4.1979 - 1 BvR 994/76, NJW 1979, 1539; BGH v. 13.6.1978 - 1 BJs 93/77, NJW 1978, 1815; v. 6.4.1962 - 4 StR 32/62, NJW 1962, 1306.
241 OVG Koblenz v. 3.4.2013 - 7 F 10340/13.OVG und v. 28.1.2014 - 7 F 10040/14.OVG.
242 BVerfG v. 11.10.1978 - 2 BvR 1055/76, NJW 1979, 154; BGH v. 19.10.1989 - V ZB 13/89, NJW 1990, 1418; OVG Münster 25.2.1992 - 5 A 2200/90, NJW 1992, 2172.
243 BVerfG v. 30.4.1997 - 2 BvR 817/90, 2 BvR 1065/95, 2 BvR 802/95, 2 BvR 728/92, NJW 1997, 2163, ferner nicht veröffentlichte Beschlüsse vom 30.4.1997 -2 BvR 728/95 und 2 BvR1065/95) sowie v. 19.6.1997 - 2 BvR 941/91, NStZ-RR 1997, 330; für die Durchsuchung nach § 98 Abs. 2 S. 2 StPO BGH v. 5.8.1998 - 5 ARs (VS) 1/97, NJW 1998, 3653; OVG Koblenz v. 12.1.2007 - 3 B 11367/06.OVG, NVwZ-RR 2007, 318 und Urteil vom 7.7.2006- 3B10745/06.

G. Die Eingriffsermächtigungen des POG

dürfe nicht alleine deswegen als prozessual überholt und darum unzulässig verworfen werden, weil die richterliche Anordnung vollzogen worden sei und sich die Maßnahme deshalb erledigt habe. Auch wenn dies anders als bei der Gewahrsamnahme (vgl. Rn G 53) für die noch nicht abgeschlossene Durchsuchung nicht geregelt ist, muss die richterliche Entscheidung gerichtlich angreifbar sein. Eine solche **Überprüfbarkeit** erfordert die Rechtsschutzgarantie des Art. 19 Abs. 4 GG. Die richterliche Entscheidung ergeht regelmäßig ohne Wissen und Mitwirken des Wohnungsinhabers. Die Wohnungsdurchsuchung kommt für den Adressaten überraschend und er hat darum keine Möglichkeit, sich vor oder auch nur während der Durchsuchung dagegen bei einem Richter zu wehren. Ohne eine Möglichkeit der nachträglichen Überprüfung stünde er rechtsschutzlos, daher erfüllt der Richtervorbehalt hier nicht die Anforderungen eines vollwertigen Rechtsschutzes. Ihm fehlen unverzichtbare Elemente eines vollwertigen Rechtsschutzstandards wie rechtliches Gehör, Dialog, Waffengleichheit, Öffentlichkeit, Dispositionsmaxime und materielle Rechtskraft.[244]. Darum richtet sich das Rechtsmittel nach den allgemeinen Regeln, wobei die Frage keine Rolle spielt, ob die Maßnahme schon tatsächlich abgeschlossen ist. Also ist auch nach Abschluss der Durchsuchung noch die Beschwerde zulässig.

Während des Durchsuchens hat der Wohnungsinhaber das Recht, **anwesend** zu sein (§ 21 Abs. 2). Die Durchsuchung darf dann nicht so dezentral angelegt sein, dass der Inhaber (z. B. bei vielen, weit auseinanderliegenden Räumen) eine Kontrolle praktisch nicht mehr durchführen kann. Ist er abwesend, ist, wenn möglich, sein Vertreter (z. B. Rechtsanwalt, bestellter Pfleger) oder ein Angehöriger, Hausgenosse oder Nachbar heranzuziehen, sofern diese Person erwachsen und dazu bereit ist. Diese Regelung dient auch dem Schutz der Polizei vor späteren Anschuldigungen. Nirgends im Gesetz ist definiert, wer als „erwachsen" gilt. Unzweifelhaft gehören dazu Volljährige i. S. d. § 2 BGB, nicht aber Kinder (unter 14 Jahren); bei Jugendlichen (14 bis 17 Jahre) wird man wohl auf die Einsichtsfähigkeit abzustellen haben. Im Rahmen der Verhältnismäßigkeit wird man immer besonders darauf zu achten haben, dass das Heranziehen der jeweiligen Zeugen auch dem mutmaßlichen Willen des Wohnungsinhabers entspricht. Daran wird man zumindest bei Nachbarn nicht selten Zweifel haben müssen. **Unverzüglich** (§ 121 BGB: ohne schuldhaftes Zögern; also sobald es geht) ist dem Wohnungsinhaber oder seinem Vertreter (nicht aber den sonstigen Zeugen) der **Grund** der Durchsuchung **bekannt zu geben**, soweit dadurch der Durchsuchungszweck nicht gefährdet wird (§ 21 Abs. 3 POG; z. B. weil der Inhaber Gesuchtes heimlich beiseiteschaffen kann).

Anschließend ist grundsätzlich eine **Niederschrift** mit dem in § 21 Abs. 4 genannten Inhalt zu fertigen und dem Wohnungsinhaber oder seinem Vertreter (nicht anderen Zeugen) auszuhändigen, falls er das verlangt. Es genügt dagegen eine bloße schriftliche **Bestätigung** der Durchsuchung mit den in § 21 Abs. 5 genannten Angaben, wenn eine Niederschrift nach den besonderen Umständen des Falles nicht möglich ist (z. B. die Polizeibeamten müssen dringend zu einem anderen Einsatz) oder eine Niederschrift den Zweck der Durchsuchung gefährden würde (z. B. die Mitteilung über das negative Ergebnis in einer Niederschrift würde den Betroffenen in die Lage versetzen, die gesuchte Sache zu verstecken).

Beispiel: Die Polizei durchsucht die Wohnung des W, um Erkenntnisse über die Vorbereitung einer verbotenen Versammlung zu finden. Anschließend wird die Wohnung versiegelt. Da in der Niederschrift auch das Ergebnis der Durchsuchung angegeben werden muss, könnte daraus

---

244 Wolter DÖV 1997, 943.

der W erkennen, was die Polizei gefunden hat und inwieweit sie informiert ist. Danach könnten die Organisatoren der Versammlung ihr weiteres taktisches Vorgehen ausrichten.

VII. Sicherstellung, §§ 22 ff. POG

1. Begriff

70 Sicherstellung ist die hoheitliche **Begründung der tatsächlichen Gewalt** über eine Sache durch deren Inbesitznahme und unter Ausschluss anderen Gewahrsams.[245] Die Differenzierung zwischen Sicherstellung und **Beschlagnahme**[246] kennt das POG nicht. Ob zur Sicherstellung auch gehört, dass fremder Gewahrsam aufgehoben wird, wird unterschiedlich gesehen,[247] ist aber nicht sehr erheblich, da man für herrenlose oder Fundsachen keine Ermächtigungsgrundlage benötigt. Als **Sache** sichergestellt werden kann grundsätzlich jeder körperliche Gegenstand i. S. d. § 90 BGB[248]. Erfasst werden sowohl bewegliche als auch unbewegliche[249] Sachen, Wohnungen i. S. d. § 20 Abs. 1 S. 2 POG sowie **Tiere**[250] (vgl. § 5 Abs. 1 S. 2 POG). Ein besonderer Fall ist die präventive Gewinnabschöpfung durch die Polizei (s. dazu Rn B 13). Bargeld darf nur sichergestellt werden, wenn feststeht, dass der Betroffene weder Eigentümer noch rechtmäßiger Besitzer daran ist.[251] Sicherstellbare Sachen sind grundsätzlich keine bloßen Forderungen; ausgenommen ist das sog. Buchungsgeld, das zunächst als Bargeld sichergestellt und dann auf ein behördliches Konto zur Verwahrung eingezahlt wurde; dieses Geld bleibt auch nach der Einzahlung sichergestellt und muss nicht erst wieder in Bargeld zurückgewandelt werden.[252] Soweit allerdings vertreten wird, dass Vorschriften des POG neben denen der LBauO anwendbar sind[253], kann sich das nur auf nicht bauspezifische Gefahren beziehen, denn die Baubehörden sind Sonderordnungsbehörden i. S. d. § 88 Abs. 2 POG (s. dazu Rn B 17), andernfalls würde auch der Verweis auf das POG in § 59 Abs. 2 oder § 80 Abs. 2 S. 2 LBauO keinen Sinn machen.

Beispiel: Trotz einer vollziehbaren Baueinstellungsverfügung baut der Bauherr weiter. Es handelt sich um eine bauspezifische Gefahr. Hier kommen Versiegelung der Baustelle und Sicherstellung der Gerätschaften nach § 80 Abs. 2 LBauO in Betracht. – In eine Wohnung wurde eingebrochen. Der Bewohner ist weit entfernt in Urlaub. Die Gefahr ist nicht in der Baulichkeit be-

---

245 Thiel § 10 Rn 162; Schenke Rn 158; Götz / Geis § 9 Rn 58; Pieroth / Schlink / Kniesel § 19 Rn 1; Gusy Rn 284.
246 Beschlagnahme ist die Sicherstellung eines Gegenstandes durch einen staatlichen Hoheitsakt gegen den Willen des Besitzers und/oder des Eigentümers. Anders als z. B. §§ 32 f. b-w. PolG oder § 27 Abs. 3 S. 2 sächs. PolG, die zwischen Sicherstellung zum Schutz des Eigentümers vor Verlust oder Verschlechterung der Sache und die Beschlagnahme zum Schutz anderer vor der Sache unterscheiden, kennen die meisten Ordnungsgesetze den Begriff der Beschlagnahme nicht. Der Begriff Beschlagnahme findet sich allerdings in den §§ 94 ff. StPO und beschreibt dort die zwangsweise Sicherstellung.
247 Dafür Schenke Rn 158; Thiel § 10 Fn 232.
248 Auch Bargeld, VGH München v. 17.9.2915 – 10 CS 15.435 und 10 C 15.434; OVG Bremen v. 24.6.2014 - 1 A 255/12, NVwZ-RR 2015, 31; OVG Lüneburg v. 7.3.2013 - 11 LB 438/10, DVBl. 2013, 598; VGH München v. 6.2.2014 - 10 CS 14.47, NVwZ-RR 2014, 522 (nicht gegen Eigentümer oder berechtigtem Besitzer).
249 OVG Koblenz v. 12.9.2012 - 8 A 10236/12.OVG, NJW 2013, 184; Lisken/Denninger / Rachor E Rn 671; Drews / Wacke / Vogel / Martens S. 209; Roos / Lenz § 22 Rn 3.
250 OVG Koblenz v. 8.5.2015 - 7 B 10383/15.OVG; v. 30.10.2009 - 7 A 10723/09. OVG, AS 38, 114; v. 20.9.2005 - 12 B 11219/05.OVG (gefährlicher Hund).
251 VGH München v. 1.12.2011 - 10 B 11.480, NVwZ-RR 2012, 686; Söllner NJW 2009, 3339.
252 OVG Lüneburg v. 7.3.2013 – 11 LB 438/10, DVBl 2013, 598; OVG Münster 23.11.2010 - 5 A 2288/09, DÖV 2011, 205.
253 OVG Koblenz 12.9.2012 - 8 A 10236/12.OVG, NJW 2013, 184.

G. Die Eingriffsermächtigungen des POG

gründet, sondern allgemein. Hier könnte die Polizei nach § 22 Nr. 2 POG die gesamte Wohnung oder einzelne Gegenstände in ihr sicherstellen.

Die Sicherstellung geschieht dadurch, dass der Polizeibeamte oder Ordnungsbeamte die Sache an sich nimmt und verwahrt. Steht die Sache in diesem Moment in niemandes Gewahrsam (z. B. verlorene oder herrenlose Sachen, frei laufendes Tier), ist die Sicherstellung **Realakt**. [254] Gleiches gilt, wenn sie zwar in jemandes Gewahrsam steht, der Gewahrsamsinhaber aber nicht anwesend oder nicht ansprechbar ist. Andernfalls hat der bisherige Gewahrsamsinhaber die Sicherstellung zu **dulden**, weswegen es sich dann um einen **Verwaltungsakt** handelt. [255] Daraus kann sich zwar auch die Pflicht ergeben, den Zugang zu ermöglichen. Dass sich aber daraus weitergehend auch eine Pflicht zur aktiven Herausgabe der Sache ergeben soll und damit eine vertretbare Handlungspflicht begründet[256], findet im rein auf die Sache bezogenen Wortlaut der Vorschrift keine Stütze. Diese umstrittene Frage ist maßgeblich dafür, ob die Sicherstellung ohne Adressaten eine Maßnahme eigener Art oder eine unmittelbare Ausführung ist und ob sie gegen einen Adressaten im Wege der Ersatzvornahme i. S. d. § 63 LVwVG durchgesetzt werden kann.

Die Sicherstellung ohne Gewaltanwendung ist trotz gewisser Ähnlichkeiten **keine Vollstreckung**, da sie nicht zwingend der Willensbeugung dient. Die Mittel der Vollstreckung sind in den §§ 63 ff. LVwVG abschließend aufgezählt. Allerdings kann die Sicherstellung als Grundverfügung gegebenenfalls im Wege des unmittelbaren Zwangs nach § 65 LVwVG vollstreckt werden.[257]

Die Sicherstellung ist zum einen möglich nach **§ 22 Nr. 1 POG** zur Abwehr einer **gegenwärtigen Gefahr** für die öffentliche Sicherheit oder Ordnung (letzteres ergibt sich aus § 1 Abs. 1 S. 1 POG; zu den Begriffen s. Kap. C bzw. Rn D 8). Dabei ist es gleich, ob die Gefahr von der Sache selbst (z. B. gefüllter Benzinkanister in der Sonne, tollwütiger Hund; Waffen) oder erst durch ihren Gebrauch ausgeht (z. B. Sicherstellung des Fahrzeugs zum Verhindern einer Trunkenheitsfahrt, des Schlagwerkzeugs eines Fußballfans vor dem Spiel) oder einfach nur zur Gefahrenabwehr benötigt wird (z. B. Feuerlöscher, Wohnraum gegen Obdachlosigkeit). Dieser Tatbestand der Sicherstellung ist ähnlich wie § 10 Abs. 1 S. 1 und § 13 Abs. 1 S. 2 POG dem Grunde nach nur eine speziellere Regelung gegenüber § 9 Abs. 1 S. 1 POG, wäre also anders als andere Standardmaßnahmen nicht zwingend erforderlich (vgl. dazu Rn G 4), sondern dient lediglich der Konkretisierung. Sie werden daher alle grundsätzlich ähnlich geprüft. Folglich geht auch die Sicherstellung von Sachen (Tieren) beim Verantwortlichen i. S. d. §§ 4 ff. POG einer Sicherstellung von solchen des Nichtverantwortlichen i. S. d. § 7 POG vor.

Beispiel: Wenn Obdachlosigkeit dadurch entsteht, dass der bisherige Vermieter den Mieter unter Verstoß gegen die §§ 535 ff. BGB durch Nötigung aus der Wohnung entfernt hat, ist zur Beendigung der Obdachlosigkeit zuerst die Wohnung des nach § 4 Abs. 1 POG verantwortlichen Vermieters zu wählen, bevor ein unbeteiligter Dritter beansprucht wird. (s. a. Beispiel zu Rn E 1).

Soweit der Besitz der Sache nicht nur gefährlich, sondern auch verboten ist (z. B. Waffen bei öffentlichen Veranstaltungen oder Versammlungen, § 2 Abs. 3 VersG bzw. § 42 WaffG; Betäubungsmittel nach dem BTMG), richtet sich die Sicherstellung

---

254 OVG Münster v. 15.7.1999 - 23 B 334/99, NVwZ-RR 2000, 429; Drews / Wacke / Vogel / Martens S. 216 f.
255 VGH Kassel v. 19.5.2008 - 8 B 557/08, NVwZ 2008, 784; OVG Münster v. 21.1.1991 - 7 A 246/88, NVwZ-RR 1991, 556.
256 So VGH Kassel a.a.O.; OVG Münster a.a.O.; Thiel § 10 Rn 164; a. A. zu Recht Knemeyer Rn 251.
257 OVG Münster a.a.O.

regelmäßig (auch) nach den §§ 98 ff. oder §§ 111b ff. StPO, es sei denn, der Täter ist schuldunfähig (§§ 19 f. StGB). § 22 Nr. 1 hat auch dort große Bedeutung, wo Strafbarkeit noch nicht vorliegt, aber droht (z. B. beim Streit zweier Personen nimmt sich einer ein Fleischmesser), oder ohne Verstoß gegen repressive Vorschriften Gefahren drohen (z. B. durch ein entlaufenes Pferd).

70b Sichergestellt werden darf im Rahmen des § 1 Abs. 3 POG auch **zum Schutze der Eigentümer** oder sonst berechtigten Inhaber der tatsächlichen Gewalt (vgl. dazu Rn E 20) vor Verlust oder Beschädigung der Sache, respektive des Tieres (§ 22 Nr. 2 POG; z. B. die ehemalige Wohnung eines Verstorbenen [vgl. hierzu Rn G 61] wird durchsucht und Wertgegenstände gesichert, um Schaden oder Verlust für Erbschaftsgegenstände zu verhindern). Die konkrete Gefahr liegt hier meistens bereits in der Möglichkeit der Beschädigung oder des Verlustes, braucht aber nicht unbedingt vorzuliegen.[258] Voraussetzung ist aber, dass die Kosten und der Aufwand der Sicherstellung und ihrer Folgemaßnahmen noch in einem angemessenen Verhältnis zum Wert der Sache stehen. Da eine Maßnahme der Ordnungskräfte im Fall des § 22 Nr. 2 POG nur eine subsidiäre Hilfsmaßnahme ist, sind hier beim Sicherstellen von **Kraftfahrzeugen** die Anforderungen an die Ordnungskräfte höher, den Kfz-Halter ausfindig zu machen, damit dieser seine privaten Rechte selbst wahren kann.[259]

Eine Besonderheit des § 22 Nr. 2 POG ist die **vorläufige Nachlasssicherung** für den unbekannten Erben durch die allgemeinen Ordnungsbehörden. Für die Sicherung des Nachlasses hat grundsätzlich das Nachlassgericht Sorge zu tragen (§ 1960 BGB). Stellt das Nachlassgericht einen aktuellen Sicherungsbedarf fest, wird es umgehend einen Nachlasspfleger bestellen, insbesondere dann, wenn der Erbe unbekannt ist. Bis dahin können aber je nachdem wenige Tage vergehen, in denen die Notwendigkeit besteht, die Wertgegenstände aus der bisherigen Wohnung des Verstorbenen vor unberechtigtem Zugriff (z. B. Einbrecher, Schlüsselinhaber, nichtalleinberechtigte Erben) zu sichern. Zur vorläufigen Nachlasssicherung gehört ein Verzeichnis der sichergestellten Nachlassgegenstände zu erstellen, Wertgegenstände (z. B. Geld, Schmuck, Wertpapiere) zur Verwahrung mitzunehmen sowie Räume oder Behälter zu versiegeln, damit kein Unberechtigter Zugriff hat. Die allgemeine Ordnungsbehörde muss das Nachlassgericht (= Amtsgericht am letzten Wohnsitz des Verstorbenen, § 343 FamFG) von der Nachlasssicherung informieren, das dann über den weiteren Verbleib der sichergestellten Gegenstände entscheidet. § 22 Nr. 2 POG ist allerdings keine Ermächtigungsgrundlage zum Durchsuchen der Wohnräume. Die Voraussetzungen des § 20 POG sind aber nur dann erforderlich, wenn noch irgendjemand diese Räume als Wohnung benutzt. Die vorläufige Nachlasssicherung wird aber in vielen Fällen gerade darum notwendig sein, weil der Verstorbene der bisher letzte Bewohner der Räume war und diese nunmehr niemandem als Wohnung dient. Für leerstehende Räume gilt der Schutz des Art. 13 Abs. 1 GG, der gewährleistet, im elementaren Lebensraum das »Recht, in Ruhe gelassen zu werden«, weder vom Wortlaut noch vom Sinn her.[260] Die Durchsuchung von Räumen, die nicht mehr von Menschen bewohnt werden, richtet sich nach § 19 Abs. 1 Nr. 3 POG.

70c Schließlich können auch Sachen bei **festgehaltenen Personen** (s. dazu Rn G 36) sichergestellt werden, wenn die Sache objektiv dazu verwendet werden kann, sich oder andere zu töten oder zu verletzen, Sachen zu beschädigen oder die Flucht des

---

258 OVG Koblenz v. 20.9.1988 – 7 A 22/88.OVG, DVBl 1989, 1011.
259 VGH München v. 11.12.2013 – 10 B 12.2569, DÖV 2014, 893.
260 BayObLG v. 19.5.1999 – 3Z BR 38/99, NJW 1999, 3205.

G. Die Eingriffsermächtigungen des POG

Festgehaltenen zu fördern (**§ 22 Nr. 3 POG**; z. B. der in Gewahrsam Genommene führt Rasierklingen bei sich).

Da sich in den Fällen des § 22 Nr. 2 und 3 POG die Sicherstellung immer gegen einen Verantwortlichen richtet, greifen insoweit diese Maßnahmen bei Rechtmäßigkeit nicht in das nach Art. 14 Abs. 3 GG geschützte Eigentum ein, sondern müssen im Rahmen der Inhalts- und Schrankenbestimmung (Art. 14 Abs. 1 S. 2 GG), nach a. A. im Rahmen der Sozialpflichtigkeit (Art. 14 Abs. 2 GG) hingenommen werden[261]. Gleiches gilt im Ergebnis auch für § 22 Nr. 1 POG, soweit die Maßnahme gegen einen Verantwortlichen gerichtet ist. Wird ausnahmsweise die Sache eines Nichtverantwortlichen sichergestellt (z. B. die Polizei nimmt aus dem Schlüsselschrank des abwesenden Hausmeisters einen Zweitschlüssel, um in die Wohnung einer hilflosen Person einzudringen, und bewahrt den Schlüssel anschließend zur Rückgabe auf), ist § 22 POG eine Inhaltsbestimmung des Eigentums nach Art. 14 Abs. 1 S. 2 GG.[262]

Sichergestellte Sachen oder Tiere sind in **Verwahrung** zu nehmen, § 23 POG. Im Idealfall fällt der Grund der Sicherstellung irgendwann weg und das Sichergestellte ist nach § 25 Abs. 1 S. 1, 2 POG dem Berechtigten zurückzugeben. In den Fällen des § 24 Abs. 1 bis 3 POG wird es vorher verwertet, soweit möglich durch öffentliche Versteigerung; der Anspruch des Berechtigten auf die Sache bzw. das Tier wandelt sich in einen auf den Erlös. Während aber eine unbewegliche Sache sichergestellt werden darf (s. o.), gilt § 24 POG aber nicht für unbewegliche Sachen.[263] Ist eine Verwertung nicht möglich, insbesondere weil sie wieder zu einem gefährlichen Zustand führen würde, wird die Sache unbrauchbar gemacht oder vernichtet, § 24 Abs. 4 POG.

70d

Beispiel: Ist der freihändige Verkauf eines frisierten 50 ccm Motorrollers an eine zuverlässige Person nicht möglich, ist dessen Vernichtung rechtmäßig.[264]

Es handelt sich hierbei um allgemeine Regelungen, die nicht nur für das POG spezifisch sind. Darum können diese Vorschriften grundsätzlich auch für nach anderen Gesetzen sichergestellte Sachen angewendet werden (z. B. § 80 Abs. 2 S. 2 LBauO, § 16a Nr. 2 TierSchG), sofern nicht etwas spezieller geregelt ist und soweit die Vorschriften vom Sinn her passen; § 25 Abs. 3 S. 1 POG ist die Grundlage für die **Erstattung der Kosten** für das Sicherstellen, Verwahren, Unbrauchbarmachen oder Vernichten der Sache oder des Tieres. Die allgemeinen Ordnungsbehörden und die Polizei können ihre Personal- und Sachkosten, die im Zusammenhang mit einer Sicherstellung nach § 22 Nr. 2 POG entstehen, von der verantwortlichen Person erstattet verlangen. Die lfd. Nr. 14.3 der Anlage zum Besonderen Gebührenverzeichnis bietet hierfür eine wirksame Rechtsgrundlage, setzt aber eine rechtmäßige oder bestandskräftige Sicherstellung voraus.[265] Dabei können aber nur die nachgewiesenen kausal entstandenen Kosten erstattet verlangt werden (z. B. Auslagen, verbrauchtes Material), andere Kosten (z. B. pauschale Fahr- oder Personalkosten) nur, wenn sie als Gebührentatbestand definiert sind (siehe hierzu Rn J 41 zu der insoweit gleichen Situation bei der unmittelbaren Ausführung).

---

261 Drews / Wacke / Vogel / Martens § 33, 3. a), S. 668.
262 Vgl. zur fehlenden Eigentumsgarantie polizeiwidriger Sachen BVerfG v. 17.11.1966 - 1 BvL 10/61, NJW 1967, 548; BVerwG v. 31.7.1998 - 1 B 229.97, NJW 1999, 231; BVerwG v. 24.6.1971 - I C 39.67, NJW 1971, 1475; BGH v. 30.9.1970 - III ZR 148/67, NJW 1971, 133.
263 OVG Koblenz v. 12.9.2012 - 8 A 10236/12.OVG, NJW 2013, 184.
264 VG Mainz v. 15.5.2008 - 1 K 825/07.MZ.
265 OVG Koblenz v. 25.8.2005 - 12 A 10678/05.OVG, NVwZ-RR 2006, 252.

2. Sicherstellen von Personenaufnahmen

71 Dass die Polizei und die allgemeinen Ordnungsbehörden zum dienstlich veranlassten Anfertigungen von Bild- oder Tonaufnahmen eine besondere Ermächtigungsgrundlage benötigen, ist heute weitgehend anerkannt. Unklarer ist allerdings, inwieweit umgekehrt die Ordnungskräfte **Bild- und Tonaufnahmen** von Bürgern und deren Veröffentlichung hinnehmen müssen.[266] Ein besonderes Problem ist die Sicherstellung mit individuellen Personenaufnahmen oder sonstiger Speichermedien (keine Druckwerke i. S. d. § 3 Abs. 2 Nr. 1 LMedienG und daher sicherstellungsfähig![267]). Hierbei darf es sich aber nicht nur um reine Übersichtsaufnahmen handeln.

Beispiel: Während einer Demonstration kommt es zu Handgreiflichkeiten zwischen den Teilnehmern und der Polizei. Dabei werden die Polizeibeamten aus nächster Nähe fotografiert, was diese nicht hinnehmen wollen.

Für das *Anfertigen* von Bildern gibt es abgesehen von den §§ 184 ff., 201a StGB keine Beschränkungen, wohl aber nach §§ 22 f. KunstUrhG für deren *Veröffentlichung*. Dabei ist zu unterscheiden. Personen der Zeitgeschichte (vgl. § 23 Abs. 1 Nr. 1 KunstUrhG; das sind Personen, die absolut wegen ihres Bekanntheitsgrades oder relativ wegen eines aktuellen Geschehens im Interesse der Öffentlichkeit stehen) müssen zwar grundsätzlich hinnehmen, dass sie fotografiert und die Fotos auch veröffentlicht werden; allerdings auch für sie gilt in der engsten Privatsphäre der Schutz des Art. 2 Abs. 1 GG. Die Vorschriften über die Veröffentlichung fotografischer Abbildungen solcher Personen enthalten ein abgestuftes Schutzkonzept, das sowohl dem Schutzbedürfnis der abgebildeten Person wie den von den Medien wahrgenommenen Informationsinteressen der Allgemeinheit Rechnung trägt. Für die Gewichtung der Belange des Persönlichkeitsschutzes wird neben den Umständen der Gewinnung der Abbildung auch bedeutsam, in welcher Situation der Betroffene erfasst und wie er dargestellt wird. Befindet sich der Abgebildete nicht in einer durch räumliche Privatheit geprägten Situation, sondern in einem öffentlichen Bereich, in dem er aufgrund der Gesamtumstände (z. B. Gerichtsverfahren, öffentliche Veranstaltung) damit rechnen musste, dass er dort wahrgenommen wird, muss er auch mit einer Berichterstattung rechnen. In einer Situation, in der sich der Abgebildete auf privatem Gelände befindet, darf er die berechtigte Erwartung haben, nicht in den Medien abgebildet zu werden.[268]

Zweifelhaft ist, ob der individuelle Polizei- / Ordnungsbeamte alleine dadurch eine derartige (relative) Person der Zeitgeschichte wird, weil er bei einer spektakulären Aktion Einsatz leistet.[269] Doch selbst soweit man das bejaht, ist immer noch das Publikationsinteresse gegen das **Recht am eigenen Bild** abzuwägen; bei Portraitaufnahmen ist ein solches überwiegendes Publikationsinteresse regelmäßig zu verneinen.[270] Auch ohne Verdacht der Veröffentlichung kann das Fotografieren einer Person deren aus dem Art. 2 Abs. 1 GG abgeleitetes Recht am eigenen Bild verletzen, wobei allerdings die jeweiligen Umstände des Fertigens der Fotografien nicht unbe-

---

266 Hierzu Gusy Rn 318 ff.
267 OVG Koblenz v. 30.04.1997 - 11 A 11657/96, NVwZ-RR 1998, 237; VGH Mannheim v. 10.7.2000 - 1 S 2239/99, NVwZ 2001, 1292.
268 BVerfG v. 9.2.2017 - 1 BvR 2897/14, 1 BvR 790/15 und 1 BvR 967/15 (Fall Kachelmann); OLG Hamburg v. 14.4.1972 - 1 Ws 84/72, NJW 1972, 1290; OLG Celle v. 25.9.1978 - 2 Ss 157/78, NJW 1979, 57.
269 Ablehnend OLG Karlsruhe v. 2.10.1979 - 4 Ss 200/79, NJW 1980, 1701; VG Karlsruhe v. 11.1.1980 - III 22/79, NJW 1980, 1708; a. A. VG Köln v. 15.5.1987 - 20 K 168/86, NJW 1988, 367; Franke NJW 1981, 2033 ff.; Jarass JZ 1983, 280 ff.
270 OVG Koblenz v. 30.4.1997 - 11 A 11657/96, NVwZ-RR 1998, 237.

rücksichtigt bleiben dürfen.²⁷¹ Es bedarf allerdings tragfähiger Anhaltspunkte, dass derjenige, der Aufnahmen von Ordnungskräften fertigt, diese auch unter Verstoß gegen §§ 22, 33 KunstUrhG verbreiten wird (z. B. uneinsichtiges Verhalten des Fotografen, vorangehende diffamierende Kampagne).²⁷² Ohne entsprechende Anhaltspunkte darf man insbesondere bei Pressevertretern nicht davon ausgehen, dass sich die Zeitung rechtswidrig verhalten wird und die Bilder der Beamten unverpixelt wiedergibt.²⁷³ Das ist z. B. dann nicht ohne Weiteres zu unterstellen, wenn der Bürger nur deswegen fotografiert oder filmt, weil die Polizei von ihm selbst Aufnahmen fertigt.²⁷⁴ Insbesondere bei Pressefotografen darf Missbrauch nicht einfach unterstellt werden.²⁷⁵ Daher muss immer erst versucht werden, mit dem Pressefotografen zu kooperieren.²⁷⁶ Zumindest aber besteht in solchen Fällen ein Gefahrenverdacht, der den Polizeibeamten zur Nachfrage beim Fotografen und auch zum Überprüfen seiner Personalien berechtigt²⁷⁷. Formell ist bei der Sicherstellung von Filmen zweierlei zu beachten: Geht es um den Schutz des Rechts am eigenen Bild Dritter, sind grundsätzlich die allgemeinen Ordnungsbehörden (vgl. Rn B 18), die Polizei eventuell sekundär nach § 1 Abs. 8 POG zuständig, aber beide nur unter den Einschränkungen des § 1 Abs. 3 POG²⁷⁸. Werden die Ordnungs- oder Polizeibeamten sogar selbst fotografiert, haben die betroffenen Ordnungshüter als gestörter Hoheitsträger darüber hinaus für Abwehrmaßnahmen eine **Annexkompetenz** (vgl. dazu Rn B 14), sind also schon deswegen zuständig, weil ihre hoheitliche Aufgabenerfüllung beeinträchtigt ist. Über den Schutz dieser Aufgabenerfüllung hinaus gilt aber auch hier § 1 Abs. 3 POG; erlaubt sind nur vorläufige Maßnahmen, die es dem Fotografierten (auch wenn es ein Ordnungs- oder Polizeibeamter ist) ermöglichen, seine Rechte vor den Zivilgerichten klären zu lassen. Zum anderen ist der betroffene Ordnungshüter, der selbst fotografiert worden ist, für die Sicherstellung des Films i. S. d. § 20 Abs. 1 S. 2 VwVfG / § 1 Abs. 1 LVwVfG persönlich grundsätzlich **ausgeschlossen**. Nur wenn ein Kollege nicht rechtzeitig eingreifen kann, darf der Betroffene selbst sicherstellen, § 20 Abs. 3 VwVfG / § 1 Abs. 1 LVwVfG.

3. Sicherstellen von Fahrzeugen; Abschleppen und Umsetzen

Fahrzeuge im öffentlichen Verkehrsraum können im Bereich ihres Standorts an eine andere Stelle, wo sie keine Gefahr bilden, **umgesetzt** oder zu einem entfernteren Ort **abgeschleppt** werden. Das geschieht regelmäßig durch einen zivilrechtlich beauftragten Unternehmer, der öffentlich-rechtlich als Verwaltungshelfer (anders als der Beliehene) und zivilrechtlich als Erfüllungsgehilfe keinerlei Entscheidungsbefugnis hinsichtlich der Maßnahme selbst hat. Zwischen dem Berechtigten am Fahrzeug und dem Unternehmer entsteht keinerlei Rechtsverhältnis. Ein solches entsteht zwischen ihm und dem Verwaltungsträger, auf das bei Schäden und Abwicklungsproblemen die §§ 280 ff. BGB analog anzuwenden sind.²⁷⁹ Die Grundlagen für dieses

---
271 BGH v. 12.8.1975 - 1 StR 42/75, NJW 1975, 2075; VGH Mannheim v. 22.2.1995 - 1 S 3184/94, NVwZ-RR 1995, 527 (der allerdings offen lässt, bei welchen Voraussetzungen das gilt).
272 OVG Lüneburg v. 19.6.2013 – 11 LA 1/13, NVwZ 2013, 1498.
273 BVerwG v. 28.3.2012 - 6 C 12.11, NJW 2012, 2676.
274 BVerfG v. 24.7.2015 – 1 BvR 2501/13, NJW 2016, 1230.
275 OVG Koblenz v. 30.4.1997 - 11 A 11657/96, NVwZ-RR 1998, 237; VG Köln v. 15.5.1987 - 20 K 168/86, NJW 1988, 367.
276 BVerwG v. 28.3.2012 - 6 C 12.11, NJW 2012, 2676.
277 VG Frankfurt/M. v. 12.2.1981 - IV/1 E 414/80, NJW 1981, 2372.
278 VGH Mannheim a.a.O.
279 BGH v. 18.2.2014 – VI ZR 383/12, NJW 2014, 2577.

Beseitigen von Fahrzeugen sind nicht ganz übersichtlich.[280] Für alle Fälle gilt, dass die Verhältnismäßigkeit besonders beachtet werden muss. Grundsätzlich wird den Ordnungskräften nur wenig zugemutet, um mildere Wege als das Abschleppen oder Umsetzen zu finden.[281] Nur wenn man im Einzelfall aufgrund der konkreten Umstände sicher sein kann, dass der Fahrer die Störung in Kürze selbst beseitigen wird, kann ein Abschleppen unverhältnismäßig sein.[282] Keine notwendige Voraussetzung für eine Abschleppentscheidung ist es, ob im Einzelfall eine Behinderung anderer vorliegt, insbesondere ob noch freier Parkraum vorhanden ist.[283]

Die Fortbewegung eines Fahrzeugs von seinem Standort ist (nur) dann eine Sicherstellung, wenn gerade die **Inobhutnahme** das Ziel ist.[284] Das ist nach § 22 Nr. 1 der Fall, wenn das Fahrzeug zu dem Zweck sichergestellt wird, dass **damit keine Gefahr verursacht** wird (z. B. um ein nächtliches Rennen von Jugendlichen zu unterbinden[285]). Häufiger ist die Sicherstellung nach § 22 Nr. 2 POG, wenn die Sicherstellung dem wirklichen oder mutmaßlichen Willen, also dem objektiven Interesse des Berechtigten entspricht. Dazu genügt, dass für die Sache eine **Gefahr der** (weiteren) **Beschädigung oder des Verlustes** hinreichend wahrscheinlich ist. So werden z. B. Fahrzeuge sichergestellt, weil sie in einem akut hochwassergefährdeten Bereich stehen oder nicht abgeschlossen oder mit heruntergefahrenem Fenster geparkt wurden (letzteres gilt kurioserweise sogar für offene Kabrios). Dabei kommt es auf die für den handelnden Amtswalter erkennbare Sachlage im Zeitpunkt der Anordnung der Sicherstellung an. Ob der abwesende Betroffene tatsächlich ein Schutzinteresse hat, kann regelmäßig nicht rechtzeitig festgestellt werden und ist darum unbeachtlich. Auch müssen die Ordnungskräfte nicht prüfen, ob dieser Fahrzeugtyp besondere Schutzeinrichtungen hat, wie z. B. eine Wegfahrsperre, oder ob Wertgegenstände im Innenraum sind, da diese ja auch an versteckter Stelle sein könnten.[286]

72a Geht es aber eigentlich nicht um eine Inobhutnahme, sondern nur darum, dass das Fahrzeug **nicht (mehr) an diesem** derzeitigen **Ort** steht, wird es sich eher um eine Ersatzvornahme i. S. d. §§ 63, 61 Abs. 1 LVwVG oder eine unmittelbare Ausführung nach §§ 9, 6 POG handeln. Das gilt insbesondere im **Straßenverkehr** i. S. d. StVO (vgl. hierzu Rn J 23, 26). Dabei unterscheiden sich Ersatzvornahme und unmittelbare Ausführung darin, ob ein konkreter Verwaltungsakt oder „nur" eine gesetzliche Pflicht vollzogen wurde. Parkt das Fahrzeug entgegen eines Ge- oder Verbotszeichens der StVO (Verkehrsschild, Bodenmarkierung),[287] wird ein Verwaltungsakt im

---

280 Vgl. a. Vahle DVP 2006, 373 ff; sinnvoll wäre es, wie in § 22 Abs. 2 thür. OBG eine einheitliche Standardmaßnahme zu schaffen.
281 OVG Hamburg v. 22.2.2005 - 3 Bf 25/02, NJW 2005, 2247; das Hinterlassen einer Handynummer hinter der Windschutzscheibe kann z. B. unbeachtet gelassen werden, OVG Hamburg v. 14.8.2001 - 3 Bf 429/00, NJW 2001, 3647, jedenfalls dann, wenn es abgestellt ist, BVerwG v. 9.4.2014 - 3 C 5.13, NJW 2014, 2888.
282 OVG Hamburg v. 8.6.2011 - 5 Bf 124/08, NJW 2011, 3051.
283 BVerwG v. 6.7.1983 - 7 B 182.82, DVBl. 1983, 1066; v. 20.6.1969 - VII C 166.66, NJW 1969, 1684; OVG Hamburg v. 28.7.2009 - 3 Bf 126/06.Z, NVwZ-RR 2009, 995.
284 Thiel § 10 Rn 170.
285 OVG Koblenz 29.4.2004 - 12 B 10545/04.OVG: Rechtmäßigkeit der Sicherstellung eines Kraftfahrzeugs wegen der Gefahr des Führens eines solchen ohne gültige Fahrerlaubnis im öffentlichen Straßenverkehr.
286 OVG Bautzen v. 11.8.2015 – 3 A 224/14, NJW 2016, 181.
287 BVerwG v. 11.12.1996 - 11 C 15.95, NJW 1997,1021; OVG Koblenz v. 25.1.2005 - 7 A 11726/04.OVG, NVwZ-RR 2005, 577; OVG Koblenz v. 11.5.1999 - 7 A 12290/98.OVG, NJW 1999, 3573 OVG Münster v. 24.3.1998 - 5 A 183/96, NJW 1998, 2465; VGH Kassel v. 11.11.1997 - 11 UE 3450/95, NVwZ-RR 1999, 23; wobei den Autofahrer im ruhenden Verkehr höhere Sorgfalts- und Informationspflichten treffen als im fließenden Verkehr, OVG Münster v. 11.6.1997 - 5 A 4278/95, NJW 1998, 331.

G. Die Eingriffsermächtigungen des POG

Wege der **Ersatzvornahme** durchgesetzt (vgl. Rn J 4 ff.). Bei Verkehrszeichen nach der StVO besteht die Besonderheit, dass der Zugang (hier die visuelle Wahrnehmung) kein notwendiger Bestandteil der Bekanntgabe ist. Es genügt, dass nach § 44 StVO ein Verkehrszeichen eingerichtet und damit für den allgemeinen Straßenverkehr verbindlich wurde (sogenannte äußere Wirksamkeit) und dieses ein durchschnittlicher Verkehrsteilnehmer bei Einhalten der nach § 1 StVO erforderlichen Sorgfalt erfassen kann[288] (sogenannte innere Wirksamkeit; beim ruhenden Verkehr also praktisch immer). Unbeachtlich ist also, ob der Verkehrsteilnehmer das Verkehrszeichen wirklich wahrgenommen hat, solange er es hätte wahrnehmen können.[289] Im ruhenden Verkehr dürfte das nahezu immer vorliegen, da man ja ohnehin aus dem Auto aussteigt oder aussteigen kann.[290] Dabei ist sogar ein von einem privaten Unternehmer aufgestelltes Zeichen gültig, selbst wenn es fehlerhaft aufgestellt wurde[291] oder sogar rechtswidrig ist[292], vorausgesetzt es beruht zumindest dem Grunde nach auf einer verkehrsbehördlichen Anordnung oder Absprache.[293] Da auch derjenige, der im öffentlichen Verkehrsraum parkt, Verkehrsteilnehmer ist[294], gilt ein Verkehrszeichen möglicherweise selbst dann, wenn es erst *nach* dem Abstellen des Fahrzeugs errichtet worden ist[295]; denn zur Sorgfaltspflicht von Verkehrsteilnehmern gehört auch, sich alle zwei bis vier[296] Tage davon zu überzeugen, ob man an dieser Stelle noch parken darf, auch im Urlaub.[297] Liegt ein einfacher Verkehrsverstoß ohne Besonderheiten vor oder hat der Fahrer die Parkzeit überschritten, muss noch eine gewisse Zeit zugewartet werden, bevor das Fahrzeug entfernt wird; die Länge hängt von den Umständen ab, aber grundsätzlich erscheint es sinnvoll, sich an die in dem jeweiligen Bereich geltende abstrakte Höchstparkdauer zu orientieren.[298] War das Verkehrszeichen schon da, als das Fahrzeug geparkt wurde, reicht in der Regel ein Zuwarten von einer Viertelstunde; Soll die Stelle allerdings generell von unberechtigten Fahrern freigehalten werden, z. B. bei Behindertenparkplätzen[299], Taxiständen[300] oder in Fußgängerzonen[301], oder liegt eine Verkehrsbe-

---

288 H.M. BVerwG v. 11.12.1996 - 11 C 15.95, NJW 1997, 1021; VGH Kassel v. 5.3.1999 - 2 TZ 4591/98, NJW 1999, 1651; a. A. OVG Hamburg v. 14.7.1994 - Bf VII 14/94, DÖV 1995, 783.
289 BVerwG v. 11.12.1996 - 11 C 15.95, NJW 1997, 1021; VGH Kassel v. 31.3.1999 - 2 UE 2346/96, NJW 1999, 2057; OVG Münster v. 15.5.1990 - 5 A 1687/89, NJW 1990, 2835; OVG Hamburg v. 14.7.1994 - Bf VII 14/94, DÖV 1995, 783; VGH Mannheim v. 17.9.1990 - 1 S 2805/89, NJW 1991, 1698.
290 BVerwG v. 6.4.2016 - 3 C 10.15, NJW 2016, 2353.
291 OVG Münster v. 28.11.2000 - 5 A 4522/99, NJW 2001,1961.
292 OVG Hamburg v. 11.2.2002 - 3 Bf 237/00, NordÖR 2002, 469.
293 VGH Mannheim v. 16.12.2009 - 1 S 3263/08, DÖV 2010, 410.
294 BVerwG v. 11.12.1996 - 11 C 15.95, NJW 1997, 1021.
295 Parkverbotszeichen, die wegen bevorstehender Bauarbeiten aufgestellt werden, dienen auch dem Schutz des Bauunternehmers. Diesem erwachsen wegen der Bauverzögerung infolge der Abschleppmaßnahme Schadensersatzansprüche gegen den Parksünder, AG Waiblingen v. 14.12.2001 - 13 C 1266/01, NJW-RR 2002, 895.
296 OVG Münster v. 23.5.1995 - 5 A 2092/93, NVwZ-RR 1996, 59: 2 Tage; OVG Münster v. 13.9.2016 – 5 A 470/14; NVwZ-RR 1996, 59: 3 Tage; BVerwG v. 11.12.1996 - 11 C 15.95, NJW 1997, 1021; OVG Bautzen NJW 2009, 2551; VGH München BayVBl 2009,21; VG Neustadt / W. v. 27.1.2015 - 5 K 444/14.NW: 4 Tage
297 BVerwG v. 11.12.1996 - 11 C 15.95, NJW 1997,1021; OVG Hamburg v. 14.7.1994 - Bf VII 14/9, DÖV 1995, 783; VGH Kassel v. 20.8.1996 - 11 UE 284/96, NJW 1997, 1023. VG Neustadt v. 27.1.2015 - 5 K 444/14.NW; VG Berlin v. 5.12.2000 - VG 9 A 467.98.
298 So VG Hamburg, v. 2.2.2010 - 13 K 1186/07, NZV 2010, 535.
299 OVG Koblenz 25.1.2005 - 7 A 11726/04.OVG, NVwZ-RR 2005, 577 - 7 K 693/04.NW; VG Neustadt v. 13.9.2011 - 5 K 369/11.NW; OVG Hamburg v. 16.11.2011 - 5 Bf 292/10, DÖV 2012, 285.
300 BVerwG v. 9.4.2014 - 3 C 5.13, NJW 2014, 2888; OVG Hamburg v. 7.3.2006 - 3 Bf 392/05.
301 OVG Koblenz v. 25.1.2005 - 7 A 11726/04.OVG, NVwZ-RR 2005, 577; v. 2.2.1999 - 7 A 12148/98.OVG; VG Mainz, 28.6.2012 - 1 K 1673/11.MZ, NVwZ-RR 2012, 887.

hinderung vor[302], kann auch sofort abgeschleppt werden. Ob ein bloßer Verstoß gegen die StVO für sich genommen oder eine bloße Vorbildwirkung des fehlerhaften Verhaltens stets als hinreichende Rechtfertigung für ein Abschleppen ausreicht oder unverhältnismäßig ist, ist strittig.[303]

72b Verstößt der Verkehrsteilnehmer zwar nicht gegen ein Verkehrszeichen, wohl aber gegen normative Regelungen, insbesondere bei Verstößen gegen die §§ 12, 2 Abs. 1 StVO, ist das Beseitigen des Fahrzeuges **unmittelbare Ausführung**, z. B. bei Parken vor Ausfahrten, zu nah an Kreuzungen oder auf Bürgersteigen (vgl. Rn J 38 ff.). Das folgt nicht schon daraus, dass es an einem Grundverwaltungsakt fehlt, denn dann könnte es ja immer noch eine Ersatzvornahme im verkürzten Verfahren i. S. d. § 61 Abs. 2 LVwVG sein. Vielmehr ergibt sich das daraus, dass es an jemandem fehlt, gegen den man Zwang anwenden könnte. Wenn niemand vor Ort ist, den man sinnvoll und rechtmäßig zur Gefahrenabwehr heranziehen könnte, kann man auch keinen entgegenstehenden Willen überwinden. Aber genau das erfordert der Zwang (vgl. Rn J 1), zu dem ja auch die Ersatzvornahme zählt.[304] Es handelt sich hier also schon mangels eines geeigneten Adressaten um eine schlichte Maßnahme, einen Realakt.

72c Das Abschleppen kann aber auch eine **rechtswidrige Sondernutzung beenden**, z. B. wenn über den Winter ein abgemeldetes Fahrzeug auf öffentlichen Verkehrsflächen abgestellt wird, § 41 Abs. 8 LStrG. Der Beseitigungsgrund liegt im Wesentlichen darin, dass die Straße ohne die erforderliche Erlaubnis über den Gemeingebrauch hinaus (also als Sondernutzung) genutzt wird. Auf eine konkrete Behinderung oder Gefährdung kommt es nicht an. Liegen aber eine solche Behinderung und andere über den Rechtsverstoß hinausgehende Gefahren nicht vor und lässt sich die Behörde Zeit, das (z. B. entstempelte) Fahrzeug zu beseitigen, ist die Ermittlung des Halters grundsätzlich das mildere Mittel.[305]

Schließlich kommt eine Beseitigung eines Fahrzeugs als **Abfall** nach §§ 62, 3 Abs. 1 KrWG oder als gesetzlich fingierter Abfall nach § 62, § 20 Abs. 3 KrWG in Betracht. Voraussetzung für letzteres ist, dass das Fahrzeug

1. kein gültiges amtliches Kennzeichen hat und
2. es auf öffentlichen Verkehrsflächen oder im Außenbereich abgestellt ist und
3. es nicht erkennbar entwendet oder noch bestimmungsgemäß genutzt ist und
4. es nicht innerhalb eines Monats nach Anbringen einer deutlich sichtbaren Aufforderung am Fahrzeug entfernt worden ist.

Die in § 20 Abs. 3 KrWG vorgesehene, am Fahrzeug anzubringende Aufforderung, dieses binnen eines Monats aus dem öffentlichen Verkehrsraum zu entfernen, ist

---

302 OVG Münster v. 20.12.2012 - 5 A 2802/11: Verbleibende Gehwegbreite 10 cm mehr als Rollstuhlbreite (= 70 cm).
303 Verhältnismäßigkeit im Einzelfall prüfen: BVerwG v. 14.5.1992 - 3 C 3.90, NJW 1993, 870; OVG Hamburg v. 28.7.2009 - 3 Bf 126/06.Z, NVwZ-RR 2009, 995; v. 29.11.2000 - 3 Bf 275/99, NVwZ-RR 2001, 694 (Ls.); VG Hamburg v. 2.2.2010 - 13 K 1186/07, NZV 2010, 535 ; Halteverbot reicht aus: VG Berlin v. 18.8.2010 - 11 K 279.10; abgelaufener Parkschein reicht aus: VG Bremen v. 19.11.2009 - 5 K 1116/09; v. 14.7.2008 - 5 K 124/07; VG Aachen v. 10.5.2006 - 6 K 3362/04; abgelaufene Parkuhr reicht aus VG Meiningen v. 18.10.2000 - 2 K 416/99.Me; abgelaufene Parkscheibe reicht VG Neustadt v. 12.8.2008 - 5 K 408/08.NW; AG Konstanz v. 31.8.2006 - 4 C 465/06.
304 OVG Koblenz v. 11.5.1999 - 7 A 12290/98.OVG, NJW 1999,3573 (Parken vor Grundstückszufahrten); OVG Münster v. 9.6.2000 - 5 A 5135/99, NJW 2001, 172 (im 5m-Bereich); OVG Münster v. 26.9.1996 - 5 A 1746/94, DÖV 1997, 886 (im verkehrsberuhigten Bereich); VG Leipzig v. 17.2.1994 - 1 K 1945/93, LKV 1995, 165 (auf Gehweg mit Behinderung).
305 VG Düsseldorf v. 21.6.2016 – 14 K 6661/15 (hier Beseitigung nach 11 Tagen); v. 5. März 2014 - 14 K 6956/13.

keine Bekanntgabe eines vollstreckbaren Verwaltungsakts. Sie dient vielmehr lediglich zur Klarstellung der Abfalleigenschaft des Fahrzeugs und der Entsorgungs- oder Beseitigungspflicht des öffentlich-rechtlichen Entsorgungsträgers.[306] Der herangezogene Abschleppunternehmer ist in all diesen Fällen Verwaltungshelfer der anordnenden Behörde.[307]

4. Sicherstellen von Wohnungen

Ungewollte[308] **Obdachlosigkeit** ist eine Gefahr für die öffentliche Sicherheit[309] (Leib und Leben[310]) *und* Ordnung (Menschenwürde)[311]. „Obdachlos" ist, wer keine Unterkunft hat oder dessen Unterkunft keinen menschenwürdigen Schutz vor den Unbilden der Witterung bietet oder wenn die Benutzung der Unterkunft mit akuten gesundheitlichen Gefahren verbunden ist. Außerdem darf der Obdachlose nicht in der Lage sein, sich selbst zu helfen.[312] Dem begegnet die allgemeine Ordnungsbehörde dadurch, dass sie dem Obdachlosen eine Notunterkunft anbietet. Diese braucht nur ein vorübergehendes Unterkommen einfacher Art zu gewährleisten, also Raum für die notwendigsten Lebensbedürfnisse; die an eine Normalwohnung zu stellenden Anforderungen bezüglich Lage, Größe, Einrichtung und sonstiger Verhältnisse brauchen nicht erfüllt zu sein.[313] Meist geschieht das dadurch, dass die Ordnungsbehörde dem Obdachlosen eigene Unterkünfte oder selbst angemietete Räume zuweist. Ist das nicht möglich, kommt unter Einhaltung der Grundsätze der Verhältnismäßigkeit (§ 2 Abs. 1, 2 POG) eine Zuweisung von fremden Räumen in Betracht, soweit die bisherige Nutzung durch den Eigentümer nicht entgegensteht. Das bedarf einer entsprechenden Verfügung nach § 9 Abs. 1 S. 1 POG gegen den Wohnungseigentümer. Da hierbei das Grundrecht auf Unverletzlichkeit der Wohnung (Art. 13 GG) nicht eingeschränkt werden darf, kommt allein die Beschlagnahme von leer stehenden oder bisher von der unterzubringenden Person selbst gemieteten Räumen (Wiedereinweisung) infrage. Wohnt der Betroffene zwar noch dort, droht ihm aber nun die Zwangsräumung[314], durch die er obdachlos würde, wartet die Behörde natürlich nicht mit der Wiedereinweisung bis der Betreffende geräumt wurde, sondern weist

---

306 OVG Münster v. 12.11.2012 - 5 E 214/12.
307 BGH v. 26.1.2006 - I ZR 83/03, NJW 2006, 1804.
308 Nach heute ganz herrschender Meinung nicht die freiwillige; das bloße Herumtreiben nach "Art eines Land- oder Stadtstreichers" ist keine ordnungsrechtliche Gefahr, VGH Mannheim NJW 1984, 507; Würtenberger / Heckmann / Tanneberger § 5 Rn 333. Es ist auch keine Belästigung der Allgemeinheit i. S. d. § 118 OWiG.
309 OVG Greifswald v. 23.7.2009 - 3 M 92/09, NJW 2010, 1096, 1097; OVG Lüneburg v. 1.12.2015, 11 ME 230/15 Rn. 23, DVBl. 2016, 116, 117; OVG Lüneburg v. 14.12.2009 - 11 ME 316/09, Rn. 5, NJW 2010, 1094, 1095; VGH Mannheim v. 2.12.1996 - 1 S 1520/96, Rn. 23, NJW 1997, 2832, 2833; VG Oldenburg v. 5.9.2013 - 7 B 5845/13, Rn. 11 ff., NVwZ-RR 2014, 195.
310 Weiterhin können auch Art. 2 Abs. 1, 1 Abs. 1 (allgemeines Persönlichkeitsrecht), Art. 6 Abs. 1, 2 GG (Ehe und Familie) und Art. 6 Abs. 4 GG (Mutterschutz) durch die Obdachlosigkeit gefährdet sein.
311 VGH Mannheim v. 5.3.1996 - 1 S 470/96, NVwZ-RR 1996, 439; a. A. noch VGH Mannheim v. 29.4.1983 - 1 S 1/83, DVBl. 1983, 1070; Würtenberger / Heckmann / Tanneberger § 5 Rn 333; Erichsen / Biermann JurA 1998, 371 m. w. N., die diesen Aspekt allerdings unter die öffentliche Sicherheit fassen, was vertretbar ist, wenn man Art. 1 Abs. 1 GG zur Rechtsordnung zählt; jedenfalls rechtfertigt bei milden Temperaturen alleine der Schutz der Menschenwürde die Unterbringung einer gesunden Person (z. B. im Sommer).
312 VGH München v. 30.7.2012 - 4 CE 12.1576, v. 3.8.2012 - 4 CE 12.1509 und 21.9.2006 - 4 CE 06.2465.
313 Vgl. dazu im Einzelnen: VGH München v. 26.4.1993, BayVBl 1993, 569; VGH Kassel v. 25.6.1991, DVBl. 1991, 1371; VGH Mannheim v. 27.3.1991, DVBl. 1991, NVwZ -RR 1994, 394; OVG Lüneburg v. 27.3.1991, NVwZ 1992, 502.
314 Wodurch der Vermieter nicht zum Verantwortlichen nach § 4 Abs. 1 POG wird, vgl. Rn E 8.

schon kurz vor der Räumung wieder ein (sog. „unechte Wiedereinweisung"). Das kann sie erst einige Tage vor der Zwangsräumung tun, weil dann erst die Gefahr „gegenwärtig" i. S. d. § 7 Abs. 1 Nr. 1 POG ist.[315] Außerdem ist eine Einweisung gegen den Willen des Eigentümers grundsätzlich nur für wenige Monate verhältnismäßig.[316]

Eine andere Situation ist die Sicherstellung von Grundstücken oder Räumen, um dort Obdachlose unterzubringen, die noch gar nicht individualisierbar sind. Diese Notwendigkeit ergibt sich immer dann, wenn große Menschenströme nach Deutschland kommen, insbesondere 1989/90 nach der Öffnung der innerdeutschen Grenze und bei der durch den syrischen Bürgerkrieg ausgelösten Flüchtlingswelle 2016. Da es im POG dafür keine eigene Ermächtigungsgrundlage gibt[317], ist umstritten, ob es sich hierbei um eine Sicherstellung i. S. d. § 22 POG oder um eine allgemeine Maßnahme i. S. d. § 9 Abs. 1 S. 1 POG handelt, weil eine Sicherstellung nur vorliege, wenn die Gefahrenlage gerade in der Eigenschaft der sicherzustellenden Sache oder im Verhalten des Besitzers begründet ist.[318] Es spricht allerdings weder der Wortlaut insbesondere des § 22 Nr. 1 POG noch der Sinn, für den der Verwahrung vorausgehenden Akt eine Standardmaßnahme zu schaffen, gegen die Einordnung als Sicherstellung. Jedenfalls sind bei einer Inanspruchnahme von Grundstücken oder Wohnungen zur Einweisung von Obdachlosen wegen des damit verbundenen Eingriffs in das Eigentumsrecht des Hauseigentümers hohe Anforderungen zu stellen.[319] Eine solche Maßnahme kommt nur in Betracht, wenn die Notlage in allernächster Zeit bevorsteht und zur Abwendung der Obdachlosigkeit keine eigenen menschenwürdigen Unterkünfte zur Verfügung stehen und auf freiwilliger Basis auch andere nicht beschafft werden können.[320]

5. Sicherstellen von Druckwerken

74 Grundsätzlich unterliegen alle Sachen der möglichen Sicherstellung unter den oben genannten Voraussetzungen. **Ausgeschlossen** ist aber grundsätzlich die **präventive** Sicherstellung von **Druckwerken** i. S. d. § 3 Abs. 2 Nr. 1 LMedienG, soweit **ihr Inhalt** der Grund ist.[321] Das gilt übrigens auch für alle anderen Eingriffsmaßnahmen, die das Ziel haben, die Verbreitung des Inhalts eines solchen Druckwerkes zu verhindern, z. B. durch Platzverweis der Verteiler oder Maßnahmen nach § 41 Abs. 8 LStrG wegen angeblich unerlaubter Sondernutzung. Diese Einschränkung respektiert die besondere Bedeutung der Presse als eine für unser demokratisches und freiheitliches Gemeinwesen unverzichtbare „Vierte Gewalt". Als historisch gewachsenes Informations- und Kontrollwesen sollen die Aussagen in Presseorganen keinem staatlichen Zugriff unterliegen (sog. Medienfreiheit, § 4 LMedienG). Das korre-

---

315 OVG Lüneburg v. 14.12.2009 - 11 ME 316/09, NJW 2010, 1094.
316 VGH Mannheim NVwZ-RR 1991, 186; VGH München 14.8.1990 - 21 B 90.00335, NVwZ-RR 1991, 196: 2 Monate; VGH Mannheim v. 21.5.1990 - 1 S 873/90, NVwZ-RR 1990, 476; OVG Saarlouis v. 4.4.1990 – W 37/90: 8 Monate.
317 In § 26a brem. PolG und § 14a hamb. SOG gibt es eine spezifische Standardermächtigung für die Sicherstellung privater Grundstücke und Gebäude zur Bewältigung des Problems der Flüchtlingsunterbringung.
318 So OVG Lüneburg v. 1.12.2015 – 11 ME 230/15, NVwZ 2016, 164. A. A. Fischer NVwZ 2015, 1644 f.
319 VG Lüneburg v. 9.10.2015 – 5 B 98/15, ZMR 2015, 907 ff.
320 OVG Lüneburg a. a. O.
321 OVG Koblenz v. 4.12.1980 - 11 A 24/80, DÖV 1981, 801 v. 30.4.1997 - 11 A 11657/96, NVwZ-RR 1998, 237; VGH Mannheim 10.7.2000 - 1 S 2239/99, NVwZ 2001, 1292; OVG Frankfurt/O. 18.3.1997 - 4 B 4/97, NJW 1997, 1387.

G. Die Eingriffsermächtigungen des POG

spondiert auch mit der in Art. 5 Abs. 1 S. 2 und 3 GG normierten Pressefreiheit, insbesondere dem Verbot präventiver Zensur. Druckwerke nach § 3 Abs. 2 Nr. 1 LMedienG sind

a) alle mittels eines zur **Massenherstellung** geeigneten Vervielfältigungsverfahrens hergestellten und zur Verbreitung bestimmten Texte, auch Texte in verfilmter oder elektronisch aufgezeichneter Form, besprochene Tonträger, Notendrucke und andere grafische Musikaufzeichnungen, Landkarten, Ortspläne und Atlanten sowie bildliche Darstellungen, wenn sie mit einem erläuternden Text verbunden sind,
b) vervielfältigte Mitteilungen, mit denen Nachrichtenagenturen, Pressekorrespondenzen, Materndienste und ähnliche Unternehmungen die Presse mit Beiträgen in Wort, Bild oder ähnlicher Weise versorgen,
c) von presseredaktionellen Hilfsunternehmen gelieferte Mitteilungen ohne Rücksicht auf die technische Form, in der sie geliefert sind, mittels eines zur Massenherstellung geeigneten Vervielfältigungsverfahrens hergestellten und zur Verbreitung bestimmten Schriften, besprochenen Tonträger, bildlichen Darstellungen mit und ohne Schrift und Musikalien mit Text oder Erläuterungen.

Ausgenommen sind Druckwerke, die nicht zur Presse rechnen, insbesondere rein amtliche Bekanntmachungen, gewerbliche Druckwerke oder Familienanzeigen, § 1 Abs. 4 LMedienG. Für die übrigen Druckwerke gibt es in Rheinland-Pfalz keine spezielle präventive Ermächtigungsgrundlage. Einzige Ausnahme davon ist § 15 LMedienG, wonach während der Dauer einer Beschlagnahme aufgrund der StPO die Verbreitung des von ihr betroffenen Druckwerks und der Wiederabdruck des die Beschlagnahme veranlassenden Teils dieses Druckwerks verboten sind. Polizeibeamte können zwar **repressiv** ein bis zwei Belegexemplare nach den §§ 94 ff., 111b ff. StPO sicherstellen, soweit diese als Beweismittel in einem Strafverfahren in Betracht kommen. Das gilt aber nicht für den ganzen Stapel. Schriften i. S. d. § 74d StGB, deren vorsätzliche Verbreitung in Kenntnis ihres Inhalts also den Tatbestand eines Strafgesetzes verwirklichen würde, können grundsätzlich nur mit einer (nicht formgebundenen) strafrichterlichen Anordnung eingezogen werden, § 74d StPO, § 111q StPO; bei nicht periodischen Druckwerken (vgl. § 3 Abs. 1 Nr. 2 LMedienG) reicht im Eilfall auch die des Staatsanwalts aus, § 111q Abs. 4 StPO.

Im Gegensatz zu anderen Bundesländern kennt Rheinland-Pfalz auch keine vorläufige Sicherstellung von Druckwerken. Nicht einmal ein Verteilungsverbot eines Druckwerks wegen seines Inhalts soll danach zulässig sein. Allerdings wird dieser herrschenden Meinung nur mit der Einschränkung zuzustimmen sein, dass eine Sicherstellung als ultima ratio in Ausnahmefällen doch zulässig ist, wenn im konkreten Fall höherwertige Schutzgüter der Verfassung (insbesondere der Bestand des Staates, Leib und Leben) ansonsten erheblich gefährdet wären.

Beispiele: Sollen Druckwerke wirklich unantastbar sein, z. B. beim Aufruf zu Judenpogromen, bei Anleitungen zum Bau allgemeingefährlicher Waffen oder Sprengstoffe, beim Verbreiten von erzwungenen Nacktbildern, bei der Verbreitung wichtiger militärischer Geheimnisse?

Der Schutz der Presse endet an den verfassungsimmanenten Schranken des Art. 5 Abs. 1 S. 2 und S. 3 GG. Auch § 4 Abs. 3 LMedienG geht davon aus, dass die Beschränkungen des Grundgesetzes gelten.

Beispiel: Vor einer Grundschule verteilt ein Pädophiler Kinderpornos (Straftat nach den §§ 184 ff. StGB). – Verteilt er sie kostenlos, entfiele der Schutz dieser Druckwerke nicht nach § 1 Abs. 4 Nr. 2 LMedienG (Ausschluss des LMedienG für rein gewerbliche Druckwerke). Hier hätte nach dem Gesetzeswortlaut der Polizeibeamte im Eilfall nur die Möglichkeit, nach den §§ 94, 111b f. StPO ein oder zwei Beweisexemplare mitzunehmen. Für den gesamten Posten benötigt er nach § 111q StPO den Richter, mindestens aber den Staatsanwalt (da es kein periodisch erscheinendes Druckwerk ist). Auch wenn deren Anordnung per Telefon erfolgen kann, kann das zur Gefahrenabwehr zu spät sein. Andererseits endet der Grundrechtsschutz der Freiheit der Presse an höherwertigen Schutzgütern, hier der massiven Gefährdung des Jugendwohls. Daher sind hier die verfassungsimmanenten Schranken der Pressefreiheit erreicht. In solchen Fällen muss eine vorläufige Sicherstellung, mindestens aber ein Verteilungsverbot doch möglich sein.

Das OVG Koblenz hat ein Verteilungsverbot politischer Flugblätter bei einer Versammlung für zulässig gehalten, um ein Versammlungsverbot zu vermeiden.[322] Das ist deshalb zweifelhaft, weil das voraussetzen würde, dass die Versammlungsfreiheit wichtiger als die Pressefreiheit wäre. Der Eingriff in die Pressefreiheit ist aber gegenüber einem Eingriff in die Versammlungsfreiheit wohl kein milderes Mittel. Nicht mit dem Verteilungsverbot ist zu verwechseln, dass der Straßenverkauf von Zeitungen von einer Sondernutzungserlaubnis abhängig gemacht werden darf, wenn diese eine bloße gefahrenrechtliche Vorkontrolle ist und bei Fehlen von Gefahren für höherwertige Schutzgüter ein Rechtsanspruch auf das Verteilen besteht.[323]

Unstreitig zulässig ist dagegen eine Sicherstellung von Presseerzeugnissen, wenn es nicht um deren Inhalt geht.[324]

Beispiel: Nach einem Verkehrsunfall des Auslieferungsfahrzeuges liegen die Zeitungspakete verstreut herum, die Polizei sichert sie vor Beschädigung und Verlust. – Kinder sammeln Zeitungen und wollen damit ein Feuer entzünden. – Das Auslieferungsfahrzeug ist völlig überladen und ist damit eine Gefahr für den Straßenverkehr).

VIII. Umgang mit personenbezogenen Daten, §§ 26 ff. POG

1. Allgemeines

75 Nach **Art. 4a Landesverfassung** Rheinland-Pfalz hat jeder Mensch das Recht über die Erhebung und weitere Verarbeitung seiner personenbezogenen Daten selbst zu bestimmten. **Art. 50** der 2004 unterzeichneten **EU-Verfassung** besagt: *Jeder hat das Recht auf Schutz der ihn betreffenden personenbezogenen Daten.* Das bedeutet das Recht auf Auskunft über ihn betreffende Daten und auf Einsicht in amtliche Unterlagen, soweit sie solche Daten enthalten. Diese Rechte dürfen nur durch oder aufgrund eines Gesetzes eingeschränkt werden, soweit überwiegende Interessen der Allgemeinheit es erfordern. Derartige Einschränkungen finden sich im Bundesdatenschutzgesetz (BDatSchG),[325] Landesdatenschutzgesetz (LDatSchG), in § 2a ff. LPAuswG, § 22 PassG, § 86 AufenthG, §§ 67 ff. SGB X, § 36 Abs. 8 StVG usw. Im POG stehen diese Regelungen in den §§ 9a bis 12 und 26 ff. POG. Die §§ 26 ff. POG gelten ausschließlich für **personenbezogene Daten**. Das sind Einzelangaben über persönliche und sachliche Verhältnisse bestimmter oder bestimmbarer Personen, § 3 Abs. 1 LDatSchG (insbesondere Namen, Familienstand, Geburtstag und -ort, Beruf, körperliche Merkmale, Religion, Staatsangehörigkeit, Verdienst, Vorstrafen, Krankheiten, Schulden, bisherige Vorfälle usw.). Es genügt, dass sie geeignet sind, Hinweise auf diese Verhältnisse zu geben. Das muss nicht direkt aus den Daten selbst folgen, es reicht, dass man durch die Daten die betroffene Person identifizieren kann, wenn auch über Umwege. Auch dynamische IP-Adressen sind

---

322 OVG Koblenz Beschluss vom 22.11.96, - 7 B 13171/96.
323 Das lässt BVerfG v. 12.4.2007 - 1 BvR 78/02, NVwZ 2007, 1306, ausdrücklich zu.
324 BVerwG v. 28.3.2012 – 6 C 12.11, NJW 2012, 2676.
325 Dieses gilt anders als das LDatSchG auch für nichtöffentliche Stellen.

G. Die Eingriffsermächtigungen des POG

darum in Deutschland personenbezogene Daten, wenn z. B. der Betreiber der Webseite die rechtliche Möglichkeit hat, den konkreten Nutzer ausfindig zu machen.[326] Daten, die rein sachbezogen und in ohne weitere Zusätze keinen Zusammenhang mit bestimmten oder bestimmbaren Personen zu bringen sind, können auch keine Rechte von Personen berühren und fallen darum nicht unter diese Regelungen.

Beispiel: Die bloße Abfrage einer Polizeistreife, ob ein bestimmtes aufgefundenes Fahrzeug als gestohlen gemeldet ist, hat noch keinen Bezug zu bestimmten oder bestimmbaren Personen, ist also eine rein sachbezogene Datenerhebung. Personenbezogen ist jedoch die Halterabfrage.

Nach Art. 2 Abs. 1 i. V. m. Art. 1 GG bestimmt jeder Mensch grundsätzlich selbst, ob und was er welchen Personen über sich mitteilen oder verheimlichen will. Dieses Grundrecht auf **informationelle Selbstbestimmung** ist Teil des Persönlichkeitsrechts und steht wie andere Grundrechte grundsätzlich nur natürlichen Personen zu, gilt aber auch für juristische Personen, soweit es vom Wesen her auf diese anwendbar ist.[327] Mit diesem Recht korrespondiert die Pflicht derer, die für öffentlich-rechtliche Stellen (§ 2 LDatSchG) personenbezogene Daten für diese selbst verarbeiten oder das durch andere im Auftrag vornehmen lassen (§ 3 Abs. 2 LDatSchG), diese Daten nicht zu einem anderen als dem zur jeweiligen Aufgabenerfüllung gehörenden Zweck zu verarbeiten oder unbefugt zu offenbaren (**Datengeheimnis**, § 8 LDatSchG). Wer hiergegen verstößt setzt sich nicht nur Unterlassungs- und Schadensersatzansprüchen nach §§ 20 f. LDatSchG aus, sondern macht sich eventuell noch nach § 37 LDatSchG oder den §§ 201 bis 206, 353b StGB **strafbar**.

Das Recht auf informationelle Selbstbestimmung findet seine **verfassungsimmanenten Grenzen** u. a. in Belangen von überwiegendem Allgemeininteresse, insbesondere in der Verpflichtung des Staates zum Schutz seiner Bürger. Darum ist es fraglich, ob man in den Regelungen, die über den Willen des Berechtigten hinaus personenbezogene Datenerhebung und -verarbeitung zulassen, überhaupt einen „Eingriff" sehen kann oder ob es sich dabei lediglich um eine Schrankenbestimmung handelt. Im Ergebnis kommt es darauf jedoch nicht an, da seit dem sog. Volkszählungsurteil vom 15.12.1983[328] anerkannt ist, dass zur Wahrung des Grundrechts auf informationelle Selbstbestimmung sowie zur damit zusammenhängenden Gewähr der Genauigkeit und des Wahrheitsgehaltes der Erhebung die Ermächtigungsgrundlage nicht nur der materiellen **Voraussetzungen** des Eingriffs, sondern auch das **Verfahren** und die **Organisation** der Datenerhebung und -verarbeitung **klar geregelt** sein müssen. Eine besondere Problematik der Datenerhebung ist die, dass sie ohne gleichzeitige Datenerhebung bei völlig Unbeteiligten manchmal nicht möglich ist; hier muss dann besonders abgewogen werden. Ein Eingriff liegt allerdings nicht schon bei der Beobachtung frei zugänglicher personenbezogener Daten vor, sondern erst bei einer gezielten und systematischen Informationsgewinnung und -verarbeitung, bei planmäßiger Beobachtung oder dem Zusammenstellen der Erkenntnisse zu einem Gesamtbild.[329] Die §§ 26 ff. POG betreffen nur die Daten, die zur

---

326 EuGH v. 19.10.2016 - C-582/14, NJW 2016, 3579. Nach BGH v. 16.5.2017 - VI ZR 135/13 ist nach § 15 Abs. 1 TMG eine Speicherung nur erlaubt, wenn im Einzelfall die Gefahr besteht, dass die Internetseite von Hackern angegriffen wird, und wenn das Sicherheitsinteresse des Webseitenbetreibers das Persönlichkeitsrecht des Nutzers überwiegt.
327 BVerfG v. 2.5.1967 - 1 BvR 578/63, NJW 1967, 1411..
328 BVerfG v. 15.12.1983 - 1 BvR 209/83; 1 BvR 269/83; 1 BvR 362/83; 1 BvR 420/83; 1 BvR 440/83; 1 BvR 484/83 BVerfGE 65, 1 ff., NJW 1984, 418 (Volkszählung); ähnlich für Eingriffe in Art. 10 GG, BVerfG 14.7.1999 - 1 BvR 2226/94; 1 BvR 2420/95; 1 BvR 2437/95, NJW 2000, 55.
329 Guttenberg NJW 1993, 574.

Gefahrenabwehr erhoben werden. Eine besondere Regelung für die Datenverarbeitung zum Zwecke künftiger Strafverfolgung findet sich in § 484 StPO. Für das allgemeine Polizeirecht haben grundsätzlich die Länder die **Regelungszuständigkeit**. Das gilt aber nicht oder nur eingeschränkt für

- das Strafrecht und Strafverfahren (konkurrierende Zuständigkeit, Art. 74 Abs. 1 Nr. 1); hier gilt § 484 StPO,
- die Bundespolizei (ausschließliche Zuständigkeit des Bundes, Art. 73 Nr. 5 GG); hier gelten die §§ 21 ff. BPolG[330],
- das Bundeskriminalamt (ausschließliche Zuständigkeit des Bundes, Art. 73 Nr. 10 GG); hier geht das BKAG[331] grundsätzlich dem Landesrecht vor (§ 1 Abs. 3 BKAG). Nur hinsichtlich regional erheblicher Kriminalität ist das jeweilige Landespolizeigesetz maßgebend, § 3 Abs. 3 BKAG.

76 § 1 Abs. 1 **Landestransparenzgesetz** (LTranspG)[332] soll das Recht auf Zugang zu amtlichen Informationen und zu Umweltinformationen umfassend gewähren, ohne dass ein subjektives oder auch nur berechtigtes Interesse bestehen muss. Es geht um die in § 7 Abs. 1 und 2 LTranspG aufgeführten Informationen, über die die Behörden des Landes, der Gemeinden und der Gemeindeverbände sowie der sonstigen der Aufsicht des Landes unterstehenden juristischen Personen des öffentlichen Rechts (z.B. Universitäten, Stiftungen, Sparkassen, Berufskammern, Rundfunkanstalten) verfügen, soweit sie Aufgaben der öffentlichen Verwaltung wahrnehmen, § 3 Abs. 1 LTranspG. Nach § 3 Abs. 2 S. 2 LTranspG haben Behörden, die sich natürlicher und juristischer Personen des Privatrechts als Beliehene oder Verwaltungshelfer bedienen, auch über deren Tätigkeit eine Auskunftspflicht. Soweit es um Umweltinformationen geht, sind natürliche und juristische Personen des Privatrechts im Rahmen des § 2 Abs. 2 S. 3 i. V. m. Abs. 3 auch selbst anspruchsverpflichtet (z. B. die Zentrale Stelle für Sonderabfälle nach § 8 Abs. 1 LKrWG).

Die öffentliche Verwaltung erfüllt diese Auskunftspflicht auf zwei Wegen. Zum einen regelt § 2 Abs. 1 LTranspG eine aktive **Veröffentlichungspflicht** der öffentlichen Verwaltung. Veröffentlicht wird dadurch, dass das Land eine elektronische Plattform (Transparenz-Plattform) errichtet und betreibt. Auf dieser Plattform stellt die Verwaltung praktisch für jedermann Informationen von Amts wegen bereit. Der elektronische Zugang zu diesen Informationen ist frei, kostenlos und anonym möglich. Zum anderen gibt § 2 Abs. 2 LTranspG eine passive **Auskunftspflicht** der öffentlichen Verwaltung, wenn ein entsprechender Antrag gestellt wird. Der Antrag kann schriftlich, elektronisch oder auch mündlich gestellt werden, die Auskunft ist allerdings kostenpflichtig und nicht anonym. Der Informationsanspruch ist lediglich durch die in den §§ 14 bis 16 LTranspG enthaltenen Ausnahmen eingeschränkt, um öffentliche oder private Belange zu schützen. Sie sind mit dem Informationsbedürfnis abzuwägen und stehen dann gegebenenfalls im Einzelfall einer Veröffentlichung auf der Transparenz-Plattform oder einem Informationsbegehren auf Antrag entgegen. Diese Ausnahmen sind abschließend und eng auszulegen.

---

330 Gesetz über die Bundespolizei v. 19.10.1994, BGBl. I S. 2978, 2979.
331 Gesetz über das Bundeskriminalamt und die Zusammenarbeit des Bundes und der Länder in kriminalpolizeilichen Angelegenheiten vom 7.7.1997, BGBl. I S. 1650.
332 Vom 27.11.2015, GVBl. S. 383.

G. Die Eingriffsermächtigungen des POG

2. Besonderer Schutz vor Datenerhebung, §§ 39a und b POG

a) Der Schutz des Kernbereichs privater Lebensgestaltung, § 39a POG

Das Bundesverfassungsgericht hat mehrfach einen Kernbereich privater Lebensgestaltung anerkannt, der dem staatlichen Zugriff schlechthin entzogen ist und in den der Staat unter keinen Umständen eindringen darf.[333] Es leitet aus der **Menschenwürde** (Art. 1 Abs. 1 GG) ab, dass es einen Bereich gibt, der der Einwirkung der gesamten öffentlichen Hand entzogen ist.[334] Dabei entwickelte das Bundesverfassungsgericht [335] ein zweistufiges Schutzkonzept zum Schutze des unantastbaren **Kernbereichs privater Lebensgestaltung**.

1. Grundsätzlich müssen die gesetzlichen Regelungen sicherstellen, dass **keine Daten** aus dem Kernbereich privater Lebensgestaltung **erhoben** werden; das ist dadurch umzusetzen, dass informations- und ermittlungstechnische Sicherungen eingesetzt werden (1. Stufe).
2. Soweit trotzdem kernbereichsrelevante Daten erhoben werden, hat der Gesetzgeber sicherzustellen, dass das sich auf die Persönlichkeit und die Entfaltung des Betroffenen so **gering wie möglich** auswirkt (2. Stufe).

Ob ein Sachverhalt dem Kernbereich der privaten Lebensgestaltung zuzuordnen ist, hängt unter anderem davon ab, ob er nach seinem Inhalt höchstpersönlichen Charakter hat und in welcher Art und Intensität er aus sich heraus die Sphäre anderer oder die Belange der Gemeinschaft berührt.[336] Zudem ist von Bedeutung, ob die betroffene Person den Sachverhalt geheim halten will oder nicht. Nicht zum unantastbaren Bereich privater Lebensgestaltung gehört aber z. B., wenn über begangene Straftaten konkret sachliche Angaben gemacht werden.[337] Auch wird sich kein Täter auf den Schutz seines unantastbaren Kernbereichs privater Lebensgestaltung berufen können, wenn er vorsätzlich dabei ist, Leib und Leben Dritter zu gefährden, wie z. B. bei einer Geiselnahme.[338]

Verdeckte Maßnahmen in den Kernbereich privater Lebensgestaltung sind nach § 39a Abs. 1 POG schlechthin **unzulässig**. Sie gelten also kraft Gesetzes als unwiderlegbar unverhältnismäßig. Verdeckte Maßnahmen zur **Wohnraumüberwachung** nach § 29 POG (Schutz durch Art. 13 GG!) dürfen daher nur angeordnet werden, soweit keine Anhaltspunkte dafür vorliegen, dass Erkenntnisse aus dem Kernbereich privater Lebensgestaltung erlangt werden (§ 39a Abs. 2 POG).[339] Es genügt dabei für das Verbot, dass neben anderen *auch* Daten aus dem Kernbereich erhoben werden, egal in welchem Umfang. Abzustellen ist dabei auf die Art der überwachten Räumlichkeiten und das Verhältnis der dort überwachten Personen zueinander. Bei Privat-

---

333 BVerfG v. 20.4.2016 - 1BvR 966/09, 1 BvR 1140/09, NJW 2016, 1781, zum BKA-Gesetz; v. 3.3.2004 - 1 BvR 2378/98; 1 BvR 1084/99, NJW 2004, 999 für akustische Wohnraumüberwachungen nach der Strafprozessordnung; BVerfG, 27.7.2005 - 1 BvR 668/04, NJW 2005, 2603 zu Maßnahmen der Telekommunikationsüberwachung; BVerfG, 27.2.2008 - 1 BvR 370/07 und 1 BvR 595/07, NJW 2008, 822 zur Online-Durchsuchung; auch VerfGH Rheinland-Pfalz, 29.1.2007 - VGH B 1/06, NVwZ-RR 2007, 721 zur Wohnraumüberwachung gemäß § 29 POG.
334 BVerfG v. 31.1.1973 - 2 BvR 454/71, NJW 1973, 891.
335 BVerfG v. 3.3.2004 - 1 BvR 2378/98; 1 BvR 1084/99, NJW 2004, 999; v. 27.2.2008 - 1 BvR 370/07 und 1 BvR 595/07 2008, 822 und 1042; Schenke Rn 196 f.
336 BVerfG v. 14.9.1989 - 2 BvR 1062/87, NJW 1990, 563.
337 BVerfG a. a. O.
338 Roos / Lenz § 39a Rn 2 a. E.
339 Diese Regelung war notwendig nach dem Urteil des BVerfG 27.7.2005 - 1 BvR 668/04, NJW 2005, 2603, worin die Regelungen im niedersächsischen Polizeigesetz zur vorbeugenden Telefonüberwachung für nichtig erklärt wurden.

wohnungen kann man niemals ausschließen, dass solche Daten erhoben werden. Dagegen haben Gespräche unter beruflich Verbundenen in reinen Betriebs- und Geschäftsräumen regelmäßig einen geschäftlichen Charakter, wodurch sie geringeren Schutz genießen.[340] Allerdings beginnt hier der Schutz sofort, wenn konkret erkennbar wird, dass hier Gespräche im Kernbereich privater Lebensgestaltung geführt werden. Das ist allerdings eine missliche Lage für die Ordnungskräfte, denn sie müssen ja erst einmal die Daten erheben, um festzustellen, ob sie überhaupt hätten erhoben werden dürfen. Beginnt der Überwachte zunächst mit privaten Themen, ist es für die Überwachenden schwer, die Überwachung dort zu beginnen, wo kein Kernbereich privater Lebensgestaltung betroffen ist. Und beim Abhören von Gesprächen in ausländischer Sprache, insbesondere bei exotischen Dialekten oder Minderheitensprachen, wird man beim Abhören kaum sagen können, welchen Inhalt das Gespräch auch nur ungefähr hat.

Nicht ganz so hochrangig ist der Schutz der **Datenerhebung mit besonderen Mitteln** und der **Telekommunikation** (§ 39a Abs. 3 i. V. m. den §§ 28, 31, 31b und 31 c POG). Sie wird zwar durch Art. 10 GG geschützt und auch hier ist der Kernbereich privater Lebensgestaltung zu schützen.[341] Aber anders als bei der Wohnung ist der Überwachte nicht gleichermaßen auf die Telekommunikation angewiesen. Darum ist diese Überwachung nur dann verboten, wenn tatsächliche Anhaltspunkte für die Annahme vorliegen, dass „allein" Daten aus dem privaten Kernbereich erhoben werden, z. B. weil das aus der Art der Räume oder der Nähe der Personen (z. B. Familienangehörige) zu erwarten ist. Dass sie mit anderen Daten *auch* erhoben werden, führt demnach nicht zu einem Verbot. Darum ist es hier nicht so gravierend, wenn der Überwachte unter anderem auch Äußerungen zum Kernbereich privater Lebensgestaltung macht.

Stellt sich während der Maßnahme heraus, dass in den Kernbereich privater Lebensgestaltung eingegriffen wird, ist die Maßnahme sofort zu **unterbrechen**. Erhobene Daten dürfen nicht verwertet werden und sind unverzüglich so zu **löschen**, dass keine Rückschlüsse auf den Inhalt der erhobenen Daten gezogen werden können; andernfalls würde die rechtswidrige Maßnahme noch weiter vertieft. Die unzulässige Datenerhebung muss aber dennoch nachvollziehbar dokumentiert werden, damit der Betroffene den Vorgang nachvollziehen und gegebenenfalls Rechtsschutz suchen kann. Außerdem kann die **Dokumentation** für Zwecke der Datenschutzkontrolle oder im Rahmen der gerichtlichen Überprüfung der Maßnahme verwendet werden. Alle Aufzeichnungen und Erkenntnisse sind dem **OVG Koblenz zur Entscheidung** über die Verwertbarkeit oder Löschung der Daten vorzulegen (vgl. a. Rn G 92 ff., 100 ff., 106 f., 108).

b) Schutz von Berufsgeheimnisträgern, § 39b POG

78 Der Schutz der Vertraulichkeit des Wortes ist bei manchen **Berufen** nicht nur ein hohes Gut, sondern auch die Voraussetzung, dass der Beruf überhaupt wirksam ausgeübt werden kann. § 53 StPO zählt verschiedene Berufe auf, deren Funktion ganz maßgeblich davon abhängt, dass die im beruflichen Zusammenhang geführten **Gespräche vertraulich** bleiben. Es handelt sich insbesondere um Ärzte, Rechtsanwälte, Steuerberater, Apotheker, Journalisten, Seelsorger, Patentanwälte, Notare, Wirtschaftsprüfer, vereidigte Buchprüfer, Steuerbevollmächtigte, Psychologische

---

340 BVerfG v. 31.1.1973 - 2 BvR 454/71, NJW 1973, 891; v. 13.10.1971 - 1 BvR 280/66, NJW 1971, 2299.
341 Zur grundsätzlichen Rechtmäßigkeit: BVerfG v. 12.10.2011 - 2 BvR 236/08, 237/08, 422/08, NJW 2012, 833.

G. Die Eingriffsermächtigungen des POG

Psychotherapeuten, Hebammen, Berater nach dem Schwangerschaftskonfliktgesetz oder für Fragen der Betäubungsmittelabhängigkeit, Parlamentarier. Erfasst sind zur Vermeidung einer Umgehung außerdem noch ihre Helfer, § 53a StPO (z. B. Anwaltsgehilfin, Arzthelferin). Diese Personen sind nach der StPO zur Verweigerung der Zeugenaussage berechtigt; strafrechtliche Ermittlungsmaßnahmen gegen diese Personen sind nach § 160a StPO unzulässig. § 39b POG erstreckt nun den Schutz dieses Berufsgeheimnisses auch auf präventivpolizeiliche Maßnahmen. Die Vorschrift ist nur sinnvoll und praktikabel, wenn **jeder Gedankenaustausch** mit einem solchen Berufsträger als Bestandteil des Vertrauensverhältnisses angesehen wird, ohne dass nach Vertraulichem und Nichtvertraulichem differenziert wird.[342] Erkenntnisse unter Verletzung dieser Berufsgeheimnisse dürfen nicht gewonnen werden. Dieses Verbot gilt absolut. Nicht einmal zur Abwehr von Gefahren für hochrangige Rechtsgüter darf davon abgewichen werden (ähnlich wie in § 9a Abs. 3 S. 2 POG). Bei allem Respekt vor der Bedeutung des Berufsgeheimnisses erscheint dieser Schutz im Verhältnis zu anderen Grundrechten überzogen.

Beispiel: Bei einer Telekommunikationsüberwachung, die versehentlich ein Gespräch eines Rechtsanwaltes erfasst, ergibt sich die Erkenntnis, dass ein Terrorist beabsichtigt, in einer belebten Einkaufsstraße einen Sprengsatz zu zünden. – Sollen diese Daten ernsthaft außer Acht bleiben und somit auf die Verhinderung eines Schadens für Leib und Leben einer Vielzahl von Personen verzichtet werden?

Dieser Schutz gilt aber **nicht** für die Berufsangehörigen, die in die Gefahrenabwehrmaßnahme **persönlich verstrickt** sind, § 39b Abs. 2 POG. Hier wird ja nicht nur das Berufsgeheimnis missbraucht, sondern die Person agiert gar nicht mehr primär in ihrer Berufseigenschaft, sondern als Störer.[343]

Beispiel: Ein Rechtsanwalt schmuggelt Kassiber aus einem Gefängnis, mit denen Gefangene terroristische Aktionen außen steuern. – Pressemitarbeiter fahren mit Geiselnehmern und Geiseln in einem Auto mit, um sie mittels ihrer besseren Ortskenntnis der polizeilichen Verfolgung zu entziehen (Fall Gladbeck August 1988). – Ein Steuerberater unterstützt ein betrügerisches Unternehmen bei Betrugsgeschäften, an dessen Gewinn er selbst beteiligt ist.

Dieser Schutz gilt aber nicht für andere Personen mit Zeugnisverweigerungsrecht, also nicht für Angehörige (Partner, Verwandte und Verschwägerte) i. S. d. § 52 StPO und nicht für Angehörige des öffentlichen Dienstes i. S. d. § 54 StPO.

Werden Daten entgegen § 39b Abs. 1 S. 1 POG erhoben, ist das in geeigneter Form zu dokumentieren, damit man das später nachvollziehen kann, § 39b Abs. 2 S. 2 und 3 POG. Die Dokumentation darf aber keinen Rückschluss auf den Inhalt der Daten geben. Anschließend sind diese Daten zu löschen (vgl. auch die Rn G 98, 105, 107, 110, 112, 113). Verwertet werden dürfen sie natürlich nicht.

3. Datengewinnung, §§ 26 bis 32 POG

a) Allgemein, § 26 POG

Datenerhebung als Beschaffen von Daten setzt ein gezieltes **Nachsuchen um Daten** voraus. Zufällig erlangte oder aufgedrängte Kenntnis der Behörde über eine Person ohne vorausgegangenen, irgendwie gearteten Informationsversuch ist keine Erhebung, kann bei entsprechender Verwertung aber Datenverarbeitung sein.

---

342 So auch Roos / Lenz § 39b Rn 1.
343 BGH 20.7.1990 - StB 10/90, NStZ 1990, 601; NStZ 1994, 343.

Beispiel: Anlässlich einer Geschwindigkeitskontrolle wird der Kleinbus eines Fußballvereins auf der Rückfahrt von einem Turnierspiel mit den Insassen fotografiert. Auf dem Bild sind Fahrer und Beifahrer zu erkennen. Ansonsten ist nur schemenhaft feststellbar, dass der Bus mit weiteren sechs Insassen voll besetzt war.
Hinsichtlich des Fahrers ist mit dem Foto eine gezielte Datenerhebung erfolgt, um die Täter der Geschwindigkeitsübertretung ausfindig machen zu können. Der Beifahrer ist bei einem solchen Foto typischerweise miterfasst. Die Daten des Beifahrers dürfen für den Fall eines notwendigen Zeugenbeweises verwertet werden, ansonsten dürfen sie nicht weiterverarbeitet werden. Zu den restlichen Insassen sind gar keine personenbezogenen Daten erhoben worden, Sie sind unvollständiger Teil einer Mannschaft, sie können deshalb auch nicht mittelbar aufgrund des Fotos identifiziert werden.

80 Die in § 26 Abs. 1 POG genannten Fälle sieht der Gesetzgeber entweder schon gar nicht als Eingriff in subjektive Rechte an oder aber zumindest als Maßnahmen, die nur unwesentlich in das subjektive Recht auf informationelle Selbstbestimmung eingreifen. Danach dürfen die allgemeinen Ordnungsbehörden und die Polizei personenbezogene Daten erheben, wenn

1. die betroffene Person freiwillig eingewilligt hat. Maßnahmen in Übereinstimmung mit einer **tatsächlichen oder mutmaßlichen Einwilligung** sind schon gar kein Eingriff[344]. Eine Einwilligung oder ihre Vermutung muss *vor* der Maßnahme vorgelegen haben; sie setzt Einwilligungsfähigkeit, Freiwilligkeit und die Kenntnis der wesentlichen Umstände voraus, in die eingewilligt werden soll. Die Einwilligung darf vermutet werden, wenn kein offensichtlicher Grund zu der Annahme besteht, dass der Betroffene in Kenntnis der Sachlage die Einwilligung verweigern würde (z. B. wenn die Datenerhebung seinem eigenen Schutz dient). Hierbei ist immer die Sensibilität und Intimität der erhobenen Daten mit dem Schutzzweck der Maßnahme abzuwägen.
2. die Daten aus **allgemein zugänglichen Quellen** entnommen sind. Allgemein zugänglich sind Daten, die jedermann, sei es ohne oder nach vorheriger Anmeldung, Zulassung oder Entrichtung eines Entgelts, nutzen kann, § 3 Abs. 10 LDatSchG. Solche Quellen sind Angaben in Massenmedien (z. B. Zeitungen, Zeitschriften, Hörfunk und Fernsehen), Angaben auf Internetseiten, Angaben auf / in an jedermann vertriebenen Datenträgern (z. B. Büchern, CD-ROM-Dateien, Adress- und Telefonverzeichnissen, Dokumentationen, Ausstellungskatalogen, Flugblättern), Angaben in jedermann zugänglichen Registern (z. B. Handelsregister, Vereinsregister, Genossenschaftsregister, Güterrechtsregister, Musterregister, Schiffsregister, Einwohnermelderegister nur für Daten, die in einer einfachen Melderegisterauskunft erhältlich sind).Nicht mehr allgemein zugänglich sind Quellen, auf die man nur beim Nachweis eines berechtigten Interesses zugreifen kann, wie z. B. bei Grundbüchern (vgl. § 12 GBO), Fahrzeugregistern (vgl. § 39 StVG), der erweiterten Melderegisterauskunft (vgl. § 45 BMeldeG) usw.[345] Demgegenüber ist die einfache Auskunft aus dem Melderegister (vgl. § 44 BMeldeG) oder aus den Wasserbüchern (vgl. § 12 LWasserG) allgemein zugänglich. Entscheidend ist, dass die Voraussetzungen für die Einsichtnahme für jedermann gleichermaßen gelten. Bei Daten **aus allgemein zugänglichen Quellen** handelt es sich grundsätzlich nicht mehr um geschützte Daten. Es ist dem Staat grundsätzlich nicht verwehrt, von jedermann zugänglichen Informationsquellen unter denselben Bedingungen wie jeder Dritte Gebrauch zu gebrauchen.[346] Ein Eingriff

---

344 Der Schriftform bedarf die Einwilligung im POG nicht (anders § 5 Abs. 3 S. 1 Landesdatenschutzgesetz - LDSG- v. 5.7.1994, GVBl. 1994, 293).
345 BGH v. 8.10.2002 - 1 StR 150/02, NJW 2003,226 zur Frage der Einsichtnahme in ein Fahrzeugregister.
346 BVerfG v. 10.3.2008 - 1 BvR 2388/03, NJW 2008, 2099; v. 27.2.2008 - 1 BvR 370/07, 1 BvR 595/07, NJW 2008, 1042, NJW 2008, 822; anders offenbar Roos / Lenz § 26 Rn 6.

G. Die Eingriffsermächtigungen des POG

in das Grundrecht auf informationelle Selbstbestimmung ist aber dann anzunehmen, wenn die aus öffentlich zugänglichen Quellen stammenden Daten durch ihre systematische Erfassung, Sammlung und Verarbeitung einen zusätzlichen Aussagewert erhalten. Das gilt erst recht auch dann, wenn diese Daten mit anderen Daten verbunden werden, die bereits für sich genommen dem Grundrechtsschutz unterfallen, und dadurch der Aussagegehalt der verknüpften Daten insgesamt zunimmt.

Beispiel: Die Polizei entnimmt dem Titelfoto der Tageszeitung, dass A gewalttätig an einer Demonstration teilgenommen hat. Die Polizei erhebt bei der Zeitung als Drittem über A nicht geschützte Daten, da die Zeitung dieses Foto über A veröffentlicht hat. Anders ist das aber dann, wenn Lokalzeitungen systematisch für einen längeren Zeitraum Ausgabe für Ausgabe ausgewertet werden, wodurch ein neues Profil entsteht, das sich dem normalen Zeitungsleser so nicht eröffnet.

3. oder eine Rechtsvorschrift das erlaubt (z. B. §§ 12a, 19a VersG, § 7 AsylG, § 113 TKG, § 52 Abs. 2 BImSchG, § 47 KrWG, § 30a StVG, § 33 BMeldeG).

I.Ü. bedarf es einer **Ermächtigungsgrundlage**. In § 26 Abs. 2 POG findet sich die allgemeine **Generalklausel**. Diese ist gegenüber allen spezielleren Regelungen subsidiär, insbesondere ist sie nicht anwendbar zur vorbeugenden Bekämpfung von Straftaten i. S. d. § 1 Abs. 1 S. 3 POG und zur Vorbereitung auf die Gefahrenabwehr i. S. d. § 1 Abs. 1 S. 2 POG (vgl. jeweils Rn B 14), da hierfür die Absätze 3 und 4 des § 26 POG spezieller sind, sowie beim Einsatz technischer Mittel und bei verdeckter Erhebung in den Fällen der §§ 27 bis 32 POG. Nach § 26 Abs. 2 S. 1 und 2 POG, können die allgemeinen Ordnungsbehörden und die Polizei personenbezogene Daten erheben

80a

1. zur allgemeinen Gefahrenabwehr (vgl. Rn B 2), was keine konkrete Gefahr voraussetzt, sondern auch die Datenerhebung zur Vorsorge oder zur Schadensverhinderung oder – minderung erfasst,
2. zum Schutz privater Rechte (vgl. Rn B 20), wenn der behauptete Rechtsanspruch hinreichend glaubhaft gemacht worden ist; hier sind allerdings die Voraussetzungen des § 1 Abs. 3 POG zu beachten, wonach gerichtlicher Schutz vorgeht.

Beispiel: Ein Unfallbeteiligter will von der Polizei anhand des Kfz-Zeichens des gegnerischen Unfallfahrzeugs den unfallflüchtigen Fahrer wegen Schadenersatzforderungen aus dem Unfall in Erfahrung bringen. Die Polizei muss die entsprechende Auskunft erteilen, wenn der Sachverhalt glaubhaft gemacht worden ist. Soweit sie in solchen Fällen in der Praxis die Auskunft verweigert und der Anfragende an einen Anwalt verwiesen wird, der einfacher entsprechende Angaben über ZEVIS[347] in Erfahrung bringen kann, wird übersehen, dass bei einem Streitwert bis einschließlich 5.000 Euro das Amtsgericht zuständig ist (§ 23 Nr. 1 GVG) und gar kein Anwaltszwang besteht.

3. zur Abwehr von Gefahren durch den Straßenverkehr (vgl. Rn B 14), wenn z. B. für den Koblenzer Firmenlauf eine Sondernutzung nach § 41 LStrG oder für „Rhein ins Tal" Befreiung von straßenverkehrsrechtlichen Vorschriften nach § 46 StVO erteilt werden soll.

Beispiel: Ein Körperbehinderter beantragt bei der Straßenverkehrsbehörde gemäß § 46 Abs. 2 S. 2 StVO eine Parkerleichterung als Schwerbehinderter. Diese erkundigt sich beim Versorgungsamt Mainz, ob der Antragsteller an bestimmten Krankheiten leidet und wie weit er selbstständig gehen kann.

---

347 ZEVIS ist seit 1987 das **Z**entrale **V**erkehrs-**I**nformation**s**system des deutschen Kraftfahrt-Bundesamtes.

4. zur Erfüllung von durch andere Rechtsvorschriften übertragenen Aufgaben (vgl. Rn B 14 und 18), z. B. zur Überprüfung der Zuverlässigkeit von Ordnern nach § 8 VersG oder Gastwirten (vgl. § 4 Abs. 1 Nr. 1 GastG), und
5. zur Vollzugshilfe der Polizei (vgl. dazu Rn B 24), aber nur zu deren sachgemäßer Umsetzung (z. B. Informationen über zu erwartende Schwierigkeiten oder zur Eigensicherung), nicht zur Überprüfung der Berechtigung der Vollzugshilfe selbst.

Beispiel: Ein zunächst in eine Wohnung eingewiesener Obdachloser, der nach Ablauf der Einweisungszeit trotz Aufforderung der zuständig Ordnungsbehörde nicht auszieht[348], soll mit Polizeihilfe aus der Wohnung verbracht werden. Hier muss die Polizei nähere Angaben über die Person und Örtlichkeit erfragen.

Es können diese personenbezogenen Daten **gegenüber jedermann** erhoben werden. Die Formulierung *„auch über andere als die in §§ 4, 5 und 7 genannten Personen"* ist sprachlich verunglückt, denn wer nicht nach den §§ 4 f. POG verantwortlich ist, ist nach dem Wortlaut des § 7 Abs. 1 POG nichtverantwortlich, so dass es logischerweise keine anderen Personen mehr geben kann. Gemeint sind mit „anderen" Personen solche Nichtverantwortliche, bei denen die Voraussetzungen nach § 7 POG nicht vorliegen, anders ausgedrückt: Die §§ 4 ff. POG sind hier nicht anwendbar.

Beachtlich ist, dass die Datenerhebung **keine konkrete Gefahr** (auch keine abstrakte) voraussetzt, wie sich aus der Erwähnung der Gefahrenabwehr i. S. d. § 1 Abs. 1 S. 1 POG ergibt (vgl. Rn B 2 und D 1).

81 Nach § 26 Abs. 3 POG darf die Polizei Daten zur **vorbeugenden Bekämpfung von Straftaten** erheben (§ 1 Abs. 1 S. 3 POG; s. dazu Rn B 14), um diesen vorzubeugen bzw. sie zu verhindern. Soweit Überwachungsmaßnahmen zur Gefahrverhütung (statt zur Abwehr einer konkreten Gefahr) eingesetzt werden, muss ein wenigstens seiner Art nach konkretisiertes und absehbares Geschehen erkennbar sein oder aber das individuelle Verhalten einer Person die konkrete Wahrscheinlichkeit begründen, dass sie in überschaubarer Zukunft Straftaten begehen wird.[349] „So kann die Polizei z. B. im ihr bisher nicht zugänglichen Vorfeld Strukturen der organisierten Kriminalität beobachten. Diese Datenerhebung schafft einerseits einen erheblichen präventiven Druck, weil dem potenziellen Täter ja bewusst ist, dass er aufgrund der erhobenen Daten leichter überführt werden kann. Zum anderen kann die Straftat selbst auf diese Weise effektiver unterbunden oder eingeschränkt werden. Befugt ist hierzu aber nur die Polizei, was in ihre Doppelfunktionalität (Gefahrenabwehr / Strafverfolgung) begründet ist. Datenerhebung zur vorbeugenden Bekämpfung von Straftaten ist in folgenden Fällen zulässig:

1. Über **potenziellen Straftäter**. Es bedarf keiner Sicherheit, dass die Person Straftaten begehen wird, nicht einmal einer hinreichenden Wahrscheinlichkeit im Sinne des Gefahrenbegriffs. Hier reichen aber umgekehrt auch nicht bloße Vermutungen aus, sondern es bedarf Tatsachen, aus denen man folgern kann, dass die jeweilige Person zukünftig Straftaten begehen wird (notorischer Wiederholungstäter, unerklärlich aufwendiger Lebensstil; persönlicher Umgang). Dabei können Umstände wie Vorbereitungshandlungen oder Tatversuche ebenso eine Rolle spielen wie bisheriges strafbares Verhalten. Je höher der zu erwartende Schaden, desto niedriger sind die Anforderungen an die jeweiligen Tatsachen[350]

---

348 Wozu er verpflichtet ist, vgl. VGH Kassel 7.3.2011 - 8 B 217/11, NVwZ-RR 2011, 474.
349 BVerfG v. 20.4.2016 - 1BvR 966/09, 1 BvR 1140/09, NJW 2016, 1781.
350 BVerwG v. 26.6.1970 - IV C 99.67, NJW 1970, 1890.

G. Die Eingriffsermächtigungen des POG

2. Über mögliche **Opfer** von Straftaten (bereits massiv bedrohte Kritiker der islamistischen oder rechten Szene; hier können seine Lebensgewohnheiten wichtig sein, um ihn zu schützen). Auch hier bedarf es hinweisender Tatsachen, wie z. B. Drohungen, Tatversuche, Erkenntnisse aus verdeckten Ermittlungen usw.
3. Über Personen aus dem räumlichen **Umfeld einer besonders gefährdeten Person** (wie z. B. Richter, Jude, antiislamischer Karikaturist), die auf diese eine unmittelbare Einwirkungsmöglichkeit besitzen, z. B. Besucher, Geschäftspartner, Personal usw.
4. Über **Zeugen, Hinweisgeber und sonstige Auskunftspersonen**, also solche, die mehr zufällig Kenntnisse über polizei- oder ordnungsrechtliche Vorgänge haben und diese auch den Ordnungskräften mitteilen wollen, über die man mehr Personenbezogenes wissen möchte, um einerseits den Wahrheitsgehalt der Aussagen besser einschätzen und zum anderen diese Personen auch besser schützen zu können.
5. Über **Kontakt- und Begleitpersonen**[351] künftiger Straftäter; als solche kommen Personen in Betracht, bei denen tatsächliche Anhaltspunkte (Erfahrungswerte oder Vermutungen genügen nicht) die Annahme rechtfertigen, dass sie zu einem künftigen Straftäter in einer Weise in Verbindung stehen, die erwarten lässt, über sie Hinweise zur vorbeugenden Bekämpfung der angenommenen Straftat zu erhalten (§ 26 Abs. 3 S. 2 POG, z. B. Auftraggeber, Mitwisser, Verbindungspersonen). Das setzt persönliche oder geschäftliche **Beziehungen zur Zielperson** oder Verbindungen zu dieser voraus, die **über einen längeren Zeitraum** unterhalten oder unter konspirativen Umständen hergestellt oder gepflegt werden.[352] Die Kontakt- und Begleitperson muss irgendwie in den weiteren Handlungskomplex der Straftatenbegehung einbezogen sein. Dabei genügt es, wenn das nur nach dem Willen der eigentlichen Zielperson oder aufgrund unvermeidbarer Abläufe so ist, insbesondere wenn die Kontakt- oder Begleitperson selbst getäuscht und missbraucht wird. Nicht erforderlich ist, dass auch die Kontakt- oder Begleitperson selbst Kenntnis von der bevorstehenden Strafbegehung hat. Ob diese Person von ihrer Einbeziehung weiß, ist also nicht erheblich, so dass hier die Grenze zwischen Verantwortlichkeit und Nichtverantwortlichkeit verschwimmt. Nicht hierunter fallen aber Personen, die zu den Zielpersonen keinen längeren Kontakt haben. Personen, die nur flüchtig, zufällig oder kurzfristig mit der Zielperson zusammentreffen (z. B. Verkäufer oder Bedienungspersonal) fallen demnach nicht darunter.

Beispiel: Der potenzielle Täter plant einen Einbruch in eine Bank. Dazu bandelt er ein Liebesverhältnis mit einer Bankangestellten an, der er vorgibt, sie zu lieben. In Wahrheit will er so nur Detailkenntnisse aus der Bank erfahren. Das Erheben von Daten über die Bankangestellte ist zulässig.

Soweit nicht diese Personen aus eigennützigen, insbesondere wirtschaftlichen Motiven heraus die Informationen freiwillig geben können nach Abs. 4 zur **Vorbereitung auf die Gefahrenabwehr** (§ 1 Abs. 1 S. 2 POG) von Experten, Sachverständigen u. Ä. vorsorglich Grunddaten erhoben werden, die für deren Erreichbarkeit und Verwendbarkeit im Falle eines Unfalls, Anschlags oder sonstigen Notfalles bedeutsam sein könnten und sich dann z. B. in Alarmplänen, Checklisten oder PC-gestützte Programmen wiederfinden:

---

351 Hierzu VerfGH Rheinland-Pfalz v. 29.1.2007 - VGH B 1/06, NVwZ-RR 2007, 721.
352 VerfGH Sachsen v. 14.5.1996 - 44-II-94, DVBl 1996, 1423 Leitsatz 7.

1. Über Personen, die für besonders **gefährliche Anlagen** (z. B. Kraftwerke, chemische Werke, Flughäfen, Munitionsdepots) verantwortlich sind (z. B. Betriebsbeauftragte i. S. d. §§ 53 ff. BImSchG, §§ 59 f. KrWG, vgl. a. Rn G 18)
2. Über Personen, die für besonders **gefährdete Anlagen** (z. B. Asylheime, Bahnhöfe, Kasernen, Moscheen / Synagogen, Gerichtsgebäude) verantwortlich sind (z. B. Hausmeister, Betriebsbeauftragte, Kasernenkommandant, vgl. Rn G a. 18)
3. Über Personen, die für die Sicherheit von **Veranstaltungen in der Öffentlichkeit** verantwortlich sind (z. B. Veranstalter von Sportveranstaltungen oder Open-Air-Konzerten, Ordner)
4. Über Personen, die über besondere, zur Gefahrenabwehr **benötigte Kenntnisse** verfügen (z. B. Ärzte, Ingenieure, Sachverständige, Ortskundige, Abschleppunternehmen, Dolmetscher, Schlüsseldienste)

Beispiel: Um nach Unfällen in einem Chemiewerk möglichst effektiv reagieren zu können, werden die Personalangaben der Sicherheitsingenieure und des zuständigen Vorstands der AG von der Polizei erhoben und gespeichert. Das Gefahrenpotential der Firma rechtfertigt die entsprechende Datenverarbeitung bei der Polizei.

83 Daten sind grundsätzlich **offen zu erheben** (§ 26 Abs. 5 S. 1 POG). Das ist der Fall, wenn die Maßnahme am Ort ihrer Durchführung als ordnungsbehördliche oder polizeiliche Maßnahme erkennbar (nicht aber zwingend erkannt worden) ist.[353] Demgegenüber ist die Datenerhebung **verdeckt**, wenn die hoheitlichen Maßnahmen für den Betroffenen gar nicht erkennbar (z. B. bei Abfrage bei einer anderen Behörde) oder auf Heimlichkeit ausgerichtet sind (z. B. die Zugehörigkeit zu Polizei bewusst verschleiert oder der wahre Grund des Gespräches verschwiegen wird). Dass z. B. die Standorte einer Videoüberwachung im Internet eingesehen werden können, genügt nicht als „offene" Erhebung.[354] Der Grundsatz der offenen Datenerhebung ist ein Fundament des Datenschutzrechtes.[355] Der Betroffene muss wissen, wer welche Daten über ihn besitzt. Wer nicht mit hinreichender Sicherheit überschauen kann, welche ihn betreffenden Informationen in bestimmten Bereichen seiner sozialen Umwelt vorhanden sind, ist in seinen Planungen und in seinen Rechtsschutzmöglichkeiten gehemmt. Nur bei einem sonst unverhältnismäßigem Aufwand der Datenerhebung oder mindestens einer Erschwerung der Aufgabenerfüllung kann davon abgewichen werden, indem ohne Kenntnis des Betroffenen verdeckt bei anderen öffentlichen (z. B. Behörden, Beliehene) oder nicht öffentlichen Stellen (z. B. natürliche oder juristische Privatpersonen) nach- oder abgefragt wird, wobei es in § 26 POG um die Erhebung ohne den Einsatz technischer Mittel geht (S. 2).

Beispiel: F macht bei einer Verkehrskontrolle gegenüber der Polizei Angaben dazu, ob und wie viel Alkohol er vor Antritt der Fahrt getrunken hat. Es liegt offene Informationserhebung vor. Die Polizei erkundigt sich darüber auch bei seiner Beifahrerin, die keine Angaben macht und sich auf ihr Aussageverweigerungsrecht als Ehefrau beruft. Auch insoweit liegt offene Informationserhebung vor. Ruft die Polizei dagegen in dem Lokal an, aus dem F gerade kam, und erkundigt sich dort über den Alkoholkonsum des F, ohne sich als Polizei zu erkennen zu geben, liegt verdeckte Ermittlung vor.

Außerdem müssen die Daten grundsätzlich **beim Betroffenen**, also direkt, erhoben werden, um Fehlerquellen zu minimieren. Von diesen beiden Grundsätzen sind nach § 26 Abs. 5 S. 2 POG nur Ausnahmen möglich, wenn die Erhebung beim Betroffenen nicht oder nur mit erheblichem Aufwand möglich ist oder die Wahrnehmung ord-

---

353 VGH Mannheim 21.7.2003 - 1 S 377/02, NVwZ 2004, 498.
354 VG Hannover v. 14.7.2011 - 10 A 5452/10, NVwZ-RR 2011, 943.
355 BVerfG v. 15.12.1983 - 1 BvR 209/83; 1 BvR 269/83; 1 BvR 362/83; 1 BvR 420/83; 1 BvR 440/83; 1 BvR 484/83, BVerfGE 65, 1, 43 = NJW 1984, 418.

G. Die Eingriffsermächtigungen des POG

nungsbehördlicher oder polizeilicher Aufgaben erschwert oder gefährdet würde[356]. Gleiches muss auch gelten, wenn die Verdeckung der Datenerhebung im Interesse des Betroffenen selbst liegt (z. B. bei Auskünften beim Arbeitgeber über persönliche Verhältnisse des Arbeitnehmers). Für den Fall der verdeckten Datenerhebung ist keine grundsätzliche nachträgliche Unterrichtungspflicht vorgesehen.

Die **offene Datenerhebung beim Betroffenen** ist gegenüber diesem zumindest dann **Verwaltungsakt**, wenn der Adressat zur Auskunft verpflichtet ist oder wird. Die Regelung i. S. d. § 35 S. VwVfG / § 1 LVwVfG liegt darin, dass bei einer Datenerhebung immer abzuwägen ist, ob sie wirklich erforderlich ist oder ob man auf sie nicht verzichten kann, gegebenenfalls ersetzt durch ein anderes Mittel. Darum kann die Aufforderung, Daten preiszugeben gemäß § 42 Abs. 1 1. Fall VwGO angefochten werden. Die **verdeckte** Datenerhebung oder die bei Dritten, von denen der Betroffene nichts weiß, ist mangels Bekanntgabe i. S. d. § 43 Abs. 1 VwVfG / § 1 LVwVfG bloßer **Realakt**.[357] Das gilt auch für das **automatisierte Übermittlungsverfahren**; das sind Verfahren, bei denen personenbezogene Daten durch Abruf übermittelt werden, ohne dass die übermittelnde Stelle den Einzelfall prüfen kann und soll (vgl. § 7 LDatSchG).

Der Betroffene kann sich gegen die Datenerhebung **gerichtlich wehren**. Gegen erwartete sonstige Erhebung ist, wenn andere Möglichkeiten ausscheiden, die vorbeugende Feststellungsklage statthaft; erfährt der Betroffene erst nachträglich von der Maßnahme, kommt bei einem gravierenden Eingriff in das Recht auf informationelle Selbstbestimmung, der Gefahr der Wiederholung oder bei eingetretener Rufschädigung (Rehabilitationsinteresse) die Fortsetzungsfeststellungsklage in Betracht[358]. Die Einstellung der Überwachung, Beobachtung usw. beruht demgegenüber auf einer Abwägungsentscheidung und kann daher nur über eine Verpflichtungsklage durchgesetzt werden.

b) Übertragung und Aufzeichnung an öffentlichen Orten, § 27 POG

Die rechtliche Grundlage zur Videoüberwachung **in öffentlich zugänglichen Räumen** regelt grundsätzlich § 6b Bundesdatenschutzgesetz (BDatSchG). Danach ist schon für nichtöffentliche Stellen i. S. d. §§ 1 Abs. 2 Nr. 3, 2 Abs. 4 BDatSchG die Videoüberwachung in öffentlich zugänglichen Bereichen immer dann zulässig, wenn schutzwürdige Interessen der Betroffenen im Einzelfall überwiegen (z. B. Wahrnehmung des Hausrechtes, Verhindern von Diebstahl oder Vandalismus).[359] Grundsätzlich gilt aber, dass dort, wohin sich Menschen zurückziehen, um zu kommunizieren, zu essen, zu trinken, zu lesen oder um sich zu erholen, in der Regel keine Videoüberwachung stattfinden darf. Videoüberwachung in Restaurants oder gar Umkleidekabinen, Toiletten und ähnlichen Bereichen, die der Intimsphäre der Menschen zuzurechnen sind, sind darum grundsätzlich tabu. Über diese allgemeinen Regeln

---

356 Z. B. ist die Schufa der Polizei zur Auskunft verpflichtet, OVG Koblenz v. 27.8.2002 - 12 B 11008/02.OVG, NVwZ 2002, 1529.
357 Vgl. Schenke Rn 178.
358 Anders Schenke Rn 192: Feststellungsklage.
359 Bestimmte Branchen sind durch Unfallverhütungsvorschriften sogar verpflichtet, sicherheitskritische Bereiche via Videoüberwachung zu sichern. Hierzu zählen u.a. Kassenräume von Banken bzw. Sparkassen (§ 6 UVV "Kassen") sowie die Zugänge von Casinos und Spielhallen (§ 6 UVV "Spielhallen"). Weiter müssen auch gewisse Industrie-Anlagen mit Videoüberwachungs-Technik ausgestattet sein. Für Kirchen gelten eigene Regeln (Anordnung über den kirchlichen Datenschutz (KDO) für den Bereich der römisch-katholischen Kirche in Deutschland von 2003 und Kirchengesetz über den Datenschutz der Evangelischen Kirche in Deutschland vom 1.1.2013).

hinaus, geht es hier um die die Gefahrenabwehr durch Ordnungskräfte im öffentlichen Raum. Der Anwendung des § 27 POG gehen als speziellere Regelungen vor
- verdecktes Abhören und verdeckte Aufzeichnungen außerhalb von Versammlungen, Ansammlungen und Veranstaltungen (§ 28 Abs. 2 Nr. 2 POG; vgl. Rn. G 3),
- Standortfeststellungen mittels Peilsender (§ 28 Abs. 2 Nr. 5 POG),
- Übertragungen aus Wohnungen (§ 29 POG) und
- auf die Telekommunikation zielende Maßnahmen (§§ 30 f. POG).

Ansonsten gilt grundsätzlich § 27 Abs. 1 POG. "**Raum**" in diesem Sinne setzt kein Umschlossensein voraus wie bei den §§ 5 ff. VersG. Das Gesetz meint eigentlich Bereiche, z. B. Parks, Haltestellen, Plätze.[360] **Öffentlich** zugänglich sind Räume, wenn sie entweder ausdrücklich oder mit stillschweigender Duldung des Verfügungsberechtigten jedermann oder aber für eine allgemein bestimmte größere Personengruppe überlassen sind und auch so benutzt werden.[361] Darunter fallen zum einen alle Räume, die dem öffentlichen Verkehr gewidmet sind, wie Straßen, Plätze, Parkanlagen. Darunter fallen zum anderen auch private Räume, die nach dem erkennbaren Willen des Berechtigten von jedermann genutzt oder betreten werden dürfen, wie Gaststätten, Geschäfte oder öffentliche Verkehrsmittel. **Technische Mittel** sind Einrichtungen zur optischen Beobachtung sowie zur Aufzeichnung von Bild und Ton. Das hat vorbehaltlich § 27 Abs. 2 S. 2 POG grundsätzlich in **offener** Weise zu geschehen[362].

§ 27 Abs. 1 S. 1 POG erlaubt es grundsätzlich, dass für ordnungsbehördliche und polizeiliche Zwecke über Kameras beobachtet wird, die die Bilder in Echtzeit auf Monitore **übertragen**, ohne dass sie aufgezeichnet werden. Darin sieht die heute herrschende Meinung kein verfassungsrechtliches Problem mehr, weil es nur unwesentlich über die Beobachtung ohne technische Mittel hinausgeht.[363] Der öffentliche Raum muss insbesondere an bestimmten Gefahrenpunkten beobachtet werden, womit die Personalkräfte der Ordnungsbehörden und der Polizei meist überfordert sind. Damit sollen in sog. „Angsträumen" potenzielle Täter abgeschreckt, die Aufklärungsmöglichkeiten verbessert, Kriminalitätsbrennpunkte eingedämmt und das allgemeine Sicherheitsgefühl gestärkt werden. Bedeutung haben solche Maßnahmen insbesondere bei öffentlichen Orten, die besonders bedroht sind durch Taschendiebstahl, Drogenkonsum, Graffiti oder Vandalismus.[364] Zur effektiveren Gefahrenbekämpfung bedient man sich technischer Mittel, um diese Räume zu beobachten. Bereits darin wird ein Eingriff in die Rechte der Beobachteten gesehen.[365]

84a Erst recht ist es ein Eingriff in das Recht auf informationelle Selbstbestimmung, wenn Fotos, Videos oder gar Ton aufgezeichnet werden.[366] Wenn die reine Bildübertragung nicht ausreicht, z. B. weil man die Bilder zur Beweissicherung benötigt oder erst nach einer genauen Auswertung aussagekräftig sind, ist auch die **Aufzeich-**

---

360 Vgl. Roos / Lenz § 9a Rn 13.
361 BGH v. 8.6.2004 - 4 StR 160/04, StZ 2004, 625.
362 Dazu muss die Überwachung an deren Ort erkennbar sein, Angabe der Standorte im Internet genügen nicht, VG Hannover v. 14.7.2011 - 10 A 5452/10, NVwZ-RR 2011, 943.
363 BVerfG v. 27.2.2008 - 1 BvR 370/07 und 1 BvR 595/07, NJW 2008, 1042; VGH Mannheim 21.7.2003 - 1 S 377/02, NVwZ 2004, 498; VG Halle 17.1.2000 - 3 B 121/99 HAL, LKV 2000, 165; VG Berlin 05.7.2010 - 1 K 905.09; Robrecht NJ 2000, 348; Röger/Stephan VBlNW 2001, 205; Maske NVwZ 2001,1248; a. A. Thiel Rn 378; Roggan NVwZ 2001,134; Vahle NVwZ 2001,165.
364 Rühle / Suhr § 27 S. 339.
365 OVG Koblenz v. 5.2.2015 – 7 A 10683/14, NVwZ-RR 2015, 570.
366 Zur Zulässigkeit BVerwG v. 25.1.2012 - 6 C 9.11, NVwZ 2012, 757; s. a. Vahle DVP 2012, 489 ff.

G. Die Eingriffsermächtigungen des POG

nung (also Speicherung) der Bilder bei den folgenden konkreten Anlässen in öffentlich zugänglichen Räumen erlaubt (§ 27 Abs. 1 S. 2 und 3 POG)
1. zur Abwehr einer im einzelnen Falle bestehenden **Gefahr** (vgl. Rn D 2 ff.),
2. beim Gefahrenverdacht (vgl. Rn D 18) für Schäden an **öffentlichen Einrichtungen und Anlagen** (z. B. zum Verhindern von Vandalismus); öffentlich ist eine Einrichtung oder Anlage unabhängig von ihrer privat- oder öffentlich-rechtlichen Zuordnung dann, wenn sie dazu dient, die hoheitlichen Aufgaben eines Hoheitsträgers zu erfüllen (z. B. Amtsgebäude, öffentliche Versorgungs-, Entsorgungs- oder Verkehrseinrichtungen, Kirchen),
3. zur Abwehr (nicht zwingend konkreter) Gefahren durch den **Straßenverkehr** (z. B. im Zusammenhang mit Geschwindigkeits- oder Abstandsmessungen),
4. in **speziell geregelten** Fällen (z. B. §§ 12a, 19a VersG) sowie
5. wenn die polizeiliche Aufgabenwahrnehmung sonst erschwert oder gefährdet würde.

Da diese Aufnahmen bei der Verfolgung wegen Ordnungswidrigkeiten oder Straftaten verwendet und mit ihnen Täter und Tat belegt werden können, sind sie geeignet, potenzielle Straftäter von Straftaten abzuhalten. § 27 Abs. 1 S. 1 und S. 2 POG lässt die Bildaufzeichnung aber nur zu, soweit das **für den Einzelfall erforderlich** ist. Das wird regelmäßig ausschließen, dass eine Videoanlage großräumig oder dauerhaft eingesetzt wird. Die Überwachung muss sich regelmäßig auf einen **begrenzten örtlichen Bereich** beschränken und auf einen konkreten **Anlass bezogen** sein.[367]

Wenn sonst die polizeiliche Aufgabenwahrnehmung erschwert oder gefährdet würde, dürfen zur Gefahrenabwehr und zum Anlagenschutz auch **Tonaufzeichnungen** gefertigt werden (§ 27 Abs. 1 S. 3), was z. B. für auf Einsatzzentralen aufgeschaltete Überfall- und Einbruchmeldeanlagen wichtig ist, bei denen immer aufgezeichnet wird. Die Tonaufnahme gilt als der gegenüber der Bildaufzeichnung schwerere Eingriff, weil er auch Inneres der Person freigibt. Grundsätzlich dürfen diese Maßnahmen nicht dauerhaft, sondern nur anlassbezogen durchgeführt werden, wobei die Maßnahmen nach § 27 Abs. 1 S. 2 Nr. 1 und 2 so lange durchgeführt werden dürfen, als das zur Abwehr der konkreten Gefahr erforderlich ist oder die Gefährdungslage weiter fortbesteht. Für Maßnahmen nach § 27 Abs. 1 POG müssen die Ordnungsbehörden zwei Wochen vorher der Aufsichts- und Dienstleistungsdirektion und dem Datenschutzbeauftragten **anzeigen**, die Polizei nur dem Datenschutzbeauftragten (§ 27 Abs. 7 POG).

Nach § 27 Abs. 2 POG darf die Polizei bei **öffentlichen Veranstaltungen und Ansammlungen** (s. dazu oben Rn G 3), die nicht dem Versammlungsgesetz unterliegen, zur vorbeugenden Bekämpfung von Straftaten personenbezogene Daten von Teilnehmern durch den offenen Einsatz technischer Mittel zur Anfertigung von Bild- und Tonaufzeichnungen erheben, soweit Tatsachen die Annahme rechtfertigen, dass Gefahren für die öffentliche Sicherheit entstehen. Das gilt insbesondere, wenn diese Ereignisse aufgrund einer Gefährdungsanalyse oder der Art oder Größe der Veranstaltung oder Ansammlung ein besonderes Gefährdungsrisiko aufweisen. **Offene Erhebung** heißt, da die Kameras regelmäßig kaum erkennbar sind, dass durch Schilder oder Aufkleber auf die Überwachung hingewiesen werden muss. Diese Maßnahme kann insbesondere der Abwehr terroristischer Straftaten dienen, da die jüngere Erfahrung gezeigt hat, dass größere Menschenansammlungen von terroristischen Anschlägen besonders gefährdet sind. Eine **verdeckte** Datenerhebung ist nur

84b

---
[367] Roos / Lenz § 27 Rn 3.

zulässig, soweit Tatsachen die Annahme rechtfertigen, dass durch die offene Datenerhebung Straftaten nicht verhindert, sondern lediglich an anderer Stelle, zu anderer Zeit oder auf andere Weise begangen werden. Mit der Videoüberwachung lassen sich zwar Straftaten wie z. B. der Anschlag auf den Berliner Weihnachtsmarkt im Dezember 2016 nicht verhindern, wohl aber schneller aufklären und es lassen sich so besser Rückschlüsse für die künftige Gefahrenabwehr ziehen. Möglicherweise kann eine am Monitor sitzende Person so auch noch rechtzeitig eingreifen. Der Eingriff in das Recht auf informationelle Selbstbestimmung richtet sich zwar hier gegen Unverdächtige, die die Maßnahme weder veranlasst haben noch sich ihr entziehen können. Andererseits wird nur aufgezeichnet, was ohnehin jeder sehen kann und es ist zum Schutz hochwertiger Schutzgüter erforderlich. Zudem sind diese Aufnahmen und die zugehörigen Unterlagen unverzüglich zu löschen, sie dürfen für **keinen anderen Zweck** verwendet werden, es sei denn, dass sie dazu beitragen, Straftaten zu verfolgen oder zu verhüten oder der Abwehr von in absehbarer Zeit drohenden Gefahren für Leib, Leben oder Eigentum einer Person dienen. Für Versammlungen i. S. d. Art. 8 GG gelten dagegen die §§ 12a, 19a VersG.

84c Problematisch sind in diesem Zusammenhang bloße **Übersichtsaufnahmen**. Bei ihnen liegt ein Eingriff nur vor, soweit später einzelne Teilnehmer identifiziert werden und diese Erkenntnisse weiterverwendet werden könnten.[368] Ein Eingriff liegt demnach auch dann vor, wenn z. B. durch Heranzoomen einzelne Personen erkennbar werden. Bei der heutigen Digitaltechnik dürfte das wohl mit fast jeder Übersichtsaufnahme möglich sein, so dass eigentlich jede in das Recht auf informationelle Selbstbestimmung eingreift.[369]

Zum Schutz **an gefährlichen Orten oder gefährdeten Objekten** (§ 10 Abs. 1 S. 2 Nr. 1 und 2 POG, s. zu den Begriffen Rn G 18) darf die Polizei Bild und Ton aufzeichnen, um Straftaten oder erhebliche Ordnungswidrigkeiten zu verhindern, § 27 Abs. 3 POG. Voraussetzung dafür sind aus Tatsachen abgeleitete Annahmen (Erfahrungswerte oder Vermutungen genügen nicht), dass Straftaten oder Ordnungswidrigkeiten von erheblicher Bedeutung begangen werden (vgl. Rn G 38).

84d Bild- und Tonaufnahmen darf die Polizei, soweit das erforderlich erscheint, auch zum **Selbstschutz** anfertigen, nämlich dann, wenn sie nach dem POG oder einer anderen Vorschrift jemanden in den Fällen des § 18 Abs. 2 Nr. 1-7 POG bereits zum Selbstschutz nach Waffen, anderen gefährlichen Gegenständen oder Explosivmitteln durchsucht, § 27 Abs. 4 POG. Diese Maßnahme ist wegen des Schutzes der Privatsphäre auf öffentliche Bereiche beschränkt. Diese Beschränkung auf öffentlich zugängliche Räume ist dennoch nicht ganz nachvollziehbar. Soll ernsthaft die Aufzeichnung abgebrochen und damit der Eigen- oder Fremdschutz verringert werden müssen, wenn der Täter sich auf ein Privatgrundstück flüchtet oder er dort durchsucht wird? Warum zudem diese Aufzeichnungsmöglichkeit auf die Fälle des § 18 Abs. 2 POG beschränkt bleibt und nicht auch für die für Polizeibeamte ebenfalls typischen Gefahrensituationen des § 18 Abs. 1 POG gilt, ist insbesondere für die gefährlichen und die gefährdeten Orte (vgl. Rn G 18) nicht nachvollziehbar.

84e Grundsätzlich ist es zu vermeiden, dass von Personen Bilder übertragen oder Bild oder Ton aufgezeichnet werden, die mit der konkret abzuwehrenden Gefahr nichts zu tun haben, insbesondere weder verantwortlich noch i. S. d. § 7 POG notstands-

---

368 VG Bremen v. 5.12.1988 – 4 A 226/86, NVwZ 1989, 895.
369 Vgl. Kloepfer / Breitkreuz DVBl. 1998,1152; Roos Kriminalstatistik 1994,675. Nach VerfGH Berlin v. 11.4.2014 – 129/13, NVwZ 2014, 1317, sind Übersichtsaufnahmen von Versammlungen unter freiem Himmel darum immer ein Eingriff.

G. Die Eingriffsermächtigungen des POG

pflichtig sind. Werden aber dennoch Daten solcher **Dritter** nach den Absätzen 1 bis 4 mit aufgenommen werden (ein zufällig ins Bild geratener Passant, ein Gesprächspartner), ist die Maßnahme dennoch rechtmäßig, soweit das zur Gefahrenabwehr unvermeidbar war, § 27 Abs. 5 S. 1 POG. Andernfalls wäre die Befugnis sonst praktisch ohne großen Wert. Diese Aufnahmen sind allerdings bei Wegfall ihres Zwecks (§ 2 Abs. 3 POG) nach spätestens 30 Tagen zu **löschen** bzw. zu vernichten (vgl. Rn G 123)[370], spätestens unter den Voraussetzungen des § 39 Abs. 2 POG. Stellt sich also heraus, dass man diese Aufnahmen zufällig aufgenommen hat, aber eigentlich nicht braucht, sind diese sofort zu löschen. Die Löschung entfällt dagegen zunächst, wenn man die Daten bei Straftaten oder Ordnungswidrigkeiten von erheblicher Bedeutung, zur Gefahrenabwehr, insbesondere zur vorbeugenden Bekämpfung von Straftaten, oder zur Behebung einer bestehenden Beweisnot braucht. Werden diese Daten zu einem anderen **Zweck** verwendet, als sie erhoben wurden, ist das förmlich festzustellen und zu **dokumentieren** (Aktenvermerk), was insbesondere auch der nachträglichen Überprüfung durch Betroffene dient. Das ist deswegen erforderlich, weil die Verwendung persönlicher Daten zu einem anderen als dem ursprünglichen Zweck wie ein neues Erheben wirkt, also ein neuer Eingriff ist.[371]

Soll die offene Datenerhebung **länger als 48 Stunden** durchgeführt werden, soll grundsätzlich darauf hingewiesen werden (§ 27 Abs. 6, z. B. durch Hinweisschilder, sichtbares Aufstellen der Kameras, Mitteilungen). „*Soll*" heißt, dass es für die Polizei verbindlich ist, wenn keine atypischen Umstände Abweichungen rechtfertigen.[372] Für die 48-Stunden-Dauer kommt es nicht darauf an, wie lange die Erhebung tatsächlich gedauert hat, sondern auf welchen Zeitraum sie angelegt war, ein ursprünglich nicht beabsichtigter früherer Abbruch ist darum unbeachtlich. Auch eine kurze Unterbrechung berührt die Berechnung nicht, wenn danach die Datenerhebung mit selber Zielrichtung weitergeht. Weitergehende Dokumentations- oder Benachrichtigungspflichten bestehen nicht.

85 Neben § 27 POG bietet **§ 34 LDatSchG** die Möglichkeit der offenen Videobeobachtung, soweit das zur Aufgabenerfüllung oder zur **Wahrung des Hausrechts** erforderlich und angemessen ist (z. B. bei Bahnsteigen, Schließfächern, gefährdeten Teilen von Gebäuden). Der grundsätzliche Unterschied zu § 27 POG besteht darin, dass hier nicht die öffentliche Gefahrenabwehr, sondern der private Sicherungsschutz im Vordergrund steht (z. B. um evtl. Schadensersatz geltend machen zu können). Eine Aufzeichnung erlaubt § 27 POG nur zur Abwehr einer konkreten Gefahr für die öffentliche Sicherheit und zum Schutz der gefährdeten öffentlichen Anlage oder Einrichtung.

86 Alle modernen Streifenwagen in Rheinland-Pfalz sind mit Videokameras ausgerüstet, die die Sicherheit der Polizeibeamten vor Angriffen erhöhen soll. Warum auch hier wieder für die kommunalen Vollzugsbeamten eine solche Möglichkeit nicht eröffnet wurde, bleibt wie viele Unterschiede zwischen Polizei- und kommunalen Vollzugsbeamten unklar. Die Polizeibeamten in Rheinland-Pfalz werden nach § 27a POG mit mobilen Bild- und Tonaufzeichnungsgeräten ausgestattet, die körpernah, meist an Kragen oder Schulter sichtbar getragen werden (**Körperkameras**, sog. Bodycams). Damit kann das Geschehen, insbesondere die Handlungen von Bürgern und Polizei-

---

[370] Wobei sich die Frist nach § 31 Abs. 1 VwVfG / § 1 LVwVfG i. V. m. den §§ 187 ff. BGB berechnet, wohl nicht nach § 43 StPO analog, was aber im Ergebnis keinen Unterschied macht.
[371] BVerfG v. 20.04.2016 - 1 BvR 966/09, 1 BvR 1140/09, NJW 2016, 1781.
[372] A. A. Roos / Lenz § 27 Rn 18, der eine Ordnungsvorschrift annimmt, deren Verstoß jedenfalls unbeachtlich sei.

beamten, während des Einsatzes aufgezeichnet werden. Das ist aber nur zulässig, wenn es Anhaltspunkte dafür gibt, dass der Einsatz zum **Schutz von Leib und Leben** des Polizeibeamten selbst oder eines Dritten (z. B. der Einsatzkräfte von Feuerwehr oder Rettungsdienst) erforderlich ist. Es bedarf noch nicht einer konkreten Gefahr, ein gewaltsamer Übergriff muss nicht unmittelbar bevorstehen, aber es müssen tatsächliche Anhaltspunkte den Schluss auf eine Eskalation zulassen. Körperkameras dürfen aber – anders als z. B. nach § 22a Zollfahndungsgesetz - nur in **öffentlich zugänglichen Räumen** (s. dazu Rn G 84) eingesetzt werden. Das dient zwar dem Schutz des Bürgers, dass nicht Aufnahmen in seiner durch Art. 13 GG geschützten Wohnung gemacht werden. Dennoch ist diese Einschränkung nicht unbedenklich, drohen einem Polizeibeamten gerade in fremden Wohnungen, die er ja gerade wegen des Schutzes aus Art. 13 GG nur in besonderen Gefahrenlagen betreten darf, besondere Gefahren für Leib und Leben. Datenerhebungen in einem durch ein Berufsgeheimnis geschützten Vertrauensverhältnis i. S. d. § 53 Abs. 1 und des § 53a Abs. 1 der Strafprozessordnung (z. B. Rechtsanwälte, Ärzte, Geistliche) sind unzulässig. Die Frage ist allerdings, was das genau heißt. Denn innerhalb der Betriebs- und Geschäftsräumen von Berufsgeheimnisträgern darf die Körperkamera schon deswegen nicht eingesetzt werden, weil es sich dabei nicht um öffentliche Räume handelt. Da zum Berufsgeheimnis bereits gehört, dass jemand den Berufsgeheimnisträger auch nur konsultiert hat, könnte das gegen den Einsatz der Körperkameras selbst im öffentlichen Raum sprechen, wenn auch nur eine Praxis oder sonstige Berufsstätte eines Berufsgeheimnisträgers in der Nähe ist.

Die Kameras müssen von Hand eingeschaltet werden, laufen also nicht vorab oder gar ständig durch (sog. Pre-Recording[373]), was in hektischen Situationen nachteilig sein kann. Da nur offene Aufzeichnung erlaubt ist, muss auf den Beginn der Aufzeichnung mündlich **hingewiesen** werden. Darüber hinaus tragen die Polizeibeamten einen auf die Videoaufzeichnung hinweisenden Schriftzug auf ihren Funktionswesten. Die aufgenommenen Daten werden 30 Tage aufgehoben und dann gelöscht, soweit sie nicht zur Verfolgung von Straftaten oder bedeutsamen Ordnungswidrigkeiten, zur konkreten Gefahrenabwehr oder zur Rechtsprüfung auf Wunsch des Aufgenommenen benötigt werden und das auch formal festgestellt und dokumentiert wird. Das ist gleichzeitig die Einspruchsfrist, wenn Betroffene sich ungerecht von der Polizei behandelt fühlen und das über Aufnahmen beweisen wollen.

Der Eingriff durch Aufzeichnungen mittels Körperkamera ist ein stärkerer Eingriff, als durch stationäre Kameras. Ihr Sichtradius ist durch die Bewegung unkalkulierbarer und regelmäßig werden einzelne Personen gezielt individuell aufgezeichnet. Andererseits zeigte sich während der der gesetzlichen Regelung vorausgehenden Testphase, dass sie auch eine nicht unerhebliche deeskalierende Wirkung hat, weil die Betroffenen mit Beleidigungen oder Angriffen auf Polizeibeamte zurückhaltender sind.

87 Nach § 27b POG können anlassbezogen die **Kennzeichen von Kraftfahrzeugen automatisch erfasst** werden (sog. Mustererkennung). Die anlassbezogene Kennzeichenerfassung kann die polizeiliche Suche nach zur Fahndung ausgeschriebenen Personen oder Sachen erleichtern, insbesondere bei Fahndungsmaßnahmen bei Terrorlagen und Wohnungseinbruchdiebstählen, die von organisierten Banden begangen werden, können mobile Erfassungsgeräte an einschlägigen Anreisewegen

---

373 Mit dem Pre-Record-Modus können Fotos nicht nur in dem Moment aufgenommen werden, wenn der Auslöser gedrückt wurde, sondern schon vorher! Mit einer kontinuierlichen Aufnahme werden Fotos im Pufferspeicher der Kamera gespeichert noch bevor der Auslöser gedrückt wird.

G. Die Eingriffsermächtigungen des POG

aufgestellt werden. Eine solche Regelung war schon einmal ab 2004 nach § 27 Abs. 5 POG a. F. möglich. Nachdem aber das Bundesverwaltungsgericht Vorschriften über die automatische Kennzeichenerfassung in Hessen und Schleswig-Holstein für nichtig erkannt hatte[374], wurde diese Maßnahme erst einmal wieder aus dem rheinland-pfälzischen POG herausgenommen (wobei es bis dahin kein einziges Mal angewendet worden war). Beanstandet hatte das Gericht, dass der Abgleich nicht unverzüglich erfolge und das Kennzeichen nicht ohne weitere Auswertung sofort und spurenlos gelöscht werden musste. Die automatisierte Erfassung von Kraftfahrzeugkennzeichen dürfe auch nicht anlasslos erfolgen oder flächendeckend durchgeführt werden. Allerdings hält das Bundesverwaltungsgericht eine Mustererkennung dann für rechtmäßig, wenn

1. das Kennzeichen eines vorbeifahrenden Kraftfahrzeugs von dem Gerät erfasst und mit den dafür herangezogenen Dateien abgeglichen, aber die Daten dann gelöscht werden, wenn keine Übereinstimmung mit Kennzeichen in den Dateien festgestellt wird; in diesem Fall liegt kein Eingriff in das Recht auf informationelle Selbstbestimmung vor, da rechtlich und technisch gesichert ist, dass die Daten anonym bleiben und sofort spurenlos und ohne die Möglichkeit, einen Personenbezug herzustellen, gelöscht werden;
2. nach dem automatisierten Abgleich angezeigte Treffer noch visuell abgeglichen werden und, wenn sich durch den manuellen Vergleich ergibt, dass das abgelichtete und das vom System ausgelesene Kennzeichen gar nicht übereinstimmen, der Polizeibeamte den gesamten Vorgang umgehend durch Eingabe des Befehls „Entfernen" löscht, ohne dass er die Identität des Halters ermittelt.[375]

Der Bund[376] und insbesondere die Bundesländer Bayern[377], Baden-Württemberg[378] und Niedersachsen[379] setzen aktuell die Kennzeichenerfassung ein. Nach dem 2017 wiedereingeführten § 27b POG ist die automatische Kennzeichenerfassung grundsätzlich möglich

- zur Abwehr einer **gegenwärtigen Gefahr für Leib, Leben, Freiheit oder Eigentum** einer Person,
- bei einer **gegenwärtigen Gefahr** in den Fällen, in denen nach **§ 10 Abs. 1 S. 2 POG** auch ohne Vorliegen einer konkreten Gefahr die Identität festgestellt werden darf (gefährlicher Ort, gefährdeter Ort oder Kontrollstelle) oder
- wenn eine Person oder ein Fahrzeug zur Beobachtung (§ 32 POG; vgl. Rn 113) ausgeschrieben ist und es Hinweise darauf gibt, dass diese Person oder mittels dieses Fahrzeugs die **Begehung einer erheblichen Straftat unmittelbar bevorsteht**.

Trotz einiger Fahndungserfolge, die woanders (z. B. in Österreich) damit gemacht wurden, lehnt es Rheinland-Pfalz strikt ab, die Messbrücken der Autobahnmaut zu einer generellen präventiven Kennzeichenerfassung zu nutzen. Allenfalls ein sehr eingeschränkter Zugriff sei irgendwann denkbar, und das auch nur unter Richtervorbehalt und bei schwersten Verbrechen, wie z. B. Mord.[380]

---

374 BVerfG v. 11.3.2008 - 1 BvR 2074/05, 1 BvR 1254/07, NJW 2008, 1505.
375 BVerwG v. 11.3.2008 und v. 22.10.2014 a. a. O. Zu den Anforderungen s. auch BVerfG v. 22.10.2014 - 6 C 7.13, NVwZ 2015, 906.
376 § 27b BPolG.
377 Art. 33 Abs. 2 S. 2 bay. PAG, der in seinem Anwendungsbereich deutlich über die rheinland-pfälzische Regelung hinausgeht; hierzu BVerwG v. 22.10.2014 - 6 C 7.13, NVwZ 2015, 906.
378 § 22a b-w. PolG; dazu VerfGH Bad.-W. v. 6.3.2017- 1 VB 83/16.
379 § 32 Abs. 5 nds. SOG.
380 Presseerklärung des rheinland-pfälzischen Justizministers Herbert Mertin vom 18.6.2017.

Mit der automatischen Kennzeichenerfassung kann die Polizei zur Abwehr einer Gefahr oder zur vorbeugenden Bekämpfung von Straftaten durch den Einsatz von Videotechnik automatisch Bilder von Fahrzeugen aufzeichnen und deren Kennzeichen erfassen, um die Kennzeichen von Kraftfahrzeugen elektronisch zu erkennen und dann diese Daten mit dem Fahndungsbestand abzugleichen (vgl. § 37 Abs. 2 S. 1 POG), z. B. zum Herausfiltern gestohlener Fahrzeuge oder gestohlener Kennzeichen, Auffinden bestimmter Fahrzeuge. Das ist effektiver als die Kennzeichen personalintensiv mit der Hand aufzuschreiben. Bei Entführungen, Einbruchsdiebstählen, Terroranschlägen können so bestimmte Anreise-, Flucht- oder Verbindungswege besonders überprüft werden. **Nicht rechtmäßig** ist eine solche Kennzeichenerfassung

- zu rein strafrechtlichen Zwecken,
- ohne Anlass,
- dauerhaft oder
- flächendeckend.

Die erfassten Kennzeichen dürfen nur bei den in § 27 Abs. 2 S. 3 POG beschriebenen Fahrzeugen in Sachfahndungsdateien des Landes- und Bundeskriminalamtes sowie ins Schengener Informationssystem eingestellt und nur **zu präventiven Zwecken abgeglichen** werden. Eingestellt werden dürfen nur vollständige Kennzeichen, weil ansonsten zu viele Personen betroffen wären. Ist das Fahrzeug im Datenbestand erfasst („Treffer"), werden Kennzeichen, Ort, Datum, Uhrzeit und Fahrtrichtung gespeichert und von Hand noch einmal auf eventuelle Speicher- oder Lesefehler überprüft. Die Insassen des Fahrzeugs dürfen erst einmal **angehalten** werden. Nach einer erneuten Fehlerprüfung sind auch weitergehende Maßnahmen möglich. Sofern das ermittelte Kennzeichen nicht im Fahndungsbestand enthalten ist („Nichttreffer"), sind die erhobenen Daten sofort nach Durchführung des Datenabgleichs automatisiert zu löschen.

88 Überlegungen in Rheinland-Pfalz, sog. Gefährder zur Gefahrenabwehr mittels elektronischer Aufenthaltsüberwachung (EAÜ; „**elektronische Fußfessel**") zu überwachen, haben sich nicht durchgesetzt. Als **Gefährder** werden im Zusammenhang mit der Gefahrenabwehr Personen bezeichnet, bei denen kein konkreter Hinweis vorliegt, dass sie eine Straftat planen, aber bei denen bestimmte Tatsachen die Annahme der Polizeibehörden rechtfertigen, dass sie Straftaten von erheblicher Bedeutung begehen werden, insbesondere solche im Sinne des § 100a der Strafprozessordnung (StPO). Die elektronische Fußfessel ist ein am Bein getragener wasserdichter GPS-Sender zur Überwachung von Menschen, von denen eine Gefahr für die Bevölkerung ausgehen könnte. Wird das Befestigungsband zerstört, löst der Sender Alarm aus. Alarm gibt es auch dann, wenn zuvor festgelegte Aufenthaltszonen verlassen werden. In der Überwachungsstelle wird dann auf einer elektronischen Karte der Fluchtweg gezeigt und wie schnell sich der Flüchtige wegbewegt. Strafgerichte können zwar nach § 68b Abs. 1 Nr. 12 StGB eine verurteilte Person für die Dauer der Führungsaufsicht oder für eine kürzere Zeit anweisen, ständig technische Mittel einer elektronischen Überwachung ihres Aufenthaltsortes in betriebsbereitem Zustand bei sich zu führen und deren Funktionsfähigkeit nicht zu beeinträchtigen. Der *präventive* Nutzen ihrer Anwendung ist jedoch umstritten. Der Bund (§ 56 BKA-Gesetz) und einige Bundesländer (z. B. Baden-Württemberg, Bayern) führen dieses Überwachungsmittel ein. Andere Landesregierungen, wie in Rheinland-Pfalz, sind eher skeptisch. Gefahren könne man so nicht wirksam verhindern; man könne auch mit einer Fußfessel Lkw fahren oder einen Sprengstoffgürtel anlegen. Auch die polizeilichen Erkenntnisse würde dieses offene angewandte Mittel nur eingeschränkt fördern; in vielen Fällen seien die Sicherheitsbehörden darauf angewiesen, dass sie

G. Die Eingriffsermächtigungen des POG

Erkenntnisse zu einem bestimmten Gefährder zusammentragen können, ohne dass der Betroffene davon wisse und sein Handeln darauf einstellen könne.

c) Besondere Mittel der verdeckten Datenerhebung, § 28 POG

Während die Maßnahmen im Rahmen des § 27 POG (Ausnahme § 27 Abs. 2 S. 2 POG) offen durchgeführt werden, ermächtigen §§ 28 und 29 POG (nur) die **Polizei** zur **verdeckten Datenerhebung**. Bei einer **verdeckten Erhebung** ist die Maßnahme als ordnungsbehördliche oder polizeiliche Maßnahme nicht erkennbar, es wird die Arglosigkeit der Informationsperson ausgenutzt. Das Bundesverfassungsgericht[381] stellt übergreifende Anforderungen an heimliche Überwachungsmaßnahmen, die tief in die Privatsphäre eingreifen. Hierfür genügen keine „relativ diffusen Anhaltspunkte für mögliche Gefahren", sondern nur eine auf Tatsachen beruhende Prognose, die auf eine konkrete Gefahr bezogen ist. Das bloße Berufen auf Erfahrungsgrundsätze genügt nicht. Es genügt aber, dass das individuelle Verhalten der Person die konkrete Wahrscheinlichkeit begründet, dass sie terroristische Straftaten begehen wird, z. B. weil die Person aus einem Ausbildungslager für Terroristen im Ausland nach Deutschland einreist oder bei glaubwürdigen Aussagen von Zeugen. Nicht erforderlich ist es, dass das konkrete Schadensereignis schon beschrieben werden kann. Dem entsprechend erlaubt § 28 Abs. 1 POG verdeckte Datenerhebung mit besonderen Mitteln nur zur Abwehr einer Gefahr für **Leib oder Leben**, bei bestimmten Hinweisen auf konkretisierte **Straftaten von erheblicher Bedeutung** innerhalb eines übersehbaren Zeitraums, der Bildung krimineller Vereinigungen (**§ 129 StGB**) in besonders schädlicher Form bei **Kontakt- und Begleitpersonen** (§ 26 Abs. 3 S. 2) und **Personen im Umfeld** einer in besonderem Maß als gefährdet erscheinenden Person.

Verdeckt eingesetzt werden können Personen (§ 28 Abs. 2 Nr. 1, 3 und 4) oder technische Mittel (§ 28 Abs. 2 Nr. 2 und 5, Rn G 84). Ob bei jemandem über ihn selbst oder über andere Personen Informationen erhoben werden, ist dabei zweitrangig.[382] Dass gleichzeitig auch Daten von Personen erhoben werden, für die an sich die Voraussetzungen der Datenerhebung nicht vorliegen (Dritte), ist unerheblich, solange sich das bei der Maßnahme nicht vermeiden lässt.

Beispiel: Das Aushorchen einer Gefangenen durch eine Mitgefangene, die als Wahrsagerin Aussagen erschleicht, ist noch einfach verdeckt erhobene Information für die Polizei und kein Fall des § 28 POG.[383]

Besondere Mittel der verdeckten Datenerhebung sind nach § 28 Abs. 2 POG praktisch vorverlagerte Maßnahmen gegenüber solchen der StPO:

1. Die **längerfristige Observation.** Das ist eine verdeckt und planmäßig durchgeführte Beobachtung einer Person zur gezielten Informationsgewinnung durch die Polizei, die entweder durchgehend mehr als 24 Stunden oder zwar nicht durchgehend, aber für die Dauer von mehr als einer Woche (dagegen § 163 f. StPO: mehr als 2 Tage) durchgeführt wird. Die Maßnahme wird regelmäßig heimlich durchgeführt, kann aber auch offen (vgl. dazu Rn G 83 bzw. 89) durchgeführt werden, z. B. um jemanden von bestimmten Taten abzuhalten. Die längerfristige Observation ist ein erheblicher Eingriff in das Recht auf informelle Selbstbestimmung, da mit ihr zwangsläufig auch eine Vielzahl von nicht für die Gefahrenabwehr bedeutsamen Informationen erhoben wird.

---
381 BVerfG v. 20.4.2016 - BvR 966/09, NJW 2016, 1781.
382 S. a. Roos / Lenz, § 28 Rn 1.
383 BGH v. 21.7.1998 - 5 StR 302/97, NJW 1998, 3506.

Beispiel: Wochenlange Überwachung durch verschiedene Beobachter einer Person aus der islamistischen Szene, von der man die Beteiligung an geplanten Anschlägen vermutet.

90a 2. Der **verdeckte Einsatz technischer Mittel zur Anfertigung von Bildaufzeichnungen** (z. B. Kameras), um Bilder aufzuzeichnen.

Beispiel: Aus Aussagen von „Aussteigern" erfährt die Behörde, dass eine extrem rechtsorientierte Gruppierung von Reichsbürgern Anschläge auf ausländische Händler plant. Die Mitglieder der Gruppe werden observiert und fotografiert.

3. Der **verdeckte Einsatz technischer Mittel zum Abhören und Aufzeichnen des nicht öffentlich gesprochenen Wortes** (z. B. Richtmikrofon, „Wanzen", vgl. auch §§ 100c ff. StPO), insbesondere wenn Hinweise auf das individuelle Verhalten einer Person vorliegen (z. B. Rückkehr aus einem ausländischen Terror-Camp oder glaubwürdige Aussagen eines Zeugen), die die konkrete Wahrscheinlichkeit begründen, dass sie innerhalb eines übersehbaren Zeitraums terroristische Straftaten begehen wird, ohne dass die drohende Straftat bereits ihrer Art nach konkretisiert werden muss. Nichtöffentlich gesprochene Worte sind solche, die sich an einen begrenzten Personenkreis richten. Dieser sogenannte „**Kleine Späh- oder Lauschangriff**" (zum „Großen" s. Rn G 92) bezieht sich auf Gespräche an **öffentlichen Örtlichkeiten** sowie auch in allgemein zugänglichen Büro- und Geschäftsräumen. Innerhalb von Wohnungen ist diese Maßnahme nur zulässig, wenn sie sich ausschließlich gegen Personen richtet, die weder Hausrechtsinhaber sind noch von diesem geduldet werden (z. B. Einbrecher, Hausbesetzer, Geiselnehmer, s. a. Rn G 94 a. E.). Richtet sich die Maßnahme gegen den Wohnungsinhaber, müssen die Voraussetzungen des § 29 POG gegeben sein. Auf die Dauer der Aufnahmen kommt es nicht an, allerdings können sich Überschneidungen mit Nr. 1 ergeben. Eine Aufnahme ohne die Voraussetzung des § 28 POG kann den Tatbestand des § 201 StGB (Verletzung der Vertraulichkeit des Wortes) erfüllen.

90b 4. Der Einsatz von **verdeckten Ermittlern** (s. a. §§ 110a ff. StPO). Das sind **Polizeibeamte**, die bei Geheimhaltung ihrer wahren Identität unter einer ihnen verliehenen, auf Dauer angelegten, veränderten Identität (**Legende**) ermitteln.[384] Maßgeblich ist, ob der Ermittlungsauftrag über einzelne, wenige, konkret bestimmte Ermittlungshandlungen (z. B. Scheinkauf von Rauschgift) hinausgeht. Verdeckte Ermittlung liegt nicht vor, wenn ein Polizeibeamter zwar als solcher nicht zu erkennen ist, aber für ihn keine auf Dauer angelegte Legende angelegt ist (z. B. der Polizeibeamte stellt sich bei einer Befragung nur unter falschem Namen vor). Verdeckte Ermittler dürfen unter der Legende am Rechtsverkehr teilnehmen (wie § 110a Abs. 2 StPO). Dazu dürfen (falsche) Urkunden hergestellt und unter falscher Identität rechtlich gehandelt werden (§ 27 Abs. 6 POG) und dieses Ausnutzen des gewonnenen Vertrauens, um Informationen zu gewinnen, auch im Internet (z. B. über soziale Netzwerke) ist ein rechtfertigungsbedürftiger Eingriff in das Recht auf informationelle Selbstbestimmung.[385] Gefahren darf der verdeckte Ermittler im Rahmen der Verhältnismäßigkeit verursachen, aber keine Straftaten oder andere gravierende Gesetzesverstöße begehen. Begeht er dennoch Straftatbestände, bleibt er unter den Voraussetzungen des § 34 (rechtfertigender Notstand) oder § 35 (entschuldigender Notstand) straffrei; der Einsatz als solcher

---

[384] Schenke Rn 198 f.; Eingriff in das Recht auf informationelle Selbstbestimmung BVerfG NJW 2008, 836; nach Rosengarten/Römer NJW 2012, 1764 soll trotz fehlender Legende verdeckte Ermittlung sogar im Internet (z. B. soziale Netzwerke, Internetboards) möglich sein.
[385] BVerfG v. 27.2.2008 - 1 BvR 370/07 und 1 BvR 595/07, NJW 2008, 822.

G. Die Eingriffsermächtigungen des POG

wird dadurch aber nicht gerechtfertigt. Die Wohnung (vgl. dazu Rn G 61 f.) eines anderen darf der verdeckte Ermittler nur mit dessen Einverständnis betreten, wobei unerheblich ist, ob dieses Einverständnis bei Kenntnis der wahren Identität nicht gegeben worden wäre (entspricht § 100c StPO), nur darf der Ermittler kein nicht existierendes Betretungsrecht vorspiegeln, z. B. als Ableser der Energieversorgung oder aus § 52 Abs. 2 BImSchG, § 47 Abs. 1, Abs. 2 S. 2 + 3 KrWG usw. Über die verdeckte Ermittlung ist gegebenenfalls nachträglich zu unterrichten, es sei denn der Ermittler würde dadurch persönlich gefährdet, § 40 Abs. 5 POG. Ist nicht der Ermittler selbst, sondern seine weitere Verwendbarkeit gefährdet, braucht nur eingeschränkt unterrichtet zu werden (§ 40 Abs. 5 letzter Satz POG).[386]

Beispiel: Um mehr Erkenntnisse über die inneren Abläufe einer kriminellen Rockergruppe zu erhalten, schleust die Polizei einen Polizeibeamten in die Gruppe ein, der in der Gruppe für einer der ihren gehalten wird.

5. Der Einsatz von **Vertrauenspersonen**. Das sind Personen, die **keine Polizeibeamte** sind, aber für **eine gewisse Zeit** lang – für Dritte nicht erkennbar – mit der Polizei zusammenarbeiten und deren Identität grundsätzlich geheim gehalten wird.[387] **90c**

Beispiel: Die Polizei hält festen und ständigen Kontakt mit Mitgliedern in einer politisch rechtsorientierten und gewaltbereiten Gruppierung, um herauszufinden, ob und wann gewaltsame Aktionen geplant sind.

Sie sind also mehr als bloße Informanten und Auskunftspersonen, die eher in Einzelfällen und anlassbezogen informieren. Vertrauenspersonen haben keine hoheitlichen Befugnisse und sind darum auch keine Beliehene. Ihr Einsatz wird aber dem Träger der Behörde zugerechnet, der die den im Einsatz liegenden Informationseingriff maßgeblich steuert und darum dafür verantwortlich ist. Nach § 28 Abs. 8 S. 3 POG darf die Vertrauensperson zwar zur Aufrechterhaltung ihrer Legende mit Tarnpapieren schützen, diese aber anders als der verdeckte Ermittler nicht im Rechtsverkehr benutzen.

6. Der Einsatz technischer Mittel zur **Standortfeststellung** einer Person oder eines Fahrzeugs (z. B. mittels eines satellitengestützten Navigationssystems, „GPS-Wanze"[388], Peilsender, Bewegungsmelder; entspricht § 100c Abs. 1 Nr. 1b). Derartige Sender werden typischerweise in oder an Fahrzeugen angebracht, z. B. um Personen zu observieren oder Fluchtfahrzeuge verfolgen zu können, sie können aber auch in Koffern, Kleidung usw. versteckt sein. Körperverletzungen, wie z. B. das Einspritzen eines GPS-Chips in trunkenem Zustand, sind hierdurch aber nicht abgedeckt. **90d**

Beispiel: Geiselnehmer verlassen mit ihren Geiseln den Ort der Geiselnahme mit einem Fluchtauto. Dieses ist vorher mit einem unauffälligen GPS-Sender bestückt worden, wodurch die Polizei verfolgen kann, wo sich das Fahrzeug gerade befindet.

Diese Regelung gilt nicht, soweit es um Standortüberwachungen im Bereich von Wohnungen (z. B. Einsatzmelder auf einem großen, unübersichtlichen Betriebsgelände, hier gilt § 29 POG; § 28 fehlt der im Hinblick auf Art. 13 GG notwendige Richtervorbehalt)[389] oder um Maßnahmen zur Überwachung der Telekommunikation geht (z. B. Standortfeststellung über Mobiltelefon oder IMSI-Catcher, hier gilt § 31 POG).

---

[386] Der VerfGH Sachsen hat mit Urteil vom 10.7.2003, - Vf 43-II-00, entschieden, dass nicht alleine wegen der weiteren Verwendbarkeit des verdeckten Ermittlers die Unterrichtung unterbleiben darf.
[387] Schenke Rn 200 ff.; Vgl. Richtlinien des LKA Rheinland-Pfalz für verdeckte Ermittlungen im Rahmen der Strafverfolgung Nr. 2.2.
[388] Observation über das satellitengestützte „Global Positioning System" (GPS) mittels eines Peilsenders.
[389] Cassardt ZRP 1997, 372.

91 Gibt es zur Gefahrenabwehr oder zur vorbeugenden Bekämpfung von Straftaten kein milderes Mittel, können die Mittel des § 28 Abs. 2 POG gegenüber folgenden Personen eingesetzt werden:
1. **Verantwortliche** nach §§ 4 oder 5 POG. Ferner auch Nichtverantwortliche, wenn einerseits ein Notstand i. S. d. **§ 7 POG** vorliegt und außerdem eine konkrete **Gefahr für Leib und Leben** (vgl. Rn D 12) abzuwehren ist.

    Beispiel: So kann ein GPS-Sender auch an ein Fahrzeug angebracht werden, dessen Eigentümer von Geiselnehmern gezwungen wird, das Fahrzeug zur Flucht zu lenken.
2. Potenzielle Täter von **Straftaten von erheblicher Bedeutung**. Welche Straftaten das sind, listet § 28 Abs. 3 POG auf (vgl. auch § 110a Abs. 1 StPO). Es handelt sich um Straftaten, die sich gegen hochrangige Rechtsgüter richten, zu bestimmten Deliktsbereichen gehören oder durch die Art und Weise der Tatausführung eine besondere Sozialschädlichkeit aufweisen. Eine konkrete Gefahr ist noch nicht erforderlich, wohl aber müssen Tatsachen für die potenzielle Täterschaft sprechen (z. B. eigene Ankündigungen, konkrete Zeugenaussagen). Die Datenerhebung muss zur **vorbeugenden Bekämpfung** dieser **Straftaten** erforderlich sein, was nicht der Fall ist, wenn es zu ihrer Verhinderung potenziell ein milderes Mittel gibt.
3. **Kontakt- und Begleitpersonen** i. S. d. § 26 Abs. 3 S. 2 POG (vgl. zum Begriff Rn G 81), soweit die Datenerhebung zur **vorbeugenden Bekämpfung von Straftaten** von erheblicher Bedeutung i. S. d. § 28 Abs. 3 POG erforderlich sind.

    Beispiel: Die Schwester eines Mittäters wird ohne ihr Wissen als Drogenkurier benutzt. Auch sie darf beobachtet und ausgespäht werden.
4. Personen aus dem Umfeld einer besonders gefährdeten Person, die auf diese eine unmittelbare Einwirkungsmöglichkeit besitzen, z. B. Freunde, Partner, Nachbarn usw., soweit die Datenerhebung zur Abwehr einer **Gefahr** erforderlich ist; diese **Umfeldpersonen** unterscheiden sich von den Kontakt- und Begleitpersonen durch die fehlende Beziehung zur Tat. Da sie Nichtverantwortliche sind, ist der Einsatz gegen diese Personen möglichst zu vermeiden und kommt nur in Betracht, wenn Maßnahmen gegen die oben unter 1. – 3. genannten Personengruppen zur Gefahrenabwehr nicht genügen.

    Beispiel: Gastwirt G soll Schutzgeld an eine gewerbsmäßig agierende Bande zahlen. Auf Rat der Polizei lässt G sich auf ein Treffen ein, damit die Polizei aus einem Versteck Bandenmitglieder bei der Übergabe des Geldes fotografieren und danach durch Vergleich mit Einträgen in polizeilichen Dateien identifizieren kann. – Das heimliche Fotografieren ist verdeckte Erhebung personenbezogener Daten nach § 28 Abs. 1 S. Nr. 1, Abs. 2 Nr. 2 POG. Der Abgleich der Fotos mit der Fahndungsdatei der Polizei ist Datenabgleich i. S. d. § 37 POG.

Eine zeitgleiche Kombination dieser Mittel, die zu einer Rundumüberwachung führt, so dass ein umfassendes Persönlichkeitsprofil erstellt werden kann, kann das allgemeine Persönlichkeitsrecht verletzen.[390] Wie in § 100c Abs. 3 StPO können auch Dritte betroffen werden, soweit das unvermeidbar ist, z. B. Handwerker, Bekannte, Lieferanten.

Wie bei den repressiven Regelungen der § 100b (verdeckter Ermittler) und § 100d Abs. 1 StPO (Richtmikrofon) auch, besteht nach § 28 Abs. 4 POG für die meisten besonderen Mittel ein Richtervorbehalt. Zuständig ist der für die Polizeidienststelle zuständige Amtsrichter; die unterschiedlichen Zuweisungen nicht nur zum konkreten

---

[390] BVerfG v. 12.4.2005 - 2 BvR 581/01, NJW 2005, 1338 zu § 100c Abs. 1 Nr. 1b StPO.

G. Die Eingriffsermächtigungen des POG

Gericht, sondern sogar zu unterschiedlichen Rechtswegen in § 28 Abs. 4 und 39a Abs. 5 POG sind allerdings unglücklich. Bei Gefahr im Verzug kann der **Behördenleiter** oder einer seiner Beauftragten die Maßnahme anordnen, die richterliche Entscheidung ist aber unverzüglich nachzuholen.[391] Die Anordnung muss aber *vor* der Maßnahme vorgelegen haben; fehlte sie, ist das grundsätzlich nicht nachträglich heilbar. Nur bei Gefahr im Verzug können heimliche Aufzeichnungen und Peilsender vorläufig von jedem Polizeibeamten eingesetzt werden und die Entscheidung des Behördenleiters ist nachzuholen. Der Einsatz ist grundsätzlich auf einen Monat, der von verdeckten Ermittlern und Vertrauenspersonen ist auf höchstens einen Monat zu befristen, kann aber jeweils um den gleichen Zeitraum verlängert werden. Die Daten sind grundsätzlich **zweckgebunden**, eine Zweckänderung ist aber im Rahmen und unter den Voraussetzungen des § 28 Abs. 6 und 7 POG möglich. Greift sie in den **Kernbereich privater Lebensgestaltung** ein (vgl. Rn G 77), ist sie nach Möglichkeit gemäß § 39a Abs. 5 POG zu unterbrechen; über die Verwertbarkeit der Daten entscheidet das OVG Koblenz.

d) Heimliches Belauschen oder Ausspähen einer Person in ihrer Wohnung, § 29 POG, Art. 13 Abs. 4 und 5 GG

Die Wohnung ist ein durch Art. 13 GG besonders geschützter Bereich (vgl. Rn C 7). **92** Das heimliche, zeitgleiche oder zeitversetzte (auch) gegen den Wohnungsinhaber gerichtete Abhören bzw. Beobachten mit technischen Mitteln in Wohnungen hinein, ohne körperliche Anwesenheit eines Ermittlers vor Ort, nennt man „**Großer Späh-**" bzw. „**Großer Lauschangriff**" (im Gegensatz zum „Kleinen Späh- oder Lauschangriff", vgl. Rn G 90a[392]).[393] Dieses heimliche Belauschen oder Ausspähen einer Person in ihrer Wohnung ist der intensivste Eingriff in das Persönlichkeitsrecht überhaupt. Nur in einer nach außen abgeschirmten Wohnung können intimste Gedanken, Verhaltensweisen usw. ausgelebt werden. Wäre dieser Bereich nicht besonders geschützt, stünde jeder Bürger vor der Wahl, auf diesen Rückzugsraum zu verzichten oder dessen Offenlegung zu riskieren. Diese Vorschrift greift deshalb sowohl in das Recht auf Schutz der persönlichen Daten (Art. 2 Abs. 1 i. V. m. Art. 1 Abs. 1 GG) als auch in den Schutz der Wohnung (Art. 13 GG) ein.[394] Das unbefugte Aufzeichnen dagegen ist nach § 201 bzw. § 101a StPO strafbar. Die **StPO** kennt mit ihrem **§ 100c** eine ähnliche Vorschrift. Diese ermöglicht aber nur das Abhören und Aufzeichnen des gesprochenen Wortes, aber anders als § 29 POG nicht darüber hinaus auch die Bildaufzeichnung. Denn hier geht es anders als in der StPO nicht nur darum, den Täter einer konkreten Straftat zu überführen, sondern es sollen erhebliche Gefahren verhindert werden. Diese im Strafverfahren erhobenen Daten aus Wohnungen dürfen **auch in der Gefahrenabwehr verwendet** werden, wenn sie dem in § 100d Abs. 5 Nr. 2 StPO genannten Schutz dienen sollen, also dem Schutz von Leben, der Abwehr dringender Gefahren für Leib, Leben oder Freiheit eines Menschen, oder der Abwehr dringender Gefahren für Gegenstände, die der Versorgung der Bevölkerung dienen, kulturell bedeutsam oder Bauwerke i. S. d. § 305 StGB sind. Aber für weitergehende Zwecke, z. B. für die Vorsorge zur Strafverfolgung, gilt das nicht.[395] Anders

---

391 Nach BVerfG a. a. O. bedarf die längerfristige Observation durch technische Mittel keiner richterlichen Anordnung.
392 Der sog. große Lauschangriff dient der Gewinnung von Informationen über den Betroffenen, der kleine bezweckt den Schutz des eingesetzten Polizeibeamten, Pieroth / Schlink / Kniesel § 14 Rn 122.
393 Gusy Rn 203, Schenke Rn 153; Schenke Rn 193; Staechlin ZRP 1996, 430.
394 Der große Lauschangriff ist aber verfassungsgemäß, BVerfG, 3.3.2004 - 1 BvR 2378/98; 1 BvR 1084/99 NJW 2004, 999; VerfGH Rheinland-Pfalz, 29.1.2007 - VGH B 1/06, NVwZ-RR 2007, 72.
395 BVerfG, v. 27.7.2005 - 1 BvR 668/04, NJW 2005, 2603.

als Bildaufzeichnungen dürfen grundsätzlich akustisch erlangte Daten aus Maßnahmen nach § 29 POG umgekehrt in strafrechtlichen Verfahren verwertet werden, wenn sie auch durch eine Datenerhebung nach § 100c StPO (also unter Berücksichtigung aller seiner Absätze) hätten gewonnen werden dürfen, § 100d Abs. 5 Nr. 3 StPO. Dabei ist zu beachten, dass sich zwar beide Regelungen nur gegen „besonders schwere Straftaten" richten, jedoch die Kataloge in § 29 Abs. 2 POG (s. dazu a. Rn 96) und in § 100c StPO nicht deckungsgleich sind, und außerdem letztere auch „im Einzelfall" besonders schwer wiegen müssen.

Der Einsatz technischer Mittel in Wohnungen zu präventiven Zwecken ist schon nach **Art. 13 Abs. 4 und 5 GG** zulässig, wenn damit dringende Gefahren, insbesondere bei einer gemeinen Gefahr oder einer Lebensgefahr (z. B. bei Geiselnahme), oder solche gegenüber heimlichen Ermittlern abgewehrt werden sollen. Grundsätzlich bedarf es dazu einer richterlichen Anordnung, ausgenommen bei Gefahr im Verzug und zum Schutz der Ermittler (weil man das nicht als einen Eingriff in den Schutz der Wohnung i. S. d. Art. 13 Abs. 1 GG versteht).

Technische Mittel sind hier solche i. S. d. § 28 Abs. 2 Nr. 2 POG (vgl. Rn G 84), also der verdeckte Einsatz technischer Mittel zur Anfertigung von Bildaufzeichnungen sowie zum Abhören und Aufzeichnen des gesprochenen Wortes. Je nach Standort des technischen Mittels, wird dieses *innerhalb* (z. B. bei „Wanzen") oder *außerhalb* (z. B. Infrarotkameras, Richtmikrophone) einer Wohnung eingesetzt. Gleichgültig ist dabei, ob zielbewusst in eine Wohnung hinein abgehört oder abgebildet wird, oder ob das nur zufällig geschieht, z. B. weil die Wohnung von einer Straßenkamera ohne Absicht mit erfasst wurde.[396] **Wohnung** ist hier grundsätzlich auch der in §§ 20 Abs. 1 S. 2 POG beschriebene Bereich (vgl. genauer Rn G 61 f.), wozu z. B. auch ein kniehoch umheckter Vorgarten gehört,[397] nicht aber ein PKW[398]. Aber vom Schutzzweck her sind allerdings nicht alle Bereiche gleichwertig. Während der vom Wohnungsinhaber als abgeschlossen privat gedachte Teil der Wohnung uneingeschränkt geschützt ist, gilt das für den nach seiner Bestimmung einsehbaren Teil (offener Garten, Vorhof u. Ä.) nur insoweit, als über die bloße allgemein mögliche Wahrnehmung hinaus, planmäßig Informationen erhoben werden. Ebenso wenig handelt es sich um einen Eingriff nach § 29 POG, wenn es sich um Arbeits-, Betriebs- oder Geschäftsräume im Sinne des § 20 Abs. 4 POG handelt, soweit und solange diese also jedermann zugänglich sind.

Beispiel: Die „Verwanzung" in einer Gaststätte ist insoweit nur ein Fall von § 27 POG, als während der öffentlichen Betriebszeiten Aufnahmen aus dem für alle Gäste zugänglichen Bereichen gemacht werden. Außerhalb der Öffnungszeiten oder aus nicht allgemein zugänglichen Hinterzimmern handelt es sich um einen Eingriff nach § 29 POG.

93 Nach § 29 Abs. 1 kann die **Polizei** personenbezogene Daten durch den verdeckten Einsatz technischer Mittel zur Datenerhebung nach § 28 Abs. 2 Nr. 2 in oder aus Wohnungen des Betroffenen gewinnen, wenn damit eine **dringende** (Rn D 11) **Gefahr für die öffentliche Sicherheit**, insbesondere einer **gemeinen Gefahr** oder einer **Lebensgefahr** abgewehrt werden soll. Das entspricht dem Wortlaut des Art. 13 Abs. 4 GG.

Die ursprüngliche Fassung dieser Vorschrift (§ 25b POG a. F.) war einen Tag nach ihrer Verkündung durch eine Entscheidung des Bundesverfassungsgerichts zur Rechtmäßigkeit der Paral-

---

[396] OVG Hamburg v. 22.11.2006 - 4 Bs 244/06, DVP 2008, 275.
[397] BGH, Ermittlungsrichter, 14.3.1997 - 1 BGs 65/97, NJW 1997, 2189.
[398] BGH, Ermittlungsrichter, 11.4.1997 - 1 BGs 88/97, NJW 1997, 2189;

G. Die Eingriffsermächtigungen des POG

lelvorschriften §§ 101c ff. StPO teilweise schon wieder obsolet.[399] Beanstandet hatte das Gericht neben verfahrensrechtlichen Fragen (Richtervorbehalt, Begründungs- und Benachrichtigungspflicht, Vernichtung) vor allem, dass selbst engste Familienangehörige überwacht werden könnten, selbst wenn es keine Anhaltspunkte für deren Tatbeteiligung gebe, und dass keine Vorkehrungen für den Abbruch der Überwachung getroffen worden seien, wenn unerwartet der unantastbare Kernbereich privater Lebensgestaltung betroffen würde. Auch dürfe die Überwachung nur erfolgen, wenn die Tat mit Freiheitsstrafen von mehr als 5 Jahren bewehrt sei. Aus diesem Grund wurde § 29 POG zunächst so umformuliert, dass man das heimliche Abhören in Wohnungen auf Straftaten beschränkte, die mit mindestens 5 Jahren Strafe bewehrt waren. Damit wurde aber übersehen, dass die das Strafrecht betreffende Entscheidung des Bundesverfassungsgerichtes nicht einfach 1:1 unmittelbar auf das Gefahrenabwehrrecht übertragbar war. Beim repressiven Überwachen geht es alleine um die Ahndung einer Tat, beim Gefahrenabwehrrecht um den Schutz von z. T. noch höheren Schutzgütern. Das führte damals zu dem kuriosen Ergebnis, dass z. B. ein solches Abhören generell nicht möglich war bei der Fortführung oder Bildung verbotener Vereinigungen (§ 85, § 129 Abs. 4 StGB), dem schweren sexuellen Missbrauch von Kindern (§ 176a StGB) oder gemeingefährlichen Straftaten wie die der §§ 306b Abs. 1, 307 Abs. 2, 308, 313, 314 und 315 StGB.[400]

94 § 29 POG ist eine spezielle Schutzvorschrift, die dem Art. 13 GG (Schutz der Wohnung) gerecht werden soll. Erfasst sind darum hier nur Maßnahmen, die zumindest ohne oder gar **gegen den Willen des Wohnungsinhabers** (s. dazu Rn G 65) gerichtet sind; Aufnahmen mit seinem Willen (z. B. um eine gegen ihn gerichtete Erpressung abzuwehren) bedürfen keiner Ermächtigung nach § 29 POG. Die Maßnahmen müssen **verdeckt**, also so angelegt sein, dass der Wohnungsinhaber sie nicht wahrnehmen soll. Daraus ergibt sich umgekehrt, dass eine offene Datenerhebung aus Wohnungen (da sie auch nicht vom Wortlaut der §§ 27 oder 28 POG erfasst ist) nicht rechtmäßig ist (z. B. zur reinen Abschreckung von Straftaten). Die Daten dürfen mittels technischer Einrichtungen nach § 28 Abs. 2 Nr. 2 POG (z. B. Richtmikrofone, „Wanzen", Kameras) erhoben werden, wozu auch das Installieren und Entfernen der technischen Mittel und das dadurch erforderliche **Betreten** der Wohnung gehört. Es ist gleich, wessen Wohnung betroffen ist, solange keine Einwilligung des Wohnungsinhabers vorliegt. **Wohnungsinhaber** ist derjenige, der das Hausrecht hat. Das ist der Eigentümer nur, wenn er die Räume zu seinem privaten Lebensmittelpunkt gemacht hat. In anderen Fällen ist es derjenige, der die Wohnung aus sonstigen Gründen berechtigt bewohnt, z. B. der Mieter. Das gilt sogar noch dann, wenn der Mieter dazu keine Berechtigung mehr besitzt, z. B. nach einer Kündigung, solange die Vollstreckung noch nicht betrieben wird, denn aus Gründen der Rechtssicherheit besteht bis dahin das Hausrecht. Nicht Wohnungsberechtigter ist allerdings, wer sich die Position von vorneherein anmaßt (z. B. der Hausbesetzer[401], Einbrecher Geiselnehmer, vgl. Rn G 65). Die in § 29 POG beschriebenen Maßnahmen gegen solche Personen orientieren sich darum an den Voraussetzungen des § 28 POG.

95 Diese Maßnahmen dürfen sich unmittelbar aber nur gegen diejenigen als Zielpersonen richten, die für die Gefahr **verantwortlich** sind oder wenn das individuelle Verhalten einer Person die konkrete Wahrscheinlichkeit begründet, dass sie innerhalb eines übersehbaren Zeitraums eine in § 28 Abs. 1 S. 1 Nr. 3 bezeichnete Straftat begeht, nicht aber gegen Nichtverantwortliche sowie gegen Kontakt- und Begleitpersonen. Überwacht werden darf darum grundsätzlich nur eine **Wohnung der „nach den §§ 4 und 5 Verantwortlichen"**, also von Personen, die im Verdacht stehen, **Straftaten gegen hochwertige Schutzgüter**, insbesondere Straftaten i. S. d. § 29

---

[399] BVerfG v. 3.3.2004 - 1 BvR 2378/98, 1 BvR 1084/99, NJW 2004, 999.
[400] Die Beschränkung auf Straftaten mit einer Strafandrohung von mindestens 5 Jahren wurde abgeschafft in GVBl. 2005, 320 f.
[401] Anders kann das allerdings dann zu beurteilen sein, wenn diese angemaßte Position langfristig geduldet wird.

Abs. 2 POG, begehen zu wollen, oder wenn das Verhalten einer Person die konkrete Wahrscheinlichkeit begründet, dass sie innerhalb eines überschaubaren Zeitraumes **terroristische Straftaten** begehen wird. Überwachung des Wohnraums von Personen, die selbst nicht verdächtig sind, aber mit dem Verdächtigen in Kontakt stehen, ist grundsätzlich nicht zulässig. [402] Eine Ausnahme besteht, wenn Tatsachen die Annahme rechtfertigen, dass sich eine verantwortliche Person in der Wohnung aufhält und die Abwehr der Gefahr auf andere Weise nicht möglich erscheint oder wesentlich erschwert wäre, z. B. sich der Verantwortliche während der Überwachung in der Wohnung eines Dritten aufhält, voraussichtlich für die Ermittlungen relevante Gespräche führen wird und eine Überwachung der Wohnung des Verantwortlichen allein zur Erforschung des Sachverhalts nicht ausreicht. Grundsätzlich nicht zulässig ist die Beobachtung oder Bild- / Tonaufzeichnung von anderen Personen („**Dritten**", z. B. bei Besuchern, Handwerkern, Putzfrau). Soweit sich das aber bei einer effektiven Gefahrenabwehr nicht vermeiden lässt, ist ausnahmsweise aber sogar das rechtmäßig, § 29 Abs. 1 S. 3 POG. Allerdings sind dann diese Daten insoweit nicht verwertbar, § 39a Abs. 1 S. 2 und 3 POG.

Beispiel: Ein Rauschgifthändler wohnt bei seiner nichts ahnenden Freundin. Von dort organisiert er den Handel. Hier kommt unter den Voraussetzungen des § 7 POG auch eine Überwachung der Wohnung der Freundin in Betracht. Dass dabei Gespräche zwischen der Zielperson und Bekannten der Freundin mit aufgenommen werden, ist unvermeidbar und darum zulässig. Wenn allerdings nur die Freundin mit ihren unbeteiligten Bekannten in der Wohnung ist, wäre die Überwachung rechtswidrig.

96 Auch am heutigen Katalog der „**schweren Straftaten**" in § 29 Abs. 2 POG, der für die Begleit- und Kontaktpersonen maßgeblich ist, erkennt man, dass man inzwischen nicht mehr die vom Bundesverfassungsgericht für die Repression vorgegebene Mindeststrafandrohung von 5 Jahren zugrunde legt. Dennoch verwundert einen, dass man dort manche Straftaten nicht findet, z. B. gemeingefährliche Straftaten wie die der §§ 306b Abs. 1, 307 Abs. 2, 308, 313, 314 und 315 StGB.

Die neben dem Straftatenkatalog wichtigste Anpassung an die vom Bundesverfassungsgericht aufgestellten Anforderungen ist der **Schutz des Kernbereichs privater Lebensgestaltung** in § 39a POG (vgl. hierzu auch Rn G 77). Gemeint ist zumindest die reine Privatsphäre, also der Kontakt zu Lebens- oder Liebespartnern, zur Familie, zu Freunden und Bekannten, soweit diese mit dem Überwachungszweck nichts zu tun haben. Nach § 39a Abs. 4 POG darf die präventive Wohnraumüberwachung nur angeordnet werden, soweit nicht aufgrund tatsächlicher Anhaltspunkte (Erfahrungswerte oder Vermutungen genügen nicht) anzunehmen ist, dass durch die Überwachung Daten erfasst werden, die dem Kernbereich privater Lebensgestaltung zuzurechnen sind. Das ist erheblich enger als bei den Maßnahmen nach den §§ 31, 31b und 31c POG, die nach § 39a Abs. 3 POG nur dann nicht durchgeführt werden können, wenn anzunehmen ist, dass *ausschließlich* kernbereichsrelevante Daten erhoben werden. Bei der Wohnraumüberwachung hingegen reicht es zur Rechtswidrigkeit schon aus, dass irgendwie private Informationen erlangt werden könnten. Andernfalls ist nach § 39a Abs. 4 die Maßnahme sofort zu unterbrechen; über die Verwertbarkeit der Daten entscheidet das OVG Koblenz. Das ist einerseits wegen der hohen Bedeutung des Wohnungsrechts nach Art. 13 GG nachvollziehbar. Andererseits ist es nicht wirklich vorstellbar, wie das effektiv umgesetzt werden kann, ohne den Erfolg der Gefahrenabwehr erheblich in Frage zu stellen. Denn gerade bei der organisierten Kriminalität wird häufig ein Sprachdialekt gesprochen, für

---

402 BVerfG v. 20.4.2016 - 1BvR 966/09, 1 BvR 1140/09, NJW 2016, 1781.

G. Die Eingriffsermächtigungen des POG

den es hier kaum Übersetzer gibt. Wie soll man da wissen, ob das Aufgenommene Kernbereich ist oder nicht. Auch gibt dieses Verbot, auch nur irgendetwas aus dem privaten Kernbereich abzuhören oder aufzunehmen, den Profis weitgehende Möglichkeiten, sich einer effektiven Überwachung zu entziehen.

Beispiel: Wenn sich der Mafiaboss mit seiner Freundin ins Bett legt, scheint das zunächst für einen Vorgang im Kernbereich der privaten Lebensgestaltung zu sprechen. Nun wird das aber von manchen Kriminellen alleine deswegen gemacht, weil bekannt ist, dass die Überwachungstechnik dann abgeschaltet werden muss. Da es aber nach § 39a Abs. 2 genügt, dass überhaupt kernbereichsrelevante Erkenntnisse gewonnen werden, müsste selbst dann abgeschaltet werden, wenn wichtige Informationen ausgetauscht werden, gleichzeitig aber auch sexuelle Zärtlichkeiten.

Dass der BGH[403] es abgelehnt hat, ein mittels akustischer Überwachung aufgenommenes Selbstgespräch für ein Strafverfahren zu verwerten, mutet schon merkwürdig an. Für die Gefahrenabwehr wird man aber zumindest dann kein Verwertungsverbot annehmen können, wenn die Verwertung geeignet ist, nicht unerhebliche Gefahren abwehren zu können.

Hierzu im Widerspruch stehende Aufzeichnungen sind zu löschen und dürfen nicht verwertet werden (§ 39a Abs. 1 POG), was konsequenterweise auch die Repression betrifft (§ 29 Abs. 5 S. 2 POG). Bei automatischer Aufzeichnung entscheidet das Oberverwaltungsgericht über die Verwertung und Vernichtung, § 39a Abs. 5 S. 2 POG. Eine zweckändernde Datennutzung ist nur im Rahmen des § 29 Abs. 5 S. 3 und 4 POG rechtmäßig, wenn auch die Voraussetzungen vorliegen, die Daten neu zu erheben.

Ein als Amts- oder **Berufsgeheimnis** geschütztes Vertrauensverhältnis für Berufsgeheimnisträger im Sinne des § 53 (Geistliche, Rechtsanwälte, Ärzte, Journalisten usw.) und für Berufshelfer (deren Angestellte) im Sinne des § 53a StPO bleibt allerdings geschützt, soweit diese nicht selbst verantwortlich i. S. d. §§ 4 f. POG sind, § 39b POG. Es fragt sich, ob dieser weite Schutz wirklich angemessen ist. Nach der Entscheidung des Bundesverfassungsgerichts gibt es nämlich keine Vermutung dafür, dass Gespräche mit diesen Personen zum Kernbereich des Berufsgeheimnisses zählen.[404] Davon sei lediglich beim Gespräch mit dem Seelsorger, dem Strafverteidiger und beim Arzt auszugehen, weswegen eine Reduzierung auf diesen Berufskreis wohl genügt hätte. Werden derartig unzulässige Daten unbeabsichtigt miterhoben, sind sie umgehend zu vernichten. Das kann allerdings unter Beachtung der verfassungsmäßigen Werte richtigerweise nicht gelten, wenn die Daten zum unmittelbaren Schutz von Leib und Leben unverzichtbar notwendig sind,

Beispiel: Bei der Überwachung der Wohnung erzählt die Zielperson einem anderen, wo er ein entführtes Kind versteckt hat. Danach stellen die Polizeibeamten erst fest, dass diese andere Person der Rechtsanwalt der Zielperson ist. Hier kann angesichts der Bedeutung des durch Art. 2 Abs. 2 S. 1 GG geschützten Rechts auf Leben nicht ernsthaft gefordert werden, die Erkenntnisse dürften nicht zum Auffinden des Kindes verwertet werden.

Die Maßnahme muss vom **Oberverwaltungsgericht** angeordnet werden.[405] Beim ausschließlichen Schutz des polizeilichen Einsatzes (§ 29 Abs. 7 POG) sowie im Eilfall (§ 29 Abs. 6 S. 3 POG) entscheidet vorerst die Behördenleitung oder ein von ihr besonders beauftragter Beamter des höheren Dienstes. Die Entscheidung ist unverzüglich nachzuholen; anders als bei § 15 Abs. 1 S. 2 POG (vgl. Rn G 47) wird das auch nicht dadurch entbehrlich, dass die Maßnahme nicht mehr andauert. Es ist erstaunlich, dass ein Eingriff in den Datenschutz höher gewertet wird als der in die körperliche Freiheit. Für die verdeckten Maßnahmen nach den §§ 29, 31, 31 b bis 31

97

98

---
403 BGH v. 22.12.2011 - 2 StR 509/10, NJW 2012, 945; 10.8.2005 - 1 StR 140/05, NJW 2005, 3295.
404 BVerfG a. A.O. Rn 147.
405 Bis 2011 vom Amtsgericht.

e POG ist seit 2011 nicht mehr das Amtsgericht zuständig. Diese Veränderung des Rechtsweges rechtfertigt sich in der größeren verfassungsrechtlichen und verwaltungsrechtlichen Kompetenz der Verwaltungsgerichte[406], die Verlagerung auf das Obergericht durch die Bedeutung des Eingriffs. Allerdings ist die unterschiedliche Zuständigkeit der Gerichte bei ähnlichen Vorschriften (hier die eines Verwaltungsgerichts, dagegen aber z. B. die des Amtsgerichts in § 28 Abs. 4 S. 4 POG) unnötig und verwirrend. Die richterliche Anordnung ist zunächst für maximal drei Monate zulässig. Die **Frist** beginnt mit der richterlichen Anordnung, nicht mit dem Beginn der polizeilichen Maßnahme[407]; ordnet also z. B. das OVG das Abhören einer Wohnung für einen Monat an, wartet dann aber die Polizei nach der richterlichen Anordnung z. B. noch 14 Tage, bleibt ihr für die Maßnahme zunächst nur wenig mehr als ein halber Monat übrig. Die Frist kann aber um jeweils bis zu einem Monat verlängert werden, theoretisch unbegrenzt. Allerdings muss bei jeder Verlängerung auf Grundlage der aktuellen Erkenntnisse und Prognosen neu entschieden werden, ob die Voraussetzungen dieses Eingriffs noch vorliegen, ob man für die Maßnahme noch Erfolgschancen prognostizieren kann und ob es nicht inzwischen andere, ebenso geeignete, aber mildere Mittel gibt.

Das OVG hat nach § 39a Abs. 4 POG auch die Sachleitung bei der **Auswertung** der so erlangten Daten, wobei insbesondere geprüft wird, inwieweit die Vorgaben zum Schutz des Kernbereichs privater Lebensgestaltung eingehalten sind. Unter dieser Sachleitung haben zwei Bedienstete der Polizeibehörde (darunter zwingend ein Volljurist) und der behördliche Datenschutzbeauftragte die Daten daraufhin durchzusehen, inwieweit der Kernbereich betroffen ist.

Die so erlangten Daten sind als solche zu **kennzeichnen**, damit sie immer gesondert behandelt werden können. Außer in den Fällen des § 20 Abs. 5 S. 2 POG darf der **Verwendungszweck nicht geändert** werden; soweit im Rahmen dieser Ausnahmen der Zweck verändert wird, ist das im Einzelfall festzustellen und zu **dokumentieren**.[408] Die **Löschung** dieser Daten richtet sich nach § 39 Abs. 2 POG.

98a Für die gerichtlichen Verfahren gilt in Konsequenz der Zuständigkeit des Oberverwaltungsgerichts die Verwaltungsgerichtsordnung, § 29 Abs. 6 S. 1 POG; dadurch hat man Verfahrensrecht und materielles Recht einheitlich auf dem Gebiet des öffentlichen Rechts. Die Frage ist, ob auch gegen richterlich angeordnete verdeckte Datenerhebungen **nachträglich Klage** möglich ist. Das soll ausgeschlossen sein, weil das POG es nicht vorsehe und Art. 19 Abs. 4 GG Schutz durch, aber keinen vor dem Richter gewährleiste[409]. Der Richtervorbehalt bei heimlichen Maßnahmen erfüllt aber kaum die Anforderungen eines vollwertigen Rechtsschutzes. Ihm fehlen unverzichtbare Elemente eines vollwertigen Rechtsschutzstandards wie rechtliches Gehör, Dialog, Waffengleichheit, Öffentlichkeit, Dispositionsmaxime und materielle Rechtskraft[410]. Inzwischen bejaht das BVerfG für den Fall einer bereits erledigten Wohnungsdurchsuchung (vgl. hierzu Rn G 47) das Rechtsschutzinteresse für eine Klage, wenn einfachgesetzlich eine Klagemöglichkeit geregelt ist, diese aber wegen der schnellen Durchführung der Durchsuchung oder ihrer Heimlichkeit vorab gar nicht genutzt werden konnte.[411] Die Begründung dieser Entscheidung rechtfertigt ihre Übertragung auf eine heimliche Datenerhebung. Aus ähnlichen Überlegungen

---

406 Rühle / Suhr § 29, 3.
407 BVerfG v. 7.12.2011 - 2 BvR 2500/09, 2 BvR 1857/10, NJW 2012, 907.
408 BVerfG v. 20.04.2016 - 1 BvR 966/09, 1 BvR 1140/09, NJW 2016, 1781.
409 BVerfG v. 11.10.1978 - 2 BvR 1055/76, NJW 1979, 154; 30.4.2003 - 1 PBvU 1/02, NJW 2003, 1924
410 Wolter DÖV 1997,943.
411 BVerfG v. 30.4.1997 - 2 BvR 817/90, 2 BvR 1065/95, 2 BvR 802/95, 2 BvR 728/92, NJW 1997, 2163.

G. Die Eingriffsermächtigungen des POG

gesteht das BVerwG dem von Eingriffen verdeckter Ermittler Betroffenen die **unverzügliche Feststellungsklage** nach § 43 VwGO zu, weil ein Auskunftsersuchen mit anschließender Verpflichtungsklage zur Vermeidung weiterer Rechtsverletzungen zumindest zu spät käme und nicht effektiv wäre.[412]

e) Anrufaufzeichnung bei der Behörde, § 30 POG

§ 30 Abs. 1 S. 1 POG erlaubt ohne weitergehende Voraussetzungen **Anrufe aufzuzeichnen**, die über **Notrufeinrichtungen** bei den allgemeinen Ordnungsbehörden oder der Polizei eingehen. Diese Aufzeichnungen dienen sowohl der Dokumentation des behördlichen Handelns als auch der Abwehr des Missbrauchs dieser Einrichtungen. Außerdem gibt die Aufzeichnung die Möglichkeit, unverständliche Notrufe des häufig unter Stress stehenden Anrufers zu analysieren und so zu verhindern, dass wichtige Informationen der Gefahrenabwehr verloren gehen. Falls man darin überhaupt einen Grundrechtseingriff sehen will,[413] ist dieser zumindest nicht schwerwiegend, da der Notanruf ja für die Behörde als solche gedacht ist und auch nur so verwendet wird und der Anrufer ja weiß oder wissen muss, dass sein Anruf Grundlage weiterer Maßnahmen sein kann.

Demgegenüber dürfen gemäß § 30 Abs. 1 S. 2 POG Anrufe, die über **sonstige Behördenanschlüsse** eingehen, nicht ohne Weiteres aufgezeichnet werden. Diese Aufzeichnung greift in Art. 10 GG (Fernmeldegeheimnis) ein. Hier rechnet der Anrufer nicht mit einer Aufzeichnung. Diese ist darum nur zulässig, wenn zur Aufzeichnung ein Anlass besteht und das zur Aufgabenwahrnehmung erforderlich ist, also kein milderes Mittel bereitsteht. Außerdem „*soll*" der Anrufer grundsätzlich auf die Aufzeichnung hingewiesen werden, was heißt, dass davon nur in begründeten Ausnahmefällen abgewichen werden kann, insbesondere wenn sonst die effektive Gefahrenabwehr gefährdet ist.

Bei Anrufen, die **an Dritte** gerichtet sind, darf die Polizei unter den Voraussetzungen des § 30 Abs. 2 POG Anrufe aufzeichnen, wenn zum einen eine erhebliche Gefahr (also ein Schaden für wichtige Rechtsgüter, vgl. Rn D 10) abzuwehren ist und zum anderen der Anschlussinhaber einwilligt (z. B. bei Erpressungen, Bedrohungen u. Ä.).

Eingriffe nach § 30 POG sind aber nur auf den **Inhalt der Mitteilung** bzw. des Gespräches bezogen. Bestandsdaten (s. Rn G 100), wie z. B. die Anschrift des Anrufers, können bereits nach den Regeln des Telekommunikationsgesetzes erhoben werden (s. u.). Verkehrsdaten (s. Rn G 101 und 103) werden nach § 31 (z. B. die Mobilfunknummer) oder § 31a POG (z. B. Standort des Anrufers) erhoben.

Beispiel: Eine offenbar verzweifelte Person ruft bei der Notrufnummer 110 an und kündigt an, sich zu töten, weil alles keinen Sinn mehr habe. Sie bittet an bestimmte Familienmitglieder Grüße auszurichten. Die Aufzeichnung des Notrufs ist rechtlich unproblematisch (wohl auch ohne § 30 POG). Der Inhalt darf ausgewertet werden, um nähere Angaben über den Vorgang zu gewinnen. Soweit man vielleicht aus den Hintergrundgeräuschen Rückschlüsse auf den möglichen Standort des Anrufers ziehen kann (z. B. Ansagen in einem Bahnhof oder Flugplatz), kann die Aufzeichnung zu Grunde gelegt werden. Will man aber den Standort peilen, so richtet sich die Maßnahme nach § 31a POG.

Im Gegensatz zu § 30 Abs. 1 POG geht es in dessen Absatz 2 nicht um Anrufe, die bei der Behörde eingehen, sondern um **Anschlüsse von Privatpersonen**, die dieser Maßnahme zustimmen. Daran können diese Personen ein erhebliches Interesse ha-

---
412 BVerwG v. 29.4.1997 - 1 C 2.95, NJW 1997, 2534.
413 So offenbar Roos / Lenz.

ben, insbesondere wenn sie selbst Opfer sind, z. B. bei Telefonterror, Erpressungen, „Stalkern". Soweit es um die Anschlussinhaber geht, bedürfte es keiner Ermächtigungsgrundlage, da er ja eingewilligt haben muss (vgl. auch § 26 Abs. 2 Nr. 1 POG). Jedoch gegenüber dem Gesprächspartner ist die Aufzeichnung ein Eingriff in das Fernmeldegeheimnis nach Art. 10 GG, denn dieser wird regelmäßig von der Aufzeichnung nichts wissen und noch weniger ihr zugestimmt haben. Zumindest aber zur Abwehr einer **erheblichen Gefahr** (zum Begriff s. Rn D 10) ist der Schutz des Fernmeldegeheimnisses nachrangig.

Die Aufzeichnungen sind spätestens nach zwei Monaten zu **löschen**, es sei denn, sie sind noch zu einem in § 33 genannten Zweck (Erfüllung polizeilicher Aufgaben, zeitlich befristete Dokumentation, Vorgangsverwaltung, Strafverfolgung) erforderlich.

f) Überwachung der Telekommunikation, § 31 POG

100 Die Überwachung der Telekommunikation ist ein massiver Eingriff in das **Fernmeldegeheimnis** nach Art. 10 GG.[414] Dieses schützt nicht nur den Inhalt der Telekommunikation (das Gesprochene oder sonst wie Übermittelte), sondern auch den Kommunikationsvorgang und dessen Umstände, insbesondere von welcher Nummer an welche Nummer wann Kontakt bestand oder dieser Kontakt versucht worden ist und wie oft und wie lange das alles dauerte.[415] Dabei ist es unerheblich, ob die Übertragung am Endgerät selbst mitgehört oder mitgelesen oder ob bereits im Vorfeld das für die Kommunikation erforderliche Gerät (PC, Router) überwacht wird. Nicht zum Schutz des Fernmeldegeheimnisses gehört dagegen insbesondere, wo sich die Person beim Telefonat gerade aufhielt,[416] die persönlichen Daten der Teilnehmer oder deren der Kommunikation zugrunde liegendes Vertragsverhältnis.

Telekommunikation ist der technische Vorgang des Aussendens, Übermittelns und Empfanges von Nachrichten jeglicher Art in Form von Zeichen, Sprache, Bildern oder Tönen mittels Telekommunikationsanlagen, z. B. Telefonieren, Schreiben im Chat, per Fax (insoweit nur im Sendevorgang, nicht ausgedruckt), Mail, WhatsApp oder SMS (§ 3 Nr. 22 Telekommunikationsgesetz – TKG -[417].[418] **Telekommunikationsanlagen** sind technische Einrichtungen oder Systeme, die als Nachrichten identifizierbare elektromagnetische oder optische Signale senden, übertragen, vermitteln, empfangen, steuern oder kontrollieren können, z. B. Telefon, Smartphone, Computer (§ 3 Nr. 23 TKG). Unerheblich ist, ob sie analog, digital, drahtgebunden oder mobil sind. Praktisch wird damit jede nicht körperliche Nachrichtenübermittlung erfasst (nicht also z. B. Briefe), unabhängig davon, welche Geräte oder Verfahren eingesetzt werden. Nicht erfasst werden auch Daten, die nicht zum aktuellen Kommunikationsvorgang gehören, sondern im System irgendwo gespeichert sind. Die Daten befinden sich beim **Telekommunikationsdienstleister** (§ 3 Nr. 6 TKG), das ist jeder, der ganz oder teilweise geschäftsmäßig Telekommunikationsdienste erbringt oder daran mitwirkt. Der Schutz von Daten aus dem Bereich der Telekommunikation ist für bestimmte Bereiche schon in den §§ 88 ff. und 108 ff. TKG geregelt. Durch das Begleitgesetz zum TKG werden die Regeln des TKG auf nichtöffentliche und nichtgewerbliche Datenübermittlung ausgedehnt; damit ist auch die Über-

---

414 Vgl. hierzu BVerfG v. 25.3.1992 - 1 BvR 1430/88, NJW 1992, 1875; v. 14.7.1999 - 1 BvR 2226/94; v. 14.7. 1999 - 1 BvR 2420/95, 1 BvR 2437/95100, 313; OVG Koblenz v. 5.9.2013 - 7 F 10930/13.OVG, NJW 2013, 3671.
415 BVerfG, 12.3.2003 - 1 BvR 330/96 und 1 BvR 348/99, NJW 2003, 1787.
416 BVerfG v. 22.8.2006 - 2 BvR 1345/03, NJW 2007, 351.
417 Vom 22. Juni 2004, BGBl. I, S. 1190.
418 BGH, Ermittlungsrichter, 31.7.1995 - 1 BGs 625/95 (2 BJs 94/94-6), NJW 1997, 1934.

G. Die Eingriffsermächtigungen des POG

wachung möglich von Providern für Internet und Corporate Networks (= Vernetzung räumlich verteilter Einzelnetze eines Unternehmens miteinander).

Ein Eingriff in die **Bestandsdaten** (§ 3 Nr. 3 TKG) ist bereits ohne das POG möglich. Bestandsdaten sind solche über Begründung, inhaltliche Ausgestaltung, Änderung oder Beendigung eines Vertragsverhältnisses über Telekommunikationsdienste (Rufnummer, Namen und Anschrift des Rufnummerninhabers sowie dessen Geburtsdatum, § 111 TKG). Die Polizei darf Auskunftsersuchen für diese Daten nicht unmittelbar an die privaten Telekommunikationsdiensteleister richten, sondern sie wendet sich an die **Regulierungsbehörde** für Telekommunikation und Post (§§ 116 ff. TKG), die dann die Auskünfte einholt. Die Regulierungsbehörde ist eine Bundesoberbehörde im Geschäftsbereich des Bundesministeriums für Wirtschaft und Arbeit mit Sitz in Bonn. Der Polizei und den anderen in § 112 Abs. 2 TKG genannten Stellen müssen Auskünfte aus diesen Dateien gegeben werden, soweit diese zur Erfüllung ihrer gesetzlichen Aufgaben erforderlich sind. Die Zulässigkeit dieser Übermittlung liegt in der Verantwortung der ersuchenden Stellen, die Regulierungsbehörde prüft sie nur aus besonderem Anlass.

Für Eingriffe in das Fernmeldegeheimnis aber, die über die Erhebung der bloßen Bestandsdaten hinausgehen (insbesondere der Inhalt der Kommunikation, die Verkehrsdaten, die Standortbestimmung oder Identifizierung des Gerätes), bedarf es der §§ 31 ff. POG (für das Strafverfahren §§ 100a, 100g ff. StPO). Da die in Art. 73 Nr. 7 GG geregelte ausschließliche Bundesgesetzgebungskompetenz für das Post- und Telekommunikationswesen nur die technische Seite des Übermittlungsvorganges betrifft, sind die Landesregelungen zur Gefahrenabwehr in den §§ 31 ff. POG verfassungsgemäß.[419]

Die **Polizei** wird nach § 31 Abs. 1 POG zur **Überwachung und Aufzeichnung von Inhalten der Telekommunikation** und zur **Erhebung von Verkehrsdaten** (diese auch für Zeiträume vor deren Anordnung) ermächtigt. Die dafür notwendigen technischen Mittel müssen nicht unbedingt von der Polizei, sondern können auch vom Telefondienstleister eingesetzt werden. **Verkehrsdaten** sind nach § 3 Nr. 30 TKG Daten, die durch den Telekommunikationsdienst erhoben, verarbeitet oder genutzt werden. Nach § 96 Abs. 1 TKG zählen zu den Verkehrsdaten u. a. die Teilnehmerkennung sowie Beginn und Ende der Verbindung einschließlich Datum und Uhrzeit. Zwar fallen darunter auch die Standortdaten eines Mobilfunkendgeräts und die Kartennummer von mobilen Telekommunikationsendgeräten, doch ist insoweit § 31a POG vorrangig. Welche Technik hier eingesetzt wird, bleibt offen und lässt Spielraum für künftige technische Entwicklungen. Dabei ist es gleich, wer diese Technik einsetzt, der Telekommunikationsdiensteleister selbst oder unmittelbar die Polizei. Der Dienstleister muss jedenfalls die Überwachung und Aufzeichnung ermöglichen und Auskünfte erteilen, wofür er gegebenenfalls zu entschädigen ist, §§ 31 Abs. 7, 12 Abs. 5 POG.

Voraussetzung dieser Überwachung, Aufzeichnung oder Auskunftserhebung ist, dass eine **gegenwärtige Gefahr für Leib oder Leben** einer Person (vgl. Rn D 8 und 12) oder für solche Güter der Allgemeinheit abzuwehren ist, deren Bedrohung die **Grundlagen oder den Bestand des Staates** oder die **Grundlagen der Existenz der Menschen** berührt.[420] Zudem genügt ein Verhalten des Betroffenen, das die konkrete Wahrscheinlichkeit nahelegt, dass er in einem überschaubaren Zeitraum

---

419 BVerfG v. 28.2.1961 - 2 BvG 1/60 und 2 BvG 2/60, NJW 1961, 547.
420 Nicht ausreichend ist, dass für die Aufgabenerfüllung der Polizei die Datenerhebung sinnvoll und zweckmäßig ist, um Erkenntnisse zu gewinnen, OVG Koblenz v. 28.1.2014 - 7 F 10040/14.OVG.

terroristische Straftaten begehen wird. Zu deren Abwehr muss die Datenerhebung **zwingend erforderlich** sein, ohne sie muss also die Gefahrenabwehr ausgeschlossen erscheinen. Außerdem ist der Kernbereich privater Lebensgestaltung zu schützen, § 39a POG. Die Daten dürfen nur erhoben werden bei Personen, die für die abzuwehrende dringende Gefahr **verantwortlich** i. S. d. § 4 oder 5 POG sind, außerdem alle sonstigen Personen (Nichtverantwortliche), wenn die Voraussetzungen eines Notstandes im Sinne des § 7 POG (vgl. Rn E 26 ff.) vorliegen oder bei den sogenannten „**Nachrichtenmittlern**", also Personen, bei denen bestimmte Tatsachen die Annahme rechtfertigen, dass sie für die Verantwortlichen bestimmte oder von ihnen herrührende Mitteilungen entgegennehmen oder weitergeben. Maßnahmen gegen diese letztgenannten Personen haben insbesondere Bedeutung für die Abwehr von Gefahren der organisierten Kriminalität und des internationalen Terrorismus. Die Maßnahme ist auch dann zulässig, wenn das individuelle Verhalten einer Person die konkrete Wahrscheinlichkeit begründet, dass sie innerhalb eines übersehbaren Zeitraums eine in § 28 Abs. 1 S. 1 Nr. 3 POG bezeichnete Straftat begeht.

Überwacht werden dürfen nur Telekommunikationsanschlüsse, die mit hoher Wahrscheinlichkeit von diesen Personen benutzt werden oder von denen mit hoher Wahrscheinlichkeit mit diesen Personen Kontakt aufgenommen wird.

102 Die Vielfältigkeit der Telekommunikationsanschlüsse (z. B. analog, digital, Kabel, ISDN, DSL, Satellit; Funk, Bluetooth) und die Möglichkeit der Verschlüsselung von Kommunikation können es erfordern, Zugang zum eigentlichen System zu haben.

Beispiel: Der überwachte Drogenhändler verwendet für seine Telefonate oder seine E-Mails eine Verschlüsselung. – Hier kann es sinnvoll sein, die Kopie der Telekommunikation im Router schon vor der Verschlüsselung abzugreifen. Das setzt allerdings nach § 31 Abs. 3 S. 1 POG voraus, dass eine effektive Überwachung nicht dadurch hergestellt werden kann, dass mittels einer sog. Forensic-Software die Daten nicht oder nicht ausreichend schnell entschlüsselt werden können.

Unter den Voraussetzungen des § 31 Abs. 3 POG darf auch **in ein informationstechnisches System** (z. B. ein Netzwerk) zum Zweck der Telekommunikationsüberwachung eingegriffen werden[421]. Diese **Quellen-Telekommunikationsüberwachung** ist etwas anderes als eine Online-Durchsuchung, obwohl sich die technischen Vorgehensweisen ähneln. Aber bei der Quellen-Telekommunikationsüberwachung dürfen nur Daten eines bereits begonnenen und noch nicht abgeschlossenen Telekommunikationsvorgangs (Gespräch, Mail, Chat usw.) erhoben werden, nicht mehr. Insbesondere ist ein Suchen nach auf der Festplatte abgelegter Daten nach § 31 POG nicht zulässig, möglicherweise aber nach § 31c POG. Für die hier erlaubte Maßnahme muss eine Gefahr vorliegen, aber anders als im Absatz 1 keine gegenwärtige. Denn der Eingriff in das informationstechnische System ist wegen seiner technischen Vorbereitung langwierig und für gegenwärtige Maßnahmen regelmäßig ungeeignet. Schutzgüter sind aber auch hier die in Absatz 1 genannten hochwertigen Güter. Die Überwachung und Aufzeichnung der Telekommunikation ist nur möglich bei den Verantwortlichen oder den Nachrichtenmittlern (s. o.). Allerdings muss dabei sichergestellt werden, dass **ausschließlich laufende Telekommunikation** überwacht und aufgezeichnet wird; außerdem muss der Eingriff in das informationstechnische System notwendig sein, um die Überwachung und Aufzeichnung der Telekommunikation zu ermöglichen, insbesondere um sie zu **entschlüsseln**.

---

421 Sogenannte Quellen-Telekommunikationsüberwachung, vgl. hierzu BVerfG 27.2.2008 - 1 BvR 370/07 und 1 BvR 595/07, NJW 2008, 822.

Ist aufgrund von Anhaltspunkten anzunehmen, dass allein Erkenntnisse aus dem **Kernbereich der privaten Lebensgestaltung** erlangt werden, darf sie nicht angeordnet werden, § 39a Abs. 3 POG (vgl. hierzu auch Rn G 77). Stellt sich während der Aufnahme heraus, dass kernbereichsrelevante Erkenntnisse erlangt werden, ist die Maßnahme unverzüglich abzubrechen, § 39a Abs. 5 POG. Die erlangten Daten werden unter der Sachleitung des Oberverwaltungsgerichts ausgewertet, § 39a Abs. 4 POG.

Die Maßnahme darf sich nach § 39b POG nicht auf Telekommunikation erstrecken, die Geistliche, Rechtsanwälte, Ärzte, Journalisten usw. im Rahmen eines als Amts- oder **Berufsgeheimnis** geschützten Vertrauensverhältnisses im Sinne der §§ 53 und 53a StPO führen, es sei denn von dieser Person selbst geht die Gefahr aus. I. Ü. bedarf es der Anordnung einer schriftlichen Entscheidung des **Oberverwaltungsgerichts** Rheinland-Pfalz, sofern keine Gefahr in Verzug besteht (dann vorläufige Entscheidung der Behördenleitung mit nachträglicher richterlicher Entscheidung), § 31 Abs. 5 POG. Die richterliche Anordnung muss die Angaben des § 31 Abs. 4 enthalten, darf immer nur für maximal 3 Monate erlassen oder verlängert werden und erfolgt nach der VwGO. Die so erhobenen Daten sind als solche zu **kennzeichnen**.

g) Identifizierung und Lokalisierung von mobilen Telekommunikationssendgeräten, § 31a POG

Soweit **Telekommunikationssendgeräte** (z. B. Handy, Smartphone) identifiziert und lokalisiert werden sollen, ist § 31a POG lex specialis. Hiernach darf die **Polizei verdeckt technische Mittel** (vgl. Rn 69) zum einen zur Ermittlung spezifischer Kennungen und zum anderen zur Ermittlung des Standorts eines solchen Geräts einsetzen. Beide Maßnahmen dürfen keine Rückschlüsse auf etwaige Kommunikationsbeziehungen (wer kommuniziert wann und von wo mit wem?) bzw. -inhalte (was ist der Inhalt der Mitteilungen?) zulassen (das geht nur nach § 31 POG), sondern lediglich Auskunft über die Kennungen und die örtliche Position des maßgeblichen mobilen Telekommunikationssendgeräts geben. Anders als bei § 31 POG ist hier nicht Objekt der Überwachung eine irgendwie geartete Kommunikation zwischen Menschen, sondern hier kommunizieren zwei technische Geräte selbstständig miteinander, und zwar zu dem einzigen Zweck, das eine Gerät zu identifizieren und seinen Standort festzustellen. Daher greift die Maßnahme wohl auch nicht in das Grundrecht auf Telekommunikationsfreiheit i. S. d. Art. 10 GG ein.[422]

103

Die **Ermittlung der Kennung** bezieht sich insbesondere auf die Kartennummer einer SIM-Karte[423] und die Gerätenummer[424] von mobilen Telekommunikationssendgeräten (z. B. Mobiltelefonen, Smartphones). Die hier erlaubte **Standortfeststellung** entspricht grundsätzlich der in § 28 Abs. 2 Nr. 5 POG. Während man aber dort mit GPS und anderen Mitteln arbeitet, macht man sich hier das Funknetz des Mobilsystems zu Nutze. Diese Unterscheidung wird immer mehr zerfließen, sind doch heute viele Smartphones bereits so ausgerüstet, dass man bereits privat den Standort eines Smartphones technisch bestimmen kann, wenn die entsprechende Funktion nicht

---

422 Kein Eingriff: Nichtannahmebeschluss des BVerfG v. 22.8.2006 - 2 BvR 1345/03, NJW 2007, 351 zu § 100 i StPO; dagegen: BGH v. 14.3.2003 - 2 StR 341/02, NJW 2003, 2034.
423 IMSI: International Mobile Subscriber Identity; bei der IMSI handelt es sich um eine weltweit eindeutige Kennung, die den Vertragspartner eines Netzbetreibers eindeutig identifiziert und die auf der SIM-Karte gespeichert ist, die dem Mobilfunkteilnehmer bei Abschluss des Vertrages ausgehändigt wird.
424 IMEI: International Mobile Equipment Identifier; eine 15-stellige Gerätenummer.

ausgeschaltet und der Suchende Zugang zu der sogenannten „Cloud"[425] hat. Es dürfen auch Bewegungsbilder (z. B. Fahrweg während der Dauer eines eingeschalteten Geräts) erstellt werden. Den Standort kann man zum einen dadurch feststellen, dass man Auskünfte vom Provider einholt, welchen Funkmast das Mobilgerät gerade nutzt und welche Funkabstrahlung es hat. Allerdings haben die von den Funkmasten abgedeckten Funkzellen unterschiedliche Größen und sind in ländlichen Gebieten (anders als in städtischen) meistens recht groß. Weitere Möglichkeiten sind das Versenden einer „stillen SMS" oder der Einsatz eines sogenannten IMSI-Catchers. Bei der „stillen SMS" wird an das betreffende Mobiltelefon eine SMS (short message service) geschickt, die auf dem Empfängergerät aber nicht angezeigt wird; der Empfang wird dem Absender gemeldet, wodurch wieder der Standort ermittelt werden kann. Der **IMSI-Catcher** ist praktisch ein PC / Laptop mit einer Funkantenne, die stärker ist als alle anderen der Umgebung. Dadurch buchen sich alle Mobiltelefone in Reichweite bei ihm ein. Dabei machen sie standardmäßig alle dazu notwendigen Angaben, die dann ausgelesen und verwertet werden können, und zwar unabhängig davon, ob gerade kommuniziert wird oder nicht (die Kommunikation selbst wird ja mittels § 31a POG gerade nicht überwacht). Die Ermittlung des Standortes hat seit ihrer Einführung[426] in der polizeilichen Praxis eine hohe Bedeutung erlangt, insbesondere die Standortfeststellungen zur Rettung von Suizidgefährdeten oder hilflosen Personen wie herumirrenden Gebrechlichen, Demenzkranken oder Kindern, ist aber auch für die Verhinderung von (weiteren) Straften, z. B. bei Geiselnahmen, wichtig.

Beispiel: A hat nach einem Bankraub eine Geisel genommen, ist im Auto mir ihr geflohen. Dabei hat er, um Kontakt mit einem Komplizen zu halten, sein Mobiltelefon in Stand-By-Betrieb. Die Polizei kann vom Provider verlangen, dass er die Funkzellen angibt, durch die sich das Telefon (und damit das Fluchtfahrzeug) bewegt. – Oder: Eine verwirrte Person wird im Pflegeheim vermisst. Bekannt ist aber ihre Mobilfunknummer. Hier kann die Polizei vom Provider verlangen, dass er mitteilt, ob das Mobiltelefon derzeit eingeloggt ist und in welcher Funkzelle, so dass die Person lokalisiert werden kann.

104 Nach § 31a Abs. 4 POG haben die **Telekommunikations-Diensteanbieter** (Provider) unter den niedrigeren Anforderungen des Absatzes 1 die erforderlichen spezifischen Kennungen, insbesondere die Geräte- und Kartennummer von mobilen Telekommunikationsendgeräten oder den Standort des mobilen Telekommunikationsendgeräts der Polizei unverzüglich mitzuteilen. Bei einer solchen Standortermittlung erhält die Polizei nur die über die Funkzellenauswertung errechneten Positionsdaten. Die Anordnung der Auskunft über spezifische Kennungen oder der Standortfeststellung ist ein Eingriff in den Schutzbereich der Berufsfreiheit und der Eigentumsfreiheit der Telekommunikations-Diensteanbieter gemäß Art. 12 Abs. 1 und Art. 14 Abs. 1 GG (ähnlich § 100 g Abs. 2 S. 1 in Verbindung mit § 100 b Abs. 3 StPO).

105 Richten kann sich die Maßnahme **bei Gefahren für Leib und Leben** gegen dafür **Verantwortliche** nach den §§ 4 und 5 POG und gegen Nichtverantwortliche, wenn die Voraussetzungen des **§ 7 POG** vorliegen (§ 31a Abs. 1 Nr. 1 POG). Weiterhin ist sie möglich bei solchen Personen, bei denen ein auf Anhaltspunkte beruhender Gefahrenverdacht besteht, dass sie **zukünftig Straftaten von erheblicher Bedeutung** begehen werden (§ 28 Abs. 3 POG) und die Datenerhebung zur vorbeugenden Be-

---

425 „Cloud" (Wolke) ist eine Sicherung von Teilen der Smartphonedaten auf einem externen Server, die der Benutzer zugelassen hat; die dortige Erfassung des Standortes wird vielfach freiwillig zugelassen, weil ansonsten Navigationsgeräte, Umgebungsfinder, Suchprogramme bei Geräteverlust usw. nicht oder nur eingeschränkt funktionieren.
426 § 31 Abs. 2 S. 1 Nr. 3 und 4 POG in der Fassung vom 2. März 2004 (GVBl. S. 202).

G. Die Eingriffsermächtigungen des POG

kämpfung dieser Straftaten erforderlich ist (§ 31a Abs. 1 Nr. 2 POG). Auch gegen Kontakt- und Begleitpersonen (vgl. § 26 Abs. 3 S. 2) ist diese Erhebung zulässig, soweit die Datenerhebung zur vorbeugenden Bekämpfung von Straftaten von erheblicher Bedeutung i. S. d. § 28 Abs. 3 POG erforderlich ist (§ 31a Abs. 1 Nr. 3 POG). Die Daten aller anderen Personen dürfen nur auf diese Weise ermittelt werden, wenn das aus technischen Gründen unvermeidbar ist; diese Daten dürfen dann natürlich nicht mehr weitergehend verwendet werden.

Nach § 31a Abs. 3 S. 1 POG bedarf es für die Maßnahme grundsätzlich der Entscheidung des **Amtsrichters** (zur richterlichen Entscheidung grundsätzlich vgl. Rn G 91), bei Gefahr im Verzug darf die Maßnahme durch die Behördenleitung angeordnet werden, die richterliche Anordnung ist jedoch unverzüglich nachzuholen. Anders aber als früher bedarf es heute **keiner richterlichen Anordnung** mehr, wenn die Datenerhebung nach Absatz 1 Nr. 1 der **Lebensrettung** vermisster, suizidgefährdeter oder sonstiger hilfloser Personen dient, denn zum einen handelt es sich dann um eine Maßnahme von geringer Eingriffsintensität und zum anderen ist in solchen Fällen der Richter nur selten rechtzeitig zu erreichen. § 31a Abs. 3 S. 2, § 21 Abs. 1 S. 3, § 31 Abs. 4 S. 2 bis 4 POG regeln die schriftliche Anordnung, die Befristung und Verlängerung der Maßnahmen. Vergütung, Zweckänderung und Dokumentation regeln die §§ 31a Abs. 4 und 5, 31 Abs. 6 S. 2 bis 4 POG. Die Verpflichtung zur Löschung der erhobenen Geräte- und Kartennummern ist in § 39 Abs. 2 S. 1 Nr. 4 POG geregelt.

h) Auskunft über Nutzungsdaten beim Provider, § 31b POG

Hier geht es um die **Auskunft über Nutzungsdaten** bei Telemedien. Sie hat wachsende Bedeutung, z. B. bei Ankündigungen von Amokläufen oder volksverhetzender Propaganda im Internet. **Telemedien** sind alle elektronischen Informations- und Kommunikationsdienste, was weit zu verstehen ist. Von dem Begriff umfasst werden beispielsweise Online-Angebote von Waren oder Dienstleistungen mit unmittelbarer Bestellmöglichkeit wie Internetauktionshäuser (z. B. Ebay, Amazon), Tauschbörsen, elektronische Presse, Chatrooms, das Anbieten von Videos auf Abruf (z. B. Youtube) oder Suchmaschinen (z. B. Google) im Internet. Dazu gehören auch soziale Netzwerke (z. B. Facebook, WhatsApp, StudiVZ), E-Mail-Dienste (z. B. GMX, Web.de, Yahoo) oder Fernsehsender mit reinem Verkaufsprogramm ohne eigenen journalistisch aufbereiteten Inhalt (z. B. QVC, Juvelo-TV, Astro-TV).[427] Ausgenommen sind hier die in § 31 POG geregelte Telekommunikation und der Rundfunk.

Zu unterscheiden sind hier die sog. Bestandsdaten von den Nutzungsdaten gemäß § 14 Abs. 1 TMG. **Bestandsdaten** sind Daten, die für die Begründung, inhaltliche Ausgestaltung oder Änderung eines Vertragsverhältnisses zwischen Anbieter und Nutzerin oder Nutzer erforderlich sind (z. B. Vertragsinhalte und -dauer, Wohnort und Geburtsdatum des Vertragspartners, vgl. Rn G 100). Diese Daten unterfallen nicht dem Schutz des Art. 10 GG. Die Bestandsdaten müssen darum die Dienstanbieter bereits auf der Grundlage des § 14 Abs. 2 TMG in Verbindung mit § 9 Abs. 1 S. 1 POG erteilen. Darum bedarf es nicht des § 31b POG, um sie zu erheben. Anders ist das bei den Nutzungsdaten, für die umstritten ist, ob sie dem Schutzbereich des Fernmeldegeheimnisses gemäß Art. 10 Abs. GG unterfallen, obwohl die Daten nicht im Rahmen des eigentlichen Übertragungsvorgangs erhoben werden, der Kommuni-

---

[427] Rühle / Suhr § 31b, 1; Schenke Rn 359.

kationsvorgang also am Endgerät endet[428]. Mittels § 31b POG werden (auch zukünftige) **Nutzungsdaten** im Sinne des § 15 Abs. 1 Telemediengesetz (TMG)[429] erhoben, also personenbezogene Daten, mit denen die Inanspruchnahme von Telemedien ermöglicht oder mithilfe derer abgerechnet werden kann. Hierzu gehören insbesondere Merkmale zur Identifikation des Nutzers, Angaben über Beginn und Ende sowie Umfang der jeweiligen Nutzung und Angaben über vom Nutzer in Anspruch genommene Telemedien. Zu den Merkmalen zur Identifikation des Nutzers von Telemedien gehören beispielsweise IP-Adressen[430], E-Mail-Adressen und Nutzerkennungen.[431] Zwar ermöglicht für diese Nutzungsdaten schon das Telemediengesetz den Sicherheitsbehörden den Zugriff zum Zweck der Gefahrenabwehr (§§ 14 Abs. 2, 15 Abs. 5 S. 4 TMG), allerdings begründet das Telemediengesetz insoweit keine Auskunftspflichten der Dienstanbieter.

Die Auskunftspflicht über Nutzungsdaten greift intensiv in das Grundrecht auf informationelle Selbstbestimmung gemäß Art. 2 Abs. 1 GG ein, da die erhobenen personenbezogenen Daten weit reichende Rückschlüsse auf die Persönlichkeit der verantwortlichen Person zulassen.

107 Nach § 31b Abs. 1 POG kann die **Polizei** Auskunft über diese Nutzungsdaten zur Abwehr einer **Gefahr für Leib oder Leben** einer Person oder für solche Güter der Allgemeinheit verlangen, deren Bedrohung die **Grundlagen oder den Bestand des Staates** oder die **Grundlagen der Existenz der Menschen** berührt und die Abwehr dieser Gefahren auf andere Weise nicht möglich erscheint oder wesentlich erschwert wäre. Außerdem darf sie voraussichtlich nicht nur Erkenntnisse aus dem Kernbereich privater Lebensgestaltung einbringen, § 39a Abs. 3. Die Anforderungen entsprechen den Voraussetzungen der §§ 31c und 31d POG. Die Auskunft muss sich beziehen auf die Daten von **Verantwortlichen** nach §§ 4 und 5 POG, unter den Voraussetzungen des **§ 7 POG** auf die von Nichtverantwortlichen oder über Personen, bei denen bestimmte Tatsachen die Annahme rechtfertigen, dass sie für die nach den §§ 4 und 5 POG Verantwortlichen bestimmte oder von ihnen herrührende Mitteilungen entgegennehmen oder weitergeben. Die Maßnahme ist auch dann zulässig, wenn das individuelle Verhalten einer Person die konkrete Wahrscheinlichkeit begründet, dass sie innerhalb eines übersehbaren Zeitraums eine in § 28 Abs. 1 S. 1 Nr. 3 POG bezeichnete Straftat begeht. Zur Auskunft über Nutzungsdaten **verpflichtet** sind die Dienstanbieter, die geschäftsmäßig eigene oder fremde Telemedien zur Nutzung bereithalten oder den Zugang zur Nutzung vermitteln.

Beispiel: Auf seinem Facebook-Account kündigt eine Person glaubhaft an, eine Schule zu stürmen und alle Lehrer und am Ende sich selbst umzubringen. Der Account läuft unter einem bloßen Vornamen, das Gesicht ist nicht erkennbar. Die Polizei verlangt von Facebook Auskunft darüber, auf welche Person der Account angemeldet ist und über welche IP-Adresse, um diese Person rechtzeitig vorher abzugreifen. – Oder: Eine Person schreibt unter der Mailadresse „rache@web.de" ständig einer Frau und droht ihr Gewalt an, wenn er sie alleine erwische. Die Polizei verlangt von Web.de Auskunft darüber, wer unter dort diese Adresse angemeldet hat und wie die IP-Adresse ist.

Es dürfen nicht alleine Daten aus dem **Bereich privater Lebensgestaltung** (s. dazu Rn G 77) erfragt werden, § 39a Abs. 3 POG. Merkt man, dass das doch geschieht,

---

428 So BT-Drucks. 16/3078, S. 18; einen Eingriff nehmen dagegen an Dix/Schaar, in Roßnagel (Hrsg.), Recht der Multimediadienste, § 6 TDDSG Rn 200.
429 Telemediengesetz vom 26. Februar 2007, BGBl. I, S. 179.
430 Eine durch Zahlen gebildete IP-Adresse wird Geräten in Computernetzen zugewiesen, die – wie das Internet – auf dem Internetprotokoll (IP) basiert. Sie macht die Geräte so adressierbar und erreichbar.
431 Aber kein Zugriff auf Daten einer vermissten Person beim Provider, OVG Koblenz v. 5.9.2013 -7 F 10930/13, NJW 2013, 3671.

G. Die Eingriffsermächtigungen des POG

ist die Maßnahme sofort abzubrechen, § 39a Abs. 5 POG. Das OVG hat nach § 39a Abs. 4 POG die Sachleitung über die Auswertung.

Durch den Verweis auf § 31 Abs. 4 und 5 POG gelten die Bestimmungen zum Richtervorbehalt, zur Eilkompetenz und zur Zuständigkeit des Oberverwaltungsgerichts Rheinland-Pfalz entsprechend (Rn G 102 a. E.). [432] § 31b Abs. 3 und 4 regelt, wie diese Daten an die Polizei zu übermitteln sind, die Vergütung (Verweis auf § 12 Abs. 5 POG), die Kennzeichnungspflicht für die übermittelten Daten sowie die Regelung zur Zweckänderung. Der **Schutz der Berufsgeheimnisträger** gemäß § 53 Abs. 1 und § 53a Abs. 1 StPO und Regelungen zur Löschung erlangter Unterlagen finden sich in § 39 Abs. 2 S. 1 Nr. 4 und S. 2 und 3 sowie § 39b POG.

i) Onlinedurchsuchung, § 31c POG

Nach § 31c POG ist es zulässig, **verdeckt** in **informationstechnische Systeme** einzugreifen. Gemeint ist damit nicht das Suchen in sozialen Netzwerken wie Facebook, MySpace, Twitter oder StudiVZ.[433] Dieser Begriff erfasst alle schutzbedürftigen Informationssysteme, z. B. Festplatten von Computern, Laptops, Notebooks, Netbooks, Handys, Smartphones, PDAs.[434] In diesen wird entweder etwas verändert oder es werden Daten gesichtet oder kopiert. Anders aber als bei der Quellen-Telekommunikationsüberwachung nach § 31 Abs. 3 POG wird aber nicht ein laufender und noch nicht abgeschlossener Kommunikationsvorgang überwacht, sondern **Daten, die auf der Festplatte** oder **im Router abgelegt** sind. Die modernen Kommunikations- und Informationstechnologien verfügen heute über einen nahezu grenzenlosen Speicherumfang, eine hohe Schnelligkeit der Informationsverarbeitung und eine Vielfalt von Nutzungsmöglichkeiten. Damit bieten sie potenziellen Straftätern, insbesondere terroristischen Vereinigungen, eine Vielzahl von Möglichkeiten, um sie für ihre Zwecke zu missbrauchen. Extremisten verbreiten ihre Propaganda, drohen mit Terroranschlägen, andere stellen detaillierte Anleitungen zur Herstellung von Sprengsätzen ein, Pädophile betreiben einschlägige Foren und Tauschbörsen oder bereiten den sexuellen Missbrauch von Kindern vor. Hier nur die Computer sicherzustellen und auszuwerten, reicht hiergegen zur Gefahrenabwehr nicht mehr aus. Insbesondere entziehen sich so viele Täter dem Zugriff, indem beispielsweise Daten verschlüsselt oder auf fremde Speicher ausgelagert werden. Darum muss der Zugriff auf diese Daten **direkt online** möglich sein. Das allerdings ist ein nicht ungefährliches Instrument. Da heute die Mehrheit der Bevölkerung über einen Online-Zugang verfügt, besteht hier die Gefahr, dass diese Daten insgesamt „polizeiöffentlich" werden, was der Weg zu einem Überwachungsstaat wäre. Das Bundesverfassungsgericht[435] erkennt daher die Zulässigkeit einer solchen Befugnis zwar an, verlangt hierzu aber strenge Vorgaben. Die Sicherheit des Staates als verfasster Friedens- und Ordnungsmacht und die von ihm zu gewährleistende Sicherheit der Bevölkerung vor Gefahren für Leib, Leben und Freiheit seien Verfassungswerte, die mit anderen hochwertigen Rechtsgütern im gleichen Rang stehen. Letzteres sind vor allem das Grundrecht auf Gewährleistung der Vertraulichkeit und Integrität informationstechnischer Systeme gemäß Art. 2 Abs. 1 in Verbindung mit Art. 1 Abs. 1 GG, aber auch das Fernmeldegeheimnis, das Grundrecht auf Unverletzlichkeit der Wohnung

108

---
432 Richtervorbehalt gefordert vom BVerfG 27.2.2008 - 1 BvR 370/07 und 1 BvR 595/07, NJW 2008, 1042 zur sogenannten Quellen-Telekommunikationsüberwachung.
433 Vgl. die in BVerfG v. 27. 2. 2008 - 1 BvR 370/07 und 1 BvR 595/07, NJW 2008, 1042, gesetzten Maßstäbe.
434 BVerfG a. a. O.
435 BVerfG a. a. O.

oder auf informationelle Selbstbestimmung. Das Bundeskriminalamt verfügt schon seit 2009 über eine solche Befugnis zur Online-Durchsuchung[436].

109 Die materiellen Voraussetzungen der Maßnahme ähneln denen der Befugnis zur Wohnraumüberwachung (§ 29 POG) sowie der Befugnis zur Telekommunikationsüberwachung (§ 31 POG). Der Eingriff ist nur zulässig zum Schutz von **Leib, Leben oder Freiheit einer Person** oder solchen Gütern der Allgemeinheit, deren Bedrohung die Grundlagen oder den Bestand des Staates oder die Grundlagen der Existenz der Menschen berührt. Beim letzteren geht es um **existenzielle Bedrohungslagen** für ein überragend wichtiges Rechtsgut, z. B. für die Funktionsfähigkeit existenzsichernder öffentlicher Versorgungseinrichtungen. Bloße Gefahren für Vermögenswerte genügen nicht. Die **Gefahr muss auch im einzelnen Falle** bestehen, Maßnahmen im Gefahrenvorfeld genügen nicht. Eine besondere zeitliche Nähe zum Gefahreneintritt fordert die Vorschrift allerdings nicht, was auch angesichts der hierzu regelmäßig notwendigen technischen Vorbereitungsmaßnahmen wenig Sinn machen würde.

Beispiel: A gehört zu einer Gruppe von Salafisten, die im Verdacht stehen, einen konkreten Anschlag auf eine Einrichtung zu planen. Um herauszufinden, welche Kontaktpersonen A hat und wie genau die Planungen aussehen, installiert die Polizei einen sog. „Trojaner" auf der Festplatte des Laptops von A. Dieser bewirkt, dass Kopien von Mails, die A verschickt, verdeckt automatisch an die Polizei gesendet werden. – Unzulässig wäre es allerdings, die Festplatte des A zu manipulieren, nur um zu sehen, ob A einer solchen Gruppe zugehört, denn dann läge keine *konkrete* Gefahr vor, sondern allenfalls ein Gefahrenverdacht.

Wie bei § 31 Abs. 1 POG kann sich die Maßnahme sowohl gegen die richten, die für die abzuwehrende dringende Gefahr **verantwortlich** i. S. d. § 4 oder 5 POG sind, als auch gegen alle sonstigen Personen (Nichtverantwortliche), wenn die Voraussetzungen eines **Notstandes** im Sinne des § 7 POG (vgl. Rn E 26 ff.) vorliegen. Die Maßnahme ist auch dann zulässig, wenn das individuelle Verhalten einer Person die konkrete Wahrscheinlichkeit begründet, dass sie innerhalb eines übersehbaren Zeitraums eine in § 28 Abs. 1 S. 1 Nr. 3 POG bezeichnete Straftat begeht. Außerdem ist sie möglich bei den sogenannten „**Nachrichtenmittlern**", also Personen, bei denen bestimmte Tatsachen die Annahme rechtfertigen, dass sie für die Verantwortlichen bestimmte oder von ihnen herrührende Mitteilungen entgegennehmen oder weitergeben (vgl. Rn G 101). Ohne deren Wissen werden die Daten aus **informationstechnischen Systemen** heraus erhoben. Dazu zählen z. B. mobile oder fest installierte Personalcomputer oder Mobiltelefone mit einem großen Funktionsumfang, mit dem sie personenbezogene Daten erfassen und speichern können.[437] Egal ist es, ob sich die Daten schon dauerhaft gespeichert auf den Medien oder erst im Arbeitsspeicher befinden. **Erhoben** werden hier die Daten grundsätzlich entweder durch bloße Sichtung oder durch das Kopieren der Datenbestände. Aber auch andere Methoden sind denkbar, z. B. der Einsatz sogenannter Key-Logger, bei denen die Tastatureingaben erfasst werden, ohne dass notwendigerweise eine Zwischenspeicherung auf der Festplatte erfolgt. Hoch sind auch hier die Anforderungen an die Verhältnismäßigkeit. Die Maßnahme setzt voraus, dass der Schutz für die o. g. Güter **nicht auf andere Weise möglich** erscheint oder wesentlich erschwert wäre. Reicht

---

436 Gesetz zur Abwehr von Gefahren des internationalen Terrorismus durch das Bundeskriminalamt vom 25. Dezember 2008, BGBl. I, S. 3083; jetzt § 49 Bundeskriminalamtgesetz (BKAG), v. 1.6.2017, BGBl., S. 1354.
437 Zum Begriff des informationstechnischen Systems vgl. § 2 Abs. 2 Nr. 1 des Gesetzes über das Bundesamt für Sicherheit in der Informationstechnik (BSIG) vom 14. August 2009, BGBl. I, S. 2821.

G. Die Eingriffsermächtigungen des POG

beispielsweise bereits eine offene Sicherstellung zur Gefahrenabwehr aus, geht diese vor, weil ein offener Eingriff immer milder ist als ein verdeckter.

Auch hier ist der **Schutz des Kernbereichsprivater Lebensgestaltung** zu beachten(s. dazu Rn G 77). Es dürfen nicht alleine Daten aus dem **Bereich privater Lebensgestaltung** erfragt werden, § 39a Abs. 3 POG. Merkt man, dass das doch geschieht, ist die Maßnahme sofort abzubrechen, § 39a Abs. 5 POG. Das OVG hat nach § 39a Abs. 4 POG die Sachleitung über die Auswertung (s. hierzu Rn G 96).

Die Polizei hat bei der Durchführung der Maßnahme bestimmte technische Schutzvorkehrungen zu treffen, um den Eingriff in das informationstechnische System auf das unbedingt erforderliche Mindestmaß zu begrenzen und die **Datensicherheit** zu gewährleisten. Es ist darum sicherzustellen, dass an dem informationstechnischen System nur solche Veränderungen vorgenommen werden, die für die Datenerhebung unbedingt erforderlich sind. Dabei sind nicht nur die vom Nutzer des informationstechnischen Systems angelegten Anwenderdateien, sondern auch die für die Funktion des informationstechnischen Systems erforderlichen Systemdateien zu schützen. Die Systemleistung darf nur im unvermeidbaren Umfang begrenzt werden. Die technische Mittel sowie dessen Funktionsumfang sind durch elektronische Signatur zu identifizieren und zu protokollieren.

Nach Abschluss des Eingriffs sind alle an dem infiltrierten System vorgenommenen Veränderungen **rückgängig** zu machen, soweit dies technisch möglich ist. Insbesondere ist die auf dem informationstechnischen System installierte Überwachungssoftware vollständig zu löschen und sind Veränderungen an den bei der Installation der Überwachungssoftware vorgefundenen Systemdateien rückgängig zu machen, im Interesse einer möglichst zuverlässigen und einfachen Abwicklung grundsätzlich automatisiert. Der Betroffene ist hinsichtlich des eingesetzten Mittels *„nach dem Stand der Technik"* gegen unbefugte Nutzung Dritter (z. B. Hacker) zu schützen, auch bezogen auf kopierte und bei der Polizei gespeicherte Daten. Um den Eingriff zu ermöglichen, ist es auch zulässig, mittels technischer Einrichtungen die notwendigen Daten zu ermitteln, um das Zielgerät zu lokalisieren oder zu identifizieren, insbesondere Kennungen wie IP- oder Mac-Adresse[438] herauszufinden. Umgesetzt werden diese Maßnahmen mit speziellen Geräten, z. B. mit dem sogenannten WLAN-Catchers zur Bestimmung von spezifischen Kennungen bzw. des Standortes eines informationstechnischen Systems. Soweit aus technischen Gründen unvermeidbar **Daten Dritter** erhoben werden, sind sie zu löschen. Ferner sind die Maßnahmen zu **protokollieren**, um einen effektiven Grundrechtsschutz der betroffenen Person zu gewährleisten. Die Daten dürfen nur **verwendet** werden, um einer dazu befugten Behörde (Rechtsaufsichtsbehörde, Landesbeauftragter für den Datenschutz), einem dazu befugten Gericht oder der betroffenen Person im Rahmen ihres Auskunftsanspruchs die Prüfung der rechtmäßigen Durchführung der Maßnahme zu ermöglichen. Die Protokolldaten dürfen nur für diese Zwecke **aufbewahrt** werden und sind unverzüglich zu löschen, wenn diese Zwecke nicht mehr erfüllt werden können. Die Maßnahme bedarf einer Entscheidung des **Oberverwaltungsgerichts Rheinland-Pfalz**, so dass alle Behörden und Einrichtungen des Landes von demselben Gericht kontrolliert werden. Die Maßnahme darf höchstens 3 Monate umfassen und kann um jeweils einen Monat verlängert werden. Durch den Verweis in § 31c Abs. 6 POG auf § 29 Abs. 5 und 8 POG gelten die **Kennzeichnungspflicht** für die

---

438 Die MAC-Adresse (Media-Access-Control-Adresse) ist die durch Zahlen und Buchstaben gebildete Hardware-Adresse jedes einzelnen Netzwerkadapters, die zur eindeutigen Identifizierung des Geräts in einem Rechnernetz dient, z. B. um nur bestimmten Geräten Zugang zum Netzwerk zu erlauben.

erhobenen Daten und die Regelung zur Zweckänderung gemäß § 29 Abs. 5 POG entsprechend (vgl. Rn G 98).

j) Unterbrechung oder Verhinderung der Telekommunikation, § 31d POG

111 Diese Ermächtigung befugt die Polizei, Telekommunikationsverbindungen zu unterbrechen oder zu verhindern, um dadurch Gefahren für hochrangige Rechtsgüter abwehren zu können. Ob diese Maßnahmen in das Fernmeldegeheimnis gemäß Art. 10 GG oder nur in das Grundrecht der allgemeinen Handlungsfreiheit gemäß Art. 2 Abs. 1 GG eingreifen, ist umstritten. Nicht erfasst sind hingegen Anordnungen gegenüber den Telekommunikations-Dienstanbietern zur Unterbrechung des Telekommunikationsverkehrs. Grundsätzlich ist damit der Eingriff in Kommunikationen gemeint, bei denen die Polizei Rufnummer und Kennung weiß. Voraussetzung ist wie bei § 31c Abs. 1 POG eine **Gefahr für Leib, Leben oder Freiheit** einer Person oder für solche Güter der Allgemeinheit, deren Bedrohung die Grundlagen oder den **Bestand des Staates** oder die Grundlagen der **Existenz der Menschen** berührt.

Beispiel: Während gewalttätiger Auseinandersetzungen mit Mitgliedern des sog. „Schwarzen Blocks" (Linksradikale), erfährt die Polizei, dass sich die Gewalttäter per Handy absprechen und ihre Taktik vereinbaren, wie sie staatliche Kräfte effektiv angreifen und schwerwiegend verletzen kann. – Hier könnte nach § 31d POG der gesamte Handyverkehr zwischen den Tätern unterbrochen werden, so dass deren Logistik stark behindert ist.

Das kann ein wichtiges Mittel z. B. bei einer Geiselnahme sein, um die Kommunikation der Geiselnehmer mit Komplizen außerhalb des Tatorts über Mobiltelefone zu unterbinden. Die Maßnahme kann allerdings auch gänzlich unbeteiligte Personen betreffen, wenn diese mit den betroffenen Personen telefonieren oder auch nur versuchen, mit ihnen telefonisch Kontakt aufzunehmen.

Würde allerdings das vorherige Herausfinden von Rufnummer und Kennung zu erheblichen Hindernissen führen, die oben genannten Gefahren abzuwehren, kann die Kommunikation auch ohne das unterbunden werden. Hierdurch wird der Eingriff umfassender, denn es muss nun weiträumiger vorgegangen werden, also beispielsweise eine ganze Funkzelle totgelegt werden, was eine Vielzahl von Personen betreffen kann.

Beispiel: Die Polizei findet im Bahnhofsviertel eine Bombe, die ferngesteuert über ein Mobilfunkgerät gezündet werden soll. Hier kann der gesamte Mobilfunkverkehr in diesem Gebiet unterbrochen werden.

Technisch wird die Telekommunikation durch Störsender, sogenannte IMSI-Catcher o. ä. unterbrochen oder verhindert. Auch hier bedarf es wie bei § 31 Abs. 4 und 5 POG der – befristeten – Anordnung des Oberverwaltungsgerichts Rheinland-Pfalz. Ansonsten gelten die Regeln des § 29 Abs. 5 bis 8 POG entsprechend (vgl. Rn G 98).

k) Funkzellenabfrage, § 31e POG

112 Die **Funkzellenabfrage** ist das Verlangen der Sicherheitsbehörden gegenüber Telekommunikations-Dienstanbietern nach Auskunft über **Verkehrsdaten** (zum Begriff s. Rn G 101), die in einer bestimmten räumlich bezeichneten Funkzelle in einem bestimmten Zeitraum anfallen, insbesondere welche Mobiltelefone sich in der Funkzelle eingeloggt haben. Im Grunde handelt es sich um eine Maßnahme wie nach § 31 POG, nur dass hier eine deutlich weitere Streubreite besteht, da nicht hinsichtlich einzelner Teilnehmer, sondern pauschal eine ganze Funkzelle abgefragt wird. Eine **Funkzelle** ist der räumliche Bereich, in dem das von einer Sendeeinrichtung eines Mobilfunknetzes gesendete Signal empfangen und fehlerfrei decodiert werden kann.

G. Die Eingriffsermächtigungen des POG

Die Maßnahme darf man aber nicht verwechseln mit dem Lokalisieren des Mobilfunkgeräts nach § 31a POG (vgl. Rn G 103 ff.); bei § 31a POG wird gezielt ein bestimmtes Endgerät gesucht, bei § 31e POG will man dagegen wissen, welche (meist bisher unbekannten) Mobilfunkgeräte überhaupt innerhalb der Funkzelle eingeloggt sind.

Die **Polizei** kann zur Abwehr einer **gegenwärtigen Gefahr für Leib oder Leben einer Person** oder für solche Güter der Allgemeinheit, deren Bedrohung die Grundlagen oder den Bestand des Staates oder die Grundlagen der **Existenz der Menschen** berührt, Auskunft über Verkehrsdaten ohne Kenntnis der Rufnummer oder einer anderen Kennung des zu überwachenden Anschlusses oder des Endgeräts verlangen, sofern andernfalls der Zweck der Maßnahme erheblich erschwert erreichbar wäre. Beim Erheben der Verkehrsdaten müssen nicht notwendig die Rufnummer oder eine andere Kennung des zu überwachenden Anschlusses oder des Endgeräts angegeben werden. Aber die Anordnung zur Verkehrsdatenerhebung darf sich nur gegen die **Verantwortlichen nach § 31 Abs. 1 POG** richten, also gegen Personen, die für die abzuwehrende dringende Gefahr i. S. d. § 4 oder 5 POG verantwortlich sind, außerdem gegen alle sonstigen Personen (Nichtverantwortliche), wenn die Voraussetzungen eines Notstandes i. s. d. § 7 POG (vgl. Rn E 26 ff.) vorliegen und gegen die sogenannten „Nachrichtenmittlern", also Personen, bei denen bestimmte Tatsachen die Annahme rechtfertigen, dass sie für die Verantwortlichen bestimmte oder von ihnen herrührende Mitteilungen entgegennehmen oder weitergeben. Die Maßnahme ist auch dann zulässig, wenn das individuelle Verhalten einer Person die konkrete Wahrscheinlichkeit begründet, dass sie innerhalb eines übersehbaren Zeitraums eine in § 28 Abs. 1 S. 1 Nr. 3 POG bezeichnete Straftat begeht. Zwar hat die Polizei bei der Funkzellenabfrage die Möglichkeit, die Verkehrsdaten aller Personen zu erlangen, die in einer bestimmten Funkzelle zur angegebenen Zeit mittels eines Mobiltelefons kommuniziert haben. Doch beim Auswerten können nur die Daten über die Zielperson verwendet werden, während die **Daten von unbeteiligten Dritten** nach der allgemeinen Regelung gemäß § 39 Abs. 2 S. 1 Nr. 4 POG zu löschen sind, wenn sie nicht mehr erforderlich sind.

Beispiel: Bei einer Demonstration kommt es zu Gewalttaten von rechtsradikalen vermummten Teilnehmern. Um zur Gefahrenabwehr die Kommandostrukturen aufdecken zu können, verlangt die Polizei vom Mobilfunkanbieter Auskunft über alle ein- und ausgehenden Anrufe und SMS, die in Funkzelle zur Zeit der Demonstration registriert sind.

Durch den Verweis auf den § 31 Abs. 4 und 5 POG gelten die Vorschriften zum Richtervorbehalt durch das **OVG Rheinland-Pfalz** entsprechend. Allerdings wird berücksichtigt, dass in der schriftlichen Anordnung der Funkzellenabfrage die Rufnummer oder eine andere Kennung des zu überwachenden Anschlusses oder des Endgeräts nicht angegeben werden kann. Stattdessen ist in der schriftlichen Anordnung die Telekommunikation räumlich und zeitlich zu bestimmen, über die Verkehrsdaten erhoben werden soll. Durch die Verweisung auf § 31 Abs. 6 S. 2 bis 4 POG wird die Verpflichtung der Dienstanbieter zur Auskunft näher konkretisiert. Die Bestimmung gemäß § 29 Abs. 5 POG zur **Zweckänderung** der erhobenen Daten gilt entsprechend (vgl. Rn G 98).

I) Auskunft über Bestandsdaten, § 31f POG

Telekommunikationsdienste stellen Datenübertragungsmöglichkeiten zur Verfügung (z. B. Telefon, SMS). Wer geschäftsmäßig private Telekommunikationsdienste

erbringt oder daran mitwirkt (Diensteanbieter), darf nach § 112 und § 113 TKG[439] die nach den §§ 95 und 111 erhobenen Daten zur Erfüllung von **Auskunftspflichten** verwenden gegenüber den
1. für die Verfolgung von Straftaten oder Ordnungswidrigkeiten zuständigen Behörden,
2. für die Abwehr von Gefahren für die öffentliche Sicherheit oder Ordnung zuständigen Behörden und
3. Verfassungsschutzbehörden des Bundes und der Länder, der Militärische Abschirmdienst und der Bundesnachrichtendienst.

Telemedien sind elektronische Informations- und Kommunikationsdienste, insbesondere eine Vielzahl von Internetdiensten. Bei ihnen steht nicht die Kommunikation, sondern das Bereitstellen von Informationen im Vordergrund (z. B., jeweils im Internet: Angebote von Waren oder Dienstleistungen, Suchmaschinen, Telebanking, Computerspiele, Messengerdienste [z. B. Skype, WhatsApp], Werbemails). Auf Anordnung der zuständigen Stellen darf der Diensteanbieter von Telemedien im Einzelfall **Auskunft** über Bestandsdaten erteilen, soweit dies für Zwecke der Strafverfolgung, zur Gefahrenabwehr durch die Polizeibehörden der Länder, zur Erfüllung der gesetzlichen Aufgaben der Verfassungsschutzbehörden des Bundes und der Länder, des Bundesnachrichtendienstes oder des Militärischen Abschirmdienstes oder des Bundeskriminalamtes im Rahmen seiner Aufgabe zur Abwehr von Gefahren des internationalen Terrorismus oder zur Durchsetzung der Rechte am geistigen Eigentum erforderlich ist, § 14 TMG[440].

§ 112 TKG regelt die Verwendung der nach § 111 TKG gespeicherten Daten in Form eines automatisierten Auskunftsverfahrens, bei dem die Bundesnetzagentur die Daten auf Ersuchen an die in § 112 Abs. 2 TKG genannten Behörden zu übermitteln hat. Als Rechtsgrundlage hierfür genügt § 26 POG. Etwas anderes gilt für das manuelle Auskunftsverfahren für private Telekommunikationsunternehmen nach § 113 TKG. Die Polizei Rheinland-Pfalz kann nach § 31f POG[441] bei den Diensten unter den dort genannten Voraussetzungen die **Bestandsdaten** (§ 31f Abs. 5 POG) abfragen. Das sind die Daten, die für die Begründung, inhaltliche Ausgestaltung, Änderung oder Beendigung eines Vertragsverhältnisses über Telekommunikationsdienste erhoben werden. Dazu gehören einmal die Verkehrsdaten i. S. d. § 95 TKG (insbesondere Nummern oder Kennungen, Beginn und Ende der jeweiligen Verbindungen, der benutzte Telekommunikationsdienst) und die Grunddaten i. S. d. § 111 TKG (Rufnummer, Name, Geburtsdatum des Benutzers, Gerätenummer [EMEI], Datum des Vertragsbeginns). Beim TMG ergibt sich das aus den §§ 113 ff.

Für die **einfache Bestandsdatenabfrage** nach den § 39f Abs. 1 S. 1 POG, § 113 Abs. 1 S. 1 TKG genügt eine konkrete Gefahr für die öffentliche Sicherheit oder Ordnung. Zum Kreis der Personen, über die diese Daten abgefragt werden können, gehören die Verantwortlichen nach den §§ 4 f. POG, aber auch die Nichtverantwortlichen unter den Voraussetzungen des § 7 POG und die Dienstleister selbst. Sie ist ein wichtiges Mittel, um z. B. angedrohte Suizide zu verhindern, demente oder sonst wie hilflose Personen aufzufinden oder angekündigte Amoktaten oder Anschläge zu verhindern. Nach § 39f Abs. 1 S. 2 POG dürfen **Zugangscodes** (z. B. Passwörter,

---
439 Telekommunikationsgesetz vom 22. Juni 2004 (BGBl. I S. 1190).
440 Telemediengesetz vom 26. Februar 2007 (BGBl. I S. 179).
441 Diese Vorschrift setzt die Forderungen des BVerfG v. 24.1.2012 - 1 BvR 1299/05, NJW 2012, 1419, um.

G. Die Eingriffsermächtigungen des POG

PIN, PUK,) abgefragt werden, aber nur wenn auch die Voraussetzungen dafür vorliegen, dass die hierdurch erlangten Daten überhaupt genutzt werden dürfen.

Beispiel: Die Polizei erfragt den Zugangscode zu einem Smartphone, um die damit geführte Telekommunikation zu überwachen und für das Gerät eine Online-Untersuchung zu ermöglichen. Hier muss bereits bei der Abfrage des Codes sichergestellt sein, dass die Voraussetzungen des § 31 und § 31 c POG vorliegen. – Soll dagegen das Smartphone, dessen Zugangscode abgefragt wird, später nur sichergestellt und ausgelesen werden, genügen hier die Voraussetzungen des § 22 POG, weil das Gesetz für das Auslesen keine weiteren Voraussetzungen aufstellt.

Ein erheblich größerer Eingriff ist die Identifizierung der **dynamischen IP-Adresse** (Internet-Protokoll-Adresse zu einem bestimmten Zeitpunkt), § 39f Abs. 2 POG. Sie ist ein Eingriff in das Telekommunikationsgeheimnis nach Art. 10 Abs. 1 GG, weil mit ihr in großem Umfang die Inhalte der Kontakte ausgelesen werden. Sie ist darum auch nur möglich, soweit das zur Abwehr einer Gefahr für Leib und Leben einer Person oder zur Abwehr von Bedrohungen der Grundlagen oder des Bestands des Staates oder der Existenz der Menschen erforderlich ist.

Solange die Abfrage gegenüber dem Betroffenen **heimlich** erfolgt, bedarf es einer Anordnung des **OVG Koblenz**. Nicht aber, wenn der Betroffene eingewilligt hat oder wenn es für den Eingriff schon einen richterlichen Beschluss auf anderer Grundlage gibt.

m) Polizeiliche Beobachtung, § 32 POG

Die polizeiliche Beobachtung (s. a. § 163e StPO) unterscheidet sich von der Observation i. S. d. § 28 Abs. 2 Nr. 3 POG durch ihre **Zufälligkeit**. Bei der Observation wird eine Person planmäßig und durchgehend, also lückenlos beobachtet. Wird dagegen eine Person zur polizeilichen Beobachtung ausgeschrieben, werden Personalien, Autokennzeichen oder andere persönliche Daten ausgeschrieben, damit jeder Polizeibeamte, der zufällig diese Person antrifft und anhand dieser Merkmale erkennt, das übermitteln kann. So kann man Erkenntnisse über den Aufenthalt oder Begleitpersonen der Zielperson erlangen. Die Polizei stellt die bekannten Daten in die polizeiliche Datei INPOL ein. Gerät jetzt diese Person in eine allgemeine Kontrolle (z. B. im Straßenverkehr oder an der Grenze) oder eine aus ganz anderen Gründen verursachte Identifikationsfeststellung (z. B. im Rahmen einer Razzia, eines Verkehrsunfalls), kann der dort kontrollierende Beamte, der von der Ausschreibung weiß, unauffällig Erkenntnisse über die Person sammeln, z. B. über Zeitpunkt, Begleiter, Reiseroute, mitgeführte Gegenstände usw., allerdings ohne dass für diese Anlass-Maßnahmen speziell eigene Ermächtigungsgrundlagen geschaffen werden. Das kann nun an die ausschreibende Dienststelle übermittelt werden.

Hierzu ist die Polizei bei Personen befugt, bei denen Tatsachen den Schluss rechtfertigen (Erfahrungswerte oder Vermutungen genügen nicht), dass sie **Straftaten von erheblicher Bedeutung** (vgl. § 28 Abs. 3 POG) begehen werden und die polizeiliche Beobachtung zu deren vorbeugender Bekämpfung erforderlich ist. Dazu bedarf es keines Verdachts, bereits Straftaten begangen zu haben, sondern es genügen Tatsachen, die auf eine künftige Tatbegehung der Personen hindeuten. Dann dürfen deren Personalien oder das Kennzeichen des von ihnen genutzten Fahrzeuges feststellen und in einer **Fahndungsdatei** (INPOL) ausschreiben, damit diese Informationen vorliegen, wenn eine solche später in einer Kontrollstelle (z. B. Pass-, Verkehrskontrolle) angetroffen wird. Wird die Person oder das Fahrzeug irgendwo angetroffen, können Erkenntnisse über das Antreffen sowie über mitgeführte Sachen **übermittelt** werden, so dass ein Bewegungsbild erstellt werden kann. Die Ermächtigung erlaubt auch, Erkenntnisse über etwaige **Begleiter** zu übermitteln, um zu überprüfen, ob diese Personen Kontakt- und Begleitpersonen sind. Ist dies nicht der Fall, sind die erhobenen Erkenntnisse nach § 39 Abs. 2 S. 1 Nr. 4 POG zu löschen.

Die Maßnahme ist auf höchstens 12 Monate zu befristen, kann allerdings wiederholt angeordnet werden. Anders als in § 163e StPO ist erst für die Verlängerung ein Richtervorbehalt vorgesehen. Zur Verfolgung oder vorbeugenden Bekämpfung von Straftaten von erheblicher Bedeutung (§ 28 Abs. 3 POG) oder zur Abwehr einer dringenden Gefahr können die Daten auch zu einem veränderten Zweck erhoben werden, wenn es erforderlich ist und festgestellt sowie dokumentiert wurde, § 32 Abs. 4 i. V. m. § 28 Abs. 6 POG. Eine Benachrichtigung des Betroffenen von Verwendung oder Löschung der Daten ist nicht vorgesehen.

4. Der weitere Umgang mit erhobenen personenbezogenen Daten

a) Datenspeicherung und -nutzung, § 33 POG

114 Während sich die §§ 9a bis 11a und 26 bis 32 POG damit befassen, wie welche Daten erhoben werden dürfen, behandeln die §§ 33 ff. POG die Verwendung dieser erlangten Daten. Im Folgenden geht es ausschließlich um den Umgang mit **personenbezogenen Daten**, also um Angaben über eine bestimmte oder eine bestimmbare Person, nicht um rein sachbezogene. Dabei ist es gleich, ob die Ordnungsbehörde oder Polizei die Daten selbst erhoben hat oder sie ihr zulässigerweise übermittelt worden sind. Diese Daten können entweder in Dateien oder in Akten gespeichert und daraus genutzt werden. Eine **Datei** ist eine Sammlung personenbezogener Daten, die durch automatisierte Verfahren personenbezogen ausgewertet werden kann (automatisierte Datei) oder jede sonstige Sammlung personenbezogener Daten, die gleichartig aufgebaut ist und nach bestimmten Merkmalen personenbezogen geordnet und ausgewertet werden kann, § 3 Abs. 5 LDSG. **Akte** ist jede sonstige amtlichen oder dienstlichen Zwecken dienende Unterlage, § 3 Abs. 6 LDSG. **Speichern** ist das Erfassen, Aufnehmen oder Aufbewahren personenbezogener Daten auf einem Datenträger zum Zwecke ihrer weiteren Verwendung, § 3 Abs. 2 Nr. 2 LDSG. Datenträger kann dabei jedes Medium sein, auf dem Informationen in lesbarer oder sonst verwertbarer Form festgehalten werden können, egal ob konventionell wie z. B. Notizbuch, Akte, Kartei oder Mikrofilm, oder virtuell wie Festplatte, CD, DVD, Bluray oder Diskette.

Beispiel: Polizeiwache erfasst in einem Journal die Vorgänge der jeweiligen Schicht, u. a. um den Kollegen der nachfolgenden Schicht einen nahtlosen Informationsanschluss zu ermöglichen. Dazu gehört die Speicherung von personenbezogenen Daten, soweit daraus personenbezogene Daten zu einzelnen Vorfällen bestimmten Personen zugeordnet werden können. – Die Erfassung des Telefonverkehrs in einer Polizeidienststelle über eine ISDN – Anlage ist sowohl Erhebung als auch Speicherung von personenbezogenen Daten im automatisierten Verfahren (zum Begriff vgl. Rn 68).

Nutzen ist jede sonstige Verwendung personenbezogener Daten *innerhalb* der verarbeitenden Stelle, § 3 Abs. 2 Nr. 3 LDSG (außerhalb dieser Stelle ist Datenübermittlung).

115 Das Speichern und Nutzen der personenbezogenen Daten ist zulässig, soweit erforderlich,

- zur Erfüllung der Aufgaben der ordnungsbehördlichen oder polizeilichen Aufgaben, womit die konkrete **Gefahrenabwehr** einschließlich ihrer vorbereitenden

G. Die Eingriffsermächtigungen des POG

Maßnahmen gemeint ist, z. B. die personenbezogene Erfassung von Vorfällen der Problemfanszene in der „Arbeitsdatei Szenekundige Beamte" (sog. SKB-Datei),[442]
- zu einer zeitlich befristeten **Dokumentation**, also einer Aktenführungspflicht; diese dient der Nachvollziehbarkeit, z. B. um Bürgerbegehren sachgerechter zu behandeln oder Polizeibeamte vor ungerechtfertigten Vorwürfen zu schützen, und gibt den Gerichten die Möglichkeit, die Datenerhebung auf ihre Rechtmäßigkeit hin zu überprüfen, oder
- zur **Vorgangsverwaltung**, bei der die Akteninhalte durch automatische Datenverarbeitung recherchierbar gemacht werden, um mittels einer solchen Registratur das langwierige Suchen nach Vorgängen, Anzeigen, Beschwerden usw. zu vermeiden. Gerade die Vorgangsverwaltung hat bei der Polizei eine besondere Bedeutung, da heutzutage nahezu alles über POLADIS (**Pol**izeiliches **a**nwenderorientiertes **d**ezentrales **I**nformation**s**system) gespeichert und mithilfe von Suchsystemen abgewickelt wird.[443] Das ist eine Software, die das Schreiben von Vernehmungen, Fernschreiben und das Fertigen von Anzeigen und sämtlichen anderen Vorgängen ermöglicht. Gleichzeitig kann man aber auch z. B. einen bestimmten Unfallbeteiligten oder einen bestimmten Ladendieb jederzeit wieder auffinden, auch wenn der Unfall oder Diebstahl Jahre her gewesen ist. Man muss dann nur die Vorgangsdaten aus dem jeweiligen Jahr abfragen. Auf diese Daten haben aber bislang auch nur die Dienststellen selbst bzw. die zu einer Polizeidirektion gehörenden Dienststellen Zugriff. Ein Straftäter (z. B. Ladendieb) wird zusätzlich gem. §§ 1 Abs. 1 S. 3, 33 Abs. 5 und 5 POG auch noch in POLIS[444] und INPOL[445] eingegeben. Seine Daten können also mit seinen polizeilich präventiv gespeicherten Daten – z. B. auch erkennungsdienstliche Fotos – jederzeit landes- bzw. bundesweit durch jede Polizeidienststelle abgefragt werden. Diese weit reichende Speicherung ist nicht unbedenklich bei solchen personenbezogenen Daten, die bei verdachtsunabhängigen Kontrollen ohne das Vorliegen einer von der Person oder dem Ort ausgehenden Gefahr erhoben worden sind (z. B. § 9a Abs. 4, § 10 Abs. 3 POG)[446].

Erforderlich heißt hier, dass diese Aufgabe ohne die Speicherung und Nutzung nicht mehr gewährleistet ist und es auch kein milderes Mittel dazu gibt. Damit ist aber eine Speicherung auf Vorrat ausgeschlossen.

---

442 OVG Lüneburg v. 18.11.2016 - 11 LC 148/15.
443 Zur Zulässigkeit einer Antiterrordatei als Verbunddatei BVerfG v. 24.4.2013 - 1 BvR 1215/07, NJW 2013, 1499.
444 = Polizeiliches Informations-System, ein Datenverbundsystem zur bundesweiten Abfrage von Fahndungsdaten.
445 In INPOL werden personenbezogene Daten verarbeitet, soweit es sich um Straftaten mit länderübergreifender, internationaler oder erheblicher Bedeutung handelt. Das polizeiliche Informationssystem INPOL, an dem neben dem Bundeskriminalamt als Zentralstelle die Landeskriminalämter, sonstige Polizeibehörden der Länder, der Bundesgrenzschutz, Dienststellen der Zollverwaltung – soweit sie grenzpolizeiliche Aufgaben wahrnehmen – und das Zollkriminalamt teilnehmen, genutzt. Jeder dieser INPOL-Teilnehmer ist für die Zulässigkeit der Erhebung und Speicherung der von ihm selbst eingestellten Daten verantwortlich. Bei den in INPOL gespeicherten Daten handelt es sich zum überwiegenden Teil um Informationen der Landespolizeidienststellen. Das polizeiliche Informationssystem INPOL besteht aus folgenden Dateien: Polizeiliches Informations-System, ein Datenverbundsystem zur Abfrage von Fahndungsdaten Personenfahndung, Sachfahndung, Kriminalaktennachweis, Haftdatei, Erkennungsdienstliche Aufgaben, DNA-Analyse-Datei, Spurendokumentationssysteme (SPUDOK) und Arbeits- und Recherchedateien (PIOS).
446 Kaster VerwArch 2001, 256.

Gespeichert und genutzt werden darf eine personenbezogene Erkenntnis aber nur
- zu dem Zweck, zu dem die Daten erhoben worden sind (**Zweckbindungsgebot**)
- zu einem anderen Zweck, soweit die speichernde Ordnungsbehörde oder Polizei diese Daten auch hätte erheben dürfen (**Zweckumwidmung**)
- zur **Strafverfolgung**, soweit die StPO die Datenerhebung gerechtfertigt hätte (vgl. §§ 100f Abs. 2, 161 Abs. 2 StPO).

Beispiel: P legiert Metall. Die dadurch anfallenden Produktionsflüssigkeiten verbringt er illegal in ein abgelegenes Gewässer. Die Kreisverwaltung als zuständige Wasserbehörde macht P ausfindig und erlässt gegen P eine entsprechende Untersagungsverfügung. Die Verbandsgemeindeverwaltung als zuständige Gewerbebehörde möchte die bei der Kreisverwaltung gespeicherten Daten selbst nutzen, weil sie auch wegen anderer Vorfälle eine Gewerbeuntersagung nach § 35 GewO prüft (Zweckumwidmung der Daten). Die Polizei wiederum möchte die Daten Nutzen, weil sie wegen des Verdachts eines Verstoßes gegen § 324 StGB ermittelt (Strafverfolgung).

Etwas anderes gilt natürlich, wenn speziellere Vorschriften etwas anderes sagen.

Beispiel: Aufnahmen von Versammlungen sind nach den §§ 12a Abs. 2, 19a VersG unverzüglich zu vernichten, soweit sie nicht für die Verfolgung von Straftaten von Teilnehmern oder im Einzelfall zum vorbeugenden Schutz künftiger Versammlungen benötigt werden.[447]

Die Polizei darf Daten, die ihr im Rahmen von Strafermittlungen bekannt geworden sind, auch zum Zwecke der Gefahrenabwehr speichern, wenn die Person einer Straftat verdächtig ist (§ 33 Abs. 4 POG) oder sie zum unter § 26 Abs. 3 POG genannten Personenkreis gehört (§ 33 Abs. 5 POG) und die Speicherung für präventive Aufgaben erforderlich ist, sofern dem nicht Regelungen der StPO entgegenstehen (§§ 481, 100f Abs. 1 StPO). Werden aber Daten von Strafverdächtigen gespeichert oder genutzt, sind diese Daten zu löschen, wenn der Verdacht entfällt. Der Verdacht entfällt z. B. bei Einstellungen nach § 172 Abs. 2 StPO, dagegen aber nach dem klaren Gesetzeswortlaut nicht bei Einstellungen nach § 153 oder § 153a StPO; hier gilt nicht die Unschuldsvermutung.[448]

Eine Speicherung zu anderen Zwecken ist nicht zulässig. Daher dürfen diese Daten auch nicht unanonymisiert zu Ausbildungszwecken verwendet werden, § 33 Abs. 7 POG.

116 Im Übrigen ist die Speicher**dauer** auf das erforderliche Maß, maximal aber auf die in den Absätzen 4 bis 6 genannten und zu berechnenden Fristen zu beschränken. Darum müssen für Akten und Dateien Prüfungstermine (z. B. KPS[449]-Richtlinien) und Aufbewahrungsfristen festgelegt werden. Personenbezogene Daten dürfen für die Aus- und Fortbildung verwendet werden (z. B. für Lehrvorführungen, wissenschaftliche Arbeiten usw.), aber grundsätzlich (bei den besonders persönlichkeitsintensiven Eingriffen nach § 29 oder § 31 POG immer) anonymisiert.

Das Gesetz macht die **Rechtmäßigkeit der Datenerhebung nicht** ausdrücklich zur Voraussetzung für das Speichern und Nutzen der Daten. Anders als im Strafrecht kann man im Ordnungsrecht aus der Rechtswidrigkeit der Datenerhebung nicht automatisch die Rechtswidrigkeit der Datenverwertung folgern, insbesondere nicht bei der Bedrohung hochwertiger Schutzgüter.

---

447 VGH Mannheim v. 26.1.1998 - 1 S 3280/96, NVwZ 1998, 761: keine Aufbewahrung zu Dokumentations- oder Ausbildungszwecken.
448 BVerfG NJW 16.5.2002 - 1 BvR 2257/01, NJW 2002, 3231.
449 = Kriminalpolizeiliche Sammlungen.

G. Die Eingriffsermächtigungen des POG

Beispiel: Die Polizei erfährt durch ein rechtswidrig aufgezeichnetes Telefongespräch, dass ein terroristischer Anschlag auf einen Flughafen geplant ist. – Hier lässt sich sicher nicht vertreten, dass diese Information wegen der Erhebungsfehlers außer Acht zu bleiben hat.

Das gilt insbesondere auch für Erkenntnisse, die unter Verletzung des Schutzes von **Amts- oder Berufsgeheimnissen** (z. B. § 29 Abs. 3, § 39b POG) erlangt wurden, wenn Leib, Leben oder andere hochwertige Schutzgüter bedroht sind. Hier kommt noch hinzu, dass konspirative Absprachen in Ausführung solcher Ämter oder Berufe gar nicht erst zum geschützten Bereich gehören dürften. Andererseits dürfen die Umstände der Datenerhebung auch nicht völlig unbeachtlich bleiben, da ansonsten die Voraussetzungen der Datenerhebung praktisch sanktionslos missachtet werden könnten. Man wird darum im Einzelfall abzuwägen haben. Maßgeblich ist hierbei, welche Bedeutung das zu schützende Gut hat, ob es sich bei der Rechtswidrigkeit nur um einen formellen Fehler handelt oder ob die Maßnahme materiell nicht hätte durchgeführt werden dürfen, auch ob die bei der Erhebung verletzte Norm dem Schutz desjenigen galt, gegen den nun gehandelt werden soll usw.[450] In Zweifelsfällen wird man allerdings rechtswidrig erlangte Daten nicht speichern oder nutzen dürfen.

b) Vorratsdatenspeicherung

Vorratsdatenspeicherung ist das anlasslose Speichern personenbezogener Daten durch öffentliche Stellen oder (durch Telekommunikationsdienstanbieter) für diese, ohne dass die Daten aktuell benötigt werden, sondern nur für den Fall, dass sie einmal benötigt werden sollten. Sie soll dazu dienen, schwere Straftaten besser verhüten oder verfolgen zu können. Dadurch werden insbesondere Anbieter von Telekommunikationsdiensten verpflichtet, Verbindungsdaten elektronischer Kommunikationsvorgänge zu registrieren, ohne dass ein Anfangsverdacht oder eine konkrete Gefahr besteht, damit die Sicherheitsbehörden im Falle einer Strafverfolgung auf diese Daten zugreifen können. Dieses Speichern betrifft die Verkehrsdaten, die IP-Adressen und die Standortdaten der Nutzer dieser Kommunikationsdienstleistungen, allerdings nicht auch die Inhalte der Kommunikation. Die Vorratsdatenspeicherung ist eine Vorstufe der Telekommunikationsüberwachung und vermindert die Anonymität im Internet. Die auf Vorrat zu speichernden Daten ermöglichen weitgehende Analysen persönlicher sozialer Netzwerke. Mit ihnen lässt sich zudem das Kommunikationsverhalten jedes Teilnehmers analysieren.

117

Die Vorratsdatenspeicherung ist eine rechtlich hoch umstrittene Maßnahme. In Rheinland-Pfalz gilt sie nur im Rahmen der (bundesgesetzlich geregelten) Strafverfolgung; die Landesregierung hat sich bisher strikt gegen die Einführung im (präventiven) Landesrecht ausgesprochen. Um die Speicherung und Verarbeitung der Verkehrsdaten innerhalb der Europäischen Union zu harmonisieren, hat 2006 die EU eine Richtlinie über die Vorratsspeicherung von Daten erlassen.[451] Deutschland hat diese Richtlinie durch Gesetz zum 1. Januar 2008 umgesetzt.[452] Dort wurden insbesondere die Speicherpflichten der Daten in § 113a TKG und die Verarbeitung, insbesondere Übermittlung nach §§ 113b, 113c TKG und 100g StPO zum Zwecke der Strafverfolgung und Abwehr von erheblichen Gefahren für die öffentliche Sicherheit geregelt.

---

450 Vgl. dazu Schenk Rn 215 ff.
451 Richtlinie 2006/24/EG vom 15.3.2006, ABl. EU Nr. L 105, S. 54–60.
452 Gesetz zur Neuregelung der Telekommunikationsüberwachung und anderer verdeckter Ermittlungsmaßnahmen sowie zur Umsetzung der Richtlinie 2006/24/EG vom 21.12.2007, BGBl 2007 Teil I, S. 3198 Nr. 70.

Auf mehrere Verfassungsbeschwerden hin, die die Verletzung des Fernmeldegeheimnisses gem. Art. 10 GG und des Rechts auf informationelle Selbstbestimmung gem. Art. 2 Abs. 1 i. V .m. Art. 1 Abs. 1 GG rügten, hat das Bundesverfassungsgericht diese Vorschriften 2010 für nichtig erklärt.[453] Danach erfordern Eingriffe in die vorgenannten Grundrechte normenklare Regelungen zur Datensicherheit, zum Umfang der Datenverwendung, zur Transparenz und zum Rechtsschutz. 2014 hat dann auch der EuGH die EU-Richtlinie zur Vorratsdatenspeicherung wegen Verstoßes gegen Art. 7 (Achtung des Privat- und Familienlebens) und Art 8 (Schutz personenbezogener Daten) der Charta der Grundrechte der Europäischen Union für unwirksam erklärt.[454] Die in dieser Entscheidung festgesetzten Grundsätze zur Vorratsdatenspeicherung hat der Bundesgesetzgeber 2015 umgesetzt.[455] Die Telekommunikations-Diensteanbieter werden zwar weiterhin zur anlasslosen Speicherung der Verkehrsdaten auf Vorrat verpflichtet, wohl aber die Speicherfrist auf 10 Wochen begrenzt. Diese Regelung betrifft nach den § 113c Abs. 1 Nr. 2 TKG auch die Gefahrenabwehr des Bundes und (soweit sie - anders als Rheinland-Pfalz - davon Gebrauch gemacht haben) der Länder.

Der Europäische Gerichtshof stellte dann aber 2016 erneut klar, dass Einschränkungen des Schutzes personenbezogener Daten auf das absolut Notwendige beschränkt werden müssten.[456] So müssten entsprechende Vorschriften konkret und anhand objektiver Kriterien festlegen, unter welchen Umständen und unter welchen Voraussetzungen die Betreiber elektronischer Kommunikationsdienste den zuständigen nationalen Behörden Zugang zu den Daten zu gewähren haben. Die Vorratsdatenspeicherung dürfe nicht die Regel sein, sondern müsse die Ausnahme bleiben. Die allgemeine Vorratsdatenspeicherung ist danach unzulässig. Nur das gezielte Speichern von Daten anderer Personen sei erlaubt, soweit es objektive Anhaltspunkte dafür gebe, dass diese Daten in einem *konkreten* Fall einen wirksamen Beitrag zur Bekämpfung solcher Aktivitäten leisten könnten. Ob diese Maßgaben eingehalten würden, sollten Gericht oder Verwaltung in einer unabhängigen Form kontrollieren. Während in Deutschland die bestehenden Datenverarbeitungsbefugnisse *der Strafverfolgungsbehörden* mit dieser Entscheidung des EUGH weitestgehend konform sind, stellt der EUGH damit das unterschiedslose Speichern auf Vorrat sämtlicher Verkehrs- und Standortdaten aller Teilnehmer und registrierten Nutzer in Bezug auf alle elektronischen Kommunikationsmittel *durch die Telekommunikations-Diensteanbieter* weiterhin in Frage. Während das BVerfG[457] sich darauf stützende Eilanträge gegen § 113b TKG nicht zur Entscheidung angenommen hat, hat das OVG Münster[458] diese Regelung für mit dem Recht der Europäischen Union nicht vereinbar erklärt.

c) Datenübermittlung, §§ 34 bis 36 POG

118 **Übermitteln** von Daten ist das Bekanntgeben oder sonstige Offenbaren personenbezogener Daten an Personen oder Stellen *außerhalb* der Daten verarbeitenden Stelle, vgl. § 3 Abs. 2 Nr. 4, Abs. 3 und 4 LDSG. Spezialgesetzliche Übermittlungs-

---

453 BVerfG v. 2.3.2010 – 1 BvR 256/08, 1 BvR 263/08, 1 BvR 586/08, NJW 2010, 833.
454 EuGH v. 8.4.2014 - C-293/12 und C-594/12, NJW 2014, 2169.
455 Gesetz zur Einführung einer Speicherpflicht und einer Höchstspeicherfrist für Verkehrsdaten, v. 10.12.2015, BGBl 2015 Teil I Nr. 51, S. 2218, mit Wirkung ab 1.7.2017.
456 EuGH v. 21.12.2016 - C-203/15, C-698/15 (insbesondere Rn 117 und 119), NJW 2017, 717.
457 BVerfG v. 26.3.2017 - 1 BvR 3156/15 und 1 BvR 141/16: Die verfassungsrechtliche Bewertung sei nicht für Eilverfahren geeignet.
458 OVG Münster v. 22.6.2017 - 13 B 238/17.

G. Die Eingriffsermächtigungen des POG

normen finden sich auch z. B. in den §§ 50 Abs. 7, 86 ff. AufenthG, §§ 5, 6, 41 Waffe, § 2 Abs. 12 StVG, § 13 LVerfSchG. § 34 POG regelt, unter welchen Voraussetzungen Polizei- und Ordnungsbehörden von Rheinland-Pfalz denen anderer Bundesländer, des Bundes und der Länder der Europäischen Union Daten übermitteln oder empfangen dürfen. Es handelt sich hier um eine besondere Form der Amtshilfe, deren Regelungen den §§ 4 ff. VwVfG / § 1 LVwVfG vorgehen. Bei der Datenübermittlung wird unterschieden, wer an wen und aus welchem Anlass übermittelt. Die Übermittlung ist zulässig

- zwischen **allgemeinen Ordnungsbehörden und Polizeibehörden untereinander**, soweit das erforderlich ist, polizeiliche oder ordnungsbehördliche Aufgaben der Prävention oder Repression zu erfüllen (Abs. 1)
- von allgemeinen Ordnungsbehörden und der Polizei an andere **öffentliche Stellen**
  a) **von sich aus** (Spontan- oder Initiativübermittlung), wenn das zur Aufgabenerfüllung einer der beteiligten Stellen erforderlich ist (Abs. 2)

  Beispiel: Die Verbandsgemeindeverwaltung als Gaststättenbehörde erfährt, dass in der Gaststätte in einigen Tagen eine geschlossene Versammlung einer verbotenen Vereinigung stattfinden soll. Das teilt sie der Kreisverwaltung als Versammlungsbehörde mit.

  b) **auf Ersuchen** (Anlassübermittlung), soweit dies zu den dort genannten präventiven oder repressiven Zwecken erforderlich ist (Abs. 3[459]); **erhebliche Nachteile für das Gemeinwohl** (Nr. 4) sind dabei Schäden, die sich nicht nur auf Einzelne auswirken und nicht nur Bagatellen sind, aber durchaus auch unterhalb der Gefahrenschwelle liegen können (z. B. das Ansehen der Bundesrepublik Deutschland im Ausland)[460]; **überwiegende schutzwürdige Interessen Einzelner** (Nr. 5) müssen keine rechtlichen sein, auch ein bei vernünftiger Erwägung gerechtfertigtes tatsächliches, wirtschaftliches oder ideelles Interesse genügt (z. B. bei befürchteten Störungen einer Jubiläumsfeier oder das Behindern von Buchverkäufen mit unangenehmem Inhalt)

  Inländische öffentliche Stellen sind ungeachtet ihrer Rechtsform alle öffentlich-rechtlich organisierten Einrichtungen des Bundes oder der Länder, der öffentlich-rechtlichen Anstalten und Stiftungen, Organe der Rechtspflege, Beliehene oder die Deutsche Post, soweit ihr ein ausschließliches Recht nach dem Postgesetz zusteht (§ 2 Abs. 2 BDatSchG), **ausländische** sind vergleichbare Stellen, die außerhalb Deutschlands geführt werden, wie Einrichtungen anderer Nationen (z. B. Botschaften, Konsulate) oder Staatenverbunde (z. B. Interpol, NATO-Einrichtungen, EU-Dienststellen).

  Beispiel: Polizeibeamte treffen den F in seinem Fahrzeug in einem psychisch sehr labilen Zustand an. Sie übermitteln diese Erkenntnis wegen der Gefahren für andere Verkehrsteilnehmer an die Straßenverkehrsbehörde, damit diese prüfen kann, ob nicht N auf seine Fahrtüchtigkeit hin untersucht und der Führerschein eingezogen werden muss.

- von allgemeinen Ordnungsbehörden und der Polizei an **nicht öffentliche Stellen** (das sind alle natürlichen und juristischen Personen, Gesellschaften und andere Vereinigungen des privaten Rechts, § 2 Abs. 4 BDSG)
  a) **von sich aus** (Spontan- oder Initiativübermittlung), wenn das zur Aufgabenerfüllung einer der beteiligten Stellen erforderlich ist (Abs. 4),

---

459 Wobei § 34 Abs. 3 Nr. 1 und Nr. 3 in grauenvoller Grammatik gehalten ist.
460 Ansonsten gäbe die Nr. 4 gegenüber der Nr. 1 keinen selbständigen Sinn.

b) **auf Ersuchen** (Anlassübermittlung), soweit dies zu den dort genannten Zwecken erforderlich ist (Abs. 5)

Beispiel: Der private Betreiber eines öffentlich zugänglichen privaten Parkplatzes kann von der Straßenverkehrsbehörde Halterdaten eines Falschparkers erhalten, um gegen diesen privatrechtlich vorgehen zu können.[461] Aber: Dem Sicherheitsdienst eines Chemieunternehmens werden von der Polizei anlassfrei zu allen dort Beschäftigten bei der Polizei vorhandene Datensätze weitergegeben. – Dazu fehlt eine konkrete Berechtigung und Ermächtigungsgrundlage, selbst wenn es sich um offen erhobene Daten handelt.

▪ von anderen öffentlichen Stellen **an die allgemeinen Ordnungsbehörden und die Polizei** (Abs. 6), wenn das zur Erfüllung ihrer Aufgaben erforderlich ist; dabei haben sie bei der **Spontanermittlung** Ermessen, auf **Ersuchen** der allgemeinen Ordnungsbehörden oder der Polizei müssen sie dann diese Auskünfte geben.

119 Nach § 34 Abs. 7 POG können die allgemeinen Ordnungsbehörden und die Polizei nach unbekannten Personen oder Aufenthaltsorten fahnden, insbesondere nach Verantwortlichen, Zeugen oder auch Unbeteiligten, soweit es deren Schutz dient. Die Polizei hat diese Befugnis auch, wenn diese Gefahren nicht für, sondern *von* dieser Person ausgehen. Dazu können Daten oder Abbildungen von Personen für öffentliche **Warnhinweise** oder **Öffentlichkeitsfahndungen** übermittelt werden, um die Identität oder den Aufenthalt einer Person festzustellen, wenn sonst ohne wesentliche Erschwernis eine Gefahr für Leib, Leben oder Freiheit dieser Person nicht abgewehrt werden könnte. Die gefahrenrelevante Sachlage muss wirklich bestehen und darf nicht nur vermutet werden.[462] Ferner muss aufgrund der festgestellten Sachlage nach bewährten Erfahrungssätzen davon ausgegangen werden können, dass bei ungehindertem Ablauf mit hinreichender Wahrscheinlichkeit ein geschütztes Rechtsgut geschädigt wird. Keinesfalls abgedeckt ist mit § 34 Abs. 7 POG die öffentliche Bekanntgabe personenbezogener Daten, um die Bevölkerung vor Sexual- oder Gewaltverbrechern, die aus der Justizvollzugsanstalt entlassen worden sind, zu „warnen". Zweck der Maßnahme muss immer die Ermittlung der der Polizei nicht bekannten Identität oder des Aufenthaltsortes einer Person sein. Schließlich muss die Maßnahme angesichts der Öffentlichkeitswirkung auch verhältnismäßig i. S. d. § 2 POG sein.

Beispiel: Eine verwirrte Person ist unzureichend bekleidet im Winter aus dem Pflegeheim entwichen. Die Ordnungsbehörde veröffentlicht einen Steckbrief mit Bild dieser Person, damit sie rechtzeitig aufgefunden und zurückgebracht wird. – Nicht möglich ist aber die in den angelsächsischen Ländern verbreitete Praxis, Steckbriefe von entlassenen Sexualstraftätern in dessen neuer Nachbarschaft „zu deren Schutz" zu verteilen, sobald der Entlassene dahin zieht. Es liegen weder ohne Weiteres eine konkrete Gefahr einer Wiederholungstat noch Tatsachen vor, die die Annahme eines Rückfalls rechtfertigen.

120 Die übermittelnde Stelle ist grundsätzlich für die Zulässigkeit der Datenübermittlung **verantwortlich**, es sei denn es handelt sich um ein automatisiertes Verfahren (zum Begriff vgl. Rn 68), in dem es ja keines Ersuchens bedarf, sondern einfach abgerufen wird, § 35 Abs. 1 POG. Die übermittelten Daten dürfen vorbehaltlich speziellerer Regelungen nur zu dem Zweck verwendet werden, zu dem sie übermittelt wurden § 35 Abs. 2 POG.

Beispiel: Die Polizei stellt bei einer Kontrolle fest, dass F offensichtlich nicht gut sehen kann, aber ohne Brille ein Fahrzeug führt. Das muss (!) sie gemäß § 2 Abs. 12 StVG der Fahrerlaubnisbehörde übermitteln. Hierin liegt noch keine Zweckänderung, da die Daten erhoben und

---

461 VG Gießen v. 3.3.1999 - 6 E 81/98, NJW 1999, 2458.
462 Keine Gefahrenerforschung OVG Hamburg v. 4.6.2009 - 4 Bf 213/07, NVwZ-RR 2009, 878.

G. Die Eingriffsermächtigungen des POG

übermittelt worden sind, um die Fahreignungsvoraussetzungen des F festzustellen. – Die Unterbringungsbehörde der Kreisverwaltung bringt eine psychisch kranke Person nach den §§ 11, 15 PsychKG sofort in einer geeigneten Einrichtung unter. Eine Mitteilung an die Fahrerlaubnisbehörde wäre hier eine Zweckänderung der erhobenen Daten und ist rechtlich nicht zulässig. Die Daten hätten auch nicht von der Fahrerlaubnisbehörde im Rahmen ihrer Zuständigkeit erhoben werden können (vgl. § 33 Abs. 2 S. 2 POG). Das Übermittlungsverbot gilt selbst unter dem Aspekt, dass die Fahrerlaubnisbehörde zur selben Kreisverwaltung gehört, ja sogar, wie die Informationen bei Landrat und Dezernent zusammenlaufen. Hier kann die Fahrerlaubnisbehörde nur vom sozialpsychiatrischen Dienst nach dem in § 33 PsychKG beschriebenen Verfahren informiert werden. Warum allerdings Gründe, die eine psychiatrische Einweisung notwendig machen, nicht ausreichen sollen, um vom Betroffenen gemäß § 2 Abs. 8 StVG ein medizinisch-psychologisches Gutachten zu fordern, ist angesichts der Tatsache, dass es um den Schutz von Leib und Leben geht, unerfindlich.

Sind Daten durch ein Vertrauensverhältnis i. S. d. §§ 53 und 53a StPO geschützt und im Rahmen dieses Vertrauensverhältnis den Ordnungsbehörde oder der Polizei mitgeteilt worden, dürfen sie auch nur zu diesem Zweck übermittelt werden.

d) Datenabgleich, §§ 37 f. POG

Datenabgleich ist die Feststellung, ob Daten bereits in den jeweils von den allgemeinen Ordnungsbehörden und der Polizei geführten Dateien gespeichert sind. Gemeint sind hier Abgleiche zu präventiven Zwecken.[463] Ein solcher Abgleich rechtmäßig geführter Daten ist nach § 37 Abs. 1 POG bei Verantwortlichen nach §§ 4 und 5 POG immer möglich, bei Nichtverantwortlichen nur, wenn durch Tatsachen Anhaltspunkte begründet werden können (Erfahrungswerte oder Vermutungen genügen nicht), dass das zur Erfüllung einer bestimmten ordnungsbehördlicher oder polizeilicher Aufgaben erforderlich ist, was gegenüber der Befugnis gegenüber Verantwortlichen effektiv keine wesentliche Verschärfung sein dürfte. Die Polizei kann darüber hinaus alle rechtmäßig erlangten Daten jeder Person unabhängig von ihrer Herkunft oder Zweckbestimmung mit ihrem Fahndungsbestand abgleichen (Abs. 2), neben einem Abgleich mit POLIS/INPOL auch mit eigenen Dateien, mit dem Ausländerzentralregister (AZR), den Registern des StVG oder dem EWOIS.

121

Beispiel: Beim Bundesligaspiel 1. FC Kaiserslautern gegen Eintracht Frankfurt verlassen die Eintracht-Anhänger den Zug. Einige als besonders gewaltsam auffallende Fans werden angehalten, ihre Personalien festgestellt und verglichen, ob die Namen bereits in der Störerdatei geführt werden.

Für die Dauer des Abgleichs kann die Person **angehalten** werden (vgl. Rn G 36 a. E.).

Um Personen elektronisch zu erkennen, darf die Polizei bestimmte Ton- oder Bild-, insbesondere Videoaufnahmen automatisiert (zum Begriff vgl. Rn 68) abgleichen, die nach § 27 oder § 28 POG von den in § 37 Abs. 3 POG beschriebenen Personen angefertigt wurden oder werden. Diese Technik erlaubt es, Personen elektronisch zu erkennen, von denen die Polizei bereits entsprechende Daten besitzt. Das ist vorteilhaft für gezielte Fahndungen und Identifizierungen. Diese Technik ist z. B. hilfreich bei der Überwachung von Flughäfen oder Bahnhöfen zum Schutz vor Anschlägen. Der Einsatz steht unter Behördenleitervorbehalt.

Beispiel: Ein Regierungsgebäude wird nach § 27 Abs. 1 POG videoüberwacht. Die Aufnahmen werden in Echtzeit automatisiert gescannt und mit Fahndungsbildern abgeglichen. Wird auf einem der Videos eine gesuchte Person erkannt wird, löst der Computer automatisch Alarm aus.

---

463 Vgl. dazu BVerfG v. 11.3.2008 - 1 BvR 2074/05, 1 BvR 1254/07, NJW 2008, 1505.

122 Weiterhin kann die Polizei nach § 38 POG von öffentlichen und nichtöffentlichen (z. B. Reiseunternehmen, Banken, Fluggesellschaften) Stellen die Übermittlung von personenbezogenen Daten bestimmter Personengruppen zum Zwecke des verdachtslosen automatisierten (zum Begriff vgl. Rn 68) Abgleichs (**Rasterfahndung**) verlangen (entsprechend den §§ 98a-c StPO).[464] Die Rasterfahndung ist eine computergestützte Fahndungsmethode. Mit ihr filtert man aus einem großen Bestand an öffentlichen oder privaten Personendaten einzelne Personen an Hand bestimmter ausgesuchter Merkmale heraus. Sie spielte eine große Rolle als in den 1970er Jahren die Straftäter der RAF gesucht wurden; man gab die typischen Merkmale der Terroristen (jung, Zahlungen mit Bargeld, kein Bankkonto, kein langfristiger Wohnsitz, keine Anmeldung bei Energieunternehmen usw.) in die Fahndung ein und filterte sie so aus der großen Masse heraus. Der Nachteil an der Rasterfahndung ist, dass in umfangreichem Maße Daten von Nichtverantwortlichen erfasst werden. Da sich dieser Abgleich aber zunächst nur innerhalb der Datenverarbeitungsanlage abspielt, stellt er für den Einzelnen keinen besonderen Eingriff dar, weswegen die Maßnahme überwiegend als verhältnismäßig angesehen wird.[465] Das Bundesverfassungsgericht[466] hält die präventive polizeiliche Rasterfahndung mit dem Grundrecht auf informationelle Selbstbestimmung gemäß Art. 2 Abs. 1 in Verbindung mit Art. 1 Abs. 1 des Grundgesetzes nur dann vereinbar, wenn zumindest eine konkrete Gefahr für hochrangige Rechtsgüter wie den Bestand oder die Sicherheit des Bundes oder eines Landes oder für Leib, Leben oder Freiheit einer Person gegeben ist. Aufgrund der Intensität der Eingriffe darf die Rasterfahndung nicht bereits im Vorfeld einer konkreten Gefahr ermöglicht werden. Die Maßnahme muss zur Abwehr einer konkreten Gefahr für den Bestand oder die Sicherheit des Bundes oder eines Landes oder für Leib, Leben oder Freiheit einer Person erforderlich sein.

Beispiel: Die Polizei gleicht verschiedene Datenbestände ab, um mögliche sogenannte „Schläfer" für mögliche Terroranschläge früher ausmachen zu können. – Hier liegt noch keine konkrete Gefahr für hochrangige Güter vor. Die Maßnahme ist rechtswidrig.

Fraglich ist aber, ob das wirklich effektiv ist: Wenn die allgemeine Bedrohungslage zu einer konkreten Gefahr geworden ist, dürfte in den seltensten Fällen eine Gefahrenabwehr mittels Rasterfahndung möglich sein.

123 Zu benennen sind einmal die relevanten, persönlichen Merkmale, die eine Anzahl von Personen zur Personengruppe verbinden. Zusätzlich muss eine so erfasste Personengruppe durch weitere, besondere Merkmale eingeschränkt werden (Rasterabfrage[467]). Die Übermittlung beschränkt sich grundsätzlich auf die in § 38 Abs. 2 POG genannten **Grunddaten** (Name, Anschrift, Tag und Ort der Geburt) und im Einzelfass nach dem Fahndungszweck **festzulegende Merkmale** (z. B. Nationalität, Religion, Barzahler bei Energierechnungen, Länge des Aufenthalts usw.). Mit diesen Einschränkungen soll verhindert werden, dass sich die Polizei durch die Zusammenführung von vollständigen Datenbeständen ein umfassendes Persönlichkeitsbild einzelner Bürger erstellt.

Beispiel: Erpresserbriefe eines Unbekannten an die Bahn und daraus erkennbare Details veranlassen die Polizei u. a. dazu, bei der Schufa alle Personen aus deren Dateien zu ermitteln, die mindestens 200 000 EUR Schulden haben, die Schufa-Bedingungen mit linksgeneigter Unterschrift gegengezeichnet haben und für die in den beiden letzten Jahren ein Zwangsverstei-

---

464 Gusy Rn 275; Götz / Geis § 17 Rn 67.
465 OVG Koblenz v. 22.3.2002 - 12 B 10331/02.OVG, NVwZ 2002,1528.
466 BVerfG 04.4.2006 - 1 BvR 518/02, NVwZ 2006, 1156.
467 Rasterfahndung für repressive Verfahren ist in §§ 98a – 98c StPO geregelt.

gerungsverfahren eingeleitet wurde. Mit diesem Raster wird versucht, den Kreis möglicher Täter enger zu ziehen.

Können die zulässigen Daten nicht oder nur mit unverhältnismäßig großem Aufwand von den unzulässigen getrennt werden, z. B. weil insbesondere die privaten Stellen (Universitäten, Firmen usw.) keine entsprechenden Dateiformate haben, dürfen diese mit übermittelt, aber nicht verwertet werden.

Beispiel: Anlässlich des Datenabgleich zwischen der Datei eines Fanclubs und den eigenen Daten der Polizei im Zusammenhang mit der Verhinderung eines Betruges ergeben sich aus Anmerkungen in der Fan-Datei Querbezüge zur faschistischen Szene. Diese Zufallsbefunde dürfen zur Verhinderung künftiger Straftaten nicht verwertet werden, weil vorab danach gar nicht gesucht worden war.

Die Rasterfahndung bedarf außer in Eilfällen der Entscheidung der OVG Koblenz. § 38 Abs. 5 POG enthält Regelungen über Löschen, Vernichten und Dokumentation.

e) Berichtigung, Löschung und Sperrung von Daten, § 39 POG

Berichtigen von Daten ist deren Änderung von einer fehlerhaften in eine korrekte **124** Form. Der Betroffene hat einen Anspruch auf Berichtigung ihn betreffender gespeicherter personenbezogener Daten, wenn die verantwortliche Stelle von deren Unrichtigkeit Kenntnis erhält. Dabei müssen die Daten nicht entfernt werden, es reicht aus, kenntlich zu machen, zu welchem Zeitpunkt und aus welchem Grund bestimmte Daten unrichtig geworden sind. Die Pflicht der Berichtigung schließt im Falle der Übermittlung der Daten ein, diese Berichtigung auch gegenüber dem Empfänger der unrichtigen Daten vorzunehmen.

Löschen ist das Unkenntlichmachen gespeicherter personenbezogener Daten, § 3 Abs. 2 Nr. 6 LDSG. Zu löschen sind personenbezogene Daten (über die speziell gesetzlich geregelten Fälle hinaus, z. B. §§ 27 Abs. 6 S. 2, 30 Abs. 3, 31 Abs. 3 und 8, 32 Abs. 4, 33 Abs. 4 oder 38 Abs. 4, wenn

1. der der Speicherung zugrunde liegende Verdacht entfällt
2. deren Speicherung unzulässig war (vgl. § 33 POG),
3. aufgrund einer verpflichtend vorzunehmenden Überprüfung oder aus Anlass einer Einzelfallbearbeitung festgestellt wird, dass die Daten für die weitere Aufgabenerfüllung nicht mehr benötigt werden.

Beispiel: D hatte wegen seiner abhanden gekommenen Brieftasche eine Diebstahlsanzeige gemacht. Darauf hatte die Polizei auch gegen ihn selbst ein Ermittlungsverfahren eingeleitet. D wird darum in einer polizeilichen Datei als Tatverdächtiger eines Diebstahls gespeichert. Nach Einstellung des Verfahrens ist ohne zusätzliche Hinweise auf eine Täterschaft des D auch seine Erfassung in KAN (KriminalAktenNachweis) als möglicher Straftäter unverzüglich zu sperren und ggf. zu löschen. – A ist wegen eines Ladendiebstahls als 15-Jähriger verurteilt worden. Mit 20 Jahren muss er feststellen, dass er in polizeilichen Dateien immer noch als Straftäter geführt wird. Entsprechende Angaben im Strafregister sind längst gelöscht. Ohne konkrete Anhaltspunkte für bevorstehende, neue Straftaten sind die Eintragungen in den polizeilichen Dateien ebenfalls zu löschen.

In den Fällen des § 39 Abs. 3 POG, in denen ausnahmsweise die Daten noch benötigt werden oder ihre Löschung unverhältnismäßig ist, tritt an die Stelle der Löschung die Sperrung. **Sperren** ist das Kennzeichnen personenbezogener Daten, um ihre Verarbeitung einzuschränken, § 3 Abs. 2 Nr. 5 LDSG. Gesperrte Daten dürfen nur zur unerlässlichen Behebung einer bestehenden Beweisnot oder zur wissenschaftlichen Zwecken verwendet werden. Über die dort genannten Fälle hinaus muss eine Sperrung auch zulässig sein, solange die Löschungsvoraussetzungen unklar sind. Für die Maßnahmen besteht weder eine Behördenleitervorbehalt noch eine

Dokumentationspflicht. Der Anspruch auf Berichtigung, Löschung oder Sperrung eigener personenbezogener Daten kann (wegen der Abwägungspflicht) mit der Verpflichtungsklage durchgesetzt werden.

f) Weitere datenschutzrechtliche Pflichten, §§ 40 ff. POG

125 Der Betroffene hat nach § 40 POG grundsätzlich einen **Anspruch** auf unentgeltliche **Auskunft** über die zu seiner Person gespeicherten personenbezogenen Daten. Der Auskunftsanspruch dient dazu, den Betroffenen in die Lage zu versetzen, seinen eventuellen Anspruch auf Berichtigung, Löschung oder Sperrung durchzusetzen. Darum erstreckt sich der Anspruch im Hinblick auf den Schutz der Informanten und der Dienstwege nicht auf die Herkunft der Daten. Auskünfte aus Akten heraus, die auch durch Akteneinsicht möglich sind, müssen nur dann erteilt werden, wenn

- der Betroffene nähere Angaben macht, wo die Daten aufzufinden sind und
- der erforderliche Aufwand nicht außer Verhältnis zum Auskunftsanspruch steht.

Bei einem **überwiegenden öffentlichen oder privaten Geheimhaltungsinteresse** i. S. d. § 40 Abs. 2 POG hat die Auskunft zu unterbleiben; diese muss dann aber auf sein Verlangen dem Landesbeauftragten für Datenschutz erteilt werden, worüber der Betroffene zu belehren ist (Abs. 3). § 40 Abs. 5 POG regelt die **Unterrichtungspflicht bei verdeckter Datenerhebung**.

Die §§ 41 bis 42 POG regeln Einzelheiten über die Einrichtung polizeilicher Dateien, technische und organisatorische Maßnahmen des Datenschutzes und die hilfsweise Geltung des Landesdatenschutzgesetzes.

H. Die Gefahrenabwehrverordnung (GVO)

I. Abgrenzung gegen andere Formen des Verwaltungshandelns

Gefahrenabwehrverordnungen sind gemäß § 26 POG der Gefahrenabwehr dienende Gebote und Verbote der Ministerien oder der allgemeinen Ordnungsbehörden, die für eine unbestimmte Zahl von Fällen an eine unbestimmte Anzahl von Personen gerichtet sind.[1] Die allgemeinen Ordnungsbehörden haben unterschiedliche Instrumentarien, um Gefahren zu bekämpfen. Dies kann durch rein tatsächliche Handlungen ohne gezielten Regelungscharakter geschehen (Realakte, z. B. handgreifliches Einschreiten, Beseitigen von Hindernissen) oder durch Verwaltungsakte i. S. d. § 35 VwVfG (Verbote und Gebote). Letztere sind entweder an bestimmte oder bestimmbare Personen bzw. einen bestimmten, d.h. abgrenzbaren oder bestimmbaren Personenkreis gerichtet, oder sie regeln einen konkreten Sachverhalt, also einen, der sich nach Zeit, Ort und Gegenstand bestimmen lässt (vgl. Rn G 13). Demgegenüber ist eine Rechtsverordnung, wie alle Rechtsnormen, regelmäßig **generell** (an keine bestimmte oder bestimmbare Person gerichtet) und **abstrakt** (auf keinen konkret vorhandenen Fall bezogen).[2] Eine Gefahrenabwehrverordnung ermöglicht, Maßnahmen bereits im Vorfeld zu treffen, ohne erst die konkrete Gefahr abwarten zu müssen. Vor allem entbindet sie die Ordnungsbehörde von einer möglicherweise kaum zu führenden Beweislast.

Beispiele: Wenn das Füttern von verwilderten Haustauben auf öffentlichen Straßen verboten werden soll, um die Ausbreitung von Krankheiten zu verhindern: Wie soll die Ordnungsbehörde im Einzelfall nachweisen, dass die konkret gefütterte Taube krank ist? Davon entbindet sie eine Gefahrenabwehrverordnung, weil die Ordnungsbehörde bereits deswegen eingreifen kann, weil gegen die öffentliche Sicherheit unter dem Gesichtspunkt Rechtsordnung (Gefahrenabwehrverordnung) verstoßen wurde.[3]

Ein bestimmtes Verhalten oder ein bestimmter Zustand kann daher schon dann ordnungsrechtliche Maßnahmen begründen, wenn zwar im Sinne einer konkreten Gefahr keine Individualgüter erkannt oder bewiesen werden können, wohl aber gegen ein Ge- oder Verbot in einer Gefahrenabwehrverordnung verstoßen wird. Die Gefahrenvermutung in der Gefahrenabwehrverordnung ist unwiderlegbar. Weil der Verwaltung insoweit selbstständige Feststellungen zum Vorliegen einer Gefahr genommen sind, spricht man bei der darauf aufbauenden Verfügung auch von einer **unselbstständigen Verfügung**.

Rechtsverordnungen dienen der **Konkretisierung von förmlichen Gesetzen**. Da sie anders als die förmlichen Gesetze nicht vom Parlament, sondern von der Verwaltung erlassen werden, können sie schneller den veränderten Bedürfnissen angepasst werden, außerdem braucht sich so das in der Regel nicht fachkundige Parlament nicht mit fachlichen Detailfragen zu befassen. Unzulässig ist jedoch eine Gefahrenabwehrverordnung, die nur den Zweck hat, die Aufgaben der allgemeinen Ordnungsbehörden zu erleichtern, § 45 Abs. 1 POG (z. B. eine Verpflichtung der Bürger, Kampfhunde in der Nachbarschaft anzuzeigen, um den Ordnungsbehörden die Ar-

---
1 OVG Koblenz v. 22.5.2003 - 12 C 11882/02.OVG.
2 OVG Bremen v. 15.11.2016 – OVG 1 D 57/15; vgl. Rn D 17 bzw. L 2.
3 VerfGH Bayern v. 9.11.2004 - 5-VII-03, BayVBl 2005, 172; VGH Mannheim v. 1.7.1991 - 1 S 473/90, NVwZ-RR 1992, 19; OVG Lüneburg v. 6.2.1997 - 3 K 5809/96, NdsVBl 1997, 137.

beit zu vereinfachen). Rechtsverordnungen können sogar in engen Grenzen Ermächtigungsgrundlagen enthalten und dem Gesetzesvorbehalt gemäß Art. 20 Abs. 3, 19 Abs. 1 GG entsprechen (so z. B. §§ 36 Abs. 1, 44 Abs. 2 StVO), doch wesentliche, besonders grundrechtsintensive Eingriffsregelungen sind dem formellen Gesetz ersatzlos vorbehalten. Nach Art. 110 Landesverfassung Rheinland-Pfalz ist aber Voraussetzung jeder Rechtsverordnung, dass sie für den konkreten Regelungsbereich in einem formellen Gesetz zugelassen ist und dass das Wesentliche nicht in der Verordnung, sondern im Gesetz enthalten ist, weil andernfalls das Parlament als Legislative ausgehebelt werden könnte.

3 § 49 POG stellt klar, dass der Bestimmtheitsgrundsatz (§ 45 Abs. 2 POG) und die Formerfordernisse des § 46 Abs. 1 POG (ausgenommen die Bezeichnung als *„Gefahrenabwehrverordnung"*) auch dann gelten, wenn allgemein verbindliche **Vorschriften aufgrund anderer Rechtsvorschriften** als der §§ 43 ff. erlassen werden. Da sich diese Norm auf *„Vorschriften"* und nicht nur auf „Rechtsnormen" bezieht, gilt das folglich auch für Allgemeinverfügungen.

II. Formelle Rechtmäßigkeit einer Gefahrenabwehrverordnung

1. Zuständigkeit

4 Nach § 43 POG können Ministerien innerhalb ihres sachlichen Geschäftsbereichs und allgemeine Ordnungsbehörden (vgl. Rn B 18) innerhalb ihres örtlichen Dienstbezirks Gefahrenabwehrverordnungen erlassen. Darüber hinaus kann auch die Landesregierung nach § 297 EGStGB Sperrbezirksverordnungen festsetzen.[4] Dagegen sind Gefahrenabwehrverordnungen durch Polizeibehörden nicht mehr möglich.

2. Formerfordernisse einer Gefahrenabwehrverordnung

§ 46 Abs. 1 POG stellt bestimmte Formerfordernisse für Gefahrenabwehrverordnungen auf, deren Verletzung die Verordnung unwirksam macht. Zum Teil ergibt sich ihre Notwendigkeit aus Art. 110 Landesverfassung Rheinland-Pfalz, zum Teil dienen sie der Rechtsklarheit.

- Nr. 1: Die Überschrift muss den Inhalt kennzeichnen. Es muss also schon aus der Überschrift das **Sach- und Regelungsgebiet** erkennbar sein (z. B. *„Bekämpfung kranker Tauben"* usw.)
- Nr. 2: In der Überschrift muss das Wort *„Gefahrenabwehrverordnung"* stehen. „Rechtsverordnung" würde nicht genügen, selbst wenn es durch „zur Gefahrenabwehr" ergänzt würde. Dadurch soll die Verordnung bereits klar signalisieren, dass es hier um eine Gefahrenabwehrverordnung mit Ver- und Geboten geht.

---

4 Siehe die auf der Ermächtigungsgrundlage des Art. 297 Abs. 1 S. 1 Nr. 3 des Einführungsgesetzes zum Strafgesetzbuch – EGStGB – beruhende Rechtsverordnung zum Schutz der Jugend und des öffentlichen Anstandes für den (ehemaligen) Regierungsbezirk Rheinhessen-Pfalz vom 14. August 1986 i. d. F. vom 17. Februar 2004, die die Ausübung der Prostitution in Gemeinden bis zu 50.000 Einwohnern verbietet. Daran ändert auch das Prostitutionsgesetz vom 20.12.2001, BGBl. I S. 3983, nichts, OVG Lüneburg v. 24.10.2002 - 11 KN 4073/01, NordÖR 2003, 26. S. a. OVG Koblenz v. 5.7.2005 - 6 B 10673/05.OVG, NVwZ-RR 2005, 713; v. 10.10.2005 - 12 C 11236/05.OVG, GewArch 2006, 262; VGH Mannheim v. 15.12.2008 - 1 S 2256/07, DÖV 2009, 464; v. 15.12.2008 - 1 S 2256/07, DÖV 2009, 464; VGH Kassel v. 31.10.2003 - 11 N 2952/00, NVwZ-RR 2004, 470 .

H. Die Gefahrenabwehrverordnung (GVO)

- Nr. 3: Das der Gefahrenabwehrverordnung zugrunde liegende formelle **Gesetz** muss eingangs **zitiert** werden, also die §§ 43 ff. POG, gegebenenfalls (weitere) Spezialgesetze (z. B. *"Aufgrund der §§ 43 bis 49 POG in der Fassung vom ..."*).
- Nr. 4: Der **örtliche Geltungsbereich** (Gebiet der Gemeinde, der Verbandsgemeinde, der Stadt, des Landkreises, des Landes, oder Teile davon) muss festgelegt werden (z. B. *"für das Land Rheinland-Pfalz"* oder *"für das Gebiet der Verbandsgemeinde V"*).
- Nr. 5: Soweit Zustimmungen, Einvernehmen oder Genehmigungen anderer Stellen gesetzlich vorgeschrieben sind (s. dazu unten Rn H 5), ist anzugeben, dass diese **Mitwirkungen** stattgefunden haben (z. B. *"mit Zustimmung des Stadtrates"*).
- Nr. 6: Das **Erlassdatum** muss angegeben werden (wichtig nicht nur für den Zeitpunkt des Inkrafttretens, sondern auch für die Geltungsdauer, wenn von der Sollbestimmung des § 46 Abs. 2 POG, diese Zeitpunkte ausdrücklich festzulegen, nicht Gebrauch gemacht wird, s. u.).
- Nr. 7: Die erlassende **Behörde** (Ministerium, Kreisverwaltung, Stadtverwaltung, Gemeinde- oder Verbandsgemeindeverwaltung) ist zu bezeichnen (z. B. *"Kreisverwaltung Mayen-Koblenz"*).

Schließlich soll das **Inkrafttreten** und die **Geltungsdauer** (maximal 20 Jahre, damit 5 die Verordnung an die möglicherweise geänderten Verhältnisse angepasst werden kann) bestimmt werden, § 46 Abs. 2 POG. Anders aber als bei den Anforderungen nach § 46 Abs. 1 POG führt ihr Fehlen nicht zur Rechtswidrigkeit der Norm. Vielmehr gilt ohne eine solche Bestimmung die Gefahrenabwehrverordnung als eine Woche nach ihrer Verkündung in Kraft getreten, und sie wird 20 Jahre später unwirksam. Die Ein-Wochen-Regelung bei der Bekanntmachung weicht von § 5 Abs. 2 VerkündG ab, wonach Verordnungen ohne Zeitangaben zwei Wochen nach öffentlicher Bekanntmachung oder Verkündung in Kraft treten. Die 20-Jahre-Frist für das Außer-Kraft-Treten gilt aber nicht, wenn die Gefahrenabwehrverordnung nicht neu geschaffen, sondern nur geändert oder aufgehoben wird. Bei einer bloßen Änderung bleibt es bei der ursprünglichen Geltungsdauer der Verordnung (es sei denn, gerade die Geltungsdauer würde verkürzt oder verlängert, wobei eine Verlängerung nur insoweit möglich ist, als alte und neue Geltungsdauer zusammengerechnet nicht 20 Jahre überschreiten). Die Aufhebung der Gefahrenabwehrverordnung durch die Erlass- oder die Aufsichtsbehörde (§ 47 POG) ist aber immer endgültig und muss wie die Verkündung im jeweiligen Amtsblatt veröffentlicht werden (s. dazu unten Rn 6). Ist eine Gefahrenabwehrverordnung aufgehoben oder ihre Geltungsdauer abgelaufen, bleibt nur die Möglichkeit, sie erneut zu erlassen.

3. Verfahren

§ 43 Abs. 1 und 2 POG setzen, außer für das Ministerium des Innern und für Sport, 6 gewisse Mitwirkungserfordernisse voraus. Nach § 43 Abs. 2 POG ergehen Gefahrenabwehrverordnungen der übrigen Ministerien im Einvernehmen mit dem Ministerium des Innern und für Sport. „**Einvernehmen**" heißt, dass dieses Ministerium der Verordnung ausdrücklich zustimmen muss, damit diese rechtmäßig in Kraft treten kann. Die allgemeinen Ordnungsbehörden bedürfen der **Zustimmung** des Kreisausschusses (nicht Kreistages, das würde eventuell zu lange dauern), des Stadt-, Verbandsgemeinde- oder Gemeinderates. „Zustimmung" bedeutet inhaltlich das Gleiche wie „Einvernehmen". Aber anders als das Einvernehmen ist die Zustimmung dadurch ersetzbar, dass die Ordnungsbehörde den Entwurf der jeweiligen **Aufsichtsbehörde** (§ 118 GemO, § 61 LKO) zur Entscheidung vorlegt. In **Eilfällen** kann die Gefahrenabwehrverordnung ausnahmsweise auch ohne Zustimmung erlassen und zunächst einmal wirksam werden; diese ist dann aber unverzüglich (= ohne schuldhaftes Zögern) nachzuholen. Dem folgend gibt es vier Möglichkeiten: Die (wirksame) Gefahrenabwehrverordnung ist aufzuheben,

- wenn entweder die zu beteiligenden Gremien die Zustimmung verweigern und die Ordnungsbehörde es dabei belässt, oder
- wenn die Ordnungsbehörde die Gefahrenabwehrverordnung nach der Verweigerung durch die zu beteiligenden Gremien der Aufsichtsbehörde zur Entscheidung vorlegt, die Aufsichtsbehörde sich aber gegen den Erlass der Verordnung ausspricht.

Die Gefahrenabwehrverordnung bleibt gültig,

- wenn entweder die zu beteiligenden Gremien zustimmen oder
- sie zwar nicht zustimmen, das aber die Aufsichtsbehörde tut, nachdem die Ordnungsbehörde ihr die Gefahrenabwehrverordnung vorgelegt hat.

7 Gefahrenabwehrverordnungen, deren Geltungsdauer sechs Wochen überschreitet (das ist die Regel), müssen noch vor ihrem Erlass **genehmigt** werden. Für diese Genehmigung ist bei Gefahrenabwehrverordnungen der Kreisverwaltungen die Aufsichts- und Dienstleistungsdirektion Trier als Landesordnungsbehörde (§ 89 Abs. 3 POG), für die Gefahrenabwehrverordnungen aller anderen allgemeinen Ordnungsbehörden die Kreisverwaltung zuständig, § 44 POG. Die Genehmigung kann ausdrücklich erteilt werden; sie wird fingiert, wenn sie nicht binnen eines Monats verweigert wird. Wird innerhalb eines Monats die Genehmigung verweigert, kann die Gefahrenabwehrverordnung nicht in Kraft treten. Die **Ausfertigung** einer Gefahrenabwehrverordnung erfolgt mangels einer spezielleren Regelung entsprechend Art. 28 Abs. 1, 82 Abs. 2 GG durch die erlassende Stelle.[5] Die ausgefertigte Verordnung ist nach Art. 113 Abs. 2 Landesverfassung Rheinland-Pfalz i. V. m. §§ 1–3 VerkündG je nach Rang der Verordnung im maßgeblichen der dort vorgeschriebenen Organe **bekannt zu machen**. Dabei kann es sich um das GVBl, den Staatsanzeiger, Amtsblätter oder Tageszeitungen handeln. In Not- und Eilfällen kann nach § 10 VerkündG eine Verordnung auch anderweitig, z. B. über Radio und Fernsehen, bekannt gemacht werden.

III. Materielle Rechtmäßigkeit der Gefahrenabwehrverordnung

8 Nach § 43 Abs. 1 POG werden Gefahrenabwehrverordnungen zur Abwehr einer Gefahr für die **öffentliche Sicherheit oder Ordnung** erlassen. Selbst also auf die öffentliche Ordnung, die je nach regionalem und konfessionellem Hintergrund völlig unterschiedlich zu beurteilen ist, lässt sich nach der herrschenden Meinung eine Gefahrenabwehrverordnung stützen.[6] Hinsichtlich dieser Schutzgüter kann daher oben auf die Ausführungen in Kap. C verwiesen werden.

---

5 BVerfG v. 25.11.1980 - 2 BvL 7, 8, 9/76, NJW 1981, 971.
6 BVerfG v. 10.5.1960 - 2 BvL 76/58, NJW 1960, 1291 und v. 23.3.1965 - 2 BvN 1/62, NJW 1965, 1371 stellen zusätzlich auf die öffentliche Sicherheit ab; BVerfG v. 23.5.1980 - 2 BvR 854/79, NJW 1980, 2572; VGH München v. 7.7.1972 - 17 V 72, NJW 1972, 2149 u. VGH Kassel v. 31.3.1992 - 11 TH 1751/91, NVwZ-RR 1992 619.

H. Die Gefahrenabwehrverordnung (GVO)

Als Maßnahme der Gefahrenabwehr setzt die Gefahrenabwehrverordnung das Vorliegen einer **abstrakten Gefahr** (vgl. näher zu dem Begriff Rn D 17) voraus. Eine den Erlass der Gefahrenabwehrverordnung rechtfertigende abstrakte Gefahr, nämlich ein Zustand, bei dem allgemein nach der Lebenserwartung oder den Erkenntnissen fachlicher Stellen - in gedachten typischen Fällen - mit dem Eintritt eines Schadens gerechnet werden muss, ohne dass eine derartige Gefahr, die mit hinreichender Wahrscheinlichkeit aus bestimmten Arten von Handlungen oder Zuständen zu entstehen pflegt, schon tatsächlich drohen muss. Anders als für Ordnungsverfügungen genügt für Gefahrenabwehrverordnung, dass eine abstrakte Gefahr für die öffentliche Sicherheit oder Ordnung vorliegt. Anders als die konkrete (= im einzelnen Falle bestehende) Gefahr, muss bei der abstrakten Gefahr nicht mit hinreichender Wahrscheinlichkeit ein Schaden in absehbarer Zeit drohen oder gar eingetreten sein. Vielmehr wird abstrakt ein Sachverhalt beschrieben, der typischerweise Gefahren begründet, wenn er tatsächlich einmal eintritt.[7] Aber auch die Feststellung einer abstrakten Gefahr verlangt mithin eine in tatsächlicher Hinsicht genügend abgesicherte Prognose: Es müssen – bei abstrakt-genereller Betrachtung – hinreichend Anhaltspunkte vorhanden sein, die den Schluss auf den drohenden Eintritt von Schäden rechtfertigen.[8] Reine Vorsorgemaßnahmen durch Gefahrenabwehrverordnungen sind nicht rechtmäßig.[9] Es bedarf konkreter Anhaltspunkte dafür, dass das untersagte Verhalten regelmäßig und typischerweise zu einer Beeinträchtigung von geschützten Rechtsgütern führt.[10] Je höher das zu schützende Rechtsgut bzw. je höher der erwartete Schaden wäre, desto geringer sind die Anforderungen an die Wahrscheinlichkeit.[11] Auch hier reichen keine bloßen Belästigungen.

Beispiel: Das Verbot „*des Lagerns oder dauerhaften Verweilens von Personen außerhalb von Freischankflächen oder Einrichtungen auf öffentlichen Straßen oder Grünanlagen zum ausschließlichen oder überwiegenden Zweck des Alkoholgenusses*" ist zu verallgemeinernd und ist wegen seines Verzichts auf eine Einzelfallprüfung unverhältnismäßig[12]. Anders ist die Gefahrenabwehrverordnung zu beurteilen, wenn zusätzlich darauf abgestellt wird, dass dessen Auswirkungen dazu geeignet sein müssen, Dritte zu gefährden oder wenigstens erheblich zu belästigen. – Ebenso wenig erfüllt das „stille" Betteln, also ohne Nötigung i. S. d. § 240 StGB, ohne Körperkontakt, ohne Verstellen des Weges, ohne beleidigende Äußerungen und ohne Einsatz von Minderjährigen oder exotischen Tieren den Gefahrenbegriff.[13] – Auch liegt keine abstrakte Gefahr vor, nur weil jemand zwischen 22 und 6 Uhr an Wochenenden auf öffentlich zugänglichen Flächen Alkohol konsumiert oder gar nur mitführt.[14] Vielmehr ist zunächst positiv und nicht nur durch allgemeine Statistiken festzustellen, dass sich im Geltungsbereich der Polizeiverordnung Personen aufgehalten haben oder aufhalten, die Gefahren für die öffentliche Sicherheit oder Ordnung verursacht haben.[15]

---

7   BVerwG v. 3.7.2002 - 6 CN 8.01, NVwZ 2003, 95; OLG Karlsruhe v. 18.2. 1983 – 3 Ss 113/82, NJW 1984, 503 und OVG Bremen v. 1.10.1992 - 1 N 1/92, DÖV 1993, 576.
8   BVerwG v. 3.7.2002 - 6 CN 8.01, NVwZ 2003, 95.
9   VGH Mannheim v. 26.7.2012 - 1 S 2603/11, DÖV 2012, 817.
10 OVG Münster v. 10.2.2010 - 5 B 119/10; 5 B 147/10; 5 B 148/10; 5 B 149/10; 5 B 150/10, DÖV 2010, 568; Heckel NVwZ 2012, 88.
11 OVG Koblenz v. 21.9.2006 - 7 C 10539/06.OVG, DÖV 2007, 82.
12 VGH Mannheim v. 4.10.2002 - 1 S 1963/02, NVwZ 2003, 115.
13 VGH Mannheim v. 6.7.1998 - 1 S 2630/97, NVwZ 1999, 560.
14 OVG Bremen v. 15.11.2016 – OVG 1 D 57/15; VGH Mannheim v. 28.7.2009 – 1 S 2200/08 und 1 S 2340/08, NVwZ-RR 2010, 55; OVG Magdeburg v. v. 11.11.2014 - LVG 9/13, NVwZ 2015, 438; v. 17.3.2010 - 3 K 319/09, DVP 2011, 211; OVG Weimar v. 21.6.2012 – 3 N 653/09; VG Karlsruhe v. 27.8.2010 - 5 K 2156/10; v. 12.9.2008 - 1 K 2593/08, NVwZ-RR 2009, 22; Heckel NVwZ 2010, 359 ff.
15 OVG Bautzen v. 30.3.2017 - 3 C 19/16; in Sachsen allerdings kann § 9a PolG zum Verhindern alkoholbedingter Straftaten gegen das Leben, die körperliche Unversehrtheit oder das Eigentum durch Gefahrenabwehrverordnung verboten werden, dass auf öffentlichen Flächen außerhalb von genehmigten Außenbewirtschaftungsflächen alkoholische Getränke konsumiert oder zum Zwecke des Konsums innerhalb dieser Fläche mitgeführt werden.

Der in der Gefahrenabwehrverordnung vermutete Gefahrentatbestand ist unwiderlegbar.[16]

Beispiel: Ist in einer Gefahrenabwehrverordnung (oder Allgemeinverfügung) geregelt, dass während der Karnevalszeit Kioske Alkohol nicht in Glas-, sondern zur Vermeidung von Glasbruch nur in Plastikbehältern verkaufen dürfen, bedarf es für entsprechende Eingriffsmaßnahmen nicht mehr des Einzelnachweises, dass von dem konkreten Glasgefäß eine konkrete Gefahr ausgeht.[17]

Eine rechtmäßige Gefahrenabwehrverordnung ist auch bei einer Anscheinsgefahr denkbar, wenn das auch selten vorkommen wird, niemals jedoch bei einem bloßen Gefahrenverdacht (vgl. zum Begriff Rn D 18).[18]

9 Auf der Rechtsfolgenseite ermächtigt das POG, in einer Gefahrenabwehrverordnung **Gebote und Verbote** zu erlassen, § 43 Abs. 1 POG. Soweit die Behörde berechtigt ist, bestimmte Verhaltensweisen zu verbieten, gehört dann (a maiore ad minus) auch, Verbote mit einem **Erlaubnis**vorbehalt zu versehen.[19] Das ist der einzige Fall, wonach nicht nach einem Spezialgesetz, sondern aufgrund des POG eine Erlaubnispflicht bestehen kann. Die Erlaubnisregelung kann dann so ausgestaltet sein, dass die Erlaubnis zwingend zu erteilen ist oder dass die Erteilung im Ermessen der Ordnungsbehörden steht.[20] Will man mit dem Erlaubnisvorbehalt nicht wirklich etwas verbieten, sondern lediglich überwachen und kontrollieren, oder gibt es sogar auf das präventiv Verbotene grundsätzlich einen Anspruch, müssen bestimmte unverzichtbare Voraussetzungen festgelegt werden, bei denen die Erlaubnis erteilt werden muss (z. B. bei Ausnahmen für Anlieger von einem Park- oder Durchfahrtverbot; für die Benutzung einer öffentlichen Einrichtung). Nur soweit ein Verhalten im Grundsatz nicht gewünscht ist und auch kein Anspruch auf dieses besteht, darf der Erlaubnisvorbehalt so ausgestaltet sein, dass die Erteilung der Erlaubnis im pflichtgemäßen Ermessen der Ordnungsbehörde steht (z. B. das Benutzen eines Notweges, das Abholzen eines Baumbestandes). Alle anderen Regelungen, die in einer Rechtsverordnung von einem Ministerium oder den allgemeinen Ordnungsbehörden festgelegt würden ohne Ge- oder Verbote zu enthalten (z. B. Zuständigkeiten, Regelung eines Benutzungsverhältnisses[21], technische Anforderungen, Befugnisse usw.), sind demnach keine Gefahrenabwehrverordnungen.

Die in der Verordnung enthaltenen Gebote und Verbote müssen in Geltungsbereich und Inhalt aus sich heraus **verständlich und eindeutig** sein, § 45 Abs. 2 POG. „Sich nach Art eines Landstreichers herumzutreiben", genügt danach z. B. nicht den Anforderungen an eine hinreichende **Bestimmtheit** von Verboten.[22] Dagegen genügt es für den Bestimmtheitsgrundsatz des § 45 Abs. 2 POG, dass *außerhalb bebauter Ortslagen Hunde umgehend und ohne Aufforderung anzuleinen sind, wenn sich andere Personen nähern oder sichtbar werden*, wohingegen das Gebot einer Anleinpflicht für den Fall, dass *sich der Hund außerhalb bebauter Ortslagen „nicht einseh-*

---

16 BVerwG v. 28.6.2005- 10 B 23.5; v. 28.6.2004 - 6 C 21.03.
17 OVG Münster v. 10.2.2010 - 5 B 119/10; 5 B 147/10; 5 B 148/10; 5 B 149/10; 5 B 150/10, DÖV 2010, 568; Heckel NVwZ 2012, 88.
18 BVerwG v. 3.7.2002 - 6 CN 8.01, NVwZ 2003, 95.
19 Götz / Geis § 22 Rn 8 f..
20 Götz / Geis a. a. O.
21 VGH Mannheim v. 17.7.2012 - 10 S 406/10, NVwZ-RR 2012, 939.
22 BVerfG v. 16.4.2004 - 2 BvR 88/03, NVwZ 2004, 976; VGH Mannheim v. 6.10.1998 - 1 S 2272/97, DVBl 1999, 340; v. 29. 4. 1983 - 1 S 1/83, NJW 1984, 507; OVG Schleswig v. 29.5.2001 - 4 K 8/00, NVwZ 2001, 1300.

H. Die Gefahrenabwehrverordnung (GVO)

baren Flächen nähert", unwirksam ist.[23] Die Verwendung von unbestimmten Rechtsbegriffen dagegen bedeutet alleine noch keinen Verstoß gegen das Bestimmtheitsprinzip.[24] Zeitliche und örtliche Angaben müssen aus der Verordnung oder beigefügten Karten eindeutig zu entnehmen sein, besonders erläuternde Kartenwerke können nicht nachgeschoben werden[25]. Verordnungen müssen **tatsächlich und rechtlich Mögliches** in ihren Geboten und Verboten regeln. Hier gelten ähnliche Überlegungen wie bei der tatsächlichen und rechtlichen Möglichkeit von Verwaltungsakten (s. dazu Rn F 2 ff.).

Beispiel: So ist eine Reinigungspflicht für eine stark befahrene Straße (neben der Unzumutbarkeit auch) tatsächlich unmöglich und eine das anordnende Verordnung deshalb nichtig.[26]

Unbestimmt sind auch Regelungen, deren Voraussetzungen alleine von der Beurteilung der Ordnungskräfte abhängen (z. B. von einer „polizeilichen Lagebeurteilung") und darum für den Bürger nicht vorhersehbar sind.[27]

Inhaltlich besteht nach § 3 POG **Ermessen**.[28] Dieses Ermessen unterliegt allerdings gewissen Schranken. So darf nach § 43 Abs. 4 von einer nachgeordneten Ordnungsbehörde eine Gefahrenabwehrverordnung einer vorgesetzten Behörde nur ergänzt werden, wenn die Gefahrenabwehrverordnung der vorgesetzten Behörde das ausdrücklich zulässt. Andernfalls wird davon ausgegangen, dass die Gefahrenabwehrverordnung der vorgesetzten Behörde abschließend den Sachbereich regelt und darum kein Raum für weitere Regelungen bleibt. Die **Adressaten** der Gefahrenabwehrverordnung müssen so gewählt sein, dass sie i. S. d. POG verantwortlich wären, wenn die abstrakte Gefahr zu einer konkreten würde.

Beispiele: Die Frau, die die vielleicht kranke Taube tatsächlich füttert, wäre verantwortlich nach § 4 Abs. 1 POG; wer in Köln zur Karnevalszeit tatsächlich Glasgefäße mit Alkohol mit sich führt, überschreitet ebenso die Gefahrengrenze des § 4 Abs. 1 POG; wer tatsächlich aggressiv bettelt ebenso. Sie alle wären Verantwortliche im Falle einer tatsächlich bestehenden Gefahr, also kann sich auch die Gefahrenabwehrverordnung abstrakt an sie richten.

Weiterhin gelten praktisch die gleichen Ermessensregeln wie für die Ordnungsverfügungen (vgl. Kap. E und F).

Für Ministerverordnungen über überwachungsbedürftige Anlagen oder Gegenstände sind Bezugnahmen auf **Bekanntmachungen technischer Sachverständigen-Stellen** zulässig, § 45 Abs. 3 POG. Verordnungen mit Bezugnahmen auf Stellungnahmen des Normierungs-Ausschusses oder des *Verbandes Deutscher Ingenieure* u. ä. sind nur dann hinreichend bestimmbare Regelungen, wenn die in Bezug genommenen Stellungnahmen für die Adressaten einer Verordnung erreichbar sind.

10

Die erlassene GVO muss schließlich **verhältnismäßig** sein. Neben Geeignetheit und Erforderlichkeit einer Verordnung (vgl. dazu entsprechend Rn F 20 f.) mit den darin enthaltenen Geboten und Verboten muss die Verordnung angemessen sein (vgl. dazu entsprechend Rn F 22). Die zum Schutz der gefährdeten Schutzgüter der öffentli-

11

---

23 OVG Koblenz v. 21.9.2006 - 7 C 10539/06.OVG, DÖV 2007, 82; dazu auch OVG Koblenz v. 11.6.2013 - 7 B 10501/13.OVG.
24 BVerfG v. 4.4.1967 - 1 BvR 126/65, NJW 1967, 971.
25 OVG Koblenz v. 28.1.1987 – 10 C 31/86, AS 21, 138 zur hinreichenden Bestimmtheit des Geltungsgebiets einer Landschaftsschutzverordnung.
26 VerfGH Bayern v. 29.4.1983 - 16-VII-80, NJW 1983, 2871.
27 OVG Hamburg 13.5.2015 – 4 Bf 226/12.
28 Thiel § 17 Rn 9.

chen Sicherheit vorgesehenen Maßnahmen dürfen nicht außer Verhältnis zu den damit zu schützenden Rechtsgütern stehen.

Beispiel: Ein ganzjähriges Anleingebot für Hunde auf einer Ferieninsel verstößt gegen das Übermaßverbot,[29] ebenso ein generelles Anleingebot für Hunde im Wald.[30] – Eine Maulkorbregelung für Hunde darf nicht pauschal bestimmte Hunderassen wegen ihrer generellen Gefährlichkeit der Regelung unterwerfen; das verstößt gegen das aus Art. 3 Abs. 1 GG folgende Differenzierungsgebot nach sachlichen Kriterien.[31] – Ein Glasverbot ist unverhältnismäßig, um ganz allgemein die Möglichkeit von Glasbruch durch Trinkgefäße und anschließendem Herumliegen von Glasscherben auszuschließen, ohne dass das irgendwie auf ein bestimmtes Ereignis eingeschränkt ist.[32]

Durch eine GVO vorgeschriebene Mittel zu Gefahrenabwehr sind verbindlich anzuwenden. Ein **Austauschrecht** des Adressaten wie bei § 3 Abs. 2 S. 2 POG gibt es gegenüber einer GVO nicht.

IV. Bußgeldbestimmung

12 Wie formelle Gesetze auch, kann die Gefahrenabwehrverordnung Bußgeldtatbestände enthalten. Voraussetzung ist nach § 48 Abs. 1 POG jedoch, dass die Gefahrenabwehrverordnung für einen bestimmten Tatbestand auf diese Bußgeldbestimmung verweist.

Beispiel: *„Ordnungswidrig i. S. d. § 48 POG handelt, wer entgegen § 1 dieser Verordnung Tauben füttert."* – Nicht ausreichend wäre es, nur den Paragrafen zu nennen, z. B. *"..., wer gegen § 1 dieser Verordnung verstößt."*, ebenso wenig ausreichend der mangelnde Bezug auf § 48 POG.

Gleiches gilt für die Einziehung von Gegenständen, § 48 Abs. 3 POG.

Das Erfordernis eines konkreten Bußgeldtatbestands[33] muss für den Bürger im Vorhinein hinreichend eindeutig erkennen lassen, ob ein bestimmtes Verhalten bußgeldbewehrt ist oder nicht.[34] Der Bußgeldtatbestand kann an den bloßen Verstoß gegen die Gefahrenabwehrverordnung oder an die Nichtbefolgung einer vollziehbaren Anordnung aufgrund der Gefahrenabwehrverordnung anknüpfen. Fahrlässigkeit genügt, wenn die Gefahrenabwehrverordnung nichts anderes sagt (§ 48 Abs. 1 POG verdrängt insoweit § 10 OWiG). Während es für die Durchsetzung präventiver Maßnahmen grundsätzlich ausreicht, dass sie vollstreckbar und nicht nichtig (nicht aber zwingend rechtmäßig) sind,[35] verlangt das BVerfG für Bußgelder wegen der Nichtbefolgung grundrechtsrelevanter Verfügungen, dass nur die Nichtbefolgung einer *rechtmäßigen* Verfügung mit einem Bußgeld geahndet werden kann.[36]

13 Steht in der Gefahrenabwehrverordnung nichts Einschränkendes, kann die Ordnungswidrigkeit von 5 EUR (§ 17 OWiG) bis 5.000 EUR (§ 48 Abs. 2 POG) geahndet

---

29 OVG Lüneburg v. 8.2.1990 - 12 OVG C 1/88, NVwZ 1991, 693.
30 OVG Münster v. 20.7.2012 - 5 A 2601/10, DÖV 2012, 816.
31 OVG Bremen v. 6.10.1992 - 1 N 1/92, DÖV 1993, 576.
32 VGH Mannheim v. 26.7.2012 - 1 S 2603/11, DÖV 2012, 817 ; dazu Hartmann ZJS 2012, 812.
33 BVerfG v. 23.10.1985 - 1 BvR 1053/82, NJW 1986, 1671.
34 BVerfG v. 8.3.1990 - 2 BvR 1463/88, NVwZ 1990, 751.
35 Vgl. Rn H 28.
36 BVerfG v. 20.8.1992 - 4 C 13.91, NVwZ-RR 1993, 225 für Art. 8 GG und BVerfG EuGRZ 1995, 260 für Art. 2 Abs. 1 GG. Nach der Entscheidung zu Art. 2 Abs. 1 GG dürfte die Bezugnahme von Bußgeldern auf rechtswidrige Verfügungen in Zukunft eine eher theoretische Möglichkeit bleiben. Die Exekutive in einem demokratischen Staat sollte auf repressives Abstrafen von Ungehorsam gegenüber rechtswidrigen Verfügungen nicht angewiesen sein.

H. Die Gefahrenabwehrverordnung (GVO)

werden. Bei Fahrlässigkeit ist die Höhe der Geldbuße zu halbieren, § 17 Abs. 2 OWiG. Im Übrigen richtet sich die Höhe der Geldbuße nach den in § 17 Abs. 3 und 4 OWiG aufgeführten Kriterien.

Für die Durchführung eines Bußgeldverfahrens ist bei Gefahrenabwehrverordnungen der Ministerien, der Aufsichts- und Dienstleistungsdirektion Trier und der Kreisverwaltungen die Kreisordnungsbehörde (§ 89 Abs. 2 POG) zuständig, im Übrigen die örtliche Ordnungsbehörde für die selbst erlassenen Verordnungen, § 48 Abs. 4 POG.

Ansonsten gelten die Regelungen des OWiG, insbesondere dessen §§ 8 ff., 35 ff. und 65 f.

J. Die Durchsetzung ordnungsrechtlicher Maßnahmen

I. Die öffentlich-rechtliche Zwangsvollstreckung

1. Rechtsnatur und Vorschriften

1 Eine Maßnahme kann dadurch durchgesetzt (vollzogen) werden, dass die Behörde sie schlicht ausführt oder dadurch, dass sie sie im Wege des öffentlich-rechtlichen Zwanges vollstreckt. **Zwangsvollstreckung** liegt nur vor, wenn ein Hoheitsträger Anstalten macht, den tatsächlich oder möglicherweise **entgegenstehenden Willen** des Adressaten mit Zwangsmitteln (vgl. Rn J 3) zu beugen.[1]

Beispiel: Das bloße Aufstellen von Barrieren im Straßenverkehr bei Baustellen ist nur eine schlichte Maßnahme; bei Demonstrationen kann das aber anders sein, wenn ernsthaft nicht ausgeschlossen wird, dass die Barrieren gestürmt werden könnten. – Das Aufheben einer Erlaubnis ist eine Gestaltung, für deren Wirksamkeit es egal ist, ob der Betroffene einverstanden ist oder nicht; es handelt sich darum nicht um einen Akt der Willensbeugung und damit nicht um Zwangsvollstreckung.

Keine Zwangsvollstreckung ist die einfache Anwendung der Standardmaßnahmen in den §§ 9a ff. POG ohne Gewalt.

Beispiel: Darum liegt keine Zwangsvollstreckung vor, wenn der Ordnungsbedienstete dem Besitzer einen Schlagring wegnimmt (Sicherstellung nach § 22 POG), solange er dabei keine Gewalt gegen die Person anwendet. Entsprechendes gilt für die Durchsuchung des Betroffenen, seiner Sachen oder seiner Wohnung (§§ 18 ff. POG).

Die Zwangsvollstreckung ist die härteste Form der Vollziehung. Sie gibt es im Zivil-, Straf- und Verwaltungsrecht. Für das Polizei- und Ordnungsrecht gelten grundsätzlich die Regeln des rheinland-pfälzischen **Verwaltungsvollstreckungsgesetzes**, soweit keine Bundesbehörden vollstrecken. Für die Polizei gelten ergänzend die Regelungen der §§ 57 ff. POG, wenn es um die Frage geht, *wie* unmittelbarer Zwang anzuwenden ist. Die §§ 57 ff. POG gelten für die Polizei auch dann, wenn (**repressiv**) Eingriffsmaßnahmen der Strafprozessordnung (StPO) durchgesetzt werden sollen; das folgt man aus § 57 Abs. 1 POG, weil logischerweise die Regeln der StPO die Befugnis zum unmittelbarer Zwang konkludent, also auch ohne ausdrückliche Regelung enthalten. Zwangsvollstreckung ist immer **nur durch einen Hoheitsträger** zulässig (Gewaltmonopol des Staates). Als Hilfsmittel der Gefahrenabwehr unterliegt sie nicht den Grundsätzen, die für Strafen, Bußen u. ä. gelten[2]. Es widerspricht deshalb nicht dem in Art. 103 Abs. 3 GG ausgesprochenen Verbot der Doppelbestrafung (ne bis in idem), dass § 62 Abs. 3 LVwVG es zulässt, Zwangsmittel neben einer Strafe oder Geldbuße zu verhängen und das sogar zu wiederholen.[3] Eine Wiederholung ist nur ausgeschlossen, wenn der Verwaltungsakt oder die Ordnungspflicht befolgt worden ist oder sich anders erledigt, § 62 Abs. 3 LVwVG.

2 Zwang kann sowohl gegen **Verantwortliche** als auch gegen **Nichtverantwortliche** angewendet werden (insoweit anders als bei der unmittelbaren Ausführung nach § 6

---

1 Lisken / Denninger / Rachor E Rn 791; Habermehl Rn 732.
2 BVerwG v. 21.1.2003 - 1 C 5.02, NVwZ 2003, 1271; OVG Saarlouis v. 27.11.2001 - 2 R 9/00, NVwZ-RR 2003, 87; OVG Münster v. 10.10.1991 - 13 B 1522/91, NVwZ-RR 1992, 517.
3 OVG Lüneburg v. 11.3.1988 - 13 B 125/88, NVwZ 1988, 654; VGH München v. 7.12.1998 - 24 ZS 98.2972, NJW 1999, 1130.

J. Die Durchsetzung ordnungsrechtlicher Maßnahmen

POG). Entscheidend ist, dass der Adressat (im gestreckten Verfahren, § 61 Abs. 1 LVwVG) einer in der Grundverfügung begründeten Pflicht nicht nachkommt oder (bei der sofortigen Anwendung, § 61 Abs. 2 LVwVG; vgl. Rn J 36) die Überwindung seines Willens aus Gründen der Gefahrenabwehr notwendig ist.

Hoheitlicher Zwang ist möglich gegen alle natürlichen und juristischen Personen des Privatrechts, aber gegen juristische Personen des öffentlichen Rechts nur unter den Voraussetzungen des § 7 LVwVG oder denen der §§ 170 ff. Verwaltungsgerichtsordnung.

2. Die öffentlich-rechtlichen Zwangsmittel

Die Behörde hat im Rahmen ihres Ermessens[4] die Auswahl zwischen drei **Arten** Zwangsmittel, die **abschließend** in § 62 Abs. 1 LVwVG aufgezählt werden, nämlich
a) die **Ersatzvornahme**,
b) das **Zwangsgeld**,
c) den **unmittelbaren Zwang**.

Andere Mittel der Verwaltung, zur Durchsetzung eines Verwaltungsaktes oder zur Gefahrenabwehr Zwang auszuüben, sind rechtswidrig.[5]

Beispiel: Eigentümer E ist nicht bereit, einer inzwischen bestandskräftig gewordenen Abrissverfügung zu folgen und seine Wochenendhütte im Außenbereich zu beseitigen. Hier wäre es rechtswidrig, wenn die zuständige Verbandsgemeindeverwaltung die Rückzahlung überzahlter Kanalanschlussgebühren davon abhängig machte, dass E die Hütte abreißt.

a) Die Ersatzvornahme, § 63 LVwVG

Ersatzvornahme ist die Ausführung der eine vertretbare Handlung gebietende Verfügung auf Kosten des Verantwortlichen durch Bedienstet der Polizei- oder Ordnungsbehörde oder durch von diesen beauftragte Dritte.[6] Das setzt zum einen voraus, dass das Verhalten, das die Behörde vom Adressaten verlangt, eine **Handlung** ist (denn Unterlassen oder Dulden sind schon von Natur her höchstpersönlich und können darum nicht von anderen erfüllt werden).

Beispiel: Durch Ersatzvornahme möglich ist das Beseitigen eines Kraftfahrzeugs aus dem Halteverbot (z. B. durch Abschleppen), der Abriss eines Gebäudes, das Beseitigen von Abfallablagerungen oder das Absichern einer Gefahrenstelle. –
Keine Ersatzvornahme ist dagegen möglich, um das Unterlassen von ruhestörendem Lärm, ein Bauverbot oder die Beendigung abfallrechtlich verbotener Ablagerungen durchzusetzen. Gleiches gilt für das Durchsetzen von Standardmaßnahmen i. e. S. (vgl. zu dem Begriff Rn G 7), z. B. bei einer Personendurchsuchung oder Gewahrsamnahme.

Zum anderen darf diese Handlung nicht nur höchstpersönlich zu erfüllen, sondern sie muss **vertretbar**, also deren Vornahme durch einen anderen möglich sein.

Beispiel: Als höchstpersönliche Handlung kann nicht im Wege der Ersatzvornahme erzwungen werden, Auskünfte zu erteilen, bei erkennungsdienstlichen Maßnahmen mitzuwirken oder einen bestimmten Ort zu verlassen.

Ersatzvornahme kann durchaus mit körperlicher **Gewalt**einwirkung, sogar mit Schusswaffengebrauch (z. B. gegen Tiere oder Sachen) verbunden sein, solange

---
4 VGH Mannheim v. 4.12.2003 - 5 S 2781/02, BauR 2004, 1605 = VBlBW 2004, 226; OVG Weimar v. 21.3.1997 - 2 EO 823/96, LKV 1998, 283.
5 Pieroth / Schlink / Kniesel § 24 Rn 8.
6 Lisken / Denninger / Rachor E Rn 822; Götz / Geis § 13 Rn 23 ff.; Pieroth / Schlink / Kniesel § 24 Rn 10; Schenk Rn 553 ff; Würtenberger / Heckmann / Tanneberger § 5 Rn 35.

eine vertretbare Handlungspflicht (z. B. Abhalten des Hundes vom Kinderspielplatz, Öffnen einer Tür) durchgesetzt werden soll. Gewalt gegen Menschen kann dagegen immer nur der Durchsetzung einer höchstpersönlichen Pflicht dienen und ist darum immer unmittelbarer Zwang.

Beispiel: Dem Unternehmer U wird mit einem gemäß § 80 Abs. 1 S. 1 Nr. 4 VwGO für sofort vollziehbar erklärten Verwaltungsakt aufgegeben, die Kiesgewinnung in einem Wasserschutzgebiet sofort einzustellen. Da U dem nicht nachkommt, sammeln die Polizeibeamten die Zündschlüssel der Kiesbagger ein. – Hier soll ein Unterlassen erzwungen werden. Demnach kann die Maßnahme nur unmittelbarer Zwang sein, denn eine Ersatzvornahme scheidet aus, da keine vertretbare Handlung durchgesetzt werden soll.

Bei der Ersatzvornahme ist nach § 63 LVwVG die „Handlung vorzunehmen", zu der man den Adressaten verpflichtet hat. Also ist für die Ersatzvornahme zwingend Voraussetzung, dass das Zwangsmittel im Erfolgsfalle den geschuldeten **Erfolg** (die Primärpflicht) **unmittelbar** selbst herbeiführt. Eine bloße Vorbereitung oder Begleitung kann immer nur unmittelbarer Zwang sein.

Beispiel: Die Stadtverwaltung als allgemeine Ordnungsbehörde gibt E auf, das Tor zu seinem ehemaligen Betriebsgrundstück zu verschließen, nachdem es dort zu mehreren Unfällen von Kindern gekommen ist. Da nichts geschieht, verschließen die Beamten das Tor selbst, was auch vorher angedroht worden war. – Das Verschließen des Tores ist eine Handlung, die aus der Sicht der Gefahrenabwehr ebenso gut vom Berechtigten wie auch von einem anderen vorgenommen werden kann; es ist also vertretbar. Es handelt sich um Ersatzvornahme, woran sich auch nichts ändern würde, wenn die Ordnungsbehörde das Verschließen einem Schlosserbetrieb in Auftrag gegeben hätte.

6 Die Ersatzvornahme wird nach dem rheinland-pfälzischen LVwVG **nicht festgesetzt** (anders: § 14 LVwVG). Sie wird nach Ablauf der in der Androhung gesetzten Frist (vgl. Rn J 17) dadurch **ausgeführt**, dass die Behörde die Maßnahme mit eigenen Kräften ausführt (sog. Selbstvornahme, z. B. der Polizeibeamte beseitigt eine illegale Sperre während einer Demonstration) oder, was eher die Regel ist, dass sie einen Dritten mit der Ausführung der Maßnahme beauftragt (sog. Fremdvornahme, z. B. Abschleppen eines Kfz. durch ein Abschleppunternehmen). Dieser **Beauftragte** (vgl. Rn E 33), häufig ein Unternehmer, unterscheidet sich vom Nichtverantwortlichen im Sinne des § 7 POG dadurch, dass er anders als dieser auf privatrechtlicher Ebene freiwillig tätig wird und nicht ohne seinen Willen hoheitlich herangezogen wird. Der Nichtverantwortliche ist selbst der Polizeipflichtige, wohingegen der Beauftragte bloßer Gehilfe der Behörde ist.

Beispiel: Zieht die Polizei einen Schlosser heran, um in eine Wohnung zu gelangen, in der sie eine hilfsbedürftige Person vermutet, ist der Schlosser in der Regel „ein anderer", ein Beauftragter im Sinne der Ersatzvornahme. Grundlage ist die privatvertragliche Beauftragung. Weigert sich der Schlosser allerdings, der Polizei zu helfen, z. B. weil er gerade einen anderen, lukrativeren Auftrag erhalten hat, und hält die Polizei sein Tätigwerden für so dringend geboten, dass sie ihm das nun hoheitlich befiehlt, dann wird er nunmehr als Nichtverantwortlicher im Sinne des § 7 POG beansprucht.

Durch die Ersatzvornahme wird zwar die Maßnahme von jemand anderem (nämlich der Behörde, gegebenenfalls durch ihren Beauftragten) durchgeführt, der Verantwortliche bleibt allerdings Kostenschuldner. Wurde die Ersatzvornahme rechtmäßig durchgeführt, sollen die Kosten beim Verantwortlichen geltend gemacht werden.[7] Wurde die Ersatzvornahme angedroht, müssen dort auch die voraussichtlichen Kosten angegeben worden sein (vgl. dazu Rn J 15). Denn von atypischen Sonderfällen abgesehen, ist nicht einzusehen, warum die Kosten zu Lasten der Allgemeinheit ge-

---

7 OVG Koblenz v. 25.8.2005 – 12 A 10678/05, NVwZ-RR 2006, 252.

J. Die Durchsetzung ordnungsrechtlicher Maßnahmen

hen sollen. Der Verantwortliche bleibt selbst dann Kostenschuldner, wenn er zurzeit nicht zahlungsfähig ist.[8] Die Schuld des Verantwortlichen gegenüber der Behörde bleibt und kann vielleicht zu einem späteren Zeitpunkt verwirklicht werden. Dabei können aber nur die nachgewiesenen kausal entstandenen Kosten erstattet verlangt werden (z. B. Auslagen, verbrauchtes Material), andere Kosten (z. B. pauschale Fahr- oder Personalkosten) nur, wenn sie als Gebührentatbestand definiert sind (siehe hierzu Rn 41 zu der insoweit gleichen Situation bei der unmittelbaren Ausführung).

b) Das Zwangsgeld, § 64 LVwVG

Mit dem **Zwangsgeld** wird dem Adressaten eine **Geldleistungspflicht** für den Fall aufgegeben, dass er der ordnungsrechtlichen Verfügung nicht nachkommt.[9] Das Zwangsgeld wirkt sich somit als einziges Zwangsmittel nicht unmittelbar am Gefahrenherd aus und kommt deshalb nicht in Betracht, wenn die Grundverfügung kurzfristig umgesetzt werden muss.[10] Dafür ist es aber anders als die Ersatzvornahme auch bei Duldungs- und Unterlassungspflichten anwendbar. Das Zwangsgeld ist Beugemittel[11], keine Bestrafung im weiteren Sinne.[12] Es kann darum neben **Geldstrafe** und **Bußgeld** angewendet werden. Anders als diese kann das Zwangsgeld für denselben Sachverhalt sogar wiederholt werden, § 62 Abs. 3 LVwVG. Und während es für den Ausspruch von Strafen und Bußen grundsätzlich unerheblich ist, wie sich der Betroffene nach dem die Sanktion auslösenden Sachverhalt verhält, gilt für Zwangsmittel der Grundsatz, dass es nicht mehr angewendet werden darf, soweit der Vollstreckungsschuldner seine Pflicht zum Handeln erfüllt hat oder die Vollstreckung der Handlungspflicht aus anderen Gründen sinnlos geworden ist, § 62 Abs. 4 LVwVG. Nicht mehr angewendet heißt, dass die Vollstreckung nicht mehr fortgesetzt werden darf, nicht etwa, dass das Zwangsgeld nicht mehr geschuldet ist. Zwangsgelder, die bereits eingenommen worden sind oder versehentlich noch bezahlt werden, verbleiben bei der Behörde.

Beispiel: Gestützt auf § 62 KrWG gibt die Kreisverwaltung E auf, binnen einer Woche Kanister mit einer bestimmten Flüssigkeit von seinem Grundstück zu entfernen, und droht ihm für den Fall, dass die Frist fruchtlos verstreicht, ein Zwangsgeld in bestimmter Höhe an. Kommt E dieser Verfügung erst nach zwei Wochen nach oder verschwindet der Kanister dann spurlos, ist zwar möglicherweise ein Bußgeld nach § 69 Abs. 2 Nr. 2 i. V. m. § 28 KrWG endgültig verwirkt, muss also auf jeden Fall bezahlt werden. Das Zwangsgeld kann jedoch nun nicht mehr festgesetzt werden, weil gem. § 62 Abs. 4 LVwVG die Beitreibung des Zwangsgeldes nicht mehr möglich ist. Wenn E aber die Kanister erst entfernt, nachdem die Behörde das Zwangsgeld schon vereinnahmt hat, kann er es nicht mehr zurückfordern.

Das gilt aber nach dem Gesetzeswortlaut nur für Handlungen. Umstritten ist es, ob das auch gilt, wenn Unterlassenspflichten gegenstandslos werden.

Beispiel: Einem Eigentümer wird aufgegeben, die Fassade seines Hauses, dass im Geltungsbereich einer Erhaltungssatzung i. S. d. § 172 BauGB liegt, unverändert zu lassen. Für den Fall der Zuwiderhandlung wird ordnungsgemäß ein Zwangsgeld angedroht. Der Eigentümer lässt die Fassade abschleifen.

Eine Wiederholungsgefahr ist ausgeschlossen, daher ist eigentlich nichts mehr durchzusetzen und die Vollstreckung müsste eingestellt werden. Das aber würde

---

8 OVG Lüneburg v. 28.2.2012 - 1 PA 143/11, NVwZ-RR 2012, 347 = DVBl 2012, 643.
9 Götz / Geis § 13 Rn 30; Pieroth / Schlink / Kniesel § 24 Rn 11; Schenk Rn 556 f.
10 Knemeyer Rn 368.
11 Pieroth / Schlink / Kniesel § 24 Rn 11.
12 Würtenberger / Heckmann / Tanneberger § 8 Rn 40.

dazu führen, dass für den Adressaten in solchen Fällen von vornherein klar wäre, dass die Androhung letztlich ohne Folgen bleibt, wenn er nur schnell genug die Grundverfügung unterläuft, wodurch die Androhung und damit die gesamte Vollstreckung praktisch ihren Sinn verlieren würde. Daher wird man richtigerweise in solchen Fällen die Festsetzung des Zwangsgeldes zulassen müssen.[13] Die Gegenmeinung lehnt das allerdings mit dem durchaus auch zutreffenden Argument ab, dass auf diese Weise die Anwendung des Zwangsgeldes Züge eines Bußgeldes bekomme.[14]

8 Der **Zwangsgeldrahmen** liegt zwischen 5 und 50.000 EUR. Innerhalb des Rahmens ist die Höhe des angedrohten Zwangsgeldes nach pflichtgemäßem Ermessen festzulegen (zu den Problematiken der Bestimmtheit vgl. Rn J 29). Wenn der Adressat die aufgegebene Verpflichtung höchstpersönlich durchführen soll, kann das Zwangsgeld auch gegenüber einem Mittellosen festgesetzt werden, weil es Beuge-Charakter hat und weil bei Erfolglosigkeit Ersatzzwangshaft (s. dazu gleich Rn J 10) angeordnet werden kann.[15] Kriterien der dabei vorzunehmenden Abwägung sind die vermutete „Schmerzgrenze" des konkreten Vollstreckungsschuldners und die Bedeutung der Angelegenheit, natürlich auch die wirtschaftlichen Vorteile, die dem Adressaten aus der Nichtbefolgung erwachsen (§ 64 Abs. 2 S. 2 LVwVG). Dabei ist vor allem maßgeblich, in welchen wirtschaftlichen Verhältnissen der Schuldner lebt, welcher wirtschaftliche Vorteil ihm entsteht, wenn er der behördlichen Anweisung nicht folgt, für wie hartnäckig man den Schuldner einschätzt usw. Auch ist es ein Unterschied, ob zum ersten oder schon zum zweiten Mal ein Zwangsgeld für dieselbe Grundverfügung angedroht wird. Die zweite Zwangsgeldandrohung setzt ja voraus, dass der Schuldner bei der ersten einen gehörigen Widerstandswillen gezeigt hat und der Grundverfügung immer noch nicht gefolgt ist. Darum sollte die zweite Androhung in aller Regel höher ausfallen als die erste. Schon deshalb sollte man bei der ersten möglichst nicht den Zwangsgeldrahmen voll ausschöpfen.

9 Das Zwangsgeld wird angedroht (vgl. hierzu genauer Rn J 14 ff.) und **festgesetzt**, wenn die in der Androhung festgesetzte Frist abgelaufen oder die verbotene Handlung dennoch vorgenommen worden ist[16], wodurch der Vollstreckungsschuldner jetzt den Zwangsgeldbetrag schuldet. Das gilt auch dann, wenn der Adressat sich ausdrücklich weigert, der Grundverfügung nachzukommen.[17] Die Festsetzung ergeht schriftlich, ist aber nicht notwendig zuzustellen.[18] Sie ist ein Leistungsbescheid, mit dem der Adressat aufgefordert wird, das Zwangsgeld binnen einer bestimmten Frist zu zahlen. Verstreicht auch diese Frist fruchtlos, ist der Weg für die **Beitreibung** (Mahnung, Pfändung) nach den Regeln des LVwVG frei, §§ 64 Abs. 3, 19 ff. LVwVG. Allerdings kann er diese Schuld praktisch noch abwenden, solange sie noch nicht beglichen oder eingetrieben ist, indem er das auferlegte Verhalten jetzt noch nachholt, § 62 Abs. 4 LVwVG. Wird die Grundverfügung wieder **aufgehoben**,

---

[13] OVG Saarlouis v. 27.11.2001 - 2 R 9/00, NVwZ-RR 2003, 87; OVG Münster v. 5.11.2002 - 14 A 4584/98, NWVBl. 2003, 183 = NZM 2003, 958; v. 30.9.1992 - 4 A 3840/91, NVwZ-RR 1993, 671 v. 21.12.1988 - 7 A 2555/87, DVBl. 1989, 889; OVG Magdeburg v. 13.3.1996 - 2 L 60/95, DÖV 1996, 926; VG Köln 12.8.2010 - 20 K 3188/09; a. A. OVG Lüneburg v. 23.4. 2009 - 11 ME 478/08 .
[14] VGH Mannheim v. 12.3.1996 - 1 S 2856/95, DÖV 1996, 792; OVG Lüneburg v. 14.2.1990 - 4 L 78/89, NVwZ-RR 1990, 605; Lisken / Denninger / Rachor E Rn 887 ff. m. w. N.
[15] OVG Magdeburg v. 21.11.2003 - 2 L 253/02.
[16] Dazu reicht aber nicht die bloße Absicht oder ein bloßer Versuch aus, OVG Magdeburg v. 4.8.2011 - 2 L 50/10, NVwZ-RR 2011, 942.
[17] OVG Koblenz v. 18.3.1993 - 1 A 10570/93, NVwZ 1994, 715; a. A. BVerwG v. 21.8.1996 - 4 B 100.96, DÖV 1996, 1046, VGH Mannheim v. 15.2.1996 - 8 S 1887/95, VBlBW 1996, 214 = DVBl 1996, 1331 (Ls.).
[18] OVG Koblenz a. a. O; Drews / Wacke / Vogel / Martens S. 530.

J. Die Durchsetzung ordnungsrechtlicher Maßnahmen

muss auch die Festsetzung aufgehoben werden, eine Erstattung bereits gezahlten Zwangsgeldes folgt daraus allerdings nicht.[19]

Die **Ersatzzwangshaft** nach § 67 LVwVG ist ein unselbständiges Zwangsmittel im Verwaltungsvollstreckungsverfahren, um eine höchstpersönlich vorzunehmende Handlung, eine Duldung oder ein Unterlassen in jenen Fällen durchzusetzen, in denen ein Zwangsgeld **uneinbringlich** ist.[20] Die Ersatzzwangshaft ersetzt nicht die Zahlungspflicht aus der Zwangsgeldfestsetzung (anders als die Erzwingungshaft i. S. d. § 96 OWiG hins. des Bußgeldes). Sie ist vielmehr eine Fortsetzung der Vollstreckung mit anderen, verschärften Mitteln und teilt so den Beugecharakter der anderen Zwangsmittel: Sie soll nicht zur Bestrafung dienen, sondern zur Willensbeugung des Pflichtigen (weswegen das Verbot der Doppelbestrafung, Art. 103 Abs. 3 GG, nicht gilt). [21] Darum ist sie rechtswidrig, wenn dem Betroffenen das Befolgen des durchzusetzenden Gebots subjektiv unmöglich ist.[22] Materiell ist einerseits erforderlich, dass die behördliche Grundverfügung bisher nicht durchgesetzt werden konnte, und andererseits, dass die Behörde sich intensiv bemüht hat, das Zwangsgeld beizutreiben.[23] Von einer **Uneinbringlichkeit** des Zwangsgeldes ist auszugehen, wenn ein Beitreibungsversuch nicht zum Erfolg geführt hat oder die Zahlungsunfähigkeit des Pflichtigen offenkundig ist.[24] Das gilt insbesondere, wenn der Adressat unbeeindruckt bleibt, weil er weiß, dass das Zwangsmittel wegen seiner Mittellosigkeit keinen Erfolg haben wird. Allein die starre Haltung des Adressaten lässt die Ersatzzwangshaft nicht schon zu einem ungeeigneten Zwangsmittel werden. Selbst wenn gegen ihn bereits im Rahmen des Bußgeldverfahrens erfolglos die Erzwingungshaft nach § 98 OWiG vollstreckt wurde, lässt sich in der Regel nicht zuverlässig prognostizieren, dass der Widerstand nicht zuletzt aufgrund der (erneut) mit einer Haft verbundenen Unannehmlichkeiten, nicht doch gebeugt werden kann.[25] Das Zwangsgeld darf vorher aber nicht in einer solchen Höhe angedroht und festgesetzt werden, die seine Beitreibung von vornherein als aussichtslos erscheinen lässt.[26] Wegen des Grundsatzes der Verhältnismäßigkeit kommt diese Haft aber erst in Betracht, wenn andere Zwangsmittel (Ersatzvornahme, unmittelbarer Zwang) nicht in Betracht kommen oder keinen Erfolg versprechen, insbesondere für vertretbare Handlungen ist die Ersatzvornahme ein milderes Mittel.[27]. Da sie also nur als ultima ratio in Betracht kommt[28], gilt sie nur für die Vollstreckung von Verwaltungsakten, die den Pflichtigen zu einer unvertretbaren (d. h. persönlich zu erbringenden) Leistung oder zur Unterlassung verpflichten Auch im Hinblick auf die Bedeutung der durchzusetzenden Grundverfügung muss die Haft **verhältnismäßig** sein.[29] Nicht rechtmäßig dürfte eine Ersatzzwangshaft nach § 67 LVwVG gegen einen Schüler sein, um ihn zum **Schul-**

---

19 VGH Kassel v. 2.12.1996 - 4 TG 481/96, NVwZ-RR 1998, 154.
20 OVG Münster v. 30.1.2006 - 5 E 1392/05, NJW 2006, 2569; Habermehl Rn 779; Pieroth / Schlink / Kniesel § 24 Rn 13; Götz Rn 401 a. E.; Würtenberger / Heckmann / Tanneberger § 8 Rn 44 f.
21 Vahle DVP 2012, 267.
22 OVG Münster v. 31.3.2004 - 18 E 1162/03, NVwZ-RR 2004, 786.
23 OVG Münster v. 13.7.1998 - 7 B 956/98, NVwZ 1998, 980; VG Meiningen v. 14.9.1999 - 8 V 441/99.Me, NVwZ-RR 2000, 477; VG Leipzig v. 7.4.1994 - 5 K 2406/93, DÖV 1994, 660.
24 OVG Münster v. 20.4.2012 - 13 E 64/12, DÖV 2012, 652; Habermehl Rn 780.
25 VG Ansbach v. 15.10.2014 – 2 V 14.01377.
26 OVG Bremen v. 28.1.2004 - 1 S 21/04, NVwZ-RR 2004, 658.
27 VG Würzburg v. 1.3.2011 - W 4 X 11.74; zweifelnd, wenn die Kosten der Ersatzvornahme letztlich beim Fiskus verbleiben würden VG München v. 27.7.1998 - M 1 X 97.6328.
28 OVG Münster v. 31.3.2004 - 18 E 1162/03, NVwZ-RR 2004, 786; v. 18.7.1996 - 4 E 461/95, NVwZ-RR 197, 764; OVG Magdeburg v. 25.8.2003 - 2 O 304/03.
29 Z. B. bei einem seit 3 Jahren erledigten Aufenthaltsverbot OVG Münster NVwZ-RR 2009, 516; 1997, 763.

besuch anzuhalten (s. hierzu Rn G 45). Auch wenn es sich hier nicht um eine Strafe handelt, sind Kinder (jünger als 14 Jahre, § 1 Abs. 1 Nr. 1 JuSchG) in sinngemäßer Anwendung des § 19 StGB nicht haftfähig. Jugendliche (14-17 Jahre, § 1 Abs. 1 Nr. 2 JuSchG) sind das je nach ihrer individuellen Reife zwar (§§ 1 und 3 Jugendgerichtsgesetz), aber eine Haft zur Durchsetzung des Schulbesuchs dürfte schon aus pädagogischen Gründen regelmäßig unverhältnismäßig sein; auch enthält die Inhaftierung den Widerspruch, dass der Schüler nicht gleichzeitig einsitzen und zur Schule gehen kann. Denkbar ist eine Ersatzzwangshaft aber gegenüber den Sorgeberechtigten.

Die Ersatzzwangshaft beträgt mindestens einen Tag und höchstens eine Woche. Die vollständige Ausschöpfung des für die Ersatzzwangshaft gesetzlich vorgesehenen Rahmens ist allerdings bei der erstmaligen Anordnung dieses Zwangsmittels unter rechtsstaatlichen Gesichtspunkten nur zulässig, wenn davon auszugehen ist, dass eine Festsetzung in geringerer Höhe nicht zu dem mit dem Zwangsmittel beabsichtigten Erfolg führt.[30] Auf die Ersatzzwangshaft muss schon bei der Androhung des Zwangsgeldes **hingewiesen** worden sein. Sie bedarf eines schriftlichen Antrags i. S. d. § 67 Abs. 2 LVwVG der vollstreckenden Behörde beim **Verwaltungsgericht**, das den Betroffenen zur beabsichtigten Haft anzuhören hat.

Zahlt der Schuldner nach Anordnung der Haft das Zwangsgeld, ist der Vollzug einzustellen. Denn die Ersatzzwangshaft ist im Verhältnis zum Zwangsgeld nachrangig und von ihm abhängig. Ohne einen behördlichen Anspruch auf das Zwangsgeld kann es auch keinen Ersatz dafür durch Haft geben.[31] Dem steht es aber nicht gleich, wenn zwar ein Unterlassungsgebot erfüllt, aber ein vorher festgesetztes Zwangsgeld nicht bezahlt wird; hier ist Ersatzzwangshaft noch möglich.[32]

Beispiel: Die G-GmbH veranstaltet Sportwetten sowie Casino- und Pokerspiele als unerlaubtes öffentliches Glücksspiel im Internet i. S. d. § 3 Glücksspielstaatsvertrag. Trotz einer vollziehbaren Untersagungsverfügung setzt sie die Tätigkeit fort. Ein hierzu festgesetztes Zwangsgeld, bei dem auf die Ersatzzwangshaft hingewiesen worden war, kann nicht beigetrieben werden. Gegen die Vorstandsmitglieder der Gesellschaft wird Ersatzzwangshaft angeordnet.[33] – Gegen einen Hundehalter, der ein gegen ihn festgesetztes Zwangsgeld nicht gezahlt hat, kann das Verwaltungsgericht Haftbefehl auf Ersatzzwangshaft erlassen.[34]

Die Ersatzzwangshaft darf man nicht verwechseln mit

- der Anordnung von Erzwingungshaft nach den §§ 96 ff. OWiG; sie dient der Zahlung einer verhängten Geldbuße und der Erzwingung einer Zeugenaussage (natürlich nicht ihres Inhalts),
- Ersatzfreiheitsstrafe i. S. d. § 43 StGB; sie dient der Bestrafung, indem sie die Zahlungspflicht der Geldstrafe vollkommen ersetzt,
- der richterlichen Ordnungshaft, Art. 5 ff. EGStGB, § 177 bis § 182 GVG; sie dient der Aufrechterhaltung der Ordnung im Gerichtsverfahren
- der Ordnungshaft in § 890 ZPO; damit soll in der zivilrechtlichen Zwangsvollstreckung der Schuldner zur Pflichterfüllung gezwungen werden, eine Handlung zu unterlassen (z. B. Verwendung einer fremden Marke, Verbreitung einer falschen Tatsachenbehauptung, körperliche Annäherung an den Gläubiger) oder die Vornahme einer Handlung zu dulden (z. B. Betreten des Grundstücks durch den Nachbarn zum Ausbessern des Zaunes).

---

30 OVG Münster v. 31.3.2004 - 18 E 1162/03, NVwZ-RR 2004, 786.
31 OVG Münster v. 20.4.2012 - 13 E 64/12, DÖV 2012, 652.
32 OVG Münster v. 18.7.1996 - 4 E 461/95, NVwZ-RR 1997, 764.
33 OVG Münster v. 20.4.2012 – 13 E 64/12, DÖV 2012, 652.
34 VG Aachen v. 14.8.2006 - 6 M 8/06.

J. Die Durchsetzung ordnungsrechtlicher Maßnahmen

c) Der unmittelbare Zwang, § 65 LVwVG, §§ 57 ff. POG

Unmittelbarer Zwang ist das schwerste Zwangsmittel. Er darf nur durch die Polizei (§ 57 POG) und, soweit es nicht um Schusswaffengebrauch geht, durch besonders dazu bestellte Verwaltungsbedienstete (§ 65 Abs. 4 LVwVG; §§ 94, 95 POG) ausgeübt werden. Unmittelbarer Zwang ist die **Einwirkung auf Personen oder Sachen durch körperliche Gewalt**, ihre Hilfsmittel und (besser: oder) durch Waffen (§ 65 Abs. 2 LVwVG, § 58 Abs. 1 POG).[35] Ein derartiges Einwirken auf Personen ist immer unmittelbarer Zwang, ein solche auf Sachen dagegen nur, sofern dadurch entweder eine unvertretbare Ordnungspflicht (höchstpersönliche Handlung, Dulden, Unterlassen) durchgesetzt oder eine vertretbare Pflicht nur gefördert und nicht selbst umgesetzt wird (weil ansonsten Ersatzvornahme vorliegt, vgl. Rn J 6). Auch beim unmittelbaren Zwang kann die Polizei oder Ordnungsbehörde Dritte beauftragen, solange einfache körperliche Gewalt oder solche mit Hilfsmitteln gegen Sachen angewendet wird (z. B. eines Schlossers, der eine Tür öffnet).

Körperliche Gewalt ist dabei jedes unmittelbare körperliche Einwirken auf die Person oder Sache (§ 58 Abs. 2 POG).[36] Sie ist möglich als

- **einfache** körperliche Gewalt gegen Personen, mit dem Körper (insbesondere mit Händen und Armen) und ohne Hilfe von Gegenständen, z. B. Festhalten, Wegführen oder -tragen von Personen, Schlagen, körperliche Drohgebärden; einfache körperliche Gewalt gegen Sachen, angefangen vom Anbringen (z. B. bei Stilllegung von Betriebsräumen oder Geräten) oder Abkratzen (z. B. bei Fahrzeugen oder Heizungsanlagen) von Siegeln bis hin zum Aufbrechen von Türen oder Fenstern, Blockieren von Fahrzeugen, Abreißen von Barrikaden, Stilllegen einer Lautsprecheranlage usw.
- körperliche Gewalt mit **Hilfsmitteln**, die in § 58 Abs. 3 Gesetz nur beispielhaft aufgezählt sind, wie Fesseln (vgl. § 62 POG), Wasserwerfer, technische Sperren (z. B. Nagelbretter, Barrieren, Versiegelung[37]), Diensthunde, Dienstfahrzeuge (z. B. zum Stoppen eines Fluchtfahrzeugs), Reiz- und Betäubungsstoffe (z. B. Tränengas), Sprengmittel.
- und das körperliche Einwirken durch **Waffen**, von denen außerhalb der Notwehr oder -hilfe (vgl. § 57 Abs. 2 POG) nur die in § 58 Abs. 4 POG abschließend aufgeführten zulässig sind, nämlich Schlagstock, Distanz-Elektroimpulsgerät, Pistole, Revolver, Gewehr und Maschinenpistole (vgl. Rn J 35).

Folter ist grundsätzlich mit Art. 1 Abs. 1 (Würde des Menschen) und Art. 104 Abs. 1 S. 2 GG (Verbot seelischer oder körperlicher Misshandlungen Festgehaltener) unvereinbar. Nach dem Beitritt Deutschlands zur UN-Antifolterkonvention dürfen deutsche Gesetze nicht mehr das gewaltsame Erzwingen einer Willensänderung eines Menschen vorsehen, weil das stets eine Würdeverletzung dieses Menschen bedeutet und die erzwungene unfreiwillige Willensänderung eine seelische Misshandlung ist. Rechtlich ungeklärt ist die sog. **Rettungsfolter** (Präventivfolter). Als Rettungsfolter bezeichnet man die Anwendung von Folter durch eine Amtsperson im Rahmen der Gefahrenabwehr, um eine Person zu einer Aussage zu zwingen, durch die ein bedrohtes Rechtsgut geschützt werden soll. Umstritten ist, ob eine solche Folter (oder auch nur deren Androhung) rechtmäßig ist, wenn sie das einzige Mittel ist, ein überragend hohes Gut zu schützen, z. B. das Leben eines entführten Kindes (nicht

---
35 Pieroth / Schlink / Kniesel § 24 Rn 14 ff; Schenk Rn 558 ff.
36 Vgl. Götz / Geis § 13 Rn 38; Rühle / Suhr § 58, 2.
37 OVG Greifswald v. 19.7.1994 - 3 M 12/94, NVwZ 1996, 488; VG Weimar v. 3.5.1999 - 7 E 964/99.We, NVwZ-RR 2000, 478.

jedoch alleine zu rein strafrechtlichen Zwecken!).[38] Es stellt sich die Frage, ob das nicht hoch genug einzuschätzende Folterverbot auch dann noch höherrangig ist, wenn beispielsweise ein gefangen gehaltenes Kind zu verdursten droht.[39] Diese Problematik ist ein Fall des ebenfalls hochumstrittenen Begriffs des **übergesetzlichen Notstandes**. Dabei geht es darum, ob Leben von Menschen zu Gunsten des Lebens anderer Menschen geopfert werden darf. Übergesetzlich sind dabei Gründe, die im Gesetz nicht normiert sind, sich jedoch aus Rechtsprinzipien von gleichem oder höherem Gewicht herleiten lassen (z. B. darf zur Terrorismusbekämpfung ein voll besetztes Passagierflugzeug abgeschossen werden, das von Suizid-Terroristen gekapert wurde, um in ein mit Tausenden von Menschen bevölkertes Hochhaus oder Fußballstadion einzuschlagen?). Weniger umstritten ist, dass eine solche Maßnahme nicht rechtmäßig sein kann. Da Leben nicht quantifizierbar ist, kann keine Tötung weniger durch die Rettung vieler gerechtfertigt werden. Da sich die Maßnahmen gegen Unschuldige richten, liegt auch keine Notwehrsituation vor. Und andernfalls wären dahin angewiesene Piloten gegen ihr Gewissen verpflichtet, unschuldige Menschen zu töten.[40] Die Frage ist aber, ob hier nicht eine unauflösbare Pflichtenkollision vorliegt (man kann sich verhalten wie man will, man bewirkt immer den Tod von Menschen), die zumindest die Schuld ausschließt. Denn so wie es dem Gewissen eines Piloten nicht zumutbar ist, gegen sein Gewissen ein ziviles Flugzeug abzuschießen, ist es einem anderen Piloten nicht zuzumuten, gegen sein Gewissen bei der Tötung Zigtausender untätig zu bleiben, oder ist es einem Vize-Polizeipräsidenten nicht zumutbar ist, beim möglichen qualvollen Sterben eines Kindes tatenlos zu bleiben.

Anerkannt ist die Figur des übergesetzlichen Notstands in der Praxis nicht. Dogmatisch ist sie höchst umstritten und wird im Widerspruch gesehen zu dem Verbot der Abwägung Leben gegen Leben, dem Legalitätsprinzip, dem Akkusationsgrundsatz und dem Vorrang der Verfassung. Insbesondere wird kritisch gesehen, einen übergesetzlichen Notstand in Fällen eines absoluten Verbots zu begründen, weil damit die absolute und ausnahmslose Wirkung des Verbots bewusst umgangen wird.

12 Der **Unterschied** zwischen Hilfsmitteln und Waffen liegt in der konkreten Zweckbestimmung des Gegenstandes, nicht in seiner Beschaffenheit. Ein Gegenstand ist dann eine **Waffe**, wenn er zum Angriff oder zur Verteidigung verwendet wird (vgl. insoweit die Definition der Schusswaffe in § 1 Abs. 2 Nr. 1 i. V. m. Anl. 1 WaffG) und zwar mit der Zweckrichtung, zumindest möglicherweise körperliche Verletzungen herbeizuführen.[41] Anders als bei den Hilfsmitteln ist die gesetzliche Aufzählung abschließend und betrifft nur dienstlich zugelassene Waffen. [42] **Hilfsmittel der körperlichen Gewalt** sind Gegenstände (insbesondere Werkzeuge) oder Tiere, die nach der Art ihrer Verwendung geeignet sind, die beabsichtigte physische Einwirkung zu unterstützen, ohne dass dabei die primäre Zweckbestimmung besteht, körperlich zu verletzen. Sie sind im Gesetz nur beispielhaft aufgezählt. Es muss sich nicht um offi-

---

38 Das LG Frankfurt/Main, 4.8.2011 - 2-04 O 521/05 (Daschner / Gäfgen – Prozess) hat schon die Androhung einer solchen Folter als strafbar angesehen; bestätigt von BVerfG v. 14.12.2004 - 2 BvR 1249/04, NJW 2005, 656, das allerdings feststellt, dass Grundrechtsverletzungen, zu denen es außerhalb der Hauptverhandlung kommt, jedoch nicht zwingend dazu führen, dass auch das auf dem Inbegriff der Hauptverhandlung beruhende Strafurteil gegen Verfassungsrecht verstößt.
39 Hierzu näher Rolf Dietrich Herzberg, Folter und Menschenwürde, JZ 2005, 321; Heinrich Götz, Das Urteil gegen Daschner im Lichte der Werteordnung des Grundgesetzes, NJW 2005, 953; Knemeyer Rn 374a.
40 Insoweit ist dem BVerfG v. 15.2.2006 - 1 BvR 357/05, NJW 2006, 751, zuzustimmen, das eine Ermächtigung im Luftverkehrsgesetz zum Abschuss von Flugzeugen für nichtig erkannte.
41 Rühle / Suhr § 58, 4.
42 Vgl. Habermehl Rn 785.

zielle Ausrüstungsgegenstände handeln, es kommen auch behelfsmäßige, improvisierte Mittel in Betracht, die zur Überwindung eines körperlichen Widerstandes eingesetzt werden.[43] Sie dürfen außerhalb der Notwehr nicht als Waffe verwendet werden.

Beispiel: Rechtswidrig ist es also, ohne dass eine Notwehr- oder Nothilfesituation vorliegt, Wasserwerfer mit zu starkem Wasserdruck zu betreiben, Diensthunde zum Zubeißen auf Personen zu hetzen, mit Dienstfahrzeugen absichtlich Personen anzufahren usw.

Demnach kann ein und derselbe Gegenstand je nach Einsatz das eine Mal Hilfsmittel, das andere Mal Waffe sein.

Beispiel: Wird mit dem Schlagstock eine Fensterscheibe zerschlagen, um in einen Raum eindringen zu können, wird er als Hilfsmittel verwendet; schlägt der Polizeibeamte mit ihm auf einen Demonstranten ein, ist der Schlagstock Waffe. – Ein Messer ist Hilfsmittel, wenn mit ihm ein Seil durchgeschnitten wird, mit dem sich ein Demonstrant angebunden hat; wird es zur Körperverletzung verwendet, ist es eine (nach § 58 Abs. 4 POG unzulässige) Waffe.

Umstritten ist, ob der unmittelbare Zwang für sich genommen schon ein Verwaltungsakt ist. Eindeutig ist, dass eine den Verwaltungsakt begründende Bekanntmachung i. S. d. § 43 Abs. 1 VwVfG / § 1 Abs. 1 LVwVfG nicht vorliegen kann, wenn kein Adressat anwesend und ansprechbar ist. Unzweifelhaft ist auch, dass eine Regelung und damit ein Verwaltungsakt vorliegt (in der Regel als Duldungsverfügung), wenn bei der sofortigen Anwendung i. S. d. § 61 Abs. 2 LVwVG etwas ohne vorausgehende Grundverfügung durchgesetzt wird. Dann fallen praktisch Grundverfügung und ihre Durchsetzung in einer Handlung zusammen. Wenn aber der unmittelbare Zwang nur genau das durchsetzt, was vorher aufgegeben wurde (z. B. nach einem Platzverweis oder der Aufforderung, sich zu identifizieren), enthält die Zwangsanwendung keine neue selbständige Regelung i. S. d. § 35 VwVfG / § 1 Abs. 1 LVwVfG. Sie kann darum nur ein Realakt sein.[44]

3. Die formellen Vollstreckungsvoraussetzungen

a) Zuständigkeit

Zuständig für die Vollstreckung hoheitlicher Maßnahmen ist nach § 4 Abs. 2 LVwVG die Behörde, die den zu vollstreckenden **Verwaltungsakt erlassen** hat. Dabei spielt es überhaupt keine Rolle, ob die vollstreckende Behörde überhaupt für den Erlass des zu vollstreckenden Verwaltungsakts zuständig war; genau dieser Streit soll in einem Rechtsbehelf gegen den Grundverwaltungsakt ausgefochten werden, aber nicht mehr in der Vollstreckung. Eine Ausnahme besteht lediglich für Fehler der örtlichen Zuständigkeit für unbewegliches Vermögen oder ortsgebundene Rechte i. S. d. § 3 Abs. 1 Nr. 1 VwVfG / § 1 Abs. 1 LVwVfG (z. B. bau- oder wasserrechtliche Maßnahmen), weil dieser Fehler nach § 44 Abs. 2 Nr. 3 VwVfG / § 1 Abs. 1 LVwVfG zur Nichtigkeit und damit zum Fehlen einer Grundverfügung überhaupt führt. Die §§ 75 ff. POG sind insoweit nur dann anwendbar, wenn im verkürzten Durchsetzungsverfahren ein Grundverwaltungsakt nicht existiert (§ 6 POG, § 61 Abs. 2 LVwVG). Bei Abschleppfällen ist dabei zu beachten, dass nach § 5 Abs. 1 Zuständigkeitsverordnung / Straßenverkehr für das Anbringen von **Verkehrszeichen** die örtli-

---

[43] Vgl. Habermehl Rn 784; Rühle / Suhr § 58, 4.
[44] Darum nicht nachvollziehbar BVerwG v. 9.2.1967 - 1 C 49.64 - Rn 14, DVBl 1967, 379; OVG Koblenz 27.3.2014 - 7 A 10993/13.OVG; wo nirgends erklärt wird, was nun eigentlich beim unmittelbaren Zwang nach vorausgehendem Verwaltungsakt geregelt sein soll.

che Ordnungsbehörde zuständig ist. Aber auch soweit diese Zuständigkeit ausnahmsweise bei der davon verschiedenen Straßenverkehrs- oder Straßenbaubehörde liegt (§ 45 StVO), ändert sich für die Zuständigkeit für das Abschleppen von Fahrzeugen nichts, da die örtlichen Ordnungsbehörden für die Überwachung des ruhenden Verkehrs (§ 7 Nr. 1 Zuständigkeitsverordnung / Straßenverkehr) zuständig sind und diese Regelung dem § 4 Abs. 2 LVwVG vorgeht. Für die Abschleppmaßnahmen bleibt die örtliche Ordnungsbehörde zuständig[45], in Eilfällen nach § 1 Abs. 8 POG die Polizei[46].

---

[45] Anders, wohl wegen der dort anderen Regelung, VGH Mannheim v. 17.6.2003 - 1 S 2025/01, VBlBW 2004, 213.
[46] Nach OVG Greifswald v. 23.2.2005 - 3 L 114/03, NordÖR 2005, 328 soll sich aus § 80 Abs. 2 S. 1 Nr. 2 VwGO ergeben, dass die Polizei daneben immer originär zuständig sein. Diese sehr gewagte Auslegung der Vorschrift würde jedoch zu einer unerwünschten und unnötigen Doppelzuständigkeit führen.

J. Die Durchsetzung ordnungsrechtlicher Maßnahmen

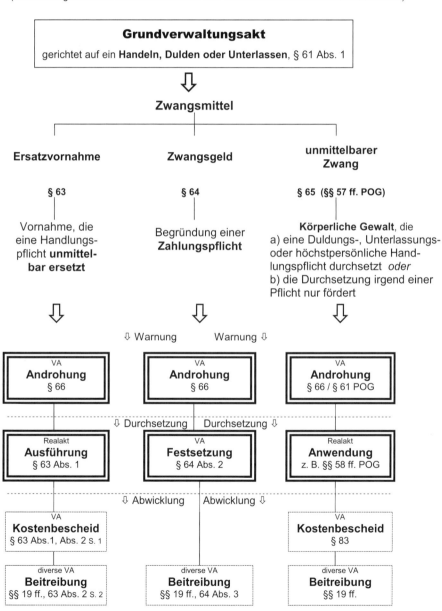

b) Die Androhung

14 Nach § 66 Abs. 1 S. 1 LVwVG müssen Zwangsmittel grundsätzlich vor ihrer Anwendung angedroht werden. Die Androhung dient der Warnung, ist aber auch schon ein Beugemittel.[47] Sie ist Verwaltungsakt, da sie für den konkreten Vollstreckungsabschnitt ein Zwangsmittel verbindlich festschreibt[48]. Anzudrohen ist grundsätzlich **schriftlich**, § 66 Abs. 1 S. 1 LVwVG. Aus § 66 Abs. 1 S. 2 LVwVG ergibt sich konsequenterweise, dass unter den Voraussetzungen, unter denen auf die Androhung ganz verzichtet werden könnte (s. Rn J 36), als milderes Mittel zumindest auf die Schriftlichkeit der Androhung verzichtet werden kann. Wird schriftlich angedroht, ist das Schriftstück auch nach dem VwZG i. V. m. § 1 LVwZG **zuzustellen**, § 66 Abs. 6 S. 1 LVwVG. Wenn also Grundverfügung und Androhung zusammen z. B. mittels einfachen Briefs versandt werden, wird die *Androhung* nicht wirksam. Nicht zu folgen ist aber dem OVG Koblenz, wonach neben der Androhung auch die *Grundverfügung* nicht wirksam werden soll, weil § 66 Abs. 6 S. 2 LVwVG ein Zustellungserfordernis auch für die mit der Androhung verbundene Grundverfügung selbst begründe[49]

Beispiel: Die Behörde fordert den E in einem einheitlichen Bescheid auf, seine beweidete Wiese einzuzäunen und droht für den Fall, dass das nicht in einer bestimmten Frist geschieht, ein Zwangsgeld an. Der Bescheid wird mit einfacher Post versandt. E schreibt erregt zurück, dass er die Aufforderung unzumutbar finde. – Unzweifelhaft ist die Androhung wegen des Verstoßes gegen § 66 Abs. 6 LVwVG nicht wirksam geworden. Aber warum soll das auch für die Grundverfügung gelten? Das ergibt sich weder aus § 66 Abs. 6 LVwVG noch aus dessen Sinn. Richtigerweise ist die Aufforderung wirksam[50] und setzt die Rechtsbehelfsfrist in Lauf.

Einer **Begründung** bedarf selbst die schriftliche Androhung gemäß § 39 Abs. 2 Nr. 2 VwVfG/ § 1 Abs. 1 LVwVfG regelmäßig **nicht**, soweit dem Adressaten oder Betroffenen des Verwaltungsaktes die Auffassung der Behörde über die Sach- und Rechtslage bereits bekannt ist.[51]

15 Wird Ersatzvornahme angedroht, sollen nach § 66 Abs. 4 LVwVG die **voraussichtlichen Kosten der Ersatzvornahme angegeben** werden. Es handelt sich dabei um eine Schätzung, weshalb hier das Bestimmtheitsgebot nicht gilt. Fehlt diese Angabe, ohne dass ein besonderer Grund dafür vorliegt, ist die Androhung rechtswidrig. Dieser Fehler kann jedoch dadurch geheilt werden, dass die Behörde die voraussichtlichen Kosten noch vor der Ausführung der Ersatzvornahme angibt.[52] Diese Angabe der voraussichtlichen Kosten soll dem Adressaten die Folgen seiner weiteren Verweigerung vor Augen halten[53] und ist insbesondere nicht mit einem Kostenvoranschlag zu verwechseln. Sie hat eine Warn- und keine Garantiefunktion. Stellt sich nach der Ersatzvornahme heraus, **dass die tatsächlich entstandenen Kosten höher als die veranschlagten** waren, können deshalb nach § 63 Abs. 1 LVwVG (*„auf Kosten des Betroffenen"*) die tatsächlich entstandenen Kosten vollständig geltend

---

47 OVG Münster v. 18.7.1996 - 4 E 461/95, NVwZ-RR 1997, 764; OVG Weimar v. 21.3.1997 - 2 EO 823/96, LKV 1998, 283.
48 BVerwG v. 9.7.1956 - V C 93.54, NJW 1956, 1652; v. 2.12.1988 - 4 C 16.85, NVwZ-RR 1989, 337; OVG Schleswig v. 4.6.1991 - 4 L 62/91, NVwZ-RR 1992, 444; OVG Koblenz v. 18.3.1993 - 1 A 10570/92, NVwZ 1994, 715; VGH Mannheim v. 21.2.1996 - 9 S 91/94, NVwZ-RR 1997, 444; VGH Kassel NVwZ-RR 1996, 361; Lisken / Denninger / Rachor E Rn 865; Schenke Rn 546, Brühl JuS 1997, 928.
49 OVG Koblenz v. 25.6.1986 - 8 A 92/85, NVwZ 1987, 899.
50 So auch Habermehl Rn 791, 804.
51 A. A. offenbar Pieroth / Schlink / Kniesel § 24 Rn 24.
52 Drews / Wacke / Vogel / Martens S. 533.
53 VGH Kassel v. 26.3.2004 - 3 TM 1626/03, NVwZ-RR 2004, 524.

J. Die Durchsetzung ordnungsrechtlicher Maßnahmen

gemacht werden.[54] Dabei kommt es nicht einmal darauf an, warum es zu dieser Differenz gekommen ist.[55] Allerdings muss man überhaupt noch von einer ernsthaften Kostenschätzung reden können, was nicht mehr der Fall ist, wenn die Kostenangabe auf keinerlei Erkenntnis beruht.

Beispiel: E wird aufgefordert, eine einsturzgefährdete Mauer zu sanieren. Die sofortige Vollziehung der Verfügung wird gemäß § 80 Abs. 2 S. 1 Nr. 4 VwGO angeordnet. Weiter heißt es: „Für den Fall, dass Sie die Maßnahme nicht bis zum ... durchführen, drohen wir Ihnen an, diese im Wege der Ersatzvornahme durch ein Fachunternehmen durchführen zu lassen. Die Kosten, die nach unseren Erkundigungen etwa 5.000 EUR betragen werden, wären dann von ihnen zu erstatten."
Wenn nun die Kosten tatsächlich 10.000 EUR betragen, muss E auch diesen Betrag bezahlen. Das ist selbstverständlich, wenn die Mehrkosten dadurch entstanden sind, dass bei der Beseitigung z. B. unvorhersehbare, aufwendige Sicherungsmaßnahmen notwendig geworden sind. Aber selbst wenn sich der Unternehmer oder der Sachbearbeiter der Behörde fahrlässig verschätzt haben, muss E 10.000 EUR zahlen. Alles andere wäre eine Benachteiligung derer, die sich rechtmäßig verhalten haben. Die vollstreckende Behörde ist auch nicht ein Unternehmer im Auftrag des Störers!

Keine wirkliche Formvorschrift ist § 66 Abs. 2 S. 1 LVwVG, wonach die Androhung **mit dem Grundverwaltungsakt verbunden** werden kann (sog. unselbstständige Androhung). Hiermit soll nur klargestellt werden, dass die Androhung dem Grundverwaltungsakt nicht nachfolgen muss, sondern von vornherein beigefügt werden kann, ohne dass der Adressat hierzu irgendeinen besonderen Anlass gegeben hat. Zwingender ist dagegen schon, dass die Androhung sofort dem Grundverwaltungsakt beigefügt werden „soll" (also *muss*, falls nichts Außergewöhnliches dagegen spricht), wenn es sich um einen Eilfall i. S. d. des § 80 Abs. 2 S. 1 VwGO handelt, § 66 Abs. 2 S. 2 LVwVG. Denn wenn sofortige Vollziehung geboten ist, darf man keine wertvolle Zeit zum Erlass der Androhung verschenken. **16**

Nach § 66 Abs. 1 S. 3 LVwVG *ist* dem Adressaten für die Vornahme einer Handlung eine **Frist** einzuräumen, denn die Forderung sofortiger Umsetzung dürfte regelmäßig unverhältnismäßig, gelegentlich sogar unmöglich sein. Außerdem dient eine solche Frist der Rechtsklarheit. Soll ein Dulden oder Unterlassen durchgesetzt werden, *kann* eine Frist gesetzt werden, denn dulden oder unterlassen kann man in der Regel sofort, wohingegen Handlungen regelmäßig entsprechender Vorbereitung bedürfen. Beim Unterlassungsgebot kommt die Überlegung hinzu, dass dieses ja ein rechtswidriges Tun unterbinden soll. Eine Fristsetzung würde daher im Umkehrschluss bedeuten, dass die Behörde dem Adressaten für einen Zeitraum rechtswidriges, möglicherweise sogar strafbares Verhalten erlaubte.[56] **17**

Beispiel: E leitet ohne die notwendige Erlaubnis nach dem Wasserhaushaltsgesetz Abwässer von seinem Grundstück in einen nahen Bach. – Dieses Verhalten verstößt nicht nur gegen die Wassergesetze, sondern erfüllt darüber hinaus auch den Straftatbestand des § 324 StGB. Wenn die Behörde E in der zu erlassenden Untersagungsverfügung eine Frist setzte, würde sie das weitere Einleiten bis zum Ablauf der Frist damit öffentlich-rechtlich billigen, obwohl nicht nur die wasserrechtlichen Voraussetzungen dafür fehlten, sondern das Verhalten sogar strafbar ist. Im Ergebnis würde sich der Amtswalter damit selbst als mittelbarer Täter strafbar machen.

Eine Frist ist ein genau bestimmter Zeitraum, der sofort oder zu einem bestimmten späteren Zeitpunkt beginnt und zu einem bestimmten Zeitpunkt endet. Formulierun-

---

54 BVerwG v. 13.4.1984 - 4 C 31.81, NJW 1984, 2591; OVG Berlin v. 30.1.1981 - 2 B 75.78, NJW 1981, 2484; Schenke Rn 547.
55 A. A. OVG Berlin v. 7.4.1978 – GE 1979, 288; OVG Lüneburg v. 17.7.1970 – VI B 38/70, DÖV 1970, 789.
56 OVG Münster v. 9.2.1967 - I C 2.66, DÖV 1967, 496.

gen wie „*unverzüglich*",[57] „*umgehend*" u. ä. setzen nicht etwa unbestimmte, sondern gar keine Fristen.[58] Ist die Frist fruchtlos verstrichen, war die Androhung erfolglos. Sie kann dann für ein neues Zwangsmittel wiederholt werden. Einer Festsetzung oder gar Beitreibung bedarf es dafür nach richtiger Auffassung nicht.[59] Wird versäumt, eine erforderliche Frist zu setzen, soll das allerdings dann unschädlich sein, wenn die Behörde stillschweigend eine angemessene Frist eingeräumt hat, die Verpflichtung zu erfüllen;[60] nach einer Gegenansicht soll eine Androhung ohne Fristsetzung nichtig sein.[61]

18 Bei der **Berechnung** der Frist ist zunächst von dem Zeitraum auszugehen, der für die geforderte Erledigung und unter Berücksichtigung der Dringlichkeit der Maßnahme als angemessen erscheint (Erzwingungsfrist).[62] Zusätzlich ist aber auch zu beachten, dass während einer eventuell noch nicht ganz abgelaufene Widerspruchs- oder Klagefrist (Rechtsschutzfrist) keine Erfüllung des Verwaltungsakts verlangt werden darf, weil es sich um Überlegungsfristen handelt. Die Erzwingungsfrist darf darum erst mit Ablauf der Rechtsschutzfrist beginnen.[63]

Beispiel: *„Für den Fall, dass Sie dieser Verfügung nicht binnen eines Monats ab Bestandskraft der Verfügung nachkommen, drohen wir Ihnen ein Zwangsgeld in Höhe von 1.5000 EUR an."*

Der Zeitraum, der sich durch Hinzurechnen der Rechtsschutzfrist ergibt, ist allerdings in **Eilfällen** § 80 Abs. 2 S. 1 VwGO zu lang. Dann ist konsequenterweise eine evtl. noch nicht abgelaufene Widerspruchsfrist nicht in die Gesamtfrist einzurechnen[64] und außerdem die Grundverfügung mit der Androhung in einem Bescheid zu verbinden, § 66 Abs. 2 S. 2 LVwVG.

19 Nach richtiger Ansicht ist auch zu einer Androhung eine vorangehende Anhörung gemäß § 28 Abs. 2 Nr. 5 VwVfG / § 1 LVwVfG entbehrlich. Bereits in der Grundverfügung sind die Motive der Behörde ausgedrückt und in der Vollstreckung, mit der jeder Adressat eines belastenden Verwaltungsaktes rechnen muss, kann sich insoweit nichts Neues ergeben.

20 Wird **Zwangsgeld** angedroht, damit der Vollstreckungsschuldner etwas **tut**, ist es rechtswidrig, das Zwangsgeld *„für jeden Tag der Zuwiderhandlung"* (also für jeden Tag des Unterlassens) anzudrohen[65]. Sonst würden sich sozusagen „vollautomatisch" die Zwangsgelder gegebenenfalls täglich kumulieren und so zu einer astronomischen Summe auflaufen, ohne dass irgendjemand etwas Weiteres veranlassen müsste. Die Vollstreckung als Ermessensmaßnahme erfordert zudem immer die Ausübung des Ermessens, was dann nicht mehr gegeben wäre.

Beispiel: E wird vollziehbar aufgegeben, binnen 14 Tagen sein Trümmergrundstück einzuzäunen. Für jeden weiteren Tag, an dem sein Grundstück nicht eingezäunt ist, wird ihm ein Zwangsgeld in Höhe von 1.500 EUR angedroht. – Wenn E die ihm gesetzte Frist hier um nur zwei weitere Wochen überschreitet, hätte sich seine Zwangsgeldschuld bereits auf

---

57 OVG Münster v. 12.7.1991 - 4 B 3581/90, NVwZ-RR 1993, 59; VGH Mannheim v. 13.1.1995 - 10 S 3057/94, NVwZ-RR 1995, 506; Pieroth / Schlink / Kniesel § 24 Rn 24.
58 OVG Münster a.a.O.
59 Vgl. OVG Schleswig v. 6.12.1999 - 2 M 52/99, NVwZ 2000, 821.
60 VHG Mannheim v. 7.2.1991 - 5 S 1452/90, NVwZ-RR 1992, 591.
61 VGH Kassel v. 30.4.1982 - III TG 119/82, NVwZ 1982, 514.
62 VGH Mannheim v. 7.2.1991 - 5 S 1452/90, NVwZ-RR 1992, 591.
63 Götz / Geis § 13 Rn 18.
64 OVG Hamburg v. 29.12.1986 - Bs IV 700/86, NVwZ 1987, 515.
65 BVerwG v. 26.6.1997 - 1 A 10.95, NVwZ 1998, 393; OVG Koblenz v. 2.7.2014 - 7 B 10257/14.OVG, NVwZ-RR 2014, 759; OVG Magdeburg v. 10.1.1995 – 4 M 7/94 –: DÖV 1995, 385; VGH München v. 13.10.1986 - 22 CS 86.01950, NVwZ 1987, 512.

J. Die Durchsetzung ordnungsrechtlicher Maßnahmen

21.000 EUR erhöht, und die Summe stiege ohne behördliches Zutun täglich weiter. Diese Beträge würden nicht nur jede Verhältnismäßigkeit sprengen, sondern die einzelnen Folgebeträge würden auch nicht mehr den Warneffekt haben, der mit Androhung und Festsetzung ausgeübt werden soll, da sie infolge ihrer Automatik anfallen, ohne dass sie dem Betroffenen einzeln vor Augen geführt worden sind. Eine derartige Anwendung des Zwangsgeldes würde also Zweck und Rahmen des Zwangsmittelrechts verfehlen und ist darum rechtswidrig.

Das gilt aber nach § 62 Abs. 3 S. 2 LVwVG nicht, wenn der Betroffene etwas **dulden** oder **unterlassen** soll[66]. Dann kann das Zwangsgeld *„für jeden Fall der Nichtbefolgung"* angedroht werden. Während es sich bei einem fortgesetzten Verstoß gegen eine Handlungspflicht um *ein* Verhalten aufgrund *eines* Entschlusses handelt, liegt bei jedem Verstoß gegen eine Duldungs- oder Unterlassungspflicht jeweils ein neuer Willensentschluss vor. Die Vervielfachung des Zwangsgeldes rechtfertigt sich beim wiederholten Handeln durch den stärkeren Willen zum Rechtsbruch. Es ist hier regelmäßig auch praktisch kaum umsetzbar, nach jedem Verstoß rechtzeitig eine neue Androhung für den nächsten Verstoß bekannt zu geben.

Beispiel: X wird aufgegeben, seinen Rottweiler nicht mehr unangeleint auszuführen. Für jeden Fall der Zuwiderhandlung wird ein Zwangsgeld von 100 EUR angedroht. X wird siebenmal angetroffen, ohne dass der Hund angeleint ist. – Hier können 700 EUR festgesetzt werden. – Oder: A wird aufgegeben, nachts nicht mehr Trompete zu spielen. Auch hier wird ein Zwangsgeld *„für jeden Fall der Zuwiderhandlung"* angedroht werden können. Denn die erneute Androhung des Zwangsgeldes wäre ja jeweils von einem neuen selbstständigen Entschluss getragen, sich der Verfügung zu widersetzen.

Für die Androhung **unmittelbaren Zwangs** durch die **Polizei** gilt nicht § 66 LVwVG, sondern abschließend[67] § 61 POG. Dieser verlangt anders als § 66 LVwVG weder die Schriftform (und damit auch keine Zustellung) noch eine Fristsetzung. Das erklärt sich daher, dass mit unmittelbarem Zwang im Wesentlichen ein Dulden oder Unterlassen erzwungen wird und meistens Eile geboten ist. Beim Schusswaffengebrauch ist die Androhung auch durch einen **Warnschuss** möglich (Abs. 1 S. 3), was natürlich nur dann Sinn macht, wenn dem Betroffenen vor dem Schuss ausreichend Zeit zur Reaktion verbleibt. **21**

Beispiel: Ein PKW-Fahrer ignoriert ein Haltezeichen der Polizei, gibt Gas und versucht, an den Polizeibeamten vorbeizukommen. – Hier würde dem Fahrer zwischen Warnschuss und Schuss keine Zeit mehr bleiben zu reagieren. Auf eine Androhung des Schusswaffengebrauchs kann aber andererseits auch nicht nach § 61 Abs. 2 S. 2 POG verzichtet werden, da der Polizeibeamte die Möglichkeit hat, zur Seite zu springen. Der Schusswaffengebrauch ist darum unzulässig.

Der polizeiliche unmittelbare Zwang ist grundsätzlich anzudrohen (§ 61 Abs. 1 S. 1 POG), ausgenommen nur in den folgenden drei Fällen: **22**

- Beim sonstigen Einsatz von **Schusswaffen** (und für die Bundespolizei auch bei dem von Handgranaten, vgl. § 58 Abs. 5 POG) darf auf die Androhung verzichtet werden, wenn das zur Abwehr einer gegenwärtigen Gefahr für Leib oder Leben erforderlich ist (Abs. 2).
- Beim Einsatz **technischer Sperren** (Dienstpferde gibt es nicht bei der rheinlandpfälzischen Polizei) steht die Androhung im Ermessen der Polizei (Abs. 3 S. 3).
- In allen anderen Fällen kann von der Androhung nur abgesehen werden, wenn die **Umstände** sie nicht zulassen (Abs. 1 S. 2; z. B. aus Gründen der Eile oder der Taktik).

Wird Zwang gegen eine Menschenmenge eingesetzt, muss die Androhung Unbeteiligten möglichst noch die Möglichkeit geben sich zu entfernen. **Unbeteiligt** ist jeder,

---

66 S. vorhergehende Fn.
67 Vgl. Rühle / Suhr § 61, 1; a. A. offenbar Roos / Lenz § 66 LVwVG Rn 9.

der die störende Menge willentlich weder physisch noch psychisch noch sonst wie unterstützt. Schusswaffengebrauch gegen Personen in einer **Menschenmenge** ist nicht nur ausnahmslos vorher anzudrohen, sondern die Androhung muss sogar wiederholt werden (§ 61 Abs. 3 S. 2; z. B. durch zwei Warnschüsse). § 61 Abs. 1 S. 2 POG (Absehen von der Androhung) gilt hier nicht. Warum es zulässig ist, sich aus dem Zwang einer Notwehr heraus auch ohne Androhung zu verteidigen, wenn es sich um Einzelpersonen handelt, nicht aber, wenn die Gefahr von einer Vielzahl von Personen ausgeht, bleibt unerfindlich.[68]

4. Die materiellen Vollstreckungsvoraussetzungen

23 Nach § 61 Abs. 1 LVwVG bedarf es (vorbehaltlich des § 61 Abs. 2 LVwVG) zur Zwangsanwendung zunächst einmal eines Verwaltungsaktes, der Grundlage der Vollstreckung sein kann (sog. **Grundverfügung** oder Grundverwaltungsakt).[69] Hoheitsträger haben den erheblichen Vorteil, dass sie anders als die Bürger keine gerichtliche Entscheidung (Urteil, Beschluss) benötigen, um vollstrecken zu können, Verwaltungsakte können denselben Zweck erfüllen (Grundsatz der Selbsttitulierung). Dieser Verwaltungsakt muss **wirksam** sein, da etwas Unwirksames, also ein Nichts, nicht vollstreckt werden kann. Inhaltlich setzt seine Wirksamkeit eine gültige Bekanntgabe i. S. d. § 43 Abs. 1 VwVfG / § 1 Abs. 1 LVwVfG voraus[70] und dass die Regelung weder nichtig i. S. d. § 44 VwVfG / § 1 Abs. 1 LVwVfG ist noch durch aufschiebende Befristungen oder Bedingungen (§ 36 Abs. 2 Nr. 1 bzw. 2 VwVfG / § 1 Abs. 1 LVwVfG) hinausgeschoben wird. Die Wirksamkeit entfällt wieder beim Eintritt auflösender Befristungen oder Bedingungen, durch Widerruf oder Rücknahme (z. B. nach den §§ 48 f. VwVfG / § 1 Abs. 1 LVwVfG) sowie durch Erledigung (z. B. durch Erfüllung oder eingetretener Sinnlosigkeit der Maßnahme). Das Fehlen einer Duldungsverfügung führt aber nur zu einem Vollstreckungshindernis, berührt aber nicht die Wirksamkeit der Grundverfügung.[71]

Beispiel: Nicht vollstreckt werden kann wegen Unwirksamkeit infolge Nichtigkeit (§ 43 Abs. 3 VwVfG / § 1 Abs. 1 LVwVfG) z. B. eine wasserrechtliche Beseitigungsverfügung nach § 100 Abs. 1 S. 2 WHG für eine Anlage durch die *örtlich* unzuständige Behörde (§§ 44 Abs. 2 Nr. 3, 3 Abs. 1 Nr. 1 VwVfG / § 1 Abs. 1 LVwVfG). Eine fehlende *sachliche* Zuständigkeit ist nur dann ein Nichtigkeitsgrund, wenn die mit dem Verwaltungsakt geregelte Angelegenheit unter keinem Gesichtspunkt einen Bezugspunkt zum Aufgabenbereich der handelnden Behörde hat.[72] Nichtig wäre auch eine Weisung, in der irrtümlich für einen bereits gestorbenen Hund Leinenzwang verfügt (§ 44 Abs. 2 Nr. 4 VwVfG / § 1 Abs. 1 LVwVfG) oder ein Landwirt aufgefordert wird, den Inhalt seines Gülletanks auf dem Grundstück abzulassen (§ 44 Abs. 2 Nr. 5 VwVfG / § 1 Abs. 1 LVwVfG i. V. m. den §§ 324 ff. StGB). Eine Beseitigungsverfügung kann infolge ihrer Erledigung nicht mehr (z. B. mit Zwangsgeld) vollstreckt werden, wenn die zu beseitigende Anlage bereits beseitigt wurde oder anderweitig verschwunden ist (z. B. durch Blitzeinschlag).

Ist die Grundverfügung **unbestimmt** (vgl. Rn F 1), ist sie nie vollstreckbar. Das gilt sogar für solche, die wegen dieser Unbestimmtheit nicht nach § 44 Abs. 1 VwVfG /

---

68 Roos, Die Polizei 2002, 348.
69 Zur Vollstreckung eines öffentlich-rechtlichen Vertrages s. VG Braunschweig v. 22.5.2000 - 8 B 205/00, NVwZ-RR 2001, 626; Berg JuS 1997, 859; Horn JurA 2004, 448
70 Eine solche Bekanntgabe sind nicht bloße Autoaufkleber, weder die nach § 20 Abs. 3 KrWG (OVG Münster v. 12.10.2012 - 5 E 214/12) noch die sonstigen, z. B. im Straßenrecht verwendeten orangenen Beseitigungsaufforderungen (VG Düsseldorf v. 21.6.2016 – 14 K 6661/15; Urteil v. 5.3.2014 · - 14 K 6956/13).
71 Vgl. Rn F 4.
72 OVG Schleswig v. 3.9.2015 – 4 LB 13/14.

J. Die Durchsetzung ordnungsrechtlicher Maßnahmen

§ 1 Abs. 1 LVwVfG nichtig sind, weil der Wille der Behörde nicht ausreichend erkennbar ist.[73]

Auch **Verkehrszeichen**, die Ge- oder Verbote aussprechen (Verkehrsschilder, Lichtzeichen, Bodenmarkierungen usw.), sind Verwaltungsakte, und zwar in Form von Allgemeinverfügungen i. S. d. § 35 S. 2 VwVfG (vgl. hierzu auch Rn G 73).[74]

Beispiel: F stellt, nachdem er von der Arbeit zurückgekehrt ist, sein Fahrzeug freitags in einer öffentlichen Seitenstraße seines Wohnsitzes ab. Dann fährt er mit seiner Frau in deren Fahrzeug 10 Tage weg. Am darauffolgenden Montag wird in der Seitenstraße ein Verkehrszeichen § 41 Nr. 283 StVO (absolutes Halteverbot) mit dem Hinweis aufgestellt, dass dieses Halteverbot dort wegen Straßenarbeiten ab Donnerstag gelte. Als am Donnerstag die Arbeiten beginnen und das Fahrzeug dort immer noch steht, lässt die Ordnungsbehörde es umsetzen. – Diese Maßnahme ist nach der herrschenden Rechtsprechung als Ersatzvornahme rechtmäßig. F hätte sich alle 2 bis 3 Tage vergewissern müssen, ob das Fahrzeug immer noch an der Stelle parken darf.[75] Da er das nicht getan und somit das Halteverbot fahrlässig nicht wahrgenommen hat, gilt es ihm gegenüber als bekannt gegeben.[76] Wer ihm bekannte Weisungen oder Verbote nicht befolgt, obwohl er es könnte, hat Widerstandswillen, was hiermit gleich mitfingiert wird. Dieser Widerstand wurde durch Ersatzvornahme im gestreckten Verfahren überwunden.

Diese Regeln wird man allerdings dann nicht anwenden können, wenn nach den Umständen des Abstellplatzes ausnahmsweise nicht erwartet werden kann, dass diejenigen, die an diesem Ort parken, alle paar Tage nach ihrem Fahrzeug sehen.[77]

Vollstreckungsfähig sind nur solche Verwaltungsakte, die ein Ge- oder Verbot aussprechen, also **auf ein Handeln, Dulden oder Unterlassen gerichtet** sind, § 61 Abs. 1 LVwVG.[78] Verwaltungsakte, die lediglich gestalten, wie z. B. alle Formen der Zulassungen (Erlaubnisse, Genehmigungen, deren Rücknahme oder Widerruf usw.), oder die feststellenden Verwaltungsakte, sind zwar grundsätzlich vollzugsfähig, nicht aber in der Form der Vollstreckung.

Beispiel: V nimmt auf dem Marktplatz an einer Versammlung teil. Weil er deren Ablauf erheblich stört, wird er von der Polizei schließlich nach § 18 Abs. 3 VersG ausgeschlossen. Nach den §§ 11 Abs. 2, 18 Abs. 1 VersG hat er zwar die Versammlung sofort zu verlassen. Das kann aber nicht durch unmittelbaren Zwang durchgesetzt werden, weil es an einem Grundverwaltungsakt fehlt, der ein Ge- oder Verbot enthält: Der Ausschluss nach § 18 Abs. 3 VersG gestaltet nur die Rechtslage um, enthält selbst aber kein Ge- oder Verbot. Ein solches ergibt sich zwar aus § 11 Abs. 2 VersG, das ist aber eine *gesetzliche* Regelung und kein Verwaltungsakt i. S. d. § 61 Abs. 1 LVwVG. Die Polizei muss erst einen Platzverweis nach § 13 POG aussprechen (der nach § 18 Abs. 3 VersG Ausgeschlossene gilt rechtlich nicht mehr als Versammlungsteilnehmer).

Nach § 2 LVwVG kann ein Verwaltungsakt erst durchgesetzt werden, wenn er unanfechtbar ist oder ein Rechtsbehelf keine aufschiebende Wirkung hat (**Vollziehbarkeit**).[79] Dabei ist möglichst die Unanfechtbarkeit abzuwarten, damit nicht vollendete Tatsachen geschaffen werden, die sich nachträglich als rechtswidrig erweisen. **Unanfechtbar** ist der Verwaltungsakt mit seiner Bestandskraft, also wenn

24

25

---

73 VGH Mannheim v. 10.1.2013 – 8 S 2919/11, NVwZ-RR 2013, 451.
74 BVerwG v. 13.12.1979 - 7 C 46.78, NJW 1980, 1640; v. 25.1.1995 - 11 C 29.93, NJW 1995, 1977; v. 31.5.2001 - 3 B 183.00, NZV 2001,493.
75 BVerwG v. 11.12.1996 - 11 C 15.95, NJW 1997,1021; OVG Hamburg v. 14.7.1994 - Bf VII 14/94, DÖV 1995, 783; VGH Kassel v. 20.8.1996 - 11 UE 284/96, NJW 1997,1023; OVG Münster v. 23.5.1995 - 5 A 2092/93, NVwZ-RR 1996,59.
76 BVerwG v. 9.6.1967 - VII C 18.66, NJW 1967, 1627; v. 11.12.1996 - 11 C 15.95, NJW 1997, 1021; OVG Koblenz 17.9.1985 – 7 A 5/85, AS 20, 20; OVG Münster v. 11.6.1997 - 5 A 4278/95, NJW 1998,331.
77 Z. B. auf Flughafenparkplatz, so VGH Mannheim v. 17.9.1990 - 1 S 2805/89, DÖV 1991, 163.
78 Würtenberger / Heckmann / Tanneberger § 8 Rn 15.
79 Götz / Geis § 13 Rn 3ff; Würtenberger / Heckmann / Tanneberger § 8 Rn 16.

- es einen Rechtsbehelf gegen ihn für den Betroffenen grundsätzlich nicht gibt (z. B. bei der Beschränkung des Brief-, Post- und Fernmeldegeheimnisses, Art. 10 Abs. 2 S. 2 GG i. V. m. § 9 Abs. 6 Gesetz zu Art. 10 GG),
- die Rechtsbehelfsfrist (§§ 70, 74 VwGO) verstrichen ist und ein Wiedereinsetzungsgrund im Sinne der §§ 32 VwVfG / § 1 LVwVfG, 60 VwGO nicht vorliegt oder
- der Rechtsweg erschöpft ist (für Tatsachenbeurteilungen und für Auslegungsfragen des POG oder LVwVG spätestens mit einer Entscheidung des Oberverwaltungsgerichtes Rheinland-Pfalz[80]) oder
- der Betroffene auf Rechtsmittel verzichtet hat.

§ 2 LVwVG gilt aber noch **nicht** für die **Androhung**. Denn die Androhung ist noch keine *Durchsetzung* des Grundverwaltungsaktes, sondern erst deren Ankündigung, bei der noch keine vollendeten Tatsachen geschaffen werden.[81] Darum geht § 66 Abs. 2 S. 1 LVwVG davon aus, dass Grundverwaltungsakt und Androhung gemeinsam erlassen werden können, auch wenn kein Fall des § 80 Abs. 2 VwGO vorliegt (denn diesen Fall regelt schon § 66 Abs. 2 S. 2 LVwVG). Folglich ist die Androhung auch bei Grundverfügungen rechtmäßig, die weder bestandskräftig noch sofort vollziehbar sind.[82]

26 **Verkehrszeichen**[83] (also Verkehrsschilder, Bodenmarkierungen und Lichtzeichen, soweit sie ein Ge- oder Verbot bedeuten), Parkuhren[84] und Parkscheinautomaten[85] sind analog § 80 Abs. 2 S. 1 Nr. 2 VwGO immer sofort vollziehbar. Es kann keinen Unterschied machen, ob eine konkrete Verkehrsregelung von einem Polizeibeamten oder einem Zeichen ausgeht. Außerdem wären ansonsten Verkehrsregelungen (z. B. Halteverbote) durch die aufschiebende Wirkung eines Widerspruchs (§ 80 Abs. 1 VwGO) zumindest vorübergehend leicht außer Kraft zu setzen. § 80 Abs. 2 S. 1 Nr. 2 VwGO gilt auch für **Hilfspolizeibeamte** (Rn B 22). Demgegenüber soll eine Analogie auf **Kommunale Vollzugsbeamte** (Rn B 21) unzulässig sein.[86] Konsequent ist das nicht. § 80 Abs. 2 S. 1 Nr. 2 VwGO soll bewirken, dass Ordnungsmaßnahmen im Außendienst grundsätzlich erst einmal befolgt werden müssen und deren Rechtmäßigkeit später überprüft wird, damit überhaupt ein ernst zu nehmender Vollzug möglich ist. Ein hoher Anteil der Aufgaben, die 1960 bei Inkrafttreten des § 80 VwGO noch der Vollzugspolizei oblagen, wird heute von kommunalen Vollzugsbeamten erfüllt, um damit die Länderpolizei zu entlasten. Beiden Vollzugsdienstkräften werden Aufgaben und Befugnisse nach dem Polizei- und Ordnungsbehördenrecht übertragen, einschließlich der Anwendung des unmittelbaren Zwanges, so dass auch für sie wie

---

80 Die Revision beim BVerwG ist zum einen keine Tatsacheninstanz mehr und zum anderen können für die Überprüfungen der Rechtsfragen die Voraussetzungen des § 137 Abs. 1 VwGO nicht ausdrücklich.
81 Insoweit deutlicher der 2001 aufgehobene § 50 Abs. 1 POG a.F., der die Vollziehbarkeit ausdrücklich nur für die „Durchsetzung" des Grundverwaltungsaktes vorsah. Leider hat man den gleichzeitig geänderten § 2 LVwVG nicht diesem Wortlaut angepasst.
82 OVG Lüneburg BRS 46 Nr. 204; Habermehl Rn 791; Schmidt DVP 1981 Landesbeilage Rheinland-Pfalz, S. 13, 18; a. A. Rasch DVBl 1980, 1017, 1021.
83 BVerwG v. 3.4.1978 - 7 C 26.78, NJW 1978, 656; NJW 1982, 348; v. 26.1.1988 - 7 B 189.87, NVwZ 1988, 623;; OVG Koblenz 22.11.1988 - 7 A 15/88, NVwZ-RR 1989, 299; OVG Münster v. 15.6.1981 - 7 B 216.80, NJW 1982, 348.
84 BVerwG v. 3.4.1978 - 7 C 26.78, NJW 1978, 2211; v. 26.1.1988 - 7 B 189.87, NVwZ 1988, 623.
85 VGH Kassel v. 11.11.1997 - 11 UE 3450/95, NZV 1999, 56 (Ls).
86 Z. B. Kopp / Schenke, VwGO, 22. Aufl. 2016, § 80 Rn 64; Fehling / Kastner / Störmer, Verwaltungsrecht, 3. Aufl. 2013, § 80 Rn 27..

J. Die Durchsetzung ordnungsrechtlicher Maßnahmen

bei Verkehrszeichen § 80 Abs. 2 Nr. 2 VwGO gelten müsste.[87] Darum überzeugt alleine der Hinweis auf den Ausnahmecharakter des § 80 Abs. 1 S. 1 Nr. 2 VwGO nicht. Ebenso wenig überzeugt das gelegentlich zu hörende Argument, der kommunale Vollzugsbeamte sei ja schlechter ausgebildet als der Polizeibeamte. Zunächst einmal müsste man, wenn man dieser Ansicht ist, konsequenterweise die Ausbildung (s. Rn B 20) verbessern. Zum anderen, wenn man schon die kommunalen Vollzugsbeamten nicht für ausreichend ausgebildet hält, dürfte man ihnen gar nicht erst die Befugnis einräumen, entsprechende Anweisungen zu erteilen. Aber sie für qualifiziert genug zu halten, Anweisungen zu erteilen, aber nicht dafür, diese mit ihren Mitteln auch ohne ausdrückliche Anordnung der sofortigen Vollziehung durchzusetzen (wofür kommunale Vollzugsbeamte ja speziell ausgebildet werden), ist widersprüchlich. Wem Aufgabenbereiche der Polizei zur Umsetzung übertragen werden, muss (abgesehen vom unmittelbaren Zwang) ähnliche Befugnisse haben wie diese. Es ist den kommunalen Vollzugsbeamten gegenüber unzumutbar darauf verwiesen zu werden, gemäß § 80 Abs. 2 S. 1 Nr. 4, Abs. 3 S. 2 VwGO mündlich die sofortige Vollziehung anzuordnen, wenn sie vor Ort z. B. Kfz-Kennzeichen entstempeln oder Anleinpflichten für Hunde anordnen. Denn einmal obliegt es so den Vollzugsbeamten in jedem Einzelfall darzulegen, dass das Vollzugsinteresse das Aufschubinteresse überwiegt. Zum anderen unterliegen die kommunalen Vollzugsbeamten damit der Beweislast, dass sie eine solche Anordnung vor der Durchsetzung überhaupt ausgesprochen haben. Da kann der einzelne Vollzugsbeamte vor Ort leicht in Beweisschwierigkeiten kommen. Und davon hängt ab, ob seine Gewaltanwendung rechtmäßig oder vielleicht eine Körperverletzung im Amt (§ 340 StGB) ist, ob der andere Widerstand gegen Vollstreckungsbeamte (§ 113 StGB) begangen oder in Notwehr (§ 32 StGB) gehandelt hat. Alles das braucht der Polizeibeamte vor Ort nicht. Worin für diese Differenzierung der Sinn liegen soll, bleibt im Dunkeln. Es ist auch keine Lösung, wenn der Vollzugsbeamte Polizeibeamte zur Hilfe beizieht. Einmal abgesehen davon, dass eine solche Lösung erheblich schwerfällig, personalintensiv und für das Ansehen der Vollzugsbeamten mehr als abträglich wäre, änderte sich auch nichts an der rechtlichen Situation. Mangels Zuständigkeit können die Polizeibeamten die notwendigen Verwaltungsakte ja nicht „ersatzweise" selbst erlassen, solange kommunale Vollzugsbeamte einsatzbereit daneben stehen.[88] Sie können noch weniger die für sie geltende Regelung des § 80 Abs. 2 S. 1 Nr. 2 VwGO auf die Verwaltungsakte der Ordnungsbehörden erstrecken.[89] Zu beachten ist, dass diese Problematik nur für die Grundverfügung selbst gilt, nicht jedoch für die einzelnen Verwaltungsakte der Zwangsvollstreckung (z. B. Androhung, Erzwingungshandlungen ohne vorhergehende Androhung usw.); diese sind immer sofort vollziehbar, § 80 Abs. 2 S. 1 Nr. 3 i. V. m. § 20 AGVwGO.

---

[87] So gegen die herrschende Meinung Ekardt / Beckmann in VerwArch 2008, 241 ff., die „Polizeivollzugsbeamte" nicht nach ihrer formalen Polizeizugehörigkeit, sondern nach ihrer Funktion und damit weit interpretieren, wonach nicht nur die kommunalen Vollzugsbeamten (in Abgrenzung zu den einfachen Sachbearbeitern), sondern auch Beliehene und Polizeihelfer darunter fallen.

[88] In der Praxis besteht vereinzelt die Unart, dass die hinzugerufenen Polizeibeamten „die Lage neu beurteilen", um dann eine eigene, von der Regelung der kommunalen Vollzugsbeamten abweichende Verfügung zu treffen. Das ist ohne ausdrückliche gesetzliche Zuweisung der Zuständigkeit an die Polizei glatt rechtswidrig, denn an der Zuständigkeit der Ordnungsbehörden ändert sich nichts dadurch, dass Polizeibeamte hinzukommen, auch wenn die polizeiliche Ausbildung besser ist.

[89] Da die herrschende Meinung unter „Polizeivollzugsbeamten" keine kommunalen Bediensteten versteht, wäre es also sachgerecht, in einer Neuregelung im AGVwGO die unaufschiebbaren Maßnahmen eines kommunalen Vollzugsbeamten für gesetzlich sofort vollziehbar zu erklären. Dagegen aber das Ministerium des Innern und für Sport mit Schreiben vom 19.1.2006, - 19 005:34.

27 Eine Grundverfügung ist i. S. d. § 2 LVwVG vollstreckbar, wenn sie entweder unanfechtbar (bestandskräftig) ist, also die Frist für Widerspruch oder Klage abgelaufen ist, oder für sie ein Fall des § 80 Abs. 2 S. 1 VwGO vorliegt. Das ist bei unaufschiebbaren Maßnahmen von Polizeivollzugsbeamten und bei Verkehrszeichen (anders bei Maßnahmen der kommunalen Vollzugsbeamten, vgl. hierzu Rn B 20) nach § 80 Abs. 2 S. 1 Nr. 2 VwGO, in manchen gesetzlich angeordneten Fällen nach § 80 Abs. 2 S. 1 Nr. 3 VwGO der Fall; ansonsten muss die sofortige Vollziehung ausdrücklich nach § 80 Abs. 2 S. 1 Nr. 4 VwGO angeordnet werden (vgl. hierzu Rn L 5). Vollstreckbar müssen nicht nur die reinen Ge- und Verbotsverfügungen sein, sondern auch die **Duldungsgebote**. Ist also für die Durchsetzung einer Verfügung notwendig, dass ein anderer das duldet, der dazu nicht bereit ist und deshalb eine Duldungsverfügung (s. dazu Rn F 4) erhalten hat, müssen sowohl die Haupt- als auch die Duldungsverfügung vollstreckbar sein.

Beispiel: Der Betreiber einer Fabrik F soll das Grundwasser unter dem Firmengelände untersuchen lassen. Dabei soll durch Bohrungen festgestellt werden, ob Gifte in das Grundwasser gelangt sind. F macht geltend, er sei zwar der Pächter, nicht aber der Eigentümer des Grundstückes. Das sei E. Daraufhin erhält E eine Verfügung, nach der er die Bohrungen zu dulden habe. – Hier könnte ein Zwangsgeld gegen F nicht festgesetzt werden, bevor nicht nur die Verfügung gegen ihn selbst, sondern auch die gegen E vollstreckbar ist.

28 Zumindest wenn ein Grundverwaltungsakt *schon bestandskräftig*, ist, ist seine **Rechtmäßigkeit** keine Voraussetzung für eine rechtmäßige Zwangsvollstreckung.[90] Andernfalls könnte der Betroffene die Rechtmäßigkeit eines bereits bestandskräftigen und damit an sich nicht mehr überprüfbaren Verwaltungsakts in jeder Phase der Vollstreckung (Androhung, Festsetzung, Pfändung usw.) doch überprüfen lassen, wodurch die Bestandskraft weitgehend ihren Sinn verlöre. Umstritten aber ist, ob es auch bei der Vollstreckung eines noch angreifbaren Verwaltungsakts auf dessen Rechtmäßigkeit ankommt. Weit verbreitet ist die Ansicht, vor allem in der Rechtsprechung, dass die Rechtmäßigkeit des zu vollstreckenden Verwaltungsakts auch vor seiner Unanfechtbarkeit (vgl. dazu Rn J 25) keine Vollstreckungsvoraussetzung sei, weil der Adressat ja die Möglichkeit hat, innerhalb der Rechtsbehelfsfrist den Grundverwaltungsakt überprüfen zu lassen.[91] Andere weisen darauf hin, dass bei unanfechtbaren Verwaltungsakten, die (nur) nach § 80 Abs. 2 S. 1 VwGO sofort vollziehbar sind, eine Rechtmäßigkeitskontrolle noch nicht stattgefunden habe und zur Vermeidung von unumkehrbaren rechtswidrigen Tatsachen nur rechtmäßige oder bestandskräftige (unanfechtbare) Verwaltungsakte vollzogen werden dürften.[92] Allerdings kann unabhängig von diesem Meinungsstreit unter Umständen die Vollstreckung eines als rechtswidrig erkannten Verwaltungsaktes gegen Abwägungsgrund-

---

[90] BVerwG v. 25.9.2008 - 7 C 5.08, NVwZ 2009, 122; v. 13.4.1984 - 4 C 31.81, NJW 1984, 2591; OVG Koblenz v. 18.2.2010 - 1 A 10973/09.OVG, DVBl 2010, 862; ; VGH München v. 30.3.2005 - 11 B 03.1818, BayVBl 2005, 536; VG Bremen v. 12.1.2000 - 5 K 2059/99, NVwZ-RR 2000, 593; VG Weimar v. 3.5.1999 - 7 E 964/99.We, NVwZ-RR 2000, 478; OVG Lüneburg v. 23.4. 2009 - 11 ME 478/08; Schenk Rn 540; Pieroth / Schlink / Kniesel § 20 Rn 32.
[91] So BVerfG v. 26.5.1998 - 1 BvL 11/94, NVwZ 1999 291; BVerwG v. 13.4.1984 - 4 C 31.81, NJW 1984, 2591; VGH München v. 30.3.2005 - 11 B 03.1818, BayVBl. 2005, 536; OVG Koblenz v. 20.11.1996 - 8 A 13546/95, NVwZ 1997, 1009; OVG Münster v. 18.1.2000 - 5 B 1956/99, NVwZ 2001, 231; VGH Kassel v. 8.8.1994 - 4 TH 2512/93, NVwZ-RR 1995, 118; OVG Lüneburg v. 25.8.1983 - 12 A 120/81, NVwZ 1984, 323; VG Bremen v. 29.5.1997 - 2 A 83/96, NVwZ-RR 1998, 468;.; Geier BayVBl. 2004, 389; Weiß DÖV 2001, 275; Lisken / Denninger / Rachor E Rn 779; Schenke Rn 540 f.; Schenke/Baumeister NVwZ 1993, 2 ff.
[92] VGH Mannheim v. 9.6.1988 - 1 S 1544/87, NVwZ 1989, 163; 1985, 63; VG Bremen v. 29.5.1997 - 2 A 83/96, NVwZ-RR 1998, 468; VGH Kassel v. 30.4.1982 - III TG 119/82, NVwZ 1982, 514;; Knemeyer Rn 358; wohl auch Thiel § 13 Rn 6 f.

J. Die Durchsetzung ordnungsrechtlicher Maßnahmen

sätze des Ermessens verstoßen und darum rechtswidrig sein (z. B. wenn erkannt wird, dass man den vermeintlich bissigen Pitbull mit einem harmlosen Bobtail verwechselt hat).[93] Ist die Rechtswidrigkeit allerdings gravierend, kommt Nichtigkeit der Verfügung nach § 44 VwVfG / § 1 LVwVfG in Betracht; dann fehlt es an einem zu vollstreckenden Verwaltungsakt i. S. d. § 61 Abs. 1 LVwVG überhaupt und die Vollstreckung ist dann in aller Regel rechtswidrig, weil dann auch die Voraussetzungen des § 61 Abs. 2 LVwVG so gut wie nie vorliegen.

Nach § 66 Abs. 3 LVwVG muss die Art des Zwangsmittels **bestimmt** sein, ansonsten ist die Vollstreckung rechtswidrig.[94] Das gilt grundsätzlich nicht für die konkrete Art und Weise der Durchführung[95], allerdings ist bei Eingriffen in die körperliche Unversehrtheit die Art des Einsatzes anzugeben.[96] § 66 Abs. 3 LVwVG verlangt von der androhenden Behörde, dass diese sich gegenüber dem Adressaten darauf festlegt, **welches Zwangsmittel** sie anwendet, wenn der Betroffene nicht nachgibt. Zwar darf sie nach § 66 Abs. 3 S. 2 LVwVG mehrere Zwangsmittel gleichzeitig androhen. Dann muss jedoch die **Reihenfolge eindeutig** sein, d.h. der Betroffene muss zu jedem Stand des Verfahrens wissen, welche Maßnahme er als nächste zu erwarten hat.[97]

Beispiel: Rechtswidrig wäre z. B.: „*Sollten Sie dieser Verfügung nicht in der gesetzten Frist nachkommen, werden wir entweder die Maßnahme durch ein Fachunternehmen ausführen lassen oder ein Zwangsgeld festsetzen.*" – Erst recht wäre natürlich rechtswidrig: „*... werden wir die Verfügung im Wege des Verwaltungszwanges durchsetzen*" oder „*... wird gegen Sie ein Zwangsmittel angewendet werden.*" – In allen diesen Fällen ist nicht erkennbar, welches Zwangsmittel die Behörde als nächstes einsetzen wird.

Das **Zwangsgeld** ist nach § 66 Abs. 5 LVwVG in **bestimmter Höhe** anzudrohen. Bestimmte Höhe heißt, es muss ein konkreter Betrag genannt sein, der in der Festsetzung zumindest nicht überschritten werden darf. Insbesondere dürfen keine bloßen Betragsspannen genannt werden.[98]

Beispiel: Jede Formulierung, die z. B. ein Zwangsgeld in Höhe „*von ... bis ...*", „*von mindestens ...*" oder „*von nicht unter ...*" ankündigen, sind unbestimmt und deshalb rechtswidrig. – Richtig wäre z. B.: „*Sollten Sie dieser Verfügung nicht binnen 14 Tagen nachkommen, werden wir gegen Sie ein Zwangsgeld in Höhe von 1.500 € festsetzen.*"

Besondere Vorsicht ist geboten, wenn mit einer Zwangsgeldandrohung die Einhaltung gleich mehrerer Nebenbestimmungen oder mehrerer Verhaltensweisen gesichert werden soll. Dann darf nicht pauschal für alles ein Zwangsgeld bestimmt werden, sondern es ist aufzuteilen, für welchen Teil der Grundverfügung welches Zwangsgeld gelten soll. Andernfalls wäre es unklar, in welcher Höhe ein Zwangsgeld festzusetzen ist, wenn nur Teile der Grundverfügung erfüllt werden, andere aber nicht.

Beispiel: Eine wasserrechtliche Sondernutzungserlaubnis für die Entnahme von Wasser wird unter 20 Einschränkungen und Nebenbestimmungen erteilt. Ferner heißt es dort: „*Für den Fall, dass die hier aufgeführten Nebenbestimmungen nicht eingehalten werden, drohen wir Ihnen ein Zwangsgeld in Höhe von 2.500 EUR an.*" – Hier ist nicht erkennbar, für welchen Verstoß gegen welche Nebenbestimmung welches Zwangsgeld angedroht wird (es sei denn, man nimmt an, 2.500 EUR würden immer festgesetzt, gleich, ob eine Nebenbestimmung oder alle 20 verletzt

---

93 Würtenberger / Heckmann /Tannenberger Rn 470 Fn 12.
94 VGH Mannheim v. 17.8.1995 - 5 S 71/95, NVwZ-RR 1996, 612.
95 OVG Münster v. 29.5.1990 - 4 B 3460/89, NVwZ-RR 1991, 242; Pieroth / Schlink / Kniesel § 24 Rn 24; a. A. Schoch JuS 1997, 926.
96 Drews / Wacke / Vogel / Martens E Rn 868.
97 VG Gießen v. 3.8.1992 – V/1 H 350/92, NVwZ-RR 1993, 248.
98 Gusy Rn 443; Thiel § 12 Rn 10.

sind, und ungeachtet dessen, ob der Verstoß gegen die konkrete Nebenbestimmung schwer wiegt oder nicht; dann wäre die Androhung jedoch unverhältnismäßig). Eine solche Androhung kann nicht taugliche Grundlage für eine spätere Festsetzung sein und wird im Ergebnis wie eine unwirksame Androhung behandelt.[99]– Ein gewerblicher Sammler soll keinen seiner vielen Sammelcontainer aufstellen, ansonsten wird ein Zwangsgeld in Höhe von … angedroht. Bezieht sich nun das Zwangsgeld auf die Grundhandlung oder auf jeden Container. Hier stellt sich auch schnell die Frage, ob durch die Kumulation dann nicht das einzelne Zwangsgeld viel zu hoch wird.[100]

30 Dem Adressaten muss es **möglich** sein, der Ordnungsverfügung zu folgen, § 2 Abs. 1 POG. Solange oder sobald der Adressat die Grundverfügung nicht erfüllen kann, darf diese nicht vollstreckt werden (schon die Androhung ist rechtswidrig). Das ist ausnahmsweise während des gesamten Vollstreckungsverfahrens zu beachten, auch wenn die Grundverfügung schon bestandskräftig ist. Überträgt beispielsweise der Zustandsverantwortliche das Eigentum am Vollstreckungsobjekt, kann ihm gegenüber nicht weiter vollstreckt werden.[101] Ist zur Erfüllung der Ordnungsverfügung die **Einwilligung eines Dritten erforderlich**, ohne dass aber eine solche Einwilligung oder wenigstens eine vollstreckbare Duldungsverfügung gegen diesen Dritten vorliegt (s. dazu Rn F 4), liegt bis zur Einwilligung des Dritten bzw. bis zur Vollstreckbarkeit einer Duldungsverfügung gegen den Dritten ein vorläufiges Vollstreckungshindernis vor.[102] (Vgl. zur Unmöglichkeit die Rn F 2). Das soll sogar dann gelten, wenn der Dritte gar kein entgegenstehendes Recht hat, sondern nur unzumutbar betroffen ist.[103]

5. Verhältnismäßigkeit

31 Nur **geeignete** Vollstreckungsmaßnahmen sind rechtmäßig, § 2 Abs. 1 POG. D. h., im Zeitpunkt ihres Erlasses muss die konkrete Zwangsmaßnahme zumindest den Anschein vermitteln, sie sei zur Durchsetzung der Grundverfügung oder der Ordnungspflicht förderlich. Ein Zwangsgeld gegen einen Mittellosen (z. B. einen Hartz-IV-Bezieher) ist nicht von vorneherein ungeeignet, weil ja die Möglichkeit der Ersatzzwangshaft (§ 67 LVwVG; s. hierzu Rn J 10) besteht. Zwangsgeld ist aber ungeeignet, wenn der Mittellose entweder haftunfähig ist (z. B. wegen zu geringen oder zu hohen Alters oder wegen Krankheit) oder von ihm eine vertretbare Handlung gefordert wird, weil dann die Ersatzvornahme gegenüber der Inhaftierung ein milderes Mittel wäre, weil ein von vornherein erkennbar nicht beitreibbares Zwangsgeld keinen Druck ausüben kann.[104] Das ist auch der Fall, wenn 50.000 EUR Zwangsgeld gegenüber dem Vermögen des Betroffenen unbedeutend sind (z. B. bei einer multinationalen Gesellschaft), wenn das Zwangsgeld gar nicht beigetrieben werden könnte (z. B. bei Sozialhilfeempfängern, bei Betrieben im Konkurs, im Ausland), oder wenn der Verstoß trotz des Zwangsgeldes immer noch ein rentables Geschäft wäre.

Beispiel: Dem Papierhersteller P wird untersagt, Abwässer ohne eine – näher beschriebene – Vorreinigung in den angrenzenden Fluss einzuleiten. Für den Fall, dass nicht bis zu einem bestimmten Zeitpunkt eine entsprechende Kläranlage vorgeschaltet wird, droht die Wasserbehörde ein Zwangsgeld von 45.000 EUR an. P spart durch das Einleiten ohne Vorreinigung monat-

---

99 VGH Mannheim v. 17.8.1995 - 5 S 71/95, NVwZ-RR 1996, 612.
100 OVG Koblenz v. 2.7.2014 - 7 B 10257/14.OVG, NVwZ-RR 2014, 759.
101 VGH München v. 14.9.2001 - 20 ZB 01.2394, NVwZ 2002, 365.
102 OVG Saarlouis v. 18.6.2002 - 2 R 9/01, NVwZ-RR 2003, 337.
103 OVG Münster v. 10.10.1996 - 11 B 2310/96, NVwZ-RR 1998, 76, für die Durchsetzung einer Abrissverfügung, durch die ein Bewohner obdachlos würde.
104 OVG Münster v. 15.8.2013 – 2 A 740/13, NVwZ-RR 2014, 372.

J. Die Durchsetzung ordnungsrechtlicher Maßnahmen

lich 15.000 EUR. – Hier könnte man zwar das Zwangsgeld beitreiben. Aber dieses ist hier ebenfalls nicht geeignet, auf den Adressaten Druck auszuüben, weil P sich mit dem Zwangsgeld besser steht, selbst wenn es wiederholt angewendet wird, als wenn er die Verfügung befolgt.

Ob ein Zwangsgeld zur Durchsetzung einer Maßnahme geeignet ist, kann im Einzelfall dann zweifelhaft sein, wenn es bereits **zweimal erfolglos festgesetzt** worden ist, der Vollstreckungsschuldner in diesen Fällen eine besondere Hartnäckigkeit bewiesen und gezeigt hat, dass sein Wille durch diese mittelbare Zwangsmaßnahme, wenn überhaupt, dann nur sehr schwer zu beugen sein wird.

Nach § 62 Abs. 2 LVwVG, § 2 Abs. 1 POG ist weiterhin die Maßnahme zu bestimmen, die den Vollstreckungsschuldner und die Allgemeinheit am wenigsten beeinträchtigt. Denn wenn es ein noch **milderes** Mittel gibt, das ebenso möglich und mindestens genauso geeignet ist, ist das weniger milde nicht erforderlich. Das Gebot, das mildeste Mittel zu wählen, gilt vor allem bei der Art und Weise, wie das einzelne Zwangsmittel angewendet wird. **32**

Beispiel: Wird das Fahrzeug im Wege der Ersatzvornahme aus dem Halteverbot abgeschleppt, ist es milder, den Wagen nur bis zum nächsten freien Parkplatz vorzuziehen, als ihn auf den Hof des Unternehmens, möglicherweise in einem anderen Stadtteil, zu verbringen. – Soll die Verfügung an einen Hundeeigentümer, das Tier nur noch angeleint und mit Maulkorb auszuführen, mit Zwangsgeld erzwungen werden, so wäre im Zweifelsfall ein Zwangsgeld von mehreren tausend Euro nicht erforderlich, weil in der Regel in solchen Fällen auch ein Zwangsgeld von einigen hundert Euro reicht, den Willen zu beugen. Jedoch sollte man sich die Frage eines milderen Mittels in Form eines geringeren Zwangsgeldes nur in krassen Fällen stellen, da man nur sehr ungenau schätzen kann, wo bei einem Adressaten die voraussichtliche Schmerzgrenze liegt.

In diesem Sinne wird es in der Regel nicht erforderlich sein, gleich beim ersten Zwangsgeld den Höchstrahmen auszuschöpfen.[105] Denn die Obergrenze des Zwangsgeldrahmens ist grundsätzlich für besonders hartnäckige Pflichtige vorgesehen, zu denen allerdings auch schon die gehören, die das erste Zwangsgeld nicht beeindruckt hat. Im Rahmen des unmittelbaren Zwanges sind weniger einschneidende Maßnahmen den folgenschwereren vorzuziehen. Maßnahmen gegen Sachen rangieren deshalb vor solchen gegen Personen.

Der Eingriff in die Rechtsgüter des Adressaten muss **angemessen** sein, darf also nicht erkennbar außer Verhältnis zu dem Vollstreckungszweck, nämlich der Abwehr der Gefahr mittels Durchsetzung des Verwaltungsaktes stehen, § 62 Abs. 2 LVwVG, § 3 Abs. 2 S. 1 POG. Im Rahmen der Abwägung ist zu berücksichtigen, dass die bloße Wahrung der Rechtsordnung ein eigener Wert ist.[106] **33**

Keinesfalls wird man § 3 Abs. 2 S. 2 POG, wonach ein vom Adressaten angebotenes **Austauschmittel** akzeptiert werden muss, auf das Zwangsrecht anwenden können. Es wäre mit dem Sinn des Zwangs als Druckmittel nicht vereinbar, wenn der Vollstreckungsschuldner hinsichtlich des auf ihn auszuübenden Zwanges Wünsche äußern dürfte.[107]

Beispiel: Der Empfänger einer baurechtlichen Abrissverfügung bietet der Baubehörde an, ein Zwangsgeld zu zahlen, wenn diese auf Ersatzvornahme verzichte. – Oder: A erhält eine Verfügung, Abfälle von seinem Grundstück zu entfernen, verbunden mit einer Zwangsgeldandrohung. A, dem die Beseitigung lästig ist, bittet die Behörde, statt des Zwangsgeldes doch eine Ersatzvornahme durchzuführen.

---

105 OVG Koblenz v. 1.12.1988 – 2 B 28/88, NVwZ 1989, 481; OVG Lüneburg v. 12.9.2006 - 5 OB 194/06.
106 Drews / Wacke / Vogel / Martens S. 542.
107 Drews / Wacke / Vogel / Martens S. 524.

34 Besondere Regeln gelten bei der Anwendung unmittelbaren Zwangs *durch die Polizei* nach den §§ 57 ff. POG. **Fesseln** einer Person ist nur in den in § 62 genannten Fällen rechtmäßig. Fesseln[108] liegt vor, wenn eine Person durch Anbringen mechanischer Hilfsmittel am Körper ganz oder teilweise dran gehindert wird, sich frei zu bewegen. Adressat ist nach dem Wortlaut der Vorschrift jede natürliche Person, die nach dem POG oder anderen Gesetzen **festgehalten**, vorgeführt oder zur Durchführung einer Maßnahme an einen anderen Ort verbracht wird[109].

35 Der **Schusswaffengebrauch**[110] ist eine besonders intensive Form des unmittelbaren Zwanges, der gegen Menschen die intensivste überhaupt, die nur als letztes Mittel rechtmäßig ist (vgl. § 63 Abs. 1 S. 1 POG). Deshalb muss vorher geprüft worden sein, ob ein anderes Verhalten (z. B. Überreden, Überlisten o. ä.), ein anderes Zwangsmittel oder eine andere Form des unmittelbaren Zwanges in Betracht kommt. Und wenn Schusswaffengebrauch unvermeidbar ist, dann nur unter Wahrung der Grundsätze der §§ 63 bis 65 POG. Insbesondere geht Schusswaffengebrauch gegen Sachen dem gegen Personen vor, und letzterer soll möglichst nur kampf- oder fluchtunfähig machen. Ethisch-rechtlich problematisch sind die Fälle, in denen der Polizeibeamte den Tod des Betroffenen nicht nur als Risiko in Kauf nimmt (sog. tödlicher Fehlschuss[111]), sondern in denen er weiß, dass der Schuss mit an Sicherheit grenzender Wahrscheinlichkeit tödlich wirken wird (sog. **finaler**, also gezielter **Rettungsschuss**) [112]. Dieser ist nach § 63 Abs. 2 S. 2 POG nur dann zulässig, wenn er das einzige Mittel ist, eine unmittelbar bevorstehende („gegenwärtige") Lebensgefahr oder Gefahr einer schweren Körperverletzung abzuwehren. Aber wann, wenn man den Täter nicht gerade ausnahmsweise *im Vorgang* eines Tötungsversuchs antrifft, wird man schon sagen können, dass der Todesschuss das *einzige* Mittel der Gefahrenabwehr ist? Und wann kann man schon mit ausreichender Wahrscheinlichkeit sagen, dass der Schuss die gefährdeten Menschen wirklich retten wird?

Beispiel: Ein Geiselnehmer droht mit der Erschießung seiner Geiseln, wenn man ihm kein freies Geleit gebe. – Für die Geiseln besteht eine Gefahr für Leib und Leben. Da es aber regelmäßig durchaus möglich ist, dass der Täter die Geiseln bei freiem Geleit nicht töten oder schwer verletzen wird, wäre dann das freie Geleit eigentlich ein anderes, die Tötung des Täters also nicht das „einzige Mittel". Das gleiche Problem tritt bei einer Berufung auf Nothilfe (§ 32 StGB, § 227 BGB) auf, die „**erforderlich**", also das mildeste Mittel sein muss. Soll § 63 Abs. 2 S. 2 POG einen Sinn ergeben, muss man das Überlassen der Geiseln in ein ungewisses, vom Geiselnehmer bestimmtes Schicksal als verantwortbare Rettungsmaßnahme ausschließen.

6. Die sofortige Anwendung der Ersatzvornahme und des unmittelbaren Zwanges, § 61 Abs. 2 LVwVG

36 Nach § 61 Abs. 2 LVwVG ist Verwaltungszwang auch **ohne** vorausgehenden Verwaltungsakt zulässig, wenn das zur Verhinderung einer rechtswidrigen, mit Strafe oder Bußgeld bedrohten (nicht notwendig gegenwärtigen) Tat oder zur Abwehr einer gegenwärtigen Gefahr notwendig ist.[113] *„Vorausgehender Verwaltungsakt"* ist dabei ein

---

108 Vgl. Habermehl Rn 822; Rühle / Suhr § 62.
109 Nach dem früheren Wortlaut konnte es zu Problemen der Eigensicherung kommen, vgl. Rn J 39 in der Vorauflage.
110 Vgl. hierzu statt vieler Lisken / Denninger / Rachor E Rn 892 ff.
111 Lisken / Denninger / Rachor E Rn 933.
112 Vgl. Pieroth / Schlink / Kniesel § 24 Rn 18 ff.; Gusy Rn 449; Rühle / Suhr § 63, 3; Götz / Geis § 13 Rn 51; Schenk Rn 569 ff.; Habermehl Rn 827 ff; Lisken / Denninger / Rachor E Rn 928 ff.
113 Dazu Pieroth / Schlink / Kniesel § 24 Rn 7 und 36 ff.

Grundverwaltungsakt, nicht etwa nur die Androhung. Das ergibt sich aus dem Wortlaut des § 66 Abs. 1 S. 2 LVwVG, wonach die sofortige Anwendung gerade eine mögliche Voraussetzung für den Verzicht auf die Androhung ist. Der Erlass einer Grundverfügung ist in diesen Fällen entweder zeitlich nicht möglich oder taktisch unzweckmäßig. Anders als die unmittelbare Ausführung (s. zur Abgrenzung Rn J 38) dient die sofortige Anwendung der Ersatzvornahme oder des unmittelbaren Zwangs dem Beugen eines tatsächlichen oder fingiert entgegenstehenden Willens.[114]

Sofortige Anwendung ist nur unter den folgenden Voraussetzungen zulässig:

1. Der Grundverwaltungsakt, auf den verzichtet wird, hätte bei anderen tatsächlichen Umständen von der handelnden Behörde **rechtmäßig** erlassen werden können (sog. hypothetische Grundverfügung)[115]. Denn selbstverständlich ist insoweit im verkürzten Durchsetzungsverfahren rechtlich nicht möglich, was im gestreckten Verfahren rechtswidrig wäre.
2. Es soll ein Straf- oder Bußgeldtat verhindert oder eine **gegenwärtige Gefahr** abgewehrt werden. Eine Gefahr ist dann gegenwärtig, wenn der Schaden für das Schutzgut schon eingetreten ist oder mit erheblicher Wahrscheinlichkeit in kürzester Zeit eintreten könnte (s. Rn D 8). Sofortige Anwendung ist darum beim Zwangsgeld ausgeschlossen (§ 61 Abs. 2 S. 1 LVwVG), weil dessen Anwendung voraussetzt, dass die Durchsetzung einen längeren Zeitraum beanspruchen kann.
3. Die sofortige Anwendung ist **notwendig**. Das ist der Fall, wenn bei einer Durchsetzung mit Grundverfügung und gestrecktem Zwangsverfahren zu befürchten ist, dass ein ernsthafter Schaden für das zu schützende Gut nicht rechtzeitig und effektiv verhindern werden kann. Der Verzicht auf den Grundverwaltungsakt kann seine Gründe in bestehender Zeitnot, in taktischen (z. B. um den Geiselnehmer nicht zu warnen) oder anderen Überlegungen (z. B. Kommunikationsprobleme) haben.

Beispiel: Der Polizeibeamte schlägt dem Randalierer das Messer aus der Hand; Polizeibeamte schießen auf den Hund, den der Halter gerade auf jemanden hetzt; Vollzugsbeamte brechen eine Tür auf, hinter der sich ein entlaufener Minderjähriger versteckt.

Die unmittelbare Anwendung i. S. d. § 61 Abs. 2 LVwVG ist grundsätzlich ein Realakt.[116] Sie wird allerdings zum Verwaltungsakt, wenn sie gegenüber einem anwesenden und wahrnehmungsfähigen Adressaten vorgenommen wird, denn dann liegt in der Anwendung selbst die Bekanntgabe eines Verwaltungsaktes in konkludenter Form (vgl. § 37 Abs. 2 VwVfG). Aber auch hier gilt, dass nur dann Zwang vorliegt, wenn ein zu überwindender Gegenwille zumindest für möglich gehalten wird.

Beispiel: Bei einer Wohnungsdurchsuchung wird dem Wohnungsinhaber vergeblich aufgegeben, seine Schusswaffe herauszugeben. Später findet ein Polizeibeamter die Waffe in einem Nebenzimmer. Um Abwehrmaßnahmen des Betroffenen von vornherein auszuschließen, ergreift er sie, ohne dass der Inhaber etwas davon merkt. – Das Ansichnehmen der Waffe ist zwar eine vertretbare Handlung. Aber der Vollstreckungsschuldner war nicht nur anwesend, sondern er hatte auch Abwehrwillen. Der Verwaltungsakt fehlt hier nicht deswegen, weil kein Verantwortlicher erreichbar gewesen wäre, sondern weil dieser entgegenstehenden Willen hatte. Der Verzicht auf die Grundverfügung hatte ausschließlich taktische Gründe.

---

114 Knemeyer Rn 343.
115 Vahle DVP 2011, 270; Thiel § 13 Rn 20 ff.
116 VGH München v. 20.10.1980 – 46 XXII 77, BayVBl 1981, 597; Beckmann, NVwZ 2011, 842.

7. Rechtsnachfolge im Zwangsverfahren

37 Wenn während des Zwangsverfahrens der Adressat infolge eines Verkaufs, einer Versteigerung, eines Erbfalles o. ä. wechselt, stellt sich die Frage, inwieweit das Zwangsverfahren – im Wesentlichen geht es um die Androhung und die Festsetzung – dem neuen Adressaten gegenüber wiederholt werden muss.[117] Höchstpersönlich ist eine Maßnahme dann, wenn sie untrennbar mit einer bestimmten Person oder Personengruppe verbunden ist, sie muss gegebenenfalls gegenüber einem Rechtsnachfolger wiederholt werden. Bezieht sie sich dagegen auf einen Gegenstand, gilt die Maßnahme ab dem Rechtsübergang auch gegenüber dem Rechtsnachfolger und braucht nicht wiederholt werden.[118]

Androhung und Festsetzung sind als Beugemittel inhaltlich wesentlich daran orientiert, wie und mit welcher Intensität der Wille des konkreten Adressaten am wahrscheinlichsten zu beugen ist, ohne gegen das Übermaßverbot zu verstoßen. Damit sind beide gänzlich personenorientiert und darum **niemals übergangsfähig**, und zwar völlig unabhängig von der Grundverfügung. Sie müssen daher (anders als die Kostenregelungen) **immer** gegen den Rechtsnachfolger wiederholt werden.[119]

Beispiel: V erhält eine Verfügung, sein Grundstück von Altmaterialien zu säubern, verbunden mit der Androhung eines Zwangsgeldes für den Fall, dass er der Verfügung nicht fristgemäß nachkommt. Nach Ablauf dieser Frist stirbt V und wird alleine von seinem Sohn S beerbt. Die Abfallbehörde gibt dem S die Grundverfügung und die Androhung zur Kenntnis und setzt nun das Zwangsgeld gegenüber S fest. – Die Festsetzung nach § 64 Abs. 2 LVwVG setzt voraus, dass gegenüber dem Adressaten eine Grundverfügung und eine Androhung wirkt. S gegenüber wurde aber beides nicht bekannt gemacht. Das ist jedoch dann unschädlich, wenn er sich kraft Rechtsnachfolge diese Verwaltungsakte zurechnen lassen müsste. Die Grundverfügung ist auf ein Grundstück bezogen und geht deshalb auf den Rechtsnachfolger über. Die Androhung war aber höchstpersönlich auf V abgestellt und hat sich deshalb mit dessen Tod erledigt. Sie wirkt nicht gegenüber S. Also ist die Festsetzung gegenüber S rechtswidrig, da zwar eine gegen S wirkende Grundverfügung vorlag, nicht aber eine gegen ihn wirkende Androhung.

---

117 Vgl. OVG Münster v. 9.3.1979 – XI A 963/78, NJW 1980, 415; Vahle DVP 2012, 266.
118 BVerwG v. 22.1.1971 - IV C 62.66, NJW 1971, 1624; OVG Lüneburg v. 7.3.1997 - 7 M 3628/96, NJW 1998, 97; OVG Münster v. 30.5.1996 - 20 A 2640/94, DVBl 1997, 570 (bei Gesamtrechtsnachfolge aber nur in konkrete Pflichten); OVG Koblenz v. 12.7.1979 – 7 A 93/78, AS 15, 236 (betr. nur Gesamtrechtsnachfolge); VGH Mannheim v. 12.3.1991 - 5 S 618/91, NVwZ 1992, 392.
119 OVG Münster v. 9.3.1979 - XI A 963/78, NJW 1980, 415.

J. Die Durchsetzung ordnungsrechtlicher Maßnahmen

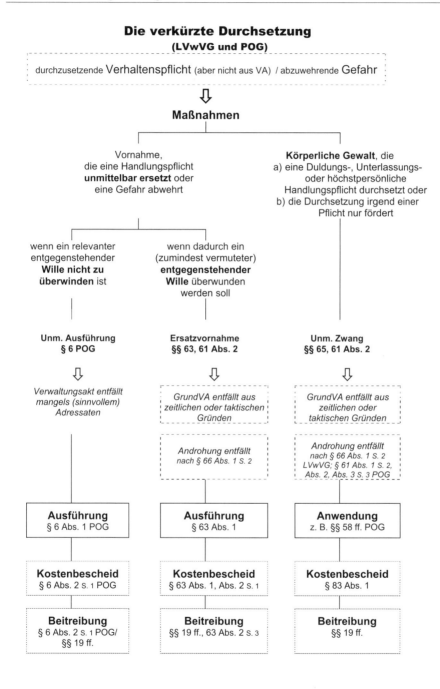

II. Die unmittelbare Ausführung, § 6 POG

38 Kaum ein Begriff ist im allgemeinen Ordnungsrecht so umstritten wie die unmittelbare Ausführung. Das liegt zum einen daran, dass diese Maßnahme nicht in allen deutschen Ordnungsgesetzen ausdrücklich geregelt ist.[120] Konsequenterweise passen Ausführungen, die auf dem einen Landesrecht fußen, nicht immer zu dem anderen Landesrecht. Das aber wird leider sowohl in der Literatur als auch in manchen Entscheidungen häufig nicht erkennbar.[121] Zum anderen werden die Begriffe „unmittelbare Ausführung", „sofortige Anwendung", „sofortige Vollziehung" und „Sofortvollzug" quer durch Deutschland nicht einheitlich verwendet.[122] Aber entgegen einer verbreiteten Meinung[123] hat das POG eine klare und völlig logische Regelung, was unmittelbare Ausführung ist.

Eine unmittelbare Ausführung kommt in Betracht, wenn mit der Anordnung und Durchführung von Gefahrbeseitigungsmaßnahmen im gestreckten Zwangsverfahren nicht zugewartet werden kann, weil keine der ordnungspflichtigen Personen vorhanden, erreichbar oder zur Gefahrenabwehr in der Lage ist.[124] Dabei ist in Rheinland-Pfalz § 6 POG keine Ermächtigungsgrundlage.[125] Die polizeilichen und ordnungsbehördlichen „Befugnisse" beginnen nämlich im POG ausdrücklich erst mit dem 2. Abschnitt, also erst ab § 9 POG. Die unmittelbare Ausführung steht aber nicht dort, sondern bei den Adressatenregelungen der §§ 4 ff. POG. Sie ist also eine negative Adressatenregelung, die anzuwenden ist, wenn eine effektive Gefahrenabwehr durch Inanspruchnahme von Verantwortlichen nicht möglich ist, aber bevor ein Nichtverantwortlicher in Anspruch genommen werden darf.[126] Ermächtigungsgrundlage ist also in der Regel § 9 Abs. 1 S. 1 POG, nur ersetzt § 6 POG die §§ 4 und 5 POG.[127] Die unmittelbare Ausführung ist eine „Maßnahme" i. S. d. § 9 Abs. 1 S. 1 POG. Die §§ 4 ff. POG stellen eine 3-Stufen-Regelung auf: Primär sind die Verantwortlichen (§§ 4 f. POG) heranzuziehen, hilfsweise müssen die Ordnungskräfte die

---

120 In Brandenburg, Bremen, Niedersachsen, NRW, Schleswig-Holstein und Saarland ist nur die vollstreckungsrechtliche sofortige Anwendung geregelt; demgegenüber gibt es die unmittelbare Ausführung außer in § 6 rpf. POG noch in § 19 BPolG; § 8 b-w. PolG; Art. 9 bay. PAG; § 15 berl. ASOG; § 7 hamb. SOG; § 8 hess. SOG; § 70a m-v. SOG; § 6 sächs. PolG; § 9 s-anh. SOG; § 12 thür. OBG; Baden-Württemberg, Hamburg und Sachsen haben umgekehrt keine vollstreckungsrechtliche sofortige Anwendung im Gesetz.
121 Z. B. das VG Neustadt/W. v. 12.9.2016 - 3 K 832/15.NW beruft sich zu seinem Verständnis auf OVG Lüneburg v. 25.1.2010 – 7 LA 130/09, und OVG Schleswig v. 3.9.2015 – 4 LB 13/14, in deren Landesrecht gar keine unmittelbare Ausführung geregelt ist!
122 Hier werden die Begriffe so gebraucht, wie sie in § 6 POG, § 61 Abs. 2 LVwVG und § 80 Abs. 2 VwGO verwendet werden. „Sofortvollzug" ist eine gängige Bezeichnung für die „sofortige Anwendung" i. S. d. § 61 Abs. 2 LVwVG.
123 Das VG Neustadt / W. v. 12.9.2016 - 3 K 832/15.NW z. B. sieht keine „trennscharfe Abgrenzung zwischen sofortigem Vollzug und unmittelbarer Ausführung" und sieht ohne jede Stütze im POG die unmittelbare Ausführung als Spezialregelung gegenüber den Vorschriften des sofortigen Vollzugs, ohne zu sagen, wozu das gut ist. Auch Lisken / Denninger / Rachor D Rn 818 und Gusy Rn 439 f. machen zwischen beidem keinen Unterschied.
124 OVG Koblenz v. 18.2.2010 - 1 A 10973/09.OVG, DVBl 2010, 862; v. 25.3.2009, 1 A 10632/08.OVG, NVwZ-RR 2009, 746.
125 So Würtenberger / Heckmann / Tanneberger § 8 Rn 58; anders als z. B. die unmittelbare Ausführung nach § 41 Abs. 8 S. 2 LStrG.
126 Knemeyer Rn 343 meint, die Heranziehung des Nichtverantwortlichen ginge der unmittelbaren Ausführung vor, was aber kaum mit § 7 Abs. 1 Nr. 3 POG vereinbar ist, wonach die unmittelbare Ausführung gerade voraussetzt, dass die Behörde die Gefahr nicht selbst oder durch Beauftragte abwehren kann.
127 Knemeyer Rn 345; Würtenberger / Heckmann / Tanneberger § 8 Rn 59 f. prüfen wie bei der sofortigen Anwendung eine „hypothetische Grundverfügung". Das ist aber überflüssig, weil sie ja richtigerweise sagen, dass die Ermächtigungsgrundlage für den Realakt (in Rheinland-Pfalz meist § 9 Abs. 1 S. 1 POG) zu prüfen ist.

J. Die Durchsetzung ordnungsrechtlicher Maßnahmen

Gefahr selbst beseitigen (lassen), nur als ultimo ratio dürfen unter den weiteren Voraussetzungen des § 7 POG Nichtverantwortliche zur Gefahrenabwehr herangezogen werden (vgl. Rn E 2).

Unmittelbar ausführen i. S. d. § 6 POG heißt, dass die Polizei oder Ordnungsbehörde durch eine Handlung eine Gefahr unmittelbar abwehrt, ohne damit unmittelbar fremden Willen zu beugen.[128] Die unmittelbare Ausführung ist also eine schlichte Maßnahme und **kein Zwangsmittel**.[129] Insbesondere von der Ersatzvornahme im Wege der unmittelbaren Anwendung (§§ 61 Abs. 2, 63 LVwVG) unterscheidet sich die unmittelbare Ausführung nach den §§ 9 Abs. 1 S. 1, 6 POG dadurch, dass anders als beim Verwaltungszwang kein entgegenstehender Wille überwunden werden soll[130], den man zumindest vermuten kann.[131] Ein entgegenstehender Wille soll insbesondere dann nicht überwunden werden, wenn niemand mit möglicher Widerstandsabsicht vor Ort ist (z. B. das Kfz auf dem Bürgersteig abgestellt ist) oder zwar jemand vor Ort, aber zur Gefahrenabwehr gar nicht in der Lage ist (z. B. weil er verletzt ist, sich an Gleise angekettet hat usw.).[132]

Bei einer unmittelbaren Ausführung wehren Polizei und Ordnungsbehörden die Gefahr selbst oder mittels beauftragter Verwaltungshelfer (z. B. Schlüsseldienst, Abrissunternehmer, Abschleppunternehmer) ab. Die unmittelbare Ausführung ist ein **Realakt**.[133] Da bei ihr keine Person herangezogen wird, weil diese entweder nicht existiert, abwesend oder zur Gefahrenabwehr nicht fähig ist, fehlt es bei ihr notgedrungen immer an einer Bekanntgabe i. S. d. § 43 VwVfG / § 1 Abs. 1 LVwVfG, der einen Verwaltungsakt erst wirksam macht.

Die unmittelbare Ausführung hat folgende Voraussetzungen: **38a**

1. Mit ihr wird eine **vertretbare Handlung** ersetzt (vgl. zum Begriff Rn J 4). Bei einer *höchstpersönlichen* Handlungspflicht (z. B. der Pflicht, einen Platz zu verlassen) oder bei einer Pflicht zum Unterlassen (z. B. bei Ruhestörung) ergibt sich das bereits aus der Logik, dass es die Gefahr nicht beseitigen würde, wenn Polizei oder Ordnungsbehörde die Maßnahme selbst vornehmen oder unterlassen würden. Etwas auf den ersten Blick weniger offensichtlich ist das bei einer Duldungspflicht, weil die Behörde dann ja immer noch etwas tut (z. B. die Sache in Abwesenheit des Verantwortlichen sicherstellen). Aber auch hier führt die Behörde ja nicht die Ordnungspflicht des Verantwortlichen (= dulden) unmittelbar aus, sondern macht das, was sie auch bei Anwesenheit des Betroffenen tun würde (nämlich sicherstellen); eine „Ausfüh-

---

128 Knemeyer Rn 343.
129 Knemeyer Rn 343; Thiel § 8 Rn 139 f.; § 13 Rn 23; Kästner JuS 1994, 364; die gegenteilige Auffassung beruht wohl zumindest auch auf der abweichenden Gesetzeslage in anderen Bundesländern.
130 So auch VG Koblenz v. 1.3.2010 - 1 K 1213/09.KO; VG Trier v. 10.3.2009 - 1 K 451/09.TR; Habermehl Rn 511; Schenke Rn 564; wohl auch Götz / Geis § 12 Rn 19 ff.; a. A. Pieroth / Schlink / Kniesel § 24 Rn 42, weil sie von der erstaunlichen These ausgehen, die Zwangsanwendung setze gar kein Überwinden entgegengesetzten Willens voraus.
131 Lisken / Denninger / Rachor F Rn 791.
132 OVG Schleswig v. 3.9.2015 - 4 LB 13/14; a. A. allerdings Schenke Rn 564, der bei einem „mutmaßlich entgegenstehenden Willen des Betroffenen" Sofortvollzug i. S. d. § 61 Abs. 2 LVwVG annimmt und sogar noch die unmittelbare Ausführung für mit dem unmittelbaren Zwang kombinierbar hält (Rn 568), womit er nicht nur ein praktisches Problem der jeweiligen tatsächlichen Lagebeurteilung schafft, sondern auch noch den entscheidenden Unterschied zwischen „Maßnahmen" i. S. d. § 9 Abs. 1 S. 1 POG verwässert, nämlich den der Willensbeugung. Welchen Sinn soll das Beugen des Willens einer Person machen, die gar nicht anwesend ist oder aber aus anderen Gründen gar keinen Widerstand leisten kann?!
133 OVG Schleswig-Holstein v. 3.9.2015 - 4 LB 13/14; VG Neustadt v. 29.4.2005 - 7 K 1100/04.NW; Voßkuhle / Wischmeyer JuS 2016, 698, 700; Würtenberger / Heckmann / Tanneberger § 8 Rn 58; Knemeyer Rn 343.

rung" der Duldung wäre hier genauso sinnlos wie die einer höchstpersönlichen Handlungs- oder Unterlassenspflicht. Darum ist eine unmittelbare Ausführung nur bei vertretbaren Handlungspflichten denkbar. Höchstpersönliches Handeln, Dulden oder Unterlassen können zudem nicht unmittelbar, sondern immer nur mittelbar ausgeführt werden, insbesondere mit Zwangsgeld oder unmittelbarem Zwang (vgl. Rn J 5 ff.). Damit ähnelt die unmittelbare Ausführung der Ersatzvornahme, insbesondere solcher bei sofortiger Anwendung i. S. d. § 61 Abs. 2 LVwVG. Während aber die Ersatzvornahme als Zwangsmittel der Beugung von Willen dient, wird i. S. d. § 6 POG unmittelbar ausgeführt, wenn niemand vor Ort ist, dessen Willen gebeugt werden könnte, oder wenn zwar jemand vor Ort ist, aber nicht fähig, ordnungsrechtliche Weisungen zu befolgen bzw. zu behindern.

Beispiel: Das Anbinden eines Hundes, die Herausgabe von herausverlangten Sachen, die Beseitigung störender Gegenstände sind Handlungen, die vertretbar sind, bei denen es also nur darauf ankommt, *dass* sie vorgenommen werden, nicht *wer* sie vornimmt. Werden sie von den Ordnungskräften oder ihren Beauftragten vorgenommen, liegt unmittelbare Ausführung vor, solange nicht zusätzlich auch ein Wille überwunden wird. – Demgegenüber sind das Herauslassen von Luft aus dem möglichen Fluchtwagen, das Eintreten der Tür zur Wohnungsdurchsuchung oder das Versiegeln der verbotenen Gaststätte entweder kein Ersatz geforderter vertretbarer Handlungen oder sie führen nicht zur direkten Erfüllung der Ordnungspflicht. Werden sie ohne Beisein des Betroffenen durchgeführt, liegt unmittelbarer Zwang in Form der sofortigen Anwendung (§ 61 Abs. 2 LVwVG) vor.

2. Bei der unmittelbaren Ausführung ist zur Durchsetzung dieser Handlung **keine Ordnungsverfügung** ergangen.[134] Damit ähnelt sie der Ersatzvornahme in Form der sofortigen Anwendung (§ 61 Abs. 2 LVwVG). Anders aber als bei der Ersatzvornahme geht es bei der unmittelbare Ausführung nicht darum, einen entgegenstehenden Willen gegen eine *konkrete* Maßnahme der Ordnungskräfte zu überwinden (vgl. Rn J 1).

Beispiel: Eine völlig vereinsamt lebende 90-jährige Frau stirbt. Die zuständige Verbandsgemeindeverwaltung fordert ihren Sohn als einzigem Angehörigen auf, seiner aus § 9 Abs. 1 Nr. 2 BestG folgenden Bestattungspflicht nachzukommen. Dieser lehnt ab mit dem Hinweis, dass sich seine Mutter für ihn nie interessiert und er sie seit 40 Jahren nicht mehr gesehen habe. Die Behörde veranlasst eine anonyme Einäscherung und will die Kosten vom Sohn erstattet erhalten. – Die Einäscherung ist eine vertretbare Handlung. Für sie existiert eine Grundverfügung gegen den Adressaten, die durchgesetzt wurde. Also handelt es sich um eine Ersatzvornahme und der Kostenanspruch stützt sich auf § 63 Abs. 1 LVwVG. –
Abwandlung: Die Identität des Sohnes wird der Verbandsgemeindeverwaltung erst nach der Einäscherung bekannt. Sie verlangt nun von ihm Kostenersatz. – Hier war zum Zeitpunkt der Einäscherung kein Verantwortlicher bekannt, dem gegenüber eine Verfügung hätte erlassen werden können oder dessen tatsächlichen oder vermuteten Willen es zu beugen gilt. Folglich handelt es sich um unmittelbare Ausführung und der Kostenanspruch stützt sich auf § 6 Abs. 2 POG.[135]

39 3. Weiterhin muss eine direkte **Inanspruchnahme eines Verantwortlichen**, durch Verwaltungsakt oder Realakt, unmöglich oder **nicht Erfolg versprechend** sein. Solange die Inanspruchnahme nicht am entgegenstehenden Willen des Verantwortlichen scheitert (dessen Überwindung wäre dann Zwang), kommt jedes Hindernis in Betracht. Die Beanspruchung eines Verantwortlichen kann daran scheitern, dass ein solcher

---

134 Vgl. VGH Kassel v. 22.11.1994 - 11 UE 1924/93, NJW 1995, 2123; anders VGH Kassel v. 30.5.1994 - 11 UE 1684/9, NVwZ-RR 1995, 29, das (anders als die Vorinstanz) Ersatzvornahme nur bei erklärtem entgegenstehendem Willen des (anwesenden) Betroffenen annimmt.
135 OVG Münster v. 25..6.2015 – 19 A 488/13 geht zwar von einer Ersatzvornahme mit sofortiger Anwendung aus (in Rheinland-Pfalz §§ 63, 61 Abs. 2 LVwVG), weil dort die unmittelbare Ausführung nicht gesetzlich vorgesehen ist.

J. Die Durchsetzung ordnungsrechtlicher Maßnahmen

- nicht existiert (z. B. bei Naturkatastrophen),
- für eine effektive Gefahrenabwehr nicht rechtzeitig erreichbar ist,
- nicht ansprechbar (z. B. bewusstlos) ist oder
- zur Gefahrenabwehr nicht in der Lage ist, ohne sich aber widerstrebend zu verhalten.

Beispiel: Ein Polizeibeamter findet an einer Unfallstelle das Unfallfahrzeug quer auf der Straße stehend und im Straßengraben den ohnmächtigen Fahrer. Soweit es um die Beseitigung des Fahrzeuges geht, ist der Fahrer zwar zumindest nach § 4 Abs. 1 POG verantwortlich (auf Schuld kommt es nicht an!) und sogar anwesend, aber der Erlass eines Verwaltungsaktes an ihn wäre ausgeschlossen, weil keine Bekanntgabe i. S. d. § 43 VwVfG / § 1 Abs. 1 LVwVfG möglich ist. Im Ergebnis nicht anders wäre es, wenn der Fahrer zwar bei Bewusstsein wäre, aber mit gebrochenen Gliedern dort läge. Denn er wäre zur Gefahrenabwehr nicht in der Lage, ohne dass das an seinem widerstrebenden Willen läge. – Wenn der Polizeibeamte ein gefährliches herrenloses Tier erschießt oder einen von selbst entzündeten Brand löscht, gibt es gegebenenfalls nicht einmal einen wirklichen Verantwortlichen; auch dann kommt nur unmittelbare Ausführung in Betracht.

4. Wenn die Maßnahme erkennbar **Nichtverantwortliche**, deren Sachen oder Tiere (vgl. § 5 Abs. 1 S. 2 POG) nachteilig beeinflusst, müssen zusätzlich noch die Voraussetzungen des § 7 POG vorliegen. Andernfalls bestünde die Gefahr, dass die Voraussetzungen des § 7 POG durch die Anwendung des § 6 POG umgangen würden. [136]

Beispiel: Aus einem Gatter sind Pferde ausgebrochen. Polizeibeamte treiben die Pferde zurück, müssen diese dabei aber über das Grundstück des Nachbarn treiben, wodurch Schäden an Anpflanzungen entstehen. – Hier wird erkennbar in Eigentum unbeteiligter Dritter eingegriffen, so dass es sich gleichzeitig um eine „*Maßnahme gegen andere Personen als die nach den §§ 4 und 5 Verantwortlichen*" (s. § 7 Abs. 1 POG) handelt. Neben den Voraussetzungen von § 6 müssen auch die des § 7 POG zum Schutz der Nichtverantwortlichen geprüft werden. Ein Kostenbescheid nach § 6 Abs. 2 POG kommt schon nach dem Wortlaut der Vorschrift gegen Nichtverantwortliche nicht in Frage.

Keine Voraussetzung der unmittelbaren Ausführung ist, dass der abwesende Verantwortliche vermutlich der Maßnahme zustimmen würde und die Maßnahme nicht gegen seinen mutmaßlichen Willen geschieht, wie immer man das in jedem Einzelfall überhaupt feststellen will. Wer das fordert[137], verwechselt die Begriffe Eingriff und Zwang. Wenn der Betroffene zustimmen würde und die Maßnahme nicht gegen seinen mutmaßlichen Willen geschieht, liegt erst gar kein Eingriff vor und man bräuchte eine Ermächtigungsgrundlage lediglich für den Kostenersatz, nicht aber für die Primärmaßnahme. Zwangsvollstreckung dagegen ist ein tatsächlicher Vorgang und liegt erst vor, wenn ein Hoheitsträger Anstalten macht, den tatsächlich oder möglicherweise entgegenstehenden Willen des Adressaten mit Zwangsmitteln zu beugen (vgl. Rn J 1). Wenn man aber weiß, dass niemand vor Ort ist und auch niemand vor Ort irgendwelche bewussten Hindernisse hinterlassen hat, dann weiß man auch, dass aktuell kein Wille vorhanden ist, der zu beugen wäre. Für ein weiteres Vorgehen ist es darum völlig egal, ob der Betroffene, wenn er denn davon wüsste, damit einverstanden wäre oder nicht, jedenfalls stellt dieser mögliche Wille für den Vollstre-

40

---

136 Drews / Wacke / Vogel /Martens S. 441; vgl. a. Rn E 2.
137 So z. B. Roos / Lenz § 6 Rn 6.

ckenden kein zu überwindendes Hindernis dar. Darum ist Zwang denknotwendig ausgeschlossen.[138]

Verwechslungen treten gelegentlich in der Praxis bei der Unterscheidung von § 6 POG und Standardmaßnahmen auf. Für § 6 POG ist maßgeblich, dass nur unmittelbar ausgeführt wird, was sonst der Verantwortliche hätte machen müssen. Das liegt aber nicht vor, soweit der Sinn der Standardmaßnahme gerade darin liegt, dass *die Behörde* sie ausführt. Und das liegt nicht vor, wenn die Behörde zwar etwas tut, was ordnungsrechtlich sinnvoll ist, aber nicht ordnungsrechtlich vom Betroffenen geschuldet wird.

Beispiel: Eine herumliegende Tasche (§ 19 POG) oder eine bewusstlose Person (§ 18 POG) zu durchsuchen ist keine unmittelbare Ausführung, denn der Verpflichtete, wäre er denn anwesend, schuldet ordnungsrechtlich keine Durchsuchung durch ihn selber. Ähnlich sieht es bei der Sicherstellung einer herumliegenden Sache aus (§ 22 POG), wenn man die Sicherstellung auf Seiten des Berechtigten als reine Duldungspflicht versteht und nicht als eine Pflicht zur Übergabe (s. dazu Rn G 70). Es gelten die Regeln der Standardmaßnahmen, aber nicht § 6 POG.

III. Anspruch der Behörde auf Kostenerstattung

41 Der hoheitliche Zwang sowie die unmittelbare Ausführung verursachen vielfach Kosten, die zunächst bei der Behörde entstehen. **Kosten** sind Gebühren und Auslagen.[139] Demnach kann die Behörde vom Kostenschuldner die Kosten erstattet verlangen, die sie an Dritte (Unternehmer) vorgeleistet hat (Auslagen). Sie kann ihm zudem die Kosten für die eigenen Maßnahmen in Rechnung stellen (Gebühren). Die allgemeinen Ordnungsbehörden und die Polizei können ihre Personal- und Sachkosten, die im Zusammenhang mit der unmittelbaren Ausführung einer Maßnahme nach § 6 POG oder durch die Vollstreckung entstehen, von der verantwortlichen Person erstattet verlangen; die lfd. Nr. 14.1 der Anlage zum Besonderen Gebührenverzeichnis bietet hierfür eine wirksame Rechtsgrundlage.[140] Hier ermächtigen § 63 Abs. 1 LVwVG („*auf Kosten des Vollstreckungsschuldners*"), § 6 Abs. 2 S. 1 POG („*so sind die nach den §§ 4 oder 5 Verantwortlichen zum Ersatz verpflichtet*") bzw. § 83 LVwVG die Behörde, die Kosten der Aufwendungen durch Bescheid beim Vollstreckungsschuldner geltend zu machen, bei der Ersatzvornahme sogar im Voraus, § 63 Abs. 2 LVwVG. Entsprechendes gilt für § 37 LBKG nach einem Feuerwehreinsatz. Demgegenüber kommen Ansprüche aus dem allgemeinen öffentlich-rechtlichen Erstattungsanspruch nicht in Betracht.[141]

Kostenerstattung kommt nur in Betracht, wenn die zugrunde liegende Zwangsmaßnahme bzw. die unmittelbare Ausführung (nicht notwendigerweise aber eine eventuelle Grundverfügung, vgl. Rn J 28) **rechtmäßig** war[142] oder zumindest nicht mit

---

138 Vorsichtig sein muss man hier mit der Anwendung von Rechtsprechung und Literatur aus anderen Bundesländern. Nur Rheinland-Pfalz und Hessen kennen das Nebeneinander von *unmittelbarer Ausführung* und *sofortiger Anwendung von Zwang*. Wer wie alle anderen Bundesländer nur entweder das eine oder das anderen gesetzlich geregelt hat, muss zwangsläufig die Begriffe anders definieren, um keine Vollzugslücken zu schaffen.
139 Pieroth / Schlink / Kniesel § 25 Rn 5 ff.
140 OVG Koblenz v. 25.8.2005 - 12 A 10619/05.OVG; v. 25.8.2005 - 12 A 10678/05.OVG, NVwZ-RR 2006, 252.
141 OVG Bremen v. 30.11.2004 – 1 A 333/03, NordÖR 2005, 119 = BauR 2005, 1364 (Ls.).
142 OVG Koblenz v. 25.8.2005 – 12 A 10678/05, NVwZ-RR 2006, 252; v. 18.3.1993 – 1 A 10570/92, NVwZ 1994, 715; Warg DVP 2009, 327; Hamann DVP 2009, 513; Götz / Geis § 14 Rn 4.

J. Die Durchsetzung ordnungsrechtlicher Maßnahmen

Rechtsbehelfen angegriffen wurde.[143] Andernfalls ist die Kostenforderung für eine Ersatzvornahme auch nicht dadurch zu „retten", dass sie auf Geschäftsführung ohne Auftrag gestützt wird.[144] Allerdings ist entgegen der Rechtsprechung des OVG Koblenz[145] nicht einzusehen, warum nicht ein Bereicherungsausgleich in Form des öffentlich-rechtlichen Erstattungsanspruchs bestehen soll, wenn nur ein Verfahrensfehler (z. B. ein Fehler bei der Zustellung der Androhung) die Vollstreckung rechtswidrig macht und bei rechtmäßiger Vollstreckung die Kosten ebenfalls entstanden wären.[146]

Die Entscheidung, ob ein Verantwortlicher überhaupt nach den §§ 6 Abs. 2, 25 Abs. 3 POG und 63 Abs. 1 LVwVG zum Kostenersatz herangezogen wird, steht im pflichtgemäßem Ermessen der Behörde, wobei allerdings regelmäßig die Kosten geltend zu machen sind (sog. **intendiertes Ermessen**, quasi eine Soll-Vorschrift), weil die Übernahme der Kosten für einen Einzelnen durch die Allgemeinheit regelmäßig nicht einzusehen wäre.[147] § 6 Abs. 2 POG ist wie z. B. auch § 25 Abs. 3 S. 1 POG oder § 63 Abs. 1 LVwVG ein Erstattungsanspruch. Ersatzfähig sind darum nur solche Kosten, die in unmittelbarem Zusammenhang mit der Maßnahme stehen, die also ohne die unmittelbare Ausführung der Maßnahme nicht angefallen wären und sich rechnerisch ohne Weiteres von den allgemeinen Sach- und Personalkosten der Verwaltung abgrenzen lassen (z. B. für Verbrauchsmaterial, Auslagen für Abschleppunternehmer, Schlüsseldienst usw.)[148]. Dazu gehören nicht die allgemeinen und meist pauschalierten Personalkosten oder sonstige Fix- bzw. sog. „Sowiesokosten", wie z. B. Kosten für den Einsatz von sowieso im Dienst befindlichen Personals oder Kraftstoff für ohnehin eingesetzte Streifenwagen. Diese können nur als Gebühren eingefordert werden, was aber eine entsprechende Gebührenvorschrift für diesen Fall voraussetzt.[149] Anders als bei der Erstattung ist dem Kostenschuldner der Einwand verwehrt, die Kosten wären ohne den Einsatz sowieso angefallen.[150]

Schuldner kann grundsätzlich nur ein **Verantwortlicher** sein. Während sich also die Gefahrenabwehr durch unmittelbare Ausführung nie an eine Person wendet, wendet sich die Kostenforderung immer an eine solche. Verantwortlich in diesem Sinne ist auch der, der zurechenbar den Anschein einer Gefahr gesetzt hat.[151] Macht der Hoheitsträger Kosten geltend, ist darauf zu achten, dass sich die Frage der Kostenlast (sog. Sekundärebene, vgl. Rn B 1) anders als bei der Maßnahme selbst (sog. Primärebene) stellt. Zum einen interessiert hier bei der **Auswahl** des Adressaten nicht mehr die Frage, wie die Gefahr am effektivsten beseitigt werden kann, denn die Gefahr besteht ja jetzt nicht mehr. Zum anderen müssen die Fragen der tatsächlichen Verantwortlichkeit und der Zumutbarkeit zwischen mehreren Verantwortlichen nach

42

---

143 Für den Zwang OVG Koblenz v. 18.3.1993 - 1 A 10570/92, NVwZ 1994, 715.
144 BGH v. 13.11.2003 – III ZR 70/03, NJW 2004, 513; OVG Koblenz a. a. O.;.
145 Z. B. OVG Koblenz v. 18.3.1993 - 1 A 10570/92, NVwZ 1994, 715, ebenso OVG Bremen v. 30.11.2004 - 1 A 333/03, NordÖR 2005,119.
146 So Habermehl Rn 775.
147 VGH Kassel v. 30.5.1994 - 11 UE 1684/92, NVwZ-RR 1995, 29; VGH Mannheim v. 17.9.1990 - 1 S 2805/89, NJW 1991, 1698; OVG Hamburg v. 24.9.1985 - Bf VI 3/85, NJW 1986, 2005; OVG Koblenz v. 21.6.1994 - 11 B 11428/94, NVwZ-RR 1995, 30;; offenbar a. A.: Götz NVwZ 1994, 661.
148 OVG Schleswig v. 3.5.2015 – 4 LB 10/14; v. 3.9.2015 – 4 LB 13/14.
149 Z. B. sieht §§ 1 Abs. 1 Nr. 1, 2 Abs. 1 und 4, 24 Abs. 1 S. 2 und Abs. 2 des Landesgebührengesetzes Rheinland-Pfalz - LGebG - i. V. m. § 1 der Landesverordnung über die Gebühren der allgemeinen und inneren Verwaltung einschließlich der Polizeiverwaltung (Besonderes Gebührenverzeichnis), Anlage Nr. 14.8.2. für eine ungerechtfertigte Alarmierung durch eine Überfall- oder Einbruchmeldeanlage je Einsatz der Polizei eine Gebühr von 120 € vor.
150 OVG Koblenz v. 25.8.2005 – 12A10619/05.
151 VG Gießen v. 4.7.2012 - 8 K 3253/11.GI, DÖV 2012, 860.

dem nachträglichen Erkenntnisstand zum Zeitpunkt des Kostenbescheids beurteilt werden. Unter mehreren Verantwortlichen gilt bei den Kosten nicht mehr der Grundsatz der effektivsten Gefahrenabwehr, sondern der der gerechten Lastenverteilung.[152]

Beispiel: In der Stadt S befindet sich ein öffentlicher Parkplatz ohne Markierungen. Dort parkt eine Reihe PKW, darunter der des A. Später fuhr auch B auf den Parkplatz und stellte sich, da die erste Reihe voll war, zu anderen Fahrzeugen in eine 2. Reihe links von der ersten. Noch später bildete sich eine 3. Reihe rechts von der ersten, darunter das Fahrzeug des C. Alle Reihen stehen zueinander mit ihrer Längsseite. Als A wiederum später ausscheidet, den Parkplatz mit seinem Fahrzeug zu verlassen, sieht er sich auf diese Weise von B und C auf beiden Seiten zugeparkt und ruft die Ordnungsbehörde. Die kommunalen Vollzugsbeamten befragen nunmehr nach § 9a POG umherstehende Schüler, die übereinstimmend angeben, dass sich die rechte Reihe (also tatsächlich die 3.) vor der linken (der tatsächlich 2.) gebildet habe. Daraufhin lassen die Vollzugsbeamten das Fahrzeug des B umsetzen, um A die Abfahrt zu ermöglichen. Später fordern sie B noch zur Kostenerstattung nach § 6 Abs. 2 POG auf. – Das Umsetzen des Fahrzeuges war rechtmäßig. Für die Gefahrenabwehr (Primärmaßnahme) gilt die ex-ante-Sicht: B erweckte mit seinem Fahrzeug den Eindruck, er sei verantwortlich und ist damit Anscheinsverantwortlicher. Auch wenn ihn keine Schuld daran trifft, ist ihm dieser Anschein seines Eigentums zuzurechnen. Das Umsetzen war rechtmäßig. Für die Kostenerstattung gilt aber die ex-post-Sicht: Da aber nunmehr bekannt ist, dass man C hätte umsetzen müssen, kann nicht weiter von einer Verantwortlichkeit des B ausgegangen werden. Darum sind die Kosten der Umsetzung (des Fahrzeugs des B!) gegen C zu richten.[153]

Kommen mehrere Verantwortliche in Betracht, muss sich die Behörde im Rahmen ihres Ermessens bei der Kostenverteilung nicht nur an einen halten, sondern sie kann, gegebenenfalls muss sie sogar, die Kosten auf mehrere verteilen, z. B. wenn bei einem Auffahrunfall genau besehen nicht *ein* Schadensfall, sondern mehrere gleichzeitig auftreten und nicht jeder für den Gesamtschaden verantwortlich ist[154] (vgl. auch Rn K 26 ff.).

Beispiel: Auf einer Schnellstraße fahren mehrere Fahrzeuge aufeinander auf. Aus einigen Fahrzeugen läuft Benzin und Öl aus. Die Polizei lässt die Ölspur beseitigen und verlangt die Kosten anteilig von den Fahrzeughaltern zurück, aus deren Fahrzeuge die Flüssigkeiten ausgelaufen waren. – Obwohl die Fahrer der Fahrzeuge ansprechbar am Unfallort waren, wird man hier richtigerweise die Voraussetzungen des § 6 Abs. 1 S. 1 POG bejahen können, da offensichtlich eine Gefahrenbeseitigung durch die Fahrer rechtzeitig nicht möglich und kein entgegenstehender Wille zu brechen war.

43 Die Entscheidung, ob ein Verantwortlicher überhaupt nach den §§ 6 Abs. 2, 25 Abs. 3 POG und 63 Abs. 1 LVwVG zum Kostenersatz herangezogen wird, steht im pflichtgemäßem Ermessen der Behörde, wobei allerdings regelmäßig die Kosten geltend zu machen sind (sog. **intendiertes Ermessen**, quasi eine Soll-Vorschrift), weil die Übernahme der Kosten für einen einzelnen durch die Allgemeinheit regelmäßig nicht einzusehen wäre.[155] . Es gilt hier die kenntnisabhängige dreijährige **Verjährungsfrist** der §§ 195, 199, 203 ff. BGB (also Rest des Jahres der Kenntnis von Schaden und Schädiger plus 3 Jahre, § 199 BGB). Der Gesetzgeber hat zwar die Verjährung öffentlich-rechtlicher Ansprüche nicht geregelt, jedoch mit dem Schuldrechtsmodernisierungsgesetzes zum 1. Januar 2002 die §§ 53, 102 VwVfG neu gefasst und für das Verjährungsrecht auf die zivilrechtlichen Übergangsbestimmungen

---

152 VGH München v. 1.7.1998 - 22 B 98.198, NVwZ-RR 1999, 99; Würtenberger / Heckmann / Tanneberger § 8 Rn 66.
153 OVG Münster v. 16.3.1993 - 5 A 496/ 92, NJW 1993, 2698.
154 So VGH Kassel v. 4.9.1985 - 5 UE 178/85, DÖV 1986, 441, wobei es dort eigentlich um ein anderes Problem ging.
155 VGH Kassel v. 30.5.1994 - 11 UE 1684/92, NVwZ-RR 1995, 29; VGH Mannheim v. 17.9.1990 - 1 S 2805/89, NJW 1991, 1698; OVG Hamburg v. 24.9.1985 - Bf VI 3/85, NJW 1986, 2005; OVG Koblenz 21.6.1994 - 11 B 11428/94, NVwZ-RR 1995, 30;; offenbar a. A.: Götz NVwZ 1994, 661.

J. Die Durchsetzung ordnungsrechtlicher Maßnahmen

verwiesen. Da der öffentlich-rechtliche Erstattungsanspruch starke Ähnlichkeiten mit den zivilrechtlichen Bereicherungsansprüchen aufweist, liegt es nahe, auch für ihn die dreijährige Regelverjährung anzuwenden, die aber entsprechend § 199 BGB – anders als bei § 71 POG (vgl. Rn K 29) – erst ab dem Ende des Kalenderjahres beginnt.[156]

IV. Rechtsbehelfe gegen das Vollstreckungsverfahren

Will der Vollstreckungsadressat die Vollziehung der Zwangsmaßnahmen deshalb **44** ausgesetzt wissen, weil sich hinsichtlich des Vollstreckungsgrundes nach Bestandskraft der Grundverfügung maßgebliche Änderungen ergeben hätten, müssen solche nachträglichen Einwendungen gegenüber dem zu vollstreckenden Verwaltungsakt nach § 16 Abs. 2 LVwVG geltend gemacht werden.[157] Sie sind nicht im Rahmen des Angriffs gegen die einzelnen Vollstreckungsmaßnahmen zu prüfen.[158] Vielmehr ist hierfür ein eigenständiges Verfahren vorgesehen. Nach § 16 Abs. 2 LVwVG sind Einwendungen, welche den Anspruch selbst betreffen, bei der Behörde geltend zu machen, die den Verwaltungsakt erlassen hat. Der Betroffene muss sich also zunächst mit einem Antrag an die Ausgangsbehörde wenden mit dem Ziel, die Vollstreckung für unzulässig zu erklären. Wird diesem Ziel entsprochen, ist die Vollstreckung gemäß § 14 Abs. 1 Nr. 2 LVwVG einzustellen oder zu beschränken. Andernfalls kann gerichtlicher Rechtsschutz im Wege der Verpflichtungsklage bzw. im Verfahren des Eilrechtsschutzes nach § 123 VwGO nachgesucht werden.[159]

---

156 Zu § 49a VwVfG BVerwG v. 15.3.2017 - BVerwG 10 C 3.16; OVG Koblenz v. 17.11.2015 - 6 A 10633/15.
157 OVG Koblenz v. 24.7.2014 - 8 B 10591/14.OVG, NVwZ-RR 2014, 871.
158 Anders § 15 Abs. 3 VwVG des Bundes.
159 OVG Koblenz v. 27.7.2011 - 8 A 10394/11.OVG, NVwZ-RR 2012, 15; v. 17.11.1981 - 1 B 60/81, NJW 1982, 2276.

V. Prüfungsvorschläge

Prüfschema: Androhung gem. § 66 LVwVG

1. **Zuständigkeit**
   = Grds. die Behörde, die die **Grundverfügung erlassen** hat, § 4 Abs. 2 LVwVG

2. **§ 66 LVwVG**
   - Abs. 1 S. 1+2: Es muss grundsätzlich **schriftlich** angedroht werden.
   - Abs. 1 S. 3: Bei Handlungspflichten ist grds. **Fristsetzung** notwendig. (anders bei Unterlassungs- und Duldungspflichten)
   - Abs. 3: Zwangsmittel muss **bestimmt** sein.
   - Abs. 4: (Nur bei Ersatzvornahme:) Angabe der **voraussichtlichen Kosten**.
   - Abs. 5: (Nur bei Zwangsgeld:) Zwangsgeldhöhe muss **bestimmt** sein.
   - Abs. 6: (Bei Schriftlichkeit:) **Zustellung** nach dem VwZG, § 1 Abs. 1 LVwZG.

3. Allgemeine Regeln des Verfahrens
   (§§ 9 ff. VwVfG i. V. m. § 1 Abs. 1 LVwVfG, beachte insbes. **§ 28 Abs. 2 Nr. 5 VwVfG**)

4. **Wirksame Grundverfügung**, §§ 2, 61 Abs. 1 LVwVG
   - die bekanntgegeben und immer noch wirksam, insbesondere inhaltlich bestimmt und dessen Umsetzung möglich (sonst § 44 Abs. 1, Abs. 2 Nr. 4 VwVfG)
   - die auf ein **Tun, Dulden oder Unterlassen** gerichtet ist.

     Zumindest eine bestandskräftige Grundverfügung muss nicht notwendig rechtmäßig sein.

     Für die bloße Androhung (!) ist die Vollziehbarkeit der Grundverfügung i. S. d. **§ 2 LVwVG** (**Bestandskraft** oder Voraussetzungen des **§ 80 Abs. 2 VwGO**) noch nicht erforderlich.

5. **Besondere Voraussetzung des Zwangsmittels**
   - (Nur bei Ersatzvornahme, § 63 LVwVG:) **Vertretbare Handlung**
   - (Nur bei Zwangsgeld, § 64 LVwVG:): **Einhalten des Geldrahmens**
   - (Nur bei unm. Zwang, § 65 LVwVG:):
     Weder Ersatzvornahme noch Zwangsgeld möglich und zweckmäßig

6. Sonstige Fehler und Ermessensfehler

7. **Verhältnismäßigkeit** i. w. S., § 62 Abs. 2 LVwVG, § 2 Abs. 1 + 2 POG, d. h.:
   - Erscheint das Zwangsmittel zur Durchsetzung der Grundverfügung **geeignet**?
   - Ist es **erforderlich**, weil es von allen geeigneten Maßnahmen den einzelnen und die Allgemeinheit am wenigsten beeinträchtigt?
   - Steht die Zwangsmaßnahme nicht erkennbar **außer Verhältnis** zum durch die Grundverfügung zu schützenden Rechtsgut?

J. Die Durchsetzung ordnungsrechtlicher Maßnahmen 315

Prüfschema: Anwendung von Ersatzvornahme und unmittelbarem Zwang

1. **Zuständigkeit** ?
   = Grds. die **Behörde, die die Grundverfügung erlassen hat**, § 4 Abs. 2 LVwVG
   (Ausnahme: § 7 Nr. 1 ZustVO/Straßenverkehr) und i. F. d. § 61 Abs. 2 LVwVG (Sofortvollzug).

2. Wurde gem. § 66 LVwVG bzw. § 61 Abs. 1 S. 3 POG **angedroht**?
   Wenn ja: Ist die Androhung wirksam und bestimmt genug?
   Wenn nein: Ist sie **entbehrlich** (§ 66 Abs. 1 S. 2 LVwVG / § 61 Abs. 1 S. 2, Abs. 2, Abs. 3 S. 3 POG)?

   Anwendung ist grds. Realakt (Ausnahmen nur bei Begleitmaßnahmen und beim Sofortvollzug möglich), darum grds. keine weiteren Form- und Verfahrensvorschriften.

3. **Allgemeine Voraussetzung**

   a) <u>Gestrecktes Verfahren</u>, § 61 Abs. 1 LVwVG

   Wirksame **Grundverfügung**, §§ 2, 61 Abs. 1 LVwVG

   - die bekanntgegeben und immer noch **wirksam**, insbesondere inhaltlich bestimmt und dessen Umsetzung möglich (sonst § 44 Abs. 1, Abs. 2 Nr. 4 VwVfG)

   - die auf ein **Tun, Dulden oder Unterlassen** gerichtet ist.
   Zumindest eine bestandskräftige Grundverfügung muss nicht notwendig rechtmäßig sein.

   - **Vollziehbarkeit** der Grundverfügung i. S. d. § 2 LVwVG (= deren Bestandskraft oder die Voraussetzungen des § 80 Abs. 2 VwGO; StPO-Normen ist die Vollziehbarkeit immanent)

   oder

   b) <u>Sofortvollzug</u>, § 61 Abs. 2 LVwVG

   - Innerhalb der gesetzlichen Befugnisse (**hypothetische Grundverfügung**)?
   - Muss ihr Erlass aber zur Abwehr einer **gegenwärtigen Gefahr** unterbleiben?

4. **Besondere Voraussetzungen** des Zwangsmittels?
   - § 63 LVwVG: **Vertretbare Handlung**
   - § 65 LVwVG: **Weder Ersatzvornahme noch Zwangsgeld** möglich und zweckmäßig
     Nicht zur Abgabe einer Erklärung, § 65 Abs. 3 LVwVG?
   Gegebenenfalls zusätzlich:
   Vorführung: Gefahr für Leib, Leben, Freiheit oder zu ED-Maßnahmen, § 12 Abs. 3 POG?
   Fesselung: 1. Wird die Person festgehalten? 2. Liegt ein Fall des **§ 62 Nr. 1 bis 3** POG vor?
   Waffen allgemein: Zugelassene Waffe nach § 58 Abs. 4 (5) POG
   Schusswaffengebrauch allgemein: subsidiär gegenüber sonstigem Zwang, § 63 Abs. 1 S. 1 POG
   Schusswaffengebrauch gegen Personen , §§ 63 ff. POG:
   – nur, wenn kein Schusswaffengebrauch gegen **Sachen** zweckdienlich, § 63 Abs. 1 S. 2 POG
   – grds. nicht zur **Tötung**, § 63 Abs. 2 POG
   – grds. nicht gegen **Kinder**, § 63 Abs. 3 POG
   – grds. nicht gegen **Unbeteiligte**, §§ 63 Abs. 4, 65 POG
   – nur zur Durchsetzung eines der in **§ 64** POG genannten Ziele

5. **Verhältnismäßigkeit** i. w. S., § 62 Abs. 2 LVwVG, § 2 Abs. 1 + 2 POG, d. h.:
   • Erscheint das Zwangsmittel zur Durchsetzung der Ordnungspflicht **geeignet**?
   • Ist es **erforderlich**, weil es von allen geeigneten Maßnahmen den einzelnen und die Allgemeinheit am wenigsten beeinträchtigt?
   • Steht die Zwangsmaßnahme nicht erkennbar **außer Verhältnis** zum Schutzgut

K. Ausgleichsansprüche nach §§ 68 ff POG

I. Arten von Ersatz und Ausgleich

1 Durch Maßnahmen der Ordnungsbehörden und der Polizei können materielle oder immaterielle Güter des Bürgers beeinträchtigt werden. Sowohl aus Gründen des Eigentumsschutzes als auch aus dem Aufopferungsgedanken[1] heraus kann die Notwendigkeit entstehen, diese Nachteile ganz oder zumindest teilweise auszugleichen. Der Gedanke der Aufopferung ist der, dass derjenige Nachteil auszugleichen ist, den jemand dadurch erleidet, dass er freiwillig oder unfreiwillig im Interesse der Allgemeinheit ein **Sonderopfer** erbracht hat. Sonderopfer bedeutet, dass jemand im zumindest überwiegenden Interesse der Allgemeinheit deutlich stärker belastet worden ist als andere, ohne dass das durch eigene Schuld, Verantwortlichkeit oder Risikozurechnung gerechtfertigt ist. Als wesentliches Element des Sonderopfers wird zum Teil der Verstoß gegen den Gleichheitsgrundsatz[2], zum Teil die besondere Schwere und Tragweite des Eingriffs[3] gesehen.

2 Zum Ausgleich des Sonderopfers gibt es verschiedene **gesetzliche Grundlagen**, wie z. B. § 839 BGB i. V. m. Art. 34 GG, das Gesetz über die Entschädigung für Strafverfolgungsmaßnahmen,[4] das Opferentschädigungsgesetz,[5] die Gefährdungshaftung nach § 7 StVG, § 34 LuftVG oder § 2 UmweltHpflG, §§ 48 Abs. 3 und 49 Abs. 6 VwVfG. Darüber hinaus gibt es eine Reihe von **gewohnheitsrechtlichen Ansprüchen** wie den enteignenden Eingriff,[6] den enteignungsgleichen Eingriff,[7] der allgemeinen Aufopferung oder den aus § 113 Abs. 1 S. 2 VwGO abgeleiteten Folgenbeseitigungsanspruch. Diese können an Stelle oder ergänzend neben den §§ 68 ff. POG geltend gemacht werden, § 68 Abs. 3 POG.

Auf diesem Aufopferungsanspruch beruhen auch die Ausgleichsansprüche nach § 68 Abs. 1 und 2 POG. Sie verdrängen zumindest die gewohnheitsrechtlichen Ansprüche aus Aufopferung und aus Geschäftsführung ohne Auftrag.[8] Die nicht verdrängten Ersatzansprüche müssen aber nicht vorrangig geltend gemacht werden.[9]

---

1 Dieser wird seit BVerfG 15.7.1981 - 1 BvL 77/78, NJW 1982, 745 (Nassauskiesungsbeschluss)aus Art. 74, 74 Einleitung des Preußischen Allgemeinen Landrechts von 1794 abgeleitet; vgl. Rühle / Suhr vor §§ 68 ff.
2 BGH v. 10. 6.1952 - GSZ 2/52, NJW 1952, 1176; v. 25.1.1973 - III ZR 118/70, NJW 1974, 1360.
3 BVerwG v. 27.6.1957 - I C 3.56, NJW 1957, 1534; v. 22.6.1962 - IV C 226, 232.61, NJW 1962, 2171; v. 8.3.1974 - VII C 73.72, DÖV 1974, 390.
4 BGBl. 1971 I, S. 157.
5 Vom 16.5.1976 i. D. F. v. 14.12.2000 BGBl. I, S. 1676.
6 BGH v. 28.10.1982 - III ZR 71/81, NJW 1983, 1663.
7 BVerfG 15.7.1981 - 1 BvL 77/78, NJW 1982, 745 (Nassauskiesung); BGH v. 3.6.1982 - III ZR 107/78, NJW 1982, 2489; v. 26.1.1984 - III ZR 216/82, NJW 1984, 1169.
8 Gusy Rn 480, zur Geschäftsführung ohne Auftrag vgl. OVG Hamburg v. 4.11.1993 - Bf VII 3/91, NVwZ-RR 1995, 369.
9 BGH v. 16.2.1956 - III ZR 169/54, NJW 1956, 825: Vorrang sozialversicherungsrechtl. Ansprüche gegenüber Aufopferung.

K. Ausgleichsansprüche nach §§ 68 ff POG

II. Ausgleichspflichtige Tatbestände wegen unfreiwilliger Inanspruchnahme, § 68 Abs. 1 POG

1. Rechtmäßige Inanspruchnahme, § 68 Abs. 1 S. 1 POG

a) Inanspruchnahme Nichtverantwortlicher, § 68 Abs. 1 S. 1 POG

§ 68 Abs. 1 S. 1 POG regelt einen klassischen Aufopferungsanspruch. Dieser setzt voraus, dass

1) der Herangezogene nach keiner Vorschrift Verantwortlicher, sondern i. S. d. § 7 POG Nichtverantwortlicher war (vgl. zum Begriff Rn E 29 ff.)
2) seine Inanspruchnahme rechtmäßig gewesen ist, insbesondere die Voraussetzungen der Ermächtigungsgrundlage und des § 7 vorlagen, wobei es auf die Rechtmäßigkeit der Maßnahme in Bezug auf den Herangezogenen ankommt,[10] und
3) eine allgemeine Ordnungsbehörde oder die Polizei gehandelt hat.

> **Beispiel:** Wird ein Hauseigentümer als Nichtverantwortlicher verpflichtet, einen Obdachlosen befristet aufzunehmen, so hat der Hauseigentümer Anspruch auf Ausgleich für einen durch die Zwangseinweisung entstandenen Vermögensschaden. – Gleiches gilt für die Sachbeschädigungen, wenn die Polizei oder Ordnungsbehörde gewaltsam durch eine Nachbarwohnung dringt, um nebenan einer hilflosen Person zu helfen.

Dabei kommt es nicht darauf an, ob die Belastung durch Verwaltungsakt, Realakt (vgl. dazu Rn G 13, z. B. Warnung vor angeblich verseuchten Medikamenten, die sich nachträglich als einwandfreie Medizin erweisen[11]) oder Gefahrenabwehrverordnung entstanden ist. Die Maßnahmen müssen nach dem Wortlaut des § 68 Abs. 1 S. 1 POG gezielte behördliche Maßnahmen sein.[12]

b) Inanspruchnahme Verantwortlicher

Wer nach den §§ 4 f. POG oder nach anderen Vorschriften verantwortlich ist, hat **grundsätzlich** nach den §§ 68 ff. POG **keine Ansprüche**. Denn regelmäßig schließt die Verantwortlichkeit das Vorliegen eines Sonderopfers aus.[13] Insbesondere die Verantwortung für den Zustand eigener Sachen ist Ausdruck der Sozialbindung des Eigentums.[14] Anderes kann sich aber aus ausdrücklich geregelten Sonderfällen ergeben, z. B. § 49, 57 BSeuchG, § 66 TierSchG oder § 21 Abs. 4 BImSchG.

Diese Grundaussage müsste demnach eigentlich auch für sog. **Anscheinsverantwortliche** gelten (zum Begriff Rn E 25). Deshalb wird vertreten, dass der Anscheinsverantwortliche als rechtmäßig herangezogener Verantwortlicher keinen Ausgleich verlangen kann.[15] Das aber erscheint nicht immer gerecht und zweckdienlich. Anscheinsverantwortlicher ist man, weil irgendwie der Anschein entstanden ist, man sei Verursacher einer Gefahr. Diesen Anschein kann der Betreffende zurechenbar selbst gesetzt haben (z. B. in den Fällen des § 99 Abs. 1 S. 2 LWasserG, weil seine Anlagen nicht in Ordnung waren). Dann ist es auch folgerichtig, ihn auch finanziell vollwertig

---

10 Vgl. Rühle / Suhr § 68, 1.1; Gusy Rn 382.
11 Aber soweit sich die Behörde wegen der völligen Ungewissheit über das Vorliegen einer Gefahr auf die Bitte zur Vorsicht im Umgang mit bestimmten Substanzen beschränkt, liegt darin noch keine Maßnahme i. S. d. § 68 Abs. 1 POG, BGH v. 22.1.1998 - III ZR 168/96, NJW 1998, 2289.
12 Pielow JurA 1991, 489.
13 BVerwG v. 24.6.1971 - I C 39.67, NJW 1971, 1475.
14 BGH v. 1.3.1971 - III ZR 29/68, NJW 1971, 1080, und BVerfG v. 20.4.1966 - 1 BvR 16/66, NJW 1966, 1161.
15 So Gerhardt JurA 1987, 525; mit Einschränkungen wohl auch Drews/Wacke/Vogel/Martens, S. 227.

wie einen Verantwortlichen zu behandeln. Aber der Anscheinsverantwortliche kann auch zu diesem Anschein nichts ursächlich beigefügt haben (z. B. wenn Dritte der Polizei oder den Ordnungsbehörden fehlerhafte Mitteilungen machen). Dann aber steht der Anscheinsverantwortliche dem Nichtverantwortlichen näher als dem Verantwortlichen, so dass § 68 Abs. 1 S. 1 POG zugunsten des Anscheinsverantwortlichen entsprechend angewendet werden sollte.[16]

7 Ähnliches gilt für denjenigen, der als Verdachtsverantwortlicher bei einem **Gefahrverdacht** beansprucht wurde. Hier ist bereits zweifelhaft, ob es beim bloßen Verdacht überhaupt schon einen Verantwortlichen (vgl. Rn E 26) geben könne.[17] Jedenfalls drängt es sich aber auch hier auf, denjenigen Verdachtsverantwortlichen, der den Verdacht nicht zurechenbar verursacht hat oder sich aus andern Gründen nicht dem eigenen Risikobereich zurechnen lassen muss,[18] im Rahmen des Ausgleichs dem Nichtverantwortlichen gleichzustellen.[19] Wenn sich der Verdacht aufgrund der Ermittlungsergebnisse nicht bestätigt, sind dem Verdachtsverantwortlichen etwaige Schäden durch die Ermittlungsmaßnahmen zu erstatten.[20]

c) Inanspruchnahme bei Jedermann-Maßnahmen

8 Soweit jedermann in laufende Ermittlungen einbezogen werden kann, z. B. einer gefahrenabhängigen Identitätsfeststellung nach § 10 Abs. 1 S. 2 Nr. 2a und b POG unterworfen werden darf oder nach Unfällen wegen Straßensperrung Umleitungen in Kauf nehmen muss, ist bei Rechtmäßigkeit der Maßnahme normalerweise **kein Sonderopfer** gegeben. Solche Vorgänge können jedermann treffen, unabhängig vom dazu gegebenen Anlass, und begründen grundsätzlich keine Ausgleichspflicht des hierfür ursächlichen Hoheitsträgers.[21] Etwas anderes kann sich aber ergeben, wenn sich durch besondere Umstände der Eingriff im Einzelfall als besonders schwerwiegend herausstellt.[22]

2. Rechtswidrige Inanspruchnahme, § 68 Abs. 1 S. 2 POG

9 Bei einer rechtswidrigen Maßnahme ergibt sich das Sonderopfer bereits aus der Rechtswidrigkeit.[23] Maßgeblich ist nur, dass die Maßnahme (hierzu Rn H 1 f.) einer allgemeinen Ordnungsbehörde oder der Polizei zuzurechnen ist.[24] Unerheblich ist hierbei[25], ob es sich um einen Verwaltungsakt, Realakt oder eine Gefahrenabwehr-

---

16 OVG Münster v. 14.6.2000 - 5 A 95/00, NVwZ 2001, 1314; VGH München v. 1.7.1998 - 22 B 98.198, NVwZ-RR 1999, 99; VGH Mannheim v. 10.5.1990 - 5 S 1842/89, NVwZ-RR 1991, 24; LG Köln v. 16.1.1992 - 1 U 3347/91, NVwZ 1992, 1125; BGH v. 23.6.1994 - III ZR 54/93, NJW 1994, 2355; Schoch JuS 1993, 727; Erichsen-Wernsmann JurA 1995, 222.
17 Verneinend Götz / Geis § 6 Rn 41.
18 Scholler-Broß DÖV 1976, 472; VG Berlin v. 28.11.1990 - 1 A 154.89, NJW 1991, 2854, und BGH v. 23.6.1994 - III ZR 54/93, NJW 1994, 2355.
19 BGH v. 12.3.1992 - III ZR 128/91, NJW 1992, 2639.
20 OLG Karlsruhe v. 3.7.2013 – 22 U 1/13 BSch, DVBl 2013, 1206.
21 BGH v. 25.1.1973 - III ZR 118/70, NJW 1974, 1360; OLG Hamm v. 7.10.1987 - 11 U 40/87, NJW 1988, 1096..
22 Lisken / Denninger / Rachor M Rn 53 ff.; Riegel DÖV 1990, 656.
23 BVerfG v. 15.7.1981 - 1 BvL 77/78, NJW 1982, 745 (Nassauskiesung); BGH v. 26.1.1984 - III ZR 216/82, NJW 1984, 1169 (Enteignungsgleicher Eingriff).
24 Vgl. Pieroth / Schlink / Kniesel § 25 Rn 20 ff.; Rühle / Suhr § 68, 1.2; Gusy Rn 477.
25 An der Freihaltung des einem Behinderten gemäß § 42 Abs. 4 Nr. 2 StVO i. V. m. Zeichen 314 sowie Zusatzzeichen 1044-11 zugeteilten Schwerbehindertenparkplatzes von unberechtigt parkenden Fahrzeugen besteht ein besonderes öffentliches Interesse, OVG Koblenz v. 25.1.2005 - 7 A 11726/04.OVG, NVwZ-RR 2005, 577.

verordnung handelt, ob die Maßnahme gezielt oder versehentlich war und warum sie rechtswidrig ist (letzteres kann allerdings für die Ausgleichshöhe bedeutsam sein).

Beispiel: Wird das Fahrzeug des F von einem Behindertenparkplatz abgeschleppt, obwohl sein Behindertenausweis auf dem Armaturenbrett lag, hat F Anspruch auf die Taxikosten, die ihm zur Wiedererlangung des Fahrzeugs entstanden sind.

III. Ausgleichspflichtige Tatbestände wegen freiwilliger Mitwirkung, § 68 Abs. 2 POG

Voraussetzung eines Ausgleichsanspruchs nach § 68 Abs. 2 POG[26] ist, dass der Helfer bei der Erfüllung **ordnungsbehördlicher oder polizeilicher Aufgaben** mitwirkt oder dafür Sachen zur Verfügung stellt. Hilfe kann zu allen Aufgaben der allgemeinen Ordnungsbehörden oder der Polizei geleistet werden. Das schließt Aufgaben nach anderen Gesetzen i. S. d. § 1 Abs. 2 POG ein, etwa die Unterstützung der Polizei bei der Verfolgung von Straftätern im Rahmen eines Ermittlungsverfahrens nach der StPO.

Diese Hilfe muss **freiwillig** sein. Der Helfer darf also weder Verantwortlicher noch bereits durch eine Verfügung verpflichtet worden sein, da er in diesen Fällen nicht freiwillig hilft. Freiwillig handelt auch der nicht, der sich gegenüber den Ordnungskräften, wenn auch insoweit freiwillig, vertraglich gebunden hat, denn derjenige handelt primär in Erfüllung seiner vertraglichen Verpflichtung (z. B. der Abschleppunternehmer).

Die allgemeinen Ordnungsbehörden bzw. die Polizei müssen der Hilfe zugestimmt haben. Diese **Zustimmung** kann ausdrücklich oder stillschweigend geschehen (z. B. wenn Polizeikräfte die Hilfe eines Dritten bei einem Unfall dulden), nur muss im Falle einer solchen konkludenten Zustimmung der Zustimmungswille eindeutig sein.[27] Ähnlich der Zustimmung i. S. d. § 182 BGB kann die Zustimmung **bei der Maßnahme oder nachträglich** erteilt werden.

IV. Schaden

Bei dieser Inanspruchnahme oder Hilfe muss dieser Person ein **Schaden** entstanden sein. Schaden ist jeder materielle oder immaterielle Nachteil ohne Ausgleich Ein solcher Schaden entsteht demnach insoweit nicht, als Ansprüche aus dem Opferentschädigungsgesetzt entstehen oder der Helfer aus den §§ 2, 26, 63 **SGB VII** über den landeseigenen Gemeindeunfallversicherungsverband berufsgenossenschaftlich versichert ist. Nach § 2 Abs. 1 Nr. 13 SGB VII ist kraft Gesetzes versichert, wer

a) bei Unglücksfällen oder gemeiner Gefahr oder Not Hilfe leistet oder einen anderen aus einer erheblichen gegenwärtigen Gefahr für seine Gesundheit rettet oder
b) sich bei der Verfolgung oder Festnahme einer Person, die einer Straftat verdächtig ist, oder zum Schutz eines widerrechtlich Angegriffenen persönlich einsetzt.

Versicherte haben nach § 26 Abs. 1 SGB VII i. V. m. SGB IX Anspruch auf Heilbehandlung einschließlich Leistungen zur medizinischen Rehabilitation, auf Leistungen zur Teilhabe am Arbeitsleben und am Leben in der Gemeinschaft, auf ergänzende

---

26 Vgl. Pieroth / Schlink / Kniesel § 26 Rn 8 ff.; Rühle / Suhr § 68 1.3; Schenk Rn 683.
27 VG Düsseldorf v. 9.6.1999 - 18 K 5731/97, NVwZ-RR 1999, 743: kein Aufwendungsersatz für eigenmächtige Munitionssuche.

Leistungen, auf Leistungen bei Pflegebedürftigkeit sowie auf Geldleistungen. Nach § 63 Abs. 1 SGB VII haben die Hinterbliebenen Anspruch auf Sterbegeld, Erstattung der Kosten der Überführung an den Ort der Bestattung, Hinterbliebenenrente und Beihilfe. Daneben bleiben weitergehende Ansprüche wegen Sachschaden nach §§ 68 ff POG bestehen.

Soweit Arztkosten, Lohn oder Besoldung von Dritter Seite aufgrund einer gesetzlichen Verpflichtung gezahlt wird, besteht zwar der Schaden nicht mehr beim Betroffenen, geht aber nach § 86 VVG, § 116 Abs. 2 SGB X, § 3 Entgeltfortzahlungsgesetz oder § 72 LBeamtG über.

V. Ursächlichkeit des Schadens

12 Der hoheitliche Eingriff durch die allgemeinen Ordnungsbehörden oder die Polizei bzw. die freiwillige Hilfe muss selbst die Rechtsbeeinträchtigung bewirken, er muss **adäquat ursächlich** für die Schäden sein. Die Maßnahme oder Hilfe darf nicht hinweggedacht werden können, ohne dass dieser Schaden entfiele, und der Schaden darf keine völlig unvorhersehbare Folge der Maßnahme sein.[28] Teilweise nimmt man die Ursächlichkeit hoheitlicher Maßnahmen sogar schon dann an, wenn durch vorausgegangene hoheitliche Maßnahmen ein erhöhtes Gefahrenpotential entstanden ist, was sich nachfolgend verwirklicht. Dabei darf die Kausalitätskette aber nicht durch eine eigenständige neue Kausalkette abgelöst worden sein. Für Folgen dieser neuen Ursachenkette kann der Träger der hoheitlichen Maßnahme nicht mehr verantwortlich gemacht werden.[29]

Beispiel: Das rechtswidrig abgeschleppte KFZ ist auf dem abgeschlossenen Hof der Verwaltung abgestellt. Bei Frost gefriert das Kühlsystem des Fahrzeugs ein. Das Fahrzeug wird bei einem Einbruch in die Gebäude der Verwaltung gestohlen. Der Frostschaden ist noch adäquat kausal der Abschleppmaßnahme zuzurechnen. Der Diebstahl setzt eine neue Kausalkette in Gang und ist der Ordnungsbehörde nicht mehr zuzurechnen.

VI. Inhalt, Art und Umfang des Schadensausgleichs, §§ 69 f. POG

1. Ausgleichsfähiger Schaden

a) Materielle Vermögensschäden, §§ 69 Abs. 1 und 2, 70 POG

13 Der Ausgleich wird grundsätzlich nur für **unmittelbar entstandenen Vermögensschaden** gewährt, § 69 Abs. 1 S. 1 POG. Der Schaden besteht in der **Minderung eines vorhandenen Bestandes** an vermögenswerten materiellen Gütern. Erfasst wird grundsätzlich auch entgangener Gewinn, Nutzungs- und Wertausfall, wie er ohne das schädigende Ereignis nach dem gewöhnlichen Lauf der Dinge angefallen wäre.[30] **Entgangener Gewinn** oder entgangene Nutzung ist der Vorteil, welcher nach dem gewöhnlichen Lauf der Dinge oder nach den besonderen Umständen, insbesondere nach den getroffenen Anstalten und Vorkehrungen, mit Wahrscheinlichkeit erwartet werden konnte (vgl. § 252 S. 2 BGB). Dieser erstattungsfähige materielle Vermögensschaden umfasst neben dinglichen Rechten auch schuldrechtlich be-

---

28 Drews / Wacke / Vogel / Martens S. 658; BGH v. 21.10.1970 - VIII ZR 255/68, NJW 1971, 29; BGH v. 25.1.1971 - III ZR 208/68, NJW 1971, 607.
29 BGH v. 14.5.1987 - III ZR 159/86, NVwZ 1987, 1115.
30 Götz / Geis § 15 Rn 5.

K. Ausgleichsansprüche nach §§ 68 ff POG

gründete Forderungen und Ansprüche, einschließlich sinnvoller Aufwendungen zur Abwendung eines absehbar drohenden Schadens.[31] Insoweit besteht kein Ermessen („*wird*").

Beispiel: Die Gaststätte wird nach einem Unfall zur Bergung der Verletzten benutzt, deren Gäste müssen sofort den Raum verlassen. Dadurch kann G die Rechnungen seiner Gäste nicht mehr einfordern. Diesen Verlust normalen entgangenen Gewinns kann er nun als Schaden nach den §§ 68 ff. geltend machen.[32]

Dieser Vermögensschaden ist aber nicht unbedingt vollständig ausgleichsfähig. Zum einen wird der Ausfall von **ungewöhnlichem Gewinn** oder ungewöhnlicher Nutzung nicht ersetzt, § 69 Abs. 1 S. 2, 1. Hs. POG. Anders als in § 252 S. 2 BGB ist nur der entgangene Vorteil ausgleichsfähig, der bei dem Geschädigten normalerweise anfallenden Größe entspricht. Darüber hinausgehender Gewinn- oder Nutzungsausfall ist dem Grunde nach nicht ausgleichsfähig, er kann aber im Rahmen einer Ermessensabwägung ausgeglichen werden, soweit die Versagung für den Betroffenen eine unbillige **Härte** sein würde. **Unbillig** heißt so viel wie: außergewöhnlich ungerecht und unzumutbar. In diese Abwägung fließen auch Abwägungen mit ein, die denen des § 69 Abs. 5 POG entsprechen. 14

Beispiel: Lohnausfall eines Geschädigten nach einer rechtswidrigen, polizeilichen Maßnahme ist in Höhe des üblichen Lohns zu ersetzen. Gerade in dieser Zeit sonst angefallene Überstunden kann er dagegen nicht erstattet verlangen. – Der Versicherungsvertreter, dem durch die hoheitliche Maßnahme ein ganz besonders guter Abschluss entgangen ist, erhält nur den Ausgleich für durchschnittliche lukrative Abschlüsse. – Anders kann das aber sein, wenn ein Unternehmer lange auf einen besonders gewinnbringenden Abschluss hingearbeitet hatte, dieser Abschluss aufgrund der Inanspruchnahme durch den Hoheitsträger nicht zustande kommt und nunmehr die Existenz des Betriebes bedroht ist. Aber auch ein solcher Härtefall führt nicht zwangsläufig zum Ausgleich des gesamten Verlustes; der Ausgleich geht in seiner Höhe dann nur soweit, bis kein Härtefall mehr vorliegt.

Zum anderen wird grundsätzlich auch kein nur mittelbar verursachter Schaden ersetzt, § 69 Abs. 1 S. 2 Hs. POG. **Mittelbar verursacht** ist ein Schaden, wenn er nicht ohne weitere Zwischenschritte durch die ordnungsbehördliche oder polizeiliche Maßnahme entsteht, sondern erst noch ein weiteres Ereignis notwendig ist, damit der Schaden eintritt. Nachteile, die nicht in unmittelbarem Zusammenhang mit der ordnungsbehördlichen oder polizeilichen Maßnahme stehen, können allerdings im Rahmen des Ermessens ebenfalls nur zur Abwendung **unbilliger Härten** ausgeglichen werden. 15

Beispiel: Damit die Ordnungsbehörde einen herumstreunenden Kampfhund fangen kann, ist vorübergehend eine Durchgangsstraße nicht zu benutzen, A kommt dadurch eine Stunde zu spät zur Arbeit, sein Arbeitgeber zieht ihm die Stunde vom Lohn ab (= Ereignis zwischen hoheitlichem Eingriff und Schaden). Der Einsatz war nicht auf A bezogen. Seine Verspätung ist nur eine mittelbare Folge. Darum hat er keinen Ausgleichsanspruch. – X und Y sind selbstständige Handwerker und wollen einen Kundenauftrag ausführen, den sie nur gemeinsam durchführen können. X wird nunmehr aufgrund einer Verwechslung von der Polizei festgehalten. Der Auftrag kann darum nicht ausgeführt werden, weshalb der Kunde nicht zu zahlen braucht (= Ereignis zwischen hoheitlichem Eingriff und Schaden). Hier hat der nur mittelbar betroffene Y keinen Ausgleichsanspruch. – In beiden Fällen wäre allerdings im Härtefall (zumindest teilweise) Ausgleich zu gewähren, wenn der Verlust den mittelbar Betroffenen in Not stürzen würde.

Abweichend von diesen Regeln kann man Ausgleich dafür verlangen, dass man durch den vom Hoheitsträger zu vertretenden Tod eines anderen mittelbar Nachteile erleidet, § 70 POG. Das betrifft einmal denjenigen, dem die Verpflichtung obliegt, die 16

---
31 BGH v. 13.2.1956 - III ZR 175/54, NJW 1956, 629.
32 So im Ergebnis auch OLG Stuttgart v. 18.12.1991 - 1 U 155/9, NJW 1992, 1396.

Beerdigungskosten zu tragen. Das sind in dieser Reihenfolge die vertraglich Verpflichteten (§ 9 Abs. 2 BestG), die Erben (§§ 1922 ff., § 1968 BGB; zuletzt das Land Rheinland-Pfalz, §§ 1936, 1964 BGB), die Unterhaltspflichtigen (§§ 1615 Abs. 2, 1615m, 1360a Abs. 3, 1361 Abs. 4 BGB), sonstige Bestattungspflichtige nach § 9 Abs. 1 BestG, schließlich der Träger der allgemeinen Ordnungsbehörde. Diese Kosten hat der ausgleichspflichtige Hoheitsträger zu übernehmen (ähnlich der Regelung in § 844 BGB). Zum anderen hat grundsätzlich derjenige Ausgleichsansprüche gegen einen Hoheitsträger, der **gesetzliche Unterhaltsansprüche** (z. B. als Ehepartner, als Kind) deswegen verliert, weil der Unterhaltsverpflichtete getötet wurde und das dem Hoheitsträger zuzurechnen ist. Zum Zeitpunkt der Schädigung muss der Antragsteller wenigstens gezeugt worden sein und gegen den Getöteten einen Unterhaltsanspruch gehabt haben bzw. (bei Embryos) muss die Unterhaltspflicht zu diesem Zeitpunkt möglich gewesen sein. Gesetzliche Unterhaltsansprüche sind vor allem die nach den §§ 1601 ff. BGB, vertragliche Ansprüche fallen nicht hierunter. Beim Schadensumfang wird die mutmaßliche Lebensdauer des Getöteten ohne den hoheitlichen Eingriff zu Grunde gelegt.

b) Immaterielle Schäden

17 **Immaterieller Schaden** ist solcher, der sich auf ideelle Güter bezieht, die man nicht in Geldwert erfassen kann, wie z. B. die Ehre, das Recht am eigenen Bild, das auf informationelle Selbstbestimmung (vgl. insofern aber § 21 Abs. 2 LDSG). Aus diesem Grunde wird dieser Schaden **grundsätzlich nicht ersetzt** (so auch § 253 Abs. 1 BGB). **Ausgenommen** von diesem Grundsatz sind nach § 69 Abs. 2 POG (ähnlich wie § 253 Abs. 2 BGB) Verletzungen von **Körper** (insbesondere Leben), **Gesundheit und Freiheit** (s. hierzu Rn C 4), da diese Güter nach Art. 2 Abs. 2 GG besonderen Verfassungsrang genießen. Zwischen unmittelbaren und mittelbaren Schädigungen wird hier nicht unterschieden. Die Höhe ihres Ausgleichs verursacht Probleme, da es anders als bei den materiellen Gütern keinen Verkehrswert als Maßstab gibt. Deshalb muss im Wege der Schätzung beurteilt werden, was „angemessen" ist.

2. Inhalt des Schadensausgleichs

18 Bei den Ansprüchen nach §§ 68 ff POG handelt es sich nicht um Schadenersatz, sondern um **Schadensausgleich**. Anders als in § 249 BGB kann daher der Geschädigte nicht zwangsläufig die Herstellung des Zustands verlangen, der bestehen würde, wenn der zum Ersatz verpflichtende Umstand nicht eingetreten wäre. Vielmehr gleicht der Ausgleich grundsätzlich nur das Sonderopfer aus (vgl. oben Rn K 1). Das erfasst einen angemessenen Ausgleich für den erlittenen Verlust, der aber nicht unbedingt dessen vollen Wert abdecken muss. Dieser Ausgleich wird nach §§ 69 Abs. 3 POG nur **in Geld** gewährt, nicht in Naturalleistung, wie es § 249 BGB vorsieht. Eine solche kann aber im gegenseitigen Einvernehmen der Beteiligten vereinbart werden.

3. Umfang des Schadensausgleichs, § 69 Abs. 5 POG

19 Für die Schadenshöhe ist nach der **Differenztheorie** der fiktive Vermögenszustand ohne das Schadensereignis dem tatsächlichen Vermögenszustand nach dem Schadensereignis gegenüberzustellen. Dabei sind schadensbedingte Vorteile schadensmindernd anzurechnen.[33]

Beispiel: Die Verbandsgemeindeverwaltung als örtliche Ordnungsbehörde nimmt fahrlässig die Voraussetzungen des § 22 Nr. 2 POG an und lässt das Berufsfahrzeug des Anstreichers A abschleppen. Dadurch kann A einen Auftrag nicht ausführen. Sein Schaden liegt hier in der verlorenen Gewinnspanne, also dem ansonsten von Kunden des A zu zahlenden Betrag abzüglich Steuern, Sozialabgaben und eigenen Aufwendungen (Farbe, Fahrkosten usw.).

Schadensmindernde Umstände sind zumindest auch solche **Leistungen von dritter Seite**, die nicht als Gegenleistung oder als Schenkung i. w. S. gezahlt werden, z. B. Leistungen aus dem Opferentschädigungsgesetz. Ob man diejenigen Ansprüche, die Gegenleistung eigener Arbeit oder eigenen Kapitals (z. B. Leistungen der eigenen Haftpflichtversicherung, nach dem Lohnfortzahlungsgesetz) oder Schenkungen i. w. S. sind (z. B. Sammlungen in der Bevölkerung), vollkommen aus der Berechnung heraushalten muss, so wie das im Haftungsrecht gilt, erscheint nicht unzweifelhaft, da es hier eben nicht um einen Schadensersatz, sondern um einen Ausgleich des Sonderopfers geht.

Nach § 69 Abs. 5 POG kann sich der Ausgleichsanspruch aus Gründen der Billigkeit **20** und Gerechtigkeit verringern. Danach sind bei der Bemessung der Entschädigung durch Abwägung im Einzelfall alle Umstände zu berücksichtigen, insbesondere Art und Vorhersehbarkeit des Schadens und ob das Vermögen des Geschädigten durch die Eingriffsmaßnahme geschützt worden ist.[34] Diese Vorschrift ähnelt § 254 BGB insoweit, als für beide der Umfang des **Verschuldens** die Höhe des Anspruchs bestimmt. Hat der Geschädigte durch ihm zuzurechnendes Verhalten (z. B. durch mangelnde, aber als notwendig erkennbare Vorkehrungen) den Schaden entstehen lassen oder ihn verschlimmert, wird sein Anspruch anteilig, gegebenenfalls auch bis auf null, reduziert. § 69 Abs. 5 POG geht aber noch darüber hinaus, da „alle Umstände zu berücksichtigen" sind. Das gilt namentlich auch für den Umstand, ob die den Schaden verursachende Maßnahme dem Grunde nach zum **Schutz des Geschädigten** oder seiner Rechte diente.[35]

Beispiel: Eine alte Frau gibt in ihrer verschlossenen Wohnung nur noch leises Stöhnen von sich. Wegen der Eile brechen die Ordnungskräfte die Tür auf und bringen die Frau in ein Krankenhaus. Hier entfällt ein Anspruch auf Ersatz der Tür, da die Maßnahme zum Schutz von Leben und Gesundheit der Geschädigten unerlässlich war. – Ein Fahrzeug wird gestohlen. Ein Polizeibeamter zerschießt die Reifen, um den Dieb an der Weiterfahrt zu hindern. Hier erfolgte der Eingriff in das Eigentum, um noch größeren Schaden zu verhindern. Ein Ersatzanspruch des Eigentümers gegen den Träger der Polizei entfällt.

In entsprechender Anwendung des § 839 Abs. 3 BGB vermindert sich der zu berücksichtigende Schaden auch insoweit, als er durch rechtzeitige **Einlegung eines Rechtsbehelfs** hätte verhindert werden können.

Beispiel: A wird aufgegeben, eine Erlaubnis i. S. d. § 3 LHundG zu beantragen. Tatsächlich fällt der Hund nicht unter das LHundG. A unternimmt nichts dagegen, sondern beantragt die Erlaubnis. Als er später erfährt, dass er sie nicht gebraucht hätte, möchte er die dafür notwendigen Gutachterkosten ersetzt haben. – Diesen Anspruch hat er nicht, weil er es unterlassen hat, sich gegen die Verfügung durch Widerspruch zu wehren.

---

33 Vgl. Rühle / Suhr § 68, 1.1.
34 OLG Dresden LKV 2003, 583.
35 OLG Köln v. 26.1.1995 - 7 U 146/94, NJW-RR 1996, 860: Schutz der Wohnung beim Anschein eines Einbruchs; OLG Hamm v. 7.10.1987 - 11 U 40/87, NJW 1988, 1096.

4. Abtretung von Ansprüchen gegen Dritte, § 69 Abs. 4 POG

21 Stehen dem Geschädigten aus dem Schadensereignis gleichzeitig **Ansprüche auch gegen Dritte** zu, würde sich eigentlich sein zu Grunde zu legender Schaden um diesen Anspruch verringern (vgl. Rn K 20). Das wäre aber für ihn nachteilig, weil diese Forderungen erst noch durchgesetzt werden müssen, möglicherweise ist deren Durchsetzung sogar aus tatsächlichen (z. B. Schuldner ist finanziell schwach) oder rechtlichen Gründen (z. B. die Beweis- oder Rechtslage ist nicht eindeutig) zweifelhaft. Darum muss er diese Forderungen gegen Dritte nicht selbst durchsetzen. Damit er aber auch nicht bereichert ist, muss er dem ausgleichenden Hoheitsträger diese Ansprüche **abtreten**.[36] Anders als bei Versicherungsleistungen (vgl. § 67 VVG, § 116 Abs. 2 SGB X) gibt es hier keinen gesetzlichen Forderungsübergang. Bis zu dieser Abtretung hat der Hoheitsträger hinsichtlich seiner Leistung ein Zurückbehaltungsrecht, hat er schon geleistet, hat er einen Anspruch auf Abtretung der Ansprüche gegen Dritte. Soweit Gegenleistung eigener Arbeit oder eigenen Kapitals oder Schenkungen i. w. S. nicht anrechenbar sind (s. dazu oben Rn K 20), kann auch keine Abtretungspflicht bestehen.

VII. Anspruchsinhaber und Anspruchsgegner

1. Anspruchsinhaber

22 Der Ausgleichsanspruch kann vom Geschädigten geltend gemacht werden, soweit der Anspruch nicht gesetzlich auf einen anderen durch dessen Leistung übergegangen ist, wie z. B. Arztkosten bei § 86 VVG oder § 116 Abs. 2 SGB X, Lohn bei § 3 Entgeltfortzahlungsgesetz oder Besoldung nach § 72 LBeamtG. Anspruchsinhaber können auch Hinterbliebene als mittelbar Geschädigte sein, soweit Ansprüche i. S. d. § 70 POG betroffen sind. Der Anspruch einschließlich etwaiger Schmerzensgeldansprüche kann durch Erbfall oder durch sonstigen Forderungsübergang auf Dritte übergehen. Der Anspruch geht so über, wie er beim vorherigen Inhaber war. Die neuen Inhaber der Forderung müssen sich entsprechend §§ 399, 412 BGB die im Rahmen des § 69 POG möglicherweise Einschränkungen und Billigkeitserwägungen entgegenhalten lassen.

2. Anspruchsgegner

a) Grundsätzlich: Anstellungskörperschaft

23 Ausgleichspflichtig ist nach § 72 Abs. 1 POG die **Körperschaft, die den Bediensteten**, der tätig geworden ist, i. w. S. **eingestellt hat**. Bei Polizeibeamten, Bediensteten der Ministerien, der Aufsichts- und Dienstleistungsdirektion Trier und allen anderen Landesbehörden ist das das Land Rheinland Pfalz, bei Kreisordnungsbehörden und örtlichen Ordnungsbehörden die jeweilige kommunale Gebietskörperschaft. Das gilt auch für die Landkreise, denn diese nehmen die Aufgaben des POG nach § 75 Abs. 2 POG als Auftragsangelegenheit wahr, womit ihre Maßnahmen solche der Kommune und nicht des Landes sind.[37]

---

36 Vgl. Rühle / Suhr § 68, 3.
37 Auch für ihre Verwaltungshelfer haftet die auftragende Körperschaft; für Abschleppunternehmen vgl. BGH v. 21.1.1993 - III ZR 189/91, NJW 1993, 1258.

In den Fällen der Gefahr im Verzug oder Aufgaben nach § 1 Abs. 8 POG werden die Maßnahmen der tätig gewordenen Polizeibeamten dem Land zugerechnet. Nur soweit die unterrichtete, zuständige Behörde die getroffenen Maßnahmen aufhebt oder ändert, wird die Anstellungskörperschaft der Bediensteten dieser Behörde haftbar.

b) Ausnahmsweise: Funktionskörperschaft

Vom Grundsatz des § 72 Abs. 1 wird nach § 72 Abs. 2 POG dann eine Ausnahme gemacht, wenn der Bedienstete nicht für die eigene Körperschaft, sondern zugunsten einer anderen Körperschaft tätig geworden ist, diese ihm also die Funktion anvertraut hat (sog. Anvertrautseinstheorie). Letztere ist dann ausgleichspflichtig. Das kommt gegebenenfalls in Betracht bei Abordnungen, Amtshilfe nach den §§ 4 ff. VwVfG sowie Vollzugshilfe nach § 96 Abs. 1 POG. 24

Beispiel: Ein Stadtinspektor wird zu Zwecken der Weiterbildung von „seiner" Stadtverwaltung zur Kreisverwaltung abgeordnet. Dort verursacht er durch einen Fehler einen Schaden. Ausgleichspflichtig ist der Landkreis, der dem Stadtinspektor die Aufgabe anvertraut hat.

Ist der Schaden durch Maßnahmen von Polizeibeamten anderer Länder, des Bundes oder – soweit Gegenseitigkeit gewährleistet ist – ausländische Polizisten verursacht, während sie für eine rheinland-pfälzische Polizeibehörde tätig waren, werden deren Maßnahmen nach § 86 Abs. 2 S. 2 bzw. 3 dem Land Rheinland-Pfalz zugerechnet.

Beispiel: Wegen einer Großdemonstration in Ludwigshafen fordert das Polizeipräsidium Rheinpfalz hessische Polizeibeamte an. Einer dieser Polizeibeamten verletzt rechtswidrig einen Demonstranten. Das gilt nach § 86 Abs. 2 S. 2 POG als Maßnahme des Polizeipräsidiums Rheinpfalz.

VIII. Rückgriff der Körperschaft, die Ausgleich geleistet hat

1. Rückgriff gegen eine mitwirkende Körperschaft

Nach § 72 Abs. 3 POG kann eine Körperschaft gegen eine andere Regressforderungen stellen, wenn sie Aufwendungen deshalb hatte, weil ein Bediensteter der anderen Körperschaft für sie tätig war und dabei in der Art und Weise seiner Tätigkeit einen Schaden verursacht hat. Die Aufwendungen können darin bestehen, dass die federführende Körperschaft den Schaden selbst behoben hat oder dass sie vom Geschädigten selbst in Anspruch genommen wurde. Voraussetzung ist allerdings, dass sie nicht auch für die Art und Weise der Maßnahme verantwortlich ist, z. B. weil sie insoweit Vorgaben gemacht hat. 25

Beispiel: Die Verbandsgemeindeverwaltung als Ordnungsbehörde will einen eingewiesenen Obdachlosen, dessen Einweisungszeit abgelaufen ist, aus der Wohnung entfernen. Da dieser Widerstand leistet, bittet sie die Polizei um Vollzugshilfe. Durch grobe Unachtsamkeit der Polizeibeamten wird dabei Mobiliar zerstört. – Der Wohnungseigentümer hat nach § 68 Abs. 1 S. 1, 69 POG einen Ausgleichsanspruch gegen die Verbandsgemeinde, § 72 Abs. 1 POG. Da der Schaden aber nur durch die Art und Weise der Maßnahme entstanden ist, ist eigentlich das Land als Anstellungskörperschaft der Polizei dafür verantwortlich, § 96 Abs. 2 S. 1 POG. Darum hat die Verbandsgemeinde nach § 72 Abs. 3 POG einen Regressanspruch gegen das Land Rheinland-Pfalz.

Ein Ausgleich zwischen Behörden desselben Rechtsträgers (z. B. Aufsichts- und Dienstleistungsdirektion gegen Polizei) ist nach § 72 Abs. 3 POG nicht möglich. Eine andere Frage ist die, ob Zahlungen von einem Budget ins andere verschoben werden, nur handelt es sich dann nicht um einen echten Fall des § 72 Abs. 3 POG.

2. Rückgriff gegenüber den Verantwortlichen

26 Hat letztlich ein Verantwortlicher i. S. d. §§ 4 oder 5 POG für den Schaden einzustehen (z. B. der Obdachlose im voranstehenden Beispielsfall, wenn die Beschädigung unvermeidbar gewesen wäre), kann die zum Ausgleich verpflichtete Körperschaft i. S. d. § 72 POG nach § 73 Abs. 1 POG dem Verantwortlichen gegenüber Regress nehmen. Die Verantwortlichen sollen nicht zulasten der Allgemeinheit auch noch von ihrer finanziellen Verantwortung entlastet werden. Regressberechtigt ist die nach außen zum Ausgleich verpflichtete Körperschaft, also auch in den Fällen des § 72 Abs. 3 POG. Der Rückgriff ist möglich, soweit aufgrund von **§ 68 Abs. 1 S. 1** oder **§ 68 Abs. 2 POG** gezahlt worden ist. Bei einer rechtswidrigen Maßnahme stehen dem Hoheitsträger allerdings keine Ansprüche aus den §§ 68 ff. POG zu. Er kann aber möglicherweise bei grober Fahrlässigkeit des Bediensteten im Rahmen des **§ 48 BeamtStG** oder aus der Verletzung des Arbeitsvertrages nach § 280 BGB i. V. m. den Grundsätzen über die **schadensgeneigte Arbeit** bei seinem Bediensteten Regress nehmen.

3. Gesamtschuldnerschaft mehrerer Verantwortlicher

27 Soweit mehrere Personen verantwortlich sind, haften sie als **Gesamtschuldner** nach §§ 421 ff BGB, § 73 Abs. 2 POG gegenüber der regressberechtigten Körperschaft. Das POG hat damit eine umstrittene Frage gesetzlich geregelt.[38] Die Inanspruchnahme des Verantwortlichen liegt im Ermessen der anspruchsberechtigten Körperschaft. Dabei darf die Frage, wer in welchem Umfang herangezogen wird, nicht willkürlich entschieden werden. Vielmehr sind insbesondere die Verteilung von Verursachung und Schuld sowie die Leistungsfähigkeit der verschiedenen Schuldner zu berücksichtigen.[39] Zu beachten ist, dass ein Schadensvorgang verschiedene Einzelschadensfälle sein können, bei denen jeder für sich betrachtet werden muss, z. B. bei einem Auffahrunfall.[40] Soweit darauf ein Gesamtschuldner an den Hoheitsträger geleistet hat, gehen nach § 426 Abs. 2 BGB die Regressansprüche abzüglich seines eigenen Anteils auf ihn über. Die ursprünglich öffentlich-rechtliche Forderung wird dabei in einen Anspruch des bürgerlichen Rechts umgewandelt.[41] Untereinander haften die Gesamtschuldner nach § 426 Abs. 1 S. 1 BGB im Zweifel zu gleichen **Quoten**. Die Haftung kann sich aber auch nach Verschuldens- und Verursachungsanteilen bemessen. Das kann bis zur ausschließlichen Belastung nur eines von mehreren Gesamtschuldnern reichen.[42] Bei der Ermittlung der Quoten ist zu beachten, dass Personenmehrheiten bei **rechtlicher Einheit** (z. B. Geschäftsherr und Verrichtungsgehilfe) oder bei **tatsächlichen Handlungseinheiten** (z. B. abgeschlossene,

---

38 Wegen fehlender Vergleichbarkeit gegen Gesamtschuldnerschaft und Geschäftsführung ohne Auftrag: BGH v. 27.5.1981 - IVa ZR 132/80, NJW 1981, 2458 und v. 18.9.1986 - III ZR 227/84, NJW 1987, 187; Schwachheim NVwZ 1988, 226; offengelassen OVG Lüneburg v. 10.6.1989 - 12 A 234/87, NVwZ 1990, 786; für gesamtschuldnerische Haftung Pietzcker JuS 1986, 722 und Klöpfer DVBl 1989, 1121 ff.
39 VGH München NVwZ-RR 1999, 101.
40 So VGH Kassel v. 4.9.1985 - 5 UE 178/8, NJW 1986, 1829, wobei es dort eigentlich um ein anderes Problem ging.
41 Kohler-Kehrig NVwZ 1992, 1051, Finkenauer NJW 1995, 434.
42 BGH v. 29.6.1972 - VII ZR 190/71, NJW 1972, 1802,und BGH v. 9.7.1980 - IVb ZR 526/80, NJW 1980, 2349.

gesonderte Tatbeiträge mehrerer) bei der Quote wie nur eine Person zählen können.[43]

IX. Geltendmachung von Ausgleichs- und Regressansprüchen

1. Rechtsweg

Ausgleichsansprüche betroffener Geschädigter gegenüber den Hoheitsträgern müssen vor den **ordentlichen Gerichten** anhängig gemacht werden, § 74 1. Hs. POG i. V. m. § 40 Abs. 1 S. 2 VwGO. Der Grund ist die inhaltliche Nähe und gegebenenfalls sogar Überschneidung mit den Regeln der Amtshaftung oder der Enteignung (vgl. Art. 14 Abs. 3 S. 4 und Art. 34 S. 3 GG). Demgegenüber bleibt es für **Rückgriffsansprüche** gegen einen anderen Hoheitsträger (§ 72 Abs. 3 POG) oder gegen den Verantwortlichen (§ 72 POG) nach § 40 Abs. 1 S. 1 VwGO beim **Verwaltungsrechtsweg**.

28

2. Verjährung

Alle Ansprüche **verjähren** nach § 71 POG innerhalb von **drei Jahren**. Die Frist beginnt entsprechend § 187 Abs. 1 BGB am Folgetag, nachdem der Geschädigte
1) Kenntnis vom Schaden *und*
2) Kenntnis vom Ausgleichspflichtigen hat.

29

Denn damit hat er die Voraussetzungen, um eine Klage zu erheben. Anders als bei Erstattungsansprüchen (vgl. Rn J 43) gilt § 199 BGB (Verjährungsbeginn erst am Schluss des Kalenderjahres) hier nicht entsprechend.

Anders als bei den Gefahrenabwehrmaßnahmen auf der Primärebene (vgl. Rn G 1 und F 4) verjähren nach dem Grundgedanken des § 197 BGB die Kostenansprüche spätestens nach **30 Jahren**, gerechnet vom Eintritt des schädigenden Ereignisses an. Für diese Frist kommt es nicht darauf an, ob der Schaden schon aufgetreten oder gar erkannt ist.

Beispiel: Wird ein 20jähriger Demonstrant rechtswidrig bei einer Demonstration verletzt und stellen sich Folgeschäden erst heraus, wenn er 51 Jahre alt ist, können keine Ansprüche aus den §§ 68 ff. POG mehr geltend gemacht werden (anders, wenn er erst 49 Jahre alt ist).

Neben dem Anspruch aus den §§ 68 ff. POG können gegen einen Hoheitsträger auch **Ansprüche nach anderen Vorschriften** bestehen. Soweit es sich hier um spezialgesetzliche Aufopferungsansprüche handelt (z. B. § 51 GewO; §§ 66 ff. TierSchG), gehen diese vor. Umgekehrt treten allgemeine Aufopferungsansprüche (z. B. aus enteignendem oder enteignungsgleichem Eingriff) hinter die §§ 68 ff. POG zurück. Andere Ansprüche als solcher der Aufopferung sind neben den §§ 68 ff. POG anwendbar. So ersetzt der Amtshaftungsanspruch nach § 839 BGB i. V. m. Art. 34 GG nicht nur einen Billigkeitsausgleich wie § 69 POG, verlangt aber andererseits Verschulden der handelnden Ordnungskraft und schließt in § 839 Abs. 1 S. 2 und Abs. 3 für bestimmte Fälle seine Haftung aus. Allerdings schließen die §§ 68 ff. POG

30

---

43 BGH v. 24.4.1952 - III ZR 78/51, NJW 1952, 1087; BGH v. 18.9.1973 - VI ZR 91/7, NJW 1973, 2022; BGH v. 9.2.1993 - XI ZR 88/92 NJW 1993, 1260.

Ansprüche aus dem allgemeinen öffentlich-rechtlichen oder aus Geschäftsführung ohne Auftrag aus.[44]

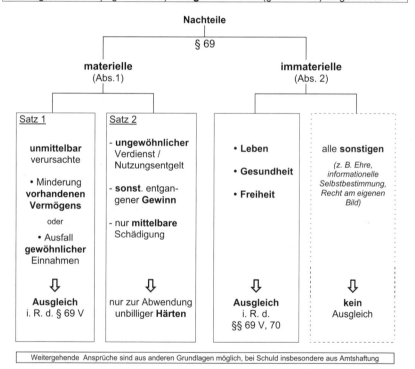

---

[44] BGH v. 13.11.2003 - III ZR 70/03, NJW 2004, 513; Würtenberger / Heckmann / Tanneberger § 10 Rn 43 f..

L. Die Ordnungsverfügung

I. Anforderungen an eine Ordnungsverfügung

Die Ordnungsverfügung ist ein Verwaltungsakt i. S. d. § 35 VwVfG (vgl. hierzu Rn G 13). Es gelten für ihn daher grundsätzlich die für diesen geltenden Regeln, die hier aber nicht ausführlich wiedergegeben werden können; insoweit wird auf die einschlägige Literatur zum allgemeinen Verwaltungsrecht verwiesen. Hier können nur einige für die ordnungsrechtliche Verfügung relevante Grundsätze zusammengestellt werden. 1

1. Formelle Anforderungen

A. Der Ordnungsverfügung sollte zunächst eine **Sachverhalts**darstellung vorausgehen, aus der sich alle wesentlichen Fakten ergeben, die für die Begründung der Verfügung maßgeblich sind. 2
B. Sie muss ferner **formell** ordnungsgemäß sein.
   1. Die Ordnungsverfügung muss von der sachlich und örtlich **zuständigen** Stelle erlassen worden sein. Insoweit wird oben auf Kap. B verwiesen.
   2. Sie ist grundsätzlich **form**frei, § 37 Abs. 2 VwVfG / § 1 LVwVfG. Soweit sie schriftlich erlassen wird, muss sie die erlassende Ordnungs- bzw. Polizeibehörde erkennen lassen (ansonsten Nichtigkeitsgrund nach § 44 Abs. 2 Nr. 1 VwVfG) und die Unterschrift oder Namenswiedergabe des Behördenleiters, seines Vertreters oder seines Beauftragten enthalten (§ 37 Abs. 3 VwVfG / § 1 LVwVfG), sofern die Verfügung nicht mithilfe einer automatischen Einrichtung erstellt wurde, § 37 Abs. 4 VwVfG / § 1 LVwVfG. Bei Schriftlichkeit ist die Ordnungsverfügung nach § 39 Abs. 1 VwVfG / § 1 LVwVfG zu **begründen**, wenn kein Fall des § 39 Abs. 2 VwVfG vorliegt. Zur Begründung gehört auch die konkrete Angabe der Ermächtigungsgrundlage, auf die die Verfügung gestützt wird sowie bei Ermessensentscheidungen die wesentlichen Abwägungsgrundsätze. Die Verfügung muss analog § 59 VwGO eine **Rechtsbehelfsbelehrung** mit dem Inhalt des § 58 Abs. 1 VwGO enthalten; deren Fehlen oder Fehlerhaftigkeit macht die Verfügung jedoch nicht rechtswidrig, sondern führt nach § 58 Abs. 2 VwGO lediglich zu einer Verlängerung der Rechtsbehelfsfristen auf ein Jahr. Wird die Ordnungsverfügung mit einer Androhung verbunden, soll sie aus wenig einleuchtenden Gründen sogar **zu**stellungsbedürftig sein.[1]
   3. Im Übrigen sind für das **Verfahren** die §§ 9 ff. VwVfG / § 1 LVwVfG zu beachten. Das gilt insbesondere für die (formfreie) Anhörung nach § 28 Abs. 1 VwVfG / § 1 LVwVfG. Bei dieser ist jedoch darauf zu achten, dass (abgesehen von zwingenden Gründen, nach § 28 Abs. 3 VwVfG / § 1 LVwVfG auf sie zu verzichten) von der Anhörung abgesehen werden *kann*, wenn sie nach den Umständen nicht geboten ist, wobei die fünf dort zitierten Fälle nur Beispielsfälle sind („*insbesondere*"). Gerade bei mündlichen Verfügungen wird häufig (bei der Polizei sogar regelmäßig) entweder ein Eilfall i. S. d. § 28 Abs. 2 Nr. 1 VwVfG / § 1 LVwVfG vorliegen oder die Anhörung den Umstän-

---

1 OVG Koblenz v. 25.6.1986 - 8 A 92/85, NVwZ 1987, S. 899; s. Rn J 60.

den nach ansonsten nicht geboten sein, z. B. aus taktischen Gründen oder weil ein längeres Gespräch vorausging. Zu beachten ist insbesondere, dass nach § 28 Abs. 2 Nr. 5 VwVfG / § 1 LVwVfG vor Vollstreckungsmaßnahmen nicht mehr angehört werden muss.

2. Materielle Anforderungen

3 Der **Tatbestand** der Ermächtigungsgrundlage muss in allen seinen Merkmalen vorliegen. Diese werden entweder in der jeweiligen Ermächtigungsgrundlage ausdrücklich benannt, oder es handelt sich um die Gefahr für die öffentliche Sicherheit oder Ordnung (s. hierzu Kap. C und D). Auf der **Rechtsfolgenseite** hat die allgemeine Ordnungsbehörde oder die Polizei in aller Regel Ermessen (vgl. hierzu Kap. F), in dem neben der Verhältnismäßigkeit insbesondere die Bestimmung und Auswahl des oder der Adressaten eine bedeutsame Rolle spielt (vgl. hierzu Kap. E).

3. Rechtsschutz

4 Wird auch nur gegen eine der formellen (ausgenommen die Rechtsbehelfsbelehrung) oder materiellen Anforderungen verstoßen, ist die Ordnungsverfügung rechtswidrig; formelle Fehler sind aber nur beachtlich, wenn sie bei weitester Auslegung Einfluss auf das materielle Ergebnis haben konnten (vgl. auch §§ 45 f. VwVfG / § 1 LVwVfG). Gegen sie ist dann binnen eines Monats ab Bekanntgabe der Ordnungsverfügung der **Anfechtungswiderspruch** statthaft, der schriftlich oder zur Niederschrift bei der erlassenden Ordnungsbehörde oder bei der Widerspruchsbehörde (in der Regel die Verwaltung des Landkreises oder der großen Stadt als Träger des Stadt- oder Kreisrechtsausschusses, vgl. § 7 Abs. 1 AGVwGO) eingelegt werden kann, §§ 68, 70 VwGO. Hat dieser Widerspruch weder im Abhilfeverfahren (§ 72 VwGO) noch bei der Widerspruchsbehörde Erfolg, kann binnen eines Monats ab Bekanntgabe des Widerspruchsbescheids schriftlich oder zur Niederschrift **Anfechtungsklage** vor dem Verwaltungsgericht erhoben werden, §§ 74, 81 f. VwGO). Gegen dessen Urteil ist unter bestimmten Voraussetzungen (insbesondere bedarf es einer Zulassung) die **Berufung** zum OVG Rheinland-Pfalz (in Koblenz) und danach unter noch engeren Voraussetzungen die **Revision** (nur noch reine Rechtskontrolle) zum Bundesverwaltungsgericht (in Leipzig) möglich, §§ 124 ff., 132 ff. VwGO.

5 Der Anfechtungswiderspruch und die Anfechtungsklage haben **aufschiebende Wirkung**, d. h. ab ihrer Einlegung darf die Ordnungsverfügung grundsätzlich nicht mehr umgesetzt werden, § 80 Abs. 1 VwGO. Das ist allerdings dann anders, wenn die aufschiebende Wirkung aus Gründen des § 80 Abs. 2 VwGO entfällt. Solche Fälle sind insbesondere unaufschiebbare Anordnungen und Maßnahmen von Polizeibeamten i. S. d. §§ 76 ff. POG (§ 80 Abs. 2 S. 1 Nr. 2 VwGO), Verkehrszeichen nach der StVO (§ 80 Abs. 2 S. 1 Nr. 2 VwGO analog[2]), verschiedene Spezialregelungen i. S. d. § 80 Abs. 2 S. 1 Nr. 3 VwGO (z. B. für Vollstreckungsmaßnahmen § 20 AGVwGO) und die Fälle, in denen die Ordnungsbehörde im überwiegenden Vollzugsinteresse gemäß § 80 Abs. 2 S. 1 Nr. 4 VwGO die sofortige Vollziehung der Ordnungsverfügung angeordnet hat. Bei einer solchen Anordnung nach § 80 Abs. 2 S. 1 Nr. 4 VwGO ist es

---

2 BVerwG v. 7.11.1977 - VII B 135.77, NJW 1978, 656; v. 13.12.1979 - 7 C 46.78, NJW 1980, 1640; v. 15.6.1981 - 7 B 216.80, NJW 1982, 348;; OVG Koblenz NVwZ 1988, 623; v. 22.11.1988 - 7 A 15/88, NVwZ-RR 1989, 299.

L. Die Ordnungsverfügung

nach § 80 Abs. 3 VwGO grundsätzlich Voraussetzung, dass die Ordnungsbehörde begründet, warum die Verfügung sofort vollzogen werden muss und damit nicht bis ihrer zur Bestandskraft gewartet werden kann.

Gegen die Anordnung der sofortigen Vollziehung kann nach § 80 Abs. 4 VwGO wahlweise die Ausgangs- oder die Widerspruchsbehörde oder nach § 80 Abs. 5 VwGO das **Verwaltungsgericht** angerufen werden, um die aufschiebende Wirkung anzuordnen bzw. wiederherzustellen. Gegen den gerichtlichen Beschluss ist **Beschwerde** beim OVG Rheinland-Pfalz möglich.

II. Gutachterliche Prüfung einer Ordnungsverfügung

Sachverhalt: 6

M hat mit seiner sechsköpfigen Familie bei E eine Wohnung für 400 EUR gemietet. Da E die Wohnung als Eigenbedarf für seine Tochter und deren Familie benötigt, kündigt E ihm nunmehr wirksam das Mietverhältnis. Das Amtsgericht hat M zum 31. Januar eine Räumungsfrist gesetzt, E den Gerichtsvollzieher schon für den 1. Februar bestellt. M ist nicht in der Lage, bis dahin eine andere Wohnung zu finden. Der Gerichtsvollzieher informiert hiervon routinemäßig die örtliche Verbandsgemeindeverwaltung. Auch diese hat im Moment keine Alternative im eigenen Bezirk und im Umfeld zur Verfügung. Sie verhandelt lange und ausführlich mit E über eine Verlängerung des Mietverhältnisses zwischen E und M oder über eine andere Möglichkeit des Verbleibs der M. E lehnt aber jedes Weiterwohnen der M in seinen Räumen ab. Die Verbandsgemeindeverwaltung verfügt daher am 28. Januar mit schriftlichem Bescheid gegen E, dass dieser zunächst bis zum 30. April in die bisherige Wohnung eingewiesen werde. Der auf den üblichen Briefbögen der Verbandsgemeindeverwaltung verfasste Bescheid enthielt eine umfassende Begründung und eine ordnungsgemäße Rechtsbehelfsbelehrung.

■ *Prüfen Sie umfassend die Rechtmäßigkeit dieser Anweisung.*

Lösungsvorschlag: 7

Die Anweisung greift in die Rechte der Adressaten ein und bedarf darum nach Art. 20 Abs. 3 GG einer Ermächtigungsgrundlage. Spezialgesetzliche Vorschriften sind nicht einschlägig, ebenso wenig Standardmaßnahmen nach den §§ 9a ff. POG. Ermächtigungsgrundlage könnte aber § 9 Abs. 1 S. 1 POG sein.

I. Dazu müsste die Maßnahme zunächst einmal formell rechtmäßig sein.

1. Die Verbandsgemeindeverwaltung müsste **zuständig** sein.[3] Es handelt sich um eine Maßnahme der Schadensbekämpfung, also der Gefahrenabwehr i. S. d. § 1 Abs. 1 S. 1 POG. Eine Zuständigkeit der Polizei oder von Sonderordnungsbehörden i. S. d. § 88 Abs. 2 POG scheidet mangels ausdrücklicher Zuweisung aus. Es gibt zwar auch keine ausdrückliche Zuweisung an die allgemeinen Ordnungsbehörden, jedoch sind diese immer auch dann zuständig, wenn es keinerlei ausdrückliche Zuweisungen gibt. Die Zuständigkeit der Verbandsgemeindeverwaltung ergibt sich aus den §§ 1 Abs. 1, 88 Abs. 1, 89 Abs. 1, 90 Abs. 1 POG i. V. m. § 1 der Zuständigkeitsverordnung / POG, § 91 Abs. 1 POG.
2. Die Verfügung müsste **formgerecht** gewesen sein. Die Verfügung konnte nach § 37 Abs. 2 VwVfG / § 1 Abs. 1 LVwVfG in schriftlicher Form erlassen werden. Die

---
3 Vgl. Rn B 19.

Voraussetzungen des § 37 Abs. 3 VwVfG / § 1 LVwVfG und des § 39 VwVfG / § 1 Abs. 1 LVwVfG sind eingehalten.

3. Es müssen die Verfahrensvorschriften eingehalten sein. Eine Verletzung der Vorschriften der §§ 9 ff. VwVfG / § 1 LVwVfG über das **Verfahren** ist nicht ersichtlich, insbesondere war eine Anhörung der Adressaten nach § 28 Abs. 2 VwVfG / § 1 LVwVfG nicht geboten, da der Verfügung ein ausgiebiges Gespräch vorangegangen war und für eine schriftliche Anhörung kaum noch Zeit ist.

Die Maßnahme ist demnach formell rechtmäßig.

8 II. 1. Der **Tatbestand** des § 9 Abs. 1 S. 1 POG ist erfüllt, wenn eine Gefahr für die öffentliche Sicherheit oder Ordnung vorliegt.

Die **öffentliche Sicherheit** könnte berührt sein.[4] Zu ihr gehört der Schutz der Individualrechtsgüter, der objektiven Rechtsordnung und der Hoheitsträger mit ihren Einrichtungen und Veranstaltungen. Hier droht M und seiner Familie gesundheitlicher Schaden, wenn sie in den Wintermonaten kein Dach über dem Kopf haben und den Witterungen ausgeliefert sind. Demgegenüber verstößt Obdachlosigkeit nicht gegen die Rechtsordnung oder gegen hoheitliche Belange. Die öffentliche Sicherheit ist berührt.

Auch die **öffentliche Ordnung** könnte tangiert sein.[5] Sie umfasst die Gesamtheit der ungeschriebenen Regeln, deren Befolgung nach den jeweils herrschenden sozialen und ethischen Anschauungen als unerlässliche Voraussetzung eines geordneten menschlichen Zusammenlebens innerhalb eines bestimmten Gebietes angesehen wird. Wenn die öffentliche Sicherheit betroffen ist, braucht die öffentliche Ordnung nur noch geprüft zu werden, soweit sich neue Gefahrengesichtspunkte ergeben. Soweit sich dagegen die Wertvorstellungen der öffentlichen Ordnung mit denen der öffentlichen Sicherheit decken (z. B. ist es eine unerlässliche Voraussetzung menschlichen Zusammenlebens, andere nicht erfrieren zu lassen), tritt die öffentliche Ordnung subsidiär zurück. Hier kommt jedoch noch ein **zusätzlicher Gefahrengesichtspunkt** hinzu. Es widerspricht unseren wesentlichen gesellschaftlichen Normen für ein Miteinander, dass Mitmenschen gegen ihren Willen auf der Straße wohnen müssen. Andere Menschen hierzu zu zwingen, verletzt nicht nur deren Persönlichkeitsrecht, sondern birgt auch die Gefahr sozialer Spannungen in sich. Zu den Mindestvoraussetzungen menschlicher Existenz gehört nach unseren maßgeblichen Wertvorstellungen, dass niemand gegen seinen Willen kein Dach über dem Kopf hat. Also ist neben der öffentlichen Sicherheit auch die öffentliche Ordnung berührt.

9 Diese Schutzgüter müssten auch konkret gefährdet sein. Eine konkrete Gefahr[6] ist die hinreichende Wahrscheinlichkeit, dass im einzelnen Fall bei ungehindertem Geschehensablauf entweder in absehbarer Zeit ein Schaden für die Schutzgüter eintritt oder dieser Schaden schon eingetreten ist und sich noch vertiefen kann. Hier ist binnen 3 Tagen damit zu rechnen, dass die o. g. Schutzgüter geschädigt werden.

Insoweit liegt also eine Gefahr für die öffentliche Sicherheit vor.

10 2. Die Ordnungsbehörde kann also im Rahmen ordnungsgemäßen **Ermessens** die notwendigen Maßnahmen gegen E treffen.[7]

---

4 Vgl. Rn C 3 ff.
5 Vgl. Rn C 14 ff.
6 Vgl. Rn D 2 ff.
7 Vgl. Rn F 1 ff.

L. Die Ordnungsverfügung

Die aufgegebene Maßnahme ist offenbar **bestimmt** genug aufgegeben sowie tatsächlich und rechtlich **möglich**. Allgemeine Fehler, insbesondere solche des Ermessens, sind nicht ersichtlich.

Die Frage ist, ob E auch der richtige **Adressat** ist.[8] Er könnte Verhaltensverantwortlicher i. S. d. § 4 Abs. 1 POG sein. Dazu müsste er durch Handeln oder durch ein gegen eine öffentlich-rechtliche Verpflichtung verstoßendes Unterlassen die letzte Ursache für die Obdachlosigkeit des M und seiner Familie gesetzt haben. Dafür spricht, dass seine Räumungsklage und das Ansetzen der Räumung chronologisch die letzte Ursache vor einer möglichen Obdachlosigkeit des M und seiner Familie ist. Allerdings darf dieses Verhalten nicht mitgerechnet werden. Es wäre widersprüchlich, wenn jemand alleine dadurch, dass er die Mittel unserer Rechtsordnung ordnungsgemäß nutzt, zum Verantwortlichen werden würde. Als Verhalten darf darum das bloße Geltendmachen eigener Rechte nicht mitgezählt werden. Eine sonstige Verantwortlichkeit nach § 4 oder § 5 POG kommt nicht in Betracht. E ist also Nichtverantwortlicher.

Aber auch Nichtverantwortliche können zur Gefahrenbeseitigung herangezogen werden, wenn alle Voraussetzungen des § 7 Abs. 1 POG zusammen vorliegen, die einen Notstand definieren. Nach § 7 Abs. 1 Nr. 1 POG müsste es sich um eine gegenwärtige erhebliche Gefahr handeln. Dass eine Gefahr vorliegt, wurde oben im Tatbestand schon dargelegt. Gegenwärtig ist eine Gefahr, wenn der Schaden schon eingetreten ist oder dieser Eintritt in allernächster Zeit mit an Sicherheit grenzender Wahrscheinlichkeit bevorsteht. Dabei ist die Betrachtung umso großzügiger, je höherwertiger das gefährdete Schutzgut ist. Hier droht binnen 3 Tagen Schaden für Leib und Leben sowie für die öffentliche Ordnung. Es liegt eine gegenwärtige Gefahr vor. Erheblich ist eine Gefahr, wenn besonders wichtige Schutzgüter bedroht sind. Auch das ist der Fall. Nach § 7 Abs. 1 Nr. 2 POG darf die Inanspruchnahme von Verantwortlichen nicht Erfolg versprechend sein. Hier kommt als Verantwortlicher allenfalls die Familie M in Betracht. Es kann dahinstehen, ob jemand alleine durch seine Obdachlosigkeit Verantwortlicher werden kann. Aber selbst wenn man das annähme, ist M offensichtlich nicht in der Lage, seine Obdachlosigkeit mit eigenen Kräften abzuwenden. Nach § 7 Abs. 1 Nr. 3 POG darf es der Ordnungsbehörde nicht möglich sein, die Gefahr durch eigene Mittel (Obdachlosenunterkünfte) oder durch Beauftragte (Hotels u. ä.) abzuwehren. Auch das ist hier ausgeschlossen. Schließlich ist nicht erkennbar, dass E durch die Maßnahme besonderen Gefahren ausgesetzt ist oder Gefahr läuft, höherwertige Pflichten zu verletzen (vgl. § 7 Abs. 1 Nr. 4 POG). Die Frage der Adressatenauswahl i. e. S. stellt sich hier nicht. Es ist nämlich nicht erkennbar, dass sinnvollerweise andere Nichtverantwortliche herangezogen werden könnten. E kann als Nichtverantwortlicher in Anspruch genommen werden.

Das gewählte Mittel müsste auch i. S. d. § 2 Abs. 1 und 2 POG **verhältnismäßig** i. w. S. sein.[9] Es erscheint geeignet, die oben beschriebenen Gefahren zu unterbinden. Als milderes Mittel käme eine kürzere Einweisung in Betracht, was aber wohl nicht viel Sinn machen würde. Andere Unterkunftsmöglichkeiten gibt es nicht.

Die Maßnahme müsste gemäß § 2 Abs. 2 POG auch angemessen sein. Die Verbandsgemeindeverwaltung greift hier in das Eigentumsrecht nach Art. 14 des E ein.

11

---

8 Vgl. Rn E 1 ff.
9 Vgl. Rn F 20 ff.

Das steht nicht erkennbar außer Verhältnis zum Schutz der o. g. Rechtsgüter. Die Maßnahme ist auch angemessen.
Ergebnis: Die Maßnahme ist rechtmäßig.

III. Beispiel einer Ordnungsverfügung

12 Verbandsgemeindeverwaltung Puderbach
als örtliche Ordnungsbehörde
Hauptstraße 13
56305 Puderbach
Puderbach, 28. Januar ...
Mit Postzustellungsurkunde
Herrn Emil Eigentümer
Saroriusweg 12
56305 Puderbach
Aufgrund § 9 Abs. 1 S. 1 des Polizei- und Ordnungsbehördengesetzes vom 10.11.1993 (GVBl. S. 595), zuletzt geändert durch Gesetz vom 20.12.2011 (GVBl. S. 427), ergeht an Sie folgende ordnungsbehördliche Anordnung:
1. Hiermit wird mit sofortiger Wirkung die Familie M, bestehend aus Herrn Werner M, Frau Martha M, ..., in sämtliche Räume der bisher bewohnten und bei ihnen gemieteten Wohnung Hauptstraße 13, 56305 Puderbach, 2. Etage links, eingewiesen. Die Einweisung ist befristet bis zum 30. April ...
2. Die sofortige Vollziehung dieser Verfügung wird angeordnet.

Begründung:
Die Familie M lebt mit sechs Personen aufgrund des mit Ihnen abgeschlossenen Mietvertrages vom ... in der oben benannten Wohnung. Mit Schreiben vom ... haben Sie dieses Mietverhältnis zum ... wirksam gekündigt. Das Amtsgericht hat M zum 31. Januar eine Räumungsfrist gesetzt. Sie haben den Gerichtsvollzieher für den 1. Februar bestellt, wovon uns der Gerichtsvollzieher G informiert hat. Die Familie ist M nicht in der Lage, bis dahin eine andere Wohnung zu finden. Über eigene Unterkunftsmöglichkeiten verfügt die Verbandsgemeinde nicht. Unsere Behörde hat sich an sämtlich Hotels, Pensionen, privaten Zimmervermieter usw. im Gebiet der Verbandsgemeinde V und darüber hinaus gewendet. Darum haben wir die Familie M wie oben ersichtlich eingewiesen.
Die Einweisung beruht auf § 9 Abs. 1 S. 1 POG.

13 I. Die Zuständigkeit der Verbandsgemeindeverwaltung V ergibt sich aus den §§ 1 Abs. 1, 88 Abs. 1, 89 Abs. 1, 90 Abs. 1 POG i. V. m. § 1 der Zuständigkeitsverordnung, § 91 Abs. 1 POG.
II. 1. Es liegt eine Gefahr für die öffentliche Sicherheit oder Ordnung vor.
Die Maßnahme ergeht zum Schutz der öffentlichen Sicherheit. Zur öffentlichen Sicherheit gehört der Schutz der Individualrechtsgüter, der objektiven Rechtsordnung und der Hoheitsträger mit ihren Einrichtungen und Veranstaltungen. Hier droht der Familie M gesundheitlicher Schaden, wenn sie in den Wintermonaten kein Dach über dem Kopf hat und den Witterungen ausgeliefert ist.[10]

---

10 Eine Einweisung in Büroräume, z. B. wenn M auch von zu Hause arbeitet, wäre rechtswidrig, weil es nicht Aufgabe der Ordnungsbehörde ist, gewerbliche Tätigkeiten zu sichern.

L. Die Ordnungsverfügung

Darüber hinaus ist auch die öffentliche Ordnung zu schützen. Diese umfasst die Gesamtheit der ungeschriebenen Regeln, deren Befolgung nach den jeweils herrschenden sozialen und ethischen Anschauungen als unerlässliche Voraussetzung eines geordneten menschlichen Zusammenlebens innerhalb eines bestimmten Gebietes angesehen wird. Es widerspricht unseren fundamentalen gesellschaftlichen Normen für ein Miteinander, dass Mitmenschen gegen ihren Willen auf der Straße wohnen müssen. Andere Menschen hierzu zu zwingen verletzt nicht nur deren Persönlichkeitsrecht, sondern birgt auch die Gefahr sozialer Spannungen in sich. Zu den Mindestvoraussetzungen menschlicher Existenz gehört nach den maßgeblichen Wertvorstellungen unserer Gesellschaft, dass niemand gegen seinen Willen kein Dach über dem Kopf hat.

Diese Schutzgüter sind auch konkret gefährdet. Hier besteht die hinreichende Wahrscheinlichkeit, dass bei ungehindertem Geschehensablauf binnen 3 Tagen die Eheleute M obdachlos und Gefahren für Leib und Leben durch den ungeschützten Aufenthalt in winterlicher Witterung ausgesetzt sind.

2. Der Maßnahme liegt auch eine ordnungsgemäße Ermessensausübung zu Grunde. **14**
Insbesondere sind Sie auch der richtige Adressat. Das allerdings nicht als Verantwortlicher, da man nicht durch bloßes Geltendmachen seiner zivilen Rechte zum Verantwortlichen nach § 4 Abs. 1 POG werden kann. Es liegen aber die Voraussetzungen des § 7 Abs. 1 POG vor, nach denen auch ein Nichtverantwortlicher zur Gefahrenbeseitigung herangezogen werden darf. Die oben beschriebene Gefahr ist i. S. d. § 7 Abs. 1 Nr. 1 POG gegenwärtig und erheblich, da hier binnen 3 Tagen Schaden für Leib und Leben sowie für die öffentliche Ordnung droht. Verantwortliche i. S. d. § 7 Abs. 1 Nr. 2 POG, die sinnvollerweise zur Gefahrenabwehr herangezogen werden könnten, gibt es nicht. Unserer Behörde ist es aus den o. g. Gründen auch nicht möglich, i. S. d. § 7 Abs. 1 Nr. 3 POG die Gefahr durch eigene Möglichkeiten oder durch Anmietung geeigneter Räume abzuwehren. Schließlich ist nicht erkennbar, dass Sie durch die Maßnahme besonderen Gefahren ausgesetzt sind oder Gefahr laufen, höherwertige Pflichten zu verletzen. Es ist auch nicht ersichtlich, dass sinnvollerweise andere Nichtverantwortliche herangezogen werden könnten.

Das gewählte Mittel ist auch i. S. d. § 2 Abs. 1 und 2 POG verhältnismäßig. **15**
Die Einweisung erscheint geeignet, die oben beschriebenen Gefahren zu unterbinden. Als milderes Mittel käme eine kürzere Einweisung in Betracht, was aber nicht viel Sinn machen würde. Andere Unterkunftsmöglichkeiten gibt es nicht.
Die Maßnahme ist auch gemäß § 2 Abs. 2 POG angemessen. Der Eingriff in Ihr Eigentumsrecht nach Art. 14 steht nicht erkennbar außer Verhältnis zum Schutz der o. g. Rechtsgüter.
Die sofortige Vollziehung[11] ist anzuordnen, weil ansonsten ein Widerspruch aufschiebende Wirkung nach § 80 Abs. 2 VwGO entfalten würde und unabhängig davon Vollstreckungsmaßnahmen zur Durchsetzung der Einweisung wegen § 2 LVwVG nicht vorgenommen werden könnten. Das hätte zur Folge, dass die Familie M zunächst die Wohnung verlassen müsste, wodurch diese obdachlos und der winterlichen Witterung ausgesetzt würde. Hierdurch drohen den Familienmitgliedern, insbesondere den Kindern, schwerste Schäden für ihre Gesundheit. Demgegenüber wäre die sofortige Vollziehung der Verfügung für Sie selbst ein deutlich geringerer Eingriff, denn selbst wenn diese Verfügung fehlerhaft sein sollte, wäre der mögliche Vermögensschaden nach den §§ 68 ff. POG zu ersetzen.

---

11 Vgl. § 80 Abs. 3 VwGO.

Mit freundlichen Grüßen
Durchblick
(Oberamtsrat)

16 Rechtsbehelfsbelehrung:[12]
Gegen beiliegenden Bescheid kann innerhalb eines Monats ab seiner Zustellung[13] Widerspruch erhoben werden. Der Widerspruch ist bei der Verbandsgemeindeverwaltung Puderbach, Hauptstraße 13, 56305 Puderbach, oder bei der Kreisverwaltung Neuwied, Wilhelm-Leuschner-Str. 9, 56564 Neuwied, schriftlich[14] oder zur Niederschrift einzulegen.

---

12 Vgl. § 58 Abs. 1 VwGO, ferner § 70 Abs. 1 VwGO.
13 Vgl. OVG Münster v. 4.3.2009 - 5 A 924/07, NJW 2009, 1832: „Bekanntgabe" sei bei zugestelltem Bescheid (hier Einschreiben mit Rückschein) missverständlich und darum fehlerhaft.
14 Die Belehrung über die Form der Einlegung ist nach § 70 Abs. 1 VwGO zwar nicht zwingend, BVerwG v. 13.12.1978 - 6 C 77.78, NJW 1979, 1670 m. w. N. Erfolgt sie aber, muss sie vollständig und richtig sein, BVerwG v. 27.4.1990 - 8 C 70.88, NJW 1991, 508. Wenn die Behörde den Zugang für die Übermittlung elektronischer Dokumente mit **qualifizierter elektronischer Signatur** gemäß § 3a Abs. 2 VwVfG im Zeitpunkt des Bescheides hatte (allerdings nur dann; Achtung: das kann für Ausgangs- und Widerspruchsbehörde unterschiedlich sein), muss die Belehrung sich daher auch darauf erstrecken, OVG Koblenz v. 8.3.2012 - 1 A 11258/11.OVG, NVwZ-RR 2012, 457; VG Trier v. 22.9.2009 - 1 K 365/09.TR; VG Neustadt a. d. Weinstraße v. 10.6.2010 - 2 K 1192/09.NW; v. 10.9.2010 - 2K156/10.NW und v. 30.6.2011 - 4 K 131/11.NW; VG Koblenz v. 4.8.2010 - 2 K 1005/09.KO; OVG Berlin v. 3.5.2010 - OVG 2 S 106/09, AnwBl 2010, 214, und vom v. 2.2.2011 - OVG 2 N1 0.10; VG Potsdam v. 8.8.2010 - 8 K 2929/09; OVG Magdeburg v. 24.11.2010 - 4 L 115/09; a. A. BFH v. 12.12.2012 - I B 127/12, AnwBl 2013, 141; OVG Bremen 8.8.2012 - 2 A 53/12.A, NVwZ-RR 2012, 950; SG Marburg v. 15.6.2011 - S 12 KA 295/10; Hess. LSG v. 20.6.2011 - L 7 AL 87/10, NZS 2012, 874 (Ls.); VG Frankfurt/M. v. 8.7.2011 - 11 K 4808/10.F. Die Belehrung dahin, dass die Klage als Anhang einer elektronischen Nachricht (E-Mail) zu übermitteln ist, ist nach der Auffassung des Verwaltungsgerichts Neustadt a. d. Weinstraße (10.9.2010 - 2 K 156/10.NW, NJW 2011, 1530) unvollständig und damit irreführend (aber dennoch gültig), weil unerwähnt bleibe, dass die Landesverordnung für die Übermittlung von Dokumenten außer der elektronischen Nachricht zwei weitere Wege eröffnet habe, nämlich OSCI (Online Service Computer Interface, z. B. EGVP) oder per Web-Upload. Nach dem VG Neustadt a. d. Weinstraße (Urteil v. 22.8.2011 - 4 K 54011/10.NW) genügt es aber jedenfalls, wenn der reine Wortlaut des § 70 bzw. § 74 Abs. 1 S. 1 VwGO zitiert wird.

Stichwortverzeichnis

(nach Kapiteln und Randnummern)

"DDR" A 11

Abfall G 72c
Abschleppen von Fahrzeugen G 72 ff., J 23
Absolute Rechte C 3
Absolutismus A 2
Adäquanztheorie K12 *(s. aber Sozialadäquanztheorie)*
Adressaten E 1 ff., J 4, G 9
Adressatenauswahl E 36 f.
Akte G 114
Allgemeine Ordnungsbehörden B 18
Allgemeine Wohlfahrt A 2
Amts- und Berufsgeheimnis G *s. Berufsgeheimnis*
Androhung J 20 ff., 32
Angemessenheit F 21
Anhalten G 19
Anhörung J 30, 83
Annäherungsverbot *s. Näherungsverbot*
Annexkompetenz B 14
Anrufaufzeichnung G 99
Ansammlung G 84b, 89
Anscheinsgefahr D 14
Anscheinsverantwortliche E 25, K 6
Anspruch auf Ordnungsmaßnahmen F 24 ff.
Anspruchsgegner K 23 ff.
Anspruchsinhaber K 22
Anwendbarkeit des POG B 2 ff.
Äquivalenztheorie E 12, K 12
Ärztlicher Dienst B 11
Aufenthaltsverbot G 35
Aufgaben der Ordnungskräfte B 1
Aufschiebende Wirkung L 7, J 41, 84, 92 f.
Aufsichtspflichtiger E 15
Ausgleichsansprüche K 1 ff.
Auskunftspflicht G 15
Auskunft über Daten G 112a, 106
Auskunftsverweigerungsrecht G 16 f.
Austauschmittel F 23
Auswahlermessen E 36 ff., F 113

Beauftragte E 33, J 7
Beerdigungskosten K 16
Befragung G 15
Befugnis B 1
Begleitperson G 81

Beitreibung J 84 ff.
Belästigung D 7
Beliehene B 22
Berechtigter einer Sache E 22
Berechtigungsscheine G 20
Bereitschaftspolizei B 11
Berufsgeheimnis G 16a, 78, 97, 107, 116
Beschlagnahme G 70
Bestandsdaten G 100
Bestimmtheit F 11, H 8, J 22, 44
Betreten von Wohnungen G 62 ff.
Bildaufnahmen *s. Personenaufnahmen, Sicherstellung*
Body-Cam *s. Körperkamera*
Brand- und Katastrophenschutz B 2, 5, 16
Bundespolizei B 11a
Bußgeldbestimmung H 12 f., 17

Datei G 114
Datenabgleich G 121
Datenauskunft G 125
Datenberichtung G 124 f.
Datengewinnung G 79
Datenlöschung G 124 f.
Datennutzung G 114
Datenspeicherung G 114
Datensperrung G 124 f.
Datenübermittlung G 118
Dereliktion E 23
Digitalfunk, Zentrale B 11
Dominanztheorie *s. Schwerpunkttheorie*
Doppelfunktionalität G11, J 65, 72
Druckwerke G 74
Duldungsverfügung F 18 f., J 29, 43, 46
Durchsetzungsgewahrsam G 40
Durchsuchung Personen G 54 ff.
Durchsuchung Sachen G 58 ff.
Durchsuchung Wohnung G 62 ff., 68 ff..

Eigentum C 8
Eigentumsaufgabe E 23
Eilfallzuständigkeit B 15
Einheitsprinzip A 10, 12, B 1
Einstellung Zwangsverfahren J 44
Einvernehmen H 6
Elektronische Aufenthaltsüberwachung *s. Fußfessel*

Elektronische Fußfessel s. Fußfessel
Entschließungsermessen F 11
Entsiegeln von Kfz-Schildern G 64
Erforderlichkeit F 21
Erkennungsdienstliche Maßnahmen G 21 ff.
Erlaubnis K 9
Ermessen F 10 ff., J 28, 81
Ermessensfehleinschätzung F 17
Ermessensfehleinstellung F 16
Ermessensfehler F 4 ff.
Ermessensgrenzen F 4 ff.
Ermessensnichtgebrauch F 14
Ermessensreduzierung auf Null F 27
Ermessensspielraum F 1
Ermessensüberschreitung F 12
Ermessensunterschreitung F 15
Ersatzvornahme G 72a, J 4 ff.
Ersatzzwangshaft J 10

Fahndung G 119
Fernmeldegeheimnis G 100
Fesseln J 34
Festhalten G 36, 49 ff.
Festsetzung von Zwangsgeld J 10
Fiskalische Tätigkeit B5, E7, F8
Folter J 11a
Form GAVO H 4
Formelle Ordnungspflicht B 5, E 7
Formeller Polizeibegriff s. Polizeibegriff
Fotografien s. Personenaufnahmen, Sicherstellung
Freiheitsbeschränkung G 36
Freiheitsentziehung G 36 ff., 47 ff., 52
Freiheitsrecht C 4, G 36 ff.
Freiwillige Mitwirkung K 10
Frist bei Androhung J 17 f.
Funkzelle G 112
Fußfessel G 88

Garantenpflicht E 10
Gebundene Entscheidung F 1
Geeignetheit F 20
Gefahr für Leib und Leben D 12
Gefahr i. S. d. Gefahrenabwehr D 1 f.
Gefahr im Verzug D 9
Gefahr, abstrakte D 17, H 7
Gefahr, dringende D 11
Gefahr, erhebliche D 10
Gefahr, gegenwärtige D 8
Gefahr, gemeine D 13
Gefahr, konkrete D 23 ff.
Gefahr, latente D 19
Gefährder G 88a

Gefährderansprache G 11
Gefährdete Objekte G 18, 58
Gefahrenabwehr B 2, D 1
Gefahrenabwehr durch Private Rn B 25
Gefahrenabwehrbehörde s. Ordnungsbehörde
Gefahrenabwehrverordnung H 1 ff.
Gefahrenerforschung D 18
Gefahrenverdacht D 18
Gefährliche Hunde E 18
Gefährliche Orte G 18, 58
Gefahrverdächtiger s. Verdachtsverantwortlicher E 26, K 7
Generalklausel G 4, 14
Gesundheit C 4
Gesundheitsmagement, Zentrale s. ärztlicher Dienst
Gewahrsam G 36 ff.
Gewahrsamseinrichtung G 50
Gewalt in engen sozialen Beziehungen G 33a, 34
Gewinnabschöpfung, präventive B 14, G 70
Gleichbehandlung F 16 f.3
Gleichheit im Unrecht F 7
Großer Späh-/Lauschangriff G 92 f.
Gutachterliche Prüfung L 6 ff.

Handlungsformen G 13
Hausrecht G 30, 85, 94
Herrenlosigkeit E 23
Hilfsmittel der körperlichen Gewalt J 11 f.
Hilfspolizeibeamte B 22
Hochschule der Polizei B 11
Hoheitliche Einrichtungen C 12
Hoheitliche Tätigkeiten E 7
Hoheitliche Veranstaltungen C 13
Hoheitsträger B 5, C 11 ff., E 7
Hunde s. Gefährliche Hunde

Identitätsfeststellung G 18
Individualrechtsgüter C 3 ff.
Informationstechnisches System G 102
Inhaber der tatsächlichen Gewalt E 20
INPOL G 115
Insolvenzverwalter E 21
Intendiertes Ermessen F 1
IP-Adresse, dynamische G 112a

Jedermann-Befugnisse B 20a
Juristische Personen s. Personen

Stichwortverzeichnis 339

Kampfhunde s. *Gefährliche Hunde*
Katastrophenschutz s. *Brand- und Katastrophenschutz*
Kennzeichenerfassung G 87
Kernbereichs privater Lebensgestaltung G 77, 96
Klageverfahren L 6, G 24, 98a
Kleiner Späh- / Lauschangriff G 90
Kollektivrechtsgüter C 9 ff.
Kommunale Vollzugsbeamte B 21, J 26
Kontakt-/Begleitperson G 81
Kontaktverbot G 34
Kontrollstelle G 18, 48
Körperkamera G 86
Körperliche Gewalt J 11
Kostenbescheid E 38, J 41 ff.
Kreuzbergentscheidung A 3
Kriminalpräventive Gremien B 24

Landeskriminalamt B 9
Landestransparenzgesetz G 76
Latenter Verursacher E 27
Lauschangriff s. *Großer Späh- / Lauschangriff* G 92 f.
Leben C 4
Legalitätsprinzip G
Letztverursacher E 5

Materielle Ordnungspflicht B 5, E 7
Materieller Polizeibegriff s. *Polizeibegriff*
Medien s. *Druckwerke*
Medizinische Untersuchungen G 25
Meldeauflage G 29
Mensch s. *Person*
Menschenmenge J 22
Möglichkeit F 216 ff.
Molekulargenetische Untersuchungen G 25
Mustererkennung s. *Kennzeichenerfassung*

Nachlasssicherung, vorläufige G 70b
Nachrichtenmittler G 101
Nachtzeit G 66
Näherungsverbot G 34
Nationalsozialismus A 6 ff.
Nichtverantwortliche E 29 ff., G 9, K 3, J 2, 39
Nutzungsdaten G 106 f.

Obdachlosigkeit G 73, L 10
Observation G 90
Offene Datenerhebung G 83
Öffentliche Ordnung C 14 ff.
Öffentliche Orte G 84

Öffentliche Sicherheit C 3 ff.
Onlinedurchsuchung G 108
Opfergedanke E 24
Opportunitätsprinzip F 1, G 10
Ordnungsbehörde B 16
Ordnungsbehördensystem A 12
Ordnungsverfügung L 1 ff., 12 ff.
Ordnungswidrigkeiten G 29 f.
Organisation der Ordnungsbehörden B 17 f.
Organisation der Polizei B 7 ff.

Person E 6
Personenaufnahmen, Aufzeichnung G 84a
Personenaufnahmen, Sicherstellung G 71
Personenbezogene Daten C 6, G 75ff.
Pflicht zum Handeln E 9, 11
Platzverweisung G 30 ff.
POLADIS G 115
Polizeibedienstete anderer Bundesländer B 16
Polizeibedienstete des Bundes B 16
Polizeibegriff, allgemein B 1
Polizeibegriff, historisch A 1
Polizeibehörden B 3 f., 7 ff.
Polizeibehördensystem A 12
Polizeikessel G 3946
Polizeiliche Beobachtung G 113
Polizeipräsidium B 7 f.
Polizeistaat A 2
Polizeitechnik, Zentrale B 11
Praktische Konkordanz s. *verfassungsimmanente Schranken*
Prävention G 10
Präventivfolter s. *Folter*
Presse s. *Druckwerke*
Primärebene B1, E 25
Private Gefahrenabwehr s. *Gefahrenabwehr durch Private*
Private Rechte s. *Schutz privater Rechte*
Prognose D 4
Prostitution C 14
Putativgefahr s. *Scheingefahr*

Quellen-Telekommunikationsüberwachung G 102

Racial Profiling G 19
Rasterabfrage, -fahndung G 122
Realakt G 13, L 1
Recht am eigenen Bild G 71, C 6
Recht auf informationelle Selbstbestimmung G 75
Rechtsbehelfsbelehrung L 16

Rechtsnachfolge E 28, J 37
Rechtsordnung, objektive C 10
Rechtsschutz G 11, K 28, L 4
Repression G 10
Rettungsfolter s. *Folter*
Rettungsschuss, finaler J 35
Rheinland-Pfalz A 12
Richterliche Entscheidung bei Freiheitsentziehung G 47 ff., 53
Rückführungsgewahrsam G 46
Rückgriff K 25 ff.

Sache E 19
Schaden D 64, K 11, 13 ff.
Schadensausgleich K 19 ff.
Scheingefahr D 16
Scheinverantwortlicher E 25
Schleierfahndung G 17
Schranken-Schranke G 2a
Schulzuführung G 45, J 10
Schusswaffengebrauch J 35
Schutz privater Rechte B 19, G 42
Schutzgewahrsam G 37
Schwere Straftaten G 96
Schwerpunkttheorie G 11
Sekundärebene B 1, E 25
Selbstgefährdung C 4
Selbstschutz G 84d
Selbsttötung C 5
Sicherheitsgewahrsam s. *Vorbeugegewahrsam*
Sicherstellung G 70 ff.
Sofortige Anwendung J 36
Sondernutzung, rechtwidrige G 72c, 74
Sonderopfer K 1
Sonderordnungsbehörden B 17
Sorgerecht G 43 f.
Sorgerechtsgewahrsam G 43
Sozialadäqanztheorie E 12 (Fn)
Soziale Beziehungen, enge B 13, G 33
Spezialeinheiten B 11
Spezialgesetze G 1
Standardmaßnahmen C 1, G 2 ff., 12 ff.
Standortfeststellung G 90d, 103
Störer E 3
Störung D 3
Strafprozessordnung G 10 ff.
Straftaten von erheblicher Bedeutung G 91
Straßenverkehr B 14
Subjektives Recht F 265

Tatsächliche Gewalt E 20
Technische Mittel, verdeckter Einsatz G 92a

Telekommunikation G 100
Telekommunikationsanlagen G 100
Telekommunikationsdiensteleister G 100, 104, 106, 112a
Telekomunikationsendgeräte G 103
Telemedien G 112a
Tier E 18
Todesschuss s. *Rettungsschuss*
Tonaufnahmen G 84b
Trennungsprinzip A 10, 12, B 1

Übergesetzlicher Notstand J 11a
Umfeldpersonen G 91
Unmittelbare Ausführung E 2, G 13, 72a f., J 38 ff.
Unmittelbarer Zwang J 11 f.
Unmittelbarkeitstheorie E 12
Unmöglichkeit F 15
Unselbstständige Verfügung D 17, H 1
Unterbindungsgewahrsam G 38
Unterbrechen der Telekommunikation G 111
Unterlassen E 9, J 17, 20
Unterlassene Hilfeleistung E 10
Untersuchung von Personen G 57
Ursachenerforschung D 18
Ursächlichkeit E 12, K 12

Veranstaltung G 3, 81
Verantwortliche E 5 ff., K 5
Verbringungsgewahrsam G 41
Verdachtsverantwortlichkeit E 26, K 7
Verdeckte Datenerhebung G 89
Verdeckte Ermittler G 90b
Verfahren GAVO H 5
Verfassungsimmanente Schranken G 2b
Verhalten E 8
Verhältnismäßigkeit F 20 ff. J 31 ff.
Verhindern der Telekommunikation G 111
Verjährung von Ausgleichsansprüchen, K 29
Verjährung von Erstattungsansprüchen J 43
Verjährung von Ordnungspflichten G 1, F 4
Verkehrsdaten G 101
Verkehrszeichen J 26
Verrichtungsgehilfe E 16
Versammlungen B 18, C 19, E 1, G 2 ff., J 24
Vertrauensperson G 90c
Vertretbare Handlung J 4, 38
Verwaltungsakt G 13, L 1
Verwaltungsprivatrecht E 7
Videoüberwachung G 84 ff.
Vollstreckbarkeit J 27

Vollziehbarkeit J 25 ff.
Vollzugshilfe B 24
Vorbereitung auf die Gefahrenabwehr B 2
Vorbeugegewahrsam G 38
Vorbeugende Bekämpfung von Straftaten B 13, D 17 a. E.
Vorladung G 26 ff.
Vorläufige Verfügungen D 18
Vorratsdatenspeicherung G 117
Vorsorge s. *Vorbeugende Bekämpfung von Straftaten*

Waffen J 11 f., 35
Wasserschutzpolizeiamt B 10
Weimarer Republik A 5
Wirtschaftliches Unvermögen F 317
Wohnung C 76, G 45, 61, 92
Wohnungsdurchsuchung s. *Durchsuchung Wohnung*

Wohnungsverweisung G 33

Zeugnisverweigerungsrecht s. *Auskunftsverweigerungsrecht*
ZEVIS G 80
Zustand einer Sache E 17, 19
Zuständigkeit allgemeinen Ordnungsbehörden B 19
Zuständigkeit der Polizei B 13 ff.
Zuständigkeit für GAVO H 4
Zuständigkeit für Vollstreckung B J 13
Zustellung J 14
Zustimmung H 5, K 10
Zwangsgeld J 7 f., 20, 29, 31 f.
Zwangsmittel J 1 ff.
Zwangsvollstreckung J 1
Zweckänderung von Daten G 84b ff., 98 f., 102, 112 ff.
Zweckveranlasser E 14 f.